DIN-Taschenbuch 223

Für das Fachgebiet Qualitätsmanagement, Statistik und Zertifizierungsgrundlagen bestehen folgende Taschenbücher sowie ein Loseblattwerk:

DIN-Taschenbuch 223
Qualitätsmanagement und Statistik – Begriffe
Normen

DIN-Taschenbuch 224
Statistik – Schätz- und Testverfahren
Normen

DIN-Taschenbuch 225/1
Statistik – Annahmestichprobenprüfung anhand von Alternativmerkmalen
Normen

DIN-Taschenbuch 225/2
Statistik – Annahmestichprobenprüfung anhand normalverteilter Merkmale
Normen

DIN-Taschenbuch 226
Qualitätsmanagement – QM-Systeme und -Verfahren
Normen

DIN-Taschenbuch 294
Grundlagen der Konformitätsbewertung
Normen

DIN-Taschenbuch 355
Statistik – Genauigkeit von Messungen – Ringversuche
Normen

Loseblattwerk
Qualitätsmanagement – Statistik – Umweltmanagement
Anwendungshilfen und Normensammlungen

DIN-Taschenbücher sind vollständig oder nach verschiedenen thematischen Gruppen auch im Abonnement erhältlich.
Für Auskünfte und Bestellungen wählen Sie bitte Beuth Verlag Tel.: (030) 26 01-22 60.

DIN

DIN-Taschenbuch 223

Qualitätsmanagement und Statistik

Begriffe

Normen

5. Auflage
Stand der abgedruckten Normen: Oktober 2009

Herausgeber: DIN Deutsches Institut für Normung e.V.

Beuth
Berlin · Wien · Zürich

© 2010 Beuth Verlag GmbH
Berlin · Wien · Zürich
Burggrafenstraße 6
10787 Berlin

Telefon: +49 30 2601-0
Telefax: +49 30 2601-1260
Internet: www.beuth.de
E-Mail: info@beuth.de

Das Werk einschließlich aller seiner Teile ist urheberrechtlich geschützt. Jede Verwertung außerhalb der Grenzen des Urheberrechts ist ohne schriftliche Zustimmung des Verlages unzulässig und strafbar. Das gilt insbesondere für Vervielfältigungen, Übersetzungen, Mikroverfilmungen und die Einspeicherung in elektronischen Systemen.

© für DIN-Normen   DIN Deutsches Institut für Normung e. V., Berlin.

Die im Werk enthaltenen Inhalte wurden vom Verfasser und Verlag sorgfältig erarbeitet und geprüft. Eine Gewährleistung für die Richtigkeit des Inhalts wird gleichwohl nicht übernommen. Der Verlag haftet nur für Schäden, die auf Vorsatz oder grobe Fahrlässigkeit seitens des Verlages zurückzuführen sind. Im Übrigen ist die Haftung ausgeschlossen.

Druck: schöne drucksachen, Berlin
Gedruckt auf säurefreiem, alterungsbeständigem Papier nach DIN EN ISO 9706

ISSN 0342-801X
ISBN 978-3-410-17273-4   (5. Auflage)

Vorwort

Das menschliche Denken benutzt eine Vielzahl von Begriffen. Jedem Begriff kommt unabhängig davon, in welcher Sprache er gedacht wird, ein Bedeutungsinhalt zu. Dieser Inhalt, in Worte gefasst, stellt eine Definition dar. Letztere ist eines der zwei Elemente des Begriffs und soll dessen Inhalt eindeutig und vollständig, aber möglichst knapp festlegen.

Als das zweite Element des Begriffs tritt die Benennung hinzu, die griffig und ebenfalls möglichst knapp sein soll. Sie stellt in der Sprache das Wort dar, das zur Bezeichnung des Begriffes mündlich und schriftlich benutzt wird. Benennungen für denselben Begriff sind in der Regel von Sprache zu Sprache verschieden. Es kann auch nicht-sprachliche Benennungen geben, die aber hier nicht auftreten.

Wenn eindeutige Begriffsfestlegungen fehlen, können in vielfacher Hinsicht Unklarheiten oder Missverständnisse auftreten. Diese können vermieden werden, wenn alle Partner mit derselben Benennung dieselbe Definition verknüpfen. Diesem Ziel dienen Terminologienormen. Sie sind eine Basis und gleichzeitig ständig mitgeltende Unterlage der anderen Normen, deren Aussagen nur mit festgelegten Begriffen eindeutig, einheitlich und verständlich werden können. Sie sind dadurch ein wichtiger Beitrag zur Qualität des Normenwerks. Insbesondere aber auch außerhalb des Normungsgeschehens sollen sie die tägliche Verständigung über fachliche Themen unterstützen.

Die in diesem DIN-Taschenbuch enthaltenen Normen beziehen sich auf Qualitätsmanagement und Statistik. Sie gelten fachübergreifend für alle Branchen und Bereiche aus Wirtschaft und Gesellschaft sowie alle Größen von Organisationen, unabhängig von ihrer Rechtsform und davon, ob sie gewinnorientiert sind oder nicht.

Berlin, im Dezember 2009   Dipl.-Ing. Klaus Graebig
                            Normenausschuss Qualitätsmanagement, Statistik
                            und Zertifizierungsgrundlagen (NQSZ) im DIN

Inhalt

	Seite
Hinweise zur Nutzung von DIN-Taschenbüchern	VIII
DIN-Nummernverzeichnis	XI
Verzeichnis abgedruckter Normen (nach steigenden DIN-Nummern geordnet)	XIII
Abgedruckte Normen (nach steigenden DIN-Nummern geordnet)	1
Service-Angebote des Beuth Verlags	283
Inserentenverzeichnis	283

> Maßgebend für das Anwenden jeder in diesem DIN-Taschenbuch abgedruckten Norm ist deren Fassung mit dem neuesten Ausgabedatum.
> Sie können sich auch über den aktuellen Stand im DIN-Katalog, unter der Telefon-Nr.: 030 2601-2260 oder im Internet unter www.beuth.de informieren.

Hinweise zur Nutzung von DIN-Taschenbüchern

Was sind DIN-Normen?

Das DIN Deutsches Institut für Normung e. V. erarbeitet Normen und Standards als Dienstleistung für Wirtschaft, Staat und Gesellschaft. Die Hauptaufgabe des DIN besteht darin, gemeinsam mit Vertretern der interessierten Kreise konsensbasierte Normen markt- und zeitgerecht zu erarbeiten. Hierfür bringen rund 26 000 Experten ihr Fachwissen in die Normungsarbeit ein. Aufgrund eines Vertrages mit der Bundesregierung ist das DIN als die nationale Normungsorganisation und als Vertreter deutscher Interessen in den europäischen und internationalen Normungsorganisationen anerkannt. Heute ist die Normungsarbeit des DIN zu fast 90 Prozent international ausgerichtet.

DIN-Normen können nationale Normen, Europäische Normen oder Internationale Normen sein. Welchen Ursprung und damit welchen Wirkungsbereich eine DIN-Norm hat, ist aus deren Bezeichnung zu ersehen:

DIN (plus Zählnummer, z. B. DIN 4701)

Hier handelt es sich um eine nationale Norm, die ausschließlich oder überwiegend nationale Bedeutung hat oder als Vorstufe zu einem internationalen Dokument veröffentlicht wird (Entwürfe zu DIN-Normen werden zusätzlich mit einem „E" gekennzeichnet, Vornormen mit einem „SPEC"). Die Zählnummer hat keine klassifizierende Bedeutung.

Bei nationalen Normen mit Sicherheitsfestlegungen aus dem Bereich der Elektrotechnik ist neben der Zählnummer des Dokumentes auch die VDE-Klassifikation angegeben (z. B. DIN VDE 0100).

DIN EN (plus Zählnummer, z. B. DIN EN 71)

Hier handelt es sich um die deutsche Ausgabe einer Europäischen Norm, die unverändert von allen Mitgliedern der europäischen Normungsorganisationen CEN/CENELEC/ETSI übernommen wurde.

Bei Europäischen Normen der Elektrotechnik ist der Ursprung der Norm aus der Zählnummer ersichtlich: von CENELEC erarbeitete Normen haben Zählnummern zwischen 50000 und 59999, von CENELEC übernommene Normen, die in der IEC erarbeitet wurden, haben Zählnummern zwischen 60000 und 69999, Europäische Normen des ETSI haben Zählnummern im Bereich 300000.

DIN EN ISO (plus Zählnummer, z. B. DIN EN ISO 306)

Hier handelt es sich um die deutsche Ausgabe einer Europäischen Norm, die mit einer Internationalen Norm identisch ist und die unverändert von allen Mitgliedern der europäischen Normungsorganisationen CEN/CENELEC/ETSI übernommen wurde.

DIN ISO, DIN IEC oder DIN ISO/IEC (plus Zählnummer, z. B. DIN ISO 720)

Hier handelt es sich um die unveränderte Übernahme einer Internationalen Norm in das Deutsche Normenwerk.

Weitere Ergebnisse der Normungsarbeit können sein:

DIN SPEC (Vornorm) (plus Zählnummer, z. B. DIN SPEC 1201)

Hier handelt es sich um das Ergebnis einer Normungsarbeit, das wegen bestimmter Vorbehalte zum Inhalt oder wegen des gegenüber einer Norm abweichenden Aufstellungsverfahrens vom DIN nicht als Norm herausgegeben wird. An DIN SPEC (Vornorm) knüpft sich die Erwartung, dass sie zum geeigneten Zeitpunkt und ggf. nach notwendigen Veränderungen nach dem üblichen Verfahren in eine Norm überführt oder ersatzlos zurückgezogen werden.

Beiblatt: DIN (plus Zählnummer) Beiblatt (plus Zählnummer), z. B. DIN 2137-6 Beiblatt 1 Beiblätter enthalten nur Informationen zu einer DIN-Norm (Erläuterungen, Beispiele, Anmerkungen, Anwendungshilfsmittel u. Ä.), jedoch keine über die Bezugsnorm hinausgehenden genormten Festlegungen. Sie werden nicht mit „Deutsche Norm" überschrieben. Das Wort Beiblatt mit Zählnummer erscheint zusätzlich im Nummernfeld zu der Nummer der Bezugsnorm.

Was sind DIN-Taschenbücher?

Ein besonders einfacher und preisgünstiger Zugang zu den DIN-Normen führt über die DIN-Taschenbücher. Sie enthalten die jeweils für ein bestimmtes Fach- oder Anwendungsgebiet relevanten Normen im Originaltext.

Die Dokumente sind in der Regel als Originaltextfassungen abgedruckt, verkleinert auf das Format A5.

(+ Zusatz für Variante VOB/STLB-Bau-Taschenbücher)

(+ Zusatz für Variante DIN-DVS-Taschenbücher)

(+ Zusatz für Variante DIN-VDE-Taschenbücher)

Was muss ich beachten?

DIN-Normen stehen jedermann zur Anwendung frei. Das heißt, man kann sie anwenden, muss es aber nicht. DIN-Normen werden verbindlich durch Bezugnahme, z. B. in einem Vertrag zwischen privaten Parteien oder in Gesetzen und Verordnungen.

Der Vorteil der einzelvertraglich vereinbarten Verbindlichkeit von Normen liegt darin, dass sich Rechtsstreitigkeiten von vornherein vermeiden lassen, weil die Normen eindeutige Festlegungen sind. Die Bezugnahme in Gesetzen und Verordnungen entlastet den Staat und die Bürger von rechtlichen Detailregelungen.

DIN-Taschenbücher geben den Stand der Normung zum Zeitpunkt ihres Erscheinens wieder. Die Angabe zum Stand der abgedruckten Normen und anderer Regeln des Taschenbuchs finden Sie auf S. III. Maßgebend für das Anwenden jeder in einem DIN-Taschenbuch abgedruckten Norm ist deren Fassung mit dem neuesten Ausgabedatum. Den aktuellen Stand zu allen DIN-Normen können Sie im Webshop des Beuth Verlags unter www.beuth.de abfragen.

Wie sind DIN-Taschenbücher aufgebaut?

DIN-Taschenbücher enthalten die im Abschnitt „Verzeichnis abgedruckter Normen" jeweils aufgeführten Dokumente in ihrer Originalfassung. Ein DIN-Nummernverzeichnis sowie ein Stichwortverzeichnis am Ende des Buches erleichtern die Orientierung.

Abkürzungsverzeichnis

Die in den Dokumentnummern der Normen verwendeten Abkürzungen bedeuten:

A	Änderung von Europäischen oder Deutschen Normen
Bbl	Beiblatt
Ber	Berichtigung
DIN	Deutsche Norm
DIN CEN/TS	Technische Spezifikation von CEN als Deutsche Vornorm
DIN CEN ISO/TS	Technische Spezifikation von CEN/ISO als Deutsche Vornorm
DIN EN	Deutsche Norm auf der Basis einer Europäischen Norm

DIN EN ISO	Deutsche Norm auf der Grundlage einer Europäischen Norm, die auf einer Internationalen Norm der ISO beruht
DIN IEC	Deutsche Norm auf der Grundlage einer Internationalen Norm der IEC
DIN ISO	Deutsche Norm, in die eine Internationale Norm der ISO unverändert übernommen wurde
DIN SPEC	Öffentlich zugängliches Dokument, das Festlegungen für Regelungsgegenstände materieller und immaterieller Art oder Erkenntnisse, Daten usw. aus Normungs- oder Forschungsvorhaben enthält und welches durch temporär zusammengestellte Gremien unter Beratung des DIN und seiner Arbeitsgremien oder im Rahmen von CEN-Workshops ohne zwingende Einbeziehung aller interessierten Kreise entwickelt wird ANMERKUNG: Je nach Verfahren wird zwischen DIN SPEC (Vornorm), DIN SPEC (CWA), DIN SPEC (PAS) und DIN SPEC (Fachbericht) unterschieden.
DIN SPEC (CWA)	CEN/CENELEC-Vereinbarung, die innerhalb offener CEN/CENELEC-Workshops entwickelt wird und den Konsens zwischen den registrierten Personen und Organisationen widerspiegelt, die für ihren Inhalt verantwortlich sind
DIN SPEC (Fachbericht)	Ergebnis eines DIN-Arbeitsgremiums oder die Übernahme eines europäischen oder internationalen Arbeitsergebnisses
DIN SPEC (PAS)	Öffentlich verfügbare Spezifikation, die Produkte, Systeme oder Dienstleistungen beschreibt, indem sie Merkmale definiert und Anforderungen festlegt
DIN VDE	Deutsche Norm, die zugleich VDE-Bestimmung oder VDE-Leitlinie ist.
DVS	DVS-Merkblatt oder DVS-Richtlinie
E	Entwurf
EN ISO	Europäische Norm (EN), in die eine Internationale Norm (ISO-Norm) unverändert übernommen wurde und deren Deutsche Fassung den Status einer Deutschen Norm erhalten hat
ENV	Europäische Vornorm, deren deutsche Fassung den Status einer deutschen Vornorm erhalten hat.
VDI	VDI-Richtlinie

DIN-Nummernverzeichnis

- ● Neu aufgenommen gegenüber der 4. Auflage des DIN-Taschenbuches 223
- ☐ Geändert gegenüber der 4. Auflage des DIN-Taschenbuches 223
- ○ Zur abgedruckten Norm besteht ein Norm-Entwurf
- (en) Von dieser Norm gibt es auch eine vom DIN herausgegebene englische Übersetzung

Dokument	Seite	Dokument	Seite
DIN 55350-11 ☐	1	DIN 55350-22 (en)	66
DIN 55350-12	14	DIN 55350-23 (en)	74
DIN 55350-13	27	DIN 55350-24 (en)	84
DIN 55350-14 (en)	35	DIN 55350-31	91
DIN 55350-15	41	DIN 55350-33	98
DIN 55350-17	44	DIN EN ISO 9000	106
DIN 55350-18	52	DIN ISO 3534-1 ●	173
DIN 55350-21 (en)	57	DIN ISO 11843-1	269

Verzeichnis abgedruckter Normen
(nach steigenden DIN-Nummern geordnet)

Dokument	Ausgabe	Titel	Seite
DIN 55350-11	2008-05	Begriffe zum Qualitätsmanagement – Teil 11: Ergänzung zu DIN EN ISO 9000:2005	1
DIN 55350-12	1989-03	Begriffe der Qualitätssicherung und Statistik – Merkmalsbezogene Begriffe	14
DIN 55350-13	1987-07	Begriffe der Qualitätssicherung und Statistik – Begriffe zur Genauigkeit von Ermittlungsverfahren und Ermittlungsergebnissen	27
DIN 55350-14	1985-12	Begriffe der Qualitätssicherung und Statistik – Begriffe der Probenahme	35
DIN 55350-15	1986-02	Begriffe der Qualitätssicherung und Statistik – Begriffe zu Mustern	41
DIN 55350-17	1988-08	Begriffe der Qualitätssicherung und Statistik – Begriffe der Qualitätsprüfungsarten	44
DIN 55350-18	1987-07	Begriffe der Qualitätssicherung und Statistik – Begriffe zu Bescheinigungen über die Ergebnisse von Qualitätsprüfungen – Qualitätsprüf-Zertifikate	52
DIN 55350-21	1982-05	Begriffe der Qualitätssicherung und Statistik – Begriffe der Statistik – Zufallsgrößen und Wahrscheinlichkeitsverteilungen	57
DIN 55350-22	1987-02	Begriffe der Qualitätssicherung und Statistik – Begriffe der Statistik – Spezielle Wahrscheinlichkeitsverteilungen	66
DIN 55350-23	1983-04	Begriffe der Qualitätssicherung und Statistik – Begriffe der Statistik – Beschreibende Statistik	74
DIN 55350-24	1982-11	Begriffe der Qualitätssicherung und Statistik – Begriffe der Statistik – Schließende Statistik	84
DIN 55350-31	1985-12	Begriffe der Qualitätssicherung und Statistik – Begriffe der Annahmestichprobenprüfung	91
DIN 55350-33	1993-09	Begriffe zu Qualitätsmanagement und Statistik – Begriffe der statistischen Prozesslenkung (SPC)	98
DIN EN ISO 9000	2005-12	Qualitätsmanagementsysteme – Grundlagen und Begriffe (ISO 9000:2005); Dreisprachige Fassung EN ISO 9000:2005	106
DIN ISO 3534-1	2009-10	Statistik – Begriffe und Formelzeichen – Teil 1: Wahrscheinlichkeit und allgemeine statistische Begriffe (ISO 3534-1:2006); Text Deutsch und Englisch	173

Dokument	Ausgabe	Titel	Seite
DIN ISO 11843-1	2004-09	Erkennungsfähigkeit – Teil 1: Begriffe (ISO 11843-1:1997 einschließlich Technisches Korrigendum 1:2003)	269

Mai 2008

DIN 55350-11

DIN

ICS 01.040.03; 03.120.01

Ersatz für
DIN 55350-11:1995-08

Begriffe zum Qualitätsmanagement –
Teil 11: Ergänzung zu DIN EN ISO 9000:2005

Concepts for quality management –
Part 11: Supplement to DIN EN ISO 9000:2005

Notions pour le management de la qualité –
Partie 11: Supplément à DIN EN ISO 9000:2005

Gesamtumfang 13 Seiten

Normenausschuss Qualitätsmanagement, Statistik und Zertifizierungsgrundlagen (NQSZ) im DIN

Inhalt

	Seite
Vorwort	3
1 Anwendungsbereich	4
2 Normative Verweisungen	4
3 Begriffe	4
Anhang A (informativ) **Erläuterungen**	10
Literaturhinweise	12
Stichwortverzeichnis	13

Vorwort

Diese Norm wurde vom Unterausschuss NA 147-00-01-05 UA „Grundgedanken und Begriffe" im Normenausschuss NA 147 Qualitätsmanagement, Statistik und Zertifizierungsgrundlagen (NQSZ) erarbeitet.

Die in dieser Norm enthaltenen fremdsprachlichen Benennungen sind nicht Bestandteil dieser Norm. Sie dienen dem leichteren Übersetzen.

Anhang A dient zur Information.

Änderungen

Gegenüber DIN 55350-11:1995-08 wurden folgende Änderungen vorgenommen:

a) Berücksichtigung der inzwischen erschienenen Norm DIN EN ISO 9000:2005-12;

b) Inhalt vollständig überarbeitet.

Frühere Ausgaben

DIN 55350-11: 1980-11, 1987-05, 1995-08

/ DIN 55350-11:2008-05

1 Anwendungsbereich

Diese Norm gilt für Benennungen und Definitionen der in Qualitätsmanagement, Statistik und Zertifizierungsgrundlagen verwendeten Begriffe und damit der Verständigung auf diesem Gebiet.

Diese Norm legt Begriffe ergänzend zu DIN EN ISO 9000 fest. Deswegen ist die Kenntnis von DIN EN ISO 9000 für das Verständnis des ganzen Begriffssystems nützlich.

2 Normative Verweisungen

Die folgenden zitierten Dokumente sind für die Anwendung dieses Dokuments erforderlich. Bei datierten Verweisungen gilt nur die in Bezug genommene Ausgabe. Bei undatierten Verweisungen gilt die letzte Ausgabe des in Bezug genommenen Dokuments (einschließlich aller Änderungen).

DIN 1313, *Größen*

DIN 40041, *Zuverlässigkeit — Begriffe*

DIN 40150, *Begriffe zur Ordnung von Funktions- und Baueinheiten*

DIN 55350-17, *Begriffe der Qualitätssicherung und Statistik; Begriffe der Qualitätsprüfungsarten*

DIN 55350-33, *Begriffe zu Qualitätsmanagement und Statistik; Begriffe der statistischen Prozesslenkung (SPC)*

DIN 66050:1980-08, *Gebrauchstauglichkeit — Begriff*

DIN EN ISO 9000:2005-12, *Qualitätsmanagementsysteme — Grundlagen und Begriffe*

3 Begriffe

3.1
Einheit (en: entity; object)
das, was einzeln beschrieben und betrachtet werden kann

ANMERKUNG 1   Eine Einheit kann materiell oder immateriell sein.

ANMERKUNG 2   Eine Einheit kann im Allgemeinen in kleinere Einheiten unterteilt oder mit anderen Einheiten zu einer größeren Einheit zusammengefasst werden.

ANMERKUNG 3   Eine Einheit kann zum Beispiel eine Tätigkeit, ein Prozess, ein Produkt, eine Organisation, eine Person oder ein System sein. In DIN EN ISO 9000 wird die Formulierung „Produkt, Prozess oder System" zum Beispiel in den Definitionen von Anspruchsklasse, Entwicklung und Qualitätsmerkmal stellvertretend für den in DIN EN ISO 9000 nicht enthaltenen Begriff Einheit verwendet.

ANMERKUNG 4   Zur eingeschränkten Anwendung der Benennung „Einheit" im Messwesen siehe DIN 1313, in der Elektrotechnik siehe DIN 40150.

3.2
Beschaffenheit
Gesamtheit der inhärenten Merkmale einer Einheit sowie der zu diesen Merkmalen gehörenden Merkmalswerte

ANMERKUNG 1   „Inhärentes Merkmal" bedeutet „einer Einheit innewohnendes Merkmal", im Gegensatz zu einem „einer Einheit zugeordneten Merkmal". So sind zum Beispiel die Maße eines Schranks, die Funktionsfähigkeit seiner Scharniere und der innere Aufbau der Türblätter inhärente Merkmale dieses Schranks, während sein Preis und sein Liefertermin diesem Schrank zugeordnete Merkmale sind.

ANMERKUNG 2   Im Englischen wird für Beschaffenheit bisweilen die Benennung „nature" benutzt.

3.3
Gebrauchstauglichkeit (en: fitness for use)
Eignung eines Gutes für seinen bestimmungsgemäßen Verwendungszweck, die auf objektiv und nicht objektiv feststellbaren Gebrauchseigenschaften beruht, und deren Beurteilung sich aus individuellen Bedürfnissen ableitet

[in Anlehnung an DIN 66050:1980-08]

ANMERKUNG   Die Zuordnung des Begriffs Gebrauchstauglichkeit zum Qualitätsbegriff ergibt sich aus der Beziehung der Gebrauchseigenschaften zur Beschaffenheit der Einheit.

3.4
umfassendes Qualitätsmanagement (en: total quality management)
in allen Bereichen einer Organisation angewendetes Qualitätsmanagement

3.5
Zuverlässigkeitsanforderung (en: dependability requirement)
Teil der Qualitätsanforderung, der das Verhalten der Einheit während oder nach vorgegebenen Zeitspannen bei vorgegebenen Anwendungsbedingungen betrifft

ANMERKUNG 1   Entsprechende Definitionen sind auch für andere Bestandteile der Qualitätsanforderung sinnvoll, zum Beispiel für die Sicherheitsanforderung, die Verfügbarkeitsanforderung (als Teil der Zuverlässigkeitsanforderung) und die Umweltschutzanforderung.

ANMERKUNG 2   Siehe auch DIN 40041.

3.6
Qualitätsmanagement-Element; QM-Element (en: quality management element)
Element des Qualitätsmanagements oder eines QM-Systems

ANMERKUNG 1   QM-Elemente unterscheidet man von Qualitätselementen.

ANMERKUNG 2   Wie Einheiten können auch QM-Elemente unterteilt oder zusammengestellt werden.

ANMERKUNG 3   Es gibt 3 Arten von QM-Elementen: QM-Führungselemente, QM-Ablaufelemente und QM-Aufbauelemente.

ANMERKUNG 4   QM-Elemente bedürfen einer Qualitätsplanung, einer Qualitätslenkung und zweckmäßiger Qualitätsprüfungen sowie gegebenenfalls erforderlicher Qualitätsverbesserungen.

3.7
Qualitätselement (en: quality element)
Beitrag zur Qualität einer Einheit

ANMERKUNG 1   Bei Produkten gibt es unmittelbar und mittelbar wirksame Qualitätselemente. Beispiel für ein unmittelbar wirksames Qualitätselement ist das Ergebnis der Beschaffung. Beispiel für ein mittelbar wirksames Qualitätselement ist das Ergebnis der Erprobung eines Entwicklungsmusters.

ANMERKUNG 2   Tätigkeiten und Prozesse, deren Ergebnis zu einem Qualitätselement eines Produktes führt, werden üblicherweise geplant, gelenkt und geprüft sowie gegebenenfalls verbessert.

ANMERKUNG 3   Entsprechend dem Qualitätselement gibt es für spezielle Merkmalsgruppen speziell benannte Qualitätselemente, zum Beispiel ein Zuverlässigkeitselement, ein Sicherheitselement, ein Umweltschutzelement.

3.8
Lieferantenbeurteilung
Beurteilung der Fähigkeit eines Lieferanten durch den Auftraggeber

ANMERKUNG   Es gibt in QM-Systemen unterschiedliche Verfahren für die Beurteilung eines Lieferanten. Beispiele sind:

vor der Auftragserteilung die Sammlung von Informationen über die Fähigkeit des Lieferanten (en: „vendor appraisal");

nach der Auftragserteilung die

— Überwachung des QM-Systems des Lieferanten durch den Auftraggeber, seinen Beauftragten oder eine unabhängige Stelle;

— Prüfung der Vertragsgegenstände (Angebotsprodukt) durch den Auftraggeber oder seinen Beauftragten beim Lieferanten (en: „vendor inspection");

— Eingangsprüfung der Vertragsgegenstände beim Auftraggeber mit laufender Bewertung der Fähigkeit des Lieferanten (en: „vendor rating").

3.9
Qualitätstechnik (en: quality engineering)
Gesamtheit von Methoden, die im Qualitätsmanagement angewendet werden

3.10
statistische Qualitätslenkung (en: statistical quality control)
Teil der Qualitätslenkung, bei dem statistische Verfahren eingesetzt werden

ANMERKUNG   Ein spezieller Bereich der statistischen Qualitätslenkung ist die statistische Prozesslenkung (siehe auch DIN 55350-33).

3.11
Prozessbezogene Begriffe

3.11.1
beherrschtes Prozessmerkmal
Prozessmerkmal, bei dem sich die Parameter der Verteilung der Merkmalswerte praktisch nicht oder nur in bekannter Weise oder in bekannten Grenzen ändern

3.11.2
beherrschter Prozess
Prozess, dessen wesentliche Merkmale beherrschte Prozessmerkmale sind

ANMERKUNG 1   Dieser Begriff kennzeichnet nicht die Fähigkeit des Prozesses bezüglich seiner Prozessmerkmale. Oft ist es jedoch für die Fähigkeit eines Prozesses erforderlich, beherrschte Prozessmerkmale zu haben.

ANMERKUNG 2   Eine beherrschte Produktion oder Dienstleistungserbringung ist eine Produktion oder Dienstleistungserbringung, bei der die Prozesse beherrscht sind.

3.11.3
spezieller Prozess (en: special process)
Prozess, dessen qualitätsbezogenes Ergebnis durch Qualitätsprüfungen nicht oder nicht in vollem Umfang oder nur mit unverhältnismäßigem Aufwand oder nicht rechtzeitig festgestellt werden kann

ANMERKUNG   Spezielle Prozesse werden üblicherweise vorab qualifiziert und überwacht.

3.12
Prüfungsbezogene Begriffe

3.12.1
Prüfplanung
Planung von Prüfungen

ANMERKUNG   Im Qualitätsmanagement bezieht sich die Prüfplanung üblicherweise auf Qualitätsprüfungen.

3.12.2
Prüfplan
Spezifikation für eine oder mehrere Prüfungen

ANMERKUNG   Prüfpläne können je nach Sprachgebrauch der betreffenden Organisation verschiedene Elemente enthalten oder darauf verweisen, wie zum Beispiel Prüfspezifikation, Prüfanweisung, Prüfablaufplan.

3.12.3
Prüfauftrag
für den konkreten Einzelfall erteilter Auftrag, eine Prüfung durchzuführen

ANMERKUNG   Grundlage für einen Prüfauftrag ist unter anderem die Prüfanweisung.

3.12.4
Prüfstatus
Zustand einer Einheit bezüglich der Frage, welche Prüfung(en) an dieser Einheit durchgeführt wurde(n) und welche Ergebnisse dabei erzielt wurden

ANMERKUNG   Der Prüfstatus kann zum Beispiel

— am Produkt selbst,

— auf einem am Produkt angebrachten Träger,

— in einem Begleitpapier des Produkts,

— durch die Positionierung (zum Beispiel Aufstellungsort, Lagerungsort usw.) des Produkts,

— in der Datenverarbeitung oder

— in einer sonstigen geeigneten Weise

dokumentiert sein.

3.12.5
Qualitätsüberwachung (en: quality monitoring; quality surveillance)
systematische fortlaufende Prüfung der Qualität von Produkten

ANMERKUNG 1   Qualitätsüberwachung kann intern oder extern veranlasst sein.

ANMERKUNG 2   Qualitätsüberwachung kann Vorbeugungsmaßnahmen einschließen.

3.13
Verfahrensanweisung
verbindliche Spezifikation, die ein Verfahren enthält

ANMERKUNG 1   In einer Verfahrensanweisung sind üblicherweise Anwendungsbereich und Zweck der Tätigkeit oder des Prozesses enthalten. Außerdem ist häufig in der Verfahrensanweisung festgelegt, was, durch wen, wann und wo getan werden muss. Weiterhin können die zu benutzenden Einrichtungen, Materialien und Hilfsmittel sowie die Überwachungs- und Dokumentationsmethoden festgelegt sein.

ANMERKUNG 2 Es gibt produktunabhängige und produktspezifische Verfahrensanweisungen sowie hierarchisch gegliederte Systeme von Verfahrensanweisungen, zum Beispiel eine übergeordnete Verfahrensanweisung für alle Änderungsdienste und zugehörige spezielle Verfahrensanweisungen, zum Beispiel für die Änderung von Bauteile-Stammdaten oder für die Änderung von Zeichnungen.

ANMERKUNG 3 Ein Verfahrensdokument (siehe DIN EN ISO 9000, 3.4.5 ANMERKUNG 2, Satz 2) kann verbindlich oder unverbindlich sein. Ein verbindliches Verfahrensdokument ist eine Verfahrensanweisung.

ANMERKUNG 4 In Abhängigkeit vom Inhalt einer Verfahrensanweisung werden bisweilen Benennungen wie „Arbeitsanweisung", „Prüfanweisung" und „Transportanweisung" verwendet.

3.14
Qualitätsdaten (en: quality-related data)
Daten über die Qualität von Einheiten, über die bei der Ermittlung der Qualität angewendeten Qualitätsprüfungen und über die dabei herrschenden Randbedingungen sowie gegebenenfalls über die jeweils zugehörige Anforderung

3.15
Kostenbezogene Begiffe

3.15.1
Fehlerverhütungskosten (en: prevention costs)
Kosten, die verursacht sind durch die Analyse und Beseitigung von Fehlerursachen

ANMERKUNG Zu den Fehlerverhütungskosten gehören insbesondere die Kosten für Vorbeugungsmaßnahmen und Korrekturmaßnahmen.

3.15.2
Prüfkosten (en: appraisal costs)
Kosten, die durch planmäßige Prüfungen verursacht sind, die keinen konkreten Fehler zum Anlass haben

ANMERKUNG Prüfkosten entstehen durch das für Prüfungen eingesetzte Personal und die zugehörigen Prüfmittel, eingeschlossen die Prüfmittelüberwachung in allen Bereichen der Organisation. Bei zeitlich ineinandergreifenden Prüftätigkeiten und anderen Tätigkeiten sind die Kosten für den Anteil der Prüftätigkeiten anzusetzen. Beispiele für Arten von Qualitätsprüfungen siehe DIN 55350-17.

3.15.3
Fehlerkosten (en: nonconformity costs)
Kosten, die durch Fehler verursacht sind

ANMERKUNG 1 Fehlerkosten können nach dem Ort der Feststellung der Fehler in zwei Untergruppen eingeteilt werden: in interne Fehlerkosten und in externe Fehlerkosten. Es kann zweckmäßig sein, für eine Organisation festzulegen, was unter „intern" und „extern" zu verstehen ist.

ANMERKUNG 2 Beispiele für Fehlerkosten sind die Kosten für Beseitigung oder Linderung eines Fehlers, für Nacharbeit, Reparatur, Verschrottung, Entsorgung, Behandlung von Ausschuss, außerplanmäßige Sortierprüfung, Wiederholungsprüfung, Ausfallzeit, Gewährleistung und Produkthaftung.

ANMERKUNG 3 Einige Fehlerkosten mögen schwer quantifizierbar, können aber sehr bedeutsam sein, zum Beispiel Kosten durch Imageverlust.

3.15.4
qualitätsbezogene Kosten (en: quality-related costs)
im Rahmen des Qualitätsmanagements entstehende Fehlerverhütungs-, Prüf- und Fehlerkosten

ANMERKUNG 1 Qualitätsbezogene Kosten werden in einer Organisation nach deren eigenen Kriterien abgegrenzt und erfasst.

ANMERKUNG 2 Zu den qualitätsbezogenen Kosten gehören auch Kosten für Qualitätsaudits durch Kunden und Zertifizierungsstellen.

3.16
Ausschuss
fehlerhaftes Produkt, für das Entsorgung vorgesehen ist

ANMERKUNG 1   Entsorgung kann zum Beispiel Recycling, Zerstörung oder Verschrottung sein.

ANMERKUNG 2   Fehlerhafte Produkte, die einer Nacharbeit unterzogen werden können, aber zum Beispiel aus wirtschaftlichen Gründen nicht nachgearbeitet werden, sind Ausschuss.

ANMERKUNG 3   Die Bedeutung von Ausschuss für eine Organisation kann wegen der Störung des planmäßigen Betriebsablaufs weit über die Kosten für die Realisierung und Verschrottung des fehlerhaften Produkts hinausgehen.

ANMERKUNG 4   Ausschusskosten sind die Kosten für die Realisierung und Entsorgung des fehlerhaften Produkts. Ausschusskosten sind Fehlerkosten.

3.17
Maßnahme (en: measure)
zielgerichtete Tätigkeit

BEISPIELE   Korrektur, Nacharbeit, Korrekturmaßnahme, Vorbeugungsmaßnahme

3.18
Qualifikation
an einer Einheit (3.1) nachgewiesene Erfüllung der Anforderung an die gegenwärtige Beschaffenheit

ANMERKUNG   Qualifikation bezieht sich auf die gegenwärtige Beschaffenheit einer Einheit.

Anhang A
(informativ)

Erläuterungen

DIN EN ISO 9000:2005-12 wurde in dieser Norm berücksichtigt (siehe auch Änderungen).

Zur Änderung der Benennung des Oberbegriffs für alle qualitätsbezogenen Tätigkeiten 1994 von „Qualitätssicherung" in „Qualitätsmanagement" wird die Übergangslösung, die neue Bedeutung von „Qualitätssicherung" durch die Doppelbenennung „Qualitätssicherung/QM-Darlegung" vor Missverständnissen zu bewahren nicht mehr aufrechterhalten. Es sollte jetzt als bekannt vorausgesetzt und darauf geachtet werden, dass „Qualitätssicherung (quality assurance)" jener Teil des Qualitätsmanagements ist, der auf das Erzeugen von Vertrauen darauf gerichtet ist, dass künftig Anforderungen erfüllt werden.

Zu dem vielfach in Benennungen und Definitionen benutzten Grundbegriff Qualität ist allgemein Folgendes zu sagen:

Das Wort „Qualität" geht auf das lateinische „qualitas" zurück, das aus „qualis" („wie beschaffen?") gebildet wurde. In der Gemeinsprache, aber auch in qualitätsbezogenen fachlichen Unterhaltungen steht „Qualität" häufig (entgegen der Festlegung in DIN EN ISO 9000:2005-12 und in früheren Ausgaben dieser Norm) für:

— Vortrefflichkeit (zum Beispiel im Sinn von „Spitzenqualität");

— Sorte (auch kommerziell, zum Beispiel „schwere englische Tuchqualität");

— Beschaffenheit (siehe dazu 3.2);

— Anspruchsklasse (siehe dazu DIN EN ISO 9000:2005-12, 3.1.3);

— Anforderung (siehe dazu DIN EN ISO 9000:2005-12, 3.1.2);

— irgendeine Wertigkeit (zum Beispiel einer Figur im Schachspiel);

— Qualitätsmanagement (siehe den Oberbegriff Management in DIN EN ISO 9000:2005-12, 3.2.6);

— die hinter dem Qualitätsmanagement stehende Qualitätspolitik (siehe dazu den Begriff Qualitätspolitik in DIN EN ISO 9000:2005-12, 3.2.4);

— das umfassende Qualitätsmanagement (siehe dazu 3.4).

Für den weiten Anwendungsbereich des Qualitätsmanagements benötigt man einen klaren Fachbegriff Qualität. Das ist auch deshalb nötig, weil die Auffassung dieses Grundbegriffs das Verständnis zahlreicher abgeleiteter Begriffe prägt, deren Benennung das Wort „Qualität" enthält, zum Beispiel „Qualitätsprüfung".

Der Fachbegriff Qualität ist international vereinheitlicht und in allen bisherigen terminologischen Festlegungen der ISO zum Qualitätsmanagement definiert, zuletzt in DIN EN ISO 9000:2005-12, 3.1.1. Man könnte schlagwortartig sagen: „Qualität ist die an der geforderten Beschaffenheit gemessene realisierte Beschaffenheit", oder noch kürzer „Realisierte Beschaffenheit bezüglich Anforderung". Das gilt für jede beliebige Einheit, für die eine gedankliche oder praktische Qualitätsbetrachtung vorgenommen wird.

Der immaterielle Qualitätsbegriff enthält kontinuierliche (stetige) und diskrete sowie in Stufen oder Noten ausdrückbare Bewertungsmöglichkeiten, zum Beispiel von „sehr schlecht" bis „sehr gut". Das ist auch neuerdings in der Anmerkung 1 zu DIN EN ISO 9000:2005-12, 3.1.1, wieder ausdrücklich hervorgehoben. Am Ende der Qualitätsbetrachtung einer Einheit wird ein ursprünglich für viele Qualitätsmerkmale erzieltes quantitatives Ergebnis oft zusammengefasst, indem man alternativ nur noch von „gut" oder „schlecht" spricht, oder von „zufrieden stellend" oder „nicht zufrieden stellend".

In der Werbung wird oft entgegen der Festlegung in DIN EN ISO 9000:2005-12 die Benennung „Qualität" für etwas „Gutes" benutzt. Auch in der Gemeinsprache wird häufig von „das ist Qualität" gesprochen, wenn man „das ist gute Qualität" meint; oder „das ist keine Qualität", wenn man „das ist schlechte Qualität" meint. Damit ergibt sich am technisch-wirtschaftlich entscheidenden, meist stetigen Übergang zwischen „annehmbare Qualität" und „nicht annehmbare Qualität" eine störende Begriffsunstetigkeit. Zur Vermeidung von Missverständnissen kann die Benennung „Qualität" des definierten Fachbegriffs zusammen mit Adjektiven wie schlecht, gut oder ausgezeichnet verwendet werden.

Die Qualität als Relation zwischen realisierter und geforderter Beschaffenheit kann bezüglich eines einzelnen Qualitätsmerkmals oder bezüglich mehrerer oder aller Qualitätsmerkmale interessieren, also für bezüglich eines oder für alle Qualitätselemente (siehe 3.7). Entsprechendes gilt für die aufeinander folgenden Konkretisierungsstufen der Einzelanforderungen: Qualitätsprüfungen müssen meist schon lange vor dem Beginn der Realisierung (Produktion oder Dienstleistung) einer Einheit angesetzt werden. Man muss wissen, ob der Entwurf für die Einheit die vorausgesetzten und festgelegten Erfordernisse erfüllt.

Tabelle A.1 verdeutlicht das Begriffsteilsystem qualitätsbezogenes Dokument. Es ergänzt die in von DIN EN ISO 9000:2005-12, 3.7, aufgeführten dokumentationsbezogenen Begriffe.

In DIN EN ISO 9000:2005-12, 3.7.2, ist Dokument definiert als eine „Information und ihr Trägermedium".

Tabelle A.1 — Begriffsteilsystem qualitätsbezogenes Dokument

		ART DER EINHEIT, auf welche sich das Dokument bezieht			
		beliebige Einheit	Tätigkeit oder Prozess	Produkt	
	beliebiger qualitätsbezogener Inhalt	QUALITÄTS- BEZOGENES DOKUMENT	QM- DOKUMENT	QUALITÄTS- DOKUMENT	Oberbegriffe
INHALT DES QUALITÄTS- BEZOGENEN DOKUMENTS	Qualitätsbezogene Anforderungen	QUALITÄTSAN- FORDERUNGS- DOKUMENT[a]	QM- Verfahrens- dokument	Qualitäts bezogene Produkt- Spezifikation	
	erreichtes qualitätsbezogenes Ergebnis oder Nachweis ausgeführter qualitätsbezogener Tätigkeiten	QUALITÄTS- AUF- ZEICHNUNG[b]	Tätigkeits- oder prozess- bezogene Qualitäts- aufzeichnung	Produkt- bezogene Qualitäts- aufzeichnung	
		Oberbegriffe			

[a] Oberbegriff: Spezifikation
[b] Oberbegriff: Aufzeichnung

Literaturhinweise

DIN 55350-12, *Begriffe der Qualitätssicherung und Statistik; Merkmalsbezogene Begriffe*

DIN 55350-13, *Begriffe der Qualitätssicherung und Statistik; Begriffe zur Genauigkeit von Ermittlungsverfahren und Ermittlungsergebnissen*

DIN 55350-14, *Begriffe der Qualitätssicherung und Statistik; Begriffe der Probenahme*

DIN 55350-15, *Begriffe der Qualitätssicherung und Statistik; Begriffe zu Mustern*

DIN 55350-18, *Begriffe der Qualitätssicherung und Statistik; Begriffe zu Bescheinigungen über die Ergebnisse von Qualitätsprüfungen; Qualitätsprüf-Zertifikate*

DIN 55350-21, *Begriffe der Qualitätssicherung und Statistik; Begriffe der Statistik; Zufallsgrößen und Wahrscheinlichkeitsverteilungen*

DIN 55350-22, *Begriffe der Qualitätssicherung und Statistik; Begriffe der Statistik; Spezielle Wahrscheinlichkeitsverteilungen*

DIN 55350-23, *Begriffe der Qualitätssicherung und Statistik; Begriffe der Statistik; Beschreibende Statistik*

DIN 55350-24, *Begriffe der Qualitätssicherung und Statistik; Begriffe der Statistik; Schließende Statistik*

DIN 55350-31, *Begriffe der Qualitätssicherung und Statistik; Begriffe der Annahmestichprobenprüfung*

DIN EN ISO/IEC 17000, *Konformitätsbewertung — Begriffe und allgemeine Grundlagen (ISO/IEC 17000:2004); Dreisprachige Fassung EN ISO/IEC 17000:2004*

DIN ISO 11843-1, *Erkennungsfähigkeit — Teil 1: Begriffe (ISO 11843-1:1997 einschließlich Technisches Korrigendum 1:2003)*

ISO 3534-1:2006, *Statistics — Vocabulary and symbols — Part 1: General statistical terms and terms used in probability*

ISO 3534-2:2006, *Statistics — Vocabulary and symbols — Part 2: Applied statistics*

ISO 3534-3:1999, *Statistics — Vocabulary and symbols — Part 3: Design of experiments*

Stichwortverzeichnis

	Abschnitt		Abschnitt
Ausschuss	3.16	Prüfplanung	3.12.1
beherrschter Prozess	3.11.2	Prüfstatus	3.12.4
beherrschtes Prozessmerkmal	3.11.1	prüfungsbezogene Begriffe	3.12
Beschaffenheit	3.2	Qualifikation	3.18
Einheit	3.1	qualitätsbezogene Kosten	3.15.4
Fehlerkosten	3.15.3	Qualitätsdaten	3.14
Fehlerverhütungskosten	3.15.1	Qualitätselement	3.7
Gebrauchstauglichkeit	3.3	Qualitätsmanagement-Element; QM-Element	3.6
kostenbezogene Begriffe	3.15	Qualitätstechnik	3.9
Lieferantenbeurteilung	3.8	Qualitätsüberwachung	3.12.5
Maßnahme	3.17	spezieller Prozess	3.11.3
prozessbezogene Begriffe	3.11	statistische Qualitätslenkung	3.10
Prüfauftrag	3.12.3	umfassendes Qualitätsmanagement	3.4
Prüfkosten	3.15.2	Verfahrensanweisung	3.13
Prüfplan	3.12.2	Zuverlässigkeitsanforderung	3.5

DK 658.562:001.4 März 1989

Begriffe der Qualitätssicherung und Statistik Merkmalsbezogene Begriffe	**DIN** **55 350** Teil 12

Concepts in the field of quality and statistics; concepts relating to characteristics

Ersatz für Ausgabe 09.88

Die in dieser Norm enthaltenen fremdsprachlichen Benennungen (in der Reihenfolge englisch, französisch) sind nicht Bestandteil dieser Norm. Sie sollen das Übersetzen erleichtern.

1 Anwendungsbereich und Zweck

Diese Norm dient wie alle Teile von DIN 55 350 dazu, Benennungen und Definitionen der in der Qualitätssicherung und Statistik verwendeten Begriffe zu vereinheitlichen.

Die Teile von DIN 55 350 sollen nach Möglichkeit alle an der Normung interessierten Anwendungsbereiche berücksichtigen. Sie dürfen deshalb ihre Definitionen nicht so eng fassen, daß sie nur für spezielle Bereiche gelten (Technik, Landwirtschaft, Medizin u. a.). Die internationale Terminologie wurde berücksichtigt, insbesondere die von der International Organization for Standardization (ISO) herausgegebene Internationale Norm ISO 3534–1977 „Statistics – Vocabulary and Symbols".

2 Begriffe

Die nachfolgenden Begriffe betreffen immer nur ein Einzelmerkmal, dem ein Einzelwert zugeordnet ist (univariater Fall). Bei mehreren zusammenhängenden Einzelmerkmalen, die unter einer einzigen Merkmalsbenennung zusammengefaßt sein können, und denen Wertetupel zugeordnet sind (multivariater Fall), sind die Begriffe auf jedes Einzelmerkmal getrennt anwendbar, beispielsweise auf jede Komponente eines Vektors. Einzige Ausnahme ist das Quantil, das als (vorgegebener oder festgestellter) Merkmalswert grundsätzlich einem vorgegebenen Verteilungsanteil zugeordnet ist.

Werden nachfolgend die Bestimmungswörter „Nenn-", „Soll-", „Richt-", „Grenz-", „Höchst-", „Mindest-", „Bemessungs-", „Beobachtungs-", „Extrem-" oder „Ist-" in Verbindung mit der Benennung von Größen gebraucht, so wird darunter immer der diesem Bestimmungswort entsprechende Wert dieser Größe im Sinne der jeweils nachfolgend gegebenen Definition verstanden. Beispiel: Soll-Temperatur.

Die Begriffe zu abgestuften Grenzwerten sind in Anhang A aufgeführt (siehe auch Erläuterungen).

Jedes Ermittlungsergebnis (z. B. Istwert, Istquantil und Ist-Verteilungsanteil), ist mit einer von Ergebnisabweichungen herrührenden Ergebnisunsicherheit (siehe DIN 55 350 Teil 13) behaftet. Diese kann sich auf die Festlegung von vorgegebenen Merkmalswerten auswirken.

Die in Klammern angegebenen Nummern sind Hinweise auf die Nummern der in dieser Norm enthaltenen Begriffe.

Fortsetzung Seite 2 bis 13

Ausschuß Qualitätssicherung und angewandte Statistik (AQS) im DIN Deutsches Institut für Normung e. V.

Nr	Benennung	Definition und Anmerkungen
1	**Allgemeine Begriffe**	
1.1	Merkmal characteristic caractère	Eigenschaft zum Erkennen oder zum Unterscheiden von Einheiten (siehe DIN 55 350 Teil 11). Anmerkung: Das Unterscheiden dient sowohl der Abgrenzung als auch der Untersuchung einer Grundgesamtheit (siehe DIN 55 350 Teil 14).
1.1.1	Merkmalswert characteristic value	Der Erscheinungsform des Merkmals zugeordneter Wert. Anmerkung: Durch die spezielle Festlegung des betrachteten Merkmals ist die Art des Merkmals (z. B. Farbe, Länge) bestimmt (Art des Merkmals: siehe 1.1.4 bis 1.1.5.2 und Fußnote 1) und damit auch die Art der Merkmalswerte (z. B. rot, 3 m).
1.1.2	Wertebereich eines Merkmals	Menge aller Merkmalswerte (1.1.1), die das betrachtete Merkmal annehmen kann.
1.1.3	Skala	Zweckmäßig geordneter Wertebereich eines Merkmals (1.1.2). Anmerkung: Zur Festlegung einer Skala gehört auch die Festlegung der zwischen ihren Werten zulässigen Beziehungen und Transformationen (siehe Tabelle 1 der Erläuterungen).
1.1.4	Quantitatives Merkmal quantitative characteristic caractère quantitatif	Merkmal, dessen Werte einer Skala (1.1.3) zugeordnet sind, auf der Abstände definiert sind. Anmerkung 1: Diese Skala heißt „Metrische Skala" oder „Kardinalskala". Auf ihr sind entweder nur Abstände definiert („Intervallskala") oder zusätzlich auch Verhältnisse („Verhältnisskala"). Beispielsweise sind auf der Temperaturskala nach Celsius nur Abstände definiert, während auf der Kelvin-Temperaturskala zusätzlich auch Verhältnisse definiert sind. Anmerkung 2: Nach dem Wertebereich (1.1.2) werden „kontinuierliche Merkmale" und „diskrete Merkmale" unterschieden. Anmerkung 3: Ein quantitatives Merkmal kann dadurch in ein qualitatives Merkmal verwandelt werden, daß nur noch festgestellt wird, ob der Istwert in einem vorgegebenen Bereich von Werten liegt (der zum Wertebereich des Merkmals (1.1.2) gehört). Anmerkung 4: Der Wert eines quantitativen Merkmals wird als Produkt aus Zahlenwert und Einheit (z. B. SI-Einheit, Währungseinheit, siehe auch DIN 1301 Teil 1) ausgedrückt (siehe DIN 1313). Anmerkung 5: Alle (physikalischen) Größen sind quantitative Merkmale. Größenwerte sind Werte quantitativer Merkmale.
1.1.4.1	Kontinuierliches Merkmal continuous characteristic caractère mesurable	Quantitatives Merkmal, dessen Wertebereich überabzählbar unendlich ist. Anmerkung 1: Statistische Auswertungsverfahren zu dieser Merkmalsart siehe DIN 53 804 Teil 1[1]). Anmerkung 2: Eine Menge ist dann überabzählbar unendlich, wenn zu ihrer Durchnumerierung die Menge der natürlichen Zahlen nicht ausreicht (z. B. ist die Menge der reellen Zahlen überabzählbar unendlich). Anmerkung 3: Die Benennungen „meßbares Merkmal" und „Variablenmerkmal" werden nicht empfohlen. Anmerkung 4: Leicht mißverständlich auch „stetiges Merkmal".

[1]) Die Benennungen für die in DIN 53 804 behandelten vier Merkmalsarten sollen – soweit nötig – bei der jeweils nächsten Ausgabe an die obigen Benennungen angeglichen werden. Das bedeutet, daß geändert wird:
- im Teil 1: „Meßbare (kontinuierliche) Merkmale" in „Kontinuierliche Merkmale"
- im Teil 2: „Zählbare (diskrete) Merkmale" in „Zählmerkmale (Diskrete Merkmale)" und
- im Teil 4: „Attributmerkmale" in „Nominalmerkmale".

Nr	Benennung	Definition und Anmerkungen
1.1.4.2	Diskretes Merkmal discrete characteristic caractère discret	Quantitatives Merkmal, dessen Wertebereich endlich oder abzählbar unendlich ist. Anmerkung 1: Statistische Auswertungsverfahren speziell zu Zählmerkmalen siehe DIN 53804 Teil 2 [1]). Anmerkung 2: Eine Menge ist dann abzählbar unendlich, wenn zu ihrer Durchnumerierung die Menge der natürlichen Zahlen ausreicht. Anmerkung 3: Zählmerkmale sind spezielle diskrete Merkmale, deren Wertebereich die Menge der natürlichen Zahlen einschließlich der Null (0, 1, 2, ...) oder eine Teilmenge dieser Menge ist. Der festgestellte (ermittelte, beobachtete, gemessene) Merkmalswert eines Zählmerkmals heißt „Zählwert". Anmerkung 4: Die Benennung „zählbares Merkmal" wird nicht empfohlen.
1.1.5	Qualitatives Merkmal qualitative characteristic caractère qualitatif	Merkmal, dessen Werte einer Skala zugeordnet sind, auf der keine Abstände definiert sind. Anmerkung 1: Diese Skala heißt „Topologische Skala". Anmerkung 2: Es ist sinnvoll und vielfach üblich, Merkmalswerte von qualitativen Merkmalen mit einer Schlüsselnummer zu kennzeichnen, also mit Zahlen. Dadurch wird jedoch den Werten dieses qualitativen Merkmals keine Skala zugeordnet, auf der Abstände definiert sind. Das qualitative Merkmal wird also durch eine Benummerung der Merkmalswerte nicht in ein quantitatives Merkmal umgewandelt. Anmerkung 3: Die Benennungen „Attributmerkmal" oder „attributives Merkmal" werden nicht empfohlen.
1.1.5.1	Ordinalmerkmal ordinal characteristic caractère ordinal	Qualitatives Merkmal, für dessen Merkmalswerte eine Ordnungsbeziehung besteht. Anmerkung 1: Statistische Auswertungsverfahren zu dieser Merkmalsart siehe DIN 53804 Teil 3 [1]). Anmerkung 2: Die topologische Skala (siehe Anmerkung 1 zu 1.1.5) heißt hier speziell „Ordinalskala". Anmerkung 3: Merkmalswerte eines Ordinalmerkmals können nur in einer einzigen Ordnung (im Sinne einer Aufeinanderfolge) auf der Ordinalskala angeordnet werden. Siehe auch Anmerkung 2 zu 1.1.5. Anmerkung 4: Die Ordnungsbeziehung besteht in den Beziehungen „größer als", „gleich", „kleiner als". Beispielsweise sind die drei möglichen Beobachtungswerte einer Grenzlehre „Maß im Toleranzbereich", „Maß über Höchstmaß" und „Maß unter Mindestmaß" einer Ordinalskala zugeordnet. Anmerkung 5: Die Merkmalswerte von Ordinalmerkmalen werden häufig auch „Noten" genannt.
1.1.5.2	Nominalmerkmal nominal characteristic caractère nominal	Qualitatives Merkmal, für dessen Werte keine Ordnungsbeziehung besteht. Anmerkung 1: Statistische Auswertungsverfahren zu dieser Merkmalsart siehe DIN 53804 Teil 4 [1]). Anmerkung 2: Die topologische Skala (siehe Anmerkung 1 zu 1.1.5) heißt hier speziell „Nominalskala". Anmerkung 3: Weil keine Ordnungsbeziehung besteht, kann man nur „gleich" oder „ungleich" erkennen. Deshalb ist auch jede beliebige Anordnung der Werte wählbar. Z. B. sind die Farben „grün", „weiß" und „rot" einer Nominalskala zugeordnet. Ein weiteres Beispiel ist die Zuordnung von Schlüsselnummern zu Berufsgruppen für eine Berufsgruppenstatistik. Anmerkung 4: Der Merkmalswert eines Nominalmerkmals wird häufig auch „Attribut" genannt. Ein Nominalmerkmal mit nur zwei möglichen Merkmalswerten heißt „dichotomes Merkmal", „Binärmerkmal" oder „Alternativmerkmal". Anmerkung 5: Die Benennung „klassifikatorisches Merkmal" wird nicht empfohlen.

[1]) Siehe Seite 2

Seite 4 DIN 55350 Teil 12

Nr	Benennung	Definition und Anmerkungen
1.2	Abweichung deviation écart	Allgemein: Unterschied zwischen einem Merkmalswert (1.1.1) oder einem dem Merkmal (1.1) zugeordneten Wert und einem Bezugswert. Bei einem quantitativen Merkmal (1.1.4): Merkmalswert oder ein dem Merkmal zugeordneter Wert minus Bezugswert. Anmerkung: Bei quantitativen Merkmalen wird häufig der Abweichungsbetrag benutzt. Ein Beispiel für Abweichungsgrenzbeträge (2.6.3) sind die Fehlergrenzen (siehe DIN 1319 Teil 3).

1.3 Allgemeine qualitätsbezogene Merkmalsbegriffe

Nr	Benennung	Definition und Anmerkungen
1.3.1	Qualitätsmerkmal quality characteristic caractère de la qualité	Die Qualität (siehe DIN 55350 Teil 11) mitbestimmendes Merkmal. Anmerkung 1: Entsprechend der Bedeutung unterscheidet man vielfach Klassen von Qualitätsmerkmalen. Es ist empfehlenswert, diese Klassen entsprechend der Fehlerklassifizierung (siehe DIN 55350 Teil 31) festzulegen. Anmerkung 2: Ein Qualitätsmerkmal sowie seine Werte dürfen weder als „Qualität" noch als „Qualitätselement" bezeichnet werden.
1.3.1.1	Zuverlässigkeitsmerkmal	Die Zuverlässigkeit (siehe DIN 55350 Teil 11) mitbestimmendes Qualitätsmerkmal. Anmerkung: Die Anmerkungen zu Nr 1.3.1 gelten sinngemäß.
1.3.2	Prüfmerkmal inspection characteristic	Merkmal, anhand dessen eine Prüfung durchgeführt wird. Anmerkung: In der Qualitätssicherung ist die Prüfung eine Qualitätsprüfung.

2 Begriffe zu vorgegebenen Merkmalswerten

Nr	Benennung	Definition und Anmerkungen
2.1	Nennwert nominal value valeur nominale	Wert eines quantitativen Merkmals (1.1.4) zur Gliederung des Anwendungsbereichs. Anmerkung 1: Der Nennwert wird oft unter Verwendung einer gerundeten Zahl ausgedrückt. Anmerkung 2: Ist ein Nennwert vorgegeben, so können Grenzabweichungen (2.6) oder Abweichungsgrenzbeträge (2.6.3) auf ihn bezogen werden. Bei Längenmaßen heißen Grenzabweichungen, die auf das Nennmaß bezogen sind, „Grenzabmaße" (siehe DIN 7182 Teil 1). Anmerkung 3: In der inhaltsgleichen Nennwert-Definition nach DIN 40 200 („Geeigneter gerundeter Wert einer Größe zur Bezeichnung oder zur Identifizierung eines Elements, einer Gruppe oder einer Einrichtung") ist die obige Anmerkung 1 enthalten.
2.2	Bemessungswert rated value valeur assignée	Für vorgegebene Anwendungsbedingungen vorgegebener Wert eines quantitativen Merkmals (1.1.4), der von dem festgelegt wird, der die Qualitätsforderung an die Einheit festlegt. Anmerkung: Die Definition des Bemessungswertes nach DIN 40 200 („Ein für eine vorgegebene Betriebsbedingung geltender Wert einer Größe, der im allgemeinen vom Hersteller für ein Element, eine Gruppe oder eine Einrichtung festgelegt wird") ist in der obigen Definition enthalten.
2.3	Sollwert desired value valeur de consigne	Wert eines quantitativen Merkmals (1.1.4), von dem die Istwerte (3.1.1) dieses Merkmals so wenig wie möglich abweichen sollen. Anmerkung 1: Die Abweichungen dürfen im Fall eines zusätzlich vorgegebenen Toleranzbereichs (2.7.2) nicht zur Überschreitung des Höchstwertes (2.5.2) oder zur Unterschreitung des Mindestwertes (2.5.1) führen. Anmerkung 2: Sollwert und Nennwert (2.1) können zusammenfallen. Anmerkung 3: Der Begriff Sollwert ist nur auf die Ergebnisse von Realisierungsverfahren anwendbar, nicht aber auf die Ergebnisse von Ermittlungsverfahren. Ein für ein Meßverfahren vorgegebener richtiger Wert (siehe DIN 1319 Teil 3) soll daher nicht Sollwert genannt werden. Er ist nach DIN 55350 Teil 13 Bezugswert für die Feststellung von Ermittlungsabweichungen, nicht Sollwert gemäß obiger Definition.

17

DIN 55 350 Teil 12   Seite 5

Nr	Benennung	Definition und Anmerkungen
2.4	Richtwert standard value valeur indicatif	Wert eines quantitativen Merkmals (1.1.4), dessen Einhaltung durch die Istwerte (3.1.1) empfohlen wird, ohne daß Grenzwerte (2.5) vorgegeben sind.
2.5	Grenzwert limiting value valeur limitante	Mindestwert (2.5.1) oder Höchstwert (2.5.2). Anmerkung 1: „Toleranzgrenze" wird als Synonym für „Grenzwert" nicht empfohlen, weil die Benutzung zu Verwechslungen führt. Anmerkung 2: Bei quantitativen Merkmalen mit dem Sollwert Null, z. B. bei Unsymmetriegrößen (siehe bei „Zentrierte Zufallsgröße" in DIN 55 350 Teil 21), genügt es meist, einen Grenzbetrag (2.5.3) vorzugeben. Anmerkung 3: Bei multivariaten quantitativen Merkmalen können Grenzwerte einzeln für jede Komponente vorgegeben sein und außerdem voneinander abhängen. Anmerkung 4: Bei Längenmaßen heißt der Grenzwert „Grenzmaß" (siehe DIN 7182 Teil 1).
2.5.1	Mindestwert lower limiting value valeur limite inférieure	Kleinster zugelassener Wert eines quantitativen Merkmals (1.1.4). Anmerkung: Bei Längenmaßen heißt der Mindestwert „Mindestmaß" (siehe DIN 7182 Teil 1).
2.5.2	Höchstwert upper limiting value valeur limite supérieure	Größter zugelassener Wert eines quantitativen Merkmals (1.1.4). Anmerkung: Bei Längenmaßen heißt der Höchstwert „Höchstmaß" (siehe DIN 7182 Teil 1).
2.5.3	Grenzbetrag upper limiting amount	Betrag für Mindestwert (2.5.1) und Höchstwert (2.5.2), die bis auf das Vorzeichen übereinstimmen. Anmerkung 1: Ein Grenzbetrag wird vor allem bei Größen mit dem Sollwert (2.3) Null vorgegeben, z. B. bei Unsymmetriegrößen (siehe „Zentrierte Zufallsgröße" in DIN 55 350 Teil 21). Anmerkung 2: Ein für Abweichungen (1.2) vorgegebener Grenzbetrag hat die Benennung „Abweichungsgrenzbetrag" (2.6.3).
2.6	Grenzabweichung limiting deviation écart limite	Untere Grenzabweichung (2.6.1) oder obere Grenzabweichung (2.6.2). Anmerkung 1: Es ist unrichtig, betragsmäßig gleiche Grenzabweichungen als „Plusminus-Toleranz" oder als „höchstzulässige Abweichung ± A" zu bezeichnen. Richtig ist die Benennung „Grenzabweichungen ± A" oder „Betrag A der Grenzabweichungen" oder „Abweichungsgrenzbetrag A" (2.6.3). Anmerkung 2: Bei Längenmaßen heißt die auf das Nennmaß bezogene Grenzabweichung „Grenzabmaß" (siehe DIN 7182 Teil 1).
2.6.1	Untere Grenzabweichung lower limiting deviation écart limite inférieure	Mindestwert (2.5.1) minus Bezugswert. Anmerkung 1: Bezugswert ist der Nennwert (2.1) oder der Sollwert (2.3). Im Zweifel ist der verwendete Bezugswert anzugeben. Anmerkung 2: Es ist unrichtig, die untere Grenzabweichung als „Minustoleranz" zu bezeichnen.
2.6.2	Obere Grenzabweichung upper limiting deviation écart limite supérieure	Höchstwert (2.5.2) minus Bezugswert. Anmerkung 1: Bezugswert ist der Nennwert (2.1) oder der Sollwert (2.3). Im Zweifel ist der verwendete Bezugswert anzugeben. Anmerkung 2: Es ist unrichtig, die obere Grenzabweichung als „Plustoleranz" zu bezeichnen.

Nr	Benennung	Definition und Anmerkungen
2.6.3	Abweichungsgrenzbetrag	Betrag der unteren Grenzabweichung (2.6.1) und/oder der oberen Grenzabweichung (2.6.2). Anmerkung: Untere und obere Grenzabweichung können unterschiedliche Beträge haben. Werden in einem solchen Fall Abweichungsgrenzbeträge festgelegt, dann werden sie als „Oberer Abweichungsgrenzbetrag" und „Unterer Abweichungsgrenzbetrag" bezeichnet. Ein Beispiel aus der Meßtechnik ist eine von der oberen Fehlergrenze verschiedene untere Fehlergrenze (siehe DIN 1319 Teil 3). Man unterscheide davon den Grenzbetrag (2.5.3) mit definitionsgemäß gleichen Beträgen für Mindest- und Höchstwert der erlaubten Abweichungen vom Bezugswert Null.
2.7	Toleranz tolerance tolerance	Höchstwert (2.5.2) minus Mindestwert (2.5.1), und auch obere Grenzabweichung (2.6.2) minus untere Grenzabweichung (2.6.1). Anmerkung: Sind Zweifel möglich, zu welchem Merkmal die Toleranz gehört, sollte die Benennung durch ein Bestimmungswort ergänzt werden. Beispiele sind „Maßtoleranz", „Temperaturtoleranz", „Drucktoleranz".
2.7.1	Prozeßtoleranz process tolerance	Toleranz für das Merkmal eines Prozesses. Anmerkung 1: Die Toleranz für ein Merkmal des Prozeßergebnisses ist keine Prozeßtoleranz. Anmerkung 2: Zu einem Prozeß können auch Tätigkeiten von Personen gehören. Anmerkung 3: Die Prozeßtoleranz in einem Fertigungsprozeß wird „Fertigungstoleranz" genannt.
2.7.2	Toleranzbereich tolerance zone tolerance	Bereich zugelassener Werte zwischen Mindestwert (2.5.1) und Höchstwert (2.5.2). Anmerkung: Der Toleranzbereich ist bestimmt durch die Toleranz und durch seine Lage zum Bezugswert, z. B. durch die Abweichung eines der beiden Grenzwerte oder des Mittenwerts (2.7.3) vom Nennwert (2.1) oder vom Sollwert (2.3).
2.7.3	Mittenwert	Arithmetischer Mittelwert aus Mindestwert (2.5.1) und Höchstwert (2.5.2). Anmerkung: Vielfach stimmt der Mittenwert mit dem gedachten oder mit dem festgelegten Sollwert (2.3) überein.

3 Begriffe zu festgestellten Merkmalswerten

Nr	Benennung	Definition und Anmerkungen
3.1	Ermittlungsergebnis result of determination	Durch die Anwendung eines Ermittlungsverfahrens festgestellter Merkmalswert (1.1.1).[2)] Anmerkung 1: Das Ermittlungsverfahren ist ein Beurteilungs-, Beobachtungs-, Meß-, Berechnungs-, statistisches Schätzverfahren oder eine Kombination daraus. Die Feststellung ist eine Beurteilung, Beobachtung, Messung (siehe DIN 1319 Teil 1), Berechnung oder eine Kombination daraus. Je nach der Art des Ermittlungsverfahrens heißt das Ermittlungsergebnis Beurteilungs-, Beobachtungs-, Meß-, Rechen-, statistisches Schätzergebnis. Anmerkung 2: Ein Ermittlungsergebnis ist im allgemeinen nur dann vollständig, wenn es eine Angabe über die Ergebnisunsicherheit (siehe DIN 55350 Teil 13) enthält. Anmerkung 3: Ein Ermittlungsergebnis höherer Stufe kann durch Zusammenfassung mehrerer Ermittlungsergebnisse niedrigerer Stufe entstanden sein. Beispielsweise kann das Ermittlungsergebnis höherer Stufe der Mittelwert aus mehreren Meßergebnissen (Ermittlungsergebnissen niedrigerer Stufe) sein. Anmerkung 4: Das „berichtigte Ermittlungsergebnis" ist das um die bekannte systematische Ergebnisabweichung (siehe DIN 55350 Teil 13) berichtigte Ermittlungsergebnis. Anmerkung 5: In der vorangegangenen Ausgabe dieser Norm war statt „Ermittlungsergebnis" noch „Beobachtungswert" enthalten. In DIN 55350 Teil 23 kann das Wort „Beobachtungswert" durch „Einzelermittlungsergebnis" oder „Einzelergebnis" (siehe DIN 13 303 Teil 1) ersetzt werden.

[2)] Definition und Anmerkungen 1 bis 4 aus DIN 55350 Teil 13/07.87

DIN 55 350 Teil 12   Seite 7

Nr	Benennung	Definition und Anmerkungen
3.1.1	Istwert actual value	Ermittlungsergebnis eines quantitativen Merkmals (1.1.4). Anmerkung: Anmerkungen 1 bis 4 zu 3.1 gelten sinngemäß.
3.1.2	Extremwert	Kleinster Einzelistwert (3.1.2.1) oder größter Einzelistwert (3.1.2.2). Anmerkung 1: Extremwerte haben in der Praxis häufig die größte Zufallsstreuung. Anmerkung 2: Zur Vermeidung von Verwechslungen zwischen Extremwerten und Grenzwerten (2.5) wird davon abgeraten, für die Extremwerte die kürzeren Benennungen „Kleinstwert" und „Größtwert" zu benutzen.
3.1.2.1	Kleinster Einzelistwert	In einer bezüglich ihres Umfangs festgelegten Serie von Einzelistwerten (siehe 3.1.1) der kleinste.
3.1.2.2	Größter Einzelistwert	In einer bezüglich ihres Umfangs festgelegten Serie von Einzelistwerten (siehe 3.1.1) der größte.
3.1.3	Grenzwertabstand	Istwert (3.1.1) minus Mindestwert (2.5.1) oder Höchstwert (2.5.2) minus Istwert. Anmerkung 1: Der Istwert kann ein Einzelistwert, ein Istmittelwert oder ein anderer charakteristischer Istwert sein. Anmerkung 2: Ein negativer Grenzwertabstand zeigt, daß der Istwert den Mindestwert unterschreitet oder den Höchstwert überschreitet.

Anhang A
Begriffe zu abgestuften Grenzwerten

Nr	Benennung	Definition und Anmerkungen
A.1 Allgemeine Begriffe		
A.1.1	Merkmalskette	Zusammenfassung mehrerer zusammenwirkender, voneinander unabhängiger Einzelmerkmale (A.1.1.1) gleicher Dimension. Anmerkung 1: In der Praxis kommen oft lineare (additive) Merkmalsketten vor. Auf die beteiligten Einzelmerkmale und das Schließmerkmal (A.1.1.2) werden zweckmäßig abgestufte Grenzwerte (A.2.3) oder abgestufte Toleranzen (A.2.4) angewendet. Anmerkung 2: Die Einzelmerkmale heißen auch „Glieder der Merkmalskette".
A.1.1.1	Einzelmerkmal	Quantitatives Merkmal (1.1.4) als Glied einer Merkmalskette.
A.1.1.2	Schließmerkmal	Quantitatives Merkmal (1.1.4), das sich aus dem Zusammenwirken voneinander unabhängiger Einzelmerkmale (A.1.1.1) in einer Merkmalskette (A.1.1) ergibt. Anmerkung 1: Siehe die Anmerkung 1 zu Merkmalskette. Anmerkung 2: Beispiele für Werte von Schließmerkmalen linearer Merkmalsketten bei Längenmaßen sind die Dicke des Blechpakets für einen Transformatorkern oder das Maß des Luftspalts bei einem Elektromotor.

Seite 8 DIN 55350 Teil 12

Nr	Benennung	Definition und Anmerkungen
A.1.2	Quantil quantile quantil	Allgemein für eine Verteilungsfunktion: Siehe DIN 55350 Teil 21 und DIN 13303 Teil 1. Bei einem kontinuierlichen Merkmal (1.1.4.1): Merkmalswert (1.1.1), unter dem ein vorgegebener Anteil der Merkmalswerte einer Verteilung liegt. Anmerkung 1: Das Quantil hat die Dimension des Merkmalswertes. Der zugehörige vorgegebene Anteil der Merkmalswerte der Verteilung hat die Dimension 1. Anmerkung 2: Gemäß Definition ist der Anteil der Merkmalswerte der Verteilung unter diesem Merkmalswert stets vorgegeben, sowohl bei einem festgestellten Quantil als auch bei einem vorgegebenen Quantil. In beiden Fällen muß entweder eine wirkliche oder eine gedachte Verteilung existieren. Demnach ist – ein vorgegebenes Quantil ein (zum vorgegebenen Verteilungsanteil) vorgegebener Merkmalswert, z. B. ein Mindestquantil (A.2.1.1). – ein festgestelltes Quantil ein (zum vorgegebenen Verteilungsanteil) festgestellter Merkmalswert, z. B. ein Istquantil (A.3.1).
A.2	**Begriffe zu vorgegebenen Merkmalswerten**	
A.2.1	Grenzquantil limiting quantile	Mindestquantil oder Höchstquantil (A.2.1.1 oder A.2.1.2). Anmerkung 1: Für ein zusammengehöriges Paar von Mindest- und Höchstquantil, das zur Eingrenzung einer als symmetrisch vorausgesetzten Verteilung durch abgestufte Grenzwerte (A.2.3) vorgegeben wird, ist die Summe der zugehörigen Grenz-Unterschreitungsanteile (A.2.2) hundert Prozent. Anmerkung 2: Auch für einzelne Grenzquantile eines abgestuften Grenzwertes können Grenzwertabstände (3.1.3) festgestellt werden.
A.2.1.1	Mindestquantil lower limiting quantile	Kleinstes zugelassenes Quantil, und damit ein vorgegebener Merkmalswert, unter dem nicht mehr als der vorgegebene Anteil von Merkmalswerten der Verteilung (siehe DIN 55350 Teil 23) zugelassen ist. Anmerkung 1: Ein Beispiel für ein Mindestquantil ist eine Mindestwanddicke 1,00 mm bei einem vorgegebenen Verteilungsanteil von 10 Prozent. Unter 1,00 mm ist folglich ein Höchst-Unterschreitungsanteil (A.2.2.1) 10 Prozent von Wanddickenwerten zugelassen. Anmerkung 2: Wird ein Höchst-Unterschreitungsanteil von null Prozent der Merkmalswerte einer Verteilung unter dem Mindestquantil zugelassen, verwandelt sich das Mindestquantil dadurch in einen Mindestwert (2.5.1), weil dieser dann der kleinste zugelassene Wert ist.
A.2.1.2	Höchstquantil upper limiting quantile	Größtes zugelassenes Quantil, und damit ein vorgegebener Merkmalswert, unter dem nicht weniger als der vorgegebene Anteil von Merkmalswerten der Verteilung (siehe DIN 55350 Teil 23) gefordert wird. Anmerkung 1: Ein Beispiel für ein Höchstquantil ist eine Höchstwanddicke 1,20 mm bei einem vorgegebenen Verteilungsanteil von 90 Prozent. Unter 1,20 mm ist folglich ein Mindest-Unterschreitungsanteil (A.2.2.2) 90 Prozent von Wanddickenwerten gefordert. Anmerkung 2: Wird ein Mindest-Unterschreitungsanteil von hundert Prozent der Merkmalswerte einer Verteilung unter dem Höchstquantil gefordert, verwandelt sich das Höchstquantil dadurch in einen Höchstwert (2.5.2), weil dieser dann der größte zugelassene Wert ist.
A.2.2	Grenz-Unterschreitungsanteil limiting proportion	Höchst-Unterschreitungsanteil (A.2.2.1) oder Mindest-Unterschreitungsanteil (A.2.2.2). Anmerkung 1: Der Grenz-Unterschreitungsanteil ist in der Quantil-Definition (A.1.2) der „vorgegebene Anteil der Merkmalswerte einer Verteilung". Anmerkung 2: Für ein zusammengehöriges Paar von Mindest- und Höchstquantil, das zur Eingrenzung einer als symmetrisch vorausgesetzten Verteilung durch abgestufte Grenzwerte (A.2.3) vorgegeben wird, ist die Summe der zugehörigen Grenz-Unterschreitungsanteile hundert Prozent.

Nr	Benennung	Definition und Anmerkungen
A.2.2.1	Höchst-Unterschreitungsanteil upper limiting proportion	Größter zugelassener Anteil der Merkmalswerte einer Verteilung unter dem Mindestquantil (A.2.1.1). Anmerkung: Der Merkmalsgrenzwert des Mindestquantils darf höchstens von einem Anteil von Merkmalswerten der Verteilung unterschritten werden, der dem Höchst-Unterschreitungsanteil entspricht.
A.2.2.2	Mindest-Unterschreitungsanteil lower limiting proportion	Kleinster geforderter Anteil der Merkmalswerte einer Verteilung unter dem Höchstquantil (A.2.1.2). Anmerkung: Der Merkmalsgrenzwert des Höchstquantils muß mindestens von einem Anteil von Merkmalswerten der Verteilung unterschritten werden, der dem Mindest-Unterschreitungsanteil entspricht.
A.2.3	Abgestufter Grenzwert stepped limiting value	Aus einer Folge von Grenzquantilen (A.2.1) aufgebauter mehrstufiger Grenzwert mit zugehörigen Grenz-Unterschreitungsanteilen (A.2.2). Anmerkung 1: Die Benennung „abgestufter Grenzwert" ist aus seiner Darstellung im Wahrscheinlichkeitsnetz entstanden. Anmerkung 2: Praxisüblich sind einfache, zweifache und dreifache Abstufungen. Eine mehrfache Abstufung ermöglicht die ein- oder zweiseitige Eingrenzung der Kennwerte für Lage und Streuung einer Verteilung, bei Feinabstufung sogar für deren Form. Anmerkung 3: Sonderfall eines abgestuften Grenzwertes ist ein einzelnes Mindestquantil oder ein einzelnes Höchstquantil. Dann existiert im (Wahrscheinlichkeitsnetz) nur eine einzige Stufe. Die einfache Abstufung gestattet z. B. die Berücksichtigung kleiner Überschreitungs- oder Unterschreitungsanteile bei Grenzwerten.
A.2.3.1	Abgestufter Mindestwert stepped lower limiting value	Abfallende Folge von Mindestquantilen (A.2.1.1) mit zugehöriger abfallender Folge von Höchst-Unterschreitungsanteilen (A.2.2.1). Anmerkung: Den Höchst-Unterschreitungsanteilen sind für die statistische Qualitätsprüfung häufig Annahmefaktoren A zugeordnet (A = Mindestbetrag für $|G - \bar{x}|/s$, wobei G der betrachtete Grenzwert (2.5) und für $\bar{x}$ positiver Grenzwertabstand (3.1.3) vorausgesetzt ist.
A.2.3.2	Abgestufter Höchstwert stepped upper limiting value	Ansteigende Folge von Höchstquantilen (A.2.1.2) mit zugehöriger ansteigender Folge von Mindest-Unterschreitungsanteilen (A.2.2.2). Anmerkung: Den Komplementen zu Eins der Mindest-Unterschreitungsanteile sind für die statistische Qualitätsprüfung häufig Annahmefaktoren A (siehe Anmerkung zu A.2.3.1) zugeordnet. Bei manchen bestehenden Spezifikationen abgestufter Höchstwerte sind diese Komplemente zu Eins der Mindest-Unterschreitungsanteile statt der Mindest-Unterschreitungsanteile selbst festgelegt.
A.2.4	Abgestufte Toleranz stepped tolerance	Oberstes Höchstquantil des abgestuften Höchstwertes (A.2.3.2) minus unterstes Mindestquantil des abgestuften Mindestwertes (A.2.3.1). Anmerkung: Die Abstufungen der Grenzquantile sind also stets „nach innen" gerichtet.
A.2.4.1	Abgestufte Einzeltoleranz	Abgestufte Toleranz für ein Einzelmerkmal (A.1.1.1).
A.2.4.2	Schließtoleranz	Abgestufte Toleranz für ein Schließmerkmal (A.1.1.2). Anmerkung: Man unterscheidet zwischen dem unwirtschaftlichen Fall der „arithmetischen Schließtoleranz" als der Summe der abgestuften Einzeltoleranzen, dem Idealfall der „quadratischen Schließtoleranz" als der positiven Quadratwurzel aus der Summe der Quadrate der abgestuften Einzeltoleranzen, und der dazwischen liegenden „statistischen Schließtoleranz". Diese wiederum wird unterschieden nach der optimalen und der aufgrund des eingesetzten Ermittlungsaufwands anwendbaren. Die anwendbare statistische Schließtoleranz ist in der Regel ungünstiger (enger) als die optimale.
A.2.5	Abgestufter Toleranzbereich stepped tolerance zone	Bereich zugelassener Werte zwischen einem abgestuften Mindestwert (A.2.3.1) und einem abgestuften Höchstwert (A.2.3.2). Anmerkung: Als abgestufte Toleranz (A.2.4) ist die Differenz zwischen dem obersten Höchstquantil und dem untersten Mindestquantil festgelegt.

Nr	Benennung	Definition und Anmerkungen
A.3	**Begriffe zu festgestellten Merkmalswerten**	
A.3.1	Istquantil	Quantil (A.1.2) einer Häufigkeitsverteilung (siehe DIN 55 350 Teil 23). Anmerkung 1: Für den Fall, daß die Häufigkeitsverteilung beim vorgegebenen Anteil keinen Merkmalswert aufweist, ist bei Anwendung von Istquantilen festzulegen, ob der nächste darunterliegende, der nächste darüberliegende Merkmalswert oder der Mittelwert aus diesen beiden als Istquantil gelten soll. Fehlt diese Festlegung, so ist der darüberliegende Merkmalswert zu verwenden. Anmerkung 2: Auch „empirisches Quantil" (siehe DIN 13 303 Teil 1)
A.3.2	Ist-Unterschreitungsanteil	Anzahl der Einzelistwerte (siehe 3.1.1) unter einem vorgegebenen Merkmalswert dividiert durch die gesamte Anzahl Einzelistwerte der Häufigkeitsverteilung.

Zitierte Normen

DIN 1301 Teil 1	Einheiten; Einheitennamen, Einheitenzeichen
DIN 1313	Physikalische Größen und Gleichungen; Begriffe, Schreibweisen
DIN 1319 Teil 1	Grundbegriffe der Meßtechnik; Allgemeine Grundbegriffe
DIN 1319 Teil 3	Grundbegriffe der Meßtechnik; Begriffe für die Meßunsicherheit und für die Beurteilung von Meßgeräten und Meßeinrichtungen
DIN 7182 Teil 1	Maße, Abmaße, Toleranzen und Passungen; Grundbegriffe
DIN 13 303 Teil 1	Stochastik; Wahrscheinlichkeitstheorie, Gemeinsame Grundbegriffe der mathematischen und der beschreibenden Statistik; Begriffe und Zeichen
DIN 40 200	Nennwert, Grenzwert, Bemessungswert, Bemessungsdaten; Begriffe
DIN 53 804 Teil 1	Statistische Auswertungen; Meßbare (kontinuierliche) Merkmale
DIN 53 804 Teil 2	Statistische Auswertungen; Zählbare (diskrete) Merkmale
DIN 53 804 Teil 3	Statistische Auswertungen; Ordinalmerkmale
DIN 53 804 Teil 4	Statistische Auswertungen; Attributmerkmale
DIN 55 350 Teil 11	Begriffe der Qualitätssicherung und Statistik; Grundbegriffe der Qualitätssicherung
DIN 55 350 Teil 13	Begriffe der Qualitätssicherung und Statistik; Begriffe zur Genauigkeit von Ermittlungsverfahren und Ermittlungsergebnissen
DIN 55 350 Teil 14	Begriffe der Qualitätssicherung und Statistik; Begriffe der Probenahme
DIN 55 350 Teil 21	Begriffe der Qualitätssicherung und Statistik; Begriffe der Statistik; Zufallsgrößen und Wahrscheinlichkeitsverteilungen
DIN 55 350 Teil 23	Begriffe der Qualitätssicherung und Statistik; Begriffe der Statistik; Beschreibende Statistik
DIN 55 350 Teil 31	Begriffe der Qualitätssicherung und Statistik; Begriffe der Annahmestichprobenprüfung
DIN ISO 3534 – 1977	Statistics – Vocabulary and Symbols

Weitere Normen

DIN 7186 Teil 1	Statistische Tolerierung; Begriffe, Anwendungsrichtlinien und Zeichnungsangaben
DIN 55 350 Teil 15	Begriffe der Qualitätssicherung und Statistik; Begriffe zu Mustern
DIN 55 350 Teil 17	Begriffe der Qualitätssicherung und Statistik; Begriffe der Qualitätsprüfungsarten
DIN 55 350 Teil 18	Begriffe der Qualitätssicherung und Statistik; Begriffe zu Bescheinigungen über die Ergebnisse von Qualitätsprüfungen; Qualitätsprüf-Zertifikate
DIN 55 350 Teil 22	Begriffe der Qualitätssicherung und Statistik; Begriffe der Statistik; Spezielle Wahrscheinlichkeitsverteilungen
DIN 55 350 Teil 24	Begriffe der Qualitätssicherung und Statistik; Begriffe der Statistik; Schließende Statistik

Frühere Ausgaben

DIN 55 350 Teil 12 : 07.78, 09.88

Änderungen

Gegenüber der im Januar 1986 zurückgezogenen Ausgabe Juli 1978 wurden folgende Änderungen vorgenommen:
Vollständige Überarbeitung und Ergänzung.

Gegenüber der Ausgabe September 1988 wurden folgende Berichtigungen vorgenommen:
In Tabelle 1 wurden der Tabellenkopf für die beiden letzten Spalten korrigiert und einige mißverständliche Beispiele korrigiert bzw. entfernt. Weitere Korrekturen in 1.1.5.1, A.2.1.2, A.2.2, A.2.3, A.2.3.1, A.2.3.2 und A.3.1.

Erläuterungen

Die dieser Norm vorausgegangene Vornorm war im Juli 1978 herausgegeben worden (die erste vom Ausschuß für Qualitätssicherung und angewandte Statistik (AQS) erarbeitete Veröffentlichung). Seinerzeit waren 18 merkmalsbezogene Begriffe genormt worden.

Seit Herausgabe der Vornorm wurden zahlreiche weitere merkmalsbezogene Begriffe in der Praxis (z. B. Werknormen), in DIN-Normen (z. B. Normen der Reihe DIN 1319) und in der internationalen Normung (z. B. DIN 40 200 als Folge der Publication IEC 50 (151)(1978)) festgelegt.

Erläuterungen zu den vier Merkmalsarten:

Es war notwendig, die Begriffe für die vier Merkmalsarten (im Abschnitt 2 die Nummern 1.1.4.1, 1.1.4.2, 1.1.5.1 und 1.1.5.2) und ihre beiden Oberbegriffe (Nummern 1.1.4 und 1.1.5) in die Folgeausgabe der Norm aufzunehmen, siehe auch Tabelle 1. Diese Tabelle stammt aus Padberg und Wilrich: Die Auswertung von Daten und ihre Abhängigkeit von der Merkmalsart, „Qualität und Zuverlässigkeit" 26 (1981), Heft 6, Seite 180, und wurde für diese Erläuterungen und aufgrund der zwischenzeitlichen Entwicklung der Begriffsnormung modifiziert.

Tabelle 1. **Übersicht über die vier Merkmalsarten anhand der zugehörigen Skalentypen**

Merkmalsart	Qualitative Merkmale		Quantitative (kontinuierliche oder diskrete) Merkmale	
	Nominalmerkmal	Ordinalmerkmal		
Skalentyp	Topologische Skalen		Kardinalskalen (Metrische Skalen)	
	Nominalskala	Ordinalskala	Intervallskala	Verhältnisskala
Definierte Beziehungen	= ≠	= ≠ < >	= ≠ < > + −	= ≠ < > + − · :
Interpretation der hinzukommenden Beziehung	Unterscheidung gleich/ungleich möglich	Unterscheidung kleiner/größer möglich	Differenzen haben empirischen Sinn	Verhältnisse haben empirischen Sinn
Zugelassene Transformationen	umkehrbar eindeutige (bijektive)	monoton steigende (isotone)	lineare $y = ax + b$ $(a > 0)$	Ähnlichkeitstransform. $y = ax$ $(a > 0)$
Beispiele für Merkmale	Postleitzahlen Autokennzeichen Artikelnummern Symbole	Schulnoten Militärische Dienstgrade Mercalli'sche Erdbebenskala Windstärke Beaufort	Celsius-Temperatur Kalenderdatum	Temperatur Einkommen Fehleranzahl Richter'sche Erdbebenskala Windgeschwindigkeit m/s
Beispiele für statistische Kennwerte	Modalwert Häufigkeiten	Quantile *) (Median, Quartile,...)	arithmetischer Mittelwert *) Standardabweichung	geometrischer Mittelwert *) Variationskoeffizient
Anzuwendende statistische Verfahren	nichtparametrische		parametrische, und zwar unter Beachtung der Modellvoraussetzungen	
Informationsinhalt	gering ──────────────────────────────► hoch			
Empfindlichkeit gegenüber Ergebnisabweichungen	gering ──────────────────────────────► hoch			

*) Die statistischen Kennwerte in allen jeweils links von einer betrachteten Tabellenspalte stehenden Tabellenspalten sind weitere Beispiele für statistische Kennwerte.

Erläuterungen zu den im Anhang A enthaltenen Begriffen zu abgestuften Grenzwerten

Die Diskussion zu den Begriffen zu Grenzwerten unter Berücksichtigung statistischer Gesichtspunkte ist noch nicht abgeschlossen. Um dennoch eine Grundlage zur Vereinheitlichung zu schaffen, wurden die Begriffe im Anhang A aufgeführt. Abgestufte Grenzwerte werden in diesem Anhang mit Hilfe von Quantilen definiert. Dabei kann der Quantilbegriff in seiner Definition für kontinuierliche Merkmale benutzt werden (vergleiche A.1.2). Bei abgestuften Grenzwerten werden im allgemeinen nur diese Merkmale betrachtet.

Zur Erleichterung des Verständnisses für abgestufte Grenzwerte dienen die nachfolgenden drei Bilder (aus Geiger: Grenzwerte, abgestufte Grenzwerte und ihre Bezeichnung, DIN-Mitteilungen+elektronorm 61. 1982, Nr. 2, Seiten 76 bis 80).

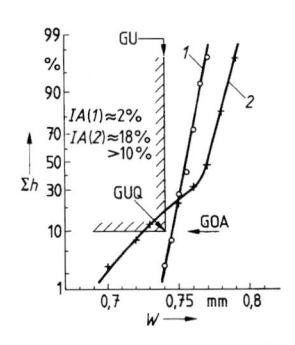

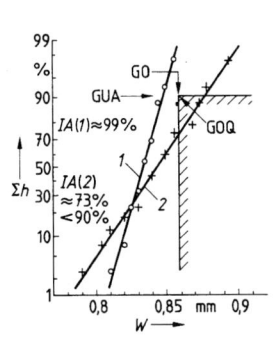

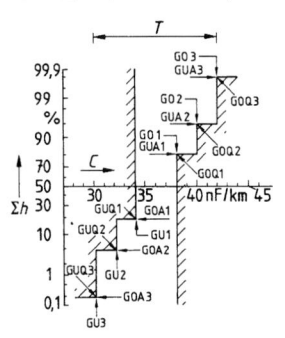

Bild 1. Beispiel eines Mindestquantils   Bild 2. Beispiel eines Höchstquantils   Bild 3. Praxisbeispiel eines dreifach abgestuften Toleranzbereichs

Die Häufigkeitsverteilungen mit „1" sind zugelassen, die mit „2" nicht.

T – Toleranzbereich
GK
GO G – Grenzwert
GUQ U – unten; Mindest-
       O – oben; Höchst-
GOA Q – Quantil
GUA A – Anteil (Unterschreitungsanteil)
GOQ
W – Isolierwanddicke
C – Betriebskapazität

Wird ein Mindest-Unterschreitungsanteil von Istwerten von weniger als hundert Prozent unter dem Höchstwert gefordert, verwandelt sich der Höchstwert dadurch in ein Höchstquantil, weil Werte zugelassen sind, die größer sind als dieser Höchstwert. Wird ein Höchst-Unterschreitungsanteil von Istwerten von mehr als null Prozent unter dem Mindestwert zugelassen, verwandelt sich der Mindestwert dadurch in ein Mindestquantil, weil Werte zugelassen sind, die kleiner sind als dieser Mindestwert. Bei Mindestquantilen wird schon bisher immer der größte zugelassene Anteil von kleineren Merkmalswerten vorgegeben. Bei Höchstquantilen hingegen ist gelegentlich ein Umdenken nötig. Dort sind oft noch größte zugelassene Überschreitungsanteile vorgegeben. Sie müssen nach Definition A.2.1.2 ersetzt werden durch deren Komplemente zu 1, das sind die Mindest-Unterschreitungsanteile.

Abgestufte Grenzwerte sind der Allgemeinfall von Grenzwerten (2.5), d. h. von Mindestwerten (2.5.1) oder Höchstwerten (2.5). Bei abgestuften Grenzwerten handelt es sich um eine komplexe Festlegung aufgrund einer verbesserten Kenntnis der praktisch erzielbaren oder erzielten Häufigkeitsverteilungen der Einzelmerkmale. (Siehe Beispiele im DIN-Fachbereich Nr 6 sowie DIN 7186 Teil 1). Es gibt Fälle, in denen ein Mindestanteil von Merkmalswerten zwischen zwei symmetrisch zum Mittenwert (z. B. Ursprung) liegenden Grenzwerten liegen muß, die deshalb als Mindestquantil und Höchstquantil festgelegt wird, wobei die Summe der beiden Grenz-Unterschreitungsanteile 100% ergibt (vergleiche Anmerkung 1 zu A.2.1 und Anmerkung 2 zu A.2.2). In diesem Fall kann auch ein Höchstquantil für die Abweichungsbeträge vom Mittenwert festgelegt werden.

Die Abstufung von Grenzwerten für Einzelmerkmale und Schließmerkmale von Merkmalsketten unter Ausnutzung der Abweichungsfortpflanzung ist in größerem Umfang in der Praxis erst jetzt möglich, weil die erforderlichen Berechnungen nun mit der Datenverarbeitung in wirtschaftlicher Weise ausgeführt und alle relevanten statistischen Methoden ausgenutzt werden können. So wird der Einsatz abgestufter Grenzwerte auch dort sinnvoll, wo bisher der Aufwand für Planung und Informationsbeschaffung noch zu groß war.

Dies ergibt eine Fertigung, die
– bei vorgegebener Schließtoleranz und bekannten Häufigkeitsverteilungen der Einzelmerkmale zu wirtschaftlicheren abgestuften Einzeltoleranzen für die Einzelmerkmale oder
– bei bekannten Häufigkeitsverteilungen der Einzelmerkmale zu günstigeren (kleineren) Schließtoleranzen führt.

Stichwortverzeichnis

(Benennungen in deutscher Sprache)
Dieses Verzeichnis enthält auch Benennungen, die in Anmerkungen vorkommen.

A
Abgestufte Einzeltoleranz A.2.4.1
Abgestufte Toleranz A.2.4
Abgestufter Grenzwert A.2.3
Abgestufter Höchstwert A.2.3.2
Abgestufter Mindestwert A.2.3.1
Abgestufter Toleranzbereich A.2.5
Abweichung 1.2
Abweichungsbetrag 1.2
Abweichungsgrenzbetrag 2.6.3
Alternativmerkmal 1.1.5.2
Anwendbare statistische
 Schließtoleranz A.2.4.2
Arithmetische Schließtoleranz A.2.4.2
Attribut 1.1.5.2
Attributives Merkmal 1.1.5
Attributmerkmal 1.1.5

B
Bemessungswert 2.2
Beobachtungsergebnis 3.1
Beobachtungsverfahren 3.1
Beobachtungswert 3.1
Berechnungsverfahren 3.1
Beurteilungsergebnis 3.1
Beurteilungsverfahren 3.1
Binärmerkmal 1.1.5.2

D
Dichotomes Merkmal 1.1.5.2
Diskretes Merkmal 1.1.4.2

E
Einzelergebnis 3.1
Einzelmerkmal A.1.1.1
Empirisches Quantil A.3.1
Ermittlungsergebnis 3.1
Extremwert 3.1.2

F
Fertigungstoleranz 2.7.1

G
Glieder der Merkmalskette A.1.1
Grenzabmaß 2.1, 2.6
Grenzabweichung 2.6
Grenzbetrag 2.5.3
Grenzmaß 2.5
Grenzquantil A.2.1
Grenz-Unterschreitungsanteil A.2.2
Grenzwert 2.5
Grenzwertabstand 3.1.3
Größenwert 1.1.4
Größter Einzelistwert 3.1.2.2
Größtwert 3.1.2

H
Höchstmaß 2.5.2
Höchstquantil A.2.1.2
Höchst-
 Unterschreitungsanteil A.2.2.1
Höchstwert 2.5.2
Höchstzulässige Abweichung 2.6

I
Intervallskala 1.1.4
Istquantil A.3.1
Ist-Unterschreitungsanteil A.3.2
Istwert 3.1.1

K
Kardinalskala 1.1.4
Klassifikatorisches Merkmal 1.1.5.2
Kleinster Einzelistwert 3.1.2.1
Kleinstwert 3.1.2
Kontinuierliches Merkmal 1.1.4.1

M
Merkmal 1.1
Merkmalskette A.1.1
Merkmalswert 1.1.1
Meßbares Merkmal 1.1.4.1
Meßergebnis 3.1
Meßverfahren 3.1
Metrische Skale 1.1.4
Mindestmaß 2.5.1
Mindestquantil A.2.1.1
Mindest-Unterschreitungs-
 anteil A.2.2.2
Mindestwert 2.5.1
Minustoleranz 2.6.1
Mittenwert 2.7.3

N
Nennwert 2.1
Nominalmerkmal 1.1.5.2
Nominalskala 1.1.5.2
Note 1.1.5.1

O
Obere Grenzabweichung 2.6.2
Oberer Abweichungs-
 grenzbetrag 2.6.3
Optimale statistische
 Schließtoleranz A.2.4.2
Ordinalmerkmal 1.1.5.1
Ordinalskala 1.1.5.1

P
Plusminus-Toleranz 2.6
Plustoleranz 2.6.2
Prozeßtoleranz 2.7.1
Prüfmerkmal 1.3.2

Q
Quadratische Schließtoleranz A.2.4.2
Qualitatives Merkmal 1.1.5
Qualitätsmerkmal 1.3.1
Quantil A.1.2
Quantitatives Merkmal 1.1.4

R
Rechenergebnis 3.1
Richtwert 2.4

S
Schließmerkmal A.1.1.2
Schließtoleranz A.2.4.2
Skala 1.1.3
Sollwert 2.3
Statistische Schließtoleranz A.2.4.2
Statistisches Schätzergebnis 3.1
Statistisches Schätzverfahren 3.1
Stetiges Merkmal 1.1.4.1

T
Toleranz 2.7
Toleranzbereich 2.7.2
Toleranzgrenze 2.5
Topologische Skala 1.1.5

U
Unsymmetriegröße 2.5, 2.5.3
Untere Grenzabweichung 2.6.1
Unterer Abweichungs-
 grenzbetrag 2.6.3

V
Variablenmerkmal 1.1.4.1
Verhältnisskala 1.1.4

W
Wertebereich eines Merkmals 1.1.2

Z
Zählbares Merkmal 1.1.4.2
Zählmerkmal 1.1.4.2
Zählwert 1.1.4.2
Zuverlässigkeitsmerkmal 1.3.1.1

Internationale Patentklassifikation
G 07 C 3/14

DK 658.562 : 519.2 : 001.4

Juli 1987

Begriffe der Qualitätssicherung und Statistik
Begriffe zur Genauigkeit von Ermittlungsverfahren und Ermittlungsergebnissen

DIN 55 350
Teil 13

Concepts in quality and statistics; concepts relating to the accuracy of methods of determination and of results of determination

Ersatz für
die im Januar 1986
zurückgezogene
Ausgabe 01.81

Die in dieser Norm enthaltenen fremdsprachlichen Benennungen (in der Reihenfolge englisch, französisch) sind nicht Bestandteil dieser Norm, sie sollen das Übersetzen erleichtern.

1 Anwendungsbereich und Zweck

Diese Norm dient wie alle Teile von DIN 55 350 dazu, Benennungen und Definitionen der in der Qualitätssicherung und Statistik verwendeten Begriffe zu vereinheitlichen.

Die Teile von DIN 55 350 sollen nach Möglichkeit alle an der Normung interessierten Anwendungsbereiche berücksichtigen. Sie dürfen deshalb ihre Definitionen nicht so eng fassen, daß sie nur für spezielle Bereiche gelten (Technik, Landwirtschaft, Medizin u. a.). Die internationale Terminologie wurde berücksichtigt, insbesondere die von der Internationalen Organization for Standardization (ISO) herausgegebene Internationale Norm ISO 3534 – 1977 „Statistics – Vocabulary and Symbols".

Die in dieser Norm dargelegten Begriffe zur Genauigkeit von Ermittlungsverfahren und Ermittlungsergebnissen sowie für die zugehörigen Bezugswerte (z. B. wahrer Wert), Abweichungen und Unsicherheiten lassen sich sinngemäß, nötigenfalls bei Verwendung anderer Benennungen, übertragen auf Begriffe zur Genauigkeit von Realisierungsverfahren (z. B. Positionierverfahren und Fertigungsverfahren) und von Realisierungsergebnissen (z. B. von Positionierergebnissen und, gegebenenfalls davon abhängend, von Fertigungsergebnissen) sowie für deren zugehörige Bezugswerte (z. B. Sollwert), Abweichungen und Unsicherheiten. Dabei ist zu berücksichtigen, daß Realisierungsergebnisse nur durch Ermittlungen festgestellt werden können und daß sich dabei die Abweichungen (bzw. Unsicherheiten) der Realisierungen und die Abweichungen (bzw. Unsicherheiten) der Ermittlungen überlagern.

Fortsetzung Seite 2 bis 8

Ausschuß Qualitätssicherung und angewandte Statistik (AQS) im DIN Deutsches Institut für Normung e. V.
Normenausschuß Einheiten und Formelgrößen (AEF) im DIN

2 Begriffe

Die in Klammern angegebenen Nummern sind Hinweise auf die Nummern der in dieser Norm enthaltenen Begriffe.

Nr	Benennung	Definition
1	**Allgemeine Begriffe**	
1.1	Ermittlungsergebnis result of determination	Durch die Anwendung eines Ermittlungsverfahrens festgestellter Merkmalswert (siehe DIN 55 350 Teil 12 (z. Z. Entwurf)). Anmerkung 1: Das Ermittlungsverfahren ist ein Beurteilungs-, Beobachtungs-, Meß-, Berechnungs-, statistisches Schätzverfahren oder eine Kombination daraus. Die Feststellung ist eine Beurteilung, Beobachtung, Messung (siehe DIN 1319 Teil 1), Berechnung oder einer Kombination daraus. Je nach der Art des Ermittlungsverfahrens heißt das Ermittlungsergebnis Beurteilungs-, Beobachtungs-, Meß-, Rechen-, statistisches Schätzergebnis. Anmerkung 2: Ein Ermittlungsergebnis ist im allgemeinen nur dann vollständig, wenn es eine Angabe über die Ergebnisunsicherheit (4.1) enthält. Anmerkung 3: Ein Ermittlungsergebnis höherer Stufe kann durch Zusammenfassung mehrerer Ermittlungsergebnisse niedrigerer Stufe entstanden sein. Beispielsweise kann das Ermittlungsergebnis höherer Stufe der Mittelwert aus mehreren Meßergebnissen (als Ermittlungsergebnisse niedrigerer Stufe) sein. Anmerkung 4: Das „berichtigte Ermittlungsergebnis" ist das um die bekannte systematische Ergebnisabweichung (1.2.1) berichtigte Ermittlungsergebnis.
1.2	Ergebnisabweichung error of result	Unterschied zwischen einem Ermittlungsergebnis (1.1) und dem Bezugswert, wobei dieser je nach Festlegung oder Vereinbarung der wahre, der richtige oder der Erwartungswert (1.3 bis 1.5) sein kann.
1.2.1	Systematische Ergebnisabweichung systematic error of result, bias of result	Bestandteil der Ergebnisabweichung (1.2), der im Verlauf mehrerer Feststellungen konstant bleibt oder sich in einer vorhersehbaren Weise ändert. Anmerkung: Systematische Ergebnisabweichungen und ihre Ursachen können bekannt oder unbekannt sein.
1.2.2	Zufällige Ergebnisabweichung random error of result	Bestandteil der Ergebnisabweichung (1.2), der im Verlauf mehrerer Feststellungen in unvorhersehbarer Weise schwankt. Anmerkung: Die Schwankung kann sich sowohl auf den Betrag als auch auf das Vorzeichen beziehen.
1.2.3	Meßabweichung error of measurement	Ergebnisabweichung (1.2), wenn das Ermittlungsverfahren ein Meßverfahren ist.
1.3	Wahrer Wert true value valeur vraie	Tatsächlicher Merkmalswert (siehe DIN 55 350 Teil 12 (z. Z. Entwurf)) unter den bei der Ermittlung herrschenden Bedingungen. Anmerkung 1: Oftmals ist der wahre Wert ein idealer Wert, weil er sich nur dann feststellen ließe, wenn sämtliche Ergebnisabweichungen (1.2) vermieden werden könnten, oder er ergibt sich aus theoretischen Überlegungen. Anmerkung 2: Der wahre Wert eines mathematisch-theoretischen Merkmals wird auch „exakter Wert" genannt. Bei einem numerischen Berechnungsverfahren wird sich als Ermittlungsergebnis jedoch nicht immer der exakte Wert ergeben. Beispielsweise ist der exakte Wert der Fläche eines Kreises mit dem Durchmesser d gleich $\pi d^2/4$.

Nr	Benennung	Definition
1.4	Richtiger Wert conventional true value	Wert für Vergleichszwecke, dessen Abweichung vom wahren Wert (1.3) für den Vergleichszweck als vernachlässigbar betrachtet wird. Anmerkung 1: Der richtige Wert ist ein Näherungswert für den wahren Wert (1.3). Er kann z.B. aus internationalen, nationalen oder Gebrauchsnormalen, von Referenzmaterialien oder Referenzverfahren (z.B. auf der Grundlage speziell organisierter Versuche) gewonnen werden. Anmerkung 2: Es gibt mehrere Benennungen, die synonym zu „richtiger Wert" benutzt werden, beispielsweise „Sollwert" (siehe jedoch DIN 55 350 Teil 12 (z. Z. Entwurf)), „Zielwert". Diese Benennungen sind mißverständlich und daher zu vermeiden. Anmerkung 3: Auch „(konventionell) richtiger Wert".
1.5	Erwartungswert expectation	Das mittlere Ermittlungsergebnis (1.1), welches aus der unablässig wiederholten Anwendung des unter vorgegebenen Bedingungen angewendeten Ermittlungsverfahrens gewonnen werden könnte. Anmerkung: Siehe auch DIN 55 350 Teil 21 und DIN 13 303 Teil 1.
2	**Qualitative Genauigkeitsbegriffe**	
2.1	Genauigkeit accuracy justesse	Qualitative Bezeichnung für das Ausmaß der Annäherung von Ermittlungsergebnissen (1.1) an den Bezugswert, wobei dieser je nach Festlegung oder Vereinbarung der wahre, der richtige oder der Erwartungswert (1.3 bis 1.5) sein kann. Anmerkung 1: Es wird dringend davon abgeraten, quantitative Angaben für dieses Ausmaß der Annäherung mit der Benennung „Genauigkeit" zu versehen. Für quantitative Angaben gilt der Begriff Ergebnisunsicherheit (4.1), bei Meßergebnissen der Begriff Meßunsicherheit (4.1.1). Anmerkung 2: Die Genauigkeit bezieht man nur dann auf den Erwartungswert, wenn kein wahrer (oder richtiger) Wert existiert. In diesem Fall ist der Begriff Richtigkeit (2.1.1) nicht anwendbar; Angaben über die Präzision (2.1.2) sind dann gleichzeitig Genauigkeitsangaben. Anmerkung 3: Bei einem Meßergebnis ist die Genauigkeit durch die Sorgfalt bei der Ausschaltung bekannter systematischer Meßabweichungen (1.2.3) und durch die Meßunsicherheit (4.1.1) bestimmt.
2.1.1	Richtigkeit trueness, accuracy of the mean justesse de la moyenne	Qualitative Bezeichnung für das Ausmaß der Annäherung des Erwartungswertes (1.5) des Ermittlungsergebnisses (1.1) an den Bezugswert, wobei dieser je nach Festlegung oder Vereinbarung der wahre oder der richtige Wert (1.3 oder 1.4) sein kann. Anmerkung 1: Je kleiner die systematische Ergebnisabweichung (1.2.1) ist, um so richtiger arbeitet das Ermittlungsverfahren. Anmerkung 2: Bei quantitativen Angaben wird als Maß für die Richtigkeit im allgemeinen diejenige systematische Ergebnisabweichung (1.2.1) verwendet, die sich als Differenz zwischen dem Mittelwert der Ermittlungsergebnisse (1.1), die bei mehrfacher Anwendung des festgelegten Ermittlungsverfahrens festgestellt wurden, und dem richtigen Wert (1.4) ergibt. Anmerkung 3: Früher auch „Treffgenauigkeit".
2.1.2	Präzision precision fidélité	Qualitative Bezeichnung für das Ausmaß der gegenseitigen Annäherung voneinander unabhängiger Ermittlungsergebnisse (1.1) bei mehrfacher Anwendung eines festgelegten Ermittlungsverfahrens unter vorgegebenen Bedingungen. Anmerkung 1: Je größer das Ausmaß der gegenseitigen Annäherung der voneinander unabhängigen Ermittlungsergebnisse (1.1) ist, umso präziser arbeitet das Ermittlungsverfahren.

Nr	Benennung	Definition
noch 2.1.2	Präzision	Anmerkung 2: Die vorgegebenen Bedingungen können sehr unterschiedlich sein. Deshalb ist man übereingekommen, zwei Extremfälle zu betrachten, die Wiederholbedingungen (2.1.2.1) und die Vergleichbedingungen (2.1.2.3). Anmerkung 3: „Voneinander unabhängige Ermittlungsergebnisse" sind Ermittlungsergebnisse, die durch keines der vorhergehenden Ermittlungsergebnisse für dasselbe, das gleiche oder ähnliches Material beeinflußt sind. Anmerkung 4: Früher auch „Wiederholgenauigkeit"
2.1.2.1	Wiederholbedingungen repeatability conditions	Bei der Gewinnung voneinander unabhängiger Ermittlungsergebnisse (1.1) geltende Bedingungen, bestehend in der wiederholten Anwendung des festgelegten Ermittlungsverfahrens am identischen Objekt durch denselben Beobachter in kurzen Zeitabständen mit derselben Geräteausrüstung am selben Ort (im selben Labor). Anmerkung 1: Ermittlungsergebnisse (1.1), die unter den genannten Bedingungen gewonnen werden, nennt man „Ergebnisse unter Wiederholbedingungen". Anmerkung 2: Wenn die Ermittlung am identischen Objekt nicht möglich ist (beispielsweise bei zerstörender Prüfung), dann versucht man, durch möglichst gleichartige Objekte die Wiederholbedingungen sicherzustellen (siehe auch DIN ISO 5725). Anmerkung 3: Siehe Anmerkung 3 zu 2.1.2
2.1.2.2	Wiederholpräzision repeatability	Präzision unter Wiederholbedingungen (2.1.2.1). Anmerkung: Früher „Wiederholbarkeit" (im qualitativen Sinne).
2.1.2.3	Vergleichbedingungen reproducibility conditions	Bei der Gewinnung voneinander unabhängiger Ermittlungsergebnisse (1.1) geltende Bedingungen, bestehend in der Anwendung des festgelegten Ermittlungsverfahrens am identischen Objekt durch verschiedene Beobachter mit verschiedener Geräteausrüstung an verschiedenen Orten (in verschiedenen Labors). Anmerkung 1: Ermittlungsergebnisse (1.1), die unter den genannten Bedingungen gewonnen werden, nennt man „Ergebnisse unter Vergleichbedingungen". Anmerkung 2: Wenn die Ermittlung am identischen Objekt nicht möglich ist (beispielsweise bei zerstörender Prüfung), dann versucht man, durch möglichst gleichartige Objekte die Vergleichbedingungen sicherzustellen (siehe auch DIN ISO 5725). Anmerkung 3: Siehe Anmerkung 3 zu 2.1.2
2.1.2.4	Vergleichpräzision reproducibility	Präzision unter Vergleichbedingungen (2.1.2.3) Anmerkung 1: Die Benennung „Reproduzierbarkeit" soll für diesen Begriff nicht verwendet werden, weil deren umgangssprachliche Bedeutung sowohl die Wiederholpräzision (2.1.2.2) als auch die Vergleichpräzision einschließt und weil sie auch bei der Betrachtung unterschiedlicher Ermittlungsverfahren verwendet wird. Anmerkung 2: Früher „Vergleichbarkeit" (im qualitativen Sinne).
3 Quantitative Begriffe zur Präzision (2.1.2)		
3.1	Wiederholstandardabweichung repeatability standard deviation	Standardabweichung (siehe DIN 55 350 Teil 21) der Ermittlungsergebnisse (1.1) unter Wiederholbedingungen (2.1.2.1). Anmerkung 1: Formelzeichen σ_r

DIN 55 350 Teil 13 Seite 5

Nr	Benennung	Definition
noch 3.1	Wiederholstandardabweichung	Anmerkung 2: Die Wiederholstandardabweichung ist ein Streuungsparameter (siehe DIN 55 350 Teil 21) für Ermittlungsergebnisse (1.1) unter Wiederholbedingungen (2.1.2.1) und daher ein Maß für die Wiederholpräzision (2.1.2.2). Als Streuungsparameter können auch die Wiederholvarianz, der Wiederholvariationskoeffizient, ein kritischer Wiederholdifferenzbetrag (3.1.1) oder die Wiederholgrenze (3.1.1.1) benutzt werden.
3.1.1	Kritischer Wiederholdifferenzbetrag repeatability critical difference	Betrag, unter dem oder höchstens gleich dem der Absolutwert der Differenz zwischen zwei unter Wiederholbedingungen (2.1.2.1) gewonnenen Ergebnissen, von denen jedes eine von Ermittlungsergebnissen (1.1) repräsentiert, mit einer vorgegebenen Wahrscheinlichkeit erwartet werden kann. Anmerkung 1: Beispiele für solche Ergebnisse sind der arithmetische Mittelwert oder der Median (siehe DIN 55 350 Teil 23) einer Serie von Ermittlungsergebnissen (1.1), wobei die Serie aus nur einem Ermittlungsergebnis bestehen kann. Anmerkung 2: Früher „kritische Wiederholdifferenz"
3.1.1.1	Wiederholgrenze repeatability limit	Kritischer Wiederholdifferenzbetrag (3.1.1) für zwei einzelne Ermittlungsergebnisse (1.1) und für eine vorgegebene Wahrscheinlichkeit von 95%. Anmerkung 1: Formelzeichen r. Anmerkung 2: Die Standardabweichung der Differenz zweier einzelner Ermittlungsergebnisse (1.1) unter Wiederholbedingungen (2.1.2.1) ist das $\sqrt{2}$fache der Wiederholstandardabweichung. Sind die Ermittlungsergebnisse unter Wiederholbedingungen normalverteilt, dann ergibt sich der kritische Wiederholdifferenzbetrag für eine vorgegebene Wahrscheinlichkeit $1-\alpha$ als $u_{1-\alpha/2}\sqrt{2}\sigma_r$. Dabei ist $u_{1-\alpha/2}$ das $(1-\alpha/2)$-Quantil (siehe DIN 55 350 Teil 21) der standardisierten Normalverteilung (siehe DIN 55 350 Teil 22). Für eine Wahrscheinlichkeit von 95% sind $1-\alpha = 0{,}95$ und $u_{1-\alpha/2} = 1{,}96$. Daraus ergibt sich $r = 1{,}96\sqrt{2}\,\sigma_r = 2{,}77\,\sigma_r$. Häufig wird auch der Zahlenwert 2,8 benutzt ($2{,}8 \approx 2\sqrt{2}$), siehe DIN ISO 5725. Anmerkung 3: Früher „Wiederholbarkeit" (im quantitativen Sinne)
3.2	Vergleichstandardabweichung reproducibility standard deviation	Standardabweichung (siehe DIN 55 350 Teil 21) der Ermittlungsergebnisse (1.1) unter Vergleichbedingungen (2.1.2.3). Anmerkung 1: Formelzeichen σ_R Anmerkung 2: Die Vergleichstandardabweichung ist ein Streuungsparameter (siehe DIN 55 350 Teil 21) für Ermittlungsergebnisse (1.1) unter Vergleichbedingungen (2.1.2.3) und daher ein Maß für die Vergleichpräzision (2.1.2.4). Als Streuungsparameter können auch die Vergleichvarianz, der Vergleichvariationskoeffizient, ein kritischer Vergleichdifferenzbetrag (3.2.1) oder die Vergleichgrenze (3.2.1.1) benutzt werden.
3.2.1	Kritischer Vergleichdifferenzbetrag reproducibility critical difference	Betrag, unter dem oder höchstens gleich dem der Absolutwert der Differenz zwischen zwei Ergebnissen, von denen jedes eine unter Wiederholbedingungen gewonnene Serie von Ermittlungsergebnissen (1.1) repräsentiert und zwischen denen Vergleichbedingungen (2.1.2.3) vorlagen, mit einer vorgegebenen Wahrscheinlichkeit erwartet werden kann. Anmerkung 1: Beispiele für solche Ergebnisse sind der arithmetische Mittelwert oder der Median (siehe DIN 55 350 Teil 23) einer Serie von Ermittlungsergebnissen (1.1), wobei die Serie aus nur einem Ermittlungsergebnis bestehen kann. Anmerkung 2: Früher „kritische Vergleichdifferenz"

31

Nr	Benennung	Definition
3.2.1.1	Vergleichgrenze reproducibility limit	Kritischer Vergleichdifferenzbetrag (3.2.1) für zwei einzelne Ermittlungsergebnisse (1.1) und für eine vorgegebene Wahrscheinlichkeit von 95%. Anmerkung 1: Formelzeichen R. Anmerkung 2: Die Standardabweichung der Differenz zweier Ermittlungsergebnisse (1.1) unter Vergleichbedingungen (2.1.2.3) ist das $\sqrt{2}$fache der Vergleichstandardabweichung. Sind die Ermittlungsergebnisse unter Vergleichbedingungen normalverteilt, dann ergibt sich der kritische Vergleichdifferenzbetrag für eine vorgegebene Wahrscheinlichkeit $1-\alpha$ als $u_{1-\alpha/2} \sqrt{2} \, \sigma_R$. Dabei ist $u_{1-\alpha/2}$ das $(1-\alpha/2)$-Quantil (siehe DIN 55 350 Teil 21) der standardisierten Normalverteilung (siehe DIN 55 350 Teil 22). Für eine Wahrscheinlichkeit von 95% sind $1-\alpha = 0,95$ und $u_{1-\alpha/2} = 1,96$. Daraus ergibt sich $R = 1,96 \sqrt{2} \, \sigma_R = 2,77 \, \sigma_R$. Häufig wird auch der Zahlenwert 2,8 benutzt ($2,8 \approx 2 \sqrt{2}$), siehe DIN ISO 5725. Anmerkung 3: Früher „Vergleichbarkeit" (im quantitativen Sinne).
4	**Quantitative Begriffe zur Genauigkeit (2.1) von Ermittlungsergebnissen (1.1)**	
4.1	Ergebnisunsicherheit	Geschätzter Betrag zur Kennzeichnung eines Wertebereichs, innerhalb dessen der Bezugswert liegt, wobei dieser je nach Festlegung oder Vereinbarung der wahre Wert (1.3) oder der Erwartungswert (1.5) sein kann. Anmerkung 1: Die Ergebnisunsicherheit u ist ein Maß für die Genauigkeit (2.1) des Ermittlungsergebnisses (1.1), und zwar als Unterschied u_{ob} zwischen der oberen Grenze des Wertebereichs und dem berichtigten Ermittlungsergebnis (siehe Anmerkung 4 zu 1.1) bzw. als Unterschied u_{un} zwischen dem berichtigten Ermittlungsergebnis und der unteren Grenze des Wertebereichs. Meistens, aber nicht immer, sind beide gleich groß. Ist $u_{ob} = u_{un} = u$ die Ergebnisunsicherheit und x das berichtigte Ermittlungsergebnis, so ist die Untergrenze des Wertebereichs $x - u$ und die Obergrenze $x + u$. Der Wertebereich hat dann eine Weite $2u$. Anmerkung 2: Im allgemeinen baut die Ergebnisunsicherheit auf zwei Komponenten auf: die systematische Komponente als Maß für die unbekannten systematischen Ergebnisabweichungen (1.2.1) und die zufällige Komponente als Maß für die zufälligen Ergebnisabweichungen (1.2.2) des Ermittlungsergebnisses (1.1). Anmerkung 3: Die Ergebnisunsicherheit bezieht man nur dann auf den Erwartungswert, wenn kein wahrer Wert existiert. Anmerkung 4: Die Ergebnisunsicherheit eines Meßverfahrens heißt Meßunsicherheit (4.1.1). Entsprechende Benennungen sind bei den anderen in Anmerkung 1 zu 2.1.1 genannten Ermittlungsverfahren möglich.
4.1.1	Meßunsicherheit uncertainty of measurement	Ergebnisunsicherheit eines Meßergebnisses. Anmerkung: Siehe Anmerkung 1 zu 1.1 sowie DIN 1319 Teil 3.

Zitierte Normen

DIN 1319 Teil 1	Grundbegriffe der Meßtechnik; Allgemeine Grundbegriffe
DIN 1319 Teil 3	Grundbegriffe der Meßtechnik; Begriffe für die Meßunsicherheit und für die Beurteilung von Meßgeräten und Meßeinrichtungen
DIN 13303 Teil 1	Stochastik; Wahrscheinlichkeitstheorie, Gemeinsame Grundbegriffe der mathematischen und der beschreibenden Statistik; Begriffe und Zeichen
DIN 55350 Teil 12	(z. Z. Entwurf) Begriffe der Qualitätssicherung und Statistik; Merkmalsbezogene Begriffe
DIN 55350 Teil 21	Begriffe der Qualitätssicherung und Statistik; Begriffe der Statistik; Zufallsgrößen und Wahrscheinlichkeitsverteilungen
DIN 55350 Teil 22	Begriffe der Qualitätssicherung und Statistik; Begriffe der Statistik; Spezielle Wahrscheinlichkeitsverteilungen
DIN 55350 Teil 23	Begriffe der Qualitätssicherung und Statistik; Begriffe der Statistik; Beschreibende Statistik
DIN ISO 5725	Präzision von Meßverfahren; Ermittlung der Wiederhol- und Vergleichpräzision von festgelegten Meßverfahren durch Ringversuche; Identisch mit ISO 5725 Ausgabe 1986
ISO 3534 – 1977	Statistics – Vocabulary and Symbols

Weitere Normen

DIN 13303 Teil 2	Stochastik; Mathematische Statistik; Begriffe und Zeichen
DIN 55350 Teil 11	Begriffe der Qualitätssicherung und Statistik; Grundbegriffe der Qualitätssicherung
DIN 55350 Teil 14	Begriffe der Qualitätssicherung und Statistik; Begriffe der Probenahme
DIN 55350 Teil 15	Begriffe der Qualitätssicherung und Statistik; Begriffe zu Mustern
DIN 55350 Teil 16	(z. Z. Entwurf) Begriffe der Qualitätssicherung und Statistik; Begriffe der Qualitätssicherung; Begriffe zu Qualitätssicherungssystemen
DIN 55350 Teil 17	Begriffe der Qualitätssicherung und Statistik; Begriffe der Qualitätsprüfungsarten
DIN 55350 Teil 18	Begriffe der Qualitätssicherung und Statistik; Begriffe zu Bescheinigungen über die Ergebnisse von Qualitätsprüfungen; Qualitätsprüf-Zertifikate
DIN 55350 Teil 24	Begriffe der Qualitätssicherung und Statistik; Begriffe der Statistik; Schließende Statistik
DIN 55350 Teil 31	Begriffe der Qualitätssicherung und Statistik; Begriffe der Annahmestichprobenprüfung

Frühere Ausgaben
DIN 55350 Teil 13: 01.81

Änderungen
Gegenüber der im Januar 1986 zurückgezogenen Ausgabe Januar 1981 wurden folgende Änderungen vorgenommen:
Inhalt vollständig überarbeitet

Stichwortverzeichnis

(Benennungen in deutscher Sprache)

Dieses Verzeichnis enthält auch Benennungen, die in Anmerkungen vorkommen, und zwar auch dann, wenn sie dort als nicht empfehlenswert bezeichnet werden.

B
Beobachtung 1.1
Beobachtungsergebnis 1.1
Beobachtungsverfahren 1.1
Berechnung 1.1
Berechnungsverfahren 1.1
berichtigtes Ermittlungsergebnis 1.1
Beurteilung 1.1
Beurteilungsergebnis 1.1
Beurteilungsverfahren 1.1
Bezugswert 1.2

E
Ergebnis 1.1
Ergebnisabweichung 1.2
Ergebnisse unter Vergleichbedingungen 2.1.2.3
Ergebnisse unter Wiederholbedingungen 2.1.2.1
Ergebnisunsicherheit 4.1
Ermittlung 1.1
Ermittlungsergebnis 1.1
Ermittlungsverfahren 1.1
Erwartungswert 1.5
exakter Wert 1.3

F
Fertigungsergebnisse siehe Abschnitt 1
Fertigungsverfahren siehe Abschnitt 1

G
Genauigkeit 2.1

K
(konventionell) richtiger Wert 1.4
kritische Vergleichdifferenz 3.2.1
kritische Wiederholdifferenz 3.1.1
kritischer Vergleichdifferenzbetrag 3.2.1
kritischer Wiederholdifferenzbetrag 3.1.1

M
Meßabweichung 1.2.3
Meßergebnis 1.1
Messung 1.1
Meßunsicherheit 4.1.1
Meßverfahren 1.1

P
Positionierergebnisse siehe Abschnitt 1
Positionierverfahren siehe Abschnitt 1
Präzision 2.1.2

R
Realisierungsergebnis siehe Abschnitt 1
Realisierungsverfahren siehe Abschnitt 1
Rechenergebnis 1.1
Reproduzierbarkeit 2.1.2.4
richtiger Wert 1.4
Richtigkeit 2.1.1

S
Schätzergebnis 1.1
Schätzverfahren 1.1
Sollwert 1.4, siehe Abschnitt 1
statistisches Schätzergebnis 1.1
statistisches Schätzverfahren 1.1
systematische Ergebnisabweichung 1.2.1, 4.1
systematische Ergebnisunsicherheit 4.1

T
Treffgenauigkeit 2.1.1

V
Vergleichbarkeit 2.1.2.4, 3.2.1.1
Vergleichbedingungen 2.1.2.3
Vergleichgrenze 3.2.1.1
Vergleichpräzision 2.1.2.4
Vergleichstandardabweichung 3.2
Vergleichvarianz 3.2
Vergleichvariationskoeffizient 3.2

W
wahrer Wert 1.3
Wiederholbarkeit 2.1.2.2, 3.1.1.1
Wiederholbedingungen 2.1.2.1
Wiederholgenauigkeit 2.1.2
Wiederholgrenze 3.1.1.1
Wiederholpräzision 2.1.2.2
Wiederholstandardabweichung 3.1
Wiederholvarianz 3.1
Wiederholvariationskoeffizient 3.1

Z
Zielwert 1.4
zufällige Ergebnisabweichung 1.2.2, 4.1
zufällige Ergebnisunsicherheit 4.1

Internationale Patentklassifikation

G 07 C 3/14

DK 658.562 : 519.2 : 001.4 Dezember 1985

Begriffe der Qualitätssicherung und Statistik	**DIN**
Begriffe der Probenahme	**55 350** Teil 14

Concepts of quality management and statistics; concepts of sampling

Die in dieser Norm enthaltenen fremdsprachlichen Benennungen (in der Reihenfolge englisch, französisch) sind nicht Bestandteil dieser Norm. Sie sollen das Übersetzen erleichtern.

1 Anwendungsbereich und Zweck

Diese Norm dient wie alle Teile von DIN 55 350 dazu, Benennungen und Definitionen der in der Qualitätssicherung und Statistik verwendeten Begriffe zu vereinheitlichen.

Die Teile von DIN 55 350 sollen nach Möglichkeit alle an der Normung interessierten Anwendungsbereiche berücksichtigen. Sie dürfen deshalb ihre Definitionen nicht so eng fassen, daß sie nur für spezielle Bereiche gelten (Technik, Landwirtschaft, Medizin u. a.). Die internationale Terminologie wurde berücksichtigt, insbesondere die von der International Organization for Standardization (ISO) herausgegebene Norm ISO 3534-1977 „Statistics – Vocabulary and Symbols" und das von der European Organization for Quality Control (EOQC) herausgegebene „Glossary of Terms, used in the Management of Quality ".

2 Zweck der Probenahme

Die Probenahme dient dazu, eine möglichst gut zutreffende (repräsentative) Aussage über die Grundgesamtheit zu treffen, aus der die Probe entnommen ist. Im einfachsten Fall dient diese Aussage lediglich zur Beschreibung von Merkmalen der Grundgesamtheit. Weit häufiger jedoch besteht die Aufgabe festzustellen, ob diese Merkmale und ihre Werte die Qualitätsforderung (siehe DIN 55 350 Teil 11) erfüllen.

Fortsetzung Seite 2 bis 6

Ausschuß Qualitätssicherung und angewandte Statistik (AQS) im DIN Deutsches Institut für Normung e.V.

3 Begriffe

Die in Klammern angegebenen Nummern sind Hinweise auf die Nummern der in dieser Norm enthaltenen Begriffe.

Nr	Benennung	Definition
1	Grundgesamtheit population population	Gesamtheit der in Betracht gezogenen Einheiten (2). Anmerkung 1: Bei der Probenahme (5) werden die Einheiten als Merkmalsträger in Betracht gezogen. Anmerkung 2: Es ist unzweckmäßig, die Benennung „Gesamtheit" (wie bisher) als Synonym zu „Grundgesamtheit" zu verwenden.
1.1	Teilgesamtheit subpopulation sous-population	Teil einer Grundgesamtheit (1).
1.2	Umfang der Grundgesamtheit (oder Teilgesamtheit) population size (or subpopulation size) taille du population (ou sous-population)	Anzahl der Einheiten (2) in der Grundgesamtheit (oder Teilgesamtheit). Anmerkung: Es kommen alle Arten von Einheiten (2.1, 2.2, ...) in Betracht.
2	Einheit item individu	Materieller oder immaterieller Gegenstand der Betrachtung (aus: DIN 55 350 Teil 11/09.80). Anmerkungen: Siehe DIN 55 350 Teil 11.
2.1	Natürliche Einheit	In einem Prozeß entstandenes abgegrenztes Stück. Anmerkung: Eine natürliche Einheit ist beispielsweise ein Apfel, eine Schraube, eine Glühlampe oder ein Fernsehempfangsgerät.
2.2	Massenguteinheit	Von einem Massengut abgeteilte Teilgesamtheit (1.1). Anmerkung: Eine Massenguteinheit ist beispielsweise der flüssige oder der gasförmige Inhalt einer Flasche, der Inhalt eines Sackes oder das Ladegut eines Lastwagens, Güterwagens, Güterzuges, Schiffsbunkers oder Schiffes.
2.3	Endlosguteinheit	Von einem Endlosgut abgeteilte Teilgesamtheit (1.1). Anmerkung 1: Eine Endlosguteinheit ist beispielsweise die Garnmenge auf einer Garnspule, die Drahtmenge auf einer Drahtspule, die Blechmenge einer Blechplatte oder die Stoffmenge eines Stoffballens. Anmerkung 2: Auch „Aufmachungseinheit".
2.4	Packungseinheit	Durch Verpackung abgeteilte Teilgesamtheit (1.1) von natürlichen Einheiten (2.1), Massenguteinheiten (2.2) oder Endlosguteinheiten (2.3). Anmerkung: Die kleinstmögliche Packungseinheit enthält jeweils eine der genannten Einheiten.
2.5	Transporteinheit	Zwecks Transport abgeteilte Teilgesamtheit (1.1) von natürlichen Einheiten (2.1), Massenguteinheiten (2.2) oder Endlosguteinheiten (2.3). Anmerkung: Die kleinstmögliche Transporteinheit enthält jeweils eine der genannten Einheiten.
2.6	Auswahleinheit sampling unit unité d'échantillonage	Einheit (2), die für den Zweck der Probenahme (5) gebildet und während der Probenahme als unteilbar angesehen wird. Anmerkung: Auswahleinheiten sind häufig mit natürlichen Einheiten (2.1), Packungseinheiten (2.4) oder Transporteinheiten (2.5) identisch.
2.7	Stichprobeneinheit sample unit unité dans l'échantillon	Auswahleinheit (2.6), die in die Strichprobe (3) gelangt ist.

Nr	Benennung	Definition
3	Probe, Stichprobe sample échantillon	Eine oder mehrere Einheiten (2), die aus der Grundgesamtheit (1) oder aus Teilgesamtheiten (1.1) entnommen werden. Anmerkung 1: Die Einheiten können beispielsweise Einheiten nach 2.1 bis 2.5 dieser Norm sein. Anmerkung 2: Die Benennung „Stichprobe" stammt ursprünglich von jenem „Stich", mit dem man aus einer Masseguteinheit (2.2) eine Probe entnahm, und wurde später auch bei Proben verwendet, die auf andere Weise der Grundgesamtheit entnommen werden; man spricht beispielsweise von Stichproben in der amtlichen Statistik, in der Qualitätssicherung usw. Dagegen wird die Benennung „Probe" heute vorwiegend bei Massengütern verwendet. Anwendung 3: Häufig werden anstatt der Einheiten der Stichprobe auch die an diesen Einheiten festgestellten Merkmalswerte als Stichprobe bezeichnet. Dabei kann sich die Anzahl der Merkmalswerte von der Anzahl der Stichprobeneinheiten unterscheiden.
3.1	Stichprobenumfang sample size taille de l'échantillon	Anzahl der Auswahleinheiten (2.6) in der Stichprobe (3). Anmerkung: Siehe Anmerkung 3 zu „Stichprobe".
3.2	Auswahlsatz sampling fraction taux d'échantillonage	Stichprobenumfang (3.1) dividiert durch den Umfang der Grundgesamtheit (1) oder Teilgesamtheit (1.2), aus der die Stichprobe entnommen ist.
4	Begriffe technischer Proben [1])	
4.1	Einzelprobe increment prélévement élémentaire	Durch einmalige Entnahme aus einem Massengut entnommene Probe (3).
4.2	Sammelprobe bulk sample, gross sample échantillon global	Probe, die durch Zusammenfassung von Einzelproben (4.1) oder Teilproben (4.3) entsteht.
4.3	Teilprobe divided sample échantillon divisé	Probe, die durch ein Probeteilungsverfahren aus Einzel- oder Sammelproben gewonnen wird.
4.4	Laboratoriumsprobe laboratory sample échantillon pour laboratoire	Probe, die als Ausgangsmaterialmenge für die Untersuchung im Laboratorium dient. Anmerkung: Die Laboratoriumsprobe kann eine Einzelprobe (4.1), eine Sammelprobe (4.2) oder eine Teilprobe (4.3) sein. Bei mehrstufiger Probenahme (5.7) ist die Laboratoriumsprobe in der Regel eine Probe vorletzter Stufe.
4.5	Meßprobe test sample échantillon pour essai	Probe, die zur Durchführung einer Einzeluntersuchung vorbereitet ist. Anmerkung 1: In der Regel ist die Meßprobe eine Teilprobe (4.3) der Laboratoriumsprobe (4.4). Bei mehrstufiger Probenahme (5.7) ist die Meßprobe eine Endstufenprobe (Anmerkung 2 zu 5.7). Anmerkung 2: Auch „Analysenprobe".
5	Probenahme, Stichprobenentnahme sampling échantillonage	Entnahme einer Probe (3) nach einem festgelegten Verfahren.
5.1	Zufallsprobenahme random sampling échantillonage au hasard	Probenahme (5) nach einem Zufallsverfahren, bei dem jeder möglichen Kombination von n Auswahleinheiten (2.6) eine vorgegebene Auswahlwahrscheinlichkeit zugeordnet ist.

[1]) Eine getrennte Norm über Begriffe technischer Proben befindet sich in Vorbereitung.

Nr	Benennung	Definition
5.1.1	Uneingeschränkte Zufallsprobenahme	Zufallsprobenahme, bei der jeder Kombination von n Auswahleinheiten (2.6) die gleiche Auswahlwahrscheinlichkeit zugeordnet ist. Anmerkung: Das Ergebnis der uneingeschränkten Zufallsprobenahme wird „Zufallsstichprobe" oder auch kurz „Stichprobe" genannt.
5.2	Systematische Probenahme systematic sampling échantillonage systématique	Probenahme, bei der systematisch festgelegt ist, welche Auswahleinheiten (2.6) in die Stichprobe gelangen. Anmerkung: Beispielsweise kann man bei numerierten Einheiten nach bestimmten Schlußziffern, bei Namen nach bestimmten Anfangsbuchstaben, bei Personen nach bestimmten Geburtstagen auswählen.
5.2.1	Periodische systematische Probenahme periodic systematic sampling échantillonage systématique périodique	Systematische Probenahme von Auswahleinheiten (2.6) in festen Abständen. Anmerkung: Lassen sich die N Auswahleinheiten nach einer vorgegebenen Regel – beispielsweise in der Reihenfolge der Fertigstellung in der Produktion – ordnen und von 1 bis N durchnumerieren, dann werden als Stichprobeneinheiten die Auswahleinheiten mit den Nummern $$h, h + k, h + 2k, \ldots, h + (n-1)k$$ entnommen. Dabei sind h und k ganze Zahlen, die der Ungleichung $$h + (n-1)k \leq N < h + nk$$ genügen müssen, wobei n der Stichprobenumfang ist und h aus den ersten k Nummern zufällig ausgewählt werden sollte (Zufallsstart). Beispielsweise könnte man bei $N = 500$ und $n = 20$ setzen: $k = N/n = 25$ und $h = 7$, so daß die 20 Auswahleinheiten mit den Nummern 7, 32, 57, ..., 482 Stichprobeneinheiten werden. Bei Probenahme von Massengütern während der Be- und Entladung erfolgt die periodische systematische Probenahme häufig in festen Zeitabständen mit zeitlichem Zufallsstart.
5.3	Gezielte Probenahme	Probenahme, bei der aufgrund von vorausgehender Information über eine Auswahleinheit (2.6) entschieden wird, ob sie in die Stichprobe (3) einbezogen wird oder nicht. Anmerkung: Beispiele sind Probenahmen zur Schwachstellenanalyse, zur Rauheitsprüfung nach DIN 4775 und zur Gewebeuntersuchung im medizinischen Bereich.
5.4	Klumpenprobenahme cluster sampling échantillonage en grappes	Probenahme, bei der die Auswahleinheiten (2.6) jeweils aus mehreren zusammenhängenden Einheiten (2) bestehen. Anmerkung 1: Die Auswahleinheiten werden hier Klumpen genannt. Anmerkung 2: Als zusammenhängende Einheiten kann man beispielsweise die natürlichen Einheiten (2.1) in einer Packungseinheit (2.4), die Personen in einem Haushalt, die Wahlberechtigten in einem Wahlbezirk ansehen. Anmerkung 3: Die Entnahme der Klumpen erfolgt in der Regel als Zufallsprobenahme (5.1). Anmerkung 4: Das Ergebnis der Klumpenprobenahme ist die „Klumpenstichprobe".
5.5	Ungeschichtete Probenahme simple random sampling échantillonage simple au hasard	Zufallsprobenahme (5.1) aus der Grundgesamtheit (1). Anmerkung: Das Ergebnis der ungeschichteten Probenahme ist die „ungeschichtete Zufallsstichprobe", kurz „Zufallsstichprobe" (siehe auch DIN 13 303 Teil 1) oder nur „Stichprobe" genannt.
5.6	Geschichtete Probenahme stratified sampling échantillonage stratifié	Probenahme, zu deren Zweck aus der Grundgesamtheit (1) Teilgesamtheiten (1.1) (= „Schichten") gebildet werden, aus denen die Auswahleinheiten (2.6) mit festgelegten Auswahlsätzen (3.2) entnommen werden. Anmerkung 1: Das Ergebnis der geschichteten Probenahme ist die „Geschichtete Stichprobe". Anmerkung 2: Die Entnahme der Stichprobeneinheiten (2.7) aus den Schichten kann z. B. als Zufallsprobenahme (5.1) oder als systematische Probenahme (5.2) erfolgen.

Nr	Benennung	Definition
5.7	Mehrstufige Probenahme multistage sampling échantillonage à plusieurs degrés	Probenahme in Stufen, bei der aus der Grundgesamtheit (1) Auswahleinheiten (2.6) erster Stufe gebildet werden, denen Stichprobeneinheiten (2.7) erster Stufe entnommen werden; aus den Stichprobeneinheiten erster Stufe werden Auswahleinheiten zweiter Stufe gebildet, denen Stichprobeneinheiten zweiter Stufe entnommen werden usw. Anmerkung 1: Die Auswahl der Stichprobeneinheiten aus den Auswahleinheiten in den einzelnen Stufen kann als Zufallsprobenahme (5.1) oder als systematische Probenahme (5.2) erfolgen. Anmerkung 2: Die Benennungen „Erststufenprobe", „Zweitstufenprobe", ..., „Endstufenprobe" (kurz: „Endprobe") (E primary, secondary, ..., final sample; F échantillon primaire, secondaire, ..., final) bezeichnen die in der ersten, zweiten, ..., letzten Stufe aus der Grundgesamtheit, der Erststufenprobe, ..., der Probe der vorletzten Stufe entnommenen Probe. Anmerkung 3: Bei Massengütern erfolgt die mehrstufige Probenahme oft aus der Sammelprobe (4.2); Endstufenproben sind die Meßproben (4.5), Proben vorletzter Stufe die Laboratoriumsproben (4.4).

Zitierte Normen und andere Unterlagen

DIN 4775   Prüfen der Rauheit von Werkstückoberflächen; Sicht- und Tastvergleich, Tastschnittverfahren
DIN 13 303 Teil 1   Stochastik; Wahrscheinlichkeitstheorie, Gemeinsame Grundbegriffe der mathematischen und der beschreibenden Statistik; Begriffe und Zeichen
DIN 55 350 Teil 11   Begriffe der Qualitätssicherung und Statistik; Begriffe der Qualitätssicherung; Grundbegriffe
ISO 3534-1977   Statistics – Vocabulary and Symbols
Glossary of Terms used in the Management of Quality, European Organization for Quality Control – EOQC
(Bezugsnachweis: Deutsche Gesellschaft für Qualität e.V., Kurhessenstr. 95, 6000 Frankfurt/M. 50)

Weitere Normen

DIN 55 350 Teil 12   Begriffe der Qualitätssicherung und Statistik; Begriffe der Qualitätssicherung; Merkmalsbezogene Begriffe
DIN 55 350 Teil 13   Begriffe der Qualitätssicherung und Statistik; Begriffe der Qualitätssicherung; Genauigkeitsbegriffe
DIN 55 350 Teil 15   (z. Z. Entwurf) Begriffe der Qualitätssicherung und Statistik; Begriffe der Qualitätssicherung, Begriffe zu Mustern
DIN 55 350 Teil 21   Begriffe der Qualitätssicherung und Statistik; Begriffe der Statistik; Zufallsgrößen und Wahrscheinlichkeitsverteilungen
DIN 55 350 Teil 22   Begriffe der Qualitätssicherung und Statistik; Begriffe der Statistik; Spezielle Wahrscheinlichkeitsverteilungen
DIN 55 350 Teil 23   Begriffe der Qualitätssicherung und Statistik; Begriffe der Statistik; Beschreibende Statistik
DIN 55 350 Teil 24   Begriffe der Qualitätssicherung und Statistik; Begriffe der Statistik; Schließende Statistik
DIN 55 350 Teil 31   Begriffe der Qualitätssicherung und Statistik; Begriffe der Annahme Stichprobenprüfung

Erläuterungen

Für die Probenahme existieren für spezielle Fachgebiete bereits Normen. Einerseits sind sie aber nur teilweise auf andere Fachgebiete übertragbar, andererseits auch miteinander abgestimmt. Diese Situation zusammen mit dem zunehmenden Zwang zur Schaffung einer Möglichkeit der mißverständnisfreien Kommunikation über Fachgebietsgrenzen hinweg haben ein dringendes Bedürfnis für eine übergeordnete Norm über Probenahmebegriffe geschaffen. Diesem Bedürfnis steht naturgemäß das Streben der einzelnen Fachgebiete entgegen, das Ergebnis der in vielen Jahren für dieses Fachgebiet mit großer Mühe erzielten Vereinheitlichung auf diesem Gebiet nicht wieder in Frage stellen zu lassen. Diese Schwierigkeit läßt sich nur meistern, wenn sich alle Fachgebiete aufgerufen fühlen, die hier vorgelegte Norm einer übergeordneten Terminologie der Probenahme gemeinsam zu tragen.

Besonders wichtig erscheint dabei, daß die speziellen Belange der Stückgut-, der Endlosgut- und der Massengut-Branchen ohne Homonymien auf einen gemeinsamen Nenner gebracht werden. Dazu war es notwendig, die Unterbegriffe 2.1 bis 2.7 der Einheit zu klären, wobei hier besonders darauf hingewiesen sei, daß sich die Begriffsinhalte teilweise überdecken.

Die vorliegende Norm entstand nicht in der Absicht, so neu oder annähernd alle in den verschiedenen Fachgebieten vorkommenden Begriffe der Probenahme zu erfassen. Es sollte vielmehr nur eine Art Grundgerüst der Probenahmebegriffe gegeben werden. Freilich ist dennoch jede sich bietende Gelegenheit ergriffen worden, auf Synonyme hinzuweisen. In dieser Zielsetzung scheint ein wesentlicher Schlüssel für die notwendige Terminologiebereinigung zu liegen: Für ein und denselben Sachverhalt und für ein und dieselbe Aufgabe gibt es in den verschiedenen Fachgebieten außerordentlich vielfältige Synonyme. Diese alle aufzuspüren und als solche zu kennzeichnen, ist dem AQS selbstverständlich nicht möglich gewesen. Mit den vorgeschlagenen Definitionen und Anmerkungen sollen indessen Anhaltspunkte für die harmonische gemeinsame Weiterarbeit in der Terminologiebereinigung der Probenahmebegriffe für alle Fachgebiete gegeben werden.

Stichwortverzeichnis

(Begriffe in deutscher Sprache)
Dieses Verzeichnis enthält auch Benennungen, die in Anmerkungen vorkommen

A
Analysenprobe 4.5
Aufmachungseinheit 2.3
Auswahleinheit 2.6
Auswahlsatz 3.2

E
Einheit 2
Einzelprobe 4.1
Endlosguteinheit 2.3
Endprobe 5.7
Endstufenprobe 5.7
Erststufenprobe 5.7

G
Gesamtheit 1
Geschichtete Probenahme 5.6
Geschichtete Stichprobe 5.6
Gezielte Probenahme 5.3
Grundgesamtheit 1

K
Klumpen 5.4
Klumpenprobenahme 5.4
Klumpenstichprobe 5.4

L
Laboratoriumsprobe 4.4

M
Massenguteinheit 2.2
Mehrstufige Probenahme 5.7
Meßprobe 4.5

N
Natürliche Einheit 2.1

P
Packungseinheit 2.4
Periodische systematische Probenahme 5.2.1
Probe 3
Probenahme 5

R
Repräsentativ Abschnitt 2 (Seite 1)

S
Sammelprobe 4.2
Schicht 5.6
Stichprobe 3, 5.1.1, 5.5
Stichprobeneinheit 2.7
Stichprobenentnahme 5
Stichprobenumfang 3.1
Systematische Probenahme 5.2

T
Teilgesamtheit 1.1
Teilprobe 4.3
Transporteinheit 2.5

U
Umfang der Grundgesamtheit 1.2
Umfang der Teilgesamtheit 1.2
Uneingeschränkte Zufallsprobenahme 5.1.1
Ungeschichtete Probenahme 5.5
Ungeschichtete Zufallsstichprobe 5.5

Z
Zufallsprobenahme 5.1
Zufallsstichprobe 5.1.1, 5.5
Zweitstufenprobe 5.7

Internationale Patentklassifikation
G 01 N 1/00
G 06 F 15/46

DK 658.562 : 519.2 : 001.4 Februar 1986

Begriffe der Qualitätssicherung und Statistik
Begriffe zu Mustern

DIN 55 350
Teil 15

Concepts of quality management and statistics; concepts of types (models)

1 Anwendungsbereich und Zweck

Diese Norm dient wie alle Teile von DIN 55 350 dazu, Benennungen und Definitionen der in der Qualitätssicherung und Statistik verwendeten Begriffe zu vereinheitlichen.

Die Teile von DIN 55 350 sollen nach Möglichkeit alle an der Normung interessierten Anwendungsbereiche berücksichtigen. Sie dürfen deshalb ihre Definitionen nicht so eng fassen, daß sie nur für spezielle Bereiche gelten (Technik, Landwirtschaft, Medizin u. a.).

Der Begriff Muster wird in dieser Norm für den Bereich der Qualitätssicherung definiert. Der Begriff Muster im Sinne eines Merkmals (z. B. Schachbrettmuster) ist nicht Gegenstand dieser Norm.

2 Begriffe

Die in Klammern angegebenen Nummern sind Hinweise auf die Nummern der in dieser Norm enthaltenen Begriffe.

Nr	Benennung	Definition
1	Muster	Materielle Einheit (siehe DIN 55 350 Teil 14), die einer Qualitätsprüfung (siehe DIN 55 350 Teil 11) aus besonderem Anlaß unterzogen oder im Rahmen einer Qualitätsprüfung benötigt wird. Anmerkung 1: Die Art der Qualitätsprüfung aus besonderem Anlaß oder die Forderungen, die an das Muster gestellt werden, bestimmen im einzelnen die Art des Musters. Anmerkung 2: Es soll vermieden werden, andere Benennungen wie „Qualitätsmuster", „Prüfmuster", „Spezialmuster" als Synonyme zu „Muster" zu verwenden.
1.1	Entwicklungsmuster	Muster zur Prüfung des Entwicklungsstandes. Anmerkung 1: Es besteht die Möglichkeit, spezielle Entwicklungsmuster für festgelegte Entwicklungsstufen zu definieren. Anmerkung 2: Auch „Entwurfsmuster", „Prototyp".
1.2	Angebotsmuster	Muster zur Veranschaulichung und zur Beurteilung eines Angebots.
1.3	Versuchsmuster	Muster für Funktionsversuche und Zuverlässigkeitsprüfungen. Anmerkung: Die Funktionsprüfung kann sich auf das Produkt selbst und/oder auf die Einrichtung zur Fertigung des Produkts beziehen.
1.4	Vormuster	Muster, das noch nicht mit den für die spätere Serienfertigung vorgesehenen Einrichtungen und Verfahren und/oder noch nicht unter den Randbedingungen dieser späteren Serienfertigung gefertigt ist.

Fortsetzung Seite 2 und 3

Ausschuß Qualitätssicherung und angewandte Statistik (AQS) im DIN

Nr	Benennung	Definition
1.5	Zwischenmuster	Muster, das teilweise mit den für die Serienfertigung vorgesehenen Einrichtungen und Verfahren und/oder teilweise unter den Randbedingungen der Serienfertigung gefertigt ist. Anmerkung: Verschiedentlich wird das Zwischenmuster als „Spezialmuster" benannt, beispielsweise in der Automobilindustrie. Siehe hierzu jedoch Anmerkung 2 zu Muster (1).
1.6	Erstmuster	Muster, das ausschließlich mit den für die Serienfertigung vorgesehenen Einrichtungen und Verfahren unter den zugehörigen Randbedingungen gefertigt ist. Anmerkung 1: Mit dem Erstmuster soll der Nachweis geführt werden, daß die Qualitätsforderung erfüllt werden kann, wenn die für die Serienfertigung vorgesehenen Einrichtungen und Verfahren unter den zugehörigen Randbedingungen angewendet werden. Anmerkung 2: Auch „Ausfallmuster", „Baumuster", „Fertigungsmuster", „Typmuster".
1.7	Wiederholmuster	Muster, das während der Serienfertigung gefertigt ist und gegebenenfalls im jeweils festgelegten Abstand zum vorangegangenen entnommen wird. Anmerkung: Mit dem Wiederholmuster soll der Nachweis geführt werden, daß die Qualitätsforderung während der Serienfertigung erfüllt wird.
1.8	Änderungsmuster	Muster nach einer Änderung der Fertigungseinrichtungen, der Fertigungsverfahren oder der Fertigungsbedingungen. Anmerkung 1: Mit dem Änderungsmuster soll der Nachweis geführt werden, daß die Qualitätsforderung auch nach einer Änderung der Fertigungseinrichtungen, der Fertigungsverfahren oder der Fertigungsbedingungen erfüllt wird. Anmerkung 2: Das Änderungsmuster kann gleichzeitig Erstmuster (1.6) sein. Anmerkung 3: Ein Muster für ein nicht austauschbares Produkt ist kein Änderungsmuster.
1.9	Einbaumuster	Muster für Einbauversuche.
1.10	Belegmuster	Muster zur Ermöglichung einer späteren Feststellung von Merkmalswerten (siehe DIN 55 350 Teil 12). Anmerkung: Auch „Referenzmuster", „Rückstellprobe".
1.11	Sollmuster	Muster, das den Sollwert (siehe DIN 55 350 Teil 12) eines Qualitätsmerkmals (siehe DIN 55 350 Teil 11) verkörpert. Anmerkung: Beispielsweise können für das Qualitätsmerkmal „Farbe" Sollmuster angewendet werden.
1.12	Grenzmuster	Muster, das den Grenzwert (siehe DIN 55 350 Teil 12) eines Qualitätsmerkmals (siehe DIN 55 350 Teil 11) verkörpert. Anmerkung: Beispielsweise werden die für das Qualitätsmerkmal „Oberflächenrauheit" in DIN 4769 Teil 1 bis Teil 3 genormten Oberflächenvergleichsmuster überwiegend als Grenzmuster verwendet.

DIN 55 350 Teil 15 Seite 3

Stichwortverzeichnis
(Begriffe in deutscher Sprache)
Dieses Verzeichnis enthält auch Benennungen, die in Anmerkungen vorkommen, und zwar auch dann, wenn sie dort als nicht empfehlenswert bezeichnet werden.

Benennung	Nr	Benennung	Nr	Benennung	Nr
Änderungsmuster	1.8	Fertigungsmuster	1.6	Sollmuster	1.11
Angebotsmuster	1.2	Funktionsmuster	1.3	Spezialmuster	1, 1.5
Ausfallmuster	1.6	Grenzmuster	1.12	Typmuster	1.6
Baumuster	1.6	Muster	1		
Bauartmuster	1.6			Versuchsmuster	1.3
Belegmuster	1.10	Prototyp	1.1	Vormuster	1.4
		Prüfmuster	1		
Einbaumuster	1.9	Qualitätsmuster	1	Wiederholmuster	1.7
Entwicklungsmuster	1.1				
Entwurfsmuster	1.1	Referenzmuster	1.10	Zuverlässigkeitsmuster	1.3
Erstmuster	1.6	Rückstellprobe	1.10	Zwischenmuster	1.5

Zitierte Normen

DIN	4769 Teil 1	Oberflächen-Vergleichsmuster; Technische Lieferbedingungen, Anwendung
DIN	4769 Teil 2	Oberflächen-Vergleichsmuster; Spanend hergestellte Flächen mit periodischem Profil
DIN	4769 Teil 3	Oberflächen-Vergleichsmuster; Spanend hergestellte Flächen mit aperiodischem Profil
DIN 55 350 Teil 11		Begriffe der Qualitätssicherung und Statistik; Begriffe der Qualitätssicherung; Grundbegriffe
DIN 55 350 Teil 12		Begriffe der Qualitätssicherung und Statistik; Begriffe der Qualitätssicherung; Merkmalsbezogene Begriffe
DIN 55 350 Teil 14		Begriffe der Qualitätssicherung und Statistik; Begriffe der Probenahme

Weitere Normen

DIN 55 350 Teil 13	Begriffe der Qualitätssicherung und Statistik; Begriffe der Qualitätssicherung; Genauigkeitsbegriffe
DIN 55 350 Teil 16	(z. Z. Entwurf) Begriffe der Qualitätssicherung und Statistik; Begriffe der Qualitätssicherung; Begriffe zu Qualitätssicherungssystemen
DIN 55 350 Teil 17	(z. Z. Entwurf) Begriffe der Qualitätssicherung und Statistik; Begriffe der Qualitätssicherung; Begriffe der Qualitätsprüfungsarten
DIN 55 350 Teil 21	Begriffe der Qualitätssicherung und Statistik; Begriffe der Statistik; Zufallsgrößen und Wahrscheinlichkeitsverteilungen
DIN 55 350 Teil 22	Begriffe der Qualitätssicherung und Statistik; Begriffe der Statistik; Spezielle Wahrscheinlichkeitsverteilungen
DIN 55 350 Teil 23	Begriffe der Qualitätssicherung und Statistik; Begriffe der Statistik; Beschreibende Statistik
DIN 55 350 Teil 24	Begriffe der Qualitätssicherung und Statistik; Begriffe der Statistik; Schließende Statistik
DIN 55 350 Teil 31	Begriffe der Qualitätssicherung und Statistik; Begriffe der Annahmestichprobenprüfung

Erläuterungen
Ursprünglich war im AQS erwogen worden, sowohl die Begriffe zu Proben als auch die Begriffe zu Mustern in DIN 55 350 Teil 14 Begriffe der Qualitätssicherung und Statistik; Begriffe der Probenahme, aufzunehmen. Frühere Erfahrungen zur Diskussion dieser beiden Begriffsgruppen haben jedoch gezeigt, daß es nützlich ist, sie getrennt von den Begriffen der Probenahme zu halten. Eine getrennte Norm über Begriffe der technischen Proben befindet sich in Vorbereitung.

Internationale Patentklassifikation
G 01 M

DK 658.562:519.2:620.1:001.4 August 1988

Begriffe der Qualitätssicherung und Statistik
Begriffe der Qualitätsprüfungsarten

DIN 55 350
Teil 17

Concepts in quality and statistics; concepts relating to quality inspection and test

Ersatz für Ausgabe 07.87

Die in dieser Norm enthaltenen fremdsprachlichen Benennungen (in der Reihenfolge englisch, französisch) sind nicht Bestandteil dieser Norm. Sie sollen das Übersetzen erleichtern.

1 Anwendungsbereich und Zweck

Diese Norm dient wie alle Folgeteile von DIN 55 350 dazu, Benennungen und Definitionen der in der Qualitätssicherung und Statistik verwendeten Begriffe zu vereinheitlichen.

Die Folgeteile von DIN 55 350 sollen nach Möglichkeit alle an der Norm interessierten Anwendungsbereiche berücksichtigen. Sie dürfen deshalb ihre Definitionen nicht so eng fassen, daß sie nur für spezielle Bereiche gelten (Technik, Landwirtschaft, Medizin u. a.).

Diese Norm enhält allgemeine Begriffe zu Qualitätsprüfungsarten im Hinblick auf ein materielles oder immaterielles Endprodukt (oder eine Kombination daraus) sowie auf eine Tätigkeit oder einen Prozeß. Nicht aufgenommen wurden Begriffe zu Qualitätsprüfungsarten oder anderen Prüfungsarten, die sich beziehen

- auf spezielle Merkmale (z. B. Härteprüfung),
- auf fachspezifische Anwendungen (z. B. Materialprüfung),
- auf Beobachtungsarten, Beobachtungsdauern oder Beobachtungsverfahren (z. B. Prüfung anhand quantitativer oder qualitativer Merkmale, Dauerprüfung, Sichtprüfung),
- auf spezielle Prüfungszwecke, die durch die Benennung selbsterklärend sind (z. B. Zulassungsprüfung, Präventivprüfung, Genehmigungsprüfung, Vergleichsprüfung),
- auf Genauigkeitsklassen oder auf Prüfungsorte (z. B. Laborprüfung),
- auf eine Beurteilung der Wirksamkeit eines Qualitätssicherungssystems oder seiner Elemente (Qualitätsaudit nach DIN 55 350 Teil 11),
- auf spezielle Anlässe (z. B. Sonderprüfung, Pflichtprüfung).

Diese Norm soll dazu dienen, die in den unterschiedlichen Fachgebieten gebräuchlichen Qualitätsprüfungsbegriffe zu systematisieren sowie dem Gebrauch von Synonymen zu erkennen und zu reduzieren. Die Benennungsvielfalt soll dadurch allmählich auf die notwendige Begriffsvielfalt zurückgeführt werden. Außerdem soll sich die Schaffung von neuen oder zu überarbeitenden Begriffen und ihren Benennungen für Prüfungsarten in dieses System harmonisch eingliedern (beispielsweise bei Software).

Besonders sei dazu auf das Ordnungsschema im Abschnitt 2 hingewiesen. Wichtig darin ist die Unterscheidung zwischen einer Tätigkeit bzw. einem Prozeß (z. B. Erbringen einer Dienstleistung, maschineller Arbeitsablauf) und dem Ergebnis einer Tätigkeit bzw. eines Prozesses (z. B. Dienstleistung, materielles Produkt), wobei die Dienstleistung als immaterielles Produkt eingestuft ist (siehe DIN 55 350 Teil 11).

Nicht alle in Vorschriften (z. B. § 24 Gewerbeordnung) verwendeten Begriffe für spezielle Prüfungsarten konnten durch diese Norm vollständig abgedeckt werden; zum Teil müssen bestehende oder entstehende Nichtübereinstimmungen in Kauf genommen werden in dem Bestreben, langfristig die notwendige Vereinheitlichung zu erreichen.

Fortsetzung Seite 2 bis 8

Ausschuß Qualitätssicherung und angewandte Statistik (AQS) im DIN Deutsches Institut für Normung e. V.

2 Ordnungsschema für Qualitätsprüfungsarten ab Begriff Nr 2.1 dieser Norm

Die Tabelle 1 gibt ein Ordnungsschema für Qualitätsprüfungsarten im Hinblick auf die Einheit materielles oder immaterielles Endprodukt oder eine Kombination daraus wieder, wofür das Modell Qualitätskreis (siehe DIN 55 350 Teil 11) anwendbar ist.

Die Tabelle 2 gibt ein Ordnungsschema für Qualitätsprüfungsarten im Hinblick auf die Einheit Tätigkeit oder Prozeß wieder, wofür das Modell Qualitätskreis nicht anwendbar ist, weil keine Übergabe und Nutzung möglich sind.

Wo Tätigkeiten und/oder Prozesse zu Produkten führen, ist bei der Qualitätsbetrachtung auf die unterschiedlichen Qualitätsforderungen zu achten, die einerseits an die Produkte, andererseits an die Tätigkeiten und/oder Prozesse gestellt sind.

Tabelle 1.

	Qualitätsprüfungsarten bezüglich Qualitätskreis				
	in den Planungsphasen	betreffend Qualifikation	in den Realisierungsphasen	anläßlich Übergabe	in den Nutzungsphasen
Qualitätsprüfungsarten im Hinblick auf die Einheit **materielles Endprodukt, immaterielles Endprodukt**[1] **oder eine Kombination daraus**	Entwurfsprüfung Musterprüfung[2]	Qualifikationsprüfung Typprüfung Bauartprüfung Musterprüfung[2]	Eingangsprüfung Zwischenprüfung Fertigungsprüfung [2] Endprüfung	Annahmeprüfung Ablieferungsprüfung Abnahmeprüfung	Produktverhaltensprüfung

[1] z.B. Dienstleistung, Informationsinhalt von Unterlagen wie etwa DV-Software
[2] nur im Hinblick auf materielles Endprodukt

Tabelle 2.

	Qualitätsprüfungsarten		
	in den Planungsphasen	betreffend Qualifikation	in den Realisierungsphasen
Qualitätsprüfungsarten im Hinblick auf die Einheit **Tätigkeit oder Prozeß** [3]	Entwurfsprüfung Probeablaufprüfung	Qualifikationsprüfung	Zwischenprüfung Prozeßprüfung (Ablaufprüfung)

[3] z.B. Erbringen einer Dienstleistung, maschineller Arbeitsablauf oder ein Verfahren

DIN 55 350 Teil 17 Seite 3

3 Begriffe

Zu den Grundbegriffen der Qualitätssicherung, hier insbesondere zu den Begriffen Einheit, Qualitätskreis, Qualitätsforderung, Zuverlässigkeitsforderung, Qualifikation siehe DIN 55 350 Teil 11. Zu den Begriffen der Annahmestichprobenprüfung siehe DIN 55 350 Teil 31.
Die Benennung „Test" synonym zu „Prüfung" wird nicht empfohlen. In der Normung der Qualitätssicherung und Statistik ist die Benennung „Test" dem statistischen Test vorbehalten.
Die in Klammern angegebenen Nummern sind Hinweise auf die Nummern der in dieser Norm enthaltenen Begriffe.

Nr	Benennung	Definition
1 Allgemeine Begriffe		
1.1	Qualitätsprüfung quality inspection inspection de la qualité	Feststellen, inwieweit eine Einheit*) die Qualitätsforderung*) erfüllt. Anmerkung 1: Qualitätsprüfungen werden anhand von Prüfmerkmalen (siehe DIN 55 350 Teil 12, z. Z. Entwurf) durchgeführt. Dabei muß festgelegt sein, auf welche Merkmale (siehe DIN 55 350 Teil 12, z. Z. Entwurf) sich die Qualitätsprüfung bezieht und welche Konkretisierungsstufe der Qualitätsforderung maßgeblich ist. Anmerkung 2: Qualitätsprüfungen können immer und überall stattfinden, z. B. in bezug auf jede Phase des Qualitätskreises*). Anmerkung 3: Die Benennungen „Überprüfung", „Gegenprüfung", „Vorprüfung", „Nachprüfung", „Nachweisprüfung" und „Bestätigungsprüfung" werden häufig synonym zu Qualitätsprüfung, aber auch mit eingeschränkter Bedeutung benutzt. Deshalb sollten diese Benennungen vermieden werden, oder es sollte die für den Anwendungsfall zutreffende Definition festgelegt werden. Anmerkung 4: Obige Definition und Anmerkungen aus DIN 55 350 Teil 11. Anmerkung 5: Die Qualitätsprüfung kann sich beziehen auf die Einheit – materielles Produkt – immaterielles Produkt – Kombination aus materiellem und immateriellem Produkt – Tätigkeit oder Prozeß.
1.1.1	Zuverlässigkeitsprüfung	Feststellen, inwieweit ein Produkt die Zuverlässigkeitsforderung*) erfüllt.
1.1.2	Vollständige Qualitätsprüfung	Qualitätsprüfung (1.1) hinsichtlich aller festgelegten Qualitätsmerkmale*). Anmerkung 1: Siehe Anmerkung 1 zu 1.1. Anmerkung 2: Die Benennung „Vollprüfung" hierfür soll vermieden werden, weil bei ihrer Benutzung Verwechslungen mit der „100%-Prüfung" (1.1.3) leichter möglich sind.
1.1.3	100%-Prüfung 100% inspection contrôle à 100%	Qualitätsprüfung (1.1) an allen Einheiten*) eines Prüfloses (siehe DIN 55 350 Teil 31). Anmerkung 1: Eine 100%-Prüfung, bei der sämtliche gefundenen fehlerhaften Einheiten aussortiert werden, bezeichnet man als Sortierprüfung, während eine 100%-Prüfung, bei der die Einheiten entsprechend den Ermittlungsergebnissen zur weiteren Verwendung in Klassen eingeordnet werden, Klassierprüfung genannt werden sollte (Klassierung siehe DIN 55 350 Teil 23). Anmerkung 2: Verschiedentlich auch „Stückprüfung".
1.1.4	Statistische Qualitätsprüfung	Qualitätsprüfung (1.1), bei der statistische Methoden angewendet werden.

*) Definition für diesen Begriff siehe DIN 55 350 Teil 11

Nr	Benennung	Definition
1.1.5	Auswahlprüfung	Qualitätsprüfung (1.1) an Zufallsstichproben (siehe DIN 55 350 Teil 14) mit Entnahmehäufigkeiten und Stichprobenumfängen, die wesentlich bestimmt sind durch die Kenntnis der bisher ermittelten Qualität*) sowie der Ungleichmäßigkeiten und Fehlerrisiken bei der Realisierung der Einheit*). Anmerkung: Entnahmehäufigkeiten und Stichprobenumfänge können sich an genormte Verfahren oder Stichprobensysteme anlehnen.
1.1.6	Wiederkehrende Prüfung	Qualitätsprüfung (1.1) nach für die Wiederkehr vorgegebenen Regeln in einer Folge von vorgesehenen Qualitätsprüfungen an derselben Einheit*). Anmerkung: Auch „Regelprüfung", insbesondere im Fall der wiederkehrenden Qualifikationsprüfung (3.1).
1.1.7	Wiederholungsprüfung	Qualitätsprüfung (1.1) nach unerwünschtem Ergebnis der vorausgegangenen in einer Folge von zugelassenen Qualitätsprüfungen an einer Einheit*) gleicher Art oder an einer nachgebesserten Einheit.
1.1.8	Erstprüfung	Erste in einer Folge von vorgesehenen oder zugelassenen Qualitätsprüfungen (1.1). Anmerkung 1: Erstprüfungen gibt es demnach nur, sofern wiederkehrende Prüfung (1.1.6) vorgesehen oder Wiederholungsprüfung (1.1.7) zugelassen ist. Anmerkung 2: Von der Erstprüfung ist die Erstmusterprüfung (Qualitätsprüfung eines Erstmusters nach DIN 55 350 Teil 15) zu unterscheiden.
1.1.9	Selbstprüfung operator inspection inspection par l'operateur	Teil der zur Qualitätslenkung*) erforderlichen Qualitätsprüfung (1.1), der vom Bearbeiter selbst ausgeführt wird. Anmerkung 1: Die Selbstprüfung ist zu unterscheiden vom „Teil der Qualitätslenkung, der vom Bearbeiter selbst ausgeführt wird" (operator control). Anmerkung 2: Die Selbstprüfung ist zu unterscheiden von der Eigenprüfung und der Fremdprüfung, wobei diese beiden Begriffe aussagen, ob Qualitätsprüfungen durch den Hersteller oder durch eine andere Stelle ausgeführt werden.
2 Begriffe zu Qualitätsprüfungsarten in den Planungsphasen von Einheiten		
2.1	Entwurfsprüfung design review revue de conception	Qualitätsprüfung (1.1) an einem Entwurf.
2.2	Musterprüfung	Qualitätsprüfung (1.1) an einem Muster. Anmerkung 1: Begriffe zu Mustern siehe DIN 55 350 Teil 15. Anmerkung 2: Die jeweiligen Ziele und Randbedingungen von Musterprüfungen ergeben sich aus den Definitionen der betreffenden Muster (z. B. Entwicklungsmuster, Einbaumuster) in DIN 55 350 Teil 15. Musterprüfungen werden vielfach auch im Rahmen von Erprobungen (z. B. hinsichtlich Funktion) durchgeführt. Anmerkung 3: Musterprüfungen dienen vielfach dem Zweck der Qualifikation*), werden jedoch auch als Qualitätsprüfung (1.1) zur Qualitätslenkung*) angewendet.

*) Definition für diesen Begriff siehe DIN 55 350 Teil 11

Nr	Benennung	Definition
2.3	Probeablaufprüfung	Qualitätsprüfung (1.1) an einem probeweise durchgeführten Prozeß oder an einer probeweise durchgeführten Tätigkeit anhand der Merkmale des Prozesses bzw. der Tätigkeit selbst. Anmerkung: Probeablaufprüfungen werden vielfach im Rahmen von Erprobungen durchgeführt.

3 Begriffe zu Qualitätsprüfungsarten bezüglich der Qualifikation von Einheiten*)

Nr	Benennung	Definition
3.1	Qualifikationsprüfung	Feststellen, ob Qualifikation*) vorliegt. Anmerkung 1: Qualifikation ist nach DIN 55 350 Teil 11 die nachgewiesene Erfüllung der Qualitätsforderung*). Anmerkung 2: Die Qualifikationsprüfung kann sich beziehen auf die Einheit*) – materielles Produkt – immaterielles Produkt – Kombination aus materiellem und immateriellem Produkt. – Tätigkeit oder Prozeß Anmerkung 3: Es muß festgelegt sein, auf welche Qualitätsmerkmale*) sich eine Qualifikationsprüfung bezieht. Anmerkung 4: Sofern wiederkehrende Qualifikationsprüfungen (Anmerkung zu 1.1.6) erforderlich sind, werden hierfür Durchführungsregeln festgelegt. Anmerkung 5: Auch „Eignungsprüfung" oder „Approbationsprüfung".
3.1.1	Typprüfung	Qualifikationsprüfung (3.1) an einem Produkt. Anmerkung 1: Die Typprüfung schließt im Gegensatz zur Bauartprüfung (3.1.2) eine Entwurfsprüfung (2.1) nicht ein. Anmerkung 2: Eine erneute Typprüfung kann erforderlich werden, wenn sich ohne Änderung der Qualitätsforderung*) die Herstellung des Produkts ändert. Anmerkung 3: Vielfach wird die Typprüfung als Musterprüfung (2.2) durchgeführt. Anmerkung 4: Bei unvermeidbar erheblich streuenden Werten von Qualitätsmerkmalen*) kann es zweckmäßig sein, die Typprüfung an mehreren Einheiten*) durchzuführen.
3.1.2	Bauartprüfung	Qualifikationsprüfung (3.1) im Hinblick auf ein materielles Endprodukt, bestehend aus Entwurfsprüfung (2.1) und Typprüfung (3.1.1).

4 Begriffe zu Qualitätsprüfungsarten in den Realisierungsphasen von Einheiten*)

Nr	Benennung	Definition
4.1	Eingangsprüfung receiving inspection contrôle de réception	Annahmeprüfung (5.1) an einem zugelieferten Produkt. Anmerkung: Die Eingangsprüfung wird durch den Abnehmer selbst oder durch eine beauftragte Stelle durchgeführt.
4.2	Zwischenprüfung	Qualitätsprüfung (1.1) während der Realisierung einer Einheit*). Anmerkung: Es gibt Zwischenprüfungen unter Beteiligung des Abnehmers oder seines Beauftragten.
4.2.1	Fertigungsprüfung	Zwischenprüfung (4.2) an einem in der Fertigung befindlichen materiellen Produkt. Anmerkung: Die Realisierung hat hier die spezielle Benennung „Fertigung".

*) Definition für diesen Begriff siehe DIN 55 350 Teil 11

Nr	Benennung	Definition
4.2.2	Prozeßprüfung	Qualitätsprüfung (1.1) an einem Prozeß bzw. an einer Tätigkeit anhand der Merkmale des Prozesses bzw. der Tätigkeit selbst. Anmerkung 1: Prozeßprüfungen dienen unter anderem der Verfahrensüberwachung. Anmerkung 2: Auch „Ablaufprüfung".
4.3	Endprüfung final inspection contrôle finale	Letzte der Qualitätsprüfungen (1.1) vor Übergabe der Einheit*) an den Abnehmer. Anmerkung: Abnehmer ist im allgemeinen der im Geschäftsverkehr belieferte Vertragspartner. Im unternehmensinternen Lieferverkehr gilt Entsprechendes.

5 Begriffe zu Qualitätsprüfungsarten anläßlich der Übergabe von Produkten

5.1	Annahmeprüfung	Qualitätsprüfung (1.1) zur Feststellung, ob ein Produkt wie bereitgestellt oder geliefert annehmbar ist. Anmerkung 1: Die Zuständigkeit für Annahmeprüfungen ist in der Anmerkung zu 4.1, in Anmerkung 2 zu 5.1.1 und Anmerkung 2 zu 5.1.2 behandelt. Anmerkung 2: Werden Annahmeprüfungen anhand von Stichproben durchgeführt, handelt es sich um „Annahmestichprobenprüfungen" (siehe DIN 55 350 Teil 31). Anmerkung 3: Die Annahmeprüfung kann mit der Endprüfung (4.3) zusammenfallen.
5.1.1	Ablieferungsprüfung	Annahmeprüfung (5.1) vor Ablieferung des Produkts. Anmerkung 1: Auch innerhalb derselben Organisation können Ablieferungsprüfungen vorkommen. Anmerkung 2: Wenn nichts anderes vereinbart ist, ist derjenige für die Ablieferungsprüfung zuständig, der für die Erfüllung der Qualitätsforderung*) verantwortlich ist. Anmerkung 3: Die Ablieferungsprüfung kann mit der Endprüfung (4.3) zusammenfallen.
5.1.2	Abnahmeprüfung	Annahmeprüfung (5.1) auf Veranlassung und unter Beteiligung des Abnehmers oder seines Beauftragten. Anmerkung 1: Die Abnahmeprüfung ist zu unterscheiden von der „Abnahme" im Sinne BGB § 640 und § 433, Absatz II. Die Abnahmeprüfung steht stets im sachlichen, jedoch nicht notwendigerweise in einem unmittelbaren zeitlichen Zusammenhang mit der Abnahme. Anmerkung 2: Die Abnahmeprüfung kann durch den Empfänger der Leistung selbst, durch den Lieferanten im Beisein des Empfängers oder eines von ihm Beauftragten oder durch einen von ihm beauftragten Dritten durchgeführt werden, z. B. durch einen Sachverständigen. Anmerkung 3: Die Abnahmeprüfung kann sowohl beim Lieferanten als auch beim Abnehmer als auch bei einer neutralen Stelle als auch teilweise hier und dort erfolgen. Anmerkung 4: Für die Abnahmeprüfung, die stets vor dem Gefahrübergang gemäß BGB § 446 und § 447 erfolgt, wird vielfach vereinbart, daß der Abnehmer die Abnahmeprüfung in Verbindung mit der Endprüfung (4.3) durchführt oder mindestens an dieser teilnimmt.

*) Definition für diesen Begriff siehe DIN 55 350 Teil 11

6 Begriffe zu Qualitätsprüfungsarten in den Nutzungsphasen von Produkten

Nr	Benennung	Definition
6.1	Produktverhaltensprüfung	Qualitätsprüfung (1.1) zur Gewinnung von Kenntnissen über das Produktverhalten nach Übergabe an den Abnehmer. Anmerkung 1: Diese Prüfung kann sich auf materielle oder immaterielle Produkte beziehen. Sie kann z. B. durch den Abnehmer oder aufgrund einer Vereinbarung mit dem Abnehmer durch den Lieferanten oder durch Dritte durchgeführt werden. Anmerkung 2: Das Produktverhalten kann im Rahmen der Produktnutzung zeitabhängig von Interesse sein oder zeitunabhängig, beispielsweise in seiner Auswirkung auf den Anwender oder auf die Umwelt. Maßstab für diese Qualitätsprüfung brauchen nicht die Produktspezifikationen zu sein, sondern können die Anwendungserfordernisse sein, eingeschlossen übergeordnete Gesichtspunkte wie beispielsweise die technische oder die rechtliche Entwicklung. Anmerkung 3: Hierzu gehören auch Zuverlässigkeitsprüfungen (1.1.1) nach Übergabe an den Abnehmer. Anmerkung 4: Im Rahmen der Instandhaltung heißt eine Produktverhaltensprüfung „Inspektion" (siehe DIN 31 051). Andere Benennungen wie „Feldprüfung", „Einsatzprüfung", „Betriebsverhaltensprüfung" synonym für Produktverhaltensprüfung werden nicht empfohlen.

Zitierte Normen

DIN 31 051	Instandhaltung; Begriffe und Maßnahmen
DIN 55 350 Teil 11	Begriffe der Qualitätssicherung und Statistik; Grundbegriffe der Qualitätssicherung
DIN 55 350 Teil 12	(z. Z. Entwurf) Begriffe der Qualitätssicherung und Statistik; Merkmalsbezogene Begriffe
DIN 55 350 Teil 14	Begriffe der Qualitätssicherung und Statistik; Begriffe der Probenahme
DIN 55 350 Teil 15	Begriffe der Qualitätssicherung und Statistik; Begriffe zu Mustern
DIN 55 350 Teil 23	Begriffe der Qualitätssicherung und Statistik; Begriffe der Statistik; Beschreibende Statistik
DIN 55 350 Teil 31	Begriffe der Qualitätssicherung und Statistik; Begriffe der Annahmestichprobenprüfung

Weitere Normen

DIN 55 350 Teil 13	Begriffe der Qualitätssicherung und Statistik; Begriffe zur Genauigkeit von Ermittlungsverfahren und Ermittlungsergebnissen
DIN 55 350 Teil 16	(z. Z. Entwurf) Begriffe der Qualitätssicherung und Statistik; Begriffe der Qualitätssicherung; Begriffe zu Qualitätssicherungssystemen
DIN 55 350 Teil 18	Begriffe der Qualitätssicherung und Statistik; Begriffe zu Bescheinigungen über die Ergebnisse von Qualitätsprüfungen; Qualitätsprüf-Zertifikate
DIN 55 350 Teil 21	Begriffe der Qualitätssicherung und Statistik; Begriffe der Statistik; Zufallsgrößen und Wahrscheinlichkeitsverteilungen
DIN 55 350 Teil 22	Begriffe der Qualitätssicherung und Statistik; Begriffe der Statistik; Spezielle Wahrscheinlichkeitsverteilungen
DIN 55 350 Teil 24	Begriffe der Qualitätssicherung und Statistik; Begriffe der Statistik; Schließende Statistik

Frühere Ausgaben

DIN 55 350 Teil 17: 07.87

Änderungen

Gegenüber der Ausgabe Juli 1987 wurden folgende Berichtigungen vorgenommen:
Beim Begriff 1.1.5 (Auswahlprüfung) wurde die fehlende erste Zeile der Definition eingefügt.

Stichwortverzeichnis

(Benennungen in deutscher Sprache)

Dieses Verzeichnis enthält auch Benennungen, die in Anmerkungen vorkommen, und zwar auch dann, wenn sie dort als nicht empfehlenswert bezeichnet werden.

A
Ablaufprüfung 4.2.2
Ablieferungsprüfung 5.1.1
Abnahme 5.1.2
Abnahmeprüfung 5.1.2
Annahmeprüfung 5.1
Annahmestichprobenprüfung 5.1
Approbationsprüfung 3.1
Auswahlprüfung 1.1.5

B
Bauartprüfung 3.1.2
Bestätigungsprüfung 1.1
Betriebsverhaltensprüfung 6.1

D
Dauerprüfung siehe Abschnitt 1

E
Eigenprüfung 1.1.9
Eignungsprüfung 3.1
Eingangsprüfung 4.1
Einsatzprüfung 6.1
Endprüfung 4.3
Entwurfsprüfung 2.1
Erprobung 2.2, 2.3
Erstmusterprüfung 1.1.8
Erstprüfung 1.1.8

F
Feldprüfung 6.1
Fertigungsprüfung 4.2.1
Fremdprüfung 1.1.9

G
Gegenprüfung 1.1
Genehmigungsprüfung siehe Abschnitt 1

H
Härteprüfung siehe Abschnitt 1
100%-Prüfung 1.1.3

I
Inspektion 6.1

K
Klassierprüfung 1.1.3

L
Laborprüfung siehe Abschnitt 1

M
Materialprüfung siehe Abschnitt 1
Musterprüfung 2.2

N
Nachprüfung 1.1
Nachweisprüfung 1.1

P
Pflichtprüfung siehe Abschnitt 1
Präventivprüfung siehe Abschnitt 1
Probeablaufprüfung 2.3
Produktverhaltensprüfung 6.1
Prozeßprüfung 4.2.2
Prüfung siehe Abschnitt 3

Q
Qualifikationsprüfung 3.1
Qualitätsprüfung 1.1

R
Regelprüfung 1.1.6

S
Selbstprüfung 1.1.9
Sichtprüfung siehe Abschnitt 1
Sonderprüfung siehe Abschnitt 1
Sortierprüfung 1.1.3
Statistische Qualitätsprüfung 1.1.4
Stückprüfung 1.1.3

T
Test siehe Abschnitt 3
Typprüfung 3.1.1

U
Überprüfung 1.1

V
Vergleichsprüfung siehe Abschnitt 1
Vollprüfung 1.1.2
Vollständige Qualitätsprüfung 1.1.2
Vorprüfung 1.1

W
Wiederholungsprüfung 1.1.7
Wiederkehrende Prüfung 1.1.6
wiederkehrende Qualifikationsprüfung 3.1

Z
Zulassungsprüfung siehe Abschnitt 1
Zuverlässigkeitsprüfung 1.1.1, 6.1
Zwischenprüfung 4.2

Internationale Patentklassifikation
G 07 C 3/14

DK 658.562 : 519.2 : 620.1 : 001.4   Juli 1987

Begriffe der Qualitätssicherung und Statistik
Begriffe zu Bescheinigungen über die Ergebnisse von Qualitätsprüfungen
Qualitätsprüf-Zertifikate

DIN 55 350
Teil 18

Concepts in quality and statistics; concepts relating to certificates on results of quality inspections; quality inspection certificates

1 Anwendungsbereich und Zweck

Diese Norm dient wie alle Teile von DIN 55 350 dazu, Benennungen und Definitionen der in der Qualitätssicherung und Statistik verwendeten Begriffe zu vereinheitlichen.

Die Teile von DIN 55 350 sollen nach Möglichkeit alle an der Normung interessierten Anwendungsbereiche berücksichtigen. Sie dürfen deshalb ihre Definitionen nicht so eng fassen, daß sie nur für spezielle Bereiche gelten (Technik, Landwirtschaft, Medizin u. a.).

Diese Norm gilt für Begriffe zu Bescheinigungen im Zusammenhang mit der Lieferung von materiellen oder immateriellen Produkten, mit denen die Ergebnisse von Qualitätsprüfungen bestätigt werden. Qualitätsprüf-Zertifikate sind spezielle Qualitätsnachweise.

Die Vereinbarung von Bescheinigungen über die Ergebnisse von Qualitätsprüfungen an einem Produkt ist unabhängig von einer Vereinbarung über einen Qualitätssicherungs-Nachweis.

Weiterhin ist ein Qualitätsprüf-Zertifikat nach dieser Norm nicht gleichbedeutend mit einem die Qualifikation*) einer Einheit*) betreffenden Zertifikat z. B. nach ISO/IEC Guide 2.

Zweck dieser Norm ist es, die Begriffe zu den Qualitätsprüf-Zertifikaten unter Berücksichtigung der Prüfbeauftragten zu vereinheitlichen. Festlegungen über die Prüfverantwortlichkeit sowie über Art, Form und anwendungsspezifischen Inhalt von Qualitätsprüf-Zertifikaten sind nicht Gegenstand dieser Norm. Sie sind jeweils den entsprechenden Regelwerken bzw. vertraglichen Vereinbarungen vorbehalten.

Qualitätsprüf-Zertifikate entbinden den weiterverarbeitenden Abnehmer der Produkte nicht von seiner Qualitätsverantwortung (siehe [1]).

Diese Norm betrifft nicht Qualitätsprüf-Zertifikate durch einen Produkthändler. Sind im Sonderfall hierüber Vereinbarungen zu treffen, so sollen sie auf der sinngemäßen Anwendung dieser Norm beruhen.

2 Bezeichnung

Bezeichnung eines Qualitätsprüf-Zertifikates nach Nr 4.1.2:

Qualitätsprüf-Zertifikat DIN 55 350 – 18 – 4.1.2

Anmerkung: Neben dieser Norm-Bezeichnung darf dieses Qualitätsprüf-Zertifikat auch wie folgt benannt werden:

„**Herstellerzertifikat M nach DIN 55 350 Teil 18**"

---

*) Siehe DIN 55 350 Teil 11

Fortsetzung Seite 2 bis 5

Ausschuß Qualitätssicherung und angewandte Statistik (AQS) im DIN Deutsches Institut für Normung e. V.

3 Begriffe

Die in Klammern angegebenen Nummern sind Hinweise auf die Nummern der in dieser Norm enthaltenen Begriffe.

Nr	Benennung	Definition
1	Qualitätsprüf-Zertifikat	Bescheinigung über das Ergebnis einer Qualitätsprüfung*), das gegenüber dem Abnehmer oder Auftraggeber als Nachweis über die Qualität*) eines Produkts dient. Anmerkung 1: Ein Qualitätsprüf-Zertifikat enthält Angaben über – Aussteller des Qualitätsprüf-Zertifikats/Datum – Hersteller/Auftragnehmer (Lieferer), – Abnehmer/Auftraggeber/Besteller/Betreiber, – Auftrags-/Bestell-Nummer, – Liefergegenstand, Stückzahl usw., – Qualitätsforderung*) (z. B. techn. Lieferbedingungen), – Prüfspezifikationen*) – Art des Qualitätsprüf-Zertifikats, z. B. „Herstellerzertifikat M nach DIN 55 350 Teil 18", – gegebenenfalls spezielle Qualitätsmerkmale (3.1), – Prüfergebnisse (3.2). und gegebenenfalls weitere Angaben und Vereinbarungen. Anmerkung 2: Auch die Bescheinigungen über Materialprüfungen nach DIN 50 049 sind Qualitätsprüf-Zertifikate (siehe Erläuterungen).
2	Prüfbeauftragter	Zur Beurteilung der Prüfergebnisse (3.2, 3.3) Befähigter, der die Erfüllung der Qualitätsforderung*) im Hinblick auf die speziellen Qualitätsmerkmale (3.1) feststellt und bestätigt. Anmerkung 1: Die genannte Befähigung schließt ein, daß der Prüfbeauftragte die Verfahren und Ergebnisse der Qualitätsprüfungen*) im Hinblick auf die Qualitätsforderung*) und die Prüfspezifikationen*) in bezug auf die speziellen Qualitätsmerkmale (3.1) beurteilen kann. Anmerkung 2: Prüfbeauftragter kann sein – ein Hersteller-Prüfbeauftragter (2.1) – ein Abnehmer-Prüfbeauftragter (2.2) – ein durch vertragliche oder gesetzliche Regelungen vorgesehener Sachverständiger.
2.1	Hersteller-Prüfbeauftragter	Von der Unternehmensleitung des Herstellers benannter, in ihrem Auftrag handelnder und in seinen Qualitätsfeststellungen unabhängiger Prüfbeauftragter. Anmerkung 1: Hersteller-Prüfbeauftragter kann auch der Unternehmer selbst oder der Prüfende selbst sein, aber auch ein Angehöriger einer externen Stelle. Anmerkung 2: In größeren Unternehmen kann der Hersteller-Prüfbeauftragte auch von einer Führungsstelle im Qualitätswesen*) benannt sein.
2.2	Abnehmer-Prüfbeauftragter	Vom Abnehmer oder Auftraggeber benannter und in seinem Auftrag handelnder Prüfbeauftragter. Anmerkung: Der Abnehmer-Prüfbeauftragte ist ein Mitarbeiter des Abnehmers/Auftraggebers oder einer externen Stelle, jedoch nicht des Herstellers.
3 Hilfsbegriffe zu Grundlagen der Qualitätsprüf-Zertifikate		
3.1	Spezielle Qualitätsmerkmale	Im Sinne dieser Norm diejenigen Qualitätsmerkmale*) der Qualitätsforderung, zu denen das Qualitätsprüf-Zertifikat quantitative und/oder qualitative Merkmalswerte enthalten soll. Anmerkung: Siehe Erläuterungen

*) Siehe Seite 1

DIN 55 350 Teil 18 Seite 3

Nr	Benennung	Definition
3.2	Nichtauftragsbezogenes Prüfergebnis	Im Sinne dieser Norm Prüfergebnis, erzielt an Produkten, die unter gleichen Bedingungen entstanden sind wie die Produkte, die zum Auftrag gehören. Anmerkung: Ein auf dieser Grundlage ausgestelltes Qualitätsprüf-Zertifikat heißt Herstellerzertifikat (4.1).
3.3	Auftragsbezogenes Prüfergebnis	Im Sinne dieser Norm Prüfergebnis, erzielt an Produkten, die zum Auftrag gehören. Anmerkung 1: Im Fall einer zerstörenden Prüfung gilt das Prüfergebnis auch dann noch als auftragsbezogen, wenn die Prüfung an Material erfolgt, das unter denselben Bedingungen hergestellt wurde. Anmerkung 2: Ein auf dieser Grundlage ausgestelltes Qualitätsprüf-Zertifikat heißt Herstellerprüfzertifikat (4.2) oder Abnahmeprüfzertifikat (4.3).

4 Begriffe zu Arten von Qualitätsprüf-Zertifikaten

4.1	Herstellerzertifikat	Qualitätsprüf-Zertifikat (1) anhand eines nichtauftragsbezogenen Prüfergebnisses (3.2), ausgestellt vom Hersteller-Prüfbeauftragten (2.1).
4.1.1	Herstellerzertifikat O	Herstellerzertifikat ohne Angabe von festgestellten Merkmalswerten.
4.1.2	Herstellerzertifikat M	Hertellerzertifikat mit Angabe von festgestellten Merkmalswerten zu den speziellen Qualitätsmerkmalen (3.1).
4.2	Herstellerprüfzertifikat	Qualitätsprüf-Zertifikat (1) anhand eines auftragsbezogenen Prüfergebnisses (3.3), ausgestellt vom Hersteller-Prüfbeauftragten (2.1).
4.2.1	Herstellerprüfzertifikat O	Herstellerprüfzertifikat ohne Angabe von festgestellten Merkmalswerten.
4.2.2	Herstellerprüfzertifikat M	Herstellerprüfzertifikat mit Angabe von festgestellten Merkmalswerten zu den speziellen Qualitätsmerkmalen (3.1.).
4.3	Abnahmeprüfzertifikat	Qualitätsprüf-Zertifikat (1) anhand eines auftragsbezogenen Prüfergebnisses (3.3), ausgestellt von einem Prüfbeauftragten (2), der vom Hersteller unabhängig ist.
4.3.1	Abnahmeprüfzertifikat O	Abnahmeprüfzertifikat ohne Angabe von festgestellten Merkmalswerten, wobei der Prüfbeauftragte ein Abnehmer-Prüfbeauftragter (2.2) ist.
4.3.2	Abnahmeprüfzertifikat OS	Abnahmeprüfzertifikat ohne Angabe von festgestellten Merkmalswerten, wobei der Prüfbeauftragte ein Sachverständiger (siehe Anmerkung 2 zu 2) ist.
4.3.3	Abnahmeprüfzertifikat M	Abnahmeprüfzertifikat mit Angabe von festgestellten Merkmalswerten zu den speziellen Qualitätsmerkmalen (3.1), wobei der Prüfbeauftragte ein Abnehmer-Prüfbeauftragter (2.2) ist.
4.3.4	Abnahmeprüfzertifikat MS	Abnahmeprüfzertifikat mit Angabe von festgestellten Merkmalswerten zu den speziellen Qualitätsmerkmalen (3.1), wobei der Prüfbeauftragte ein Sachverständiger (siehe Anmerkung 2 zu 2) ist.

*) Siehe Seite 1

4 Übersicht über Qualitätsprüf-Zertifikate und ihre Normbezeichnung

Qualitätsprüf-Zertifikat		Grundlage des Qualitätsprüf-Zertifikats	Angabe festgestellter Merkmalswerte	Prüfbeauftragter (2)			Normbezeichnung
				Hersteller-Prüfbeauftragter (2.1)	Abnehmer-Prüfbeauftragter (2.2)	Sachverständiger**)	
Herstellerzertifikat... nach DIN 55350 Teil 18	O	nichtauftragsbezogene Prüfergebnisse (3.2)	nein	×			Qualitätsprüf-Zertifikat DIN 55350-18-4.1.1
	M		ja	×			Qualitätsprüf-Zertifikat DIN 55350-18-4.1.2
Herstellerprüf-Zertifikat... nach DIN 55350 Teil 18	O		nein	×			Qualitätsprüf-Zertifikat DIN 55350-18-4.2.1
	M		ja	×			Qualitätsprüf-Zertifikat DIN 55350-18-4.2.2
Abnahmeprüfzertifikat... nach DIN 55350 Teil 18	O	auftragsbezogene Prüfergebnisse (3.3)	nein		×		Qualitätsprüf-Zertifikat DIN 55350-18-4.3.1
	OS		nein			×	Qualitätsprüf-Zertifikat DIN 55350-18-4.3.2
	M		ja		×		Qualitätsprüf-Zertifikat DIN 55350-18-4.3.3
	MS		ja			×	Qualitätsprüf-Zertifikat DIN 55350-18-4.3.4

**) Siehe Abschnitt 3, Anmerkung 2 zu Nr 2

Zitierte Normen und andere Unterlagen

DIN 50049 Bescheinigungen über Materialprüfungen
DIN 55350 Teil 11 Begriffe der Qualitätssicherung und Statistik; Grundbegriffe der Qualitätssicherung
ISO/IEC Guide 2 General terms and their definitions concerning standardization and related activities
[1] E. Sattler: „Werkstatteste" und Produkthaftung, DIN-Mitteilungen 63. 1984, Nr 10, S. 556 und 557

Weitere Normen

DIN 55350 Teil 12 (z. Z. Entwurf) Begriffe der Qualitätssicherung und Statistik; Merkmalsbezogene Begriffe
DIN 55350 Teil 13 Begriffe der Qualitätssicherung und Statistik; Begriffe der Genauigkeit von Ermittlungsverfahren und Ermittlungsergebnissen
DIN 55350 Teil 14 Begriffe der Qualitätssicherung und Statistik; Begriffe der Probenahme
DIN 55350 Teil 15 Begriffe der Qualitätssicherung und Statistik; Begriffe zu Mustern
DIN 55350 Teil 16 (z. Z. Entwurf) Begriffe der Qualitätssicherung und Statistik; Begriffe der Qualitätssicherung; Begriffe zu Qualitätssicherungssystemen
DIN 55350 Teil 17 Begriffe der Qualitätssicherung und Statistik; Bergriffe der Qualitätsprüfungsarten
DIN 55350 Teil 21 Begriffe der Qualitätssicherung und Statistik; Begriffe der Statistik; Zufallsgrößen und Wahrscheinlichkeitsverteilungen
DIN 55350 Teil 22 Begriffe der Qualitätssicherung und Statistik; Begriffe der Statistik; Spezielle Wahrscheinlichkeitsverteilungen
DIN 55350 Teil 23 Begriffe der Qualitätssicherung und Statistik; Begriffe der Statistik; Beschreibende Statistik
DIN 55350 Teil 24 Begriffe der Qualitätssicherung und Statistik; Begriffe der Statistik; Schließende Statistik
DIN 55350 Teil 31 Begriffe der Qualitätssicherung und Statistik; Begriffe der Annahmestichprobenprüfung

Erläuterungen

Im Rahmen der Qualitätssicherung haben Qualitätsprüf-Zertifikate eine zunehmende Bedeutung. Qualitätsprüf-Zertifikate kommen in allen Branchen vor. Sie können sich auf materielle und immaterielle Produkte beziehen. Die analoge Anwendung auf Tätigkeiten ist möglich.

Erst in den letzten Jahren hat die übergeordnete Begriffsnormung für das Gesamtgebiet der Qualitätssicherung (Qualitätslehre) wesentliche Grundbegriffe zur Verfügung gestellt. In der vorliegenden Norm soll die Anwendung dieser Begriffe auf Qualitätsprüf-Zertifikate auf beliebigem Gebiet geklärt werden.

Für ein spezielles Fachgebiet besteht für Qualitätsprüf-Zertifikate bereits eine Norm, nämlich DIN 50 049 „Bescheinigungen über Materialprüfungen". Sie entstand lange vor Schaffung der Grundnormen für Begriffe der Qualitätssicherung. Ihr Spezialgebiet waren zunächst Werkstoffprüfungen. Mit der Ausgabe Juli 1982 wurde die Norm auf Materialprüfungen erweitert. Heute liegt sie in der Ausgabe August 1986 vor. In ihr wird betont, daß diese Bescheinigungen „zum Nachweis der Qualität" dienen. Diese Norm wurde und wird wegen des großen Bedarfs an Qualitätsprüf-Zertifikaten mangels normativer Festlegungen dazu auf anderen Gebieten im In- und Ausland weit über ihren Anwendungsbereich hinaus angewendet. Entsprechend groß ist ihr Anerkennungs- und Bekanntheitsgrad.

Im Interesse möglichst weitgehender Vereinheitlichung ist es nicht vertretbar, wegen des großen Bedarfs entsprechende Normen zu Bescheinigungen über die betreffenden Prüfungen für jedes Fachgebiet getrennt zu schaffen. Außerdem müßte dazu auf diesen Gebieten ein Zustand herbeigeführt werden, der sich bei den Werkstoff- bzw. Materialprüfungen in vielen Jahren entwickelt hat, nämlich eine immer intensivere Wechselbeziehung zwischen DIN 50 049 und Liefernormen. Sie besteht darin, daß letztere Normen vielfach die technischen Lieferbedingungen enthalten, über die eine Bescheinigung nach DIN 50 049 vereinbart werden kann. Die vorliegende Norm berücksichtigt, daß diese Voraussetzung auf anderen Gebieten nicht besteht.

Diese Gründe ließen es dem Ausschuß Qualitätssicherung und angewandte Statistik (AQS) im Einvernehmen mit dem Normenausschuß Materialprüfung (NMP) geraten erscheinen, im Rahmen der Normenreihe DIN 55 350 für alle Arten von Produkten auch eine Norm über Begriffe zu Qualitätsprüf-Zertifikaten zu erstellen. Diese wurde so abgefaßt, daß die Anwendung der bewährten und bekannten DIN 50 049 in keiner Weise beeinträchtigt wird. Eine sachlich vollständige Zuordnung einzelner Bescheinigungen nach DIN 55 350 Teil 18 zu einzelnen Bescheinigungen nach DIN 50 049 ist allerdings nicht möglich. Deshalb wurde Wert darauf gelegt, unterschiedliche Benennungen für die Bescheinigungen nach beiden Normen festzulegen. Die Unterschiede sind im einzelnen den Normentexten zu entnehmen.

Zur Vermeidung von Schwierigkeiten legt der AQS lediglich eine Begriffsnorm über Qualitätsprüf-Zertifikate vor. Deshalb gibt es in der vorliegenden Norm auch keine Festlegungen über Verantwortlichkeiten oder über die Qualifikation der beizuziehenden Prüfbeauftragten. Das bleibt vertraglichen oder gesetzlichen Regelungen vorbehalten.

Was aber geklärt werden mußte, sind einige Grundbegriffe zu Qualitätsprüf-Zertifikaten. An einem Beispiel sei dies erläutert:

Bei der Vereinbarung eines Qualitätsprüf-Zertifikats muß die Möglichkeit bestehen, die Qualitätsforderung an das Produkt zu unterteilen. Es muß also klargestellt werden, daß sich das Qualitätsprüf-Zertifikat entweder auf die ganze Qualitätsforderung an das Produkt beziehen kann oder auf zu vereinbarende Einzelforderungen im Rahmen der Qualitätsforderung. Ein solcher Teil der Qualitätsforderung heißt „spezielle Qualitätsmerkmale" (vgl. Nr 2 und Nr 3.1). Die Auswahl der speziellen Qualitätsmerkmale wird in erster Linie nach technischen Gesichtspunkten zu treffen sein. Selbstverständlich sind aber auch hier – wie überall sonst – Kostengesichtspunkte zu berücksichtigen.

Im Hinblick auf den Benennungsbestandteil „Abnahmeprüf..." sei auf die Definition des Begriffes „Abnahmeprüfung" nach DIN 55 350 Teil 17 verwiesen („Annahmeprüfung auf Veranlassung und unter Beteiligung des Abnehmers oder seines Beauftragten"). Dort findet man auch eine Anmerkung zum Zusammenhang zwischen „Abnahmeprüfung" und „Abnahme".

Stichwortverzeichnis

(Benennung in deutscher Sprache)

Dieses Verzeichnis enthält auch Benennungen, die in Anmerkungen vorkommen.

A
Abnahmeprüfzertifikat   3.3, 4.3, Abschnitt 4
Abnahmeprüfzertifikat M   4.3.3
Abnahmeprüfzertifikat MS   4.3.4
Abnahmeprüfzertifikat O   4.3.1
Abnahmeprüfzertifikat OS   4.3.2
Abnehmer-Prüfbeauftragter   2.2
Auftragsbezogenes Prüfergebnis   3.3

B
Bescheinigung   1

H
Hersteller-Prüfbeauftragter   2.1
Herstellerprüfzertifikat   3.3, 4.2
Herstellerprüfzertifikat M   4.2.2
Herstellerprüfzertifikat O   4.2.1

Herstellerzertifikat   3.2, 4.1
Herstellerzertifikat M   4.1.2
Herstellerzertifikat O   4.1.1, Abschnitt 4

N
Nichtauftragsbezogenes Prüfergebnis   3.2

P
Prüfbeauftragter   2
Prüfergebnis   3.2, 3.3

Q
Qualitätsmerkmale, spezielle   3.1
Qualitätsprüf-Zertifikat   1

S
Sachverständiger   2
spezielle Qualitätsmerkmale   3.1

Internationale Patenklassifikation

G 07 C 3/14

DK 658.562 : 31 : 519.2 : 001.4   Mai 1982

Begriffe der Qualitätssicherung und Statistik
Begriffe der Statistik
Zufallsgrößen und Wahrscheinlichkeitsverteilungen

DIN 55 350
Teil 21

Concepts of quality assurance and statistics; concepts of statistics; random variables and probability distributions

Für die Richtigkeit der fremdsprachigen Benennungen kann das DIN trotz aufgewendeter Sorgfalt keine Gewähr übernehmen.

1 Zweck und Anwendungsbereich

Diese Norm dient wie alle Teile von DIN 55350 dazu, Benennungen und Definitionen der in der Qualitätssicherung und Statistik verwendeten Begriffe zu vereinheitlichen.

Die Teile von DIN 55350 sollen nach Möglichkeit alle an der Normung interessierten Anwendungsbereiche berücksichtigen. Sie dürfen deshalb ihre Definitionen nicht so eng fassen, daß sie nur für spezielle Bereiche gelten (Technik, Landwirtschaft, Medizin u. a.). Die internationale Terminologie wurde berücksichtigt, insbesondere die von der International Organization for Standardization (ISO) herausgegebene Internationale Norm ISO 3534 „Statistics — Vocabulary and Symbols" und das von der European Organization for Quality Control (EOQC) herausgegebene „Glossary of Terms, used in Quality Control".

Die Normen DIN 55 350 Teil 21 bis Teil 24 behandeln die Begriffe der Statistik aus der Sicht der praktischen Anwendung, wobei auf eine strenge mathematische Darstellungsweise im allgemeinen verzichtet wird. In mathematischer Strenge werden die Begriffe und Zeichen der Statistik in DIN 13303 Teil 1 und Teil 2*) genormt, und zwar im Teil 1 die Begriffe der Wahrscheinlichkeitstheorie einschließlich der gemeinsamen Grundbegriffe der mathematischen und der beschreibenden Statistik, im Teil 2*) die Begriffe und Zeichen der mathematischen Statistik.

2 Begriffe

Die in Klammern angegebenen Nummern sind Hinweise auf die Nummern der in dieser Norm enthaltenen Begriffe.

---

*) Z. Z. Entwurf

Fortsetzung Seite 2 bis 9

Ausschuß Qualitätssicherung und angewandte Statistik (AQS) im DIN Deutsches Institut für Normung e. V.
Normenausschuß Einheiten und Formelgrößen (AEF) im DIN

Nr	Benennung	Definition
1	**Begriffe zu Zufallsgrößen**	
1.1	Zufallsvariable random variable, variate variable aléatoire	Hier Grundbegriff mit der Bedeutung: Der Wert einer Zufallsvariablen, z.B. ein Merkmalswert, wird bei der einmaligen Durchführung eines Versuchs ermittelt. Anmerkung 1: Mathematische Definition siehe DIN 13 303 Teil 1. Anmerkung 2: Je nach Art des Versuchs (Experiment, Beobachtung) sind die möglichen Werte der Zufallsvariablen ein einzelner Wert einer Größe (beim Messen), eine Zahl (beim Zählen), eine Ausprägung (bei der Bestimmung eines qualitativen Merkmals) usw. oder auch Paare, Tripel, Quadrupel, n-Tupel solcher Werte. Anmerkung 3: Eine Zufallsvariable, die nur abzählbar viele (endlich viele oder abzählbar unendlich viele) Werte annehmen kann, heißt „diskrete Zufallsvariable". Eine Zufallsvariable, die überabzählbar viele Werte annehmen kann, heißt „kontinuierliche Zufallsvariable". Ist die Verteilungsfunktion (2.4) einer kontinuierlichen Zufallsvariablen absolut stetig, so heißt die Zufallsvariable „stetige Zufallsvariable".
1.2	Zufallsgröße	Zufallsvariable, deren Werte Werte einer Größe sind. Anmerkung: Die Benennung „Größe" wird hier als Synonym für „quantitatives Merkmal" (siehe DIN 55 350 Teil 12) verstanden. Sie schließt also neben dem Begriff der „physikalischen Größe" im Sinne von DIN 1313 einschließlich der Anzahl beispielsweise auch den Geldwert ein.
1.3	Zufallsvektor random vector vecteur aléatoire	Vektor, dessen Komponenten Zufallsgrößen sind. Anmerkung 1: Der Zufallsvektor mit den k Komponenten $X_1, X_2, \ldots, X_k$ heißt diskret, wenn alle Zufallsgrößen $X_1, X_2, \ldots, X_k$ diskrete Zufallsgrößen sind; er heißt stetig, wenn alle Zufallsgrößen $X_1, X_2, \ldots, X_k$ stetige Zufallsgrößen sind. Anmerkung 2: Sind nicht alle Komponenten Zufallsgrößen, so spricht man von einem n-Tupel (Paar, Tripel, ...) von Zufallsvariablen.
1.4	Funktion von Zufallsgrößen[1]) function of variates fonction des variables aléatoires	Zuordnungsanweisung f, die jedem Wertetupel $(x_1, x_2, \ldots, x_k)$ der k Zufallsgrößen $X_1, X_2, \ldots, X_k$ einen Wert y einer Zufallsgröße Y zuordnet. Anmerkung 1: Man schreibt $Y = f(X_1, X_2, \ldots, X_k)$. Anmerkung 2: Die Funktion einer einzigen Zufallsgröße ($k = 1$) wird oft als transformierte Zufallsgröße bezeichnet. Es gibt lineare Transformationen ($Y = aX + b$) und nichtlineare Transformationen (z.B. $Y = aX^2$).
1.4.1	Zentrierte Zufallsgröße centred variate variable aléatoire centrée	Zufallsgröße mit dem Erwartungswert (3.1) Null. Anmerkung 1: Hat eine Zufallsgröße X den Erwartungswert μ, so entsteht die zugehörige zentrierte Zufallsgröße Y durch die lineare Transformation $Y = X - \mu$. Anmerkung 2: Zentrierte Zufallsgrößen heißen in der Technik „Unsymmetriegrößen", wenn ihre Werte die Abweichungen von einer geforderten Symmetrie sind. Anmerkung 3: Falls ein Erwartungswert nicht existiert, werden Zufallsgrößen auch an anderen Lageparametern zentriert, z.B. spricht man von einer an einem Median zentrierten Zufallsgröße.
1.4.2	Standardisierte Zufallsgröße standardized variate variable aléatoire réduite	Zufallsgröße mit dem Erwartungswert (3.1) Null und der Standardabweichung (4.2) Eins. Anmerkung 1: Hat eine Zufallsgröße X den Erwartungswert μ und die Standardabweichung σ, so entsteht die zugehörige standardisierte Zufallsgröße Y durch die lineare Transformation $Y = (X - \mu)/\sigma$. Anmerkung 2: Die Verteilung der standardisierten Zufallsgröße heißt „standardisierte Verteilung". Anmerkung 3: Der Begriff „standardisierte Zufallsgröße" kann verallgemeinert werden im Sinne von „reduzierten Zufallsgröße". Diese ist definiert durch eine lineare Transformation $(X - a)/b$ mit einem Bezugswert a und einer Maßstabskonstanten b.

[1]) Gilt entsprechend auch für Zufallsvariable.

Nr	Benennung	Definition
2	**Begriffe zu Wahrscheinlichkeitsverteilungen** [2])	
2.1	Wahrscheinlichkeitsverteilung probability distribution distribution des probabilités	Eine Funktion, welche die Wahrscheinlichkeit angibt, mit der eine Zufallsvariable Werte in gegebenen Bereichen annimmt. Anmerkung 1: Die Wahrscheinlichkeit für den Gesamtbereich der Werte der Zufallsvariablen hat den Wert Eins. Anmerkung 2: Wahrscheinlichkeitsverteilungen können auf verschiedene Weise dargestellt werden (2.4, 2.6, 2.7); siehe auch DIN 13303 Teil 1. Anmerkung 3: Handelt es sich bei der Zufallsvariablen um eine einzelne Zufallsgröße, dann spricht man von einer eindimensionalen oder univariaten Wahrscheinlichkeitsverteilung. Handelt es sich um einen Zufallsvektor mit zwei Komponenten, spricht man von einer zweidimensionalen oder bivariaten Wahrscheinlichkeitsverteilung, bei mehr als zwei Komponenten von einer mehrdimensionalen oder multivariaten Wahrscheinlichkeitsverteilung.
2.2	Randverteilung [1]) [3]) marginal distribution distribution marginale	Wahrscheinlichkeitsverteilung (2.1) einer Teilmenge von $k_1 < k$ Zufallsgrößen zu einer Wahrscheinlichkeitsverteilung von k Zufallsgrößen. Anmerkung 1: Beispielsweise gibt es bei einer Verteilung von 3 Zufallsgrößen X, Y und Z drei Randverteilungen von zwei Zufallsgrößen, nämlich die von (X, Y), (X, Z) und (Y, Z), sowie drei Randverteilungen einer Zufallsgröße, nämlich die von X, Y und Z. Anmerkung 2: Bei einer eindimensionalen Randverteilung wird der Erwartungswert als „Randerwartungswert", die Varianz als „Randvarianz" bezeichnet.
2.3	Bedingte Verteilung [1]) [3]) conditional distribution distribution conditionelle	Wahrscheinlichkeitsverteilung (2.1) einer Teilmenge von $k_1 < k$ Zufallsgrößen zu einer Wahrscheinlichkeitsverteilung von k Zufallsgrößen bei gegebenen Werten der anderen $k - k_1$ Zufallsgrößen. Anmerkung 1: Beispielsweise gibt es bei einer Verteilung von zwei Zufallsgrößen X und Y bedingte Verteilungen von X und bedingte Verteilungen von Y. Eine durch $Y = y$ bedingte Verteilung von X wird bezeichnet als „Verteilung von X unter der Bedingung $Y = y$", eine durch $X = x$ bedingte Verteilung von Y als „Verteilung von Y unter der Bedingung $X = x$". Anmerkung 2: Bei einer eindimensionalen bedingten Verteilung werden der Erwartungswert als „bedingter Erwartungswert" und die Varianz als „bedingte Varianz" bezeichnet. Anmerkung 3: Weitergehende Definitionen siehe DIN 13303 Teil 1.
2.4	Verteilungsfunktion[1]) distribution function fonction de répartition	Funktion, welche für jedes x die Wahrscheinlichkeit angibt, daß die Zufallsgröße X kleiner oder gleich x ist. Anmerkung: Bezeichnung der Verteilungsfunktion: $F(x)$, $G(x)$.
2.5	Quantil quantile quantile	Wert, für den die Verteilungsfunktion (2.4) einen vorgegebenen Wert p annimmt oder bei dem sie von einem Wert unter p auf einen Wert über p springt. Anmerkung 1: Es kann vorkommen, daß die Verteilungsfunktion überall im Bereich zwischen zwei Werten den Wert p annimmt. In diesem Fall kann irgendein Wert x in diesem Bereich als Quantil betrachtet werden. Anmerkung 2: Der Median ist das Quantil für $p = 0,5$. Anmerkung 3: Die Quartile sind die Quantile für $p = 0,25$ und $p = 0,75$. Zusammen mit dem Median unterteilen sie eine Verteilung in 4 gleiche Anteile. Anmerkung 4: Perzentile sind Quantile, bei denen $100 \cdot p$ eine ganze Zahl ist. Anmerkung 5: Quantile werden auch zur Abgrenzung von Zufallsstreubereichen verwendet. Anmerkung 6: Ein Quantil zum vorgegebenen Wert p wird auch als „p-Quantil" bezeichnet. Anmerkung 7: Früher auch „Fraktil".

[1]) Siehe Seite 2
[2]) Falls Verwechslungsgefahr besteht, ist der Begriffsbenennung dieser Norm die Benennung der Zufallsgröße hinzuzufügen (Beispiel siehe Fußnote 3).
[3]) Zu dieser Begriffsbenennung existiert eine entsprechende Begriffsbenennung in DIN 55350 Teil 23 über die Begriffe der beschreibenden Statistik. Wenn Verwechslungsgefahr besteht, ist der Begriffsbenennung dieser Norm „der Wahrscheinlichkeitsverteilung" oder „theoretisch" hinzuzufügen. Beispielsweise heißt es dann „Varianz der Wahrscheinlichkeitsverteilung des Durchmessers" oder „theoretische Varianz des Durchmessers" (siehe Erläuterungen).

Nr	Benennung	Definition
2.6	Wahrscheinlichkeitsdichte probability density densité de probabilité	Erste Ableitung der Verteilungsfunktion (2.4), falls sie existiert. Anmerkung 1: Bezeichnung der Wahrscheinlichkeitsdichte: $f(x)$, $g(x)$ $$f(x) = \frac{dF(x)}{dx}$$ Anmerkung 2: Die Bezeichnung der graphischen Darstellung einer Wahrscheinlichkeitsdichte als „Wahrscheinlichkeitsverteilung" wird nicht empfohlen.
2.7	Wahrscheinlichkeitsfunktion [1] probability function fonction de probabilité	Funktion, die jedem Wert, den eine diskrete Zufallsgröße annehmen kann, eine Wahrscheinlichkeit zuordnet. Anmerkung: Die graphische Darstellung der Wahrscheinlichkeitsfunktion ist ein Stabdiagramm.
2.8	Parameter parameter parametre	Größe zur Kennzeichnung einer Wahrscheinlichkeitsverteilung (2.1).
2.8.1	Scharparameter	Größe in der Formel der Verteilungsfunktion (2.4), der Wahrscheinlichkeitsdichte (2.6) oder der Wahrscheinlichkeitsfunktion (2.7). Anmerkung: Ein Scharparameter kann gleichzeitig Funktionalparameter (2.8.2) sein.
2.8.2	Funktionalparameter	Größe, die eine bestimmte Eigenschaft einer Wahrscheinlichkeitsverteilung (2.1) charakterisiert. Anmerkung 1: Insbesondere gibt es Lageparameter (3), Streuungsparameter (4), Formparameter (5) und Parameter des Zusammenhangs von Zufallsgrößen (7.2, 7.3). Anmerkung 2: Ein Funktionalparameter kann gleichzeitig Scharparameter (2.8.1) sein.

3 Lageparameter [2]

3.1	Erwartungswert expectation espérance mathématique	a) Für eine diskrete Zufallsgröße X, die die Werte x_i mit den Wahrscheinlichkeiten p_i annimmt, ist der Erwartungswert durch $$E(X) = \sum x_i \cdot p_i$$ definiert, wobei die Summierung über alle x_i zu erstrecken ist, die von X angenommen werden können. b) Für eine stetige Zufallsgröße X mit der Wahrscheinlichkeitsdichte $f(x)$ ist der Erwartungswert durch $$E(X) = \int x f(x) \, dx$$ definiert, wobei die Integration über den Gesamtbereich der Werte von X zu erstrecken ist. Anmerkung 1: Anstelle der Bezeichnung $E(X)$ wird auch μ benutzt. Anmerkung 2: Früher auch „Mittelwert (der Grundgesamtheit)".
3.2	Median [3] median mediane	Das Quantil (2.5) für $p = 0,5$. Anmerkung: Früher auch „Zentralwert".
3.3	Modalwert [3] mode mode	Wert(e) einer Zufallsgröße, der (die) beim Maximum der Wahrscheinlichkeitsdichte einer stetigen Zufallsgröße oder beim Maximum der Wahrscheinlichkeitsfunktion einer diskreten Zufallsgröße liegt (liegen). Anmerkung 1: Tritt nur ein einziger Modalwert in der Wahrscheinlichkeitsverteilung auf, spricht man von einer „unimodalen" („eingipfligen") Verteilung, andernfalls von einer „multimodalen" („mehrgipfligen") Verteilung. „Bimodal" („zweigipflig") heißt die Wahrscheinlichkeitsverteilung, falls sie zwei Modalwerte besitzt. Anmerkung 2: Den Modalwert einer unimodalen Verteilung bezeichnet man auch als „häufigster Wert".

[1] Siehe Seite 2
[2] und [3] siehe Seite 3

Nr	Benennung	Definition
4	**Streuungsparameter** [2])	
4.1	Varianz [3]) variance variance	Erwartungswert (3.1) des Quadrats der zentrierten Zufallsgröße (1.4.1). Anmerkung 1: Bezeichnung der Varianz: $V(X)$, $\text{Var}(X)$ oder σ^2. Anmerkung 2: a) Für eine diskrete Zufallsgröße X, die die Werte x_i mit den Wahrscheinlichkeiten p_i annimmt und den Erwartungswert μ hat, gilt $$V(X) = E\left[(X-\mu)^2\right] = \sum (x_i - \mu)^2 \, p_i,$$ wobei die Summierung über alle x_i zu erstrecken ist, die von X angenommen werden können. b) Für eine stetige Zufallsgröße X mit der Wahrscheinlichkeitsdichte $f(x)$ und dem Erwartungswert μ gilt $$V(X) = E\left[(X-\mu)^2\right] = \int (x-\mu)^2 f(x)\, dx,$$ wobei die Integration über den Gesamtbereich der Werte von X zu erstrecken ist.
4.2	Standardabweichung [3]) standard deviation écart-type	Positive Quadratwurzel aus der Varianz. Anmerkung: Die Standardabweichung ist das gebräuchlichste Maß für die Streuung einer Verteilung.
4.3	Variationskoeffizient [3]) coefficient of variation coefficient de variation	Verhältnis der Standardabweichung zum Betrag des Erwartungswertes (3.1). Anmerkung 1: Der Variationskoeffizient wird häufig in Prozent ausgedrückt. Anmerkung 2: Ist der Erwartungswert Null, dann ist die Angabe eines Variationskoeffizienten sinnlos. Anmerkung 3: Der Variationskoeffizient wird auch „relative Standardabweichung" genannt. Mit dieser Benennung entfällt allerdings die Möglichkeit, die auf andere Bezugsgrößen, beispielsweise die auf einen vorgegebenen Wert oder Bereich bezogene Standardabweichung ebenfalls als „relative Standardabweichung" zu bezeichnen.
5	**Formparameter** [2])	
5.1	Schiefe [3]) skewness dissymétrie	Erwartungswert (3.1) der dritten Potenz der standardisierten Zufallsgröße (1.4.2): $$E\left[\left(\frac{X-\mu}{\sigma}\right)^3\right]$$
5.2	Kurtosis [3]) kurtosis curtosis	Erwartungswert (3.1) der vierten Potenz der standardisierten Zufallsgröße (1.4.2): $$E\left[\left(\frac{X-\mu}{\sigma}\right)^4\right]$$ Anmerkung: Die Wölbung einer vorliegenden Verteilung wird durch Vergleich ihrer Kurtosis mit der Kurtosis einer Normalverteilung beurteilt. Die Kurtosis der Normalverteilung hat den Zahlenwert 3.
5.3	Exzeß [3]) excess excès	Kurtosis (5.2) minus drei.
6	**Momente** [2])	
6.1	Moment [3]) [4]) der Ordnung q moment of order q moment d'ordre q	Erwartungswert (3.1) der q-ten Potenz der Zufallsgröße X: $$E(X^q)$$ Anmerkung: Das Moment der Ordnung 1 ist der Erwartungswert (3.1).

[2]) und [3]) siehe Seite 3
[4]) Werden in den Definitionen der Momente die Zufallsgrößen X, Y, $(X-a)$, $(Y-b)$, $[X-E(X)]$, $[Y-E(Y)]$ durch ihre Beträge $|X|$, $|Y|$, $|X-a|$, $|Y-b|$, $|X-E(X)|$, $|Y-E(Y)|$ ersetzt, dann sind dadurch die entsprechenden Betragsmomente (in der mathematischen Statistik auch „absolute Momente" genannt) definiert. Das Betragsmoment ist im allgemeinen vom Absolutwert des entsprechenden Momentes verschieden.

Nr	Benennung	Definition
6.2	Moment [3] [4] der Ordnung q bezüglich a moment of order q about an origin a moment d'ordre q par rapport à une origine a	Erwartungswert (3.1) der q-ten Potenz der Zufallsgröße $(X - a)$: $E[(X - a)^q]$.
6.3	Zentrales Moment [3] [4] der Ordnung q central moment of order q moment centré d'ordre q	Erwartungswert (3.1) der q-ten Potenz der zentrierten Zufallsgröße (1.4.1): $E[(X - \mu)^q]$. Anmerkung: Das zentrale Moment der Ordnung 2 ist die Varianz (4.1).
6.4	Moment [3] [4] der Ordnungen q_1 und q_2 joint moment of orders q_1 and q_2 moment d'ordres q_1 et q_2	Erwartungswert (3.1) des Produkts aus der q_1-ten Potenz der einen Zufallsgröße X und der q_2-ten Potenz der anderen Zufallsgröße Y: $E[X^{q_1} Y^{q_2}]$. Anmerkung: Das Moment der Ordnungen 1 und 0 ist der Erwartungswert der Randverteilung von X, das Moment der Ordnungen 0 und 1 der Erwartungswert der Randverteilung von Y.
6.5	Moment [3] [4] der Ordnungen q_1 und q_2 bezüglich a, b joint moment of orders q_1 and q_2 about an origin a, b moment d'ordres q_1 et q_2 par rapport à une origine a, b	Erwartungswert (3.1) des Produkts aus der q_1-ten Potenz der Zufallsgröße $(X - a)$ und der q_2-ten Potenz der Zufallsgröße $(Y - b)$: $E[(X - a)^{q_1} \cdot (Y - b)^{q_2}]$
6.6	Zentrales Moment [3] [4] der Ordnungen q_1 und q_2 joint central moment of orders q_1 and q_2 moment centré d'ordres q_1 et q_2	Erwartungswert (3.1) des Produkts aus der q_1-ten Potenz der zentrierten Zufallsgröße $[X - E(X)]$ mit der q_2-ten Potenz der zentrierten Zufallsgröße $[Y - E(Y)]$: $E([X - E(X)]^{q_1} \cdot [Y - E(Y)]^{q_2})$ Anmerkung: Das zentrale Moment der Ordnungen 2 und 0 ist die Varianz der Randverteilung von X, das zentrale Moment der Ordnungen 0 und 2 die Varianz der Randverteilung von Y. Das zentrale Moment der Ordnungen 1 und 1 ist die Kovarianz (7.2).

7 Begriffe der Korrelation und Regression [2]

Nr	Benennung	Definition
7.1	Korrelation [1] [3] correlation corrélation	Allgemeine Bezeichnung für den stochastischen Zusammenhang zwischen zwei oder mehreren Zufallsgrößen. Anmerkung: Im engeren Sinn wird mit „Korrelation" der lineare stochastische Zusammenhang bezeichnet.
7.2	Kovarianz [3] covariance covariance	Zentrales Moment der Ordnungen 1 und 1 (6.6) der beiden Zufallsgrößen X und Y $E([X - E(X)] \cdot [Y - E(Y)])$.
7.3	Korrelationskoeffizient [3] coefficient of corrélation coefficient de corrélation	Quotient aus der Kovarianz (7.2) zweier Zufallsgrößen und dem Produkt ihrer Standardabweichungen. Anmerkung 1: Bezeichnung des Korrelationskoeffizienten: ϱ. Anmerkung 2: Der Korrelationskoeffizient ist ein Maß für den linearen stochastischen Zusammenhang zweier Zufallsgrößen. Es gilt $-1 \leq \varrho \leq 1$. Für $\varrho = \pm 1$ besteht zwischen den Zufallsgrößen X und Y der lineare Zusammenhang $Y = aX + b$ mit $a < 0$ für $\varrho = -1$ und $a > 0$ für $\varrho = 1$. Falls X und Y unabhängig sind (vgl. DIN 13303 Teil 1), gilt $\varrho = 0$; die Umkehrung gilt nicht. Falls $\varrho = 0$ ist, bezeichnet man X und Y als unkorreliert.
7.4	Regressionsfunktion regression equation équitation de regression	Funktion, die — den Erwartungswert (3.1) einer Zufallsgröße in Abhängigkeit vom Wert einer anderen oder von den Werten mehrerer anderer nichtzufälligen Größen oder — den bedingten Erwartungswert (2.3, Anmerkung 2) einer Zufallsgröße in Abhängigkeit vom Wert einer anderen oder von den Werten mehrerer anderer Zufallsgrößen bestimmt.

[1] Siehe Seite 2   [2] Siehe Seite 3   [3] Siehe Seite 3   [4] Siehe Seite 5

Nr	Benennung	Definition
7.4.1	Regressionskurve[3] regression curve courbe de régression	Kurve, die — den Erwartungswert (3.1) einer Zufallsgröße Y in Abhängigkeit von den Werten x einer nichtzufälligen Größe oder — den bedingten Erwartungswert (2.3, Anmerkung 2) einer Zufallsgröße Y in Abhängigkeit von den Werten x einer Zufallsgröße X darstellt. Anmerkung: Wenn die Regressionskurve eine Gerade ist, spricht man von „linearer Regression". In diesem Fall ist der „lineare Regressionskoeffizient von Y bezüglich x" der Koeffizient von x (Steigung) in der Gleichung der Regressionsgeraden.
7.4.2	Regressionsfläche[3] regression surface surface de régression	Fläche, die — den Erwartungswert (3.1) einer Zufallsgröße Z in Abhängigkeit von den Werten x und y von zwei nichtzufälligen Größen oder — den bedingten Erwartungswert (2.3, Anmerkung 2) einer Zufallsgröße Z in Abhängigkeit von den Werten x und y von zwei Zufallsgrößen X und Y darstellt. Anmerkung 1: Wenn die Regressionsfläche eine Ebene ist, spricht man von „linearer Regression". In diesem Fall ist der „partielle Regressionskoeffizient von Z bezüglich x" der Koeffizient von x in der Gleichung der Regressionsebene. Entsprechendes gilt für Z bezüglich y. Anmerkung 2: Die Definition kann auf mehr als drei Zufallsgrößen ausgedehnt werden.

[3]) Siehe Seite 3

Zitierte Normen und andere Unterlagen

DIN 1313	Physikalische Größen und Gleichungen; Begriffe, Schreibweisen
DIN 13303 Teil 1	Stochastik; Wahrscheinlichkeitstheorie; Gemeinsame Grundbegriffe der mathematischen und der beschreibenden Statistik; Begriffe und Zeichen
DIN 13303 Teil 2	(z.Z. Entwurf) Stochastik; Mathematische Statistik; Begriffe und Zeichen
DIN 55350 Teil 11	Begriffe der Qualitätssicherung und Statistik; Begriffe der Qualitätssicherung; Grundbegriffe
DIN 55350 Teil 12	Begriffe der Qualitätssicherung und Statistik; Begriffe der Qualitätssicherung; Merkmalsbezogene Begriffe
DIN 55350 Teil 13	Begriffe der Qualitätssicherung und Statistik; Begriffe der Qualitätssicherung; Genauigkeitsbegriffe
DIN 55350 Teil 14	(z.Z. Entwurf) Begriffe der Qualitätssicherung und Statistik; Begriffe der Qualitätssicherung; Begriffe der Probenahme
DIN 55350 Teil 22	Begriffe der Qualitätssicherung und Statistik; Begriffe der Statistik; Spezielle Wahrscheinlichkeitsverteilungen
DIN 55350 Teil 23	Begriffe der Qualitätssicherung und Statistik; Begriffe der Statistik; Beschreibende Statistik
DIN 55350 Teil 24	Begriffe der Qualitätssicherung und Statistik; Begriffe der Statistik; Schließende Statistik
ISO 3534	Statistics — Vocabulary and Symbols
Glossary of Terms, used in Quality Control, European Organization for Quality Control — EOQC (Bezugsnachweis: Deutsche Gesellschaft für Qualität, Kurhessenstraße 95, 6000 Frankfurt 50)	

Erläuterungen

Die folgenden Begriffsbenennungen werden sowohl in der vorliegenden Norm als auch in DIN 55350 Teil 23 benutzt:

Benennung	DIN 55350 Teil 21 Nr	DIN 55350 Teil 23 Nr
Randverteilung	2.2	2.14
bedingte Verteilung	2.3	2.15
Median	3.2	4.3
Modalwert	3.3	4.5
Varianz	4.1	5.3
Standardabweichung	4.2	5.4
Variationskoeffizient	4.3	5.5
Schiefe	5.1	6.1
Kurtosis	5.2	6.2
Moment der Ordnung q	6.1	7.1
Moment der Ordnung q bezüglich a	6.2	7.2
Zentrales Moment der Ordnung q	6.3	7.3
Moment der Ordnungen q_1 und q_2	6.4	7.4
Moment der Ordnungen q_1 und q_2 bezüglich a, b	6.5	7.5
Zentrales Moment der Ordnungen q_1 und q_2	6.6	7.6
Korrelation	7.1	(8)
Kovarianz	7.2	8.1
Korrelationskoeffizient	7.3	8.2
Regressionskurve	7.4.1	8.3
Regressionsfläche	7.4.2	8.4

Wie in entsprechenden Fußnoten ausgeführt, ist, wenn Verwechslungsgefahr besteht, ein Zusatz anzubringen:
- Im Fall der Begriffe zu Zufallsgrößen und Wahrscheinlichkeiten (DIN 55350 Teil 21) ist der jeweiligen Begriffsbenennung der Zusatz „der Wahrscheinlichkeitsverteilung" oder „theoretisch" hinzuzufügen, z. B. „Varianz der Wahrscheinlichkeitsverteilung des Durchmessers" oder „theoretische Varianz des Durchmessers".
- Im Fall der Begriffe der beschreibenden Statistik (DIN 55350 Teil 23) ist der jeweiligen Begriffsbenennung der Zusatz „Stichprobe" oder „empirisch" hinzuzufügen, z. B. „Varianz der Stichprobe des Durchmessers" oder „empirische Varianz des Durchmessers".

Stichwortverzeichnis (Begriffe in deutscher Sprache)

Dieses Verzeichnis enthält auch Benennungen, die in Anmerkungen vorkommen.

A
absolutes Moment Fußnote 3

B
bedingte Varianz 2.3
bedingte Verteilung 2.3
bedingter Erwartungswert 2.3
Betragsmoment Fußnote 3
bimodale Wahrscheinlichkeitsverteilung 3.3
bivariate Wahrscheinlichkeitsverteilung 2.1

D
diskrete Zufallsvariable 1.1
diskreter Zufallsvektor 1.3

E
eindimensionale Wahrscheinlichkeitsverteilung 2.1
eingipflige Wahrscheinlichkeitsverteilung 3.3
Erwartungswert der Randverteilung 2.2, 6.4
Erwartungswert 3.1, 6.1
Exzeß 5.3

F
Formparameter 5, 2.8.2
Fraktil 2.5
Funktionalparameter 2.8.2
Funktion von Zufallsgrößen 1.4

H
häufigster Wert 3.3

K
kontinuierliche Zufallsvariable 1.1
Korrelation 7.1
Korrelationskoeffizient 7.3
Kovarianz 7.2, 6.6
Kurtosis 5.2

L
Lageparameter 3, 2.8.2
lineare Regression 7.4.1
linearer Regressionskoeffizient von Y bezüglich x 7.4.1
lineare Transformation 1.4

M
Median 3.2, 2.5
mehrdimensionale Wahrscheinlichkeitsverteilung 2.1
mehrgipflige Wahrscheinlichkeitsverteilung 3.3
Mittelwert (der Grundgesamtheit) 3.1
Modalwert 3.3
Momente 6
Moment der Ordnung q 6.1
Moment der Ordnung q bezüglich a 6.2
Moment der Ordnungen q_1 und q_2 6.4
Moment der Ordnungen q_1 und q_2 bezüglich a, b 6.5
multimodale Wahrscheinlichkeitsverteilung 3.3
multivariate Wahrscheinlichkeitsverteilung 2.1

N
n-Tupel 1.1, 1.3
nichtlineare Transformation 1.4

P
p-Quantil 2.5
Paar 1.1, 1.3
Parameter 2.8

partieller Regressionskoeffizient von Z bezüglich x 7.4.2
Perzentil 2.5

Q
Quadrupel 1.1, 1.3
Quantil 2.5
Quartil 2.5

R
Randerwartungswert 2.2
Randvarianz 2.2
Randverteilung 2.2
reduzierte Zufallsgröße 1.4.2
Regression 7
Regressionsfläche 7.4.2
Regressionsfunktion 7.4
Regressionskurve 7.4.1
relative Standardabweichung 4.3

S
Scharparameter 2.8.1, 2.8.2
Schiefe 5.1
Stabdiagramm 2.7
Standardabweichung 4.2
standardisierte Verteilung 1.4.2
standardisierte Zufallsgröße 1.4.2
stetige Zufallsvariable 1.1
stetiger Zufallsvektor 1.3
Streuung 4.2
Streuungsparameter 4, 2.8.2

T
theoretisch ..., Fußnote 3
theoretische Varianz Fußnote 3
transformierte Zufallsgröße 1.4
Tripel 1.1, 1.3
Tupel 1.1, 1.3

U
unimodale Wahrscheinlichkeitsverteilung 3.3
univariate Wahrscheinlichkeitsverteilung 2.1
Unsymmetriegröße 1.4.1

V
Varianz 4.1, 6.3
Varianz der Randverteilung 6.6
Variationskoeffizient 4.3
Verteilungsfunktion 2.4

W
Wahrscheinlichkeitsdichte 2.6
Wahrscheinlichkeitsfunktion 2.7
Wahrscheinlichkeitsverteilung 2.1, 2.6, Fußnote 3
Wölbung 5.3

Z
zentrales Moment der Ordnung q 6.3
zentrales Moment der Ordnungen q_1 und q_2 6.6
Zentralwert 3.2
zentrierte Zufallsgröße 1.4.1
Zufallsgröße 1.2
Zufallsvariable 1.1
Zufallsvektor 1.3
zweidimensionale Wahrscheinlichkeitsverteilung 2.1
zweigipflige Wahrscheinlichkeitsverteilung 3.3

DK 658.562 : 519.2 : 001.4   Februar 1987

Begriffe der Qualitätssicherung und Statistik
Begriffe der Statistik
Spezielle Wahrscheinlichkeitsverteilungen

DIN 55 350
Teil 22

Concepts of quality assurance and statistics; concepts of statistics; special probability distributions

Ersatz für Ausgabe 05.82

Für die Richtigkeit der fremdsprachigen Benennungen kann das DIN trotz aufgewendeter Sorgfalt keine Gewähr übernehmen.

1 Zweck und Anwendungsbereich

Diese Norm dient wie alle Teile von DIN 55350 dazu, Benennungen und Definitionen der in der Qualitätssicherung und Statistik verwendeten Begriffe zu vereinheitlichen.

Die Teile von DIN 55350 sollen nach Möglichkeit alle an der Normung interessierten Anwendungsbereiche berücksichtigen. Sie dürfen deshalb ihre Definitionen nicht so eng fassen, daß sie nur für spezielle Bereiche gelten (Technik, Landwirtschaft, Medizin u. a.). Die internationale Terminologie wurde berücksichtigt, insbesondere die von der International Organization for Standardization (ISO) herausgegebene Internationale Norm ISO 3534 „Statistics – Vocabulary and Symbols" und das von der European Organization for Quality Control (EOQC) herausgegebene „Glossary of Terms, used in Quality Control".

Die Normen DIN 55 350 Teil 21 bis Teil 24 behandeln die Begriffe der Statistik aus der Sicht der praktischen Anwendung, wobei auf eine strenge mathematische Darstellungsweise im allgemeinen verzichtet wird. In mathematischer Strenge werden die Begriffe und Zeichen der Statistik in DIN 13 303 Teil 1 und Teil 2 genormt, und zwar im Teil 1 die Begriffe der Wahrscheinlichkeitstheorie einschließlich der gemeinsamen Grundbegriffe der mathematischen und der beschreibenden Statistik, im Teil 2 die Begriffe und Zeichen der mathematischen Statistik.

2 Begriffe

Die in Klammern angegebenen Nummern sind Hinweise auf die Nummern der in dieser Norm enthaltenen Begriffe.

Zu den benutzten Grundbegriffen siehe auch DIN 55350 Teil 21.

---

*) Z. Z. Entwurf

Fortsetzung Seite 2 bis 8

Ausschuß Qualitätssicherung und angewandte Statistik (AQS) im DIN Deutsches Institut für Normung e. V.
Normenausschuß Einheiten und Formelgrößen (AEF) im DIN

Nr	Benennung	Definition
1	**Eindimensionale stetige Wahrscheinlichkeitsverteilungen**	
1.1	Normalverteilung normal distribution distribution normale	Wahrscheinlichkeitsverteilung einer stetigen Zufallsgröße X mit der Wahrscheinlichkeitsdichte $$g(x) = g(x; \mu, \sigma^2)$$ $$= \frac{1}{\sigma\sqrt{2\pi}} \exp\left[-\frac{1}{2}\left(\frac{x-\mu}{\sigma}\right)^2\right]; \quad -\infty < x < \infty.$$ Parameter: $\mu, \sigma > 0$. Anmerkung 1: μ ist der Erwartungswert und σ die Standardabweichung der Normalverteilung. Anmerkung 2: Auch „Gauß-Verteilung".
1.1.1	Standardisierte Normalverteilung standardized normal distribution distribution normale réduite	Wahrscheinlichkeitsverteilung einer stetigen Zufallsgröße U mit der Wahrscheinlichkeitsdichte $$\varphi(u) = \frac{1}{\sqrt{2\pi}} \exp\left(-\frac{u^2}{2}\right); \quad -\infty < u < \infty.$$ Anmerkung 1: Die standardisiert normalverteilte Zufallsgröße zu einer normalverteilten Zufallsgröße X mit den Parametern μ und σ ist $$U = \frac{X-\mu}{\sigma}.$$ Anmerkung 2: Die Verteilungsfunktion der standardisierten Normalverteilung wird mit $\Phi(u)$ bezeichnet.
1.2	χ^2-Verteilung[2]) (Chiquadrat-Verteilung) chi-squared distribution distribution de χ^2	Wahrscheinlichkeitsverteilung der Summe der Quadrate von f unabhängigen[1]) standardisiert normalverteilten Zufallsgrößen mit der Wahrscheinlichkeitsdichte $$g(\chi^2) = g(\chi^2; f) = K(f) \, (\chi^2)^{\frac{f}{2}-1} \exp\left(-\frac{\chi^2}{2}\right); \quad \chi^2 \geq 0$$ mit $\quad K(f) = \dfrac{1}{2^{f/2}\, \Gamma(f/2)}$ Parameter: $f = 1, 2, 3, \ldots$ Anmerkung 1: Die Anzahl f dieser Zufallsgrößen ist die Zahl der Freiheitsgrade der χ^2-verteilten Zufallsgröße. $$\chi^2 = \chi_f^2 = \sum_{i=1}^{f} U_i^2.$$ Anmerkung 2: Γ ist die vollständige Gammafunktion (1.7). Anmerkung 3: Die Zufallsgröße $\chi^2/2$ ist gammaverteilt (1.7) mit dem Parameter $m = f/2$. Anmerkung 4: Für $f = 1$ ergibt sich die Verteilung des Quadrats einer standardisiert normalverteilten Zufallsgröße (1.1.1).
1.3	t-Verteilung[2]) t-distribution distribution de t	Wahrscheinlichkeitsverteilung des Quotienten zweier unabhängiger[1]) Zufallsgrößen, wobei die Zählergröße eine standardisiert normalverteilte Zufallsgröße und die Nennergröße die positive Wurzel aus dem Quotienten einer χ^2-verteilten Zufallsgröße und ihrer Zahl f von Freiheitsgraden ist, mit der Wahrscheinlichkeitsdichte $$g(t) = g(t; f) = K(f) \, \frac{1}{(1 + t^2/f)^{(f+1)/2}}; \quad -\infty < t < \infty$$ mit $\quad K(f) = \dfrac{1}{\sqrt{\pi f}} \, \dfrac{\Gamma[(f+1)/2]}{\Gamma(f/2)}$ Parameter: $f = 1, 2, 3, \ldots$

[1]) Für den Begriff der stochastischen Unabhängigkeit von Zufallsvariablen siehe DIN 13 303 Teil 1, Ausgabe Mai 1982, Nr 4.1.2.2.

[2]) Die in Nr 1.2, 1.3 und 1.4 definierten Verteilungen werden zentrale Verteilungen genannt im Gegensatz zu den entsprechenden nichtzentralen Verteilungen, siehe DIN 13 303 Teil 1, Ausgabe Mai 1982, Nr 2.4.4, 2.4.6 und 2.4.8.

Nr	Benennung	Definition
1.3	(Fortsetzung)	Anmerkung 1: Die Zahl der Freiheitsgrade von χ^2 ist die Zahl f der Freiheitsgrade der t-verteilten Zufallsgröße. $$t = t_f = \frac{U}{\sqrt{\chi^2/f}}$$ Anmerkung 2: Γ ist die vollständige Gammafunktion (1.7). Anmerkung 3: Auch „Student-Verteilung". Anmerkung 4: Für $f \to \infty$ geht die t-Verteilung in die standardisierte Normalverteilung (1.1.1) über.
1.4	F-Verteilung [2]) F-distribution distribution de F	Wahrscheinlichkeitsverteilung des Quotienten zweier unabhängiger [1]) χ^2-verteilter Zufallsgrößen, von denen jede durch ihre Zahl von Freiheitsgraden dividiert ist, mit der Wahrscheinlichkeitsdichte $$g(F) = g(F; f_1, f_2)$$ $$= K(f_1, f_2) \frac{F^{\frac{f_1-2}{2}}}{(f_1 \cdot F + f_2)^{\frac{f_1+f_2}{2}}}; \quad F \geq 0$$ mit $$K(f_1, f_2) = \frac{\Gamma\left(\frac{f_1+f_2}{2}\right)}{\Gamma\left(\frac{f_1}{2}\right)\Gamma\left(\frac{f_2}{2}\right)} f_1^{f_1/2} f_2^{f_2/2}$$ Parameter: $f_1 = 1, 2, 3, \ldots$; $f_2 = 1, 2, 3, \ldots$ Anmerkung 1: Die Zahlen der Freiheitsgrade der χ^2-verteilten Zufallsgröße des Zählers f_1 und des Nenners f_2 sind, in dieser Reihenfolge, die Zahlen der Freiheitsgrade der F-verteilten Zufallsgröße $$F = F_{f_1, f_2} = \frac{\chi_1^2/f_1}{\chi_2^2/f_2}.$$ Anmerkung 2: Γ ist die vollständige Gammafunktion (1.7). Anmerkung 3: Auch „Fisher-Verteilung". Anmerkung 4: Für $f_1 = 1$, $f_2 = f$ ist die F-Verteilung die Verteilung des Quadrats einer t-verteilten Zufallsgröße (1.3). Für $f_1 = f$, $f_2 \to \infty$ geht die F-Verteilung in die Verteilung von χ^2/f (vgl. 1.2) über.
1.5	Lognormalverteilung log-normal distribution distribution log-normale	Wahrscheinlichkeitsverteilung einer stetigen Zufallsgröße X, die Werte zwischen a und ∞ annehmen kann, mit der Wahrscheinlichkeitsdichte $$g(x) = g(x; a, \mu, \sigma^2)$$ $$= \frac{1}{(x-a)\,\sigma\sqrt{2\pi}} \exp\left[-\frac{1}{2}\left(\frac{\ln(x-a)-\mu}{\sigma}\right)^2\right]; \quad x \geq a$$ Parameter: $a, \mu, \sigma > 0$. Anmerkung 1: Auch „logarithmische Normalverteilung". Anmerkung 2: μ und σ sind Erwartungswert und Standardabweichung von $\ln(X-a)$. Anmerkung 3: Die Zufallsgröße $\ln(X-a)$ ist normalverteilt (1.1). Anmerkung 4: Anstelle von $\ln = \log_e$ wird oft $\lg = \log_{10}$ benutzt. Dann ist $$g(x) = \frac{0{,}4343}{(x-a)\,\sigma\sqrt{2\pi}} \exp\left[-\frac{1}{2}\left(\frac{\lg(x-a)-\mu}{\sigma}\right)^2\right],$$ wobei μ und σ Erwartungswert und Standardabweichung von $\lg(X-a)$ sind.

[1]) Siehe Seite 2
[2]) Siehe Seite 2

Nr	Benennung	Definition
1.6	Exponentialverteilung exponential distribution distribution exponentielle	Wahrscheinlichkeitsverteilung einer stetigen Zufallsgröße X, die Werte zwischen 0 und ∞ annehmen kann, mit der Wahrscheinlichkeitsdichte $$g(x) = g(x; \lambda) = \lambda e^{-\lambda x}; \quad x \geq 0.$$ Parameter: $\lambda > 0$. Anmerkung: Die Wahrscheinlichkeitsverteilung kann verallgemeinert werden, indem $g(x)$ durch $\frac{1}{b} g((x-a)/b)$ (mit $x \geq a$ und $b > 0$) ersetzt wird.
1.7	Gammaverteilung gamma distribution distribution gamma	Wahrscheinlichkeitsverteilung einer stetigen Zufallsgröße X, die Werte zwischen 0 und ∞ annehmen kann, mit der Wahrscheinlichkeitsdichte $$g(x) = g(x; m) = \frac{e^{-x} x^{m-1}}{\Gamma(m)}; \quad x \geq 0.$$ Parameter: $m > 0$. Anmerkung 1: $$\Gamma(m) = \int_0^\infty e^{-x} x^{m-1} dx$$ ist die vollständige Gammafunktion. Wenn $m > 0$ ganzzahlig ist, gilt $\Gamma(m) = (m-1)!$ Anmerkung 2: m ist ein Formparameter. Anmerkung 3: Für $m = 1$ wird die Gammaverteilung zur Exponentialverteilung (1.6) mit $\lambda = 1$. Anmerkung 4: Ist m ganzzahlig, dann heißt die Verteilung auch Erlang-Verteilung der Ordnung m. Anmerkung 5: Für $m \to \infty$ geht die Gammaverteilung in die Normalverteilung (1.1) über. Anmerkung 6: Ist X gammaverteilt mit $m = \frac{1}{2}, 1, \frac{3}{2}, \ldots$, dann folgt $2X$ der χ^2-Verteilung mit $f = 2m$ Freiheitsgraden. Anmerkung 7: Die Wahrscheinlichkeitsverteilung kann verallgemeinert werden, indem $g(x)$ durch $\frac{1}{b} g((x-a)/b)$ (mit $x \geq a$ und $b > 0$) ersetzt wird.
1.8	Betaverteilung beta distribution distribution beta	Wahrscheinlichkeitsverteilung einer stetigen Zufallsgröße X, die Werte zwischen 0 und 1 annehmen kann, mit der Wahrscheinlichkeitsdichte $$g(x) = g(x; m_1, m_2) = \frac{\Gamma(m_1 + m_2)}{\Gamma(m_1) \Gamma(m_2)} \cdot x^{m_1 - 1} \cdot (1-x)^{m_2 - 1}; \quad 0 \leq x \leq 1$$ Parameter: $m_1 > 0, m_2 > 0$. Anmerkung 1: Γ ist die vollständige Gammafunktion (1.7). Anmerkung 2: m_1 und m_2 sind Formparameter. Anmerkung 3: Für $m_1 = m_2 = 1$ wird die Betaverteilung zur Gleichverteilung (1.8.1). Anmerkung 4: Ist X betaverteilt mit $a = \frac{1}{2}, 1, \frac{3}{2}, \ldots; b = \frac{1}{2}, 1, \frac{3}{2}, \ldots$, dann folgt $\frac{X}{1-X} \cdot \frac{b}{a}$ der F-Verteilung mit $f_1 = 2a$ und $f_2 = 2b$ Freiheitsgraden. Anmerkung 5: Die Wahrscheinlichkeitsverteilung kann verallgemeinert werden, indem $g(x)$ durch $\frac{1}{b-a} g((x-a)/(b-a))$ (mit $a \leq x \leq b$) ersetzt wird.
1.8.1	Gleichverteilung uniform distribution distribution uniforme	Wahrscheinlichkeitsverteilung einer stetigen Zufallsgröße X, die Werte zwischen 0 und 1 annehmen kann, mit der Wahrscheinlichkeitsdichte $g(x) = 1; \quad 0 \leq x \leq 1$. Anmerkung 1: Auch „Rechteckverteilung". Anmerkung 2: Siehe Anmerkung 5 zu 1.8.

Nr	Benennung	Definition
1.9	Gumbel-Verteilung, Extremwertverteilung vom Typ I Gumbel distribution, type I extreme value distribution distribution de Gumbel, distribution des valeurs extrêmes du type I	Wahrscheinlichkeitsverteilung einer stetigen Zufallsgröße X mit der Verteilungsfunktion $$G(x) = G(x; a, b) = \exp(-e^{-y})$$ und der Wahrscheinlichkeitsdichte $$g(x) = g(x; a, b) = \frac{1}{b} e^{-y} \exp(-e^{-y}); \quad -\infty < x < \infty,$$ wobei $y = (x - a)/b$ Parameter: $a, b > 0$. Anmerkung 1: Ist X Gumbel-verteilt, dann ist e^{-X} Weibull-verteilt (1.11). Anmerkung 2: Die Benennung „Doppelte Exponentialverteilung" soll nicht verwendet werden.
1.10	Fréchet-Verteilung, Extremwertverteilung vom Typ II Fréchet distribution, type II extreme value distribution distribution de Fréchet, distribution des valeurs extrêmes du type II	Wahrscheinlichkeitsverteilung einer stetigen Zufallsgröße X mit der Verteilungsfunktion $$G(x) = G(x; a, b, k) = \exp(-y^{-k})$$ und der Wahrscheinlichkeitsdichte $$g(x) = g(x; a, b, k) = \frac{k}{b} y^{-k-1} \exp(-y^{-k}); \quad x \geq a,$$ wobei $y = (x - a)/b$ Parameter: $a, b > 0, k > 0$. Anmerkung: k ist ein Formparameter.
1.11	Weibull-Verteilung, Extremwertverteilung vom Typ III Weibull distribution, type III extreme value distribution distribution de Weibull, distribution des valeurs extrêmes du type III	Wahrscheinlichkeitsverteilung einer stetigen Zufallsgröße X mit der Verteilungsfunktion $$G(x) = G(x; a, b, k) = 1 - \exp(-y^k)$$ und der Wahrscheinlichkeitsdichte $$g(x) = g(x; a, b, k) = \frac{k}{b} y^{k-1} \exp(-y^k); \quad x \geq a,$$ wobei $y = (x - a)/b$ Parameter: $a, b > 0, k > 0$. Anmerkung 1: k ist ein Formparameter. Anmerkung 2: Für $k = 1$ wird die Weibull-Verteilung zur Exponentialverteilung (1.6). Anmerkung 3: Für $k = 2$ ergibt sich die Rayleigh-Verteilung. Anmerkung 4: Ist X Weibull-verteilt, dann ist $-\ln(X - a)$ Gumbel-verteilt (1.9).

2 Eindimensionale diskrete Wahrscheinlichkeitsverteilungen

Nr	Benennung	Definition
2.1	Binomialverteilung binomial distribution distribution binomiale	Wahrscheinlichkeitsverteilung einer diskreten Zufallsgröße X, welche die Werte $x = 0, 1, 2, \ldots, n$ mit den Wahrscheinlichkeiten $$P(X = x) = P(X = x; n, p) = \binom{n}{x} p^x (1-p)^{n-x}$$ mit $\binom{n}{x} = \frac{n!}{x!(n-x)!}$ annimmt. Parameter: $0 < p < 1; n = 1, 2, 3, \ldots$ Anmerkung 1: Bei Anwendung in der Stichprobentheorie ist n der Stichprobenumfang, p der Anteil der Merkmalträger in der Grundgesamtheit und x die Anzahl der Merkmalträger in der Stichprobe. Anmerkung 2: Für $n \to \infty$ geht die Binomialverteilung in die Normalverteilung (1.1) über. Näherungsweise gilt für $np(1-p) > 9$ $$P(X \leq x) = G(x) \approx \Phi\left(\frac{x + 0,5 - np}{\sqrt{np(1-p)}}\right),$$ wobei Φ die Verteilungsfunktion der standardisierten Normalverteilung (1.1.1) ist. Anmerkung 3: Für $n \to \infty$, $p \to 0$, $np = $ konst. $= \mu$ geht die Binomialverteilung in die Poisson-Verteilung (2.3) mit dem Parameter μ über.

Nr	Benennung	Definition
2.2	Negative Binomialverteilung negative binomial distribution distribution binomiale négative	Wahrscheinlichkeitsverteilung einer diskreten Zufallsgröße X, welche die Werte $x = 0, 1, 2, \ldots$ mit den Wahrscheinlichkeiten $$P(X = x) = P(X = x; c, p) = \frac{c(c+1) \ldots (c+x-1)}{x!} p^c (1-p)^x$$ annimmt. Parameter: $c > 0$, $0 < p < 1$. Anmerkung 1: Die Benennung „negative Binomialverteilung" hat den Grund, daß sich die aufeinanderfolgenden Wahrscheinlichkeiten für $x = 0, 1, 2, \ldots$ durch Entwicklung des Binoms $$1 = p^c [1 - (1-p)]^{-c}$$ mit negativem Exponenten $-c$ nach positiven ganzzahligen Potenzen von $1 - p$ ergeben. Anmerkung 2: Ist c ganzzahlig, dann heißt die Verteilung auch Pascal-Verteilung, für $c = 1$ geometrische Verteilung. Anmerkung 3: Für $c \to \infty$, $p \to 1$, $c(1-p)/p =$ konst. $= \mu$ geht die negative Binomialverteilung in die Poisson-Verteilung (2.3) mit dem Parameter μ über.
2.3	Poisson-Verteilung Poisson distribution distribution de Poisson	Wahrscheinlichkeitsverteilung einer diskreten Zufallsgröße X, welche die Werte $x = 0, 1, 2, \ldots$ mit den Wahrscheinlichkeiten $$P(X = x) = P(X = x; \mu) = \frac{\mu^x}{x!} e^{-\mu}$$ annimmt. Parameter: $\mu > 0$. Anmerkung 1: Erwartungswert und Varianz der Poisson-Verteilung sind beide gleich μ. Anmerkung 2: Für $\mu \to \infty$ geht die Poisson-Verteilung in die Normalverteilung (1.1) über. Näherungsweise gilt für $\mu > 9$. $$P(X \leq x) = G(x) \approx \Phi\left(\frac{x + 0{,}5 - \mu}{\sqrt{\mu}}\right),$$ wobei Φ die Verteilungsfunktion der standardisierten Normalverteilung (1.1.1) ist.
2.4	Hypergeometrische Verteilung hypergeometric distribution distribution hypergéométrique	Wahrscheinlichkeitsverteilung einer diskreten Zufallsgröße X, welche die Werte $x = 0, 1, 2, \ldots$ unter der Voraussetzung, daß drei gegebene ganze Zahlen N, n und d, die positiv oder Null sein können, in allen Feldern der folgenden Tabelle positive ganze Zahlen oder Null ergeben, | N | d | $N - d$ | |---|---|---| | n | x | $n - x$ | | $N - n$ | $d - x$ | $N - n - d + x$ | mit den Wahrscheinlichkeiten $$P(X = x) = P(X = x; N, n, d) = \frac{\binom{d}{x}\binom{N-d}{n-x}}{\binom{N}{n}}$$ $$= \frac{n!\,(N-n)!\,d!\,(N-d)!}{N!\,x!\,(n-x)!\,(d-x)!\,(N-n-d+x)!}$$ annimmt. Parameter: N, n, d. Anmerkung 1: Bei Anwendung in der Stichprobentheorie ist N der Umfang der Grundgesamtheit, n der Stichprobenumfang, d die Anzahl der Merkmalsträger in der Grundgesamtheit und x die Anzahl der Merkmalsträger in der Stichprobe. Anmerkung 2: Für $N \to \infty$, $d \to \infty$, $d/N =$ konst. $= p$ geht die hypergeometrische Verteilung in die Binomialverteilung (2.1) mit den Parametern n und p über. Näherungsweise sind die Wahrscheinlichkeitsfunktionen $g(x) = P(X = x)$ der beiden Verteilungen gleich, wenn $n/N < 0{,}1$ ist.

Nr	Benennung	Definition
3	**Mehrdimensionale stetige Wahrscheinlichkeitsverteilungen**	
3.1	Zweidimensionale Normalverteilung bivariate normal distribution distribution normale à deux variables	Wahrscheinlichkeitsverteilung zweier stetiger Zufallsgrößen X und Y mit der Wahrscheinlichkeitsdichte $$g(x,y) = g(x,y; \mu_X, \mu_Y, \sigma_X, \sigma_Y, \varrho)$$ $$= \frac{1}{2\pi\,\sigma_X\,\sigma_Y\sqrt{1-\varrho^2}} \exp\left\{-\frac{1}{2(1-\varrho^2)}\left[\left(\frac{x-\mu_X}{\sigma_X}\right)^2\right.\right.$$ $$\left.\left. - 2\varrho\left(\frac{x-\mu_X}{\sigma_X}\right)\left(\frac{y-\mu_Y}{\sigma_Y}\right) + \left(\frac{y-\mu_Y}{\sigma_Y}\right)^2\right]\right\};$$ $-\infty < x < \infty; \; -\infty < y < \infty$ Parameter: $\mu_X, \mu_Y, \sigma_X > 0, \sigma_Y > 0, -1 \leq \varrho \leq 1$. Anmerkung 1: μ_X und μ_Y sind die Erwartungswerte und σ_X und σ_Y die Standardabweichungen der Randverteilungen von X und Y, die Normalverteilungen sind; ϱ ist der Korrelationskoeffizient von X und Y. Anmerkung 2: Eine Erweiterung auf mehr als zwei Zufallsgrößen ist möglich, siehe dazu DIN 13 303 Teil 1, Ausgabe Mai 1982, Nr 2.4.9. Anmerkung 3: Auch „bivariate Normalverteilung".
3.1.1	Standardisierte zweidimensionale Normalverteilung standardised bivariate normal distribution distribution normale reduite à deux variables	Wahrscheinlichkeitsverteilung eines Paares von standardisiert normalverteilten Zufallsgrößen U und V mit der Wahrscheinlichkeitsdichte $$g(u,v) = g(u,v;\varrho)$$ $$= \frac{1}{2\pi\sqrt{1-\varrho^2}} \exp\left[-\frac{1}{2(1-\varrho^2)}(u^2 - 2\varrho uv + v^2)\right]$$ $-\infty < u < \infty; \; -\infty < v < \infty$ Parameter: $-1 \leq \varrho \leq 1$. Anmerkung 1: Die standardisierten Zufallsgrößen zu den normalverteilten Zufallsgrößen (X, Y) mit den Parametern (μ_X, σ_X) und (μ_Y, σ_Y) sind $$U = \frac{X - \mu_X}{\sigma_X} \text{ und } V = \frac{Y - \mu_Y}{\sigma_Y}$$ Anmerkung 2: ϱ ist der Korrelationskoeffizient von X und Y und gleichermaßen der Korrelationskoeffizient von U und V. Anmerkung 3: Eine Erweiterung auf mehr als zwei Zufallsgrößen ist möglich, siehe dazu DIN 13 303 Teil 1, Ausgabe Mai 1982, Nr 2.4.9.
4	**Mehrdimensionale diskrete Wahrscheinlichkeitsverteilungen**	
4.1	Multinomialverteilung multinomial distribution distribution multinomiale	Wahrscheinlichkeitsverteilung von k diskreten Zufallsgrößen $X_1, X_2, \ldots, X_k$, welche die ganzzahligen Werte $x_1, x_2, \ldots, x_k$, die jeweils zwischen Null und n liegen, unter der Bedingung $x_1 + x_2 + \ldots + x_k = n$ mit der Wahrscheinlichkeit $$P(X_1 = x_1, X_2 = x_2, \ldots, X_k = x_k)$$ $$= P(X_1 = x_1, X_2 = x_2, \ldots, X_k = x_k; n, p_1, p_2, \ldots, p_k)$$ $$= \frac{n!}{x_1! \, x_2! \ldots x_k!} p_1^{x_1} p_2^{x_2} \ldots p_k^{x_k}$$ annehmen. Parameter: $n, p_i \geq 0 \; (i = 1, 2, \ldots, k); \; \sum_{i=1}^{k} p_i = 1$. Anmerkung: Für $k = 2$ ergibt sich wegen $x_1 + x_2 = n$ und $p_1 + p_2 = 1$ mit den Bezeichnungen $X_1 = X, X_2 = n - X, x_1 = x, x_2 = n - x, p_1 = p, p_2 = 1 - p$ $$P(X = x) = \frac{n!}{x!\,(n-x)!} p^x (1-p)^{n-x},$$ also die Binomialverteilung (2.1).

Stichwortverzeichnis (Begriffe in deutscher Sprache)

Dieses Verzeichnis enthält auch Benennungen, die in Anmerkungen vorkommen.

Betaverteilung 1.8
Binomialverteilung 2.1
bivariate Normalverteilung 3.1

Chiquadratverteilung (χ^2-Verteilung) 1.2

diskrete Wahrscheinlichkeitsverteilung 2, 4
doppelte Exponentialverteilung 1.9

eindimensionale diskrete Wahrscheinlichkeitsverteilung 2
eindimensionale stetige Wahrscheinlichkeitsverteilung 1
Erlang-Verteilung 1.7
Exponentialverteilung 1.6
Extremwertverteilung vom Typ I 1.9
Extremwertverteilung vom Typ II 1.10
Extremwertverteilung vom Typ III 1.11

Fisher-Verteilung 1.4
Fréchet-Verteilung 1.10
Freiheitsgrad 1.2, 1.3, 1.4
F-Verteilung 1.4

Gammaverteilung 1.7
geometrische Verteilung 2.2
Gleichverteilung 1.8.1
Gumbel-Verteilung 1.9
Gauß-Verteilung 1.1

hypergeometrische Verteilung 2.4

logarithmische Normalverteilung 1.5
Lognormalverteilung 1.5

mehrdimensionale diskrete Wahrscheinlichkeitsverteilung 4
mehrdimensionale stetige Wahrscheinlichkeitsverteilung 3
Multinomialverteilung 4.1

negative Binomialverteilung 2.2
nichtzentrale Verteilung Fußnote 2
Normalverteilung 1.1

Pascal-Verteilung 2.2
Poisson-Verteilung 2.3

Rayleigh-Verteilung 1.11
Rechteckverteilung 1.8.1

standardisierte zweidimensionale Normalverteilung 3.1.1
standardisierte Normalverteilung 1.1.1
stetige Wahrscheinlichkeitsverteilung 1, 3
stochastische Unabhängigkeit Fußnote 1
Student-Verteilung 1.3

t-Verteilung 1.3

Weibull-Verteilung 1.11

zentrale Verteilung Fußnote 2
zweidimensionale Normalverteilung 3.1

Zitierte Normen und andere Unterlagen

DIN 13 303 Teil 1 Stochastik; Wahrscheinlichkeitstheorie; Gemeinsame Grundbegriffe der mathematischen und der beschreibenden Statistik; Begriffe und Zeichen

DIN 13 303 Teil 2 Stochastik; Mathematische Statistik; Begriffe und Zeichen

DIN 55 350 Teil 11 Begriffe der Qualitätssicherung und Statistik; Grundbegriffe der Qualitätssicherung

DIN 55 350 Teil 12 (z. Z. Entwurf) Begriffe der Qualitätssicherung und Statistik; Merkmalsbezogene Begriffe

DIN 55 350 Teil 13 (z. Z. Entwurf) Begriffe der Qualitätssicherung und Statistik; Begriffe der Genauigkeit von Ermittlungsergebnissen

DIN 55 350 Teil 14 Begriffe der Qualitätssicherung und Statistik; Begriffe der Qualitätssicherung; Begriffe der Probenahme

DIN 55 350 Teil 21 Begriffe der Qualitätssicherung und Statistik; Begriffe der Statistik; Zufallsgrößen und Wahrscheinlichkeitsverteilungen

DIN 55 350 Teil 23 Begriffe der Qualitätssicherung und Statistik; Begriffe der Statistik; Beschreibende Statistik

DIN 55 350 Teil 24 Begriffe der Qualitätssicherung und Statistik; Begriffe der Statistik; Schließende Statistik

ISO 3534 Statistics – Vocabulary and Symbols

Glossary of Terms, used in Quality Control, European Organization for Quality Control – EOQC
(Bezugsnachweis: Deutsche Gesellschaft für Qualität, Kurhessenstraße 95, 6000 Frankfurt 50)

Frühere Ausgaben

DIN 55 350 Teil 22: 05.82

Änderungen

Gegenüber der Ausgabe Mai 1982 wurden folgende Änderungen vorgenommen:
Druckfehler in den Formeln zu Nr 3.1 und Nr 3.1.1 berichtigt.

Internationale Patentklassifikation

G 06 F 15/46
G 07 C 3/14

DK 658.562 : 31 : 519.2 : 001.4

April 1983

Begriffe der Qualitätssicherung und Statistik
Begriffe der Statistik
Beschreibende Statistik

**DIN
55 350**
Teil 23

Concepts of quality assurance and statistics; concepts of statistics; descriptive statistics

Ersatz für Ausgabe 11.82

Für die Richtigkeit der fremdsprachlichen Benennungen kann das DIN trotz aufgewendeter Sorgfalt keine Gewähr übernehmen.

1 Zweck und Anwendungsbereich

Diese Norm dient wie alle Teile von DIN 55 350 dazu, Benennungen und Definitionen der in der Qualitätssicherung und Statistik verwendeten Begriffe zu vereinheitlichen.

Die Teile von DIN 55 350 sollen nach Möglichkeit alle an der Normung interessierten Anwendungsbereiche berücksichtigen. Sie dürfen deshalb ihre Definitionen nicht so eng fassen, daß sie nur für spezielle Bereiche gelten (Technik, Landwirtschaft, Medizin u. a.). Die internationale Terminologie wurde berücksichtigt, insbesondere die von der International Organization for Standardization (ISO) herausgegebene Internationale Norm ISO 3534 „Statistics — Vocabulary and Symbols" und das von der European Organization for Quality Control (EOQC) herausgegebene „Glossary of Terms, used in Quality Control".

Die Normen DIN 55 350 Teil 21 bis Teil 24 behandeln die Begriffe der Statistik aus der Sicht der praktischen Anwendung, wobei auf eine strenge mathematische Darstellungsweise im allgemeinen verzichtet wird. Ergänzend dienen die Normen DIN 13 303 Teil 1 und Teil 2 dazu, die Begriffe und Zeichen der Statistik in mathematischer Strenge zu normen, und zwar im Teil 1 die Begriffe der Wahrscheinlichkeitstheorie einschließlich der gemeinsamen Grundbegriffe der mathematischen und der beschreibenden Statistik, im Teil 2*) die Begriffe und Zeichen der mathematischen Statistik.

2 Begriffe

Die in Klammern angegebenen Nummern sind Hinweise auf die Nummern der in dieser Norm enthaltenen Begriffe.

Im folgenden wird davon ausgegangen, daß n Beobachtungswerte $x_1, x_2, \ldots, x_n$ eines Merkmals X oder n beobachtete Wertepaare $(x_1, y_1), (x_2, y_2), \ldots, (x_n, y_n)$ zweier Merkmale X und Y oder n beobachtete Wertetripel $(x_1, y_1, z_1), (x_2, y_2, z_2), \ldots, (x_n, y_n, z_n)$ dreier Merkmale X, Y und Z usw. vorliegen.

Fortsetzung Seite 2 bis 10

Ausschuß Qualitätssicherung und angewandte Statistik (AQS) im DIN Deutsches Institut für Normung e. V.
Normenausschuß Einheiten und Formelgrößen (AEF) im DIN

Nr	Benennung	Definition
1	**Klassenbildung, Klassierung**	
1.1	Klassenbildung classification classification	Aufteilung des Wertebereiches eines Merkmals in Teilbereiche (Klassen), die einander ausschließen und den Wertebereich vollständig ausfüllen. Anmerkung 1: Auch „Klassifizierung". Anmerkung 2: Bei quantitativen Merkmalen (DIN 55350 Teil 12) werden in der Regel nur Intervalle als Teilbereiche (Klassen) verwendet. Anmerkung 3: Kann sinngemäß auf mehrere Merkmale erweitert werden.
1.2	Klasse class classe	Bei einer Klassenbildung (1.1) entstehender Teilbereich.
1.3	Klassengrenze class limit limit de classe	Wert der oberen oder der unteren Grenze einer Klasse eines quantitativen Merkmals. Anmerkung: Es ist festzulegen, welche der beiden Klassengrenzen als noch zu der Klasse gehörend anzusehen ist.
1.4	Klassenmitte class midpoint centre de classe	Arithmetischer Mittelwert (4.1) der Klassengrenzen einer Klasse.
1.5	Klassenbreite class width intervalle de classe	Obere Klassengrenze minus untere Klassengrenze. Anmerkung: Auch „Klassenweite".
1.6	Klassierung grouping classement	Einordnung von Beobachtungswerten (DIN 55350 Teil 12) in die Klassen.
2	**Häufigkeit, Häufigkeitsverteilung**	
2.1	Absolute Häufigkeit absolute frequency éffectif	Anzahl der Beobachtungswerte (DIN 55350 Teil 12), die gleich einem vorgegebenen Wert sind oder zu einer Menge von vorgegebenen Werten gehören. Anmerkung 1: Die Menge der vorgegebenen Werte kann beispielsweise eine Klasse (1.2) sein. Anmerkung 2: Bei Klassierung (1.6) auch „Besetzungszahl".
2.2	Absolute Häufigkeitssumme cumulative absolute frequency éffectif cumulée	Anzahl der Beobachtungswerte, die einen vorgegebenen Wert nicht überschreiten. Anmerkung 1: Auch „kumulierte absolute Häufigkeit". Anmerkung 2: Ist der vorgegebene Wert eine Klassengrenze (1.3), auch „Summierte Besetzungszahl".
2.3	Relative Häufigkeit relative frequency fréquence	Absolute Häufigkeit (2.1) dividiert durch die Gesamtzahl der Beobachtungswerte. Anmerkung: Wenn Verwechslung mit der absoluten Häufigkeit ausgeschlossen ist, kurz auch „Häufigkeit".
2.4	Relative Häufigkeitssumme cumulative relative frequency fréquence cumulée	Absolute Häufigkeitssumme (2.2) dividiert durch die Gesamtzahl der Beobachtungswerte. Anmerkung 1: Auch „kumulierte relative Häufigkeit". Anmerkung 2: Wenn Verwechslung mit der absoluten Häufigkeitssumme ausgeschlossen ist, oft auch „Häufigkeitssumme" oder „kumulierte Häufigkeit".
2.5	Häufigkeitsdichte frequency density fréquence densité	Absolute oder relative Häufigkeit dividiert durch die Klassenbreite (1.5). Anmerkung: Korrekt: „mittlere Häufigkeitsdichte".
2.6	Häufigkeitsdichtefunktion frequency density function fonction de fréquence densité	Funktion, die jedem Merkmalswert die Häufigkeitsdichte (2.5) der Klasse zuordnet, zu der er gehört.

Nr	Benennung	Definition
2.7	Empirische Verteilungsfunktion empirical distribution function fonction de distribution empirique	Funktion, die jedem Merkmalswert die relative Häufigkeit (2.3) von Beobachtungswerten zuordnet, die kleiner oder gleich diesem Merkmalswert sind. Anmerkung 1: Die empirische Verteilungsfunktion ordnet jedem Merkmalswert die relative Häufigkeitssumme (2.4) zu. Anmerkung 2: Früher auch „Häufigkeitssummenverteilung".
2.8	Häufigkeitsverteilung frequency distribution distribution de fréquence	Allgemeine Bezeichnung für den Zusammenhang zwischen den Beobachtungswerten und den absoluten oder relativen Häufigkeiten bzw. Häufigkeitssummen ihres Auftretens. Anmerkung 1: Die Häufigkeitsverteilung für ein, zwei oder mehrere Merkmale heißt eindimensionale oder univariate, zweidimensionale oder bivariate oder mehrdimensionale oder multivariate Häufigkeitsverteilung. Anmerkung 2: Siehe Anmerkung zu 4.5.
2.9	Histogramm histogram histogramme	Graphische Darstellung der Häufigkeitsdichtefunktion (2.6). Anmerkung: Im Histogramm sind die Flächen der Rechtecke, die über den Klassen errichtet werden, proportional sowohl den absoluten als auch den relativen Häufigkeiten.
2.10	Stabdiagramm bar diagram diagramme en bâtons	Graphische Darstellung der Häufigkeitsverteilung (2.8) eines diskreten Merkmals, bei der die Länge von senkrechten Strecken, die über den Merkmalswerten errichtet werden, proportional sowohl den absoluten als auch den relativen Häufigkeiten sind.
2.11	Häufigkeitssummenkurve cumulative frequency curve courbe des fréquences cumulées	Graphische Darstellung der empirischen Verteilungsfunktion (2.7).
2.11.1	Häufigkeitssummenpolygon cumulative frequency polygon polygone des fréquences cumulées	Häufigkeitssummenkurve (2.11) klassierter (1.6) Beobachtungswerte. Anmerkung: Das Häufigkeitssummenpolygon ist demnach der Polygonzug, der entsteht, indem für jede Klasse ein Punkt mit der oberen Klassengrenze als Abszisse und der zugeordneten Häufigkeitssumme als Ordinate gezeichnet und die benachbarten Punkte durch Strecken verbunden werden.
2.11.2	Häufigkeitssummentreppe	Häufigkeitssummenkurve (2.11) nichtklassierter Beobachtungswerte. Anmerkung: Es ergibt sich eine treppenartige Darstellung.
2.12	Zweiwegtafel two-way table tableau à double entrée	Numerische Darstellung der Häufigkeitsverteilung von zwei Merkmalen bei Klassenbildung (1.1) oder von zwei diskreten Merkmalen. Anmerkung: Ordnet man den k Klassenmitten x_i; $i = 1, \ldots, k$ des Merkmals X die Zeilen und den l Klassenmitten y_j; $j = 1, \ldots, l$ des Merkmals Y die Spalten der Zweiwegtafel zu, dann bezeichnet n_{ij} die Anzahl der beobachteten Wertepaare in der Klasse mit den Klassenmitten x_i und y_j und es gilt $\sum_{i=1}^{k} \sum_{j=1}^{l} n_{ij} = n$. Bei diskreten Merkmalen X und Y treten an die Stelle der Klassenmitten die Merkmalswerte. | $X \diagdown Y$	y_1	$y_2 \ldots$	$y_j \ldots$	y_l
---	---	---	---	---
x_1	n_{11}	$n_{12} \ldots$	$n_{1j} \ldots$	n_{1l}
x_2	n_{21}	$n_{22} \ldots$	$n_{2j} \ldots$	n_{2l}
$\vdots$	$\vdots$	$\vdots$	$\vdots$	$\vdots$
x_i	n_{i1}	$n_{i2} \ldots$	$n_{ij} \ldots$	n_{il}
$\vdots$	$\vdots$	$\vdots$	$\vdots$	$\vdots$
x_k	n_{k1}	$n_{k2} \ldots$	$n_{kj} \ldots$	n_{kl}	
2.13	Kontingenztafel contingency table tableau de contingence	Zweiwegtafel (2.12) im Fall zweier qualitativer Merkmale (DIN 55350 Teil 12). Anmerkung: Die Benennung Kontingenztafel gilt auch bei mehr als zwei qualitativen Merkmalen.

Nr	Benennung	Definition
2.14	Randverteilung [1] marginal distribution distribution marginale	Häufigkeitsverteilung (2.8) einer Teilmenge von $k_1 < k$ Merkmalen zu einer (mehrdimensionalen) Häufigkeitsverteilung von k Merkmalen. Anmerkung: Beispielsweise gibt es bei einer zweidimensionalen Häufigkeitsverteilung ($k = 2$) von zwei Merkmalen X und Y die (eindimensionale) Randverteilung von X und die (eindimensionale) Randverteilung von Y. Bei einer dreidimensionalen Häufigkeitsverteilung ($k = 3$) von drei Merkmalen X, Y und Z gibt es drei zweidimensionale Randverteilungen ($k_1 = 2$), nämlich die von (X, Y), (X, Z) und (Y, Z) und drei eindimensionale Randverteilungen ($k_1 = 1$), nämlich die von X, Y und Z.
2.15	Bedingte Verteilung [1] conditional distribution distribution conditionelle	Häufigkeitsverteilung (2.8) einer Teilmenge von $k_1 < k$ Merkmalen zu einer (mehrdimensionalen) Häufigkeitsverteilung von k Merkmalen bei gegebenen Werten der anderen $k - k_1$ Merkmale. Anmerkung 1: Beispielsweise gibt es bei einer zweidimensionalen Häufigkeitsverteilung ($k = 2$) von zwei Merkmalen X und Y (eindimensionale) bedingte Häufigkeitsverteilungen von X und (eindimensionale) bedingte Häufigkeitsverteilungen von Y. Eine durch $Y = y$ bedingte Häufigkeitsverteilung von X wird bezeichnet als „Häufigkeitsverteilung von X unter der Bedingung $Y = y$", eine durch $X = x$ bedingte Häufigkeitsverteilung von Y als „Häufigkeitsverteilung von Y unter der Bedingung $X = x$". Bei einer dreidimensionalen Häufigkeitsverteilung ($k = 3$) von drei Merkmalen X, Y und Z gibt es zweidimensionale bedingte Häufigkeitsverteilungen ($k_1 = 2$), nämlich von (X, Y) unter der Bedingung $Z = z$, von (X, Z) unter der Bedingung $Y = y$ und von (Y, Z) unter der Bedingung $X = x$, und eindimensionale bedingte Häufigkeitsverteilungen ($k_1 = 1$), nämlich von X unter der Bedingung ($Y = y, Z = z$), von Y unter der Bedingung ($X = x, Z = z$) und von Z unter der Bedingung ($X = x, Y = y$). Anmerkung 2: Ein bedingender Wert kann auch ein Wert sein, der eine Klasse kennzeichnet.

3 Kenngrößen, Kennwerte und transformierte Beobachtungswerte einer Häufigkeitsverteilung

Nr	Benennung	Definition
3.1	Kenngröße statistic statistique	Funktion der Beobachtungswerte, die eine Eigenschaft der Häufigkeitsverteilung (2.8) charakterisiert. Anmerkung 1: Insbesondere gibt es Kenngrößen der Lage, der Streuung und der Form von eindimensionalen Häufigkeitsverteilungen und des Zusammenhangs zwischen den Merkmalen mehrdimensionaler Häufigkeitsverteilungen. Anmerkung 2: Eine Kenngröße kann gleichzeitig Schätzfunktion und damit der Kennwert (3.1.1) Schätzwert (DIN 55350 Teil 24) für den entsprechenden Parameter der Wahrscheinlichkeitsverteilung (DIN 55350 Teil 21) sein.
3.1.1	Kennwert	Wert der Kenngröße (3.1). Anmerkung: Entsprechend Anmerkung 1 von 3.1 gibt es Kennwerte der Lage (4), der Streuung (5) und der Form (6) von eindimensionalen Häufigkeitsverteilungen und des Zusammenhangs zwischen den Merkmalen mehrdimensionaler Häufigkeitsverteilungen.
3.2	Ranggröße order statistic statistique d'ordre	Kenngröße (3.1), deren Funktionswerte die Rangwerte (3.2.1) sind. Anmerkung 1: Ein Beispiel für eine Ranggröße ist der Median (4.3). Anmerkung 2: In DIN 13303 Teil 1 wird die Ranggröße Ordnungsstatistik genannt.
3.2.1	Rangwert	Wert einer Ranggröße (3.2) für eine vorgegebene Rangzahl (3.2.2).
3.2.2	Rangzahl rank rang	Nummer eines Beobachtungswertes in der nach aufsteigendem Zahlenwert geordneten Folge von Beobachtungswerten. Anmerkung: In Sonderfällen können die Beobachtungswerte auch nach absteigendem Zahlenwert geordnet werden.
3.3	Zentrierter Beobachtungswert	Beobachtungswert minus arithmetischer Mittelwert (4.1).
3.4	Standardisierter Beobachtungswert	Zentrierter Beobachtungswert (3.3) dividiert durch die Standardabweichung (5.4).

[1] Zu dieser Begriffsbenennung existiert eine entsprechende Begriffsbenennung in DIN 55350 Teil 21 über die Begriffe zu Zufallsgrößen und Wahrscheinlichkeitsverteilungen. Wenn Verwechslungsgefahr besteht, ist der Begriffsbenennung dieser Norm der Zusatz „Stichprobe" oder „empirisch" hinzuzufügen. Beispielsweise heißt es dann „Varianz der Stichprobe des Durchmessers" oder „empirische Varianz des Durchmessers" (siehe Erläuterungen).

DIN 55350 Teil 23 Seite 5

Nr	Benennung	Definition
4	**Kennwerte der Lage einer Häufigkeitsverteilung**	
4.1	Arithmetischer Mittelwert arithmetic mean moyenne arithmétique	Summe der Beobachtungswerte dividiert durch Anzahl der Beobachtungswerte: $$\bar{x} = \frac{1}{n} \sum_{i=1}^{n} x_i$$ Anmerkung 1: Wenn kein Mißverständnis möglich, auch „Mittelwert". Früher auch „Durchschnitt". Anmerkung 2: Der arithmetische Mittelwert ist das Moment der Ordnung $q = 1$ (7.1).
4.2	Gewichteter Mittelwert (arithmetic) weighted average moyenne (arithmétique) pondérée	Summe der Produkte aus Beobachtungswerten und ihrem Gewicht dividiert durch die Summe der Gewichte, wobei das Gewicht eine jeweils dem Beobachtungswert zugeordnete nicht negative Zahl ist: $$\frac{\sum_{i=1}^{n} g_i x_i}{\sum_{i=1}^{n} g_i}$$ wobei $g_i \geq 0$ das dem Beobachtungswert x_i zugeordnete Gewicht ist. Anmerkung: Früher auch „gewichteter Durchschnitt".
4.3	Median [1] median médiane	Unter den n nach aufsteigendem oder absteigendem Zahlenwert geordneten und mit „1" bis „n" numerierten Beobachtungswerten bei ungeradem n der Beobachtungswert mit der Rangzahl $(n + 1)/2$, bei geradem n ein Wert zwischen den Beobachtungswerten mit den Rangzahlen $n/2$ und $(n/2) + 1$. Anmerkung 1: Bei geradem n wird der Median üblicherweise als arithmetischer Mittelwert (4.1) der beiden Beobachtungswerte mit den Rangzahlen (3.2.2) $n/2$ und $(n/2) + 1$ definiert, falls dieser Wert Merkmalswert ist. Anmerkung 2: Früher auch „Zentralwert".
4.4	Geometrischer Mittelwert geometric mean moyenne géométrique	n-te Wurzel aus dem Produkt von n positiven Beobachtungswerten: $$\sqrt[n]{x_1 \cdot x_2 \cdot \ldots \cdot x_n}$$
4.5	Modalwert [1] mode mode	Merkmalswert, zu dem ein Maximum der absoluten (2.1) oder relativen Häufigkeit (2.3) oder der Häufigkeitsdichte (2.5) gehört. Anmerkung: Tritt nur ein einziger Modalwert in der Häufigkeitsverteilung auf, spricht man von einer „unimodalen" („eingipfligen") Verteilung, andernfalls von einer „multimodalen" („mehrgipfligen") Verteilung. „Bimodal" („zweigipflig") heißt die Häufigkeitsverteilung, falls sie zwei Modalwerte besitzt.
4.5.1	Häufigster Wert	Modalwert einer unimodalen Häufigkeitsverteilung.
4.6	Spannenmitte mid-range milieu de l'étendue	Arithmetischer Mittelwert (4.1) aus größtem und kleinstem Beobachtungswert.
5	**Kennwerte der Streuung einer Häufigkeitsverteilung**	
5.1	Spannweite range étendue	Größter minus kleinster Beobachtungswert.
5.2	Mittlerer Abweichungsbetrag mean deviation écart moyen	Arithmetischer Mittelwert (4.1) der Beträge der Abweichungen (DIN 55350 Teil 12) der Beobachtungswerte von einem Bezugswert. Anmerkung 1: Im allgemeinen wird als Bezugswert der arithmetische Mittelwert (4.1) der Beobachtungswerte gewählt, obwohl die mittlere Abweichung dann ihr Minimum annimmt, wenn der Median Bezugswert ist. Anmerkung 2: Der mittlere Abweichungsbetrag ist das Betragsmoment der Ordnung $q = 1$ bezüglich a (7.2) mit a = Bezugswert [2]. Anmerkung 3: Früher mißverständlich „Mittlere Abweichung".

[1] Siehe Seite 4   [2] Siehe Seite 6

Nr	Benennung	Definition
5.3	Varianz [1] variance variance	Summe der quadrierten Abweichungen der Beobachtungswerte von ihrem arithmetischen Mittelwert (4.1) dividiert durch die um 1 verminderte Anzahl der Beobachtungswerte: $$s^2 = \frac{1}{n-1} \sum_{i=1}^{n} (x_i - \bar{x})^2$$ Anmerkung 1: Falls ein Rechengerät zur Verfügung steht, das mindestens die doppelte Stellenzahl aufweist wie die der Beobachtungswerte, wird für die numerische Berechnung folgende Formel empfohlen: $$s^2 = \frac{1}{n-1} \left[\sum_{i=1}^{n} x_i^2 - \frac{1}{n} \left(\sum_{i=1}^{n} x_i \right)^2 \right]$$ Anderenfalls ersetze man in der Formel x_i durch $x_i - a$, wobei a so gewählt wird, daß die Differenzen $x_i - a$ möglichst wenige Stellen aufweisen (siehe DIN 55302 Teil 1). Anmerkung 2: Die Varianz ist zu unterscheiden vom zentralen Moment der Ordnung $q = 2$ (7.3).
5.4	Standardabweichung [1] standard deviation écart-type	Positive Quadratwurzel aus der Varianz (5.3): $$s = \sqrt{s^2}$$
5.5	Variationskoeffizient [1] coefficient of variation coéfficient de variation	Standardabweichung (5.4) dividiert durch den Betrag des arithmetischen Mittelwerts (4.1): $$v = \frac{s}{|\bar{x}|}$$ Anmerkung 1: Der Variationskoeffizient wird häufig in Prozent angegeben. Anmerkung 2: Die Benennung „relative Standardabweichung" sollte vermieden werden.

6 Kennwerte der Form einer Häufigkeitsverteilung

Nr	Benennung	Definition
6.1	Schiefe [1] skewness dissymétrie	Arithmetischer Mittelwert (4.1) der dritten Potenz der standardisierten Beobachtungswerte (3.4): $$\frac{1}{n} \sum_{i=1}^{n} \left(\frac{x_i - \bar{x}}{s} \right)^3$$
6.2	Kurtosis [1] kurtosis curtosis	Arithmetischer Mittelwert (4.1) der vierten Potenz der standardisierten Beobachtungswerte (3.4): $$\frac{1}{n} \sum_{i=1}^{n} \left(\frac{x_i - \bar{x}}{s} \right)^4$$
6.3	Exzeß [1] excess excès	Kurtosis (6.2) minus drei.

7 Momente von Häufigkeitsverteilungen

Nr	Benennung	Definition
7.1	Moment [1] [2] der Ordnung q moment of order q about zero moment d'ordre q par rapport à zero	Arithmetischer Mittelwert (4.1) der q-ten Potenz der Beobachtungswerte bei einer eindimensionalen Häufigkeitsverteilung (2.8): $$\frac{1}{n} \sum_{i=1}^{n} x_i^q$$ Anmerkung: Das Moment der Ordnung $q = 1$ ist der arithmetische Mittelwert (4.1).
7.2	Moment [1] [2] der Ordnung q bezüglich a moment of order q about a moment d'ordre q par rapport à l'origine a	Arithmetischer Mittelwert (4.1) der q-ten Potenz der Abweichungen der Beobachtungswerte vom Bezugswert a bei einer eindimensionalen Häufigkeitsverteilung (2.8): $$\frac{1}{n} \sum_{i=1}^{n} (x_i - a)^q$$

[1] Siehe Seite 4
[2] Werden in den Definitionen der Momente die Beobachtungswerte x_i, y_j bzw. die Abweichungen $(x_i - a), (x_i - \bar{x}),(y_j - b),$ $(y_j - \bar{y})$ durch ihre Beträge $|x_i|, |y_j|, |x_i - a|, |x_i - \bar{x}|, |y_j - b|, |y_j - \bar{y}|$ ersetzt, dann sind dadurch die entsprechenden Betragsmomente (in der mathematischen Statistik auch „absolute Momente" genannt) definiert. Das Betragsmoment ist im allgemeinen vom Betrag des entsprechenden Moments (7.1 bis 7.6) verschieden.

Nr	Benennung	Definition
7.3	Zentrales Moment [1] [2] der Ordnung q centred moment of order q moment centré d'ordre q	Arithmetischer Mittelwert (4.1) der q-ten Potenz der zentrierten Beobachtungswerte (3.3) bei einer eindimensionalen Häufigkeitsverteilung (2.8): $$\frac{1}{n} \sum_{i=1}^{n} (x_i - \bar{x})^q$$ Anmerkung: Das zentrale Moment der Ordnung $q=1$ ist Null. Das zentrale Moment der Ordnung $q=2$ ist die Varianz (5.3) der Beobachtungswerte multipliziert mit dem Faktor $(n-1)/n$.
7.4	Moment [1] [2] der Ordnungen q_1 und q_2 joint moment of orders q_1 and q_2 moment d'ordres q_1 et q_2	Arithmetischer Mittelwert (4.1) der Produkte der q_1-ten Potenz der Beobachtungswerte des einen Merkmals mit der q_2-ten Potenz der Beobachtungswerte des anderen Merkmals bei einer zweidimensionalen Häufigkeitsverteilung (2.8): $$\frac{1}{n} \sum_{i=1}^{n} x_i^{q_1} y_i^{q_2}$$ Anmerkung: Das Moment der Ordnungen $q_1 = 1$ und $q_2 = 0$ ist der arithmetische Mittelwert der Randverteilung (2.14) des Merkmals X, das Moment der Ordnungen $q_1 = 0$ und $q_2 = 1$ der arithmetische Mittelwert der Randverteilung des Merkmals Y.
7.5	Moment [1] [2] der Ordnungen q_1 und q_2 bezüglich a, b joint moment of orders q_1 and q_2 about a, b moment d'ordres q_1 et q_2 par rapport à l'origine a, b	Arithmetischer Mittelwert (4.1) der Produkte der q_1-ten Potenz der Abweichungen der Beobachtungswerte des einen Merkmals vom Bezugswert a mit der q_2-ten Potenz der Abweichungen der Beobachtungswerte des anderen Merkmals vom Bezugswert b bei einer zweidimensionalen Häufigkeitsverteilung (2.8): $$\frac{1}{n} \sum_{i=1}^{n} (x_i - a)^{q_1} (y_i - b)^{q_2}$$
7.6	Zentrales Moment [1] [2] der Ordnungen q_1 und q_2 joint centred moment of orders q_1 and q_2 moment centré d'ordres q_1 et q_2	Arithmetischer Mittelwert (4.1) der Produkte der q_1-ten Potenz der zentrierten Beobachtungswerte (3.3) des einen Merkmals und der q_2-ten Potenz der zentrierten Beobachtungswerte des anderen Merkmals bei einer zweidimensionalen Häufigkeitsverteilung (2.8): $$\frac{1}{n} \sum_{i=1}^{n} (x_i - \bar{x})^{q_1} (y_i - \bar{y})^{q_2}$$ Anmerkung: Das zentrale Moment der Ordnungen $q_1 = 2$ und $q_2 = 0$ ist die Varianz (5.3) der Randverteilung (2.14) des Merkmals X multipliziert mit dem Faktor $(n-1)/n$. Das zentrale Moment der Ordnungen $q_1 = 0$ und $q_2 = 2$ ist die Varianz der Randverteilung des Merkmals Y multipliziert mit dem Faktor $(n-1)/n$. Das zentrale Moment der Ordnungen $q_1 = 1$ und $q_2 = 1$ ist die Kovarianz (8.1) multipliziert mit dem Faktor $(n-1)/n$.

8 Begriffe zur Korrelation und Regression

Nr	Benennung	Definition
8.1	Kovarianz [1] covariance covariance	Zentrales Moment der Ordnungen $q_1 = 1$ und $q_2 = 1$ (7.6) der beiden Merkmale bei einer zweidimensionalen Häufigkeitsverteilung (2.8) multipliziert mit dem Faktor $n/(n-1)$: $$s_{xy} = \frac{1}{n-1} \sum_{i=1}^{n} (x_i - \bar{x})(y_i - \bar{y})$$ $\bar{x}$ Mittelwert des Merkmals X $\bar{y}$ Mittelwert des Merkmals Y
8.2	Korrelationskoeffizient [1] coefficient of correlation coéfficient de corrélation	Kovarianz (8.1) dividiert durch das Produkt der Standardabweichungen (5.4) beider Merkmale: $$r = \frac{s_{xy}}{s_x s_y} = \frac{\sum_{i=1}^{n} (x_i - \bar{x})(y_i - \bar{y})}{\sqrt{\sum_{i=1}^{n} (x_i - \bar{x})^2 \sum_{i=1}^{n} (y_i - \bar{y})^2}}$$ $\bar{x}$ Mittelwert des Merkmals X $\bar{y}$ Mittelwert des Merkmals Y s_x Standardabweichung des Merkmals X s_y Standardabweichung des Merkmals Y s_{xy} Kovarianz (8.1) der Merkmale X und Y Anmerkung: Der Korrelationskoeffizient ist ein Maß für den linearen Zusammenhang zwischen den beiden Merkmalen bei einer zweidimensionalen Häufigkeitsverteilung. Sein Wert liegt zwischen -1 und $+1$. Ist er einer dieser Grenzen gleich, dann besteht eine lineare Beziehung $Y = aX + b$ zwischen den beiden Merkmalen.

[1] Siehe Seite 4   [2] Siehe Seite 6

Nr	Benennung	Definition
8.3	Regressionskurve [1]) regression curve courbe de régression	Im Falle von zwei Merkmalen X und Y die Kurve, die zu jedem Wert x des Merkmals X einen mittleren Wert $y(x)$ des Merkmals Y angibt. Anmerkung: Die Regression wird als linear bezeichnet, wenn die Regressionskurve durch eine Gerade angenähert werden kann. In diesem Fall ist der „lineare Regressionskoeffizient von Y bezüglich x" der Koeffizient von x (Steigung) in der Gleichung $y = y(x)$ der Regressionsgeraden, welche die empirische Regressionskurve annähert.
8.4	Regressionsfläche [1]) regression surface surface de régression	Im Falle von drei Merkmalen X, Y, Z die Fläche, die zu jedem Wertepaar (x, y) der Merkmale X, Y einen mittleren Wert $z(x, y)$ des Merkmals Z angibt. Anmerkung 1: Die Regression wird als linear bezeichnet, wenn die Regressionsfläche durch eine Ebene angenähert werden kann. In diesem Fall ist der „partielle Regressionskoeffizient von Z bezüglich x" der Koeffizient von x in der Gleichung der Regressionsebene, welche die empirische Regressionsfläche annähert; sinngemäß für y. Anmerkung 2: Die Definition kann auf mehr als drei Merkmale ausgedehnt werden.

[1]) Siehe Seite 4

Zitierte Normen und andere Unterlagen

DIN 13303 Teil 1   Stochastik; Wahrscheinlichkeitstheorie; Gemeinsame Grundbegriffe der mathematischen und der beschreibenden Statistik; Begriffe und Zeichen

DIN 13303 Teil 2   Stochastik; Mathematische Statistik; Begriffe und Zeichen

DIN 55302 Teil 1   Statistische Auswertungsverfahren, Häufigkeitsverteilung, Mittelwert und Streuung, Grundbegriffe und allgemeine Rechenverfahren

DIN 55350 Teil 11   Begriffe der Qualitätssicherung und Statistik; Begriffe der Qualitätssicherung; Grundbegriffe

DIN 55350 Teil 12   Begriffe der Qualitätssicherung und Statistik; Begriffe der Qualitätssicherung; Merkmalsbezogene Begriffe

DIN 55350 Teil 13   Begriffe der Qualitätssicherung und Statistik; Begriffe der Qualitätssicherung; Genauigkeitsbegriffe

DIN 55350 Teil 14   (z.Z. Entwurf) Begriffe der Qualitätssicherung und Statistik; Begriffe der Qualitätssicherung; Begriffe der Probenahme

DIN 55350 Teil 21   Begriffe der Qualitätssicherung und Statistik; Begriffe der Statistik; Zufallsgrößen und Wahrscheinlichkeitsverteilungen

DIN 55350 Teil 22   Begriffe der Qualitätssicherung und Statistik; Begriffe der Statistik; Spezielle Wahrscheinlichkeitsverteilungen

DIN 55350 Teil 24   Begriffe der Qualitätssicherung und Statistik; Begriffe der Statistik; Schließende Statistik

ISO 3534   Statistics — Vocabulary and Symbols

Glossary of Terms, used in the Management of Quality, European Organization for Quality Control — EOQC (Bezugsnachweis: Deutsche Gesellschaft für Qualität, Kurhessenstraße 95, 6000 Frankfurt 50)

Frühere Ausgabe

DIN 55350 Teil 23: 11.82

Änderungen

Gegenüber der Ausgabe November 1982 wurden folgende Änderungen vorgenommen:

a) Der Abschnitt 2, zweiter Absatz, wurde ergänzt durch: „oder n beobachtete Wertetripel $(x_1, y_1, z_1), (x_2, y_2, z_2), \ldots, (x_n, y_n, z_n)$ dreier Merkmale X, Y und Z usw. vorliegen".

b) Der Titel von Abschnitt 8 wurde von „Begriffe zur Korrelation und Regression im Fall von zwei Merkmalen" in „Begriffe zur Korrelation und Regression" geändert.

c) Im Abschnitt 8.2 wurde die Formel korrigiert.

d) Im Abschnitt Erläuterungen wurde in der Tabelle „Exzeß" hinzugefügt.

Erläuterungen

Die folgenden Begriffsbenennungen werden sowohl in DIN 55350 Teil 21, Ausgabe Mai 1982, als auch in der vorliegenden Norm benutzt:

Benennung	DIN 55350 Teil 21 Nr	DIN 55350 Teil 23 Nr
Randverteilung	2.2	2.14
bedingte Verteilung	2.3	2.15
Median	3.2	4.3
Modalwert	3.3	4.5
Varianz	4.1	5.3
Standardabweichung	4.2	5.4
Variationskoeffizient	4.3	5.5
Schiefe	5.1	6.1
Kurtosis	5.2	6.2
Exzeß	5.3	6.3
Moment der Ordnung q	6.1	7.1
Moment der Ordnung q bezüglich a	6.2	7.2
Zentrales Moment der Ordnung q	6.3	7.3
Moment der Ordnungen q_1 und q_2	6.4	7.4
Moment der Ordnungen q_1 und q_2 bezüglich a, b	6.5	7.5
Zentrales Moment der Ordnungen q_1 und q_2	6.6	7.6
Korrelation	7.1	(8)
Kovarianz	7.2	8.1
Korrelationskoeffizient	7.3	8.2
Regressionskurve	7.4.1	8.3
Regressionsfläche	7.4.2	8.4

Wie in den entsprechenden Fußnoten ausgeführt, ist, wenn Verwechslungsgefahr besteht, ein Zusatz anzubringen:
- Im Fall der Begriffe zu Zufallsgrößen und Wahrscheinlichkeiten (DIN 55350 Teil 21) ist der jeweiligen Begriffsbenennung der Zusatz „der Wahrscheinlichkeitsverteilung" oder „theoretisch" hinzuzufügen, z. B. „Varianz der Wahrscheinlichkeitsverteilung des Durchmessers" oder „theoretische Varianz des Durchmessers".
- Im Fall der Begriffe der beschreibenden Statistik (DIN 55350 Teil 23) ist der jeweiligen Begriffsbenennung der Zusatz „Stichprobe" oder „empirisch" hinzuzufügen, z. B. „Varianz der Stichprobe des Durchmessers" oder „empirische Varianz des Durchmessers".

Stichwortverzeichnis (Begriffe in deutscher Sprache)
Dieses Verzeichnis enthält auch Benennungen, die in Anmerkungen vorkommen.

A
absolute Häufigkeit 2.1
absolute Häufigkeitssumme 2.2
absolutes Moment Fußnote 1
arithmetischer Mittelwert 4.1, 7.4

B
bedingte Verteilung 2.15
Besetzungszahl 2.1
Betragsmoment Fußnote 1
bimodale Verteilung 4.5
bivariate Häufigkeitsverteilung 2.8

D
Durchschnitt 4.1

E
eindimensionale bedingte Häufigkeitsverteilung 2.15
eindimensionale Häufigkeitsverteilung 2.8
eindimensionale Randverteilung 2.14
eingipflige Verteilung 4.5
empirisch ... Fußnote 1
empirische Regressionsfläche 8.4
empirische Regressionskurve 8.3
empirische Varianz Fußnote 1
empirische Verteilungsfunktion 2.7
Exzeß 6.3

G
geometrischer Mittelwert 4.4
gewichteter Durchschnitt 4.2
gewichteter Mittelwert 4.2

H
Häufigkeit 2.3
Häufigkeitsdichte 2.5
Häufigkeitsdichtefunktion 2.6
Häufigkeitssumme 2.4
Häufigkeitssummenkurve 2.11
Häufigkeitssummenpolygon 2.11.1
Häufigkeitssummentreppe 2.11.2
Häufigkeitssummenverteilung 2.7
Häufigkeitsverteilung 2.8
häufigster Wert 4.5.1
Histogramm 2.9

K
Kenngröße 3.1
Kennwert 3.1.1
Kennwert der Form einer Häufigkeitsverteilung 6, 3.1.1
Kennwert der Lagen einer Häufigkeitsverteilung 4, 3.1.1
Kennwert der Streuung einer Häufigkeitsverteilung 5, 3.1.1
Klasse 1.2
Klassenbildung 1.1
Klassenbreite 1.5
Klassengrenze 1.3
Klassenmitte 1.4
Klassenweite 1.5
Klassifizierung 1.1
Klassierung 1.6
Kontingenztafel 2.13
Korrelation 8
Korrelationskoeffizient 8.2
Kovarianz 8.1, 7.6
kumulierte absolute Häufigkeit 2.2
kumulierte Häufigkeit 2.4
kumulierte relative Häufigkeit 2.4
Kurtosis 6.2

L
lineare Regression 8.3, 8.4
linearer Regressionskoeffizient 8.3

M
Median 4.3, 3.2
mehrdimensionale Häufigkeitsverteilung 2.8
mehrgipflige Verteilung 4.5
Mittelwert 4.1
mittlere Abweichung 5.2
mittlerer Abweichungsbetrag 5.2
mittlere Häufigkeitsdichte 2.5
Modalwert 4.5
Moment 7
Moment der Ordnung q 7.1
Moment der Ordnung q bezüglich a 7.2
Moment der Ordnungen q_1 und q_2 7.4
Moment der Ordnungen q_1 und q_2 bezüglich a, b 7.5
multimodale Verteilung 4.5
multivariate Häufigkeitsverteilung 2.8

O
Ordnungsstatistik 3.2

P
partieller Regressionskoeffizient 8.4

R
Randverteilung 2.14
Ranggröße 3.2
Rangwert 3.2.1
Rangzahl 3.2.2
Regression 8
Regressionsebene 8.4
Regressionsfläche 8.4
Regressionsgerade 8.4
Regressionskoeffizient 8.3, 8.4
Regressionskurve 8.3
relative Häufigkeit 2.3
relative Häufigkeitssumme 2.4
relative Standardabweichung 5.5

S
Schätzfunktion 3.1
Schätzwert 3.1
Schiefe 6.1
Spannenmitte 4.6
Spannweite 5.1
Stabdiagramm 2.10
Standardabweichung 5.4
standardisierter Beobachtungswert 3.4
Stichprobe Fußnote 1
summierte Besetzungszahl 2.2

T
transformierter Beobachtungswert 3

U
unimodale Verteilung 4.5
univariate Häufigkeitsverteilung 2.8

V
Varianz 5.3, 7.3, 7.6
Variationskoeffizient 5.5

Z
Zentrales Moment der Ordnung q 7.3
Zentrales Moment der Ordnungen q_1 und q_2 7.6
Zentralwert 4.3
Zentrierter Beobachtungswert 3.3
zweidimensionale Häufigkeitsverteilung 2.8
zweigipflige Verteilung 4.5
Zweiwegtafel 2.12

DK 658.562 : 31 : 519.2 : 001.4

November 1982

Begriffe der Qualitätssicherung und Statistik
Begriffe der Statistik
Schließende Statistik

DIN 55 350
Teil 24

Concepts of quality assurance and statistics; concepts of statistics; analytical statistics

Für die Richtigkeit der fremdsprachigen Benennungen kann das DIN trotz aufgewendeter Sorgfalt keine Gewähr übernehmen.

1 Zweck und Anwendungsbereich

Diese Norm dient wie alle Teile von DIN 55 350 dazu, Benennungen und Definitionen der in der Qualitätssicherung und Statistik verwendeten Begriffe zu vereinheitlichen.

Die Teile von DIN 55 350 sollen nach Möglichkeit alle an der Normung interessierten Anwendungsbereiche berücksichtigen. Sie dürfen deshalb ihre Definitionen nicht so eng fassen, daß sie nur für spezielle Bereiche gelten (Technik, Landwirtschaft, Medizin u. a.). Die internationale Terminologie wurde berücksichtigt, insbesondere die von der International Organization for Standardization (ISO) herausgegebene Internationale Norm ISO 3534 „Statistics — Vocabulary and Symbols" und das von der European Organization for Quality Control (EOQC) herausgegebene „Glossary of Terms, used in Quality Control".

Die Normen DIN 55 350 Teil 21 bis Teil 24 behandeln die Begriffe der Statistik aus der Sicht der praktischen Anwendung, wobei auf eine strenge mathematische Darstellungsweise im allgemeinen verzichtet wird. In mathematischer Strenge werden die Begriffe und Zeichen der Statistik in DIN 13 303 Teil 1 und Teil 2 genormt, und zwar im Teil 1 die Begriffe der Wahrscheinlichkeitstheorie einschließlich der gemeinsamen Grundbegriffe der mathematischen und der beschreibenden Statistik, im Teil 2 die Begriffe und Zeichen der mathematischen Statistik.

2 Begriffe

Die in Klammern angegebenen Nummern sind Hinweise auf die Nummern der in dieser Norm enthaltenen Begriffe.

Zu den benutzten Grundbegriffen siehe auch DIN 55 350 Teil 21.

Zum Begriff der stochastischen Unabhängigkeit von Zufallsvariablen siehe DIN 13 303 Teil 1.

Im folgenden wird davon ausgegangen, daß als Stichprobenergebnis

a) n Beobachtungswerte $x_1, x_2, \ldots, x_n$ eines Merkmals X als Realisierungen von n unabhängigen identisch verteilten Zufallsvariablen $X_1, X_2, \ldots, X_n$ vorliegen und Aussagen über die Wahrscheinlichkeitsverteilung der X_i gemacht werden sollen oder

b) n beobachtete Wertepaare $(x_1, y_1), (x_2, y_2), \ldots, (x_n, y_n)$ zweier Merkmale X, Y als Realisierungen von n unabhängigen identisch verteilten Zufallsvektoren $(X_1, Y_1), (X_2, Y_2), \ldots, (X_n, Y_n)$ vorliegen und Aussagen über die Wahrscheinlichkeitsverteilung der (X_i, Y_i) gemacht werden sollen; sinngemäß auch für Wertetripel (x_i, y_i, z_i) usw.

Fortsetzung Seite 2 bis 7

Ausschuß Qualitätssicherung und angewandte Statistik (AQS) im DIN Deutsches Institut für Normung e. V.
Normenausschuß Einheiten und Formelgrößen (AEF) im DIN

Nr	Benennung	Definition
1	**Statistische Schätzung**	
1.1	Schätzung estimation estimation	Verfahren, das angewendet wird, um aus Stichprobenergebnissen Schätzwerte oder Schätzbereiche für die Parameter der Wahrscheinlichkeitsverteilung (siehe DIN 55350 Teil 21) zu bestimmen, die als Modell für die Grundgesamtheit (siehe DIN 55350 Teil 14, z. Z. Entwurf) gewählt wurde, aus der die Stichprobe stammt. Anmerkung 1: Im weiteren Sinne spricht man auch von der Schätzung von Wahrscheinlichkeiten und Verteilungsfunktionen. Anmerkung 2: Bei der Punktschätzung ist das Schätzergebnis ein Schätzwert (1.2.1), bei der Bereichsschätzung ein Schätzbereich (2.2, 2.3).
1.2	Schätzfunktion estimator estimateur	Kenngröße (siehe DIN 55350 Teil 23) zur Schätzung (1.1) eines Parameters einer Wahrscheinlichkeitsverteilung.
1.2.1	Schätzwert estimate valeur estimée	Wert der Schätzfunktion.
1.3	Gesamtschätzabweichung total estimation error erreur totale d'éstimation	Schätzwert minus wahrer Wert des geschätzten Parameters. Anmerkung: Die Gesamtschätzabweichung setzt sich zusammen aus der systematischen Abweichung der Schätzfunktion (1.4) und den zufälligen Abweichungen. Einfluß auf die Gesamtschätzabweichung haben — die Stichprobenabweichung (1.3.1), — die Abweichung durch Runden (siehe DIN 1333 Teil 2), — die Abweichung durch Klassierung (siehe DIN 55350 Teil 23) der Beobachtungswerte und — andere Abweichungen.
1.3.1	Stichprobenabweichung sampling error erreur d'échantilonage	Anteil der Gesamtschätzabweichung, der auf die Zufälligkeit der Stichprobe zurückzuführen ist.
1.4	Systematische Abweichung der Schätzfunktion bias of estimator biais d'un estimateur	Erwartungswert (siehe DIN 55350 Teil 21) der Schätzfunktion (1.2) minus wahrer Wert des geschätzten Parameters.
1.4.1	Erwartungstreue Schätzfunktion unbiased estimator estimateur sans biais	Schätzfunktion, deren Erwartungswert (siehe DIN 55350 Teil 21) gleich dem wahren Wert des geschätzten Parameters ist. Anmerkung: Der arithmetische Mittelwert ist eine erwartungstreue Schätzfunktion für den Erwartungswert der Wahrscheinlichkeitsverteilung, die Stichprobenvarianz (siehe DIN 55350 Teil 23) eine erwartungstreue Schätzfunktion für deren Varianz. Hingegen ist die Stichprobenstandardabweichung keine erwartungstreue Schätzfunktion für die Standardabweichung der Wahrscheinlichkeitsverteilung.
2	**Schätzbereiche**	
2.1	Vertrauensniveau confidence level niveau de confiance	Mindestwert $1-\alpha$ der Wahrscheinlichkeit, der für die Berechnung eines Vertrauensbereichs (2.2) oder eines statistischen Anteilsbereichs (2.3) vorgeben ist. Anmerkung: Auch „Konfidenzniveau".
2.2	Vertrauensbereich confidence interval intervalle de confiance	Aus Stichprobenergebnissen berechneter Schätzbereich, der den wahren Wert ϑ des zu schätzenden Parameters auf dem vorgegebenen Vertrauensniveau $1-\alpha$ einschließt. Anmerkung 1: Die Grenzen V_1 und V_2 des Vertrauensbereichs sind Funktionen der Beobachtungswerte der Stichprobe, für die $P(V_1 \leq \vartheta \leq V_2) \geq 1-\alpha$ gilt. Sie sind also Zufallsgrößen und weisen daher im allgemeinen für jede Stichprobe andere Werte auf. Die aus einer längeren Folge von Stichproben errechneten Vertrauensbereiche schließen den wahren Wert ϑ mit einer relativen Häufigkeit ein, die annähernd gleich oder größer als $1-\alpha$ ist. Anmerkung 2: Anzugeben ist, welche Wahrscheinlichkeitsverteilung als Modell vorausgesetzt wurde.

Nr	Benennung	Definition
2.2	(Fortsetzung)	Anmerkung 3: Sind beide Grenzen nach Anmerkung 1 als Zufallsgrößen definiert, dann spricht man von einem „zweiseitig abgegrenzten Vertrauensbereich". Ist eine der Grenzen keine Zufallsgröße, sondern stellt sie den kleinst- oder größtmöglichen endlichen oder unendlichen Wert von ϑ dar, dann spricht man von einem „einseitig abgegrenzten Vertrauensbereich". Anmerkung 4: Auch „Konfidenzbereich" oder „Konfidenzintervall".
2.2.1	Vertrauensgrenze confidence limit limite de confiance	Obere oder untere Grenze des Vertrauensbereichs. Anmerkung: Auch „Konfidenzgrenze".
2.3	Statistischer Anteilsbereich statistical tolerance interval intervalle statistique de dispersion	Aus Stichprobenergebnissen berechneter Schätzbereich, der mindestens einen festgelegten Anteil $1-\gamma$ der Wahrscheinlichkeitsverteilung auf dem vorgegebenen Vertrauensniveau $1-\alpha$ einschließt. Anmerkung 1: Die Grenzen A_1 und A_2 des statistischen Anteilsbereichs sind Funktionen der Beobachtungswerte der Stichprobe. Sie sind also Zufallsgrößen und weisen daher im allgemeinen für jede Stichprobe andere Werte auf. Die aus einer längeren Folge von Stichproben errechneten statistischen Anteilsbereiche schließen mit einer relativen Häufigkeit, die annähernd gleich oder größer als $1-\alpha$ ist, Anteile der Grundgesamtheit ein, die den festgelegten Anteil mindestens erreichen, d.h. die relative Häufigkeit von statistischen Anteilsbereichen, für die $P(A_1 \leq X \leq A_2) \geq 1-\gamma$ gilt, ist annähernd gleich oder größer als $1-\alpha$. Anmerkung 2: Anzugeben ist, welche Wahrscheinlichkeitsverteilung als Modell vorausgesetzt wurde. Anmerkung 3: Sind beide Grenzen nach Anmerkung 1 als Zufallsgrößen definiert, dann spricht man von einem „zweiseitig abgegrenzten statistischen Anteilsbereich". Ist eine der beiden Grenzen keine Zufallsgröße, sondern stellt sie den kleinst- oder größtmöglichen endlichen oder unendlichen Wert der betrachteten Zufallsgröße dar, dann spricht man von einem „einseitig abgegrenzten statistischen Anteilsbereich".
2.3.1	Anteilsgrenze statistical tolerance limit limite statistique de dispersion	Obere oder untere Grenze des statistischen Anteilsbereichs.

3 Testverfahren

Nr	Benennung	Definition
3.1	Nullhypothese null hypothesis hypothèse nulle	Aussage, durch die aus einer Menge von zugelassenen Wahrscheinlichkeitsverteilungen eine Teilmenge ausgewählt wird. Anmerkung 1: Bezeichnung H_0. Anmerkung 2: Die Teilmenge wird möglichst so ausgewählt, daß die Aussage nicht mit der zu prüfenden Vermutung vereinbar ist. Einzelheiten dazu in Anmerkung 1 zu 3.5, Beispiele in Anmerkung 3 zu 3.2. Anmerkung 3: Auch kurz „Hypothese" (siehe Anmerkung 4 zu 3.2).
3.2	Alternativhypothese alternative hypothesis hypothèse alternative	Aussage, durch die aus einer Menge von zugelassenen Wahrscheinlichkeitsverteilungen alle diejenigen ausgewählt werden, die nicht zur Nullhypothese gehören. Anmerkung 1: Bezeichnung H_1. Anmerkung 2: Die Alternativhypothese ist demnach eine Aussage, die der Nullhypothese entgegensteht. Einzelheiten dazu in Anmerkung 1 zu 3.5. Anmerkung 3: Beispiele Beispiel 1: Zugelassen sind alle stetigen Wahrscheinlichkeitsverteilungen, bei denen die Zufallsgröße Werte zwischen $-\infty$ und ∞ annehmen kann. Vermutung: Die wahre Wahrscheinlichkeitsverteilung ist keine Normalverteilung. Nullhypothese: Diese Wahrscheinlichkeitsverteilung ist eine Normalverteilung. Alternativhypothese: Diese Wahrscheinlichkeitsverteilung ist keine Normalverteilung. Beispiel 2: Zugelassen sind alle Normalverteilungen. Vermutung: Der Erwartungswert μ der wahren Normalverteilung ist größer als ein vorgegebener Wert μ_0. Nullhypothese H_0: $\mu \leq \mu_0$ Alternativhypothese H_1: $\mu > \mu_0$ Beispiel 3: Zugelassen sind alle Normalverteilungen mit übereinstimmender bekannter Standardabweichung σ. Vermutung: Die wahre

Nr	Benennung	Definition
3.2	(Fortsetzung)	Normalverteilung hat einen mit einem vorgegebenen Wert μ_0 nicht übereinstimmenden Erwartungswert μ. Nullhypothese H_0: $\mu = \mu_0$ Alternativhypothese H_1: $\mu \neq \mu_0$ Beispiel 4: Zugelassen sind alle zwischen Null und Eins liegenden Anteile p_1 und p_2 fehlerhafter Einheiten in zwei Losen 1 und 2. Vermutung: Die Anteile sind unterschiedlich. Nullhypothese H_0: $p_1 = p_2$ Alternativhypothese H_1: $p_1 \neq p_2$ Anmerkung 4: Auch kurz „Alternative" (siehe Anmerkung 3 zu 3.1). Früher „Gegenhypothese".
3.3	Einfache Hypothese simple hypothesis hypothèse simple	Null- oder Alternativhypothese, wobei die ausgewählte Teilmenge nur aus einer einzigen Wahrscheinlichkeitsverteilung besteht. Anmerkung: Siehe Anmerkung zu 3.4.
3.4	Zusammengesetzte Hypothese composite hypothesis hypothèse composite	Null- oder Alternativhypothese, wobei die Teilmenge aus mehr als einer Wahrscheinlichkeitsverteilung besteht. Anmerkung: In den Beispielen 3 und 4 von Anmerkung 3 zu 3.2 ist die Nullhypothese eine einfache, die Alternativhypothese eine zusammengesetzte Hypothese. In den Beispielen 1 und 2 von Anmerkung 3 zu 3.2 sind sowohl Null- als auch Alternativhypothese zusammengesetzte Hypothesen.
3.5	Statistischer Test statistical test, significance test test statistique, test de signification	Unter definierten Voraussetzungen geltendes Verfahren, um mit Hilfe von Stichprobenergebnissen zu entscheiden, ob die wahre Wahrscheinlichkeitsverteilung zur Nullhypothese oder zur Alternativhypothese gehört. Anmerkung 1: Vor Durchführung eines statistischen Tests wird zunächst unter Berücksichtigung aller Informationen die Menge der zugelassenen Wahrscheinlichkeitsverteilungen festgelegt. Dann werden die Wahrscheinlichkeitsverteilungen, die aufgrund der zu prüfenden Vermutung wahr sein können, als Alternativhypothese ausgewählt. Schließlich wird als Alternative dazu die Nullhypothese formuliert. In vielen Fällen läßt sich die Menge der zugelassenen Wahrscheinlichkeitsverteilungen und demzufolge auch Nullhypothese und Alternativhypothese durch die Angabe der zugehörigen Werte von Parametern festlegen. Liegt beispielsweise eine stetige Zufallsgröße vor, die Werte zwischen $-\infty$ und ∞ annehmen kann, und hat man die Vermutung, daß die wahre Wahrscheinlichkeitsverteilung keine Normalverteilung ist, dann wird man die Hypothesen gemäß Beispiel 1 von Anmerkung 3 zu 3.2 formulieren. Folgt die Zufallsgröße einer Normalverteilung mit bekanntem σ und vermutet man, daß deren Erwartungswert μ von einem vorgegebenen Wert μ_0 abweicht, dann wird man die Hypothesen gemäß Beispiel 3 von Anmerkung 3 zu 3.2 formulieren. Anmerkung 2: Da die Entscheidung mit Hilfe von Stichprobenergebnissen getroffen wird, kann sie fehlerhaft sein; vergleiche 3.11 und 3.12. Anmerkung 3: Wenn die Voraussetzungen für die Anwendung des statistischen Tests nicht erfüllt sind, ergibt sich ein Fehler im Ansatz. Anmerkung 4: Auch „Signifikanztest".
3.6	Prüfgröße test statistic statistique à tester	Kenngröße (siehe DIN 55350 Teil 23), mit deren Werten entschieden wird, ob die wahre Wahrscheinlichkeitsverteilung zur Nullhypothese gehört oder nicht. Anmerkung: In DIN 13303 Teil 2 „Prüffunktion" genannt. Auch „Testgröße".
3.6.1	Prüfwert test value valeur du statistique à tester	Wert der Prüfgröße. Anmerkung: Auch „Testwert".
3.7	Verteilungsfreier Test distribution free test test non paramétrique	Statistischer Test, bei dem die Verteilungsfunktion der Prüfgröße nicht von den Verteilungsfunktionen aus der Menge der Wahrscheinlichkeitsverteilungen unter der Nullhypothese abhängt. Anmerkung: Auch „Nichtparametrischer Test".
3.8	Verteilungsgebundener Test parametric test test paramétrique	Statistischer Test, bei dem die Verteilungsfunktion der Prüfgröße von einer der Verteilungsfunktionen aus der Menge der Wahrscheinlichkeitsverteilungen unter der Nullhypothese abhängt. Anmerkung: Auch „Parametrischer Test".

Nr	Benennung	Definition
3.9	Kritischer Bereich critical region région critique	Teilmenge von Prüfwerten (der Menge der möglichen Prüfwerte), die zum Verwerfen der Nullhypothese führen.
3.9.1	Kritischer Wert critical value valeur critique	Grenze des kritischen Bereichs. Anmerkung 1: Besteht der kritische Bereich aus der Menge der Prüfwerte, die entweder nur größer sind als der kritische Wert oder nur kleiner sind als der kritische Wert, dann heißt der Test „Einseitiger Test". Besteht der kritische Bereich aus der Menge der Prüfwerte, die kleiner als ein kritischer Wert K_1 oder größer als ein kritischer Wert K_2 sind, dann heißt der Test „Zweiseitiger Test". Ob ein Test einseitig oder zweiseitig ist, hängt von der Alternativhypothese ab. In Beispiel 2 von Anmerkung 3 zu 3.2 ist der Test einseitig, in den Beispielen 3 und 4 von Anmerkung 3 zu 3.2 ist der Test zweiseitig. Im Fall, daß die Prüfgröße positive und negative Werte annehmen kann, ist auf das Vorzeichen des Prüfwertes und des kritischen Wertes zu achten. Anmerkung 2: Früher auch „Schwellenwert".
3.10	Signifikantes Testergebnis significant test result résultat significatif du test	Ergebnis eines statistischen Tests, bei dem der Prüfwert in den kritischen Bereich fällt. Anmerkung: Ist dies der Fall, wird die Nullhypothese verworfen.
3.11	Fehler 1. Art error of the first kind erreur de première espèce	Verwerfen der Nullhypothese, obwohl die wahre Wahrscheinlichkeitsverteilung zur Nullhypothese gehört.
3.11.1	Wahrscheinlichkeit des Fehlers 1. Art type I risk risque de première espèce	Wahrscheinlichkeit, die Nullhypothese zu verwerfen, falls die wahre Wahrscheinlichkeitsverteilung zur Nullhypothese gehört.
3.11.2	Signifikanzniveau significance level niveau de signification	Höchstwert für die Wahrscheinlichkeit des Fehlers 1. Art, der für die Durchführung eines statistischen Tests vorgegeben ist. Anmerkung 1: Bezeichnung α. Anmerkung 2: Bei Annahme-Stichprobenprüfungen wird das Signifikanzniveau „Lieferantenrisiko" genannt.
3.12	Fehler 2. Art error of the second kind erreur de seconde espèce	Nichtverwerfen der Nullhypothese, obwohl die wahre Wahrscheinlichkeitsverteilung zur Alternativhypothese gehört.
3.12.1	Wahrscheinlichkeit des Fehlers 2. Art type II risk risque de seconde espèce	Wahrscheinlichkeit, die Nullhypothese nicht zu verwerfen, falls die wahre Wahrscheinlichkeitsverteilung zur Alternativhypothese gehört. Anmerkung 1: Bezeichnung β. Anmerkung 2: Bei Annahme-Stichprobenprüfungen wird die Wahrscheinlichkeit des Fehlers 2. Art „Abnehmerrisiko" genannt.
3.12.2	Schärfe power puissance	Eins minus Wahrscheinlichkeit des Fehlers 2. Art. Anmerkung 1: Bezeichnung $1-\beta$. Anmerkung 2: Auch „Testschärfe". Anmerkung 3: Früher auch „Macht eines Tests".
3.13	Gütefunktion power function fonction de puissance	Die Wahrscheinlichkeit für das Verwerfen der Nullhypothese als Funktion eines Parameters, sofern sich die zugelassenen Wahrscheinlichkeitsverteilungen durch den Parameter erfassen lassen. Anmerkung 1: In Beispiel 3 von Anmerkung 3 zu 3.2 lassen sich die zugelassenen Wahrscheinlichkeitsverteilungen durch den Parameter μ erfassen. Die Gütefunktion des Tests ist in diesem Fall also die Wahrscheinlichkeit des Verwerfens der Nullhypothese ($H_0: \mu = \mu_0$) als Funktion von μ. Anmerkung 2: Auch „Machtfunktion".
3.13.1	Operationscharakteristik operating characteristic courbe d'efficacité	Eins minus Gütefunktion.

Zitierte Normen und andere Unterlagen

DIN 1333 Teil 2	Zahlenangaben; Runden
DIN 13303 Teil 1	Stochastik; Wahrscheinlichkeitstheorie, Gemeinsame Grundbegriffe der mathematischen und beschreibenden Statistik; Begriffe und Zeichen
DIN 13303 Teil 2	Stochastik; Mathematische Statistik, Begriffe und Zeichen
DIN 55350 Teil 11	Begriffe der Qualitätssicherung und Statistik; Begriffe der Qualitätssicherung; Grundbegriffe
DIN 55350 Teil 12	Begriffe der Qualitätssicherung und Statistik; Begriffe der Qualitätssicherung; Merkmalsbezogene Begriffe
DIN 55350 Teil 13	Begriffe der Qualitätssicherung und Statistik; Begriffe der Qualitätssicherung; Genauigkeitsbegriffe
DIN 55350 Teil 14	(z.Z. Entwurf) Begriffe der Qualitätssicherung und Statistik; Begriffe der Qualitätssicherung; Begriffe der Probenahme
DIN 55350 Teil 21	Begriffe der Qualitätssicherung und Statistik; Begriffe der Statistik; Zufallsgrößen und Wahrscheinlichkeitsverteilungen
DIN 55350 Teil 22	Begriffe der Qualitätssicherung und Statistik; Begriffe der Statistik; Spezielle Wahrscheinlichkeitsverteilungen
DIN 55350 Teil 23	Begriffe der Qualitätssicherung und Statistik; Begriffe der Statistik; Beschreibende Statistik
ISO 3534	Statistics — Vocabulary and Symbols

Glossary of Terms, used in the Management of Quality, European Organization for Quality Control — EOQC
(Bezugsnachweis: Deutsche Gesellschaft für Qualität, Kurhessenstraße 95, 6000 Frankfurt 50)

Stichwortverzeichnis (Begriffe in deutscher Sprache)

Dieses Verzeichnis enthält auch Benennungen, die in Anmerkungen vorkommen, und zwar auch dann, wenn sie dort als nicht empfehlenswert bezeichnet werden.

A
Abnehmerrisiko 3.12.1
Abweichung durch Klassierung 1.3
Abweichung durch Runden 1.3
Abweichungen 1.3
Alternative 3.2
Alternativhypothese 3.2
Anteilsgrenze 2.3.1

B
Bereichsschätzung 1.1

E
Einfache Hypothese 3.3
Einseitig abgegrenzter statistischer Anteilsbereich 2.3
Einseitig abgegrenzter Vertrauensbereich 2.2
Einseitiger Test 3.9.1
Erwartungstreue Schätzfunktion 1.4.1

F
Fehler 1. Art 3.11
Fehler 2. Art 3.12
Fehler im Ansatz 3.5

G
Gegenhypothese 3.2
Gesamtschätzabweichung 1.3
Gütefunktion 3.13

H
Hypothese 3.1

K
Konfidenzbereich 2.2
Konfidenzgrenze 2.2.1
Konfidenzintervall 2.2
Konfidenzniveau 2.1
Kritischer Bereich 3.9
Kritischer Wert 3.9.1

L
Lieferantenrisiko 3.11.2

M
Machtfunktion 3.13

N
Nichtparametrischer Test 3.7
Nullhypothese 3.1

O
Operationscharakteristik 3.13.1

P
Parametrischer Test 3.8
Prüffunktion 3.6
Prüfgröße 3.6
Prüfwert 3.6.1
Punktschätzung 1.1

S
Schärfe 3.12.2
Schätzbereiche 2
Schätzfunktion 1.2
Schätzung 1.1
Schätzung von Wahrscheinlichkeiten und Verteilungsfunktionen 1.1
Schätzwert 1.2.1
Schwellenwert 3.9.1
Signifikantes Testergebnis 3.10
Signifikanzniveau 3.11.2
Signifikanztest 3.5
Statistischer Anteilsbereich 2.3
Statistischer Test 3.5
Statistische Schätzung 1
Stichprobenabweichung 1.3.1
Systematische Abweichung der Schätzfunktion 1.3, 1.4

T
Testgröße 3.6
Testschärfe 3.12.2
Testverfahren 3
Testwert 3.6.1

V
Verteilungsfreier Test 3.7
Verteilungsgebundener Test 3.8
Vertrauensbereich 2.2
Vertrauensgrenze 2.2.1
Vertrauensniveau 2.1

W
Wahrscheinlichkeit des Fehlers 1. Art 3.11.1
Wahrscheinlichkeit des Fehlers 2. Art 3.12.1

Z
Zusammengesetzte Hypothese 3.4
Zweiseitig abgegrenzter statistischer Anteilsbereich 2.3
Zweiseitig abgegrenzter Vertrauensbereich 2.2
Zweiseitiger Test 3.9.1

DK 658.562 : 519.2 : 001.4 Dezember 1985

Begriffe der Qualitätssicherung und Statistik	**DIN**
Begriffe der Annahmestichprobenprüfung	**55 350** Teil 31

Concepts of quality management and statistics; concepts of acceptance sampling inspection

Die in dieser Norm enthaltenen fremdsprachlichen Benennungen (in der Reihenfolge englisch, französisch) sind nicht Bestandteil dieser Norm. Sie sollen das Übersetzen erleichtern.

1 Anwendungsbereich und Zweck

Diese Norm dient wie alle Teile von DIN 55 350 dazu, Benennungen und Definitionen der in der Qualitätssicherung und Statistik verwendeten Begriffe zu vereinheitlichen.

Die Teile von DIN 55 350 sollen nach Möglichkeit alle an der Normung interessierten Anwendungsbereiche berücksichtigen. Sie dürfen deshalb ihre Definitionen nicht so eng fassen, daß sie nur für spezielle Bereiche gelten (Technik, Landwirtschaft, Medizin u. a.). Die internationale Terminologie wurde berücksichtigt, insbesondere die von der International Organization for Standardization (ISO) herausgegebene Internationale Norm ISO 3534 – 1977 „Statistics – Vocabulary and Symbols" und das von der European Organization for Quality Control (EOQC) herausgegebene „Glossary of Terms used in the Management of Quality".

3 Begriffe

Die in Klammern angegebenen Nummern sind Hinweise auf die Nummern der in dieser Norm enthaltenen Begriffe.

Nr	Benennung	Definition
1	Los lot lot	Menge eines Produkts, die unter Bedingungen entstanden ist, die als einheitlich angesehen werden. Anmerkung 1: Bei dem Produkt kann es sich beispielsweise um Rohmaterial, um Halbzeug oder um ein Endprodukt handeln. Anmerkung 2: Unter welchen Umständen die Bedingungen als einheitlich angesehen werden können, läßt sich nicht allgemein angeben. Beispielsweise kann ein Wechsel des eingesetzten Materials oder des Werkzeugs oder eine Unterbrechung des Herstellvorgangs zu anderen Bedingungen führen. Anmerkung 3: Das Los umfaßt nicht notwendigerweise die gesamte Menge des Produkts, die unter einheitlichen Bedingungen entstanden ist; diese gesamte Menge wird in manchen Branchen auch „Charge" oder „Partie" genannt.
1.1	Losumfang lot size taille de lot	Anzahl der Einheiten (siehe DIN 55 350 Teil 11) im Los.
1.2	Prüflos inspection lot lot pour inspection	Los, das als zu beurteilende Gesamtheit einer Qualitätsprüfung (siehe DIN 55 350 Teil 11) unterzogen wird. Anmerkung: Prüflos und Lieferung (E: „consignment"; F: „livraison") können übereinstimmen, können sich aber im Umfang auch unterscheiden, beispielsweise – kann eine Lieferung aus einem oder mehreren Losen oder Teilen davon bestehen, – kann eine Lieferung in mehrere Prüflose unterteilt werden oder – können auch mehrere Lieferungen zu einem Prüflos zusammengefaßt werden, sofern sie unter Bedingungen entstanden sind, die als einheitlich angesehen werden.

Fortsetzung Seite 2 bis 7

Ausschuß Qualitätssicherung und angewandte Statistik (AQS) im DIN Deutsches Institut für Normung e.V.

Nr	Benennung	Definition
2	**Fehler** nonconformance non-conformité	Nichterfüllung vorgegebener Forderungen durch einen Merkmalswert (aus: DIN 55 350 Teil 11/09.80). Anmerkung 1: Eine vorgegebene Forderung für ein quantitatives Merkmal ist z. B. ein Toleranzbereich, der durch Grenzwerte (G_{un}, G_{ob}) definiert ist (siehe DIN 55 350 Teil 12). Liegt der Merkmalswert x außerhalb des Toleranzbereiches, handelt es sich um einen Fehler. Dabei kann der Betrag des Grenzwertabstandes $\lvert G_{ob} - x \rvert$ oder $\lvert x - G_{un} \rvert$ bedeutsam für die Entscheidung sein, was mit der fehlerhaften Einheit geschehen soll. Die Verwendbarkeit ist durch einen Fehler nicht notwendigerweise beeinträchtigt. Anmerkung 2: Weitere Anmerkungen siehe DIN 55 350 Teil 11.
2.1	**Fehlerklassifizierung** classification of nonconformance classification des non-conformité	Einstufung möglicher Fehler (2) einer Einheit (siehe DIN 55 350 Teil 11) in Fehlerklassen nach einer Bewertung, die an den Fehlerfolgen ausgerichtet ist. Anmerkung: International üblich ist eine Klassifizierung in drei Fehlerklassen nach 2.1.1 bis 2.1.3 (siehe auch DIN 40 080).
2.1.1	**Kritischer Fehler** critical nonconformance non-conformité critique	Fehler (2), von dem anzunehmen oder bekannt ist, daß er voraussichtlich für Personen, die die betreffende Einheit benutzen, instandhalten oder auf sie angewiesen sind, gefährliche oder unsichere Situationen schafft; oder ein Fehler, von dem anzunehmen oder bekannt ist, daß er voraussichtlich die Erfüllung der Funktion einer größeren Anlage, wie z. B. eines Schiffes, eines Flugzeuges, einer Rechenanlage, einer medizinischen Einrichtung oder eines Nachrichtensatelliten, verhindert.
2.1.2	**Hauptfehler** major nonconformance non-conformité principal	Nicht kritischer Fehler (2.1.1), der voraussichtlich zu einem Ausfall (siehe DIN 40 041 Teil 3, z. Z. Entwurf) führt oder die Brauchbarkeit für den vorgesehenen Verwendungszweck wesentlich herabsetzt.
2.1.3	**Nebenfehler** minor nonconformance non-conformité mineur	Fehler (2), der voraussichtlich die Brauchbarkeit für den vorgesehenen Verwendungszweck nicht wesentlich herabsetzt, oder ein Abweichen von den geltenden Festlegungen, das den Gebrauch oder Betrieb der Einheit nur geringfügig beeinflußt.
2.2	**Fehlerhafte Einheit** nonconforming item individu non-conformé	Einheit (siehe DIN 55 350 Teil 11) mit einem oder mit mehreren Fehlern (2). Anmerkung 1: Diese Einheit ist demnach dann fehlerhaft, wenn für diese Einheit vorgegebene Forderungen nicht erfüllt sind. Dabei ist zu beachten, daß ein Fehler in bezug auf die Forderungen für eine Komponente nicht notwendigerweise ein Fehler der übergeordneten Einheit ist. Anmerkung 2: Die Anzahl der festgestellten Fehler kann größer als die Anzahl der untersuchten Einheiten sein. Anmerkung 3: Fehlerhafte Einheiten werden wie folgt klassifiziert: Eine „Einheit mit kritischem Fehler" (E: critical defective; F: défectueux critique) weist einen oder mehrere kritische Fehler auf; sie kann daneben noch Haupt- oder Nebenfehler haben. Eine „Einheit mit Hauptfehlern" (E: major defective; F: défectueux majeur) weist einen oder mehrere Hauptfehler auf; sie kann daneben noch Nebenfehler haben, hat aber keine kritischen Fehler. Eine „Einheit mit Nebenfehlern" (E: minor defective; F: défectueux mineur) weist einen oder mehrere Nebenfehler auf, hat aber weder kritische noch Hauptfehler.
2.2.1	**Anteil fehlerhafter Einheiten** fraction nonconforming proportion de non-conformé	Anzahl fehlerhafter Einheiten dividiert durch die Anzahl aller Einheiten. Anmerkung 1: Durch Multiplikation mit dem Faktor 100 ergibt sich der Anteil fehlerhafter Einheiten in Prozent. Anmerkung 2: Danach ist – der Anteil fehlerhafter Einheiten im Los (1) gleich der Anzahl fehlerhafter Einheiten im Los dividiert durch den Losumfang (1.1), – der Anteil fehlerhafter Einheiten in der Stichprobe (siehe DIN 55 350 Teil 14) gleich der Anzahl fehlerhafter Einheiten in der Stichprobe dividiert durch den Stichprobenumfang (siehe DIN 55 350 Teil 14).

Nr	Benennung	Definition
3	**Stichprobensystem** sampling system procedure d'échantillonnage	Zusammenstellung von Stichprobenplänen (3.1) mit Regeln für ihre Anwendung. Anmerkung: Beispielsweise wird durch solche Regeln festgelegt, wann und unter welchen Umständen von normaler Prüfung auf verschärfte Prüfung übergegangen werden muß und umgekehrt.
3.1	**Stichprobenplan** sampling scheme	Zusammenstellung von Stichprobenanweisungen nach übergeordneten Gesichtspunkten, die sich aus dem Stichprobensystem ergeben. Anmerkung 1: Als übergeordneter Gesichtspunkt dient vorwiegend die annehmbare Qualitätsgrenzlage (8.1), aber auch die rückzuweisende Qualitätsgrenzlage (8.2) oder der maximale Durchschlupf (11.1). Die englische Benennung für diese speziellen Fälle heißt „set of sampling plans".
3.1.1	**Stichprobenanweisung** sampling plan plan d'échantillonnage	Anweisung über den Umfang der zu entnehmenden Stichprobe(n) (siehe DIN 55 350 Teil 14) und über die Kriterien für die Feststellung der Annehmbarkeit des Prüfloses (1.2). Anmerkung 1: Als Kriterien dienen beispielsweise Annahme- und Rückweisezahl(en) (4.1 und 5.1). Anmerkung 2: Die Stichprobenanweisung enthält nicht die Anweisung zur Stichprobenentnahme (Begriffe hierzu siehe DIN 55 350 Teil 14).
4	**Annahme** acceptance acceptation	Feststellung, daß die Kriterien für die Annehmbarkeit des Prüfloses (1.2) erfüllt sind. Anmerkung 1: Nach ISO 3534 – 1977 wird die Annahme wie folgt definiert: Einverständnis, ein Los wie angeboten entgegenzunehmen. Anmerkung 2: Vom Begriff „Annahme" in der Qualitätsprüfung ist der juristische Begriff „Abnahme" im Sinne BGB § 640 und § 433, Absatz (2), zu unterscheiden.
4.1	**Annahmezahl** acceptance number critère d'acceptation	In Stichprobenanweisungen (3.1.1) zur Attributprüfung festgelegte höchste Anzahl fehlerhafter Einheiten oder festgelegte höchste Anzahl von Fehlern in den Stichproben, bei denen das Prüflos angenommen wird. Anmerkung: Früher auch „Gutzahl".
4.2	**Annahmewahrscheinlichkeit** probability of acceptance probabilité d'acceptation	Wahrscheinlichkeit, mit der ein Prüflos aufgrund einer Stichprobenanweisung angenommen wird. Anmerkung 1: Kurzbezeichnung P_a. Anmerkung 2: Die Annahmewahrscheinlichkeit hängt von der Qualitätslage (8) des Prüfloses ab.
5	**Rückweisung** rejection rejet	Feststellung, daß Kriterien für die Annehmbarkeit des Prüfloses nicht erfüllt sind. Anmerkung 1: Nach ISO 3534 – 1977 wird die Rückweisung wie folgt definiert: Weigerung, ein Los wie angeboten entgegenzunehmen. Anmerkung 2: Die Entscheidung über die Behandlung rückgewiesener Lose (z. B. Aussortieren, Nacharbeiten, Zurückschicken) kann sich nach besonderen Vereinbarungen richten.
5.1	**Rückweisezahl** rejection number critère de rejet	In Stichprobenanweisungen zur Attributprüfung festgelegte niedrigste Anzahl fehlerhafter Einheiten oder festgelegte niedrigste Anzahl von Fehlern in den Stichproben, bei denen das Prüflos rückgewiesen wird. Anmerkung: Früher auch „Schlechtzahl".
5.2	**Rückweisewahrscheinlichkeit** probability of rejection probabilité de rejet	Wahrscheinlichkeit, mit der ein Prüflos aufgrund einer Stichprobenanweisung rückgewiesen wird. Anmerkung: Die Rückweisewahrscheinlichkeit hängt von der Qualitätslage (8) des Prüfloses ab.

Nr	Benennung	Definition
6	**Annahmestichprobenprüfung** acceptance sampling inspection contrôle de reception par échantillonnage	Qualitätsprüfung (siehe DIN 55 350 Teil 11) anhand einer oder mehrerer Stichproben (siehe DIN 55 350 Teil 14) zur Beurteilung eines Prüfloses (1.2) nach einer Stichprobenanweisung (3.1.1). Anmerkung: Im Gegensatz dazu werden bei einer 100-%-Prüfung alle Einheiten eines Prüfloses geprüft. Diese ist von einer „vollständigen Qualitätsprüfung" zu unterscheiden, bei der eine Qualitätsprüfung hinsichtlich aller festgelegten Qualitätsmerkmale der Einheit erfolgt (siehe DIN 55 350 Teil 17, z. Z. Entwurf).
6.1	**Attributprüfung** inspection by attributes contrôle par attributes	Annahmestichprobenprüfung, bei der anhand der Anzahl der fehlerhaften Einheiten (2.2) oder der Fehler (2) in den einzelnen Stichproben die Annehmbarkeit des Prüfloses (1.2) festgestellt wird.
6.2	**Variablenprüfung** inspection by variables contrôle par mesures	Annahmestichprobenprüfung, bei der anhand der in den Stichproben ermittelten Istwerte (siehe DIN 55 350 Teil 12) eines quantitativen Merkmals (siehe DIN 55 350 Teil 12) die Annehmbarkeit des Prüfloses (1.2) festgestellt wird.
6.3	**Einfach-Stichprobenprüfung** single sampling inspection contrôle sur échantillonnage simple	Annahmestichprobenprüfung anhand einer einzigen Stichprobe.
6.4	**Doppel-Stichprobenprüfung** double sampling inspection contrôle sur échantillonnage double	Annahmestichprobenprüfung anhand von maximal zwei Stichproben. Anmerkung: Je nach dem Ergebnis kann das Prüflos schon aufgrund der ersten Stichprobe oder erst aufgrund der zweiten Stichprobe beurteilt werden.
6.5	**Mehrfach-Stichprobenprüfung** multiple sampling inspection contrôle sur échantillonnage multiple	Annahmestichprobenprüfung anhand von maximal m Stichproben ($m \geq 3$). Anmerkung: Je nach dem Ergebnis kann das Prüflos schon aufgrund der ersten Stichprobe oder erst aufgrund einer weiteren, spätestens aufgrund der m-ten Stichprobe beurteilt werden. Ob im Verlauf dieser Prüfung jeweils eine weitere Stichprobe heranzuziehen ist, hängt vom Ergebnis aller vorhergehenden Stichproben ab.
6.6	**Sequentielle Stichprobenprüfung** sequential sampling inspection contrôle sur échantillonnage progressif	Annahmestichprobenprüfung, bei der es im Verlauf dieser Prüfung von allen vorhergehenden Ergebnissen abhängt, ob jeweils eine weitere Einheit oder Stichprobe heranzuziehen ist. Anmerkung 1: Bei der sequentiellen Stichprobenprüfung ist die Anzahl von Einheiten oder Stichproben nicht vorgegeben, in Sonderfällen kann eine Höchstanzahl vorgegeben sein. Anmerkung 2: Auch „Folge-Stichprobenprüfung".
7	**Operationscharakteristik** operating characteristic curve coube d'effiacité	Für eine Annahmestichprobenprüfung (6) die Annahmewahrscheinlichkeit (4.2) eines Prüfloses (1.2) als Funktion seiner Qualitätslage (8). Anmerkung 1: Kurzbezeichnung OC Anmerkung 2: Zur Beurteilung der Operationscharakteristik wird häufig deren grafische Darstellung verwandt. Bei dieser Beurteilung ist zu beachten, daß sich für die Darstellung von Operationscharakteristiken zahlreiche unterschiedliche Koordinatenteilungen eingeführt haben. Gleiche Operationscharakteristiken führen dabei zu visuell unterschiedlich erscheinenden Kurvenverläufen. Anmerkung 3: Die Benennung „Annahmekennlinie" wird nicht empfohlen. Anmerkung 4: Für die allgemeine Definition der Operationscharakteristik siehe DIN 55 350 Teil 24.
8	**Qualitätslage** quality level niveau de qualité	Anteil fehlerhafter Einheiten (2.2.1) oder Anzahl Fehler (2) je hundert Einheiten im Los (1). Bei quantitativen Merkmalen auch: Angaben über Lage und/oder Streuung der Werte des Qualitätsmerkmals (siehe DIN 55 350 Teil 11) im Los in bezug auf die vorgegebenen Werte.

Nr	Benennung	Definition
8.1	**Annehmbare Qualitätsgrenzlage** acceptable quality level niveau de qualité acceptable	Qualitätslage, der eine vorgegebene große Annahmewahrscheinlichkeit (4.2) zugeordnet ist. Anmerkung 1: Kurzbezeichnung AQL Anmerkung 2: Das aufgrund dieser Qualitätsgrenzlage festgelegte Prüfkriterium geht von der Vorstellung aus, daß der Abnehmer Prüflose (1.2) nur mit einem kleineren Wert der Qualitätslage annehmen möchte. Anmerkung 3: Nur wenn die mittlere Qualitätslage (8.3) unter der AQL liegt, sind die Rückweisewahrscheinlichkeiten (5.2) wirtschaftlich tragbar.
8.2	**Rückzuweisende Qualitätsgrenzlage** limiting quality level niveau de qualité limite	Qualitätslage, der eine vorgegebene kleine Annahmewahrscheinlichkeit (4.2) zugeordnet ist. Anmerkung 1: Kurzbezeichnung LQ oder LQL Englische Bezeichnung auch RQL (rejectable quality level) Anmerkung 2: Das aufgrund dieser rückzuweisenden Qualitätsgrenzlage festgelegte Prüfkriterium geht von der Vorstellung aus, daß der Abnehmer Prüflose (1.2) mit einem größeren Wert der Qualitätslage nicht annehmen möchte.
8.3	**Mittlere Qualitätslage** process average qualité moyenne	Mittelwert der Qualitätslage in einer Serie von Fertigungslosen. Anmerkung: Die mittlere Qualitätslage wird auch als „durchschnittliche Herstellqualität" bezeichnet.
9	**Lieferantenrisiko** producer's risk risque du fournisseur	Rückweisewahrscheinlichkeit (5.2) für ein Los, dessen Qualitätslage (8) gleich der annehmbaren Qualitätsgrenzlage (AQL) (8.1) ist. Anmerkung: Es ist zu unterscheiden zwischen dem zur AQL der betreffenden Stichprobenanweisung (3.1.1) gehörenden Lieferantenrisiko und der zur tatsächlichen Qualitätslage gehörigen Rückweisewahrscheinlichkeit.
10	**Abnehmerrisiko** consumer's risk risque du client	Annahmewahrscheinlichkeit (4.2) für ein Los, dessen Qualitätslage (8) gleich der rückzuweisenden Qualitätsgrenzlage (LQL) (8.2) ist. Anmerkung: Es ist zu unterscheiden zwischen dem zur LQL der betreffenden Stichprobenanweisung (3.1.1) gehörigen Abnehmerrisiko und der Annahmewahrscheinlichkeit, die zu einer von der LQL abweichenden Qualitätslage gehört.
11	**Durchschlupf** average outgoing quality qualité moyenne après contrôle	Der von der Qualitätslage (8) vor der Annahmestichprobenprüfung (6) abhängige Erwartungswert (siehe DIN 55 350 Teil 21) der Qualitätslage nach der Annahmestichprobenprüfung unter der Annahme, daß rückgewiesene Prüflose (1.2) zu 100 % geprüft und alle fehlerhaften Einheiten aussortiert wurden. Anmerkung 1: Kurzbezeichnung AOQ Anmerkung 2: Der Wert des Durchschlupfs hängt davon ab, ob die aussortierten fehlerhaften Einheiten (2.2) durch fehlerfreie ersetzt wurden oder nicht. Anmerkung 3: Der Durchschlupf für eine Stichprobenanweisung (3.1.1) ist eine Funktion der Qualitätslage (8) vor der Annahmestichprobenprüfung. Diese Funktion hat ein Maximum.
11.1	**Maximaler Durchschlupf** average outgoing quality limit limite de qualité moyenne après contrôle	Maximum des Durchschlupfes bei einer Stichprobenanweisung (3.1.1). Anmerkung: Kurzbezeichnung AOQL
12	**Mittlerer Stichprobenumfang** average sample number effectiv moyen contrôle	Mittlere Anzahl der je Los (1) geprüften Einheiten (siehe DIN 55 350 Teil 11) bis zur Annahme (4) oder Rückweisung (5). Anmerkung 1: Der mittlere Stichprobenumfang (siehe DIN 55 350 Teil 14) bei einer Doppel-, Mehrfach- oder sequentiellen Stichprobenprüfung (6.4 bis 6.6) ist eine Funktion der Qualitätslage (8) der zu prüfenden Lose, während er bei einer Einfach-Stichprobenprüfung (6.3) nicht von der Qualitätslage abhängt. Anmerkung 2: Auch „durchschnittlicher Stichprobenumfang".

Zitierte Normen und andere Unterlagen

DIN 40 041 Teil 3	(z. Z. Entwurf) Zuverlässigkeit in der Elektrotechnik; Begriffe, Zustände und Ereignisse
DIN 40 080	Verfahren und Tabellen für Stichprobenprüfung anhand qualitativer Merkmale (Attributprüfung)
DIN 55 350 Teil 11	Begriffe der Qualitätssicherung und Statistik; Begriffe der Qualitätssicherung; Grundbegriffe
DIN 55 350 Teil 12	Begriffe der Qualitätssicherung und Statistik; Begriffe der Qualitätssicherung; Merkmalsbezogene Begriffe
DIN 55 350 Teil 14	Begriffe der Qualitätssicherung und Statistik; Begriffe der Probenahme
DIN 55 350 Teil 17	(z. Z. Entwurf) Begriffe der Qualitätssicherung und Statistik; Begriffe der Qualitätssicherung; Begriffe der Qualitätsprüfungsarten
DIN 55 350 Teil 21	Begriffe der Qualitätssicherung und Statistik; Begriffe der Statistik; Zufallsgrößen und Wahrscheinlichkeitsverteilungen
DIN 55 350 Teil 24	Begriffe der Qualitätssicherung und Statistik; Begriffe der Statistik; Schließende Statistik
ISO 3534-1977	Statistics – Vocabulary and Symbols
Glossary of Terms used in the Management of Quality, European Organization for Quality Control – EOQC	
	(Bezugsnachweis: Deutsche Gesellschaft für Qualität e.V., Kurhessenstr. 95, 6000 Frankfurt/M. 50)

Weitere Normen

DIN 55 350 Teil 13	Begriffe der Qualitätssicherung und Statistik; Begriffe der Qualitätssicherung; Genauigkeitsbegriffe
DIN 55 350 Teil 15	(z. Z. Entwurf) Begriffe der Qualitätssicherung und Statistik; Begriffe der Qualitätssicherung; Begriffe zu Mustern
DIN 55 350 Teil 22	Begriffe der Qualitätssicherung und Statistik; Begriffe der Statistik; Spezielle Wahrscheinlichkeitsverteilungen
DIN 55 350 Teil 23	Begriffe der Qualitätssicherung und Statistik; Begriffe der Statistik; Beschreibende Statistik

Erläuterungen

Die Benennungen und Definitionen für die Begriffe Stichprobensystem (3), Stichprobenplan (3.1) und Stichprobenanweisung (3.1.1) müssen noch als vorläufig angesehen werden. Die Ergebnisse der entsprechenden internationalen Begriffsnormung im Rahmen der Überarbeitung von ISO 3534-1977 sind gegebenenfalls später zu berücksichtigen.

Stichwortverzeichnis

(Begriffe in deutscher Sprache)

Dieses Verzeichnis enthält auch Benennungen, die in Anmerkungen vorkommen, und zwar auch dann, wenn sie dort als nicht empfehlenswert bezeichnet werden.

A
Abnahme 4
Abnehmerrisiko 10
Annahme 4
Annahmekennlinie 7
Annahmestichprobenprüfung 6
Annahmewahrscheinlichkeit 4.2
Annahmezahl 4.1
Annehmbare Qualitätsgrenzlage 8.1
Anteil fehlerhafter Einheiten 2.2.1
AOQ 11
AOQL 11.1
AQL 8.1
Attributprüfung 6.1

C
Charge 1

D
Doppel-Stichprobenprüfung 6.4
Durchschlupf 11
Durchschnittliche Herstellqualität 8.3
Durchschnittlicher Stichprobenumfang 12

E
Einfach-Stichprobenprüfung 6.3
Einheit mit Hauptfehlern 2.2
Einheit mit kritischen Fehlern 2.2
Einheit mit Nebenfehlern 2.2

F
Fehler 2
Fehlerhafte Einheit 2.2
Fehlerklassen 2.1
Fehlerklassifizierung 2.1
Folge-Stichprobenprüfung 6.6

G
Gutzahl 4.1

H
Hauptfehler 2.1.2
100-%-Prüfung 6

K
Kritischer Fehler 2.1.1

L
Lieferantenrisiko 9
Lieferung 1.2
Los 1
Losumfang 1.1
LQ 8.2
LQL 8.2

M
Maximaler Durchschlupf 11.1
Mehrfach-Stichprobenprüfung 6.5
Mittlere Qualitätslage 8.3
Mittlerer Stichprobenumfang 12

N
Nebenfehler 2.1.3

O
OC 7
Operationscharakteristik 7

P
Partie 1
Prüflos 1.2

Q
Qualitätslage 8

R
RQL 8.2
Rückweisewahrscheinlichkeit 5.2
Rückweisezahl 5.1
Rückweisung 5
Rückzuweisende Qualitätsgrenzlage 8.2

S
Schlechtzahl 5.1
Sequentielle Stichprobenprüfung 6.6
Stichprobenanweisung 3.1.1
Stichprobenplan 3.1
Stichprobensystem 3

V
Variablenprüfung 6.2
Vollständige Qualitätsprüfung 6

Internationale Patentklassifikation

G 01 N 1/00
G 06 F 15/46

DK 658.562 : 519.2 : 001.4 September 1993

Begriffe zu Qualitätsmanagement und Statistik
Begriffe der statistischen Prozeßlenkung (SPC)

DIN 55 350
Teil 33

Concepts to quality management and statistics; Concepts of statistical process control (SPC)

Zusammenhang mit der von der International Organization for Standardization (ISO) herausgegebenen Internationalen Norm ISO 3534-2 : 1993 siehe Erläuterungen.

1 Anwendungsbereich und Zweck

Diese Norm dient wie alle Normen der Reihe DIN 55 350 dazu, Benennungen und Definitionen der zu Qualitätsmanagement und Statistik verwendeten Begriffe zu vereinheitlichen.

Die Normen der Reihe DIN 55 350 sollen nach Möglichkeit alle an der Normung interessierten Anwendungsbereiche berücksichtigen. Sie dürfen deshalb ihre Definitionen nicht so eng fassen, daß sie nur für spezielle Bereiche gelten (z. B. Technik, Landwirtschaft, Medizin u. a.). Die internationale Terminologie wurde berücksichtigt, insbesondere die von der International Organization for Standardization (ISO) herausgegebenen Internationalen Normen ISO 3534-1 : 1993 „Statistics — Vocabulary and symbols — Part 1: Probability and general statistical terms" und ISO 3534-2 : 1993 „Statistics — Vocabulary and symbols — Part 2: Statistical quality control".

In dieser Norm werden in den Definitionen zu den Begriffen der statistischen Prozeßlenkung nur solche Merkmale betrachtet, die den Prozeß und sein Ergebnis kennzeichnen, d. h. Merkmale des Prozesses selbst oder Produktmerkmale, die von dem betrachteten Prozeß abhängen.

2 Begriffe

Die in Klammern angegebenen Nummern sind Hinweise auf die Nummern der in dieser Norm enthaltenen Begriffe.

Nr	Benennung	Definition und Anmerkungen
1	**Allgemeine Begriffe zu Prozeßmerkmalen**	
1.1	Qualitätslage quality level niveau de qualité	Qualitätskennzahl (1.1.1), gewonnen durch Vergleich der ermittelten Werte mit der betreffenden Qualitätsforderung (siehe DIN 55 350 Teil 11). ANMERKUNG 1: Bei Qualitätsprüfungen anhand qualitativer Merkmale wird als Qualitätslage oft der Anteil fehlerhafter Einheiten oder die Anzahl Fehler je hundert Einheiten festgelegt. Bei Qualitätsprüfungen anhand quantitativer Merkmale wird die Qualitätslage durch Vergleich von Angaben über Lage oder Streuung der Werte des Qualitätsmerkmals (siehe DIN 55 350 Teil 11) mit der betreffenden Qualitätsforderung ausgedrückt. ANMERKUNG 2: Der hier allgemein verwendete Wortbestandteil „...lage" in „Qualitätslage" wird verschiedentlich auch eingeschränkt benutzt, beispielsweise nur für die Lage einer Verteilung.
1.1.1	Qualitätskennzahl	Relativer oder normierter Kennwert (siehe DIN 55 350 Teil 23) zur Beurteilung der Qualität (siehe DIN 55 350 Teil 11), ermittelt entsprechend dem ausgewählten Kennzahlensystem.
1.2	Prozeßmerkmal	Ein den Prozeß kennzeichnendes Merkmal als ein Merkmal des Prozesses selbst oder als ein Merkmal eines Prozeßergebnisses (Produktmerkmal), das mit dem Merkmal des Prozesses hinreichend korreliert ist.
1.3	Produktmerkmal	Merkmal (siehe DIN 55 350 Teil 12) eines materiellen oder immateriellen Produktes.
	(fortgesetzt)	

Fortsetzung Seite 2 bis 8

Normenausschuß Qualitätsmanagement, Statistik und Zertifizierungsgrundlagen (NQSZ)
im DIN Deutsches Institut für Normung e.V.

Tabelle (fortgesetzt)

Nr	Benennung	Definition und Anmerkungen
1.4	Beherrschter Prozeß process in control processus sous contrôle	Prozeß, bei dem sich die Parameter (siehe DIN 55350 Teil 21) der Verteilung der Merkmalswerte des Prozesses (1.2) praktisch nicht oder nur in bekannter Weise oder in bekannten Grenzen ändern (aus: DIN 55350 Teil 11/05.87). ANMERKUNG 1: Dieser Begriff kennzeichnet nicht die Qualitätsfähigkeit (siehe DIN 55350 Teil 11) des Prozesses. Oft ist ein beherrschter Prozeß zwar eine wichtige Voraussetzung für die Erfüllung der Qualitätsforderung an sein Ergebnis, aber es gibt auch Fälle, in denen er keine hinreichende Voraussetzung ist oder in denen er als Voraussetzung nicht erforderlich ist (aus DIN 55350 Teil 11/05.87). ANMERKUNG 2: Sind die Ursachen für die Änderungen der Parameter auch nur teilweise unbekannt oder nicht korrigierbar, ist es ein nicht beherrschter Prozeß (aus DIN 55350 Teil 11/05.87). ANMERKUNG 3: Eine beherrschte Fertigung ist eine Fertigung, bei der die Prozesse beherrscht sind (aus DIN 55350 Teil 11/05.87).
1.5	Kurzzeitstreuung short term variation	Streuung der Werte eines Produkt- oder Prozeßmerkmals (1.2, 1.3) in kurzen Zeitspannen, in denen keine nichtzufälligen Veränderungen des Erwartungswertes (siehe DIN 55350 Teil 13) angenommen werden. ANMERKUNG 1: Je nach Anwendungsfall können die kurzen Zeitspannen Bruchteile von Sekunden oder Tage oder noch größere Zeitspannen sein. ANMERKUNG 2: Der bevorzugte Kennwert für die Kurzzeitstreuung ist die Standardabweichung. ANMERKUNG 3: Bei Losen (siehe DIN 55350 Teil 31) auch „Im-Los-Streuung".
1.6	Langzeitstreuung long term variation	Streuung der Werte eines Produkt- oder Prozeßmerkmals (1.2, 1.3) in langen Zeitspannen, in denen nichtzufällige Veränderungen des Erwartungswertes angenommen werden können. ANMERKUNG 1: Je nach Anwendungsfall können die langen Zeitspannen Bruchteile von Sekunden oder Tage oder noch größere Zeitspannen sein. ANMERKUNG 2: Der bevorzugte Kennwert für die Langzeitstreuung ist die Standardabweichung. ANMERKUNG 3: Bei Losen (siehe DIN 55350 Teil 31) auch „Los-zu-Los-Streuung".
1.7	Prozeßlage process level niveau du processus	Qualitätskennzahl (1.1.1) zur teilweisen oder vollständigen Beschreibung der Qualitätslage (1.1) des Prozesses oder eines Prozeßelementes in einem vorgebenen Ablaufpunkt des Prozesses. ANMERKUNG: Siehe Anmerkungen zu Qualitätslage (1.1)
1.8	Mittlere Prozeßlage process average qualité moyenne d'un processus	Über eine festgelegte Zeitspanne oder Ausbringungsmenge gemittelte Prozeßlage (1.7).
1.9	Ergebnisabweichung bei einem Prozeß	Unterschied zwischen dem ermittelten Wert eines Prozeßmerkmals (1.2) und dem für dieses Merkmal geltenden Bezugswert. ANMERKUNG: Vielfach ergeben sich Bezugswerte aus der Qualitätsforderung an den Prozeß.
1.9.1	Systematische Ergebnisabweichung bei einem Prozeß	Bestandteil der Ergebnisabweichung bei einem Prozeß, der im Verlauf mehrerer Feststellungen konstant bleibt oder sich in einer vorhersehbaren Weise ändert. ANMERKUNG 1: Sonderfall der systematischen Ergebnisabweichung nach DIN 55350 Teil 13. ANMERKUNG 2: Systematische Ergebnisabweichungen (bei einem Prozeß) und ihre Ursachen können bekannt oder unbekannt sein.

(fortgesetzt)

DIN 55 350 Teil 33 Seite 3

Tabelle (fortgesetzt)

Nr	Benennung	Definition und Anmerkungen
1.9.2	Zufällige Ergebnis-abweichung bei einem Prozeß	Bestandteil der Ergebnisabweichung bei einem Prozeß, der im Verlauf mehrerer Feststellungen in unvorhersehbarer Weise schwankt. ANMERKUNG 1: Sonderfall der zufälligen Ergebnisabweichung nach DIN 55 350 Teil 13. ANMERKUNG 2: Die Schwankung kann sich sowohl auf den Betrag als auch auf das Vorzeichen beziehen.
1.10	Feststellbare Ursache assignable cause cause assignable	Ursache einer systematischen Ergebnisabweichung bei einem Prozeß (1.9.1), die zur Änderung des Wertes eines Merkmals beiträgt und festgestellt werden kann. ANMERKUNG: Ursachen vieler kleiner Änderungen könnten prinzipiell zwar auch festgestellt werden, aber es wäre unwirtschaftlich, sie untersuchen zu wollen, weshalb sie als zufällige Ursachen (1.11) betrachtet werden müssen.
1.11	Zufällige Ursache chance causes causes dues au hasard	Ursache einer zufälligen Ergebnisabweichung bei einem Prozeß (1.9.2), die zur Änderung des Wertes eines Merkmals beiträgt und nicht festgestellt werden kann. ANMERKUNG: Meist wirken mehrere zufällige Ursachen zusammen.

2 Begriffe zu Merkmalen zur Beherrschung und zur Qualitätsfähigkeit eines Prozesses

Nr	Benennung	Definition und Anmerkungen
2.1	Prozeßeigenstreuung inherent process variability variabilité inhérente du processus	Streuung der Werte eines Prozeßmerkmals (1.2) eines beherrschten Prozesses (1.4). ANMERKUNG 1: Die Prozeßeigenstreuung für ein einzelnes Prozeßelement ist im allgemeinen kleiner als die von mehreren zusammengefaßten Prozeßelementen. ANMERKUNG 2: Es können unterschiedliche Streuungsmaße benutzt werden, z. B. die Standardabweichung oder die Spannweite.
2.2	Prozeßgesamtstreuung total process variability variabilité totale du processus	Streuung der Werte eines Prozeßmerkmals (1.2), zusammengesetzt aus der Prozeßeigenstreuung (2.1) und Streuungen aufgrund zugelassener anderer Einflüsse. ANMERKUNG 1: Zugelassene Einflüsse können solche aufgrund von Bearbeitern, von Einstellmaßnahmen an den Einrichtungen, aufgrund von chargenweisen Veränderungen oder aufgrund von Abnutzungen sowie systematische oder zufällige Meßabweichungen sein. ANMERKUNG 2: Es können unterschiedliche Streuungsmaße benutzt werden, z. B. die Standardabweichung oder die Spannweite.
2.3	Natürlicher Prozeßbereich process interval; natural process interval intervalle du processus; intervalle naturel du processus	Zweiseitiger Zufallsstreubereich der Werte eines Prozeßmerkmals (1.2) zur Wahrscheinlichkeit $(1 - \alpha)$. ANMERKUNG 1: Häufig wird eine Wahrscheinlichkeit $(1 - \alpha)$ von 99% festgelegt. ANMERKUNG 2: Die Grenzen des natürlichen Prozeßbereichs sind Bestandteil dessen.
2.4	Natürliche Prozeßgrenzen natural process limits limites naturelles du processus	Grenzen des natürlichen Prozeßbereichs (2.3). ANMERKUNG: Für normalverteilte Grundgesamtheiten wird der Abstand der natürlichen Prozeßgrenzen vom Prozeßmittelwert oft auf das Dreifache der Standardabweichung σ für die Prozeßgesamtstreuung (2.2) festgelegt. Die 3-σ-Grenzen schließen bei einem beherrschten Prozeß (1.4), dessen Erwartungswert und Standardabweichung konstant sind, etwa 99,73% der Werte eines Prozeßmerkmals ein.

(fortgesetzt)

Seite 4   DIN 55 350 Teil 33

Tabelle (fortgesetzt)

Nr	Benennung	Definition und Anmerkungen
2.5	Prozeßstreubreite process spread	Differenz der oberen und unteren natürlichen Prozeßgrenze (2.4). ANMERKUNG 1: Um Angaben über die Prozeßstreubreite vergleichen zu können, sollen nur die so definierten Prozeßstreubreiten benutzt werden. Die in Anmerkung 2 genannten Kenngrößen sollen nicht mehr benutzt werden. ANMERKUNG 2: Bisher wurden zur Schätzung der Prozeßstreubreite folgende Kenngrößen benutzt: 1) Ein Vielfaches der Standardabweichung oder die Spannweite für die Prozeßgesamtstreuung (2.2) 2) Ein aus zwei Komponenten zusammengesetzter Wert, wobei die eine Komponente die Prozeßeigenstreuung (2.1) und die andere Komponente zugelassene andere Einflüsse erfaßt. 3) Ein Vielfaches der Standardabweichung für die Prozeßgesamtstreuung (2.2), wobei die zugelassenen anderen Einflüsse eingeschränkt sind auf eine annehmbare kleine Abweichung aufgrund feststellbarer Ursachen (1.10). ANMERKUNG 3: Die Prozeßstreubreite wird aufgrund der hierfür bisweilen verwendeten Benennung „process capability" häufig irreführend als Prozeßfähigkeit bezeichnet.
2.6	Prozeßfähigkeit	Qualitätsfähigkeit (siehe DIN 55 350 Teil 11) eines Prozesses.
2.7	Prozeßfähigkeitsindex process capability index (PCI) indice d'aptitude du processus (IAP)	Toleranz (siehe DIN 55 350 Teil 12) für das Prozeßmerkmal (1.2) dividiert durch die Prozeßstreubreite (2.5) des Prozeßmerkmals. ANMERKUNG 1: Siehe Anmerkung 3 zu Prozeßstreubreite (2.5). ANMERKUNG 2: Wenn im Fall einer Normalverteilung unter Prozeßstreubreite das Sechsfache der Standardabweichung σ für die Prozeßgesamtstreuung (2.2) verstanden wird, wird für den Prozeßfähigkeitsindex das Formelzeichen C_p verwendet. Beispielsweise unterscheidet man a) $C_p < 1$ Prozeßfähigkeit (2.6) nicht vorhanden b) $1 \leq C_p \leq 1{,}33$ bedingte bzw. eingeschränkte Prozeßfähigkeit c) $C_p > 1{,}33$ Prozeßfähigkeit vorhanden ANMERKUNG 3: Der Prozeßfähigkeitsindex ist der Kehrwert des Prozeßstreubreitenverhältnisses (2.8).
2.8	Prozeßstreubreitenverhältnis process capability fraction (PCF) proportion d'aptitude du processus (PAP)	Prozeßstreubreite (2.5) des Prozeßmerkmals (1.2) dividiert durch die Toleranz (siehe DIN 55 350 Teil 12) für das Prozeßmerkmal. ANMERKUNG 1: Siehe Anmerkung 3 zu Prozeßstreubreite (2.5). ANMERKUNG 2: Das Prozeßstreubreitenverhältnis ist der Kehrwert des Prozeßfähigkeitsindex (2.7).
3	**Begriffe zur Qualitätsregelkartentechnik**	
3.1	Vorlauf	Entnahme einer festgelegten Anzahl von Stichproben mit festgelegtem Umfang nach einem festgelegten Verfahren, um die Parameter der Verteilung der Werte des Prozeßmerkmals (1.2) schätzen zu können.
3.2	Qualitätsregelkarte (QRK) control chart carte de contrôle	Formblatt zur graphischen Darstellung von statistischen Kennwerten für eine Serie von Stichproben mit Eingriffsgrenzen (5.3) (obere und/oder untere) sowie häufig auch mit Warngrenzen (5.4) und einer Mittellinie (5.5). ANMERKUNG 1: Bei einigen Qualitätsregelkarten beruhen die Warn- und Eingriffsgrenzen auf aus einem Vorlauf (3.1) gewonnenen Daten, bei anderen auf angenommenen oder festgelegten Werten für die statistischen Kennwerte. ANMERKUNG 2: Zusätzlich zu den anschließend definierten Qualitätsregelkarten werden zahlreiche andere Qualitätsregelkarten angewendet, z. B. Qualitätsregelkarten für — die Anzahl Fehler in der Stichprobe, — die Anzahl Fehler je Einheit, — die Anzahl fehlerhafter Einheiten, — den Anteil fehlerhafter Einheiten, — Fehlerpunkte.

(fortgesetzt)

Tabelle (fortgesetzt)

Nr	Benennung	Definition und Anmerkungen
3.3	Eingriff	Korrigierende Maßnahme im Rahmen der Qualitätslenkung (siehe DIN ISO 8402*). ANMERKUNG: Der Eingriff bedingt, daß zunächst untersucht wird, ob sich der Prozeß verändert hat. Falls er sich verändert hat, ist möglichst die Ursache hierfür festzustellen, und es muß korrigierend eingegriffen werden, wenn die Veränderung eine Verschlechterung darstellt.
3.4	Eingriffswahrscheinlichkeit	Bei einer Qualitätsregelkarte (3.2) die aufgrund der Wahrscheinlichkeitsverteilung (siehe DIN 55 350 Teil 21) der Merkmalswerte einer Grundgesamtheit (siehe DIN 55 350 Teil 14) oder deren zeitlicher Entwicklung sowie aufgrund der Eingriffsgrenzen (5.3) und der verwendeten Kenngröße bestehende Wahrscheinlichkeit für einen Eingriff (3.3).
3.5	Eingriffskennlinie	Gütefunktion (siehe DIN 55 350 Teil 24) für Qualitätsregelkarten (3.2).
3.6	Mittlere Reaktionsdauer average run length (ARL) période opérationelle moyenne	Die mittlere Anzahl von aus dem Prozeß entnommenen und ausgewerteten Stichproben bzw. die mittlere Anzahl produzierter Einheiten bis zum Anzeigen der Notwendigkeit eines Eingriffs (3.3). ANMERKUNG 1: Eine lange mittlere Reaktionsdauer ist wünschenswert für einen beherrschten Prozeß (1.4), (um möglichst selten unnötige Untersuchungen oder Korrekturmaßnahmen zu veranlassen); eine kurze mittlere Reaktionsdauer ist wünschenwert bei einem nichtbeherrschten Prozeß, (damit korrigierende Maßnahmen unverzüglich ausgelöst werden). ANMERKUNG 2: Die mittlere Reaktionsdauer ist der Kehrwert der Eingriffswahrscheinlichkeit (3.4).
4	**Spezielle Qualitätsregelkarten**	
4.1	Shewhart-Qualitätsregelkarte Shewhart control chart carte de contrôle shewart	Qualitätsregelkarte (3.2) zur Überwachung eines Parameters der Wahrscheinlichkeitsverteilung (siehe DIN 55 350 Teil 21) eines Merkmals, mit dem Zweck festzustellen, ob der Wert des Parameters von einem vorgegebenen Wert abweicht.
4.2	Qualitätsregelkarte mit erweiterten Grenzen	Qualitätsregelkarte (3.2) zur Überwachung eines Parameters der Wahrscheinlichkeitsverteilung (siehe DIN 55 350 Teil 21) eines Merkmals, mit dem Zweck festzustellen, ob der Wert des Parameters außerhalb eines vorgegebenen Bereiches liegt.
4.3	Mittelwertkarte average chart; $\bar{x}$ chart carte des moyennes; carte $\bar{x}$	Qualitätsregelkarte (3.2) zur Überwachung der Lage eines Prozesses anhand der Stichprobenmittelwerte. ANMERKUNG: Auch $\bar{x}$-Karte.
4.4	Mediankarte	Qualitätsregelkarte (3.2) zur Überwachung der Lage eines Prozesses anhand der Stichprobenmediane. ANMERKUNG: Auch $\tilde{x}$-Karte.
4.5	Urwertkarte individual observations chart; original data chart carte d'observations individuelles; carte de données d'origine	Qualitätsregelkarte (3.2) zur Überwachung eines Prozesses anhand aller oder festgelegter Einzelwerte der Stichprobe. ANMERKUNG: Wird die Überwachung anhand eines oder beider Extremwerte durchgeführt, wird die Urwertkarte auch Extremwertkarte genannt.
4.6	Cusumkarte cumulative sum chart; cusum chart carte à somme cumulée	Qualitätsregelkarte (3.2) zur Überwachung eines Prozesses anhand der Summe der Abweichungen der statistischen Kennwerte von einem Bezugswert, wobei die Summe über alle Stichproben nach dem letzten Eingriff (3.3) zu erstrecken ist. ANMERKUNG 1: Jeder eingetragene Wert stellt die Summe aus dem vorangegangenen Wert und der zuletzt festgestellten Abweichung dar. ANMERKUNG 2: Diese Karten werden im allgemeinen mit Masken ausgewertet, welche über die Qualitätsregelkarte (3.2) gelegt werden. Ein Eingriff (3.3) erfolgt, wenn die Verbindungslinie der eingetragenen Punkte der Karte eine Grenze der richtig angelegten Maske berührt oder schneidet.

(fortgesetzt)

*) z.Z. Entwurf

Tabelle (abgeschlossen)

Nr	Benennung	Definition und Anmerkungen
4.7	Spannweiten-Karte range chart carte d'étendue	Qualitätsregelkarte (3.2) zur Überwachung der Streuung eines Prozesses anhand der Stichprobenspannweiten. ANMERKUNG: Auch R-Karte.
4.8	Standard- abweichungskarte sample standard deviation chart carte de l'écart-type de l'echantillon	Qualitätsregelkarte (3.2) zur Überwachung der Streuung eines Prozesses anhand der Stichprobenstandardabweichungen. ANMERKUNG: Auch s-Karte.
4.9	Annahmequalitäts- regelkarte acceptance control chart carte de contrôle de reception	Qualitätsregelkarte (3.2) zur Überwachung eines Prozesses mit dem Zweck festzustellen, ob er qualitätsfähig ist oder nicht (Qualitätsfähigkeit siehe DIN 55350 Teil 11). ANMERKUNG: Die in Annahmequalitätsregelkarten aufgezeichneten Ermittlungsergebnisse gestatten es meist zusätzlich, signifikante Änderungen des Prozesses zu erkennen.
4.10	Adaptive Qualitätsregelkarte adaptive control chart carte de contrôle adaptable	Qualitätsregelkarte (3.2), die zur Schätzung der Weiterentwicklung des Prozesses Vorhersagemodelle benutzt und die Korrektur quantifiziert, die erforderlich ist, um Abweichungen des Prozesses in vorgegebenen Grenzen zu halten.
4.11	Qualitätsregelkarte für einen gleitenden Stichprobenkennwert	Qualitätsregelkarte (3.2) zur Überwachung eines Prozesses anhand eines gleitenden Stichprobenkennwertes. ANMERKUNG: Als gleitender Stichprobenkennwert kann z. B. der gleitende Mittelwert, der exponentiell gewichtete gleitende Mittelwert, die gleitende Spannweite oder die gleitende Standardabweichung verwendet werden.
4.12	Multivariate Qualitätsregelkarte multivariate control chart carte de contrôle pour plusieurs variables	Qualitätsregelkarte (3.2) zur Überwachung eines Prozesses anhand zweier oder mehrerer Merkmale.

5 Begriffe zu Elementen von Qualitätsregelkarten

5.1	Regelgrenze	Oberbegriff für Annahmegrenze (5.2), Eingriffsgrenze (5.3) und Warngrenze (5.4).
5.2	Annahmegrenze acceptance control limit (ACL) limite de contrôle de réception (LCR)	Eingriffsgrenze (5.3) in einer Annahmequalitätsregelkarte (4.9).
5.3	Eingriffsgrenze action limit; action control limit	Höchstwert (siehe DIN 55350 Teil 12) oder Mindestwert (siehe DIN 55350 Teil 12) einer Qualitätsregelkarte (3.2), bei dessen Überschreitung bzw. Unterschreitung durch den Kennwert ein Eingriff (3.3) erfolgen muß.
5.4	Warngrenze warning limit	Höchstwert (siehe DIN 55350 Teil 12) oder Mindestwert (siehe DIN 55350 Teil 12) einer Qualitätsregelkarte (3.2), bei dessen Überschreitung bzw. Unterschreitung durch den Kennwert im allgemeinen eine verstärkte Überwachung des Prozesses erforderlich ist, wobei diese Grenzwerte näher an der Mittellinie (5.5) liegen als die Eingriffsgrenzen (5.3).
5.5	Mittellinie central linie ligne centrale	Linie in einer Qualitätsregelkarte (3.2), die den (geschätzten) Erwartungswert oder einen vorgegebenen Wert für den Kennwert darstellt. ANMERKUNG 1: Die Mittellinie erleichtert die Entdeckung eines Trends der eingezeichneten Werte zu einer der Eingriffsgrenzen hin.

Zitierte Normen

DIN 55 350 Teil 11	Begriffe der Qualitätssicherung und Statistik; Grundbegriffe der Qualitätssicherung
DIN 55 350 Teil 12	Begriffe der Qualitätssicherung und Statistik; Merkmalsbezogene Begriffe
DIN 55 350 Teil 13	Begriffe der Qualitätssicherung und Statistik; Begriffe zur Genauigkeit von Ermittlungsverfahren und Ermittlungsergebnissen
DIN 55 350 Teil 14	Begriffe der Qualitätssicherung und Statistik; Begriffe der Probenahme
DIN 55 350 Teil 21	Begriffe der Qualitätssicherung und Statistik; Begriffe der Statistik; Zufallsgrößen und Wahrscheinlichkeitsverteilungen
DIN 55 350 Teil 23	Begriffe der Qualitätssicherung und Statistik; Begriffe der Statistik; Beschreibende Statistik
DIN 55 350 Teil 24	Begriffe der Qualitätssicherung und Statistik; Begriffe der Statistik; Schließende Statistik
DIN 55 350 Teil 31	Begriffe der Qualitätssicherung und Statistik; Begriffe der Annahmestichprobenprüfung
DIN ISO 8402	(z. Z. Entwurf) Qualitätsmanagement und Qualitätssicherung; Begriffe; Identisch mit ISO/DIS 8402 : 1991
ISO 3534-1	Statistics — Vocabulary and Symbols — Part 1: Probability and general statistical terms
ISO 3534-2	Statistics — Vocabulary and Symbols — Part 2: Statistical quality control (Revision, in part, of ISO 3534 : 1977)

Weitere Normen

DIN 55 350 Teil 11	(z. Z. Entwurf)	Begriffe zu Qualitätsmanagement und Statistik; Grundbegriffe des Qualitätsmanagements
Beiblatt 1 zu ISO 8402	(z. Z. Entwurf)	Qualitätsmanagement und Qualitätssicherung; Anmerkungen zu Grundbegriffen

Erläuterungen

In diese Norm sind einzelne Begriffe aus ISO 3534-2 : 1993 modifiziert übernommen worden.

Stichwortverzeichnis
Benennungen in deutscher Sprache

A
Adaptive Qualitätsregelkarte 4.10
Annahmegrenze 5.2
Annahmequalitätsregelkarte 4.9

B
Beherrschter Prozeß 1.4

C
Cusumkarte 4.6

E
Eingriff 3.3
Eingriffsgrenze 5.3
Eingriffskennlinie 3.5
Eingriffswahrscheinlichkeit 3.4
Ergebnisabweichung bei einem Prozeß 1.9
Extremwertkarte 4.7

F
Feststellbare Ursache 1.10

I
Im-Los-Streuung 1.5

K
Kurzzeitstreuung 1.5

L
Langzeitstreuung 1.6
Los-zu-Los-Streuung 1.6

M
Mediankarte 4.4
Mittellinie 5.5
Mittelwertkarte 4.3
Mittlere Prozeßlage 1.8
Mittlere Reaktionsdauer 3.6
Multivariate Qualitätsregelkarte 4.12

N
Natürliche Prozeßgrenzen 2.4
Natürlicher Prozeßbereich 2.3

P
Produktmerkmal 1.3
Prozeßbereich, natürlicher 2.3
Prozeßeigenstreuung 2.1
Prozeßfähigkeit 2.6
Prozeßfähigkeitsindex 2.7
Prozeßgesamtstreuung 2.2
Prozeßgrenzen, natürliche 2.4
Prozeßlage 1.7
Prozeßmerkmal 1.2
Prozeßstreubreite 2.5
Prozeßstreubreitenverhältnis 2.8

Q
Qualitätskennzahl 1.1.1
Qualitätslage 1.1
Qualitätsregelkarte 3.2
Qualitätsregelkarte für die Anzahl Fehler in der Stichprobe 3.2
Qualitätsregelkarte für die Anzahl Fehler je Einheit 3.2
Qualitätsregelkarte für die Anzahl fehlerhafter Einheiten 3.2
Qualitätsregelkarte für den Anteil fehlerhafter Einheiten 3.2
Qualitätsregelkarte für Fehlerpunkte 3.2
Qualitätsregelkarte für einen gleitenden Stichprobenkennwert 4.11
Qualitätsregelkarte mit erweiterten Grenzen 4.2
Qualitätsregelkarte, adaptive 4.10
Qualitätsregelkarte, multivariate 4.12

R
R-Karte 4.7
Reaktionsdauer, mittlere 3.6
Regelgrenze 5.1

S
Shewhart-Qualitätsregelkarte 4.1
s-Karte 4.8
Spannweitenkarte 4.7
Standardabweichungskarte 4.8
Systematische Ergebnisabweichung 1.9.1

U
Urwertkarte 4.5

V
Vorlauf 3.1

W
Warngrenze 5.4

X
$\bar{x}$-Karte 4.3
$\tilde{x}$-Karte 4.4

Z
Zufällige Ergebnisabweichung 1.9.2
Zufällige Ursache 1.11

Internationale Patentklassifikation
G 06 F 015/46

Dezember 2005

DIN EN ISO 9000

DIN

ICS 01.040.03; 03.120.10

Ersatz für
DIN EN ISO 9000:2000-12 und
DIN EN ISO 9000 Berichtigung 1:2003-04

**Qualitätsmanagementsysteme –
Grundlagen und Begriffe (ISO 9000:2005);
Dreisprachige Fassung EN ISO 9000:2005**

Quality management systems –
Fundamentals and vocabulary (ISO 9000:2005);
Trilingual version EN ISO 9000:2005

Systèmes de management de la qualité –
Principes essentiels et vocabulaire (ISO 9000:2005);
Version trilingue EN ISO 9000:2005

Gesamtumfang 68 Seiten

Normenausschuss Qualitätsmanagement, Statistik und Zertifizierungsgrundlagen (NQSZ) im DIN

DIN EN ISO 9000:2005-12

Nationales Vorwort

Dieses Dokument wurde vom Technischen Komitee ISO/TC 176, *Qualitätsmanagement und Qualitätssicherung*, Unterkomitee SC 1, *Begriffe*, erarbeitet, dessen Sekretariat vom AFNOR (Frankreich) gehalten wird. Das zuständige deutsche Gremium ist der Arbeitsausschuss NQSZ-1, *Qualitätsmanagement*, im Normenausschuss *Qualitätsmanagement, Statistik und Zertifizierungsgrundlagen*.

Änderungen

Gegenüber DIN EN ISO 9000:2000-12 und Berichtigung 1 zu DIN EN ISO 9000:2003-04 wurden folgende Änderungen vorgenommen:

a) neue Begriffe hinzugefügt (siehe 3.1.6, 3.3.8, 3.9.12, 3.9.13, 3.9.14);

b) „Qualifikation" (vorher 3.9.12) durch „Kompetenz" (siehe 3.9.14) ersetzt;

c) Benennung „Messüberwachungssystem" in „Messmanagementsystem" (siehe 3.10.1) geändert;

d) Definitionen geändert (siehe 3.2.4, 3.2.9, 3.2.12, 3.2.13, 3.3.3, 3.4.3, 3.5.4, 3.6.4, 3.6.9, 3.7.3, 3.7.5, 3.8.1, 3.8.3, 3.8.6, 3.9.3, 3.9.6, 3.9.9, 3.9.10, 3.9.11, 3.10.1, 3.10.4, 3.10.6);

e) Definition „Infrastruktur" (siehe 3.3.3) redaktionell korrigiert;

f) Begriffsdiagramme (siehe Anhang A) an die geänderten Definitionen angepasst und um die neuen Begriffe ergänzt;

g) Verbesserung der deutschen Übersetzung an verschiedenen Textstellen ausgeführt.

Frühere Ausgaben

DIN 55350-11: 1980-09, 1987-05

DIN EN ISO 8402: 1995-08

DIN EN ISO 9000: 2000-12

Berichtigung 1 zu DIN EN ISO 9000: 2003-04

Nationaler Anhang NA
(informativ)

Literaturhinweise

Die folgenden Literaturhinweise gelten zusätzlich zu dem Verzeichnis „Literaturhinweise" hinter Anhang A.

DIN 55350-11, *Begriffe zu Qualitätsmanagement und Statistik – Teil 11: Begriffe des Qualitätsmanagements*

DIN 55350-12, *Begriffe der Qualitätssicherung und Statistik – Teil 12: Merkmalsbezogene Begriffe*

DIN 55350-13, *Begriffe der Qualitätssicherung und Statistik – Teil 13: Begriffe zur Genauigkeit von Ermittlungsverfahren und Ermittlungsergebnissen*

DIN 55350-14, *Begriffe der Qualitätssicherung und Statistik – Teil 14: Begriffe der Probenahme*

DIN 55350-15, *Begriffe der Qualitätssicherung und Statistik – Teil 15: Begriffe zu Mustern*

DIN 55350-17, *Begriffe der Qualitätssicherung und Statistik – Teil 17: Begriffe der Qualitätsprüfungsarten*

DIN 55350-18, *Begriffe der Qualitätssicherung und Statistik – Teil 18: Begriffe zu Bescheinigungen über die Ergebnisse von Qualitätsprüfungen – Qualitätsprüf-Zertifikate*

DIN 55350-21, *Begriffe der Qualitätssicherung und Statistik – Teil 21: Begriffe der Statistik – Zufallsgrößen und Wahrscheinlichkeitsverteilungen*

DIN 55350-22, *Begriffe der Qualitätssicherung und Statistik – Teil 22: Begriffe der Statistik – Spezielle Wahrscheinlichkeitsverteilungen*

DIN 55350-23, *Begriffe der Qualitätssicherung und Statistik – Teil 23: Begriffe der Statistik – Beschreibende Statistik*

DIN 55350-24, *Begriffe der Qualitätssicherung und Statistik – Teil 24: Begriffe der Statistik – Schließende Statistik*

DIN 55350-31, *Begriffe der Qualitätssicherung und Statistik – Teil 31: Begriffe der Annahmestichprobenprüfung*

DIN 55350-33, *Begriffe zu Qualitätsmanagement und Statistik – Teil 33: Begriffe der statistischen Prozesslenkung (SPC)*

DIN ISO 11843-1, *Erkennungsfähigkeit – Teil 1: Begriffe*

EUROPEAN STANDARD
NORME EUROPÉENNE
EUROPÄISCHE NORM

EN ISO 9000

September 2005/September 2005/Septembre 2005

ICS 03.120.10; 01.040.03

Ersatz für EN ISO 9000:2000
Supersedes EN ISO 9000:2000
Remplace EN ISO 9000:2000

Dreisprachige Fassung – Trilingual version – Version trilingue

Qualitätsmanagementsysteme – Grundlagen und Begriffe (ISO 9000:2005)

Quality management systems - Fundamentals and vocabulary (ISO 9000:2005)

Systèmes de management de la qualité - Principes essentiels et vocabulaire (ISO 9000:2005)

Diese Europäische Norm wurde vom CEN am 12. September 2005 angenommen.

Die CEN-Mitglieder sind gehalten, die CEN/CENELEC-Geschäftsordnung zu erfüllen, in der die Bedingungen festgelegt sind, unter denen dieser Europäischen Norm ohne jede Änderung der Status einer nationalen Norm zu geben ist. Auf dem letzten Stand befindliche Listen dieser nationalen Normen mit ihren bibliographischen Angaben sind beim Management-Zentrum oder bei jedem CEN-Mitglied auf Anfrage erhältlich.

Diese Europäische Norm besteht in drei offiziellen Fassungen (Deutsch, Englisch, Französisch). Eine Fassung in einer anderen Sprache, die von einem CEN-Mitglied in eigener Verantwortung durch Übersetzung in seine Landessprache gemacht und dem Management-Zentrum mitgeteilt worden ist, hat den gleichen Status wie die offiziellen Fassungen.

CEN-Mitglieder sind die nationalen Normungsinstitute von Belgien, Dänemark, Deutschland, Estland, Finnland, Frankreich, Griechenland, Irland, Island, Italien, Lettland, Litauen, Luxemburg, Malta, Niederlande, Norwegen, Österreich, Polen, Portugal, Schweden, Schweiz, Slowakei, Slowenien, Spanien, Tschechische Republik, Ungarn, Vereinigtes Königreich und Zypern.

This European Standard was approved by CEN on 12 September 2005.

CEN members are bound to comply with the CEN/CENELEC Internal Regulations which stipulate the conditions for giving this European Standard the status of a national standard without any alteration. Up-to-date lists and bibliographical references concerning such national standards may be obtained on application to the Central Secretariat or to any CEN member.

This European Standard exists in three official versions (English, French, German). A version in any other language made by translation under the responsibility of a CEN member into its own language and notified to the Central Secretariat has the same status as the official versions.

CEN members are the national standards bodies of Austria, Belgium, Cyprus, Czech Republic, Denmark, Estonia, Finland, France, Germany, Greece, Hungary, Iceland, Ireland, Italy, Latvia, Lithuania, Luxembourg, Malta, Netherlands, Norway, Poland, Portugal, Slovakia, Slovenia, Spain, Sweden, Switzerland and United Kingdom.

La présente Norme européenne a été adoptée par le CEN le 12 septembre 2005.

Les membres du CEN sont tenus de se soumettre au Règlement Intérieur du CEN/CENELEC, qui définit les conditions dans lesquelles doit être attribué, sans modification, le statut de norme nationale à la Norme européenne. Les listes mises à jour et les références bibliographiques relatives à ces normes nationales peuvent être obtenues auprès du Centre de Gestion ou auprès des membres du CEN.

La présente Norme européenne existe en trois versions officielles (allemand, anglais, français). Une version dans une autre langue faite par traduction sous la responsabilité d'un membre du CEN dans sa langue nationale et notifiée au Centre de Gestion, a le même statut que les versions officielles.

Les membres du CEN sont les organismes nationaux de normalisation des pays suivants: Allemagne, Autriche, Belgique, Chypre, Danemark, Espagne, Estonie, Finlande, France, Grèce, Hongrie, Irlande, Islande, Italie, Lettonie, Lituanie, Luxembourg, Malte, Norvège, Pays-Bas, Pologne, Portugal, République Tchèque, Royaume-Uni, Slovaquie, Slovénie, Suède et Suisse.

EUROPÄISCHES KOMITEE FÜR NORMUNG
EUROPEAN COMMITTEE FOR STANDARDIZATION
COMITÉ EUROPÉEN DE NORMALISATION

Management-Zentrum: rue de Stassart, 36   B-1050 Brüssel
Management Centre: rue de Stassart, 36   B-1050 Brussels
Centre de Gestion: rue de Stassart, 36   B-1050 Bruxelles

© 2005 CEN   Alle Rechte der Verwertung, gleich in welcher Form und in welchem Verfahren, sind weltweit den nationalen Mitgliedern von CEN vorbehalten.

Ref. Nr./Ref. Nr./Réf. n°/EN ISO 9000:2005 D/E/F

All rights of exploitation in any form and by any means reserved worldwide for CEN national Members.

Tous droits d'exploitation sous quelque forme et de quelque manière que ce soit réservés dans le monde entier aux membres nationaux du CEN.

EN ISO 9000:2005 (D/E/F)

| Qualitätsmanagementsysteme – Grundlagen und Begriffe | Quality management systems – Fundamentals and vocabulary | Systèmes de management de la qualité – Principes essentiels et vocabulaire |

Inhalt
Seite

Vorwort 3
Einleitung 4
1 Anwendungsbereich 6
2 Grundlagen für Qualitätsmanagementsysteme 6
2.1 Begründung für Qualitätsmanagementsysteme 6
2.2 Anforderungen an Qualitätsmanagementsysteme und Anforderungen an Produkte 7
2.3 Ansatz für Qualitätsmanagementsysteme 7
2.4 Prozessorientierter Ansatz 8
2.5 Qualitätspolitik und Qualitätsziele 9
2.6 Rolle der obersten Leitung im Qualitätsmanagementsystem 13
2.7 Dokumentation 13
2.8 Beurteilen von Qualitätsmanagementsystemen 14
2.9 Ständige Verbesserung 16
2.10 Rolle statistischer Methoden ... 16
2.11 Qualitätsmanagementsysteme und andere Schwerpunkte von Managementsystemen 17
2.12 Beziehung zwischen Qualitätsmanagementsystemen und Exzellenzmodellen 17

3 Begriffe 18
3.1 Qualitätsbezogene Begriffe 18
3.2 Managementbezogene Begriffe 20
3.3 Organisationsbezogene Begriffe 22
3.4 Prozess- und produktbezogene Begriffe 23
3.5 Merkmalsbezogene Begriffe 25
3.6 Konformitätsbezogene Begriffe 27
3.7 Dokumentationsbezogene Begriffe 29
3.8 Untersuchungsbezogene Begriffe 30
3.9 Auditbezogene Begriffe 31
3.10 Auf Qualitätsmanagement bei Messprozessen bezogene Begriffe 34
Anhang A (informativ) **Bei der Entwicklung der Begriffe benutzte Methoden** 35
Literaturhinweise 60
Stichwortverzeichnis 62

Contents
Page

Foreword 3
Introduction 4
1 Scope 6
2 Fundamentals of quality management systems 6
2.1 Rationale for quality management systems 6
2.2 Requirements for quality management systems and requirements for products 7
2.3 Quality management systems approach 7
2.4 The process approach 8
2.5 Quality policy and quality objectives 9
2.6 Role of top management within the quality management system 13
2.7 Documentation 13
2.8 Evaluating quality management systems 14
2.9 Continual improvement 16
2.10 Role of statistical techniques ... 16
2.11 Quality management systems and other management system focuses 17
2.12 Relationship between quality management systems and excellence models 17

3 Terms and definitions 18
3.1 Terms relating to quality 18
3.2 Terms relating to management 20
3.3 Terms relating to organization 22
3.4 Terms relating to process and product 23
3.5 Terms relating to characteristics 25
3.6 Terms relating to conformity 27
3.7 Terms relating to documentation 29
3.8 Terms relating to examination 30
3.9 Terms relating to audit 31
3.10 Terms relating to quality management for measurement processes 34
Annex A (informative) **Methodology used in the development of the vocabulary** 44
Bibliography 60
Alphabetical index 63

Sommaire
Page

Avant-propos 3
Introduction 4
1 Domaine d'application 6
2 Principes essentiels liés aux systèmes de management de la qualité 6
2.1 Fondement des systèmes de management de la qualité 6
2.2 Exigences pour les systèmes de management de la qualité et exigences pour les produits 7
2.3 Démarche «systèmes de management de la qualité» 7
2.4 Approche processus 8
2.5 Politique qualité et objectifs qualité 9
2.6 Rôle de la direction au sein du système de management de la qualité 13
2.7 Documentation 13
2.8 Évaluation des systèmes de management de la qualité 14
2.9 Amélioration continue 16
2.10 Rôle des techniques statistiques 16
2.11 Systèmes de management de la qualité et autres objets d'un système de management 17
2.12 Relation entre les systèmes de management de la qualité et les modèles d'excellence 17

3 Termes et définitions 18
3.1 Termes relatifs à la qualité 18
3.2 Termes relatifs au management 20
3.3 Termes relatifs à l'organisme 22
3.4 Termes relatifs aux processus et aux produits 23
3.5 Termes relatifs aux caractéristiques 25
3.6 Termes relatifs à la conformité 27
3.7 Termes relatifs à la documentation 29
3.8 Termes relatifs à l'examen 30
3.9 Termes relatifs à l'audit 31
3.10 Termes relatifs au management de la qualité pour les processus de mesure 34
Annexe A (informative) **Méthode utilisée pour élaborer le vocabulaire** 52
Bibliographie 60
Index alphabétique 64

EN ISO 9000:2005 (D/E/F)

Vorwort

Dieses Dokument (EN ISO 9000:2005) wurde vom Technischen Komitee ISO/TC 176 „Qualitätsmanagement und Qualitätssicherung", Unterkomitee 1 „Begriffe", in Zusammenarbeit mit dem CEN Management-Zentrum (CMC) erarbeitet.

Diese Europäische Norm muss den Status einer nationalen Norm erhalten, entweder durch Veröffentlichung eines identischen Textes oder durch Anerkennung bis März 2006, und etwaige entgegenstehende nationale Normen müssen bis März 2006 zurückgezogen werden. Dieses Dokument ersetzt EN ISO 9000:2000.

Entsprechend der CEN/CENELEC-Geschäftsordnung sind die nationalen Normungsinstitute der folgenden Länder gehalten, diese Europäische Norm zu übernehmen: Belgien, Dänemark, Deutschland, Estland, Finnland, Frankreich, Griechenland, Irland, Island, Italien, Lettland, Litauen, Luxemburg, Malta, Niederlande, Norwegen, Österreich, Polen, Portugal, Schweden, Schweiz, Slowakei, Slowenien, Spanien, Tschechische Republik, Ungarn, Vereinigtes Königreich und Zypern.

Anerkennungsnotiz

Der Text von ISO 9000:2005 wurde vom CEN als Europäische Norm (EN ISO 9000:2005) ohne irgendeine Abänderung genehmigt.

Die Internationale Organisation für Normung (ISO) ist eine weltweite Vereinigung nationaler Normungsinstitute (ISO-Mitgliedskörperschaften). Die Erarbeitung Internationaler Normen obliegt üblicherweise den Technischen Komitees der ISO. Jede Mitgliedskörperschaft, die sich für ein Thema interessiert, für das ein Technisches Komitee eingesetzt wurde, ist berechtigt, in diesem Komitee mitzuarbeiten. Internationale, staatliche und nichtstaatliche, Organisationen, die mit der ISO in Verbindung stehen, sind an den Arbeiten ebenfalls beteiligt. Die ISO arbeitet bei allen Angelegenheiten der elektrotechnischen Normung eng mit der Internationalen Elektrotechnischen Kommission (IEC) zusammen.

Internationale Normen werden in Übereinstimmung mit den Regeln der ISO/IEC-Richtlinien, Teil 2, gestaltet.

Die Hauptaufgabe der Technischen Komitees besteht in der Erarbeitung Internationaler Normen. Die von den Technischen Komitees verabschiedeten internationalen Norm-Entwürfe werden den Mitgliedskörperschaften zur Abstimmung vorgelegt. Die Veröffentlichung als Internationale Norm erfordert die Zustimmung von mindestens 75 % der abstimmenden Mitgliedskörperschaften.

Foreword

This document (EN ISO 9000:2005) has been prepared by Technical Committee ISO/TC 176 "Quality management and quality assurance", Subcommittee 1, "Concepts and terminology", in collaboration with the CEN Management Centre (CMC).

This European Standard shall be given the status of a national standard, either by publication of an identical text or by endorsement, at the latest by March 2006, and conflicting national standards shall be withdrawn at the latest by March 2006.

This document supersedes EN ISO 9000:2000.

According to the CEN/CENELEC Internal Regulations, the national standards organizations of the following countries are bound to implement this European Standard: Austria, Belgium, Cyprus, Czech Republic, Denmark, Estonia, Finland, France, Germany, Greece, Hungary, Iceland, Ireland, Italy, Latvia, Lithuania, Luxembourg, Malta, Netherlands, Norway, Poland, Portugal, Slovakia, Slovenia, Spain, Sweden, Switzerland and United Kingdom.

Endorsement notice

The text of ISO 9000:2005 has been approved by CEN as a European Standard (EN ISO 9000:2005) without any modifications.

ISO (the International Organization for Standardization) is a worldwide federation of national standards bodies (ISO member bodies). The work of preparing International Standards is normally carried out through ISO technical committees. Each member body interested in a subject for which a technical committee has been established has the right to be represented on that committee. International organizations, governmental and non-governmental, in liaison with ISO, also take part in the work. ISO collaborates closely with the International Electrotechnical Commission (IEC) on all matters of electrotechnical standardization.

International Standards are drafted in accordance with the rules given in the ISO/IEC Directives, Part 2.

The main task of technical committees is to prepare International Standards. Draft International Standards adopted by the technical committees are circulated to the member bodies for voting. Publication as an International Standard requires approval by at least 75 % of the member bodies casting a vote.

Attention is drawn to the possibility that some of the elements of this document may be the subject of patent rights. ISO shall not be held responsible for identifying any or all such patent rights.

Avant-propos

Le présent document (EN ISO 9000:2005) a été élaboré par le Comité Technique ISO/TC 176 «Management et assurance de la qualité», sous-comité 1, «Concepts et terminologie», en collaboration avec le Centre de Gestion du CEN (CMC).

Cette Norme européenne devra recevoir le statut de norme nationale, soit par publication d'un texte identique, soit par entérinement, au plus tard en mars 2006, et toutes les normes nationales en contradiction devront être retirées au plus tard en mars 2006.

Le présent document remplace l'EN ISO 9000:2000.

Selon le Règlement Intérieur du CEN/CENELEC, les instituts de normalisation nationaux des pays suivants sont tenus de mettre cette Norme européenne en application: Allemagne, Autriche, Belgique, Chypre, Danemark, Espagne, Estonie, Finlande, France, Grèce, Hongrie, Irlande, Islande, Italie, Lettonie, Lituanie, Luxembourg, Malte, Norvège, Pays-Bas, Pologne, Portugal, République Tchèque, Royaume-Uni, Slovaquie, Slovénie, Suède et Suisse.

Notice d'entérinement

Le texte de l'ISO 9000:2005 a été approuvé par le CEN comme Norme Européenne (EN ISO 9000:2005) sans aucune modification.

L'ISO (Organisation internationale de normalisation) est une fédération mondiale d'organismes nationaux de normalisation (comités membres de l'ISO). L'élaboration des Normes internationales est en général confiée aux comités techniques de l'ISO. Chaque comité membre intéressé par une étude a le droit de faire partie du comité technique créé à cet effet. Les organisations internationales, gouvernementales et non gouvernementales, en liaison avec l'ISO participent également aux travaux. L'ISO collabore étroitement avec la Commission électrotechnique internationale (CEI) en ce qui concerne la normalisation électrotechnique.

Les Normes internationales sont rédigées conformément aux règles données dans les Directives ISO/CEI, Partie 2.

La tâche principale des comités techniques est d'élaborer les Normes internationales. Les projets de Normes internationales adoptés par les comités techniques sont soumis aux comités membres pour vote. Leur publication comme Normes internationales requiert l'approbation de 75 % au moins des comités membres votants.

L'attention est appelée sur le fait que certains des éléments du présent document peuvent faire l'objet de droits de

3

Es wird darauf hingewiesen, dass die Möglichkeit besteht, dass einige Elemente dieses Dokuments Patentrechte berühren können. Die ISO ist nicht dafür verantwortlich, einige oder alle diesbezüglichen Patentrechte zu identifizieren.

ISO 9000 wurde vom Technischen Komitee ISO/TC 176, *Qualitätsmanagement und Qualitätssicherung*, Unterkomitee SC 1, *Begriffe*, erarbeitet.

Anhang A dieser Internationalen Norm dient ausschließlich der Information. Er enthält Begriffsdiagramme, die eine graphische Darstellung der Beziehungen zwischen Begriffen in bestimmten Bereichen des Qualitätsmanagements geben.

ISO 9000:2005 was prepared by Technical Committee ISO/TC 176, *Quality management and quality assurance*, Subcommittee SC 1, *Concepts and terminology*.

Annex A of this International Standard is for information only. It includes concept diagrams that provide a graphical representation of the relationships between terms in specific fields relative to quality management systems.

propriété intellectuelle ou de droits analogues. L'ISO ne saurait être tenue pour responsable de ne pas avoir identifié de tels droits de propriété et averti de leur existence.

L'ISO 9000:2005 a été élaboré par le comité technique ISO/TC 176, *Management et assurance de la qualité*, sous-comité SC 1, *Concepts et terminologie*.

L'annexe A de la présente Norme internationale est donnée uniquement à titre d'information. Les diagrammes de concepts qui y sont inclus donnent une représentation graphique des relations entre les termes dans des champs notionnels spécifiques relatifs aux systèmes de management de la qualité.

Einleitung

0.1 Allgemeines

Die im Folgenden aufgeführten Normen der ISO-9000-Familie wurden entwickelt, um Organisationen jeder Art und Größe beim Verwirklichen von und beim Arbeiten mit wirksamen Qualitätsmanagementsystemen zu helfen.

- ISO 9000 beschreibt Grundlagen für Qualitätsmanagementsysteme und legt die Terminologie für Qualitätsmanagementsysteme fest.
- ISO 9001 legt die Anforderungen an ein Qualitätsmanagementsystem für den Fall fest, dass eine Organisation ihre Fähigkeit darlegen muss, Produkte bereitzustellen, die die Anforderungen der Kunden und die behördlichen Anforderungen erfüllen, und anstrebt, die Kundenzufriedenheit zu erhöhen.
- ISO 9004 stellt einen Leitfaden bereit, der sowohl die Wirksamkeit als auch die Effizienz des Qualitätsmanagementsystems betrachtet. Das Ziel dieser Norm besteht in der Leistungsverbesserung der Organisation sowie der Verbesserung der Zufriedenheit der Kunden und anderer interessierter Parteien.
- ISO 19011 stellt eine Anleitung für das Auditieren von Qualitäts- und Umweltmanagementsystemen bereit.

Gemeinsam bilden diese Normen einen zusammenhängenden Satz von Qualitätsmanagementsystemnormen, um das gegenseitige Verständnis im nationalen und internationalen Handel zu erleichtern.

Introduction

0.1 General

The ISO 9000 family of standards listed below has been developed to assist organizations, of all types and sizes, to implement and operate effective quality management systems.

- ISO 9000 describes fundamentals of quality management systems and specifies the terminology for quality management systems.
- ISO 9001 specifies requirements for a quality management system where an organization needs to demonstrate its ability to provide products that fulfil customer and applicable regulatory requirements and aims to enhance customer satisfaction.
- ISO 9004 provides guidelines that consider both the effectiveness and efficiency of the quality management system. The aim of this standard is improvement of the performance of the organization and satisfaction of customers and other interested parties.
- ISO 19011 provides guidance on auditing quality and environmental management systems.

Together they form a coherent set of quality management system standards facilitating mutual understanding in national and international trade.

Introduction

0.1 Généralités

La famille des normes ISO 9000 énumérées ci-dessous a été élaborée pour aider les organismes, de tous types et de toutes tailles, à mettre en œuvre et à appliquer des systèmes de management de la qualité efficaces.

- L'ISO 9000 décrit les principes essentiels des systèmes de management de la qualité et en spécifie la terminologie.
- L'ISO 9001 spécifie les exigences relatives à un système de management de la qualité lorsqu'un organisme doit démontrer son aptitude à fournir des produits satisfaisant aux exigences des clients et à la réglementation applicable, et qu'il vise à accroître la satisfaction de ses clients.
- L'ISO 9004 fournit des lignes directrices sur l'efficacité et l'efficience du système de management de la qualité. L'objet de cette norme est l'amélioration des performances de l'organisme et la satisfaction des clients et des autres parties intéressées.
- L'ISO 19011 fournit des conseils sur l'audit des systèmes de management de la qualité et des systèmes de management environnemental.

Ces normes forment un ensemble cohérent relatif aux systèmes de management de la qualité et facilitent la compréhension mutuelle dans le cadre des échanges commerciaux nationaux et internationaux.

0.2 Grundsätze des Qualitätsmanagements

Das erfolgreiche Führen und Betreiben einer Organisation erfordert, dass sie in systematischer und klarer Weise geleitet und gelenkt wird. Ein Weg zum Erfolg kann die Einführung und Aufrechterhaltung eines Managementsystems sein, das auf ständige Leistungsverbesserung ausgerichtet ist, indem es die Erfordernisse aller interessierten Parteien berücksichtigt. Eine Organisation zu leiten und zu lenken umfasst neben anderen Managementdisziplinen auch das Qualitätsmanagement.

Es wurden acht Grundsätze des Qualitätsmanagements aufgestellt, die von der obersten Leitung benutzt werden können, um die Leistungsfähigkeit der Organisation zu verbessern.

a) **Kundenorientierung**
Organisationen hängen von ihren Kunden ab und sollten daher gegenwärtige und zukünftige Erfordernisse der Kunden verstehen, deren Anforderungen erfüllen und danach streben, deren Erwartungen zu übertreffen.

b) **Führung**
Führungskräfte schaffen die Übereinstimmung von Zweck und Ausrichtung der Organisation. Sie sollten das interne Umfeld schaffen und erhalten, in dem sich Personen voll und ganz für die Erreichung der Ziele der Organisation einsetzen können.

c) **Einbeziehung der Personen**
Auf allen Ebenen machen Personen das Wesen einer Organisation aus, und ihre vollständige Einbeziehung ermöglicht, ihre Fähigkeiten zum Nutzen der Organisation einzusetzen.

d) **Prozessorientierter Ansatz**
Ein erwünschtes Ergebnis lässt sich effizienter erreichen, wenn Tätigkeiten und dazugehörige Ressourcen als Prozess geleitet und gelenkt werden.

e) **Systemorientierter Managementansatz**
Erkennen, Verstehen, Leiten und Lenken von miteinander in Wechselbeziehung stehenden Prozessen als System tragen zur Wirksamkeit und Effizienz der Organisation beim Erreichen ihrer Ziele bei.

f) **Ständige Verbesserung**
Die ständige Verbesserung der Gesamtleistung der Organisation stellt ein permanentes Ziel der Organisation dar.

g) **Sachbezogener Ansatz zur Entscheidungsfindung**
Wirksame Entscheidungen beruhen auf der Analyse von Daten und Informationen.

0.2 Quality management principles

To lead and operate an organization successfully, it is necessary to direct and control it in a systematic and transparent manner. Success can result from implementing and maintaining a management system that is designed to continually improve performance while addressing the needs of all interested parties. Managing an organization encompasses quality management amongst other management disciplines.

Eight quality management principles have been identified that can be used by top management in order to lead the organization towards improved performance.

a) **Customer focus**
Organizations depend on their customers and therefore should understand current and future customer needs, should meet customer requirements and strive to exceed customer expectations.

b) **Leadership**
Leaders establish unity of purpose and direction of the organization. They should create and maintain the internal environment in which people can become fully involved in achieving the organization's objectives.

c) **Involvement of people**
People at all levels are the essence of an organization and their full involvement enables their abilities to be used for the organization's benefit.

d) **Process approach**
A desired result is achieved more efficiently when activities and related resources are managed as a process.

e) **System approach to management**
Identifying, understanding and managing interrelated processes as a system contributes to the organization's effectiveness and efficiency in achieving its objectives.

f) **Continual improvement**
Continual improvement of the organization's overall performance should be a permanent objective of the organization.

g) **Factual approach to decision making**
Effective decisions are based on the analysis of data and information.

0.2 Principes de management de la qualité

Diriger et faire fonctionner un organisme avec succès nécessite de l'orienter et de le contrôler méthodiquement et en transparence. Le succès peut résulter de la mise en œuvre et de l'entretien d'un système de management conçu pour une amélioration continue des performances tout en répondant aux besoins de toutes les parties intéressées. Le management d'un organisme inclut le management de la qualité parmi d'autres disciplines de management.

Huit principes de management de la qualité ont été identifiés, qui peuvent être utilisés par la direction pour mener l'organisme vers de meilleures performances.

a) **Orientation client**
Les organismes dépendent de leurs clients, il convient donc qu'ils en comprennent les besoins présents et futurs, qu'ils satisfassent leurs exigences et qu'ils s'efforcent d'aller au-devant de leurs attentes.

b) **Leadership**
Les dirigeants établissent la finalité et les orientations de l'organisme. Il convient qu'ils créent et maintiennent un environnement interne dans lequel les personnes peuvent pleinement s'impliquer dans la réalisation des objectifs de l'organisme.

c) **Implication du personnel**
Les personnes à tous les niveaux sont l'essence même d'un organisme et une totale implication de leur part permet d'utiliser leurs aptitudes au profit de l'organisme.

d) **Approche processus**
Un résultat escompté est atteint de façon plus efficiente lorsque les ressources et activités afférentes sont gérées comme un processus.

e) **Management par approche système**
Identifier, comprendre et gérer des processus corrélés comme un système contribue à l'efficacité et à l'efficience de l'organisme à atteindre ses objectifs.

f) **Amélioration continue**
Il convient que l'amélioration continue de la performance globale d'un organisme soit un objectif permanent de l'organisme.

g) **Approche factuelle pour la prise de décision**
Les décisions efficaces se fondent sur l'analyse de données et d'informations.

h) **Lieferantenbeziehungen zum gegenseitigen Nutzen**
Eine Organisation und ihre Lieferanten sind voneinander abhängig. Beziehungen zum gegenseitigen Nutzen erhöhen die Wertschöpfungsfähigkeit beider Seiten.

Diese acht Grundsätze des Qualitätsmanagements bilden die Grundlage für die Normen zu Qualitätsmanagementsystemen in der ISO-9000-Familie.

1 Anwendungsbereich

Diese Internationale Norm beschreibt Grundlagen für Qualitätsmanagementsysteme, die den Gegenstand der ISO-9000-Familie bilden, und legt die zugehörige Terminologie fest.

Diese Internationale Norm ist anwendbar auf:

a) Organisationen, die durch die Verwirklichung eines Qualitätsmanagementsystems Vorteile suchen;
b) Organisationen, die Vertrauen zu ihren Lieferanten erwerben wollen, dass diese ihre Anforderungen an das Produkt erfüllen werden;
c) die Nutzer der Produkte;
d) alle, die mit einem gemeinsamen Verständnis der im Qualitätsmanagement verwendeten Begriffe zu tun haben (z. B. Lieferanten, Kunden, Behörden);
e) alle, innerhalb und außerhalb der Organisation, die das Qualitätsmanagementsystem bewerten oder im Hinblick auf die Einhaltung der Anforderungen nach ISO 9001 auditieren (z. B. Auditoren, Behörden, Zertifizierungs-/Zulassungsstellen);
f) alle, innerhalb und außerhalb der Organisation, welche die Organisation bezüglich eines für sie geeigneten Qualitätsmanagementsystems beraten und schulen;
g) Entwickler in Bezug stehender Normen.

2 Grundlagen für Qualitätsmanagementsysteme

2.1 Begründung für Qualitätsmanagementsysteme

Qualitätsmanagementsysteme können Organisationen beim Erhöhen der Kundenzufriedenheit unterstützen.

Kunden verlangen Produkte mit Merkmalen, die ihre Erfordernisse und Erwartungen erfüllen. Diese Erfordernisse und Erwartungen werden in Produktspezifikationen ausgedrückt und in ihrer Gesamtheit als Kundenanforderungen

h) **Mutually beneficial supplier relationships**
An organization and its suppliers are interdependent and a mutually beneficial relationship enhances the ability of both to create value.

These eight quality management principles form the basis for the quality management system standards within the ISO 9000 family.

1 Scope

This International Standard describes fundamentals of quality management systems, which form the subject of the ISO 9000 family, and defines related terms.

This International Standard is applicable to the following:

a) organizations seeking advantage through the implementation of a quality management system;
b) organizations seeking confidence from their suppliers that their product requirements will be satisfied;
c) users of the products;
d) those concerned with a mutual understanding of the terminology used in quality management (e.g. suppliers, customers, regulators);
e) those internal or external to the organization who assess the quality management system or audit it for conformity with the requirements of ISO 9001 (e.g. auditors, regulators, certification/registration bodies);
f) those internal or external to the organization who give advice or training on the quality management system appropriate to that organization;
g) developers of related standards.

2 Fundamentals of quality management systems

2.1 Rationale for quality management systems

Quality management systems can assist organizations in enhancing customer satisfaction.

Customers require products with characteristics that satisfy their needs and expectations. These needs and expectations are expressed in product specifications and collectively referred to as customer requirements. Customer re-

h) **Relations mutuellement bénéfiques avec les fournisseurs**
Un organisme et ses fournisseurs sont interdépendants et des relations mutuellement bénéfiques augmentent les capacités des deux organismes à créer de la valeur.

Ces huit principes de management de la qualité constituent la base des normes de systèmes de management de la qualité de la famille ISO 9000.

1 Domaine d'application

La présente Norme internationale décrit les principes essentiels des systèmes de management de la qualité, objet de la famille des normes ISO 9000, et en définit les termes associés.

La présente Norme internationale est applicable

a) aux organismes cherchant à progresser par la mise en œuvre d'un système de management de la qualité;
b) aux organismes qui cherchent à s'assurer que leurs fournisseurs satisferont leurs exigences relatives aux produits;
c) aux utilisateurs des produits;
d) aux personnes concernées par une compréhension mutuelle de la terminologie utilisée dans le domaine du management de la qualité (par exemple fournisseurs, clients, autorités réglementaires);
e) aux personnes internes ou externes à l'organisme, qui évaluent ou auditent le système de management de la qualité en termes de conformité aux exigences de l'ISO 9001 (par exemple auditeurs, autorités réglementaires, organismes de certification/enregistrement);
f) aux personnes internes ou externes à l'organisme qui donnent des conseils ou fournissent une formation sur le système de management de la qualité qui lui convient;
g) aux personnes qui élaborent des normes apparentées.

2 Principes essentiels liés aux systèmes de management de la qualité

2.1 Fondement des systèmes de management de la qualité

Les systèmes de management de la qualité peuvent aider les organismes à accroître la satisfaction de leurs clients.

Les clients exigent des produits dont les caractéristiques répondent à leurs besoins et à leurs attentes. Ces besoins et attentes sont exprimés dans des spécifications de produits et désignés globalement par l'expression «exigences

EN ISO 9000:2005 (D/E/F)

bezeichnet. Kundenanforderungen können vom Kunden vertraglich festgelegt oder von der Organisation selbst ermittelt werden. In beiden Fällen befindet der Kunde letztlich über die Annehmbarkeit des Produkts. Wegen sich ändernder Erfordernisse und Erwartungen der Kunden werden Organisationen zur ständigen Verbesserung ihrer Produkte und Prozesse angespornt.

Sich mit einem Qualitätsmanagementsystem zu befassen, regt Organisationen dazu an, die Kundenanforderungen zu analysieren, jene Prozesse festzulegen, die dazu beitragen, ein für die Kunden annehmbares Produkt zu liefern und diese Prozesse beherrscht zu halten. Ein Qualitätsmanagementsystem kann den Rahmen für ständige Verbesserung bieten, damit die Wahrscheinlichkeit zunimmt, dass die Zufriedenheit der Kunden und anderer interessierter Parteien erhöht wird. Es gibt der Organisation und ihren Kunden das Vertrauen, dass diese fähig ist, ständig den Anforderungen entsprechende Produkte bereitzustellen.

2.2 Anforderungen an Qualitätsmanagementsysteme und Anforderungen an Produkte

Die Normen der ISO-9000-Familie unterscheiden zwischen Anforderungen an Qualitätsmanagementsysteme und Anforderungen an Produkte.

Anforderungen an Qualitätsmanagementsysteme sind in ISO 9001 festgelegt. Anforderungen an Qualitätsmanagementsysteme sind allgemeiner Natur und gelten für Organisationen in jedem beliebigen Industrie- oder Wirtschaftssektor unabhängig von der angebotenen Produktkategorie. ISO 9001 selbst legt keine Anforderungen an Produkte fest.

Anforderungen an Produkte können entweder von den Kunden oder von der Organisation in Vorwegnahme der Kundenanforderungen oder durch behördliche Vorschriften festgelegt werden. Anforderungen an Produkte und in einigen Fällen Anforderungen an zugehörige Prozesse können z. B. enthalten sein in technischen Spezifikationen, Produktnormen, Prozessnormen, Vertragsvereinbarungen und behördlichen Anforderungen.

2.3 Ansatz für Qualitätsmanagementsysteme

Ein Ansatz, ein Qualitätsmanagementsystem zu entwickeln und zu verwirklichen, besteht aus mehreren Schritten. Dazu gehören:

a) Ermitteln der Erfordernisse und Erwartungen der Kunden und anderer interessierter Parteien;

quirements may be specified contractually by the customer or may be determined by the organization itself. In either case, the customer ultimately determines the acceptability of the product. Because customer needs and expectations are changing, and because of competitive pressures and technical advances, organizations are driven to improve continually their products and processes.

The quality management system approach encourages organizations to analyse customer requirements, define the processes that contribute to the achievement of a product which is acceptable to the customer, and keep these processes under control. A quality management system can provide the framework for continual improvement to increase the probability of enhancing customer satisfaction and the satisfaction of other interested parties. It provides confidence to the organization and its customers that it is able to provide products that consistently fulfil requirements.

2.2 Requirements for quality management systems and requirements for products

The ISO 9000 family distinguishes between requirements for quality management systems and requirements for products.

Requirements for quality management systems are specified in ISO 9001. Requirements for quality management systems are generic and applicable to organizations in any industry or economic sector regardless of the offered product category. ISO 9001 itself does not establish requirements for products.

Requirements for products can be specified by customers or by the organization in anticipation of customer requirements, or by regulation. The requirements for products and in some cases associated processes can be contained in, for example, technical specifications, product standards, process standards, contractual agreements and regulatory requirements.

2.3 Quality management systems approach

An approach to developing and implementing a quality management system consists of several steps including the following:

a) determining the needs and expectations of customers and other interested parties;

des clients». Les exigences des clients peuvent être spécifiées contractuellement par le client ou peuvent être déterminées par l'organisme lui-même. Dans chacun de ces cas, c'est le client qui, en définitive, détermine l'acceptabilité du produit. Les besoins et attentes des clients n'étant pas figés, et du fait de la pression de la concurrence et des avancées technologiques, les organismes sont amenés à améliorer leurs produits et processus de manière continue.

La démarche qui s'appuie sur un système de management de la qualité incite les organismes à analyser les exigences des clients, à définir les processus qui contribuent à la réalisation d'un produit acceptable pour le client et à en maintenir la maîtrise. Un système de management de la qualité peut fournir le cadre d'amélioration continue permettant d'accroître la probabilité de satisfaire ses clients et les autres parties intéressées. Il apporte, à l'organisme et à ses clients, la confiance en son aptitude à fournir des produits qui satisfont immanquablement aux exigences.

2.2 Exigences pour les systèmes de management de la qualité et exigences pour les produits

La famille des normes ISO 9000 fait la distinction entre les exigences concernant les systèmes de management de la qualité et les exigences concernant les produits.

Les exigences relatives aux systèmes de management de la qualité sont spécifiées dans l'ISO 9001. Ces exigences sont génériques et s'appliquent à des organismes de tous les secteurs industriels ou économiques, quelle que soit la catégorie de produit proposée. L'ISO 9001 ne présente pas d'exigences concernant les produits.

Les exigences concernant les produits peuvent être spécifiées par les clients, par l'organisme qui anticipe les exigences des clients ou par la réglementation. Ces exigences, et dans certains cas les processus associés, peuvent être incluses par exemple dans des spécifications techniques, des normes de produits, des normes de processus, des accords contractuels et la réglementation.

2.3 Démarche «systèmes de management de la qualité»

Une démarche permettant de développer et de mettre en œuvre un système de management de la qualité comporte plusieurs étapes, telles que

a) détermination des besoins et attentes des clients et des autres parties intéressées;

7

115

b) Festlegen der Qualitätspolitik und der Qualitätsziele der Organisation;
c) Festlegen der erforderlichen Prozesse und Verantwortlichkeiten, um die Qualitätsziele zu erreichen;
d) Festlegen und Bereitstellen der erforderlichen Ressourcen, um die Qualitätsziele zu erreichen;
e) Einführen von Methoden, um die Wirksamkeit und Effizienz jedes einzelnen Prozesses zu messen;
f) Anwenden dieser Messungen zur Ermittlung der aktuellen Wirksamkeit und Effizienz jedes einzelnen Prozesses;
g) Festlegen von Mitteln zur Verhinderung von Fehlern und zur Beseitigung ihrer Ursachen;
h) Einführen und Anwenden eines Prozesses zur ständigen Verbesserung des Qualitätsmanagementsystems.

Ein solcher Ansatz gilt auch für das Aufrechterhalten und Verbessern eines vorhandenen Qualitätsmanagementsystems.

Eine Organisation, die dem oben dargestellten Ansatz folgt, schafft Vertrauen in die Fähigkeit ihrer Prozesse und die Qualität ihrer Produkte und erzeugt eine Grundlage für ständige Verbesserung. Dies kann zu höherer Zufriedenheit der Kunden und anderer interessierter Parteien und zum Erfolg der Organisation führen.

2.4 Prozessorientierter Ansatz

Jede Tätigkeit oder jeder Satz von Tätigkeiten, die bzw. der Ressourcen verwendet, um Eingaben in Ergebnisse umzuwandeln, kann als Prozess angesehen werden.

Damit sich Organisationen wirksam betätigen können, müssen sie zahlreiche miteinander verknüpfte und in Wechselwirkung zueinander stehende Prozesse erkennen und handhaben. Oft bildet das Ergebnis des einen Prozesses die direkte Eingabe für den nächsten. Das systematische Erkennen sowie Handhaben dieser verschiedenen Prozesse innerhalb einer Organisation, vor allem aber der Wechselwirkungen zwischen solchen Prozessen, wird als „prozessorientierter Ansatz" bezeichnet.

Die Absicht dieser Internationalen Norm besteht darin, die Übernahme des prozessorientierten Ansatzes zum Leiten und Lenken einer Organisation anzuregen.

Bild 1 stellt das prozessorientierte Qualitätsmanagementsystem dar, das in den Normen der ISO-9000-Familie beschrieben ist. Diese Darstellung zeigt, dass interessierte Parteien beim Erzeugen von Eingaben eine bedeutende Rolle

b) establishing the quality policy and quality objectives of the organization;
c) determining the processes and responsibilities necessary to attain the quality objectives;
d) determining and providing the resources necessary to attain the quality objectives;
e) establishing methods to measure the effectiveness and efficiency of each process;
f) applying these measures to determine the effectiveness and efficiency of each process;
g) determining means of preventing nonconformities and eliminating their causes;
h) establishing and applying a process for continual improvement of the quality management system.

Such an approach is also applicable to maintaining and improving an existing quality management system.

An organization that adopts the above approach creates confidence in the capability of its processes and the quality of its products, and provides a basis for continual improvement. This can lead to increased satisfaction of customers and other interested parties and to the success of the organization.

2.4 The process approach

Any activity, or set of activities, that uses resources to transform inputs into outputs can be considered as a process.

For organizations to function effectively, they have to identify and manage numerous interrelated and interacting processes. Often, the output from one process will directly form the input into the next process. The systematic identification and management of the processes employed within an organization and particularly the interactions between such processes is referred to as the "process approach".

The intent of this International Standard is to encourage the adoption of the process approach to manage an organization.

Figure 1 illustrates the process-based quality management system described in the ISO 9000 family of standards. This illustration shows that interested parties play a significant role in providing inputs to the organization. Monitoring the satisfaction of interested parties requires the evaluation of information relating to the perception of interested parties as to the extent to which their

b) établissement de la politique qualité et des objectifs qualité de l'organisme;
c) détermination des processus et responsabilités nécessaires pour atteindre les objectifs qualité;
d) détermination et fourniture des ressources nécessaires pour atteindre les objectifs qualité;
e) définition des méthodes permettant de mesurer l'efficacité et l'efficience de chaque processus;
f) mise en œuvre de ces méthodes pour mesurer l'efficacité et l'efficience de chaque processus;
g) détermination des moyens permettant d'empêcher les non-conformités et d'en éliminer les causes;
h) établissement et application d'un processus d'amélioration continue du système de management de la qualité.

Cette démarche peut également être appliquée pour entretenir et améliorer un système de management de la qualité existant.

Un organisme qui adopte l'approche ci-dessus crée la confiance dans la capacité de ses processus et la qualité de ses produits, tout en se dotant d'une base pour l'amélioration continue. Cela peut mener à une plus grande satisfaction des clients et des autres parties intéressées ainsi qu'au succès de l'organisme.

2.4 Approche processus

Toute activité ou ensemble d'activités qui utilise des ressources pour convertir des éléments d'entrée en éléments de sortie peut être considérée comme un processus.

Pour qu'un organisme fonctionne de manière efficace, il doit identifier et gérer de nombreux processus corrélés et interactifs. Souvent, l'élément de sortie d'un processus forme directement l'élément d'entrée du processus suivant. L'identification et le management méthodiques des processus utilisés dans un organisme, et plus particulièrement les interactions de ces processus, sont appelés «l'approche processus».

L'objet de la présente Norme internationale est d'encourager l'adoption de l'approche processus pour gérer un organisme.

La Figure 1 illustre le système de management de la qualité, basé sur les processus, décrit dans la famille des normes ISO 9000. Cette représentation montre le rôle significatif joué par les parties intéressées pour fournir les éléments d'entrée à l'organisme. La surveillance de la satisfaction des parties intéressées exige l'évaluation des

spielen. Die Überwachung der Zufriedenheit interessierter Parteien erfordert die Beurteilung von Informationen über die Wahrnehmung der interessierten Parteien, in welchem Umfang ihre Erfordernisse und Erwartungen erfüllt worden sind. Das in Bild 1 dargestellte Modell zeigt die Prozesse, ohne in Details zu gehen.

needs and expectations have been met. The model shown in Figure 1 does not show processes at a detailed level.

informations concernant leur perception sur le niveau de réponse de l'organisme à leurs besoins et attentes. Le modèle de la Figure 1 ne présente pas les processus de façon détaillée.

2.5 Qualitätspolitik und Qualitätsziele

Qualitätspolitik und Qualitätsziele werden aufgestellt, um Schwerpunkte für das Leiten der Organisation zu setzen. Beide legen die gewünschten Ergebnisse fest und unterstützen die Organisation dabei, ihre Ressourcen einzusetzen, um diese Ergebnisse zu erreichen. Die Qualitätspolitik bietet einen Rahmen für das Festlegen und Bewerten von Qualitätszielen. Die Qualitätsziele müssen mit der Qualitätspolitik und der Verpflichtung zu ständiger Verbesserung im Einklang stehen, und ihr Erreichen muss messbar sein. Qualitätsziele zu erreichen, kann eine positive Wirkung auf die Qualität der Produkte, die Wirksamkeit der Betriebsabläufe und die finanzielle Leistung und somit auf die Zufriedenheit und das Vertrauen der interessierten Parteien haben.

2.5 Quality policy and quality objectives

Quality policy and quality objectives are established to provide a focus to direct the organization. Both determine the desired results and assist the organization to apply its resources to achieve these results. The quality policy provides a framework for establishing and reviewing quality objectives. The quality objectives need to be consistent with the quality policy and the commitment to continual improvement, and their achievement needs to be measurable. The achievement of quality objectives can have a positive impact on product quality, operational effectiveness and financial performance and thus on the satisfaction and confidence of interested parties.

2.5 Politique qualité et objectifs qualité

La politique qualité et les objectifs qualité sont établis pour fournir un axe d'orientation à l'organisme. Ensemble, ils déterminent les résultats escomptés et soutiennent l'organisme dans la mise en œuvre des ressources permettant d'atteindre ces résultats. La politique qualité fournit un cadre permettant d'établir et de revoir les objectifs qualité. Il est nécessaire que les objectifs qualité soient cohérents avec la politique qualité et avec l'engagement pour l'amélioration continue et que leurs résultats soient mesurables. La réalisation des objectifs qualité peut avoir un impact positif sur la qualité du produit, l'efficacité opérationnelle et les performances financières et donc sur la satisfaction et la confiance des parties intéressées.

Legende
→ Wertschöpfung
--→ Information

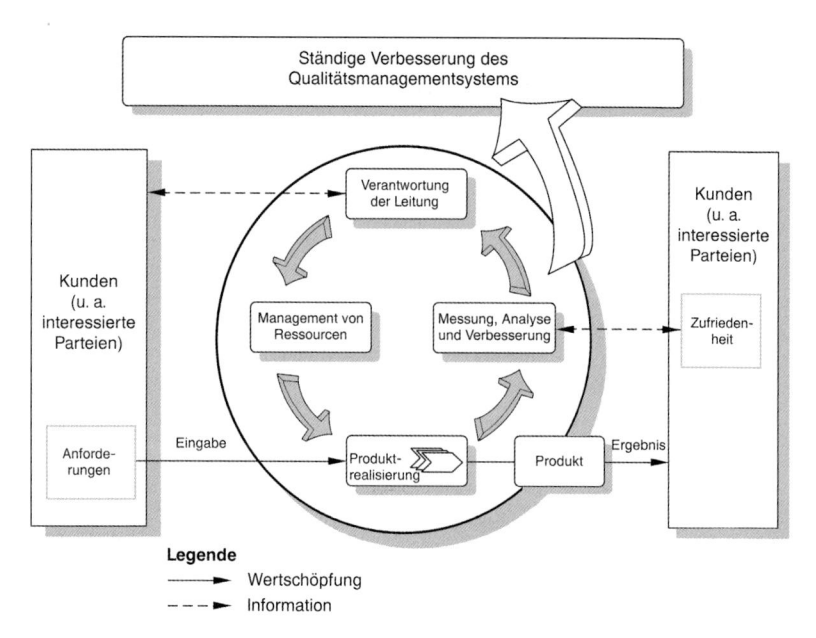

ANMERKUNG Angaben in Klammern gelten nicht für ISO 9001.

Bild 1 – Darstellung eines prozessorientierten Qualitätsmanagementsystems

Key

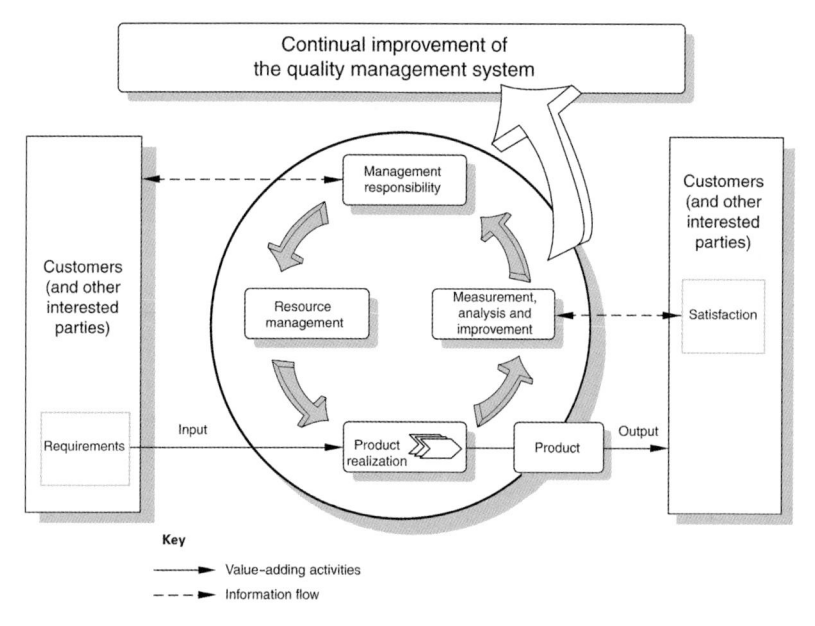

→ Value-adding activities
--▶ Information flow

NOTE Statements in parentheses do not apply to ISO 9001.

Figure 1 – Model of a process-based quality management system

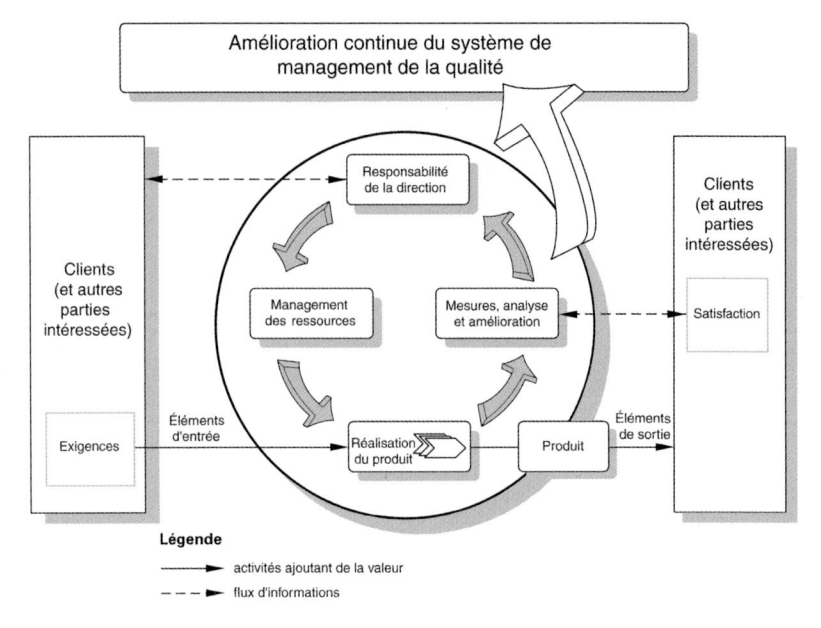

Amélioration continue du système de management de la qualité

Clients (et autres parties intéressées) — Exigences → Éléments d'entrée → Réalisation du produit → Produit → Éléments de sortie → Clients (et autres parties intéressées) — Satisfaction

Responsabilité de la direction
Management des ressources
Mesures, analyse et amélioration
Réalisation du produit

Légende
→ activités ajoutant de la valeur
--▶ flux d'informations

NOTE   Les éléments de texte figurant entre parenthèses ne s'appliquent pas à l'ISO 9001.

Figure 1 – Modèle d'un système de management de la qualité basé sur des processus

2.6 Rolle der obersten Leitung im Qualitätsmanagementsystem

Die oberste Leitung kann durch ihr Führungsverhalten und ihr Handeln eine Umgebung schaffen, in der die Personen vollkommen einbezogen sind und in der ein Qualitätsmanagementsystem wirksam betrieben werden kann. Die oberste Leitung kann die Grundsätze des Qualitätsmanagements (siehe 0.2) als Grundlage für ihre Aufgaben verwenden, die aus Folgendem bestehen:

a) Festlegen und Aufrechterhalten der Qualitätspolitik und der Qualitätsziele der Organisation;
b) Fördern der Qualitätspolitik und der Qualitätsziele in der gesamten Organisation, um das Bewusstsein, die Motivation und die Einbeziehung aller zu erhöhen;
c) Sicherstellen, dass sich die gesamte Organisation an den Kundenanforderungen orientiert;
d) Sicherstellen, dass geeignete Prozesse umgesetzt sind, um die Anforderungen der Kunden und anderer interessierter Parteien erfüllen und die Qualitätsziele erreichen zu können;
e) Sicherstellen, dass ein wirksames und effizientes Qualitätsmanagementsystem eingeführt, umgesetzt und aufrechterhalten ist, um diese Qualitätsziele zu erreichen;
f) Sicherstellen der Verfügbarkeit der erforderlichen Ressourcen;
g) regelmäßiges Bewerten des Qualitätsmanagementsystems;
h) Entscheiden über Maßnahmen bezüglich der Qualitätspolitik und der Qualitätsziele;
i) Entscheiden über Maßnahmen zur Verbesserung des Qualitätsmanagementsystems.

2.7 Dokumentation

2.7.1 Wert der Dokumentation

Die Dokumentation ermöglicht die Vermittlung der Absichten und die Konsistenz von Maßnahmen. Der Einsatz der Dokumentation trägt bei

a) zum Erfüllen der Kundenanforderungen und zur Qualitätsverbesserung,
b) zum Bereitstellen geeigneter Schulung,
c) zur Wiederholbarkeit und Rückverfolgbarkeit,
d) zum Bereitstellen objektiver Nachweise und
e) zum Beurteilen der Wirksamkeit und ständigen Eignung des Qualitätsmanagementsystems.

Das Erstellen der Dokumentation sollte nicht Selbstzweck sein, sondern eine Wert steigernde Tätigkeit.

2.6 Role of top management within the quality management system

Through leadership and actions, top management can create an environment where people are fully involved and in which a quality management system can operate effectively. The quality management principles (see 0.2) can be used by top management as the basis of its role, which is as follows:

a) to establish and maintain the quality policy and quality objectives of the organization;
b) to promote the quality policy and quality objectives throughout the organization to increase awareness, motivation and involvement;
c) to ensure focus on customer requirements throughout the organization;
d) to ensure that appropriate processes are implemented to enable requirements of customers and other interested parties to be fulfilled and quality objectives to be achieved;
e) to ensure that an effective and efficient quality management system is established, implemented and maintained to achieve these quality objectives;
f) to ensure the availability of necessary resources;
g) to review the quality management system periodically;
h) to decide on actions regarding the quality policy and quality objectives;
i) to decide on actions for improvement of the quality management system.

2.7 Documentation

2.7.1 Value of documentation

Documentation enables communication of intent and consistency of action. Its use contributes to

a) achievement of conformity to customer requirements and quality improvement,
b) provision of appropriate training,
c) repeatability and traceability,
d) provision of objective evidence, and
e) evaluation of the effectiveness and continuing suitability of the quality management system.

Generation of documentation should not be an end in itself but should be a value-adding activity.

2.6 Rôle de la direction au sein du système de management de la qualité

Par son leadership et ses actions, la direction peut créer un contexte dans lequel les personnes sont pleinement impliquées et au sein duquel le système de management de la qualité peut fonctionner efficacement. La direction peut utiliser les principes de management de la qualité (voir 0.2) pour asseoir son rôle, qui consiste à

a) établir la politique qualité et les objectifs qualité de l'organisme;
b) promouvoir la politique qualité et les objectifs qualité à tous les niveaux de l'organisme pour accroître la sensibilisation, la motivation et l'implication;
c) assurer que les exigences des clients représentent une priorité à tous les niveaux de l'organisme;
d) assurer que les processus appropriés sont mis en œuvre pour permettre de répondre aux exigences des clients et des autres parties intéressées et d'atteindre les objectifs qualité;
e) assurer qu'un système de management de la qualité efficace et efficient est établi, mis en œuvre et entretenu afin d'atteindre ces objectifs qualité;
f) assurer la disponibilité des ressources nécessaires;
g) effectuer la revue du système de management de la qualité;
h) décider des actions concernant la politique qualité et les objectifs qualité;
i) décider des actions d'amélioration du système de management de la qualité.

2.7 Documentation

2.7.1 Valeur de la documentation

La documentation permet la communication de desseins et la cohérence des actions. Son utilisation contribue à

a) réaliser la conformité aux exigences des clients et à l'amélioration de la qualité,
b) offrir une formation adaptée,
c) assurer la répétabilité et la traçabilité,
d) fournir des preuves tangibles,
e) évaluer l'efficacité et la pertinence continue du système de management de la qualité.

Il convient que l'élaboration de documents ne représente pas une fin en soi, mais soit une activité à valeur ajoutée.

2.7.2 Art der Dokumente, die in Qualitätsmanagementsystemen verwendet werden

In Qualitätsmanagementsystemen werden folgende Arten von Dokumenten verwendet:

a) Dokumente, die nach innen und außen konsistente Informationen über das Qualitätsmanagementsystem der Organisation bereitstellen; solche Dokumente werden als QM-Handbücher bezeichnet;
b) Dokumente, die beschreiben, wie das Qualitätsmanagementsystem auf ein spezifisches Produkt, Projekt oder einen Vertrag angewendet wird; solche Dokumente werden als QM-Pläne bezeichnet;
c) Dokumente, die Anforderungen enthalten; solche Dokumente werden als Spezifikationen bezeichnet;
d) Dokumente, die Empfehlungen oder Vorschläge enthalten; diese Dokumente werden als Leitfäden bezeichnet;
e) Dokumente, die Informationen darüber bereitstellen, wie Tätigkeiten und Prozesse konsistent auszuüben bzw. durchzuführen sind; solche Dokumente können dokumentierte Verfahren, Arbeitsanleitungen, Zeichnungen enthalten;
f) Dokumente, die einen objektiven Nachweis über ausgeübte Tätigkeiten oder erreichte Ergebnisse liefern; solche Dokumente werden als Aufzeichnungen bezeichnet.

Jede Organisation legt den Umfang der geforderten Dokumentation und die dafür zu verwendenden Medien fest. Dies hängt von Faktoren ab wie: Art und Größe der Organisation, Komplexität und Wechselwirkungen von Prozessen, Komplexität der Produkte, Kundenanforderungen, anwendbare behördliche Anforderungen, dargelegte Fähigkeit des Personals und der Umfang, in dem das Erfüllen der Qualitätsmanagementsystem-Anforderungen darzulegen ist.

2.7.2 Types of document used in quality management systems

The following types of document are used in quality management systems:

a) documents that provide consistent information, both internally and externally, about the organization's quality management system; such documents are referred to as quality manuals;
b) documents that describe how the quality management system is applied to a specific product, project or contract; such documents are referred to as quality plans;
c) documents stating requirements; such documents are referred to as specifications;
d) documents stating recommendations or suggestions; such documents are referred to as guidelines;
e) documents that provide information about how to perform activities and processes consistently; such documents can include documented procedures, work instructions and drawings;
f) documents that provide objective evidence of activities performed or results achieved; such documents are referred to as records.

Each organization determines the extent of documentation required and the media to be used. This depends on factors such as the type and size of the organization, the complexity and interaction of processes, the complexity of products, customer requirements, the applicable regulatory requirements, the demonstrated ability of personnel, and the extent to which it is necessary to demonstrate fulfilment of quality management system requirements.

2.7.2 Types de documents utilisés dans les systèmes de management de la qualité

Les types de documents suivants sont utilisés dans les systèmes de management de la qualité:

a) documents fournissant des informations cohérentes, en interne et à l'extérieur, concernant le système de management de la qualité; on appelle ces documents «manuels qualité»;
b) documents définissant de quelle manière le système de management de la qualité s'applique à un produit, à un projet ou à un contrat spécifique; on appelle ces documents «plans qualité»;
c) documents formulant des exigences; on appelle ces documents «spécifications»;
d) documents formulant des recommandations ou des suggestions; on appelle ces documents «lignes directrices»;
e) documents fournissant des informations sur la manière de réaliser des activités et des processus de manière cohérente; ces documents peuvent inclure des documents de procédures, des instructions de travail, des plans;
f) documents fournissant des preuves tangibles de la réalisation d'une activité ou de résultats obtenus; on appelle ces documents «enregistrements».

Chaque organisme détermine l'étendue de la documentation nécessaire et les supports à utiliser. Cela dépend de facteurs tels que le type et la taille de l'organisme, la complexité et les interactions des processus, la complexité des produits, les exigences des clients, les exigences réglementaires applicables, les capacités démontrées du personnel et la mesure dans laquelle il est nécessaire de démontrer la satisfaction aux exigences relatives au système de management de la qualité.

2.8 Beurteilen von Qualitätsmanagementsystemen

2.8.1 Bewertungsprozess innerhalb des Qualitätsmanagementsystems

Für das Beurteilen von Qualitätsmanagementsystemen gibt es vier Grundfragen, die für jeden zu beurteilenden Prozess gestellt werden sollten:

a) Ist der Prozess festgelegt und in geeigneter Weise beschrieben?
b) Sind die Verantwortlichkeiten zugeordnet?
c) Sind die Verfahren umgesetzt und aufrechterhalten?
d) Ist der Prozess wirksam in Bezug auf die geforderten Ergebnisse?

2.8 Evaluating quality management systems

2.8.1 Evaluating processes within the quality management system

When evaluating quality management systems, there are four basic questions that should be asked in relation to every process being evaluated.

a) Is the process identified and appropriately defined?
b) Are responsibilities assigned?
c) Are the procedures implemented and maintained?
d) Is the process effective in achieving the required results?

2.8 Évaluation des systèmes de management de la qualité

2.8.1 Évaluation des processus au sein du système de management de la qualité

Lors de l'évaluation des systèmes de management de la qualité, il convient de se poser les quatre questions fondamentales suivantes pour chaque processus soumis à évaluation.

a) Le processus est-il identifié et défini de manière appropriée?
b) Les responsabilités sont-elles attribuées?
c) Les procédures sont-elles mises en œuvre et tenues à jour?
d) Le processus est-il efficace pour obtenir les résultats exigés?

Die gesamten Antworten auf diese Fragen können über das Ergebnis der Beurteilung entscheiden. Beurteilungen eines Qualitätsmanagementsystems können im Umfang unterschiedlich sein und einen Bereich von Tätigkeiten umfassen wie Auditieren und Bewerten des Qualitätsmanagementsystems und Selbstbewertungen.

2.8.2 Auditierung des Qualitätsmanagementsystems

Audits dienen der Ermittlung, inwieweit die Anforderungen an das Qualitätsmanagementsystem erfüllt sind. Auditfeststellungen werden verwendet, um die Wirksamkeit des Qualitätsmanagementsystems zu bewerten und Verbesserungsmöglichkeiten zu erkennen.

Erstparteien-Audits werden von der Organisation selbst oder in ihrem Auftrag für interne Zwecke durchgeführt und können die Grundlage für deren Selbsterklärung der Konformität bilden.

Zweitparteien-Audits werden von Kunden der Organisation oder anderen Personen im Auftrag des Kunden durchgeführt.

Drittparteien-Audits werden von externen unabhängigen Organisationen durchgeführt. Solche üblicherweise akkreditierten Organisationen bieten die Zertifizierung der Erfüllung von Anforderungen wie derjenigen nach ISO 9001.

ISO 19011 stellt eine Anleitung für das Auditieren bereit.

2.8.3 Bewertung des Qualitätsmanagementsystems

Eine Aufgabe der obersten Leitung ist das Durchführen regelmäßiger, systematischer Beurteilungen der Eignung, Angemessenheit, Wirksamkeit und Effizienz des Qualitätsmanagementsystems in Übereinstimmung mit der Qualitätspolitik und den Qualitätszielen. Zu diesem Bewerten kann es gehören zu erwägen, ob die Qualitätspolitik und Qualitätsziele an sich ändernde Erfordernisse und Erwartungen interessierter Parteien anzupassen sind. Die Bewertung schließt die Ermittlung des Handlungsbedarfs ein.

Neben anderen Informationsquellen werden Auditberichte zur Bewertung des Qualitätsmanagementsystems genutzt.

2.8.4 Selbstbewertung

Die Selbstbewertung einer Organisation ist eine umfassende und systematische Bewertung der Tätigkeiten und Ergebnisse der Organisation, die auf das Qualitätsmanagementsystem oder ein Exzellenzmodell bezogen werden.

Selbstbewertung kann einen Gesamtüberblick über die Leistung der Organisation und den Reifegrad des Qualitätsmanagementsystems bereitstellen.

The collective answers to the above questions can determine the result of the evaluation. Evaluation of a quality management system can vary in scope and encompass a range of activities, such as auditing and reviewing the quality management system, and self-assessments.

2.8.2 Auditing the quality management system

Audits are used to determine the extent to which the quality management system requirements are fulfilled. Audit findings are used to assess the effectiveness of the quality management system and to identify opportunities for improvement.

First-party audits are conducted by, or on behalf of, the organization itself for internal purposes and can form the basis for an organization's self-declaration of conformity.

Second-party audits are conducted by customers of the organization or by other persons on behalf of the customer.

Third-party audits are conducted by external independent organizations. Such organizations, usually accredited, provide certification or registration of conformity with requirements such as those of ISO 9001.

ISO 19011 provides guidance on auditing.

2.8.3 Reviewing the quality management system

One role of top management is to carry out regular systematic evaluations of the suitability, adequacy, effectiveness and efficiency of the quality management system with respect to the quality policy and quality objectives. This review can include consideration of the need to adapt the quality policy and objectives in response to changing needs and expectations of interested parties. The review includes determination of the need for actions.

Amongst other sources of information, audit reports are used for review of the quality management system.

2.8.4 Self-assessment

An organization's self-assessment is a comprehensive and systematic review of the organization's activities and results referenced against the quality management system or a model of excellence.

Self-assessment can provide an overall view of the performance of the organization and the degree of maturity of the quality management system. It can

L'ensemble des réponses obtenues aux questions ci-dessus peut déterminer le résultat de l'évaluation. Le champ de l'évaluation d'un système de management de la qualité peut varier. L'évaluation peut inclure un éventail d'activités telles qu'audits et revues du système de management de la qualité ou auto-évaluations.

2.8.2 Audits du système de management de la qualité

Les audits sont utilisés pour évaluer le niveau de satisfaction des exigences relatives au système de management de la qualité. Les constatations d'audit sont utilisées pour évaluer l'efficacité du système de management de la qualité et identifier les opportunités d'amélioration.

Les audits de première partie sont effectués par, ou pour le compte de, l'organisme lui-même pour des besoins internes et peuvent servir de base à une autodéclaration de conformité de l'organisme.

Les audits de seconde partie sont effectués par des clients de l'organisme ou par d'autres personnes pour le compte du client.

Les audits de tierce partie sont effectués par des organismes externes et indépendants. Ces organismes, généralement accrédités, fournissent la certification ou l'enregistrement de la conformité à des exigences telles que celles de l'ISO 9001.

L'ISO 19011 fournit des conseils pour les audits.

2.8.3 Revue du système de management de la qualité

L'un des rôles de la direction est de réaliser des évaluations régulières et méthodiques de la pertinence, de l'adéquation, de l'efficacité et de l'efficience du système de management de la qualité par rapport à la politique qualité et aux objectifs qualité. Cette revue peut comprendre l'étude de la nécessité d'adapter la politique et les objectifs qualité aux changements des besoins et des attentes des parties intéressées. La revue comprend la détermination de la nécessité des actions.

Entre autres sources d'information, les rapports d'audits sont utilisés pour la revue du système de management de la qualité.

2.8.4 Autoévaluation

L'autoévaluation d'un organisme est une revue complète et méthodique des activités et des résultats de l'organisme, par référence au système de management de la qualité ou à un modèle d'excellence.

L'autoévaluation peut fournir une vision globale des performances de l'organisme et du niveau de maturité du système de management de la qualité.

Sie kann auch helfen, Bereiche in der Organisation zu erkennen, die Verbesserungen erfordern, und Prioritäten festzulegen.

2.9 Ständige Verbesserung

Das Ziel der ständigen Verbesserung eines Qualitätsmanagementsystems besteht darin, die Wahrscheinlichkeit zu steigern, die Zufriedenheit der Kunden und anderer interessierter Parteien zu erhöhen. Zu solchen Verbesserungsmaßnahmen gehören:

a) Analysieren und Beurteilen der aktuellen Situation, um verbesserungswürdige Bereiche zu erkennen;
b) Festlegen der Ziele der Verbesserung;
c) Suchen nach möglichen Lösungen, um diese Ziele zu erreichen;
d) Beurteilen dieser Lösungen und Treffen einer Auswahl;
e) Verwirklichen der gewählten Lösung;
f) Messen, Verifizieren, Analysieren und Beurteilen der Ergebnisse der Verwirklichung, um zu ermitteln, ob die Ziele erreicht wurden;
g) Formalisieren der Änderungen.

Die Ergebnisse werden nach Bedarf bewertet, um weitere Verbesserungsmöglichkeiten zu ermitteln. In diesem Sinne ist das Verbessern eine ständig stattfindende Tätigkeit. Rückmeldungen von Kunden und anderen interessierten Parteien, Audits und Bewertungen des Qualitätsmanagementsystems können auch genutzt werden, um Verbesserungsmöglichkeiten zu erkennen.

2.10 Rolle statistischer Methoden

Der Gebrauch statistischer Methoden kann zum Verständnis der Streuung beitragen und damit Organisationen helfen, Probleme zu lösen und die Wirksamkeit und Effizienz zu verbessern. Diese Methoden ermöglichen auch eine bessere Nutzung der verfügbaren Daten als Entscheidungshilfe.

Streuung lässt sich bei vielen Tätigkeiten in deren Verhalten und Ergebnis beobachten, selbst im Zustand augenscheinlicher Stabilität. Diese Streuung lässt sich in messbaren Merkmalen von Produkten und Prozessen feststellen und kann in mehreren Stufen über die Lebenszyklus eines Produkts hinweg von der Marktforschung bis zum Kundendienst und der Entsorgung vorhanden sein.

Statistische Methoden ermöglichen selbst bei einer relativ geringen Datenmenge das Messen, Beschreiben, Analysieren, Interpretieren und Modellieren solcher Streuungen. Die statistische Analyse solcher Daten ermöglicht ein besseres Verständnis der Beschaffenheit, des Umfangs und der Ursachen von Streuung und kann somit bei der

also help to identify areas requiring improvement in the organization and to determine priorities.

2.9 Continual improvement

The aim of continual improvement of a quality management system is to increase the probability of enhancing the satisfaction of customers and other interested parties. Actions for improvement include the following:

a) analysing and evaluating the existing situation to identify areas for improvement;
b) establishing the objectives for improvement;
c) searching for possible solutions to achieve the objectives;
d) evaluating these solutions and making a selection;
e) implementing the selected solution;
f) measuring, verifying, analysing and evaluating results of the implementation to determine that the objectives have been met;
g) formalizing changes.

Results are reviewed, as necessary, to determine further opportunities for improvement. In this way, improvement is a continual activity. Feedback from customers and other interested parties, audits and review of the quality management system can also be used to identify opportunities for improvement.

2.10 Role of statistical techniques

The use of statistical techniques can help in understanding variability, and thereby can help organizations to solve problems and improve effectiveness and efficiency. These techniques also facilitate better use of available data to assist in decision making.

Variability can be observed in the behaviour and outcome of many activities, even under conditions of apparent stability. Such variability can be observed in measurable characteristics of products and processes, and may be seen to exist at various stages over the life cycle of products from market research to customer service and final disposal.

Statistical techniques can help to measure, describe, analyse, interpret and model such variability, even with a relatively limited amount of data. Statistical analysis of such data can help to provide a better understanding of the nature, extent and causes of variability, thus helping to solve and even prevent problems that may result from such variability, and to promote continual improvement.

Elle peut également contribuer à l'identification des domaines de l'organisme nécessitant des améliorations et à la détermination des priorités.

2.9 Amélioration continue

L'objet de l'amélioration continue d'un système de management de la qualité est d'augmenter la probabilité de satisfaire les clients et les autres parties intéressées. Les actions d'amélioration comprennent les éléments suivants:

a) analyse et évaluation de la situation existante pour identifier des domaines d'amélioration;
b) établissement des objectifs d'amélioration;
c) recherche de solutions possibles pour atteindre ces objectifs;
d) évaluation de ces solutions et sélection;
e) mise en œuvre de la solution choisie;
f) mesure, vérification, analyse et évaluation des résultats de la mise en œuvre pour déterminer si les objectifs ont été atteints;
g) formalisation des changements.

Les résultats sont revus, autant que cela est nécessaire, pour déterminer d'autres opportunités d'amélioration. Dans cette optique, l'amélioration est une activité continue. Les retours d'information des clients et des autres parties intéressées, les audits et la revue du système de management de la qualité peuvent également être utilisés pour identifier des opportunités d'amélioration.

2.10 Rôle des techniques statistiques

L'utilisation de techniques statistiques peut aider à comprendre la variabilité et par conséquent aider les organismes à résoudre des problèmes et à améliorer leur efficacité et leur efficience. Ces techniques facilitent également une meilleure utilisation des données disponibles pour aider à la prise de décision.

La variabilité peut être observée dans le déroulement et les résultats de nombreuses activités, même dans des conditions de stabilité apparente. Une telle variabilité peut être observée au travers des caractéristiques mesurables des produits et des processus et être détectée à divers stades du cycle de vie des produits, depuis l'étude de marché jusqu'au service à la clientèle et à l'élimination finale.

Les techniques statistiques peuvent aider à mesurer, à décrire, à analyser, à interpréter et à modéliser cette variabilité, même avec un volume de données relativement faible. L'analyse statistique de ces données peut aider à mieux comprendre la nature, l'étendue et les causes de la variabilité et contribuer ainsi à résoudre et même prévenir des

Lösung und sogar bei der Verhinderung von streuungsbedingten Problemen helfen und die ständige Verbesserung fördern.

Anleitungen zur Anwendung statistischer Methoden in einem Qualitätsmanagementsystem finden sich in ISO/TR 10017.

2.11 Qualitätsmanagementsysteme und andere Schwerpunkte von Managementsystemen

Das Qualitätsmanagementsystem ist der Teil des Managementsystems einer Organisation, der sich in Bezug auf Qualitätsziele auf das Erreichen von Ergebnissen richtet, um, soweit angemessen, die Erfordernisse, Erwartungen und Anforderungen interessierter Parteien zu erfüllen. Die Qualitätsziele ergänzen andere Ziele der Organisation wie jene in Bezug auf Wachstum, Finanzierung, Rentabilität, die Umwelt, Arbeitsschutz und Sicherheit. Die verschiedenen Teile des Managementsystems einer Organisation lassen sich zusammen mit dem Qualitätsmanagementsystem zu einem einzigen Managementsystem zusammenführen, das gemeinsame Bestandteile verwendet. Dies kann das Planen, das Zuweisen von Ressourcen, das Setzen ergänzender Ziele und das Beurteilen der Gesamtwirksamkeit der Organisation erleichtern. Das Managementsystem der Organisation kann anhand der eigenen Anforderungen der Organisation an ihr Managementsystem bewertet werden. Ebenso kann das Managementsystem anhand der Anforderungen Internationaler Normen wie ISO 9001 und ISO 14001 auditiert werden. Diese Managementsystem-Audits können getrennt oder gemeinsam durchgeführt werden.

2.12 Beziehung zwischen Qualitätsmanagementsystemen und Exzellenzmodellen

Die Ansätze für Qualitätsmanagementsysteme nach den Normen der ISO-9000-Familie und der Exzellenzmodelle für Organisationen beruhen auf gemeinsamen Prinzipien. Beide Ansätze

a) ermöglichen es einer Organisation, ihre Stärken und Schwächen zu erkennen,
b) enthalten die Beurteilungsmöglichkeiten anhand allgemeiner Modelle,
c) stellen eine Grundlage für ständige Verbesserung bereit und
d) enthalten Möglichkeiten zur externen Anerkennung.

Der Unterschied zwischen den Ansätzen für Qualitätsmanagementsysteme der Normen der ISO-9000-Familie und den Exzellenzmodellen liegt in ihrem Anwendungsbereich. Die Normen der

Guidance on statistical techniques in a quality management system is given in ISO/TR 10017.

2.11 Quality management systems and other management system focuses

The quality management system is that part of the organization's management system that focuses on the achievement of results, in relation to the quality objectives, to satisfy the needs, expectations and requirements of interested parties, as appropriate. The quality objectives complement other objectives of the organization such as those related to growth, funding, profitability, the environment and occupational health and safety. The various parts of an organization's management system might be integrated, together with the quality management system, into a single management system using common elements. This can facilitate planning, allocation of resources, definition of complementary objectives and evaluation of the overall effectiveness of the organization. The organization's management system can be assessed against the organization's management system requirements. The management system can also be audited against the requirements of International Standards such as ISO 9001 and ISO 14001. These management system audits can be carried out separately or in combination.

2.12 Relationship between quality management systems and excellence models

The approaches of quality management systems given in the ISO 9000 family of standards and in organizational excellence models are based on common principles. Both approaches

a) enable an organization to identify its strengths and weaknesses,
b) contain provision for evaluation against generic models,
c) provide a basis for continual improvement, and
d) contain provision for external recognition.

The difference between the approaches of the quality management systems in the ISO 9000 family and the excellence models lies in their scope of application. The ISO 9000 family of standards provides requirements for quality man-

problèmes résultant de cette variabilité, et encourager l'amélioration continue.

Des conseils concernant les techniques statistiques dans un système de management de la qualité sont donnés dans l'ISO/TR 10017.

2.11 Systèmes de management de la qualité et autres objets d'un système de management

Le système de management de la qualité est l'élément du système de management de l'organisme qui se concentre sur l'obtention de résultats, en s'appuyant sur les objectifs qualité, pour satisfaire selon le cas les besoins, attentes ou exigences des parties intéressées. Les objectifs qualité viennent en complément à d'autres objectifs de l'organisme tels que ceux liés à la croissance, au financement, à la rentabilité, à l'environnement, à l'hygiène et à la sécurité au travail. Les différentes composantes du système de management d'un organisme peuvent être intégrées, avec le système de management de la qualité, en un seul système de management par l'utilisation d'éléments communs. Cela peut faciliter la planification, l'affectation des ressources, la définition d'objectifs complémentaires et l'évaluation de l'efficacité globale de l'organisme. Le système de management de l'organisme peut être évalué par rapport à ses exigences propres. Il peut également faire l'objet d'audits par rapport aux exigences de Normes internationales telles que l'ISO 9001 et l'ISO 14001. Ces audits de systèmes de management peuvent être réalisés séparément ou de façon conjuguée.

2.12 Relation entre les systèmes de management de la qualité et les modèles d'excellence

Tant dans la famille de normes ISO 9000 que dans les modèles d'excellence, les démarches «systèmes de management de la qualité» s'appuient sur les mêmes principes. Ces démarches

a) permettent à un organisme d'identifier ses forces et faiblesses,
b) prévoient des dispositions pour l'évaluation par rapport à des modèles génériques,
c) fournissent une base pour l'amélioration continue,
d) prévoient des dispositions pour la reconnaissance externe.

La différence entre les démarches des systèmes de management de la qualité de la famille ISO 9000 et celles des modèles d'excellence réside dans leur

ISO-9000-Familie stellen Anforderungen an Qualitätsmanagementsysteme und Anleitungen zur Leistungsverbesserung bereit. Durch das Beurteilen von Qualitätsmanagementsystemen wird die Erfüllung dieser Anforderungen ermittelt. Die Exzellenzmodelle enthalten Kriterien, die eine vergleichende Beurteilung der Leistung von Organisationen ermöglichen. Diese sind auf alle Tätigkeiten und alle interessierten Parteien einer Organisation anwendbar. Bewertungskriterien in Exzellenzmodellen bieten einer Organisation eine Grundlage, ihre Leistung mit der anderer Organisationen zu vergleichen.

3 Begriffe

Eine Benennung in einer Definition oder Anmerkung, die an anderer Stelle in diesem Abschnitt definiert ist, ist fett gedruckt. Ihr folgt die in runde Klammern gesetzte Eintragsnummer. Eine derartig fett gedruckte Benennung darf in der Definition durch ihre vollständige Definition ersetzt werden, zum Beispiel:

Produkt (3.4.2) ist definiert als „Ergebnis eines **Prozesses** (3.4.1)";

Prozess ist definiert als „Satz von in Wechselbeziehung oder Wechselwirkung stehenden Tätigkeiten, der Eingaben in Ergebnisse umwandelt".

Wenn die Benennung „**Prozess**" durch ihre Definition ersetzt wird,

wird **Produkt** dann zu „Ergebnis eines Satzes von in Wechselbeziehung oder Wechselwirkung stehenden Tätigkeiten, der Eingaben in Ergebnisse umwandelt".

Ein auf eine spezielle Bedeutung in einem besonderen Zusammenhang eingeschränkter Begriff wird durch eine in spitze Klammern < > gesetzte Sachgebietsangabe vor der Definition gekennzeichnet.

BEISPIEL Im Zusammenhang mit Audits ist der *Begriffseintrag* für einen Sachkundigen:

3.9.11
Sachkundiger
<Audit> Person, die spezielle Kenntnisse oder Fachwissen dem **Auditteam** (3.9.10) zur Verfügung stellt.

3.1 Qualitätsbezogene Begriffe
3.1.1
Qualität
Grad, in dem ein Satz inhärenter **Merkmale** (3.5.1) **Anforderungen** (3.1.2) erfüllt

ANMERKUNG 1 Die Benennung „Qualität" kann zusammen mit Adjektiven wie schlecht, gut oder ausgezeichnet verwendet werden.

ANMERKUNG 2 „Inhärent" bedeutet im Gegensatz zu „zugeordnet" „einer Einheit innewohnend", insbesondere als ständiges Merkmal.

agement systems and guidance for performance improvement; evaluation of quality management systems determines fulfilment of those requirements. The excellence models contain criteria that enable comparative evaluation of organizational performance and this is applicable to all activities and all interested parties of an organization. Assessment criteria in excellence models provide a basis for an organization to compare its performance with the performance of other organizations.

3 Terms and definitions

A term in a definition or note which is defined elsewhere in this clause is indicated by boldface followed by its entry number in parentheses. Such a boldface term may be replaced in the definition by its complete definition. For example:

product (3.4.2) is defined as "result of a **process** (3.4.1)";

process is defined as "set of interrelated or interacting activities which transforms inputs into outputs".

If the term "**process**" is replaced by its definition, as follows:

product then becomes "result of a set of interrelated or interacting activities which transforms inputs into outputs".

A concept limited to a special meaning in a particular context is indicated by designating the subject field in angle brackets, < >, before the definition.

EXAMPLE In the context of an audit, the *term entry* for technical expert is:

3.9.11
technical expert
<audit> person who provides specific knowledge or expertise to the **audit team** (3.9.10)

3.1 Terms relating to quality
3.1.1
quality
degree to which a set of inherent **characteristics** (3.5.1) fulfils **requirements** (3.1.2)

NOTE 1 The term "quality" can be used with adjectives such as poor, good or excellent.

NOTE 2 "Inherent", as opposed to "assigned", means existing in something, especially as a permanent characteristic.

champ d'application. La famille des normes ISO 9000 fournit des exigences pour les systèmes de management de la qualité et des conseils pour l'amélioration des performances; l'évaluation des systèmes de management de la qualité détermine le respect des exigences. Les modèles d'excellence comprennent des critères qui permettent une évaluation comparative des performances de l'organisme, et cela s'applique à l'ensemble des activités d'un organisme et à toutes les parties intéressées. Les critères d'évaluation des modèles d'excellence fournissent une base à un organisme pour comparer ses performances avec celles des autres organismes.

3 Termes et définitions

Un terme dans une définition ou une note qui est défini ailleurs dans cet article figure en caractères gras, suivi de son numéro de référence entre parenthèses. Ce terme en caractères gras peut être substitué dans la définition ou la note par sa propre définition. Par exemple:

produit (3.4.2) est défini comme le «résultat d'un **processus** (3.4.1)»,

processus est défini comme un «ensemble d'activités corrélées ou interactives qui transforme des éléments d'entrée en éléments de sortie».

En remplaçant le terme «**processus**» par sa définition, on obtient

produit défini comme le «résultat d'un ensemble d'activités corrélées ou interactives qui transforme des éléments d'entrée en éléments de sortie».

Un concept se limitant à un sens spécial dans un contexte particulier est indiqué en précisant le domaine d'utilisation entre les signes < >, avant la définition.

EXEMPLE Dans le contexte de l'audit, le *terme utilisé* pour expert technique est:

3.9.11
expert technique
<audit> personne apportant à l'**équipe d'audit** (3.9.10) des connaissances ou une expertise spécifiques

3.1 Termes relatifs à la qualité
3.1.1
qualité
aptitude d'un ensemble de **caractéristiques** (3.5.1) intrinsèques à satisfaire des **exigences** (3.1.2)

NOTE 1 Le terme «qualité» peut être utilisé avec des qualificatifs tels que médiocre, bon ou excellent.

NOTE 2 «Intrinsèque», par opposition à «attribué», signifie présent dans quelque chose, notamment en tant que caractéristique permanente.

**3.1.2
Anforderung**
Erfordernis oder Erwartung, das oder die festgelegt, üblicherweise vorausgesetzt oder verpflichtend ist

ANMERKUNG 1 „Üblicherweise vorausgesetzt" bedeutet, dass es für die **Organisation** (3.3.1), ihre **Kunden** (3.3.5) und andere **interessierte Parteien** (3.3.7) üblich oder allgemeine Praxis ist, dass das entsprechende Erfordernis oder die entsprechende Erwartung vorausgesetzt ist.

ANMERKUNG 2 Ein Bestimmungswort darf verwendet werden, um eine spezifische Anforderungsart zu bezeichnen, z. B. Produktanforderung, Qualitätsmanagementanforderung, Kundenanforderung.

ANMERKUNG 3 Eine festgelegte Anforderung ist eine Anforderung, die beispielsweise in einem **Dokument** (3.7.2) angegeben ist.

ANMERKUNG 4 Anforderungen können von verschiedenen **interessierten Parteien** (3.3.7) aufgestellt werden.

ANMERKUNG 5 Diese Definition unterscheidet sich von derjenigen, die in ISO/IEC-Direktiven – Teil 2:2004, 3.12.1, steht, und lautet dort:

**3.12.1
Anforderung**
Ausdruck im Inhalt eines Dokuments, das zu erfüllende Kriterien vermittelt, sofern Übereinstimmung mit dem Dokument beansprucht wird und von ihm keine Abweichung zugelassen ist

**3.1.3
Anspruchsklasse**
Kategorie oder Rang, die oder der den verschiedenen Qualitätsanforderungen an **Produkte** (3.4.2), **Prozesse** (3.4.1) oder **Systeme** (3.2.1) mit demselben funktionellen Gebrauch zugeordnet ist

BEISPIEL Klassen bei Flugzeugen oder Kategorien von Hotels in einem Hotelführer.

ANMERKUNG Bei der Festlegung einer Qualitätsanforderung sollte die Anspruchsklasse generell angegeben werden.

**3.1.4
Kundenzufriedenheit**
Wahrnehmung des Kunden zu dem Grad, in dem die **Anforderungen** (3.1.2) des Kunden erfüllt worden sind

ANMERKUNG 1 Beschwerden der Kunden sind ein üblicher Indikator für Kundenunzufriedenheit, doch bedeutet ihr Fehlen nicht notwendigerweise hohe Kundenzufriedenheit.

ANMERKUNG 2 Selbst wenn Kundenanforderungen mit dem Kunden vereinbart und erfüllt worden sind, bedeutet dies nicht notwendigerweise, dass die Kundenzufriedenheit damit sichergestellt ist.

**3.1.5
Fähigkeit**
Eignung einer **Organisation** (3.3.1), eines **Systems** (3.2.1) oder eines **Prozesses** (3.4.1) zum Realisieren eines **Produkts** (3.4.2), das die **Anforderungen** (3.1.2) an dieses Produkt erfüllen wird

**3.1.2
requirement**
need or expectation that is stated, generally implied or obligatory

NOTE 1 "Generally implied" means that it is custom or common practice for the **organization** (3.3.1), its **customers** (3.3.5) and other **interested parties** (3.3.7) that the need or expectation under consideration is implied.

NOTE 2 A qualifier can be used to denote a specific type of requirement, e.g. product requirement, quality management requirement, customer requirement.

NOTE 3 A specified requirement is one that is stated, for example in a **document** (3.7.2).

NOTE 4 Requirements can be generated by different **interested parties** (3.3.7).

NOTE 5 This definition differs from that provided in 3.12.1 of ISO/IEC Directives, Part 2:2004.

**3.12.1
requirement**
expression in the content of a document conveying criteria to be fulfilled if compliance with the document is to be claimed and from which no deviation is permitted

**3.1.3
grade**
category or rank given to different quality requirements for **products** (3.4.2), **processes** (3.4.1) or **systems** (3.2.1) having the same functional use

EXAMPLE Class of airline ticket and category of hotel in a hotel guide.

NOTE When establishing a quality requirement, the grade is generally specified.

**3.1.4
customer satisfaction**
customer's perception of the degree to which the customer's **requirements** (3.1.2) have been fulfilled

NOTE 1 Customer complaints are a common indicator of low customer satisfaction but their absence does not necessarily imply high customer satisfaction.

NOTE 2 Even when customer requirements have been agreed with the customer and fulfilled, this does not necessarily ensure high customer satisfaction.

**3.1.5
capability**
ability of an **organization** (3.3.1), **system** (3.2.1) or **process** (3.4.1) to realize a **product** (3.4.2) that will fulfil the **requirements** (3.1.2) for that product

**3.1.2
exigence**
besoin ou attente formulés, habituellement implicites, ou imposés

NOTE 1 «Habituellement implicite» signifie qu'il est d'usage ou de pratique courante pour l'**organisme** (3.3.1), ses **clients** (3.3.5) et les autres **parties intéressées** (3.3.7) de considérer le besoin ou l'attente en question comme implicite.

NOTE 2 Un qualificatif peut être utilisé pour désigner un type spécifique d'exigence, par exemple exigence relative au **produit** (3.4.2), exigence relative au **management de la qualité** (3.2.8), exigence du client.

NOTE 3 Une exigence spécifiée est une exigence qui est formulée, par exemple dans un **document** (3.7.2).

NOTE 4 Les exigences peuvent provenir de différentes **parties intéressées** (3.3.7).

NOTE 5 Celle-ci diffère de la définition présente dans les Directives ISO/CEI Partie 2:2004, 3.12.1.

**3.12.1
exigence**
expression dans le contenu d'un document formulant les critères à respecter afin de prétendre à la conformité avec le document, et avec lesquels aucun écart n'est permis

**3.1.3
classe**
catégorie ou rang donné aux différentes exigences pour la qualité des **produits** (3.4.2), des **processus** (3.4.1) ou des **systèmes** (3.2.1) ayant la même utilisation fonctionnelle

EXEMPLE Classe de billet d'avion, catégorie d'hôtel dans un guide hôtelier.

NOTE Lors de l'établissement d'une exigence pour la qualité, la classe est généralement spécifiée.

**3.1.4
satisfaction du client**
perception du client sur le niveau de satisfaction de ses **exigences** (3.1.2)

NOTE 1 Les réclamations des clients sont un indicateur habituel d'un faible niveau de satisfaction du client, mais leur absence n'implique pas nécessairement un niveau élevé de satisfaction du client.

NOTE 2 Même lorsque les exigences du client ont été convenues avec lui et satisfaites, cela n'entraîne pas nécessairement une forte satisfaction du client.

**3.1.5
capacité**
aptitude d'un **organisme** (3.3.1), d'un **système** (3.2.1) ou d'un **processus** (3.4.1) à réaliser un **produit** (3.4.2) satisfaisant aux **exigences** (3.1.2) relatives à ce produit

ANMERKUNG Begriffe zur Prozessfähigkeit auf dem Gebiet der Statistik sind in ISO 3534-2 definiert.

**3.1.6
Kompetenz**
dargelegte Eignung, Wissen und Fertigkeiten anzuwenden

ANMERKUNG Der Begriff Kompetenz ist in dieser Internationalen Norm im allgemeinen Sinn definiert. Die Verwendung des Wortes kann in anderen ISO-Dokumenten spezifischer sein.

3.2 Managementbezogene Begriffe

**3.2.1
System**
Satz von in Wechselbeziehung oder Wechselwirkung stehenden Elementen

**3.2.2
Managementsystem**
System (3.2.1) zum Festlegen von Politik und Zielen sowie zum Erreichen dieser Ziele

ANMERKUNG Das Managementsystem einer **Organisation** (3.3.1) kann verschiedene Managementsysteme einschließen, z. B. ein **Qualitätsmanagementsystem** (3.2.3), ein Finanzmanagementsystem oder ein Umweltmanagementsystem.

**3.2.3
Qualitätsmanagementsystem**
QM-System
Managementsystem (3.2.2) zum Leiten und Lenken einer **Organisation** (3.3.1) bezüglich der **Qualität** (3.1.1)

**3.2.4
Qualitätspolitik**
übergeordnete Absichten und Ausrichtung einer **Organisation** (3.3.1) zur **Qualität** (3.1.1), formell ausgedrückt durch die **oberste Leitung** (3.2.7)

ANMERKUNG 1 Generell steht die Qualitätspolitik mit der übergeordneten Politik der Organisation in Einklang und bildet den Rahmen für die Festlegung von **Qualitätszielen** (3.2.5).

ANMERKUNG 2 Qualitätsmanagementgrundsätze dieser Internationalen Norm können als Grundlage für die Festlegung einer Qualitätspolitik dienen. (Siehe 0.2.)

**3.2.5
Qualitätsziel**
etwas bezüglich **Qualität** (3.1.1) Angestrebtes oder zu Erreichendes

ANMERKUNG 1 Qualitätsziele beruhen im Allgemeinen auf der **Qualitätspolitik** (3.2.4) der Organisation.

ANMERKUNG 2 Qualitätsziele werden im Allgemeinen für die zutreffenden Funktionsbereiche und Ebenen in der **Organisation** (3.3.1) festgelegt.

**3.2.6
Management**
aufeinander abgestimmte Tätigkeiten zum Leiten und Lenken einer **Organisation** (3.3.1)

NOTE Process capability terms in the field of statistics are defined in ISO 3534-2.

**3.1.6
competence**
demonstrated ability to apply knowledge and skills

NOTE The concept of competence is defined in a generic sense in this International Standard. The word usage can be more specific in other ISO documents.

3.2 Terms relating to management

**3.2.1
system**
set of interrelated or interacting elements

**3.2.2
management system**
system (3.2.1) to establish policy and objectives and to achieve those objectives

NOTE A management system of an **organization** (3.3.1) can include different management systems, such as a **quality management system** (3.2.3), a financial management system or an environmental management system.

**3.2.3
quality management system**
management system (3.2.2) to direct and control an **organization** (3.3.1) with regard to **quality** (3.1.1)

**3.2.4
quality policy**
overall intentions and direction of an **organization** (3.3.1) related to **quality** (3.1.1) as formally expressed by **top management** (3.2.7)

NOTE 1 Generally the quality policy is consistent with the overall policy of the organization and provides a framework for the setting of **quality objectives** (3.2.5).

NOTE 2 Quality management principles presented in this International Standard can form a basis for the establishment of a quality policy. (See 0.2.)

**3.2.5
quality objective**
something sought, or aimed for, related to **quality** (3.1.1)

NOTE 1 Quality objectives are generally based on the organization's **quality policy** (3.2.4).

NOTE 2 Quality objectives are generally specified for relevant functions and levels in the **organization** (3.3.1).

**3.2.6
management**
coordinated activities to direct and control an **organization** (3.3.1)

NOTE Les termes relatifs à la capacité des processus (capabilité) dans le domaine statistique sont définis dans l'ISO 3534-2.

**3.1.6
compétence**
aptitude démontrée à mettre en œuvre des connaissances et savoir-faire

NOTE Le concept de compétence est défini de manière générique dans la présente Norme internationale. L'usage de ce terme peut être plus spécifique dans d'autres documents ISO.

3.2 Termes relatifs au management

**3.2.1
système**
ensemble d'éléments corrélés ou interactifs

**3.2.2
système de management**
système (3.2.1) permettant d'établir une politique et des objectifs et d'atteindre ces objectifs

NOTE Le système de management d'un **organisme** (3.3.1) peut inclure différents systèmes de management, tels qu'un **système de management de la qualité** (3.2.3), un système de management financier ou un système de management environnemental.

**3.2.3
système de management de la qualité**
système de management (3.2.2) permettant d'orienter et de contrôler un **organisme** (3.3.1) en matière de **qualité** (3.1.1)

**3.2.4
politique qualité**
orientations et intentions générales d'un **organisme** (3.3.1) relatives à la **qualité** (3.1.1) telles qu'elles sont officiellement formulées par la **direction** (3.2.7)

NOTE 1 La politique qualité est généralement cohérente avec la politique générale de l'organisme et fournit un cadre pour fixer des **objectifs qualité** (3.2.5).

NOTE 2 La politique qualité peut s'appuyer sur les principes de **management de la qualité** (3.2.8) cités dans la présente Norme internationale. (Voir 0.2.)

**3.2.5
objectif qualité**
ce qui est recherché ou visé, relatif à la **qualité** (3.1.1)

NOTE 1 Les objectifs qualité sont généralement fondés sur la **politique qualité** (3.2.4) de l'organisme.

NOTE 2 Les objectifs qualité sont généralement spécifiés pour des fonctions et niveaux pertinents dans l'**organisme** (3.3.1).

**3.2.6
management**
activités coordonnées pour orienter et contrôler un **organisme** (3.3.1)

ANMERKUNG Wenn sich im Deutschen die Benennung „Management" auf Personen, d. h. eine Person oder eine Personengruppe mit Befugnis und Verantwortung für die Führung und Lenkung einer Organisation bezieht, sollte sie nicht ohne eine Art von Bestimmungswort verwendet werden, um Verwechslungen mit dem oben definierten Begriff „Management" zu vermeiden. Beispielsweise ist die Formulierung „Das Management muss …" abzulehnen, während „Die **oberste Leitung** (3.2.7) muss …" annehmbar ist.

NOTE In English, the term "management" sometimes refers to people, i.e. a person or group of people with authority and responsibility for the conduct and control of an organization. When "management" is used in this sense, it should always be used with some form of qualifier to avoid confusion with the concept "management" defined above. For example, "management shall…" is deprecated whereas "**top management** (3.2.7) shall…" is acceptable.

NOTE En français, le terme «management» désigne parfois des personnes, c'est-à-dire une personne ou un groupe de personnes ayant les responsabilités et les pouvoirs nécessaires pour la conduite et la maîtrise d'un organisme. Il est préférable d'utiliser l'expression «l'encadrement doit…» ou «la **direction** (3.2.7) doit…», plutôt que l'expression «le management doit…» pour éviter toute confusion avec le terme «management» défini ci-dessus.

3.2.7
oberste Leitung
Person oder Personengruppe, die eine **Organisation** (3.3.1) auf der obersten Ebene leitet und lenkt

3.2.7
top management
person or group of people who directs and controls an **organization** (3.3.1) at the highest level

3.2.7
direction
personne ou groupe de personnes qui oriente et contrôle un **organisme** (3.3.1) au plus haut niveau

3.2.8
Qualitätsmanagement
aufeinander abgestimmte Tätigkeiten zum Leiten und Lenken einer **Organisation** (3.3.1) bezüglich **Qualität** (3.1.1)
ANMERKUNG Leiten und Lenken bezüglich Qualität umfassen üblicherweise das Festlegen der **Qualitätspolitik** (3.2.4) und der **Qualitätsziele** (3.2.5), die **Qualitätsplanung** (3.2.9), die **Qualitätslenkung** (3.2.10), die **Qualitätssicherung** (3.2.11) und die **Qualitätsverbesserung** (3.2.12).

3.2.8
quality management
coordinated activities to direct and control an **organization** (3.3.1) with regard to **quality** (3.1.1)
NOTE Direction and control with regard to quality generally includes establishment of the **quality policy** (3.2.4) and **quality objectives** (3.2.5), **quality planning** (3.2.9), **quality control** (3.2.10), **quality assurance** (3.2.11) and **quality improvement** (3.2.12).

3.2.8
management de la qualité
activités coordonnées permettant d'orienter et de contrôler un **organisme** (3.3.1) en matière de **qualité** (3.1.1)
NOTE L'orientation et le contrôle d'un organisme en matière de qualité incluent généralement l'établissement de la **politique qualité** (3.2.4) et d'**objectifs qualité** (3.2.5), la **planification de la qualité** (3.2.9), la **maîtrise de la qualité** (3.2.10), l'**assurance de la qualité** (3.2.11) et l'**amélioration de la qualité** (3.2.12).

3.2.9
Qualitätsplanung
Teil des **Qualitätsmanagements** (3.2.8), der auf das Festlegen der **Qualitätsziele** (3.2.5) und der notwendigen Ausführungs**prozesse** (3.4.1) sowie der zugehörigen Ressourcen zum Erreichen der Qualitätsziele gerichtet ist
ANMERKUNG Das Erstellen von **Qualitätsmanagementplänen** (3.7.5) kann Teil der Qualitätsplanung sein.

3.2.9
quality planning
part of **quality management** (3.2.8) focused on setting **quality objectives** (3.2.5) and specifying necessary operational **processes** (3.4.1) and related resources to fulfil the quality objectives
NOTE Establishing **quality plans** (3.7.5) can be part of quality planning.

3.2.9
planification de la qualité
partie du **management de la qualité** (3.2.8) axée sur la définition des **objectifs qualité** (3.2.5) et la spécification des **processus** (3.4.1) opérationnels et des ressources afférentes, nécessaires pour atteindre les objectifs qualité
NOTE L'élaboration de **plans qualité** (3.7.5) peut faire partie de la planification de la qualité.

3.2.10
Qualitätslenkung
Teil des **Qualitätsmanagements** (3.2.8), der auf die Erfüllung von Qualitätsanforderungen gerichtet ist

3.2.10
quality control
part of **quality management** (3.2.8) focused on fulfilling quality requirements

3.2.10
maîtrise de la qualité
partie du **management de la qualité** (3.2.8) axée sur la satisfaction des exigences pour la qualité

3.2.11
Qualitätssicherung
Teil des **Qualitätsmanagements** (3.2.8), der auf das Erzeugen von Vertrauen darauf gerichtet ist, dass Qualitätsanforderungen erfüllt werden

3.2.11
quality assurance
part of **quality management** (3.2.8) focused on providing confidence that quality requirements will be fulfilled

3.2.11
assurance de la qualité
partie du **management de la qualité** (3.2.8) visant à donner confiance en ce que les exigences pour la qualité seront satisfaites

3.2.12
Qualitätsverbesserung
Teil des **Qualitätsmanagements** (3.2.8), der auf die Erhöhung der Eignung zur Erfüllung der Qualitätsanforderungen gerichtet ist
ANMERKUNG Die Anforderungen können jeden beliebigen Aspekt betreffen wie **Wirksamkeit** (3.2.14), **Effizienz** (3.2.15) oder **Rückverfolgbarkeit** (3.5.4).

3.2.12
quality improvement
part of **quality management** (3.2.8) focused on increasing the ability to fulfil quality requirements
NOTE The requirements can be related to any aspect such as **effectiveness** (3.2.14), **efficiency** (3.2.15) or **traceability** (3.5.4).

3.2.12
amélioration de la qualité
partie du **management de la qualité** (3.2.8) axée sur l'accroissement de la capacité à satisfaire aux exigences pour la qualité
NOTE Les exigences peuvent être liées à tout aspect tel que l'**efficacité** (3.2.14), l'**efficience** (3.2.15) ou la **traçabilité** (3.5.4).

3.2.13
ständige Verbesserung
wiederkehrende Tätigkeiten zur Erhöhung der Eignung, **Anforderungen** (3.1.2) zu erfüllen

3.2.13
continual improvement
recurring activity to increase the ability to fulfil **requirements** (3.1.2)

3.2.13
amélioration continue
activité régulière permettant d'accroître la capacité à satisfaire aux **exigences** (3.1.2)

ANMERKUNG Der **Prozess** (3.4.1) des Festlegens von Zielen und des Findens von Verbesserungsmöglichkeiten ist ein ständiger Prozess. Der Gebrauch von **Auditfeststellungen** (3.9.5) und **Auditschlussfolgerungen** (3.9.6), Datenanalyse, **Bewertungen** (3.8.7) oder anderen Mitteln durch die Leitung führt üblicherweise zu **Korrekturmaßnahmen** (3.6.5) oder **Vorbeugungsmaßnahmen** (3.6.4).

3.2.14
Wirksamkeit
Ausmaß, in dem geplante Tätigkeiten verwirklicht und geplante Ergebnisse erreicht werden

3.2.15
Effizienz
Verhältnis zwischen dem erreichten Ergebnis und den eingesetzten Ressourcen

3.3 Organisationsbezogene Begriffe

3.3.1
Organisation
Gruppe von Personen und Einrichtungen mit einem Gefüge von Verantwortungen, Befugnissen und Beziehungen
BEISPIEL Gesellschaft, Körperschaft, Firma, Unternehmen, Institution, gemeinnützige Organisation, Einzelunternehmen, Verband oder Teile oder Mischformen solcher Einrichtungen.
ANMERKUNG 1 Das Gefüge ist üblicherweise geordnet.
ANMERKUNG 2 Eine Organisation kann öffentlich-rechtlich oder privatrechtlich sein.
ANMERKUNG 3 Diese Definition gilt im Rahmen von Normen zu **Qualitätsmanagementsystemen** (3.2.3). Der Begriff „Organisation" ist im ISO/IEC-Leitfaden 2 anders definiert.

3.3.2
Organisationsstruktur
Gefüge von Verantwortungen, Befugnissen und Beziehungen zwischen Personen
ANMERKUNG 1 Das Gefüge ist üblicherweise geordnet.
ANMERKUNG 2 Eine formale Darstellung der Organisationsstruktur ist häufig in einem **QM-Handbuch** (3.7.4) oder einem **QM-Plan** (3.7.5) für ein **Projekt** (3.4.3) angegeben.
ANMERKUNG 3 Der Anwendungsbereich einer Organisationsstruktur kann wichtige Schnittstellen zu externen **Organisationen** (3.3.1) einschließen.

3.3.3
Infrastruktur
<Organisation> **System** (3.2.1) von Einrichtungen, Ausrüstungen und Dienstleistungen, das für den Betrieb einer **Organisation** (3.3.1) erforderlich ist

3.3.4
Arbeitsumgebung
Satz von Bedingungen, unter denen Arbeiten ausgeführt werden

NOTE The **process** (3.4.1) of establishing objectives and finding opportunities for improvement is a continual process through the use of **audit findings** (3.9.5) and **audit conclusions** (3.9.6), analysis of data, management **reviews** (3.8.7) or other means and generally leads to **corrective action** (3.6.5) or **preventive action** (3.6.4).

3.2.14
effectiveness
extent to which planned activities are realized and planned results achieved

3.2.15
efficiency
relationship between the result achieved and the resources used

3.3 Terms relating to organization

3.3.1
organization
group of people and facilities with an arrangement of responsibilities, authorities and relationships
EXAMPLE Company, corporation, firm, enterprise, institution, charity, sole trader, association, or parts or combination thereof.
NOTE 1 The arrangement is generally orderly.
NOTE 2 An organization can be public or private.
NOTE 3 This definition is valid for the purposes of **quality management system** (3.2.3) standards. The term "organization" is defined differently in ISO/IEC Guide 2.

3.3.2
organizational structure
arrangement of responsibilities, authorities and relationships between people
NOTE 1 The arrangement is generally orderly.
NOTE 2 A formal expression of the organizational structure is often provided in a **quality manual** (3.7.4) or a **quality plan** (3.7.5) for a **project** (3.4.3).
NOTE 3 The scope of an organizational structure can include relevant interfaces to external **organizations** (3.3.1).

3.3.3
infrastructure
<organization> **system** (3.2.1) of facilities, equipment and services needed for the operation of an **organization** (3.3.1)

3.3.4
work environment
set of conditions under which work is performed

NOTE Le **processus** (3.4.1) de définition des objectifs et de recherche d'opportunités d'amélioration est un processus permanent utilisant les **constatations d'audit** (3.9.5) et les **conclusions d'audit** (3.9.6), l'analyse des données, les **revues** (3.8.7) de direction ou d'autres moyens, et qui mène généralement à des **actions correctives** (3.6.5) ou **préventives** (3.6.4).

3.2.14
efficacité
niveau de réalisation des activités planifiées et d'obtention des résultats escomptés

3.2.15
efficience
rapport entre le résultat obtenu et les ressources utilisées

3.3 Termes relatifs à l'organisme

3.3.1
organisme
ensemble d'installations et de personnes avec des responsabilités, pouvoirs et relations
EXAMPLE Compagnie, société, firme, entreprise, institution, œuvre de bienfaisance, travailleur indépendant, association, ou parties ou combinaison de ceux-ci.
NOTE 1 Cet ensemble est généralement structuré.
NOTE 2 Un organisme peut être public ou privé.
NOTE 3 La définition ci-dessus est valable pour les besoins des normes relatives aux **systèmes de management de la qualité** (3.2.3). Le terme «organisme» est défini de manière différente dans l'ISO/CEI Guide 2.

3.3.2
organisation
ensemble de responsabilités, pouvoirs et relations entre les personnes
NOTE 1 Cet ensemble est généralement structuré.
NOTE 2 L'organisation est souvent formalisée dans un **manuel qualité** (3.7.4) ou le **plan qualité** (3.7.5) d'un **projet** (3.4.3).
NOTE 3 Le champ d'une organisation peut inclure des interfaces pertinentes avec des **organismes** (3.3.1) externes.

3.3.3
infrastructure
<organisme> **système** (3.2.1) des installations, équipements et services nécessaires pour le fonctionnement d'un **organisme** (3.3.1)

3.3.4
environnement de travail
ensemble des conditions dans lesquelles le travail est effectué

ANMERKUNG Bedingungen umfassen physikalische, soziale, psychologische und Umweltfaktoren (wie Temperatur, Anerkennungsprogramme, Ergonomie und Zusammensetzung der Atmosphäre).

3.3.5
Kunde
Organisation (3.3.1) oder Person, die ein **Produkt** (3.4.2) empfängt

BEISPIEL Verbraucher, Klient, Endanwender, Einzelhändler, Nutznießer und Käufer.

ANMERKUNG Ein Kunde kann der Organisation angehören oder ein Außenstehender sein.

3.3.6
Lieferant
Organisation (3.3.1) oder Person, die ein **Produkt** (3.4.2) bereitstellt

BEISPIEL Hersteller, Vertriebseinrichtung, Einzelhändler, Verkäufer eines Produkts oder Erbringer einer Dienstleistung oder Bereitsteller von Informationen.

ANMERKUNG 1 Ein Lieferant kann der Organisation angehören oder ein Außenstehender sein.

ANMERKUNG 2 In einer Vertragssituation wird ein Lieferant manchmal als „Auftragnehmer" bezeichnet.

3.3.7
interessierte Partei
Person oder Gruppe mit einem Interesse an der Leistung oder dem Erfolg einer **Organisation** (3.3.1)

BEISPIEL **Kunden** (3.3.5), Eigentümer, Personen in einer Organisation, **Lieferanten** (3.3.6), Bankiers, Vereinigungen, Partner oder die Gesellschaft.

ANMERKUNG Eine Gruppe kann aus einer Organisation, einem Teil davon oder aus mehreren Organisationen bestehen.

3.3.8
Vertrag
bindende Vereinbarung

ANMERKUNG Der Begriff Vertrag ist in dieser Internationalen Norm im allgemeinen Sinn definiert. Die Verwendung des Wortes „contract" kann in anderen ISO-Dokumenten spezifischer sein.

3.4 Prozess- und produktbezogene Begriffe

3.4.1
Prozess
Satz von in Wechselbeziehung oder Wechselwirkung stehenden Tätigkeiten, der Eingaben in Ergebnisse umwandelt

ANMERKUNG 1 Eingaben für einen Prozess sind üblicherweise Ergebnisse anderer Prozesse.

ANMERKUNG 2 Prozesse in einer **Organisation** (3.3.1) werden üblicherweise geplant und unter beherrschten Bedingungen durchgeführt, um Mehrwert zu schaffen.

ANMERKUNG 3 Ein Prozess, bei dem die **Konformität** (3.6.1) des dabei erzeugten **Produkts** (3.4.2) nicht ohne weiteres oder in wirtschaftlicher Weise verifiziert werden kann, wird häufig als „spezieller Prozess" bezeichnet.

NOTE Conditions include physical, social, psychological and environmental factors (such as temperature, recognition schemes, ergonomics and atmospheric composition).

3.3.5
customer
organization (3.3.1) or person that receives a **product** (3.4.2)

EXAMPLE Consumer, client, end-user, retailer, beneficiary and purchaser.

NOTE A customer can be internal or external to the organization.

3.3.6
supplier
organization (3.3.1) or person that provides a **product** (3.4.2)

EXAMPLE Producer, distributor, retailer or vendor of a product, or provider of a service or information.

NOTE 1 A supplier can be internal or external to the organization.

NOTE 2 In a contractual situation, a supplier is sometimes called "contractor".

3.3.7
interested party
person or group having an interest in the performance or success of an **organization** (3.3.1)

EXAMPLE **Customers** (3.3.5), owners, people in an organization, **suppliers** (3.3.6), bankers, unions, partners or society.

NOTE A group can comprise an organization, a part thereof, or more than one organization.

3.3.8
contract
binding agreement

NOTE The concept of contract is defined in a generic sense in this International Standard. The word usage can be more specific in other ISO documents.

3.4 Terms relating to process and product

3.4.1
process
set of interrelated or interacting activities which transforms inputs into outputs

NOTE 1 Inputs to a process are generally outputs of other processes.

NOTE 2 Processes in an **organization** (3.3.1) are generally planned and carried out under controlled conditions to add value.

NOTE 3 A process where the **conformity** (3.6.1) of the resulting **product** (3.4.2) cannot be readily or economically verified is frequently referred to as a "special process".

NOTE Ces conditions intègrent des aspects physiques, sociaux, psychologiques et environnementaux (tels que température, dispositifs de reconnaissance, ergonomie et composition de l'atmosphère).

3.3.5
client
organisme (3.3.1) ou personne qui reçoit un **produit** (3.4.2)

EXEMPLE Consommateur, client, utilisateur final, détaillant, bénéficiaire ou acheteur.

NOTE Le client peut être interne ou externe à l'organisme.

3.3.6
fournisseur
organisme (3.3.1) ou personne qui procure un **produit** (3.4.2)

EXEMPLE Producteur, distributeur, détaillant, marchand, prestataire de service ou d'information.

NOTE 1 Un fournisseur peut être interne ou externe à l'organisme.

NOTE 2 Dans une situation contractuelle, le fournisseur peut être appelé «contractant».

3.3.7
partie intéressée
personne ou groupe de personnes ayant un intérêt dans le fonctionnement ou le succès d'un **organisme** (3.3.1)

EXEMPLE **Clients** (3.3.5), propriétaires, personnes d'un organisme, **fournisseurs** (3.3.6), banques, syndicats, partenaires ou société.

NOTE Un groupe de personnes peut être un organisme, une partie de celui-ci ou plusieurs organismes.

3.3.8
contrat
accord contractuel

NOTE Le concept de compétence est défini de manière générique dans la présente Norme internationale. L'usage de ce terme peut être plus spécifique dans d'autres documents ISO.

3.4 Termes relatifs aux processus et aux produits

3.4.1
processus
ensemble d'activités corrélées ou interactives qui transforme des éléments d'entrée en éléments de sortie

NOTE 1 Les éléments d'entrée d'un processus sont généralement les éléments de sortie d'autres processus.

NOTE 2 Les processus d'un **organisme** (3.3.1) sont généralement planifiés et mis en œuvre dans des conditions maîtrisées afin d'apporter une valeur ajoutée.

NOTE 3 Lorsque la **conformité** (3.6.1) du **produit** (3.4.2) résultant ne peut être immédiatement ou économiquement vérifiée, le processus est souvent qualifié de «procédé spécial».

3.4.2
Produkt
Ergebnis eines **Prozesses** (3.4.1)

ANMERKUNG 1 Es gibt vier übergeordnete Produktkategorien:

- Dienstleistungen (z. B. Transport);
- Software (z. B. Rechnerprogramm, Wörterbuch);
- Hardware (z. B. mechanisches Motorteil);
- verfahrenstechnische Produkte (z. B. Schmiermittel).

Viele Produkte bestehen aus Elementen, die zu verschiedenen übergeordneten Produktkategorien gehören. Ob das Produkt als Dienstleistung, Software, Hardware oder verfahrenstechnisches Produkt bezeichnet wird, hängt vom vorherrschenden Element ab. Zum Beispiel besteht das Angebotsprodukt „Auto" aus Hardware (z. B. den Reifen), verfahrenstechnischen Produkten (z. B. Kraftstoff, Kühlflüssigkeit), Software (z. B. Motorsteuerungssoftware, Betriebsanleitung) und Dienstleistung (z. B. den vom Händler gegebenen Erläuterungen zum Betrieb).

ANMERKUNG 2 Eine Dienstleistung ist das Ergebnis mindestens einer Tätigkeit, die notwendigerweise an der Schnittstelle zwischen dem **Lieferanten** (3.3.6) und dem **Kunden** (3.3.5) ausgeführt wird und üblicherweise immateriell ist. Zur Erbringung einer Dienstleistung kann z. B. gehören:

- eine Tätigkeit, die an einem vom Kunden gelieferten materiellen Produkt ausgeführt wird (z. B. einem zu reparierenden Auto);
- eine Tätigkeit, die an einem vom Kunden gelieferten immateriellen Produkt ausgeführt wird (z. B. dem für die Erstellung einer Steuerrückerstattung erforderlichen Einkommensnachweis);
- die Lieferung eines immateriellen Produkts (z. B. die Vermittlung von Kenntnissen);
- die Schaffung eines Ambiente für den Kunden (z. B. in Hotels und Restaurants).

Software besteht aus Informationen, ist üblicherweise immateriell und kann die Form von Herangehensweisen, Transaktionen oder **Verfahren** (3.4.5) aufweisen.

Hardware ist üblicherweise materiell, wobei ihre Menge ein zählbares **Merkmal** (3.5.1) darstellt. Verfahrenstechnische Produkte sind üblicherweise materiell, wobei ihre Menge ein kontinuierliches Merkmal darstellt. Hardware und verfahrenstechnische Produkte werden häufig als Waren bezeichnet.

ANMERKUNG 3 **Qualitätssicherung** (3.2.11) konzentriert sich vor allem auf beabsichtigte Produkte.

3.4.2
product
result of a **process** (3.4.1)

NOTE 1 There are four generic product categories, as follows:

- services (e.g. transport);
- software (e.g. computer program, dictionary);
- hardware (e.g. engine mechanical part);
- processed materials (e.g. lubricant).

Many products comprise elements belonging to different generic product categories. Whether the product is then called service, software, hardware or processed material depends on the dominant element. For example, the offered product "automobile" consists of hardware (e.g. tyres), processed materials (e.g. fuel, cooling liquid), software (e.g. engine control software, driver's manual), and service (e.g. operating explanations given by the salesman).

NOTE 2 Service is the result of at least one activity necessarily performed at the interface between the **supplier** (3.3.6) and **customer** (3.3.5) and is generally intangible. Provision of a service can involve, for example, the following:

- an activity performed on a customer-supplied tangible product (e.g. automobile to be repaired);
- an activity performed on a customer-supplied intangible product (e.g. the income statement needed to prepare a tax return);
- the delivery of an intangible product (e.g. the delivery of information in the context of knowledge transmission);
- the creation of ambience for the customer (e.g. in hotels and restaurants).

Software consists of information and is generally intangible and can be in the form of approaches, transactions or **procedures** (3.4.5).

Hardware is generally tangible and its amount is a countable **characteristic** (3.5.1). Processed materials are generally tangible and their amount is a continuous characteristic. Hardware and processed materials often are referred to as goods.

NOTE 3 **Quality assurance** (3.2.11) is mainly focused on intended product.

3.4.2
produit
résultat d'un **processus** (3.4.1)

NOTE 1 Il existe quatre catégories génériques de produits:

- les services (par exemple transport);
- les «software» (par exemple logiciel, dictionnaire);
- les [produits] matériels (par exemple pièces mécaniques de moteur);
- les produits issus de processus à caractère continu (par exemple lubrifiant).

De nombreux produits sont constitués d'éléments appartenant à différentes catégories génériques de produits. Le produit est appelé service, logiciel, matériel ou produit issu de processus à caractère continu selon l'élément dominant. Par exemple, l'offre produit «automobile» se compose de matériel (par exemple les pneus), de produits issus de processus à caractère continu (par exemple carburant, liquide de refroidissement), de «software» (par exemple logiciel de commande de moteur, manuel d'utilisation) et de services (par exemple explications du vendeur concernant le fonctionnement).

NOTE 2 Un service est le résultat d'au moins une activité nécessairement réalisée à l'interface entre le **fournisseur** (3.3.6) et le **client** (3.3.5) et est généralement immatériel. La prestation d'un service peut impliquer par exemple:

- une activité réalisée sur un produit tangible fourni par le client (par exemple réparation d'une voiture);
- une activité réalisée sur un produit immatériel (par exemple une déclaration de revenus nécessaire pour déclencher l'impôt);
- la fourniture d'un produit immatériel (par exemple fourniture d'informations dans le contexte de la transmission de connaissances);
- la création d'une ambiance pour le client (par exemple dans les hôtels et les restaurants).

Un «software» se compose d'informations, est généralement immatériel et peut se présenter sous forme de démarches, de transactions ou de **procédures** (3.4.5).

Un produit matériel est généralement tangible et son volume constitue une **caractéristique** (3.5.1) dénombrable. Les produits issus de processus à caractère continu sont généralement tangibles et leur volume constitue une caractéristique continue. Les produits matériels et issus de processus à caractère continu sont souvent appelés biens.

NOTE 3 L'**assurance de la qualité** (3.2.11) porte principalement sur le produit intentionnel.

NOTE 4 En français, il n'existe pas de terme traduisant le concept contenu dans le terme anglais «software». Le terme «logiciel» traduit le terme anglais «computer software».

3.4.3
Projekt

einmaliger **Prozess** (3.4.1), der aus einem Satz von abgestimmten und gelenkten Tätigkeiten mit Anfangs- und Endterminen besteht und durchgeführt wird, um unter Berücksichtigung von Zwängen bezüglich Zeit, Kosten und Ressourcen ein Ziel zu erreichen, das spezifische **Anforderungen** (3.1.2) erfüllt

ANMERKUNG 1   Ein Einzelprojekt kann Teil einer größeren Projektstruktur sein.

ANMERKUNG 2   Bei einigen Projekten werden während des Projektverlaufs die Ziele verfeinert und die Produkt**merkmale** (3.5.1) fortschreitend entsprechend festgelegt.

ANMERKUNG 3   Das Ergebnis eines Projektes kann aus einer Einheit oder mehreren Einheiten von **Produkten** (3.4.2) bestehen.

ANMERKUNG 4   Aus ISO 10006:2003 übertragen und bearbeitet.

3.4.3
project

unique **process** (3.4.1), consisting of a set of coordinated and controlled activities with start and finish dates, undertaken to achieve an objective conforming to specific **requirements** (3.1.2), including the constraints of time, cost and resources

NOTE 1   An individual project can form part of a larger project structure.

NOTE 2   In some projects the objectives are refined and the product **characteristics** (3.5.1) defined progressively as the project proceeds.

NOTE 3   The outcome of a project can be one or several units of **product** (3.4.2).

NOTE 4   Adapted from ISO 10006:2003.

3.4.3
projet

processus (3.4.1) unique qui consiste en un ensemble d'activités coordonnées et maîtrisées comportant des dates de début et de fin, entrepris dans le but d'atteindre un objectif conforme à des **exigences** (3.1.2) spécifiques, incluant les contraintes de délais, de coûts et de ressources

NOTE 1   Il est possible qu'un projet individuel fasse partie d'une structure de projet plus large.

NOTE 2   Dans certains projets, les objectifs sont affinés et les **caractéristiques** (3.5.1) du produit déterminées progressivement, à mesure que le projet progresse.

NOTE 3   Un projet peut aboutir à une ou à plusieurs unités de **produit** (3.4.2).

NOTE 4   Adapté de l'ISO 10006:2003.

3.4.4
Entwicklung

Satz von **Prozessen** (3.4.1), der **Anforderungen** (3.1.2) in festgelegte **Merkmale** (3.5.1) oder in die Spezifikation (3.7.3) eines **Produkts** (3.4.2), eines **Prozesses** (3.4.1) oder eines **Systems** (3.2.1) umwandelt

ANMERKUNG 1   Die Benennungen „design" und „development" werden im Englischen manchmal synonym, manchmal jedoch zur Definition verschiedener Phasen des gesamten Entwicklungsprozesses verwendet.

ANMERKUNG 2   Ein Bestimmungswort kann verwendet werden, um die Art des zu Entwickelnden näher zu bezeichnen (z. B. Produktentwicklung oder Prozessentwicklung).

3.4.4
design and development

set of **processes** (3.4.1) that transforms **requirements** (3.1.2) into specified **characteristics** (3.5.1) or into the specification (3.7.3) of a **product** (3.4.2), **process** (3.4.1) or **system** (3.2.1)

NOTE 1   The terms "design" and "development" are sometimes used synonymously and sometimes used to define different stages of the overall design and development process.

NOTE 2   A qualifier can be applied to indicate the nature of what is being designed and developed (e.g. product design and development or process design and development).

3.4.4
conception et développement

ensemble de **processus** (3.4.1) qui transforme des **exigences** (3.1.2) en **caractéristiques** (3.5.1) spécifiées ou en **spécification** (3.7.3) d'un **produit** (3.4.2), d'un **processus** (3.4.1) ou d'un **système** (3.2.1)

NOTE 1   Les termes «conception» et «développement» sont parfois utilisés comme synonymes et parfois utilisés pour définir des étapes différentes du processus global de conception et de développement.

NOTE 2   Un qualificatif peut être utilisé pour indiquer la nature de ce qui est conçu et développé (par exemple conception et développement de produit ou conception et développement de processus).

3.4.5
Verfahren

festgelegte Art und Weise, eine Tätigkeit oder einen **Prozess** (3.4.1) auszuführen

ANMERKUNG 1   Verfahren können dokumentiert sein oder nicht.

ANMERKUNG 2   Wenn ein Verfahren dokumentiert ist, werden häufig Benennungen wie „schriftlich niedergelegtes Verfahren" oder „dokumentiertes Verfahren" verwendet. Das ein Verfahren beinhaltende **Dokument** (3.7.2) kann auch als „Verfahrensdokument" bezeichnet werden.

3.4.5
procedure

specified way to carry out an activity or a **process** (3.4.1)

NOTE 1   Procedures can be documented or not.

NOTE 2   When a procedure is documented, the term "written procedure" or "documented procedure" is frequently used. The **document** (3.7.2) that contains a procedure can be called a "procedure document".

3.4.5
procédure

manière spécifiée d'effectuer une activité ou un **processus** (3.4.1)

NOTE 1   Les procédures peuvent ou non faire l'objet de documents.

NOTE 2   Lorsqu'une procédure fait l'objet de documents, les termes «procédure écrite» ou «procédure documentée» sont fréquemment utilisés. Le **document** (3.7.2) contenant une procédure peut être appelé «document de procédure».

3.5 Merkmalsbezogene Begriffe

3.5.1
Merkmal

kennzeichnende Eigenschaft

ANMERKUNG 1   Ein Merkmal kann inhärent oder zugeordnet sein.

ANMERKUNG 2   Ein Merkmal kann qualitativer oder quantitativer Natur sein.

3.5 Terms relating to characteristics

3.5.1
characteristic

distinguishing feature

NOTE 1   A characteristic can be inherent or assigned.

NOTE 2   A characteristic can be qualitative or quantitative.

3.5 Termes relatifs aux caractéristiques

3.5.1
caractéristique

trait distinctif

NOTE 1   Une caractéristique peut être intrinsèque ou attribuée.

NOTE 2   Une caractéristique peut être qualitative ou quantitative.

ANMERKUNG 3 Es gibt verschiedene Klassen von Merkmalen, z. B.:
- physikalische, z. B. mechanische, elektrische, chemische oder biologische Merkmale;
- sensorische, z. B. bezüglich Geruch, Berührung, Geschmack, Sehvermögen, Gehör;
- verhaltensbezogene, z. B. Anständigkeit, Ehrlichkeit, Wahrheitsliebe;
- zeitbezogene, z. B. Pünktlichkeit, Verlässlichkeit, Verfügbarkeit;
- ergonomische, z. B. physiologische oder auf Sicherheit für den Menschen bezogene Merkmale;
- funktionale, z. B. Spitzengeschwindigkeit eines Flugzeuges.

NOTE 3 There are various classes of characteristic, such as the following:
- physical (e.g. mechanical, electrical, chemical or biological characteristics);
- sensory (e.g. related to smell, touch, taste, sight, hearing);
- behavioral (e.g. courtesy, honesty, veracity);
- temporal (e.g. punctuality, reliability, availability);
- ergonomic (e.g. physiological characteristic, or related to human safety);
- functional (e.g. maximum speed of an aircraft).

NOTE 3 Il existe différents types de caractéristiques, tels que:
- physiques (par exemple mécaniques, électriques, chimiques, biologiques);
- sensorielles (par exemple odeur, toucher, goût, aspect visuel, sonorité);
- comportementales (par exemple courtoisie, honnêteté, véracité);
- temporelles (par exemple ponctualité, fiabilité, disponibilité);
- ergonomiques (par exemple caractéristique physiologique ou relative à la sécurité des personnes);
- fonctionnelles (par exemple vitesse maximale d'un avion).

3.5.2
Qualitätsmerkmal
inhärentes **Merkmal** (3.5.1) eines **Produkts** (3.4.2), **Prozesses** (3.4.1) oder **Systems** (3.2.1), das sich auf eine **Anforderung** (3.1.2) bezieht

ANMERKUNG 1 Inhärent bedeutet „einer Einheit innewohnend", insbesondere als ständiges Merkmal.

ANMERKUNG 2 Ein einem Produkt, einem Prozess oder einem System zugeordnetes Merkmal (z. B. der Preis eines Produkts, der Eigentümer eines Produkts) stellt kein Qualitätsmerkmal dieses Produkts, Prozesses oder Systems dar.

3.5.2
quality characteristic
inherent **characteristic** (3.5.1) of a **product** (3.4.2), **process** (3.4.1) or **system** (3.2.1) related to a **requirement** (3.1.2)

NOTE 1 Inherent means existing in something, especially as a permanent characteristic.

NOTE 2 A characteristic assigned to a product, process or system (e.g. the price of a product, the owner of a product) is not a quality characteristic of that product, process or system.

3.5.2
caractéristique qualité
caractéristique (3.5.1) intrinsèque d'un **produit** (3.4.2), d'un **processus** (3.4.1) ou d'un **système** (3.2.1) relative à une **exigence** (3.1.2)

NOTE 1 «Intrinsèque» signifie présent dans quelque chose, notamment en tant que caractéristique permanente.

NOTE 2 Une caractéristique attribuée à un produit, à un processus ou à un système (par exemple le prix d'un produit, le propriétaire d'un produit) n'est pas une caractéristique qualité de ce produit, processus ou système.

3.5.3
Zuverlässigkeit
zusammenfassender Ausdruck zur Beschreibung der Verfügbarkeit und ihrer Einflussfaktoren Funktionsfähigkeit, Instandhaltbarkeit und Instandhaltungsbereitschaft

ANMERKUNG Zuverlässigkeit wird nur für allgemeine Beschreibungen in nicht-quantitativem Sinn benutzt.

[IEC 60050-191:1990]

3.5.3
dependability
collective term used to describe the availability performance and its influencing factors: reliability performance, maintainability performance and maintenance support performance

NOTE Dependability is used only for general descriptions in non-quantitative terms.

[IEC 60050-191:1990]

3.5.3
sûreté de fonctionnement
ensemble des propriétés qui décrivent la disponibilité et les facteurs qui la conditionnent: fiabilité, maintenabilité et logistique de maintenance

NOTE La sûreté de fonctionnement est une notion générale sans caractère quantitatif.

[CEI 60050-191:1990]

3.5.4
Rückverfolgbarkeit
Möglichkeit, den Werdegang, die Verwendung oder den Ort des Betrachteten zu verfolgen

ANMERKUNG 1 Bei einem **Produkt** (3.4.2) kann sich Rückverfolgbarkeit beziehen auf:
- die Herkunft von Werkstoffen und Teilen,
- den Ablauf der Verarbeitung und
- die Verteilung und den Standort des Produkts nach Auslieferung.

ANMERKUNG 2 Im Bereich der Metrologie stellt die Definition in VIM:1993, 6.10, die akzeptierte Definition dar.[N1]

3.5.4
traceability
ability to trace the history, application or location of that which is under consideration

NOTE 1 When considering **product** (3.4.2), traceability can relate to
- the origin of materials and parts,
- the processing history, and
- the distribution and location of the product after delivery.

NOTE 2 In the field of metrology the definition in VIM:1993, 6.10, is the accepted definition.

3.5.4
traçabilité
aptitude à retrouver l'historique, la mise en œuvre ou l'emplacement de ce qui est examiné

NOTE 1 Dans le cas d'un **produit** (3.4.2), elle peut être liée à
- l'origine des matériaux et composants,
- l'historique de réalisation, et
- la distribution et l'emplacement du produit après livraison.

NOTE 2 En métrologie, la définition du VIM:1993, 6.10, est la définition reconnue.

N1) Nationale Fußnote: In der Metrologie hat sich für die Definition des VIM inzwischen die Benennung „Rückführbarkeit" durchgesetzt.

EN ISO 9000:2005 (D/E/F)

3.6 Konformitätsbezogene Begriffe

3.6.1
Konformität
Erfüllung einer **Anforderung** (3.1.2)
ANMERKUNG Die Benennung „conformance" stellt im Englischen ein abzulehnendes Synonym dar.

3.6.2
Fehler
Nichterfüllung einer **Anforderung** (3.1.2)

3.6.3
Mangel
Nichterfüllung einer **Anforderung** (3.1.2) in Bezug auf einen beabsichtigten oder festgelegten Gebrauch
ANMERKUNG 1 Die Unterscheidung zwischen den Begriffen Mangel und **Fehler** (3.6.2) ist wegen ihrer rechtlichen Bedeutung wichtig, insbesondere derjenigen, die im Zusammenhang mit Produkthaftungsfragen steht. Die Benennung „Mangel" sollte daher mit äußerster Vorsicht verwendet werden.
ANMERKUNG 2 Der vom **Kunden** (3.3.5) beabsichtigte Gebrauch kann durch die Art der vom **Lieferanten** (3.3.6) bereitgestellten Informationen, wie Gebrauchs- oder Instandhaltungsanweisungen, beeinträchtigt werden.

3.6.4
Vorbeugungsmaßnahme
Maßnahme zur Beseitigung der Ursache eines möglichen **Fehlers** (3.6.2) oder einer anderen möglichen unerwünschten Situation
ANMERKUNG 1 Für einen möglichen Fehler kann es mehr als eine Ursache geben.
ANMERKUNG 2 Eine Vorbeugungsmaßnahme wird ergriffen, um das Auftreten eines Fehlers zu verhindern, während eine **Korrekturmaßnahme** (3.6.5) ergriffen wird, um das erneute Auftreten des Fehlers zu verhindern.

3.6.5
Korrekturmaßnahme
Maßnahme zur Beseitigung der Ursache eines erkannten **Fehlers** (3.6.2) oder einer anderen erkannten unerwünschten Situation
ANMERKUNG 1 Für einen aufgetretenen Fehler kann es mehr als eine Ursache geben.
ANMERKUNG 2 Eine Korrekturmaßnahme wird ergriffen, um das erneute Auftreten eines Fehlers zu verhindern, während eine **Vorbeugungsmaßnahme** (3.6.4) ergriffen wird, um das Auftreten des Fehlers zu verhindern.
ANMERKUNG 3 Es besteht ein Unterschied zwischen **Korrektur** (3.6.6) und Korrekturmaßnahme.

3.6.6
Korrektur
Maßnahme zur Beseitigung eines erkannten **Fehlers** (3.6.2)

3.6 Terms relating to conformity

3.6.1
conformity
fulfilment of a **requirement** (3.1.2)
NOTE The term "conformance" is synonymous but deprecated.

3.6.2
nonconformity
non-fulfilment of a **requirement** (3.1.2)

3.6.3
defect
non-fulfilment of a **requirement** (3.1.2) related to an intended or specified use
NOTE 1 The distinction between the concepts defect and **nonconformity** (3.6.2) is important as it has legal connotations, particularly those associated with product liability issues. Consequently the term "defect" should be used with extreme caution.
NOTE 2 The intended use as intended by the **customer** (3.3.5) can be affected by the nature of the information, such as operating or maintenance instructions, provided by the **supplier** (3.3.6).

3.6.4
preventive action
action to eliminate the cause of a potential **nonconformity** (3.6.2) or other undesirable potential situation
NOTE 1 There can be more than one cause for a potential nonconformity.
NOTE 2 Preventive action is taken to prevent occurrence whereas **corrective action** (3.6.5) is taken to prevent recurrence.

3.6.5
corrective action
action to eliminate the cause of a detected **nonconformity** (3.6.2) or other undesirable situation
NOTE 1 There can be more than one cause for a nonconformity.
NOTE 2 Corrective action is taken to prevent recurrence whereas **preventive action** (3.6.4) is taken to prevent occurrence.
NOTE 3 There is a distinction between **correction** (3.6.6) and corrective action.

3.6.6
correction
action to eliminate a detected **nonconformity** (3.6.2)

3.6 Termes relatifs à la conformité

3.6.1
conformité
satisfaction d'une **exigence** (3.1.2)
NOTE Le terme «compliance» est synonyme mais a été abandonné.

3.6.2
non-conformité
non-satisfaction d'une **exigence** (3.1.2)

3.6.3
défaut
non-satisfaction d'une **exigence** (3.1.2) relative à une utilisation prévue ou spécifiée
NOTE 1 La distinction faite entre les concepts «défaut» et «**non-conformité**» (3.6.2) est importante car elle comporte des connotations juridiques, particulièrement celles liées à la responsabilité du fait du produit. En conséquence, il convient d'utiliser le terme «défaut» avec une extrême précaution.
NOTE 2 L'utilisation prévue, telle que prévue par le **client** (3.3.5) peut être affectée par la nature des informations, par exemple les notices d'utilisation ou d'entretien, transmises par le **fournisseur** (3.3.6).

3.6.4
action préventive
action visant à éliminer la cause d'une **non-conformité** (3.6.2) potentielle ou d'une autre situation potentielle indésirable
NOTE 1 Il peut y avoir plusieurs causes à une non-conformité potentielle.
NOTE 2 Une action préventive est entreprise pour empêcher l'occurrence, alors qu'une **action corrective** (3.6.5) est entreprise pour empêcher la réapparition.

3.6.5
action corrective
action visant à éliminer la cause d'une **non-conformité** (3.6.2) ou d'une autre situation indésirable détectée
NOTE 1 Il peut y avoir plusieurs causes à une non-conformité.
NOTE 2 Une action corrective est entreprise pour empêcher la réapparition alors qu'une **action préventive** (3.6.4) est entreprise pour empêcher l'occurrence.
NOTE 3 Il convient de distinguer action curative, ou **correction** (3.6.6), et action corrective.

3.6.6
correction
action visant à éliminer une **non-conformité** (3.6.2) détectée

EN ISO 9000:2005 (D/E/F)

ANMERKUNG 1 Eine Korrektur kann im Zusammenhang mit einer **Korrekturmaßnahme** (3.6.5) vorgenommen werden.

ANMERKUNG 2 Eine Korrektur kann z. B. **Nacharbeit** (3.6.7) oder **Neueinstufung** (3.6.8) sein.

NOTE 1 A correction can be made in conjunction with a **corrective action** (3.6.5).

NOTE 2 A correction can be, for example, **rework** (3.6.7) or **regrade** (3.6.8).

NOTE 1 Une correction peut être menée conjointement avec une **action corrective** (3.6.5).

NOTE 2 Une correction peut être, par exemple, une **reprise** (3.6.7) ou un **reclassement** (3.6.8).

3.6.7
Nacharbeit
Maßnahme an einem fehlerhaften **Produkt** (3.4.2), damit es die **Anforderungen** (3.1.2) erfüllt

ANMERKUNG Im Unterschied zu Nacharbeit kann **Reparatur** (3.6.9) Teile des fehlerhaften Produkts beeinflussen oder verändern.

3.6.7
rework
action on a nonconforming **product** (3.4.2) to make it conform to the **requirements** (3.1.2)

NOTE Unlike rework, **repair** (3.6.9) can affect or change parts of the nonconforming product.

3.6.7
reprise
action sur un **produit** (3.4.2) non conforme pour le rendre conforme aux **exigences** (3.1.2)

NOTE Contrairement à la reprise, la **réparation** (3.6.9) peut avoir une influence sur, ou modifier, des composants du produit non conforme.

3.6.8
Neueinstufung
Änderung der **Anspruchsklasse** (3.1.3) eines fehlerhaften **Produkts** (3.4.2), damit es **Anforderungen** (3.1.2) erfüllt, die von den ursprünglichen abweichen

3.6.8
regrade
alteration of the **grade** (3.1.3) of a nonconforming **product** (3.4.2) in order to make it conform to **requirements** (3.1.2) differing from the initial ones

3.6.8
reclassement
modification de la **classe** (3.1.3) d'un **produit** (3.4.2) non conforme pour le rendre conforme à des **exigences** (3.1.2) différentes de celles initialement spécifiées

3.6.9
Reparatur
Maßnahme an einem fehlerhaften **Produkt** (3.4.2), um es für den beabsichtigten Gebrauch annehmbar zu machen

ANMERKUNG 1 Reparatur schließt Abhilfemaßnahmen ein, die der Rückführung eines früher fehlerfreien, aber nunmehr fehlerhaften Produkts in einen gebrauchsfähigen Zustand dienen, zum Beispiel als Teil der Instandhaltung.

ANMERKUNG 2 Im Gegensatz zu **Nacharbeit** (3.6.7) kann eine Reparatur Teile des fehlerhaften Produkts beeinflussen oder verändern.

3.6.9
repair
action on a nonconforming **product** (3.4.2) to make it acceptable for the intended use

NOTE 1 Repair includes remedial action taken on a previously conforming product to restore it for use, for example as part of maintenance.

NOTE 2 Unlike **rework** (3.6.7), repair can affect or change parts of the nonconforming product.

3.6.9
réparation
action sur un **produit** (3.4.2) non conforme pour le rendre acceptable pour l'utilisation prévue

NOTE 1 La réparation comprend les actions rectificatives menées pour rétablir dans son usage un produit initialement conforme, par exemple dans le cadre d'une opération de maintenance.

NOTE 2 Contrairement à la **reprise** (3.6.7), la réparation peut avoir une influence sur, ou modifier, des parties du produit non conforme.

3.6.10
Verschrottung
Maßnahme an einem fehlerhaften **Produkt** (3.4.2), um dessen ursprünglich beabsichtigten Gebrauch auszuschließen

BEISPIEL Recycling, Zerstörung.

ANMERKUNG Bei einer fehlerhaften Dienstleistung wird der Gebrauch durch die Einstellung der (Erbringung der) Dienstleistung ausgeschlossen.

3.6.10
scrap
action on a nonconforming **product** (3.4.2) to preclude its originally intended use

EXAMPLE Recycling, destruction.

NOTE In a nonconforming service situation, use is precluded by discontinuing the service.

3.6.10
rebut
action sur un **produit** (3.4.2) non conforme visant à empêcher son usage tel que prévu à l'origine

EXEMPLE Recyclage, destruction.

NOTE Dans une situation de service non conforme, l'usage est empêché par l'interruption du service.

3.6.11
Sonderfreigabe
Erlaubnis, ein **Produkt** (3.4.2), das festgelegte **Anforderungen** (3.1.2) nicht erfüllt, zu gebrauchen oder freizugeben

ANMERKUNG Eine Sonderfreigabe ist üblicherweise auf die Auslieferung eines Produkts beschränkt, das für einen vereinbarten Zeitraum oder eine vereinbarte Menge innerhalb festgelegter Grenzwerte fehlerhafte **Merkmale** (3.5.1) hat.

3.6.11
concession
permission to use or release a **product** (3.4.2) that does not conform to specified **requirements** (3.1.2)

NOTE A concession is generally limited to the delivery of a product that has nonconforming **characteristics** (3.5.1) within specified limits for an agreed time or quantity of that product.

3.6.11
dérogation (après production)
autorisation d'utiliser ou de libérer un **produit** (3.4.2) non conforme aux **exigences** (3.1.2) spécifiées

NOTE Une telle dérogation est généralement limitée à la livraison d'un produit qui possède des **caractéristiques** (3.5.1) non conformes, dans des limites spécifiées pour une durée ou une quantité de ce produit convenues.

3.6.12
Abweichungsgenehmigung
vor der Realisierung eines Produkts erteilte Erlaubnis, von ursprünglich festgelegten **Anforderungen** (3.1.2) an das **Produkt** (3.4.2) abzuweichen

ANMERKUNG Eine Abweichungsgenehmigung wird üblicherweise für eine begrenzte Menge des Produkts oder eine begrenzte Zeitspanne und für einen bestimmten Gebrauch erteilt.

3.6.12
deviation permit
permission to depart from the originally specified **requirements** (3.1.2) of a **product** (3.4.2) prior to realization

NOTE A deviation permit is generally given for a limited quantity of product or period of time, and for a specific use.

3.6.12
dérogation (avant production)
autorisation de s'écarter des **exigences** (3.1.2) spécifiées à l'origine pour un **produit** (3.4.2) avant sa réalisation

NOTE Une telle dérogation est généralement accordée pour une quantité ou une durée limitées, et pour une utilisation spécifique.

**3.6.13
Freigabe**
Erlaubnis, zur nächsten Stufe eines **Prozesses** (3.4.1) überzugehen
ANMERKUNG Im Englischen wird im Zusammenhang mit Computer-Software die Benennung „release" häufig auf eine Version der Software selbst bezogen.

**3.6.13
release**
permission to proceed to the next stage of a **process** (3.4.1)
NOTE In English, in the context of computer software, the term "release" is frequently used to refer to a version of the software itself.

**3.6.13
libération**
autorisation de procéder à l'étape suivante d'un **processus** (3.4.1)
NOTE En anglais, dans le contexte du logiciel, le terme «release» (qui se traduit par «libération») est couramment utilisé pour faire référence à une «version» dudit logiciel.

3.7 Dokumentationsbezogene Begriffe

**3.7.1
Information**
Daten mit Bedeutung

**3.7.2
Dokument**
Information (3.7.1) und ihr Trägermedium
BEISPIEL **Aufzeichnung** (3.7.6), **Spezifikation** (3.7.3), Verfahrensdokument, Zeichnung, Bericht, Norm.
ANMERKUNG 1 Das Medium kann Papier, eine magnetische, elektronische oder optische Rechnerdiskette, eine Fotografie, ein Bezugsmuster oder eine Kombination daraus sein.
ANMERKUNG 2 Ein Satz von Dokumenten, z. B. Spezifikationen und Aufzeichnungen, wird häufig als „Dokumentation" bezeichnet.
ANMERKUNG 3 Einige **Anforderungen** (3.1.2) (z. B. die Anforderung nach Lesbarkeit) gelten für alle Arten von Dokumenten, obgleich es verschiedene Anforderungen für Spezifikationen (z. B. die Anforderung, durch Revision überwacht zu sein) und Aufzeichnungen (z. B. die Anforderung, abrufbar zu sein) geben kann.

**3.7.3
Spezifikation**
Dokument (3.7.2), das **Anforderungen** (3.1.2) festlegt
ANMERKUNG Eine Spezifikation kann sich beziehen auf Tätigkeiten (z. B. Verfahrensdokument, Prozessspezifikation und Testspezifikation) oder auf **Produkte** (3.4.2) (z. B. Produktspezifikation, Leistungsspezifikation und Zeichnung).

**3.7.4
Qualitätsmanagement-Handbuch**
QM-Handbuch
Dokument (3.7.2), in dem das **Qualitätsmanagementsystem** (3.2.3) einer **Organisation** (3.3.1) festgelegt ist
ANMERKUNG QM-Handbücher können hinsichtlich Detaillierung und Format unterschiedlich sein, um sie an die Größe und Komplexität einer einzelnen Organisation anzupassen.

**3.7.5
Qualitätsmanagementplan**
QM-Plan
Dokument (3.7.2), das festlegt, welche **Verfahren** (3.4.5) und zugehörigen Ressourcen wann und durch wen bezüglich eines spezifischen **Projekts** (3.4.3), **Produkts** (3.4.2), **Prozesses** (3.4.1) oder Vertrages angewendet werden müssen

3.7 Terms relating to documentation

**3.7.1
information**
meaningful data

**3.7.2
document**
information (3.7.1) and its supporting medium
EXAMPLE **Record** (3.7.6), **specification** (3.7.3), procedure document, drawing, report, standard.
NOTE 1 The medium can be paper, magnetic, electronic or optical computer disc, photograph or master sample, or a combination thereof.
NOTE 2 A set of documents, for example specifications and records, is frequently called "documentation".
NOTE 3 Some **requirements** (3.1.2) (e.g. the requirement to be readable) relate to all types of documents, however there can be different requirements for specifications (e.g. the requirement to be revision controlled) and records (e.g. the requirement to be retrievable).

**3.7.3
specification**
document (3.7.2) stating **requirements** (3.1.2)
NOTE A specification can be related to activities (e.g. procedure document, process specification and test specification), or **products** (3.4.2) (e.g. product specification, performance specification and drawing).

**3.7.4
quality manual**
document (3.7.2) specifying the **quality management system** (3.2.3) of an **organization** (3.3.1)
NOTE Quality manuals can vary in detail and format to suit the size and complexity of an individual organization.

**3.7.5
quality plan**
document (3.7.2) specifying which **procedures** (3.4.5) and associated resources shall be applied by whom and when to a specific **project** (3.4.3), **product** (3.4.2), **process** (3.4.1) or contract

3.7 Termes relatifs à la documentation

**3.7.1
information**
données signifiantes

**3.7.2
document**
support d'information et l'**information** (3.7.1) qu'il contient
EXEMPLE **Enregistrement** (3.7.6), spécification (3.7.3), document de **procédure** (3.4.5), plan, rapport, norme.
NOTE 1 Le support peut être papier, disque informatique magnétique, électronique ou optique, photographie ou échantillon étalon, ou une combinaison de ceux-ci.
NOTE 2 Un ensemble de documents, par exemple spécifications et enregistrements, est couramment appelé «documentation».
NOTE 3 Certaines **exigences** (3.1.2) (par exemple l'exigence de lisibilité) se rapportent à tous les types de documents, il peut toutefois y avoir des exigences différentes pour les spécifications (par exemple l'exigence de maîtrise des révisions) et les enregistrements (par exemple l'exigence de récupération).

**3.7.3
spécification**
document (3.7.2) formulant des **exigences** (3.1.2)
NOTE Une spécification peut être liée à des activités (par exemple document de procédure, spécification de processus et spécification d'essai) ou à des **produits** (3.4.2) (par exemple spécification de produit, spécification de performance et plan).

**3.7.4
manuel qualité**
document (3.7.2) spécifiant le **système de management de la qualité** (3.2.3) d'un **organisme** (3.3.1)
NOTE Le degré de détail et la forme d'un manuel qualité peuvent varier pour s'adapter à la taille et la complexité d'un organisme particulier.

**3.7.5
plan qualité**
document (3.7.2) spécifiant quelles **procédures** (3.4.5) et ressources associées doivent être appliquées par qui et quand, pour un **projet** (3.4.3), un **produit** (3.4.2), un **processus** (3.4.1) ou un contrat particulier

EN ISO 9000:2005 (D/E/F)

ANMERKUNG 1   Diese Verfahren umfassen üblicherweise die Verfahren, die sich auf Qualitätsmanagementprozesse und auf Produktrealisierungsprozesse beziehen.

ANMERKUNG 2   Ein QM-Plan verweist häufig auf Teile des **QM-Handbuches** (3.7.4) oder auf Verfahrensdokumente.

ANMERKUNG 3   Ein QM-Plan ist üblicherweise eines der Ergebnisse der **Qualitätsplanung** (3.2.9).

3.7.6
Aufzeichnung
Dokument (3.7.2), das erreichte Ergebnisse angibt oder einen Nachweis ausgeführter Tätigkeiten bereitstellt

ANMERKUNG 1   Aufzeichnungen können beispielsweise angewendet werden zur Darlegung von **Rückverfolgbarkeit** (3.5.4) und zum Nachweis von **Verifizierung** (3.8.4), **Vorbeugungsmaßnahmen** (3.6.4) und **Korrekturmaßnahmen** (3.6.5).

ANMERKUNG 2   Aufzeichnungen bedürfen üblicherweise nicht einer Überwachung durch Revision.

3.8   Untersuchungsbezogene Begriffe

3.8.1
objektiver Nachweis
Daten, welche die Existenz oder Wahrheit von etwas bestätigen

ANMERKUNG   Objektive Nachweise können durch Beobachtung, Messung, **Test** (3.8.3) oder mit anderen Mitteln erbracht werden.

3.8.2
Prüfung;
Inspektion
Konformitätsbewertung durch Beobachten und Beurteilen, begleitet – soweit zutreffend – durch Messen, Testen oder Vergleichen

[ISO/IEC-Leitfaden 2]

3.8.3
Test
Ermitteln (der Merkmalswerte) eines oder mehrerer **Merkmale** (3.5.1) nach einem **Verfahren** (3.4.5)

3.8.4
Verifizierung
Bestätigung durch Bereitstellung eines **objektiven Nachweises** (3.8.1), dass festgelegte **Anforderungen** (3.1.2) erfüllt worden sind

ANMERKUNG 1   Die Benennung „verifiziert" wird zur Bezeichnung des entsprechenden Status verwendet.

ANMERKUNG 2   Bestätigungen können aus Tätigkeiten bestehen wie:
- Durchführen alternativer Berechnungen,
- Vergleichen einer neuen **Entwicklungsspezifikation** (3.7.3) mit einer bereits bewährten Entwicklungsspezifikation,
- Vornehmen von **Tests** (3.8.3) und Demonstrationen und
- Bewerten von Dokumenten, bevor sie herausgegeben werden.

NOTE 1   These procedures generally include those referring to quality management processes and to product realization processes.

NOTE 2   A quality plan often makes reference to parts of the **quality manual** (3.7.4) or to procedure documents.

NOTE 3   A quality plan is generally one of the results of **quality planning** (3.2.9).

3.7.6
record
document (3.7.2) stating results achieved or providing evidence of activities performed

NOTE 1   Records can be used, for example, to document **traceability** (3.5.4) and to provide evidence of **verification** (3.8.4), **preventive action** (3.6.4) and **corrective action** (3.6.5).

NOTE 2   Generally records need not be under revision control.

3.8   Terms relating to examination

3.8.1
objective evidence
data supporting the existence or verity of something

NOTE   Objective evidence may be obtained through observation, measurement, **test** (3.8.3), or other means.

3.8.2
inspection
conformity evaluation by observation and judgement accompanied as appropriate by measurement, testing or gauging

[ISO/IEC Guide 2]

3.8.3
test
determination of one or more **characteristics** (3.5.1) according to a **procedure** (3.4.5)

3.8.4
verification
confirmation, through the provision of **objective evidence** (3.8.1), that specified **requirements** (3.1.2) have been fulfilled

NOTE 1   The term "verified" is used to designate the corresponding status.

NOTE 2   Confirmation can comprise activities such as
- performing alternative calculations,
- comparing a new design **specification** (3.7.3) with a similar proven design specification,
- undertaking **tests** (3.8.3) and demonstrations, and
- reviewing documents prior to issue.

NOTE 1   Ces procédures comprennent généralement celles faisant référence aux processus de management de la qualité et aux processus de réalisation de produits.

NOTE 2   Un plan qualité fait souvent référence à des parties du **manuel qualité** (3.7.4) ou à des documents de procédure.

NOTE 3   Un plan qualité est généralement l'un des résultats de la **planification de la qualité** (3.2.9).

3.7.6
enregistrement
document (3.7.2) faisant état de résultats obtenus ou apportant la preuve de la réalisation d'une activité

NOTE 1   Les enregistrements peuvent, par exemple, documenter la **traçabilité** (3.5.4) et apporter la preuve que **vérification** (3.8.4), les **actions préventives** (3.6.4) et les **actions correctives** (3.6.5) ont été réalisées.

NOTE 2   En général, les enregistrements ne nécessitent pas de maîtrise des révisions.

3.8   Termes relatifs à l'examen

3.8.1
preuve tangible
données démontrant l'existence ou la véracité de quelque chose

NOTE   La preuve tangible est obtenue par observation, mesurage, **essai** (3.8.3) ou un autre moyen.

3.8.2
contrôle
évaluation de la conformité par observation et jugement accompagné, si nécessaire, de mesurages, d'essais ou de calibrage

[ISO/CEI Guide 2]

3.8.3
essai
détermination d'une ou de plusieurs **caractéristiques** (3.5.1) selon une **procédure** (3.4.5)

3.8.4
vérification
confirmation par des **preuves tangibles** (3.8.1) que les **exigences** (3.1.2) spécifiées ont été satisfaites

NOTE 1   Le terme «vérifié» désigne l'état correspondant.

NOTE 2   La confirmation peut couvrir des activités telles que
- réalisation d'autres calculs,
- comparaison d'une **spécification** (3.7.3) de conception nouvelle avec une spécification de conception similaire éprouvée,
- réalisation d'**essais** (3.8.3) et de démonstrations, et
- revue des documents avant diffusion.

3.8.5
Validierung
Bestätigung durch Bereitstellung eines **objektiven Nachweises** (3.8.1), dass die **Anforderungen** (3.1.2) für einen spezifischen beabsichtigten Gebrauch oder eine spezifische beabsichtigte Anwendung erfüllt worden sind
ANMERKUNG 1 Die Benennung „validiert" wird zur Bezeichnung des entsprechenden Status verwendet.
ANMERKUNG 2 Die Anwendungsbedingungen für Validierung können echt oder simuliert sein.

3.8.6
Qualifizierungsprozess
Prozess (3.4.1) zur Darlegung der Eignung, festgelegte **Anforderungen** (3.1.2) zu erfüllen
ANMERKUNG 1 Die Benennung „qualifiziert" wird zur Bezeichnung des entsprechenden Status verwendet.
ANMERKUNG 2 Qualifizierung kann Personen, **Produkte** (3.4.2), Prozesse oder **Systeme** (3.2.1) betreffen.
BEISPIEL Auditor-Qualifizierungsprozess, Werkstoff-Qualifizierungsprozess.

3.8.7
Bewertung
Tätigkeit zur Ermittlung der Eignung, Angemessenheit und **Wirksamkeit** (3.2.14) der Betrachtungseinheit, festgelegte Ziele zu erreichen
ANMERKUNG Bewertung kann auch die Ermittlung der **Effizienz** (3.2.15) enthalten.
BEISPIEL Managementbewertung [N2], Entwicklungsbewertung, Bewertung von Kundenanforderungen und Bewertung von Fehlern.

3.8.5
validation
confirmation, through the provision of **objective evidence** (3.8.1), that the **requirements** (3.1.2) for a specific intended use or application have been fulfilled
NOTE 1 The term "validated" is used to designate the corresponding status.
NOTE 2 The use conditions for validation can be real or simulated.

3.8.6
qualification process
process (3.4.1) to demonstrate the ability to fulfil specified **requirements** (3.1.2)
NOTE 1 The term "qualified" is used to designate the corresponding status.
NOTE 2 Qualification can concern persons, **products** (3.4.2), processes or **systems** (3.2.1).
EXAMPLE Auditor qualification process, material qualification process.

3.8.7
review
activity undertaken to determine the suitability, adequacy and **effectiveness** (3.2.14) of the subject matter to achieve established objectives
NOTE Review can also include the determination of **efficiency** (3.2.15).
EXAMPLE Management review, design and development review, review of customer requirements and nonconformity review.

3.8.5
validation
confirmation par des **preuves tangibles** (3.8.1) que les **exigences** (3.1.2) pour une utilisation spécifique ou une application prévues ont été satisfaites
NOTE 1 Le terme «validé» désigne l'état correspondant.
NOTE 2 Les conditions d'utilisation peuvent être réelles ou simulées.

3.8.6
processus de qualification
processus (3.4.1) permettant de démontrer l'aptitude à satisfaire les **exigences** (3.1.2) spécifiées
NOTE 1 Le terme «qualifié» désigne l'état correspondant.
NOTE 2 La qualification peut concerner les personnes, les **produits** (3.4.2), les processus et les **systèmes** (3.2.1).
EXEMPLE Processus de qualification d'auditeur, processus de qualification de matériau.

3.8.7
revue
examen entrepris pour déterminer la pertinence, l'adéquation et l'**efficacité** (3.2.14) de ce qui est examiné à atteindre des objectifs définis
NOTE La revue peut également inclure la détermination de l'**efficience** (3.2.15).
EXEMPLE Revue de direction, revue de conception et développement, revue des exigences du client et revue de non-conformité.

3.9 Auditbezogene Begriffe

3.9.1
Audit
systematischer, unabhängiger und dokumentierter **Prozess** (3.4.1) zur Erlangung von **Auditnachweisen** (3.9.4) und zu deren objektiver Auswertung, um zu ermitteln, inwieweit **Auditkriterien** (3.9.3) erfüllt sind
ANMERKUNG 1 Interne Audits, manchmal auch „Erstparteien-Audits" genannt, werden von der **Organisation** (3.3.1) selbst oder in ihrem Auftrag für eine Managementbewertung und andere interne Zwecke durchgeführt. Sie können die Grundlage für eine **Konformitäts**erklärung (3.6.1) einer Organisation bilden. In vielen Fällen, insbesondere bei kleinen Organisationen, kann die Unabhängigkeit dargelegt werden durch die Freiheit von Verantwortung für die zu auditierenden Tätigkeiten.

3.9 Terms relating to audit

3.9.1
audit
systematic, independent and documented **process** (3.4.1) for obtaining **audit evidence** (3.9.4) and evaluating it objectively to determine the extent to which **audit criteria** (3.9.3) are fulfilled
NOTE 1 Internal audits, sometimes called first-party audits, are conducted by, or on behalf of, the **organization** (3.3.1) itself for management review and other internal purposes, and may form the basis for an organization's declaration of **conformity** (3.6.1). In many cases, particularly in smaller organizations, independence can be demonstrated by the freedom from responsibility for the activity being audited.

3.9 Termes relatifs à l'audit

3.9.1
audit
processus (3.4.1) méthodique, indépendant et documenté, permettant d'obtenir des **preuves d'audit** (3.9.4) et de les évaluer de manière objective pour déterminer dans quelle mesure les **critères d'audit** (3.9.3) sont satisfaits
NOTE 1 Les audits internes, parfois appelés audits de première partie, sont réalisés par, ou pour le compte de l'**organisme** (3.3.1) lui-même pour la revue de direction et d'autres besoins internes. Ils peuvent servir de base à la déclaration de **conformité** (3.6.1) de l'organisme. Dans de nombreux cas et en particulier pour les petits organismes, l'indépendance peut être démontrée par l'absence de responsabilité vis-à-vis de l'activité à auditer.

[N2] Nationale Fußnote: Die Managementbewertung heißt auch „Bewertung des Qualitätsmanagementsystems durch die oberste Leitung".

ANMERKUNG 2 Externe Audits schließen ein, was allgemein „Zweit-" oder „Drittparteien-Audits" genannt wird. Zweitparteien-Audits werden von Parteien, die ein Interesse an der Organisation haben, wie z. B. **Kunden** (3.3.5), oder von Personen in deren Auftrag durchgeführt. Drittparteien-Audits werden von externen unabhängigen Organisationen durchgeführt, wie zum Beispiel denjenigen, die eine Registrierung oder Zertifizierung der Konformität mit ISO 9001 oder ISO 14001 bieten.

ANMERKUNG 3 Wenn zwei oder mehr **Managementsysteme** (3.2.2) zusammen auditiert werden, wird dies als „kombiniertes Audit" bezeichnet.

ANMERKUNG 4 Wenn zwei oder mehr Auditorganisationen zusammenarbeiten, um eine **auditierte Organisation** (3.9.8) zu auditieren, wird dies als „gemeinschaftliches Audit" bezeichnet.

3.9.2
Auditprogramm
Satz von einem oder mehreren **Audits** (3.9.1), die für einen spezifischen Zeitraum geplant werden und auf einen spezifischen Zweck gerichtet sind

ANMERKUNG Ein Auditprogramm enthält alle Tätigkeiten, die für Planen, Organisieren und Durchführen der Audits erforderlich sind.

3.9.3
Auditkriterien
Satz von Vorgehensweisen, **Verfahren** (3.4.5) oder **Anforderungen** (3.1.2)

ANMERKUNG Auditkriterien werden als Bezugsgrundlage angewendet, mit der ein **Auditnachweis** (3.9.4) verglichen wird.

3.9.4
Auditnachweis
Aufzeichnungen (3.7.6), Tatsachenfeststellungen oder andere **Informationen** (3.7.1), die für die **Auditkriterien** (3.9.3) zutreffen und verifizierbar sind

ANMERKUNG Auditnachweise können qualitativ oder quantitativ sein.

3.9.5
Auditfeststellung
Ergebnisse der Beurteilung der zusammengestellten **Auditnachweise** (3.9.4) gegen **Auditkriterien** (3.9.3)

ANMERKUNG Auditfeststellungen können entweder **Konformität** (3.6.1) mit Auditkriterien oder **Fehler** (3.6.2) oder Verbesserungsmöglichkeiten aufzeigen.

3.9.6
Auditschlussfolgerung
Ergebnis eines **Audits** (3.9.1), welches das **Auditteam** (3.9.10) nach Erwägung der Auditziele und aller **Auditfeststellungen** (3.9.5) geliefert hat

3.9.7
Auditauftraggeber
Organisation (3.3.1) oder Person, die ein **Audit** (3.9.1) anfordert

---

NOTE 2 External audits include those generally termed second- and third-party audits. Second-party audits are conducted by parties having an interest in the organization, such as **customers** (3.3.5), or by other persons on their behalf. Third-party audits are conducted by external, independent auditing organizations, such as those providing certification/registration of conformity to ISO 9001 or ISO 14001.

NOTE 3 When two or more **management systems** (3.2.2) are audited together, this is termed a combined audit.

NOTE 4 When two or more auditing organizations cooperate to audit a single **auditee** (3.9.8), this is termed a joint audit.

3.9.2
audit programme
set of one or more **audits** (3.9.1) planned for a specific time frame and directed towards a specific purpose

NOTE An audit programme includes all activities necessary for planning, organizing and conducting the audits.

3.9.3
audit criteria
set of policies, **procedures** (3.4.5) or **requirements** (3.1.2)

NOTE Audit criteria are used as a reference against which **audit evidence** (3.9.4) is compared.

3.9.4
audit evidence
records (3.7.6), statements of fact or other **information** (3.7.1) which are relevant to the **audit criteria** (3.9.3) and verifiable

NOTE Audit evidence can be qualitative or quantitative.

3.9.5
audit findings
results of the evaluation of the collected **audit evidence** (3.9.4) against **audit criteria** (3.9.3)

NOTE Audit findings can indicate either conformity (3.6.1) or nonconformity (3.6.2) with audit criteria or opportunities for improvement.

3.9.6
audit conclusion
outcome of an **audit** (3.9.1) provided by the **audit team** (3.9.10) after consideration of the audit objectives and all **audit findings** (3.9.5)

3.9.7
audit client
organization (3.3.1) or person requesting an **audit** (3.9.1)

NOTE 2 Les audits externes comprennent les audits appelés généralement audits de seconde et de tierce partie. Les audits de seconde partie sont réalisés par des parties ayant un intérêt à l'égard de l'organisme, comme les **clients** (3.3.5) ou d'autres personnes agissant en leur nom. Les audits de tierce partie sont réalisés par des organismes d'audit externes et indépendants tels que ceux qui octroient l'enregistrement ou la certification de conformité à l'ISO 9001 et à l'ISO 14001.

NOTE 3 Lorsque deux ou plusieurs **systèmes de management** (3.2.2) sont audités ensemble, on parle d'audit combiné.

NOTE 4 Lorsque deux ou plusieurs organismes d'audit coopèrent pour auditer un seul **audité** (3.9.8), on parle d'audit conjoint.

3.9.2
programme d'audit
ensemble d'un ou plusieurs **audits** (3.9.1) planifié pour une durée spécifique et dirigé dans un but spécifique

NOTE Un programme d'audit comprend toutes les activités nécessaires pour la planification, l'organisation et la réalisation des audits.

3.9.3
critères d'audit
ensembles de politiques, **procédures** (3.4.5) ou **exigences** (3.1.2)

NOTE 1 Les critères d'audit sont la référence vis-à-vis de laquelle les **preuves d'audit** (3.9.4) sont comparées.

NOTE 2 En français, les critères d'audit sont couramment appelés référentiel d'audit.

3.9.4
preuves d'audit
enregistrements (3.7.6), énoncés de faits ou d'autres **informations** (3.7.1) pertinents pour les **critères d'audit** (3.9.3) et vérifiables

NOTE Les preuves d'audit peuvent être qualitatives ou quantitatives.

3.9.5
constatations d'audit
résultats de l'évaluation des **preuves d'audit** (3.9.4) par rapport aux **critères d'audit** (3.9.3)

NOTE Les constats d'audit peuvent indiquer la **conformité** (3.6.1) ou la **non-conformité** (3.6.2) aux critères d'audit ou des opportunités d'amélioration.

3.9.6
conclusions d'audit
résultat d'un **audit** (3.9.1) auquel l'**équipe d'audit** (3.9.10) parvient après avoir pris en considération les objectifs de l'audit et toutes les **constatations d'audit** (3.9.5)

3.9.7
client de l'audit
organisme (3.3.1) ou personne demandant un **audit** (3.9.1)

ANMERKUNG Der Auditauftraggeber kann die **auditierte Organisation** (3.9.8) oder eine andere **Organisation** (3.3.1) sein, welche das gesetzliche oder vertragliche Recht hat, ein Audit anzufordern.

NOTE The audit client may be the **auditee** (3.9.8) or any other **organization** (3.3.1) that has the regulatory or contractual right to request an audit.

NOTE Le commanditaire peut être l'**audité** (3.9.8) ou tout autre **organisme** (3.3.1) qui a le droit réglementaire ou contractuel de demander un audit.

3.9.8
auditierte Organisation
Organisation (3.3.1), die auditiert wird

3.9.8
auditee
organization (3.3.1) being audited

3.9.8
audité
organisme (3.3.1) qui est audité

3.9.9
Auditor
Person mit den dargelegten persönlichen Eigenschaften und der **Kompetenz** (3.1.6 und 3.9.14), ein **Audit** (3.9.1) durchzuführen

ANMERKUNG Die relevanten persönlichen Eigenschaften eines Auditors sind in ISO 19011 beschrieben.

3.9.9
auditor
person with the demonstrated personal attributes and **competence** (3.1.6 and 3.9.14) to conduct an **audit** (3.9.1)

NOTE The relevant personal attributes for an auditor are described in ISO 19011.

3.9.9
auditeur
personne possédant des capacités personnelles et démontrées ainsi que la **compétence** (3.1.6 et 3.9.14) nécessaire pour réaliser un **audit** (3.9.1)

NOTE Les capacités personnelles appropriées pour un auditeur sont décrites dans la norme ISO 19011.

3.9.10
Auditteam
ein oder mehrere **Auditoren** (3.9.9), die ein **Audit** (3.9.1) durchführen, nötigenfalls unterstützt durch **Sachkundige** (3.9.11)

ANMERKUNG 1 Ein Auditor des Auditteams wird als Leiter des Auditteams eingesetzt.

ANMERKUNG 2 Zum Auditteam können auch in der Ausbildung befindliche Auditoren gehören.

3.9.10
audit team
one or more **auditors** (3.9.9) conducting an **audit** (3.9.1), supported if needed by **technical experts** (3.9.11)

NOTE 1 One auditor of the audit team is appointed as the audit team leader.

NOTE 2 The audit team may include auditors in-training.

3.9.10
équipe d'audit
un ou plusieurs **auditeurs** (3.9.9) réalisant un **audit** (3.9.1), assistés, si nécessaire, par des **experts techniques** (3.9.11)

NOTE 1 Un auditeur de l'équipe d'audit est nommé responsable de l'équipe d'audit.

NOTE 2 L'équipe d'audit peut comprendre des auditeurs en formation.

3.9.11
Sachkundiger
<Audit> Person, die spezielle Kenntnisse oder Fachwissen dem **Auditteam** (3.9.10) zur Verfügung stellt

ANMERKUNG 1 Spezielle Kenntnisse oder Fachwissen beziehen sich auf die **Organisation** (3.3.1), den **Prozess** (3.4.1) oder die zu auditierende Tätigkeit, die Sprache oder Kultur.

ANMERKUNG 2 Ein Sachkundiger handelt nicht als **Auditor** (3.9.9) des Auditteams.

3.9.11
technical expert
<audit> person who provides specific knowledge or expertise to the **audit team** (3.9.10)

NOTE 1 Specific knowledge or expertise relates to the **organization** (3.3.1), the **process** (3.4.1) or activity to be audited, or language or culture.

NOTE 2 A technical expert does not act as an **auditor** (3.9.9) in the audit team.

3.9.11
expert technique
<audit> personne apportant à l'**équipe d'audit** (3.9.10) des connaissances ou une expertise spécifiques

NOTE 1 Ces connaissances ou cette expertise spécifiques sont relatives à l'**organisme** (3.3.1), au **processus** (3.4.1) ou à l'activité à auditer, ou elles consistent en une assistance linguistique ou culturelle.

NOTE 2 Au sein de l'équipe d'audit, un expert technique n'agit pas en tant qu'**auditeur** (3.9.9).

3.9.12
Auditplan
Beschreibung der Tätigkeiten und Vorkehrungen für ein **Audit** (3.9.1)

3.9.12
audit plan
description of the activities and arrangements for an **audit** (3.9.1)

3.9.12
plan d'audit
description des activités et des dispositions nécessaires pour réaliser un **audit** (3.9.1)

3.9.13
Auditumfang
Ausmaß und Grenzen eines **Audits** (3.9.1)

ANMERKUNG Der Auditumfang enthält im Allgemeinen eine Beschreibung der physikalischen Ortsangaben, der organisatorischen Einheiten, der Tätigkeiten und **Prozesse** (3.4.1) sowie der betrachteten Zeitspanne.

3.9.13
audit scope
extent and boundaries of an **audit** (3.9.1)

NOTE The audit scope generally includes a description of the physical locations, organizational units, activities and **processes** (3.4.1), as well as the time period covered.

3.9.13
champ de l'audit
étendue et limites d'un **audit** (3.9.1)

NOTE Le champ décrit généralement les lieux, les unités organisationnelles, les activités et les **processus** (3.4.1) ainsi que la période de temps couverte.

3.9.14
Kompetenz
<Audit> nachgewiesene persönliche Eigenschaften und nachgewiesene Eignung zur Anwendung von Wissen und Fertigkeiten

3.9.14
competence
<audit> demonstrated personal attributes and demonstrated ability to apply knowledge and skills

3.9.14
compétence
<audit> qualités personnelles et capacité démontrées à appliquer des connaissances et des aptitudes

3.10 Auf Qualitätsmanagement bei Messprozessen bezogene Begriffe

3.10.1
Messmanagementsystem
Satz von in Wechselbeziehung oder Wechselwirkung stehenden Elementen, der zur Erzielung der **metrologischen Bestätigung** (3.10.3) und zur ständigen Überwachung von **Messprozessen** (3.10.2) erforderlich ist

3.10.2
Messprozess
Satz von Tätigkeiten zur Ermittlung eines Größenwertes

3.10.3
metrologische Bestätigung
Satz von notwendigen Tätigkeiten, um sicherzustellen, dass ein **Messmittel** (3.10.4) die **Anforderungen** (3.1.2) an seinen beabsichtigten Gebrauch erfüllt

ANMERKUNG 1 Üblicherweise umfasst die metrologische Bestätigung Kalibrierung oder **Verifizierung** (3.8.4), jede erforderliche Einstellung oder **Reparatur** (3.6.9) mit nachfolgender Neukalibrierung, den Vergleich mit den metrologischen Anforderungen für die beabsichtigte Anwendung des Messmittels sowie alle erforderlichen Plombierungen und Etikettierungen.

ANMERKUNG 2 Eine metrologische Bestätigung ist erst dann erreicht, wenn die Eignung des Messmittels für die beabsichtigte Anwendung dargelegt und dokumentiert ist.

ANMERKUNG 3 Die Anforderungen für den beabsichtigten Gebrauch enthalten Gesichtspunkte wie Messbereich, Auflösung und Grenzwerte für Messabweichungen.

ANMERKUNG 4 Anforderungen der metrologischen Bestätigung unterscheiden sich in der Regel von Produktanforderungen und sind in letzteren nicht festgelegt.

3.10.4
Messmittel
Messgerät, Software, Messnormal, Referenzmaterial oder apparative Hilfsmittel oder eine Kombination davon, wie sie zur Realisierung eines **Messprozesses** (3.10.2) erforderlich sind

3.10.5
metrologisches Merkmal
kennzeichnende Eigenschaft, die die Messergebnisse beeinflussen kann

ANMERKUNG 1 Ein **Messmittel** (3.10.4) hat üblicherweise mehrere metrologische Merkmale.

ANMERKUNG 2 Metrologische Merkmale können der Kalibrierung unterliegen.

3.10.6
Funktionsbereich Metrologie
Funktionsbereich mit organisatorischer und technischer Verantwortung für die Festlegung und Verwirklichung des **Messmanagementsystems** (3.10.1)

ANMERKUNG [Die Anmerkung ist für den deutschen Text nicht relevant.]

3.10 Terms related to quality management for measurement processes

3.10.1
measurement management system
set of interrelated and interacting elements necessary to achieve **metrological confirmation** (3.10.3) and continual control of **measurement processes** (3.10.2)

3.10.2
measurement process
set of operations to determine the value of a quantity

3.10.3
metrological confirmation
set of operations required to ensure that **measuring equipment** (3.10.4) conforms to the **requirements** (3.1.2) for its intended use

NOTE 1 Metrological confirmation generally includes calibration or **verification** (3.8.4), any necessary adjustment or repair (3.6.9), and subsequent recalibration, comparison with the metrological requirements for the intended use of the equipment, as well as any required sealing and labelling.

NOTE 2 Metrological confirmation is not achieved until and unless the fitness of the measuring equipment for the intended use has been demonstrated and documented.

NOTE 3 The requirements for intended use include such considerations as range, resolution and maximum permissible errors.

NOTE 4 Metrological requirements are usually distinct from, and are not specified in, product requirements.

3.10.4
measuring equipment
measuring instrument, software, measurement standard, reference material or auxiliary apparatus or combination thereof necessary to realize a **measurement process** (3.10.2)

3.10.5
metrological characteristic
distinguishing feature which can influence the results of measurement

NOTE 1 **Measuring equipment** (3.10.4) usually has several metrological characteristics.

NOTE 2 Metrological characteristics can be the subject of calibration.

3.10.6
metrological function
function with administrative and technical responsibility for defining and implementing the **measurement management system** (3.10.1)

NOTE The word "defining" has the meaning of "specifying". It is not used in the terminological sense of "defining a concept" (in some languages, this distinction is not clear from the context alone).

3.10 Termes relatifs au management de la qualité pour les processus de mesure

3.10.1
système de management de la mesure
ensemble d'éléments corrélés ou interactifs nécessaires pour effectuer une **confirmation métrologique** (3.10.3) et un contrôle continu des **processus de mesure** (3.10.2)

3.10.2
processus de mesure
ensemble d'opérations permettant de déterminer la valeur d'une grandeur

3.10.3
confirmation métrologique
ensemble d'opérations requises pour assurer qu'un **équipement de mesure** (3.10.4) est conforme aux **exigences** (3.1.2) pour son utilisation prévue

NOTE 1 La confirmation métrologique comprend généralement l'étalonnage ou la **vérification** (3.8.4), tout réglage nécessaire ou la **réparation** (3.6.9) et le réétalonnage, la comparaison avec les exigences métrologiques pour l'utilisation prévue de l'équipement de mesure ainsi que tout verrouillage et étiquetage requis.

NOTE 2 La confirmation métrologique n'est considérée comme achevée que lorsque, et si, l'aptitude de l'équipement de mesure pour l'utilisation prévue est démontrée et documentée.

NOTE 3 Les exigences pour l'utilisation attendue peuvent comprendre des considérations telles que l'étendue, la résolution, les erreurs maximales tolérées, etc.

NOTE 4 Les exigences relatives à la confirmation métrologique sont distinctes des, et ne sont pas spécifiées dans les exigences pour le produit.

3.10.4
équipement de mesure
instrument de mesure, logiciel, étalon de mesure, matériau de référence ou appareil auxiliaire ou combinaison de ceux-ci, nécessaire pour réaliser un **processus de mesure** (3.10.2)

3.10.5
caractéristique métrologique
trait distinctif qui peut avoir une influence sur les résultats d'une mesure

NOTE 1 Un **équipement de mesure** (3.10.4) a généralement plusieurs caractéristiques métrologiques.

NOTE 2 Les caractéristiques métrologiques peuvent être soumises à étalonnage.

3.10.6
fonction métrologique
fonction qui a la responsabilité administrative et technique de définir et de mettre en œuvre le **système de management de la mesure** (3.10.1)

Anhang A
(informativ)

Bei der Entwicklung der Begriffe benutzte Methoden

A.1 Einleitung

Die universelle Anwendbarkeit der Normen der ISO-9000-Familie verlangt den Einsatz
- einer technischen Beschreibung, aber ohne Benutzung einer technischen Fachsprache, und
- kohärenter und harmonisierter Begriffe, die leicht von allen potenziellen Anwendern von Qualitätsmanagementsystem-Normen verstanden werden.

Begriffe existieren nicht unabhängig voneinander, und eine Analyse der Beziehungen zwischen Begriffen im Bereich Qualitätsmanagementsysteme und deren Einordnung in Begriffssysteme ist eine Voraussetzung für die Entwicklung eines kohärenten Begriffsinventars. Eine derartige Analyse wurde bei der Entwicklung der in dieser Internationalen Norm festgelegten Begriffe durchgeführt. Da die im Entwicklungsprozess benutzten Begriffsdiagramme hilfreich sein können, sind sie in A.4 wiedergegeben.

A.2 Inhalt eines Eintrags und Substitutionsregel

Der Begriff ist die Transfer-Einheit zwischen Sprachen (einschließlich Varianten innerhalb einer Sprache, z. B. amerikanisches Englisch und britisches Englisch). Für jede Sprache ist die für ein weitgehendes Verständnis des Begriffs in dieser Sprache am besten geeignete Benennung gewählt, d. h. keine lexikongetreue Übersetzung.

Eine Definition wird durch Beschreibung nur jener Merkmale, die wesentlich für das Erkennen des Begriffs sind, gebildet. Den Begriff betreffende Informationen, die wichtig, aber nicht wesentlich für seine Beschreibung sind, stehen in einer oder mehreren Anmerkungen zur Definition.

Wenn eine Benennung durch ihre Definition mit geringfügigen Änderungen im Satzbau substituiert wird, sollte sich kein geänderter Sinn des Textes ergeben. Solch eine Substitution ist eine einfache Methode zur Prüfung der Genauigkeit einer Definition. Wenn die Definition jedoch komplex ist, derart, dass sie mehrere Benennungen enthält, substituiert man am besten nur durch eine oder höchstens zwei Definitionen auf einmal. Die vollständige Substitution aller Benennungen ist im Satzbau schwierig zu erreichen und erschwert das Überblicken des Sinnes.

A.3 Begriffsbeziehungen und ihre graphische Darstellung

A.3.1 Allgemeines

In der Terminologiearbeit gründen sich die Beziehungen zwischen Begriffen auf die hierarchische Einstufung der Merkmale derart, sodass die am wenigsten aufwändige Beschreibung eines Begriffs das Nennen seiner Art und Beschreiben der Merkmale ist, die ihn von seinem Eltern- oder Geschwisterbegriff unterscheiden.

In diesem Anhang sind drei grundlegende Arten von Begriffsbeziehungen erwähnt: die Abstraktionsbeziehung (A.3.2), die Bestandsbeziehung (A.3.3) und die assoziative Beziehung (A.3.4).

A.3.2 Abstraktionsbeziehung

Unterbegriffe in der Hierarchie erben alle Merkmale des Oberbegriffs und enthalten Beschreibungen derjenigen Merkmale, die sie vom Ober-(Eltern-) und zugeordneten (Geschwister-)Begriff unterscheiden, z. B. die Beziehung von Frühling, Sommer, Herbst und Winter zu Jahreszeit.

Abstraktionsbeziehungen werden durch schräg verlaufende Linien ohne Pfeilspitzen dargestellt (siehe Bild A.1).

Jahreszeit

Frühling   Sommer   Herbst

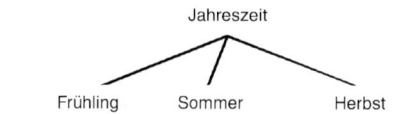

Bild A.1 — Graphische Darstellung einer Abstraktionsbeziehung

A.3.3 Bestandsbeziehung

Unterbegriffe in der Hierarchie sind konstituierende Elemente des Oberbegriffs, z. B. können Frühling, Sommer, Herbst und Winter als Elemente des Begriffs Jahr definiert werden. Dagegen ist es unzweckmäßig, sonniges Wetter (ein mögliches Merkmal des Sommers) als Element eines Jahres zu definieren.

Bestandsbeziehungen werden durch senkrecht und waagerecht verlaufende Linien ohne Pfeilspitzen dargestellt (siehe Bild A.2). Singuläre Elemente werden durch eine Linie, multiple Elemente durch Doppellinien dargestellt.

```
                    Jahr
         ┌───────────┼───────────┐
      Frühling    Sommer      Winter
```

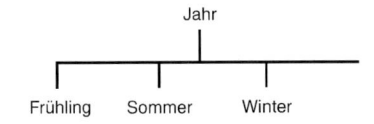

Bild A.2 – Graphische Darstellung einer Bestandsbeziehung

A.3.4 Assoziative Beziehung

Assoziative Beziehungen sind in der Darstellung nicht so unaufwändig wie Abstraktionsbeziehungen und Bestandsbeziehungen, aber dennoch hilfreich beim Erkennen der Art der Beziehung zwischen einem und einem anderen Begriff in einem Begriffsplan, z. B. Ursache und Wirkung, Tätigkeit und Ort, Tätigkeit und Ergebnis, Werkzeug und Funktion, Material und Produkt.

Assoziative Beziehungen werden durch Linien mit Pfeilspitzen an beiden Enden dargestellt (siehe Bild A.3)..

```
     Sonnenschein  ◄────────────►  Sommer
```

Bild A.3 – Graphische Darstellung einer assoziativen Beziehung

A.4 Begriffsdiagramme

Die Bilder A.4 bis A.13 zeigen Begriffsdiagramme, auf denen die thematischen Gruppen in Abschnitt 3 beruhen.

Da die zu den Benennungen gehörigen Definitionen in diesem Abschnitt ohne die zugehörigen Anmerkungen aufgeführt werden, wird empfohlen, in Bezug auf die Anmerkungen den Abschnitt 3 heranzuziehen.

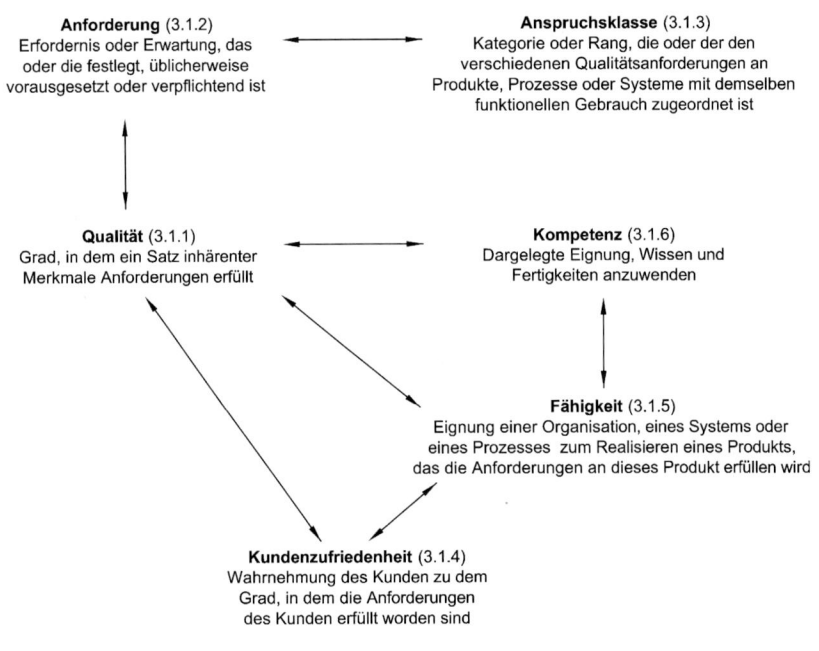

Anforderung (3.1.2)
Erfordernis oder Erwartung, das oder die festlegt, üblicherweise vorausgesetzt oder verpflichtend ist

Anspruchsklasse (3.1.3)
Kategorie oder Rang, die oder der den verschiedenen Qualitätsanforderungen an Produkte, Prozesse oder Systeme mit demselben funktionellen Gebrauch zugeordnet ist

Qualität (3.1.1)
Grad, in dem ein Satz inhärenter Merkmale Anforderungen erfüllt

Kompetenz (3.1.6)
Dargelegte Eignung, Wissen und Fertigkeiten anzuwenden

Fähigkeit (3.1.5)
Eignung einer Organisation, eines Systems oder eines Prozesses zum Realisieren eines Produkts, das die Anforderungen an dieses Produkt erfüllen wird

Kundenzufriedenheit (3.1.4)
Wahrnehmung des Kunden zu dem Grad, in dem die Anforderungen des Kunden erfüllt worden sind

Bild A.4 – Qualitätsbezogene Begriffe (3.1)

EN ISO 9000:2005 (D/E/F)

System (3.2.1)
Satz von in Wechselbeziehung oder Wechselwirkung stehenden Elementen

Management (3.2.6)
Aufeinander abgestimmte Tätigkeiten zum Leiten und Lenken einer Organisation

Oberste Leitung (3.2.7)
Person oder Personengruppe, die eine Organisation auf der obersten Ebene leitet und lenkt

Managementsystem (3.2.2)
System zum Festlegen von Politik und Zielen sowie zum Erreichen dieser Ziele

Qualitätspolitik (3.2.4)
Übergeordnete Absichten und Ausrichtung einer Organisation zur Qualität, formell ausgedrückt durch die oberste Leitung

Qualitätsmanagementsystem (3.2.3)
Managementsystem zum Leiten und Lenken einer Organisation bezüglich der Qualität

Qualitätsanagement (3.2.8)
Aufeinander abgestimmte Tätigkeiten zum Leiten und Lenken einer Organisation bezüglich Qualität

Qualitätsziel (3.2.5)
Etwas bezüglich Qualität Angestrebtes oder zu Erreichendes

Ständige Verbesserung (3.2.13)
Wiederkehrende Tätigkeiten zur Erhöhung der Eignung, Anforderungen zu erfüllen

Qualitätsplanung (3.2.9)
Teil des Qualitätsmanagements, der auf das Festlegen der Qualitätsziele und der notwendigen Ausführungsprozesse sowie der zugehörigen Ressourcen zum Erreichen der Qualitätsziele gerichtet ist

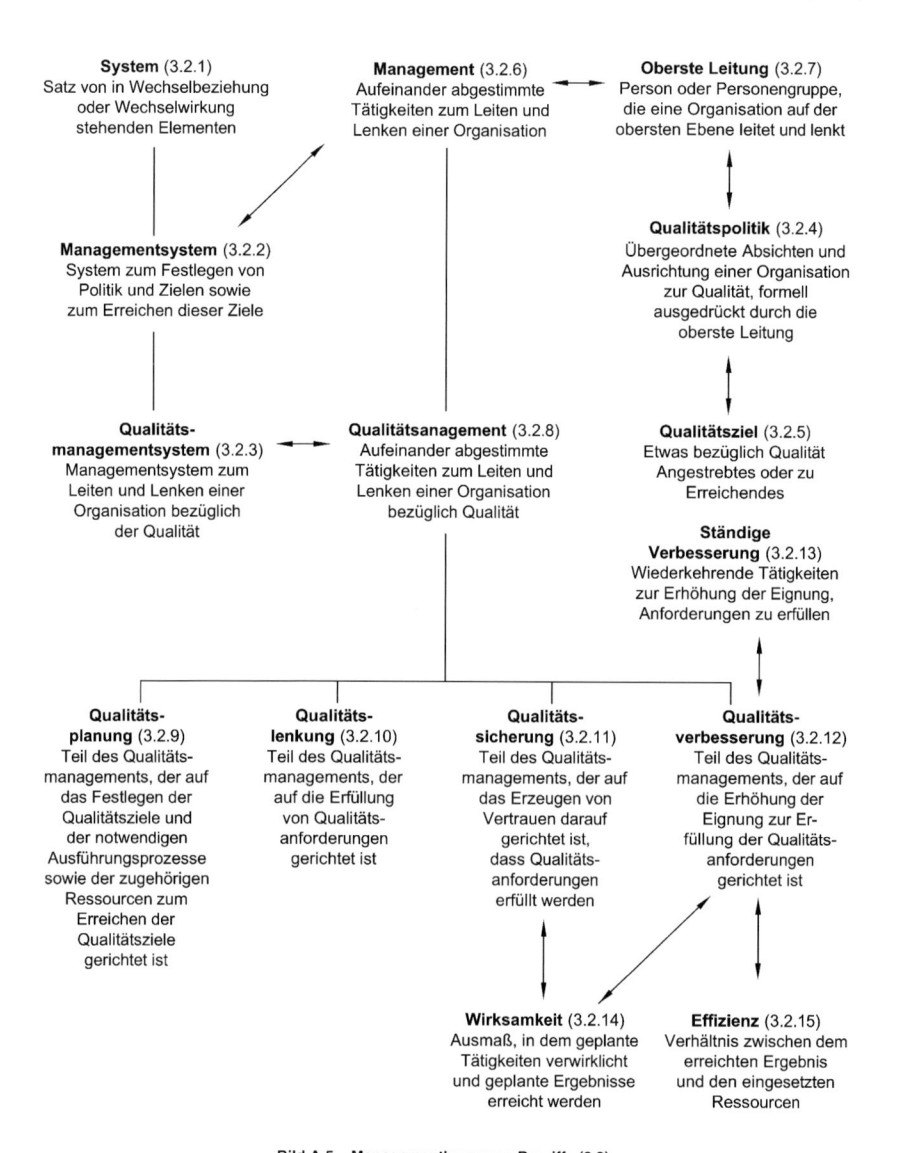

Qualitätslenkung (3.2.10)
Teil des Qualitätsmanagements, der auf die Erfüllung von Qualitätsanforderungen gerichtet ist

Qualitätssicherung (3.2.11)
Teil des Qualitätsmanagements, der auf das Erzeugen von Vertrauen darauf gerichtet ist, dass Qualitätsanforderungen erfüllt werden

Qualitätsverbesserung (3.2.12)
Teil des Qualitätsmanagements, der auf die Erhöhung der Eignung zur Erfüllung der Qualitätsanforderungen gerichtet ist

Wirksamkeit (3.2.14)
Ausmaß, in dem geplante Tätigkeiten verwirklicht und geplante Ergebnisse erreicht werden

Effizienz (3.2.15)
Verhältnis zwischen dem erreichten Ergebnis und den eingesetzten Ressourcen

Bild A.5 – Managementbezogene Begriffe (3.2)

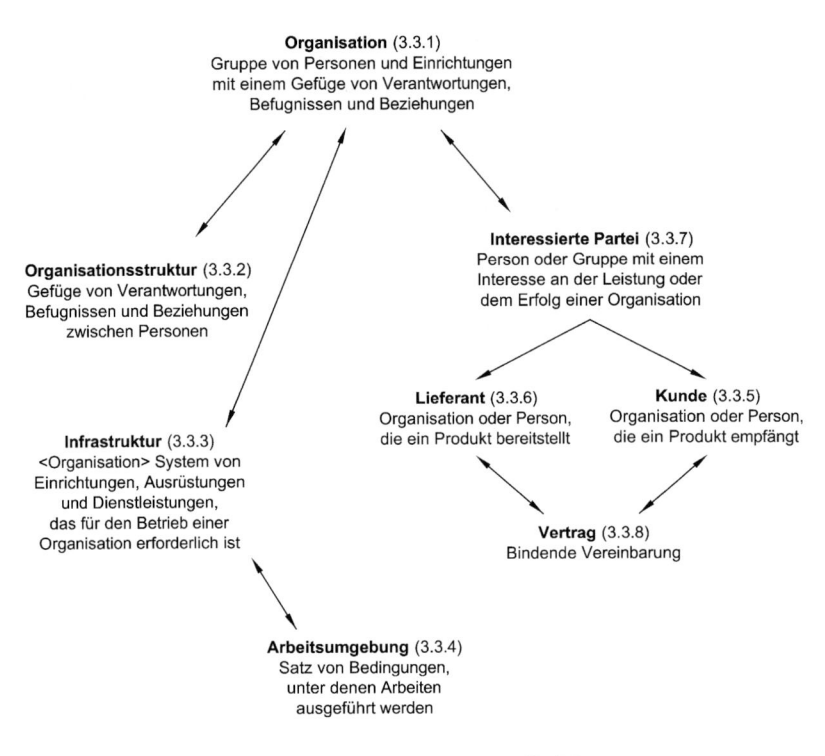

Organisation (3.3.1)
Gruppe von Personen und Einrichtungen
mit einem Gefüge von Verantwortungen,
Befugnissen und Beziehungen

Organisationsstruktur (3.3.2)
Gefüge von Verantwortungen,
Befugnissen und Beziehungen
zwischen Personen

Interessierte Partei (3.3.7)
Person oder Gruppe mit einem
Interesse an der Leistung oder
dem Erfolg einer Organisation

Infrastruktur (3.3.3)
<Organisation> System von
Einrichtungen, Ausrüstungen
und Dienstleistungen,
das für den Betrieb einer
Organisation erforderlich ist

Lieferant (3.3.6)
Organisation oder Person,
die ein Produkt bereitstellt

Kunde (3.3.5)
Organisation oder Person,
die ein Produkt empfängt

Vertrag (3.3.8)
Bindende Vereinbarung

Arbeitsumgebung (3.3.4)
Satz von Bedingungen,
unter denen Arbeiten
ausgeführt werden

Bild A.6 – Organisationsbezogene Begriffe (3.3)

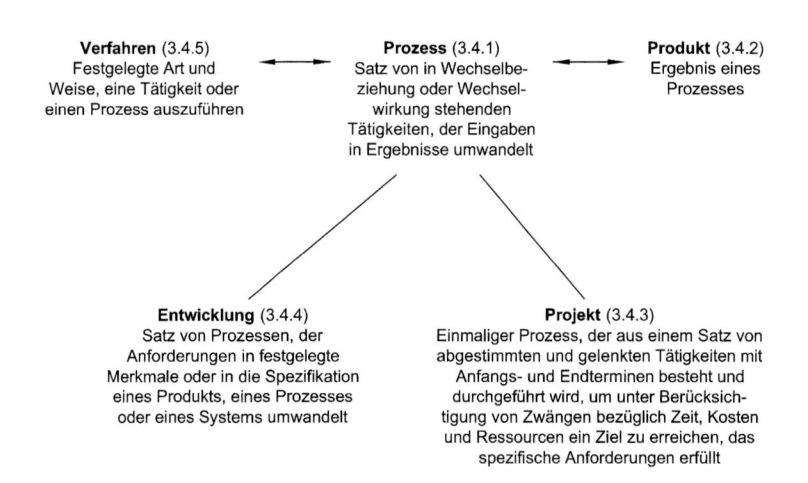

Verfahren (3.4.5)
Festgelegte Art und
Weise, eine Tätigkeit oder
einen Prozess auszuführen

Prozess (3.4.1)
Satz von in Wechselbe-
ziehung oder Wechsel-
wirkung stehenden
Tätigkeiten, der Eingaben
in Ergebnisse umwandelt

Produkt (3.4.2)
Ergebnis eines
Prozesses

Entwicklung (3.4.4)
Satz von Prozessen, der
Anforderungen in festgelegte
Merkmale oder in die Spezifikation
eines Produkts, eines Prozesses
oder eines Systems umwandelt

Projekt (3.4.3)
Einmaliger Prozess, der aus einem Satz von
abgestimmten und gelenkten Tätigkeiten mit
Anfangs- und Endterminen besteht und
durchgeführt wird, um unter Berücksichtigung von Zwängen bezüglich Zeit, Kosten
und Ressourcen ein Ziel zu erreichen, das
spezifische Anforderungen erfüllt

Bild A.7 – Prozess- und produktbezogene Begriffe (3.4)

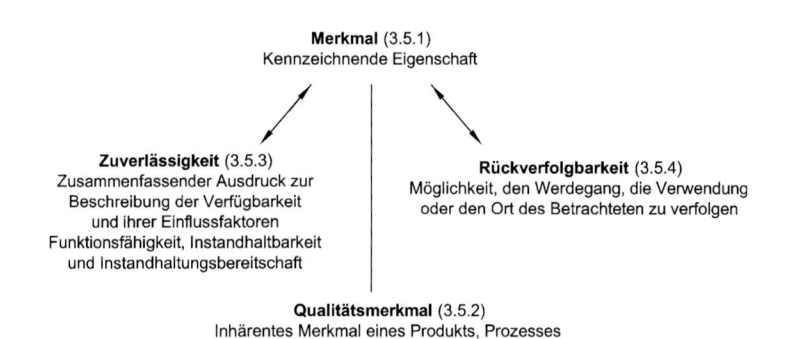

Merkmal (3.5.1)
Kennzeichnende Eigenschaft

Zuverlässigkeit (3.5.3)
Zusammenfassender Ausdruck zur
Beschreibung der Verfügbarkeit
und ihrer Einflussfaktoren
Funktionsfähigkeit, Instandhaltbarkeit
und Instandhaltungsbereitschaft

Rückverfolgbarkeit (3.5.4)
Möglichkeit, den Werdegang, die Verwendung
oder den Ort des Betrachteten zu verfolgen

Qualitätsmerkmal (3.5.2)
Inhärentes Merkmal eines Produkts, Prozesses
oder Systems, das sich auf eine Anforderung bezieht

Bild A.8 – Merkmalsbezogene Begriffe (3.5)

EN ISO 9000:2005 (D/E/F)

Anforderung (3.1.2)
Erfordernis oder Erwartung, das oder die festgelegt, üblicherweise vorausgesetzt oder verpflichtend ist

Mangel (3.6.3)
Nichterfüllung einer Anforderung in Bezug auf einen beabsichtigten oder festgelegten Gebrauch

Fehler (3.6.2)
Nichterfüllung einer Anforderung

Konformität (3.6.1)
Erfüllung einer Anforderung

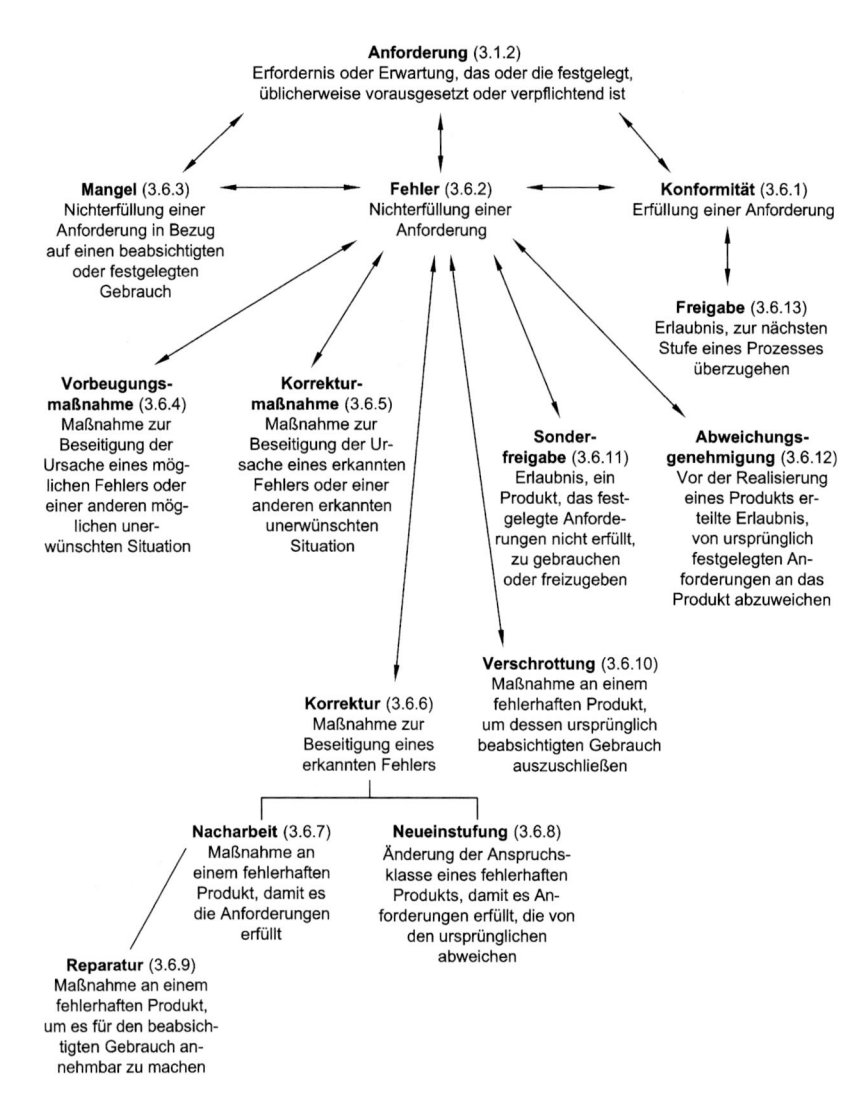

Freigabe (3.6.13)
Erlaubnis, zur nächsten Stufe eines Prozesses überzugehen

Vorbeugungsmaßnahme (3.6.4)
Maßnahme zur Beseitigung der Ursache eines möglichen Fehlers oder einer anderen möglichen unerwünschten Situation

Korrekturmaßnahme (3.6.5)
Maßnahme zur Beseitigung der Ursache eines erkannten Fehlers oder einer anderen erkannten unerwünschten Situation

Sonderfreigabe (3.6.11)
Erlaubnis, ein Produkt, das festgelegte Anforderungen nicht erfüllt, zu gebrauchen oder freizugeben

Abweichungsgenehmigung (3.6.12)
Vor der Realisierung eines Produkts erteilte Erlaubnis, von ursprünglich festgelegten Anforderungen an das Produkt abzuweichen

Verschrottung (3.6.10)
Maßnahme an einem fehlerhaften Produkt, um dessen ursprünglich beabsichtigten Gebrauch auszuschließen

Korrektur (3.6.6)
Maßnahme zur Beseitigung eines erkannten Fehlers

Nacharbeit (3.6.7)
Maßnahme an einem fehlerhaften Produkt, damit es die Anforderungen erfüllt

Neueinstufung (3.6.8)
Änderung der Anspruchsklasse eines fehlerhaften Produkts, damit es Anforderungen erfüllt, die von den ursprünglichen abweichen

Reparatur (3.6.9)
Maßnahme an einem fehlerhaften Produkt, um es für den beabsichtigten Gebrauch annehmbar zu machen

Bild A.9 – Konformitätsbezogene Begriffe (3.6)

EN ISO 9000:2005 (D/E/F)

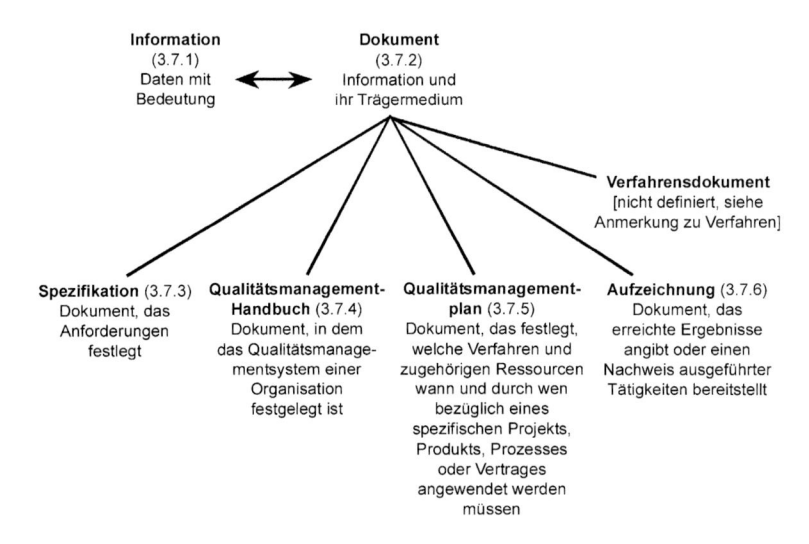

Information (3.7.1)
Daten mit Bedeutung ⟷ **Dokument (3.7.2)**
Information und ihr Trägermedium

Verfahrensdokument
[nicht definiert, siehe Anmerkung zu Verfahren]

Spezifikation (3.7.3)
Dokument, das Anforderungen festlegt

Qualitätsmanagement-Handbuch (3.7.4)
Dokument, in dem das Qualitätsmanagementsystem einer Organisation festgelegt ist

Qualitätsmanagementplan (3.7.5)
Dokument, das festlegt, welche Verfahren und zugehörigen Ressourcen wann und durch wen bezüglich eines spezifischen Projekts, Produkts, Prozesses oder Vertrages angewendet werden müssen

Aufzeichnung (3.7.6)
Dokument, das erreichte Ergebnisse angibt oder einen Nachweis ausgeführter Tätigkeiten bereitstellt

Bild A.10 – Dokumentationsbezogene Begriffe (3.7)

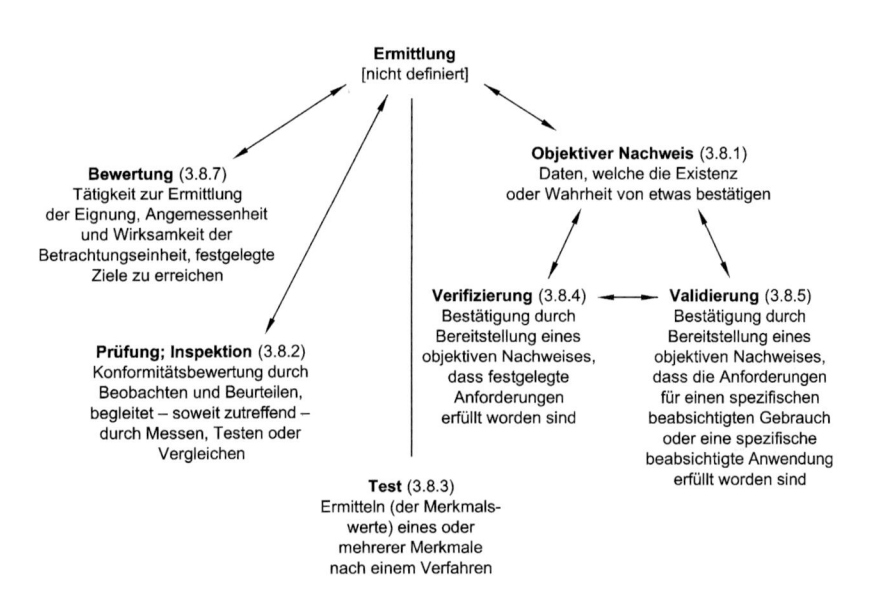

Ermittlung
[nicht definiert]

Bewertung (3.8.7)
Tätigkeit zur Ermittlung der Eignung, Angemessenheit und Wirksamkeit der Betrachtungseinheit, festgelegte Ziele zu erreichen

Objektiver Nachweis (3.8.1)
Daten, welche die Existenz oder Wahrheit von etwas bestätigen

Prüfung; Inspektion (3.8.2)
Konformitätsbewertung durch Beobachten und Beurteilen, begleitet – soweit zutreffend – durch Messen, Testen oder Vergleichen

Verifizierung (3.8.4)
Bestätigung durch Bereitstellung eines objektiven Nachweises, dass festgelegte Anforderungen erfüllt worden sind

Validierung (3.8.5)
Bestätigung durch Bereitstellung eines objektiven Nachweises, dass die Anforderungen für einen spezifischen beabsichtigten Gebrauch oder eine spezifische beabsichtigte Anwendung erfüllt worden sind

Test (3.8.3)
Ermitteln (der Merkmalswerte) eines oder mehrerer Merkmale nach einem Verfahren

Bild A.11 – Untersuchungsbezogene Begriffe (3.8)

EN ISO 9000:2005 (D/E/F)

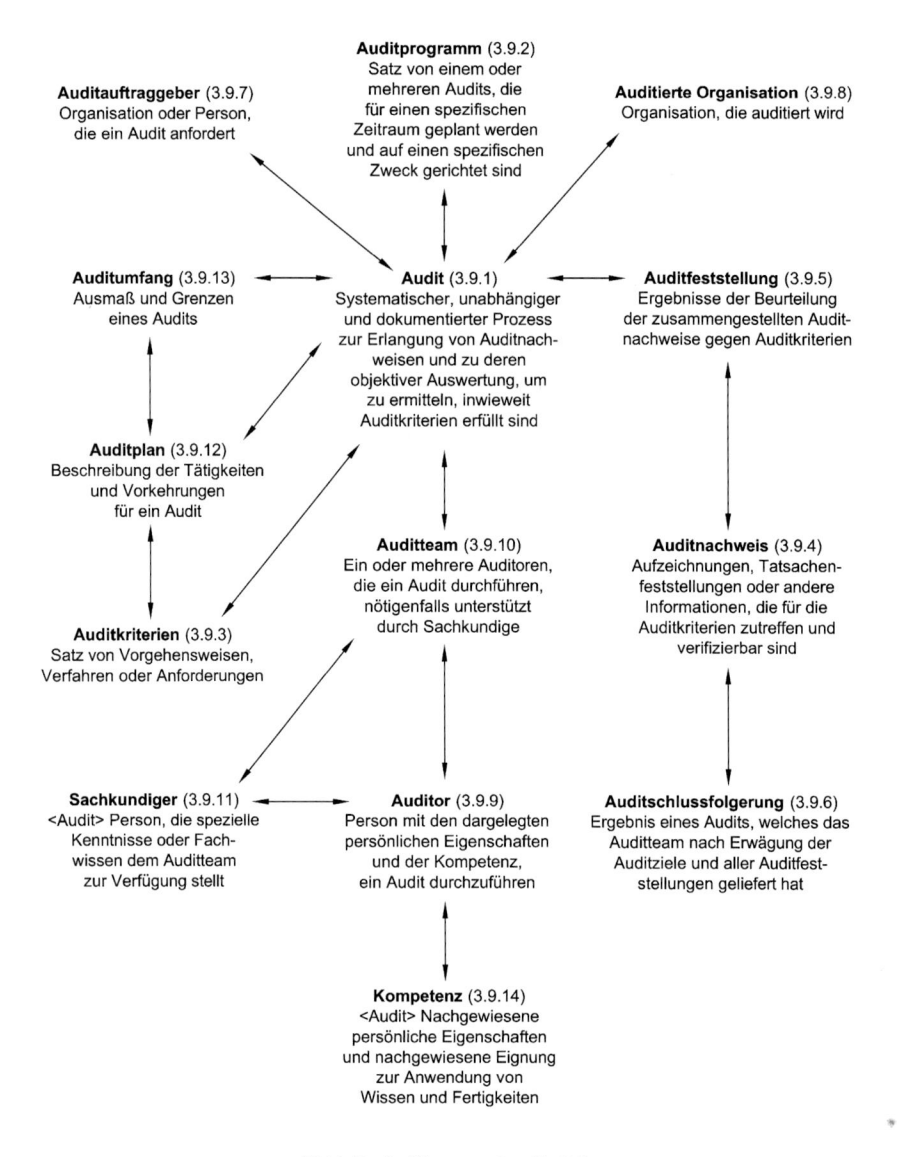

Auditauftraggeber (3.9.7)
Organisation oder Person,
die ein Audit anfordert

Auditprogramm (3.9.2)
Satz von einem oder
mehreren Audits, die
für einen spezifischen
Zeitraum geplant werden
und auf einen spezifischen
Zweck gerichtet sind

Auditierte Organisation (3.9.8)
Organisation, die auditiert wird

Auditumfang (3.9.13)
Ausmaß und Grenzen
eines Audits

Audit (3.9.1)
Systematischer, unabhängiger
und dokumentierter Prozess
zur Erlangung von Auditnachweisen und zu deren
objektiver Auswertung, um
zu ermitteln, inwieweit
Auditkriterien erfüllt sind

Auditfeststellung (3.9.5)
Ergebnisse der Beurteilung
der zusammengestellten Auditnachweise gegen Auditkriterien

Auditplan (3.9.12)
Beschreibung der Tätigkeiten
und Vorkehrungen
für ein Audit

Auditteam (3.9.10)
Ein oder mehrere Auditoren,
die ein Audit durchführen,
nötigenfalls unterstützt
durch Sachkundige

Auditnachweis (3.9.4)
Aufzeichnungen, Tatsachen-
feststellungen oder andere
Informationen, die für die
Auditkriterien zutreffen und
verifizierbar sind

Auditkriterien (3.9.3)
Satz von Vorgehensweisen,
Verfahren oder Anforderungen

Sachkundiger (3.9.11)
<Audit> Person, die spezielle
Kenntnisse oder Fach-
wissen dem Auditteam
zur Verfügung stellt

Auditor (3.9.9)
Person mit den dargelegten
persönlichen Eigenschaften
und der Kompetenz,
ein Audit durchzuführen

Auditschlussfolgerung (3.9.6)
Ergebnis eines Audits, welches das
Auditteam nach Erwägung der
Auditziele und aller Auditfest-
stellungen geliefert hat

Kompetenz (3.9.14)
<Audit> Nachgewiesene
persönliche Eigenschaften
und nachgewiesene Eignung
zur Anwendung von
Wissen und Fertigkeiten

Bild A.12 – Auditbezogene Begriffe (3.9)

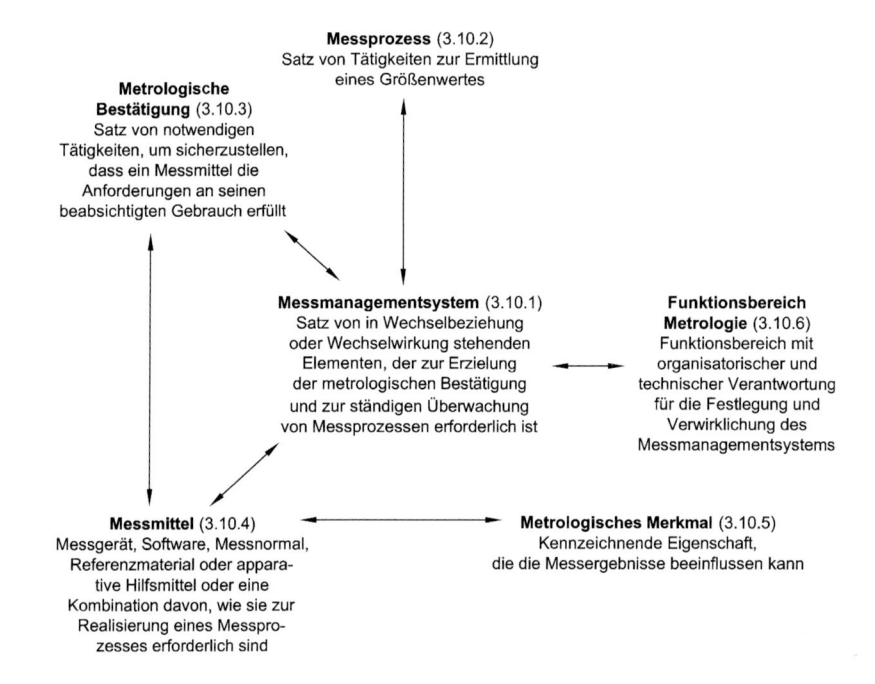

Metrologische Bestätigung (3.10.3)
Satz von notwendigen Tätigkeiten, um sicherzustellen, dass ein Messmittel die Anforderungen an seinen beabsichtigten Gebrauch erfüllt

Messprozess (3.10.2)
Satz von Tätigkeiten zur Ermittlung eines Größenwertes

Messmanagementsystem (3.10.1)
Satz von in Wechselbeziehung oder Wechselwirkung stehenden Elementen, der zur Erzielung der metrologischen Bestätigung und zur ständigen Überwachung von Messprozessen erforderlich ist

Funktionsbereich Metrologie (3.10.6)
Funktionsbereich mit organisatorischer und technischer Verantwortung für die Festlegung und Verwirklichung des Messmanagementsystems

Messmittel (3.10.4)
Messgerät, Software, Messnormal, Referenzmaterial oder apparative Hilfsmittel oder eine Kombination davon, wie sie zur Realisierung eines Messprozesses erforderlich sind

Metrologisches Merkmal (3.10.5)
Kennzeichnende Eigenschaft, die die Messergebnisse beeinflussen kann

Bild A.13 – Auf Qualitätsmanagement bei Messprozessen bezogene Begriffe (3.10)

Annex A
(informative)

Methodology used in the development of the vocabulary

A.1 Introduction

The universality of application of the ISO 9000 family of standards requires the use of
- a technical description but without the use of technical language, and
- a coherent and harmonized vocabulary that is easily understandable by all potential users of quality management systems standards.

Concepts are not independent of one another, and an analysis of the relationships between concepts within the field of quality management systems and the arrangement of them into concept systems is a prerequisite of a coherent vocabulary. Such an analysis was used in the development of the vocabulary specified in this document. Since the concept diagrams employed during the development process may be helpful in an informative sense, they are reproduced in A.4.

A.2 Content of a vocabulary entry and the substitution rule

The concept forms the unit of transfer between languages (including variants within one language, for example American English and British English). For each language, the most appropriate term for the universal transparency of the concept in that language, i.e. not a literal approach to translation, is chosen.

A definition is formed by describing only those characteristics that are essential to identify the concept. Information concerning the concept which is important but which is not essential to its description is put in one or more notes to the definition.

When a term is substituted by its definition, subject to minor syntax changes, there should be no change in the meaning of the text. Such a substitution provides a simple method for checking the accuracy of a definition. However, where the definition is complex in the sense that it contains a number of terms, substitution is best carried out taking one or, at most, two definitions at a time. Complete substitution of the totality of the terms will become difficult to achieve syntactically and unhelpful in conveying meaning.

A.3 Concept relationships and their graphical representation

A.3.1 General

In terminology work, the relationships between concepts are based on the hierarchical formation of the characteristics of a species so that the most economical description of a concept is formed by naming its species and describing the characteristics that distinguish it from its parent or sibling concepts.

There are three primary forms of concept relationships indicated in this annex: generic (A.3.2), partitive (A.3.3) and associative (A.3.4).

A.3.2 Generic relation

Subordinate concepts within the hierarchy inherit all the characteristics of the superordinate concept and contain descriptions of these characteristics which distinguish them from the superordinate (parent) and coordinate (sibling) concepts, e.g. the relation of spring, summer, autumn and winter to season.

Generic relations are depicted by a fan or tree diagram without arrows (see Figure A.1).

```
              season
          /     |     \
       spring  summer  autumn
```

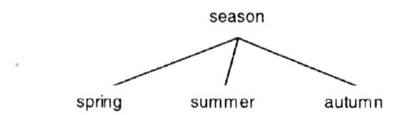

Figure A.1 – Graphical representation of a generic relation

A.3.3 Partitive relation

Subordinate concepts within the hierarchy form constituent parts of the superordinate concept, e.g. spring, summer, autumn and winter may be defined as parts of the concept year. In comparison, it is inappropriate to define sunny weather (one possible characteristic of summer) as part of a year.

Partitive relations are depicted by a rake without arrows (see Figure A.2). Singular parts are depicted by one line, multiple parts by double lines.

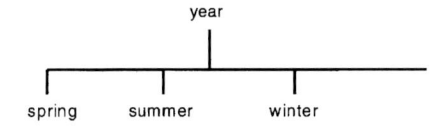

Figure A.2 – Graphical representation of a partitive relation

A.3.4 Associative relation

Associative relations cannot provide the economies in description that are present in generic and partitive relations but are helpful in identifying the nature of the relationship between one concept and another within a concept system, e.g. cause and effect, activity and location, activity and result, tool and function, material and product.

Associative relations are depicted by a line with arrowheads at each end (see Figure A.3).

Figure A.3 – Graphical representation of an associative relation

A.4 Concept diagrams

Figures A.4 to A.13 show the concept diagrams on which the thematic groupings of Clause 3 are based.

Since the definitions of the terms are repeated without any related notes, it is recommended to refer to Clause 3 to consult any such notes.

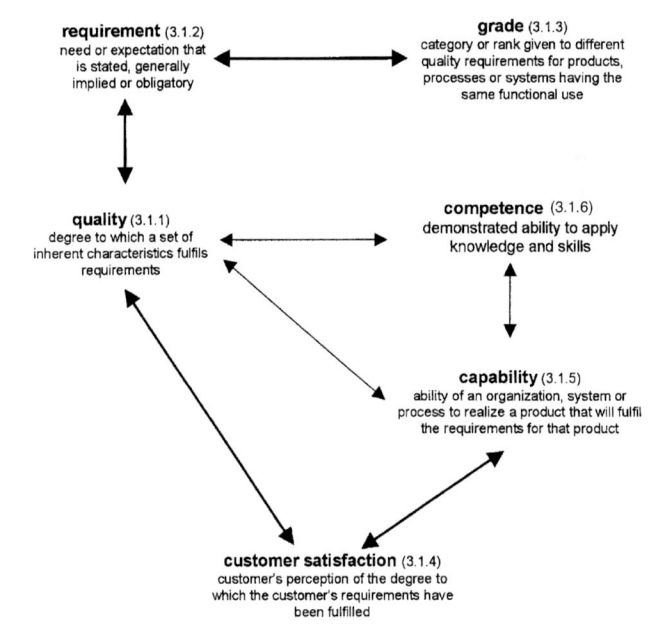

requirement (3.1.2)
need or expectation that is stated, generally implied or obligatory

grade (3.1.3)
category or rank given to different quality requirements for products, processes or systems having the same functional use

quality (3.1.1)
degree to which a set of inherent characteristics fulfils requirements

competence (3.1.6)
demonstrated ability to apply knowledge and skills

capability (3.1.5)
ability of an organization, system or process to realize a product that will fulfil the requirements for that product

customer satisfaction (3.1.4)
customer's perception of the degree to which the customer's requirements have been fulfilled

Figure A.4 – Concepts relating to quality (3.1)

system (3.2.1)
set of interrelated or interacting elements

management (3.2.6)
coordinated activities to direct and control an organization

top management (3.2.7)
person or group of people who directs and controls an organization at the highest level

management system (3.2.2)
system to establish policy and objectives and to achieve those objectives

quality policy (3.2.4)
overall intentions and direction of an organization related to quality as formally expressed by top management

quality management system (3.2.3)
management system to direct and control an organization with regard to quality

quality management (3.2.8)
coordinated activities to direct and control an organization with regard to quality

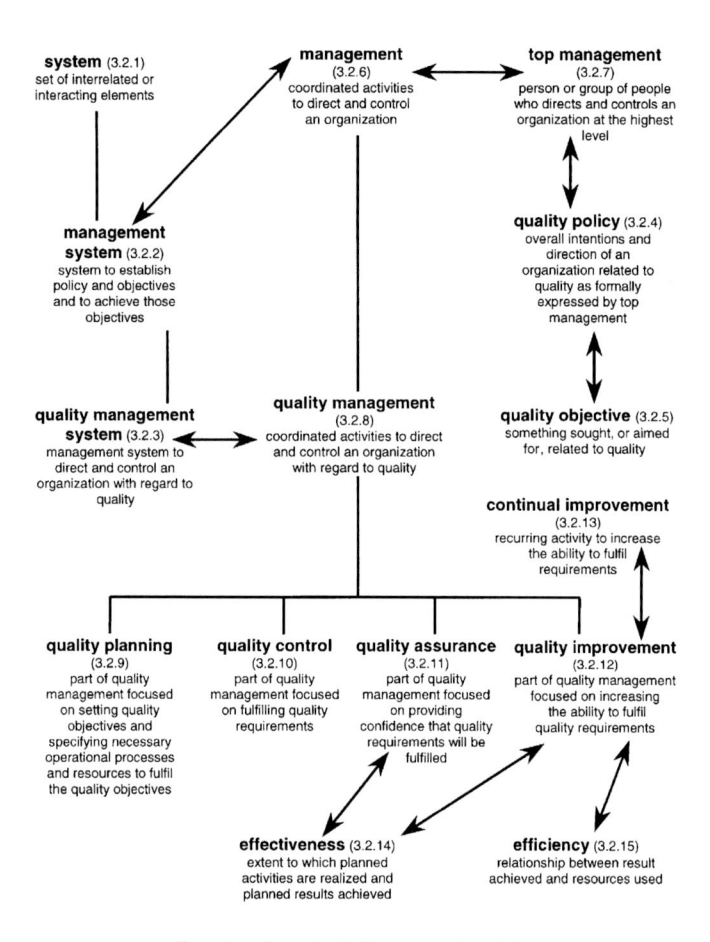

quality objective (3.2.5)
something sought, or aimed for, related to quality

continual improvement (3.2.13)
recurring activity to increase the ability to fulfil requirements

quality planning (3.2.9)
part of quality management focused on setting quality objectives and specifying necessary operational processes and resources to fulfil the quality objectives

quality control (3.2.10)
part of quality management focused on fulfilling quality requirements

quality assurance (3.2.11)
part of quality management focused on providing confidence that quality requirements will be fulfilled

quality improvement (3.2.12)
part of quality management focused on increasing the ability to fulfil quality requirements

effectiveness (3.2.14)
extent to which planned activities are realized and planned results achieved

efficiency (3.2.15)
relationship between result achieved and resources used

Figure A.5 – Concepts relating to management (3.2)

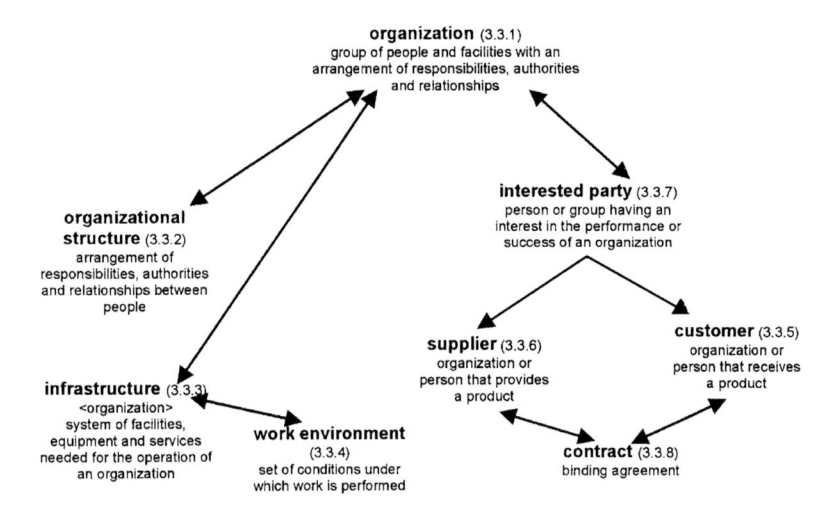

organization (3.3.1)
group of people and facilities with an arrangement of responsibilities, authorities and relationships

interested party (3.3.7)
person or group having an interest in the performance or success of an organization

organizational structure (3.3.2)
arrangement of responsibilities, authorities and relationships between people

supplier (3.3.6)
organization or person that provides a product

customer (3.3.5)
organization or person that receives a product

infrastructure (3.3.3)
<organization> system of facilities, equipment and services needed for the operation of an organization

work environment (3.3.4)
set of conditions under which work is performed

contract (3.3.8)
binding agreement

Figure A.6 – Concepts relating to organization (3.3)

procedure (3.4.5)
specified way to carry out an activity or a process

process (3.4.1)
set of interrelated or interacting activities which transforms inputs into outputs

product (3.4.2)
result of a process

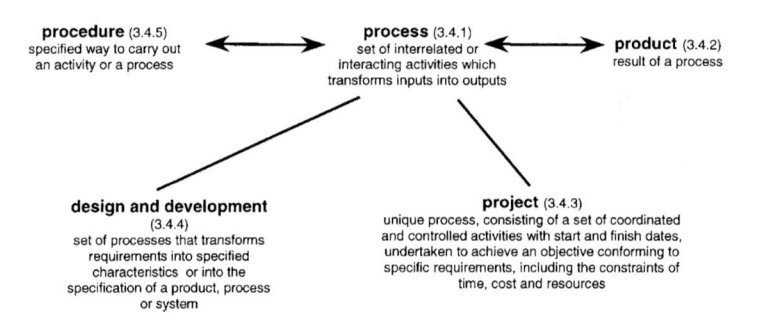

design and development (3.4.4)
set of processes that transforms requirements into specified characteristics or into the specification of a product, process or system

project (3.4.3)
unique process, consisting of a set of coordinated and controlled activities with start and finish dates, undertaken to achieve an objective conforming to specific requirements, including the constraints of time, cost and resources

Figure A.7 – Concepts relating to process and product (3.4)

EN ISO 9000:2005 (D/E/F)

characteristic (3.5.1)
distinguishing feature

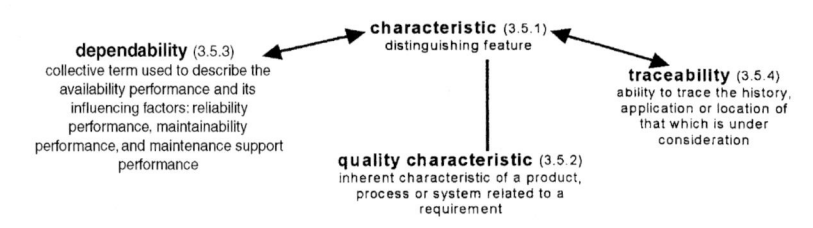

dependability (3.5.3)
collective term used to describe the availability performance and its influencing factors: reliability performance, maintainability performance, and maintenance support performance

traceability (3.5.4)
ability to trace the history, application or location of that which is under consideration

quality characteristic (3.5.2)
inherent characteristic of a product, process or system related to a requirement

Figure A.8 – Concepts relating to characteristics (3.5)

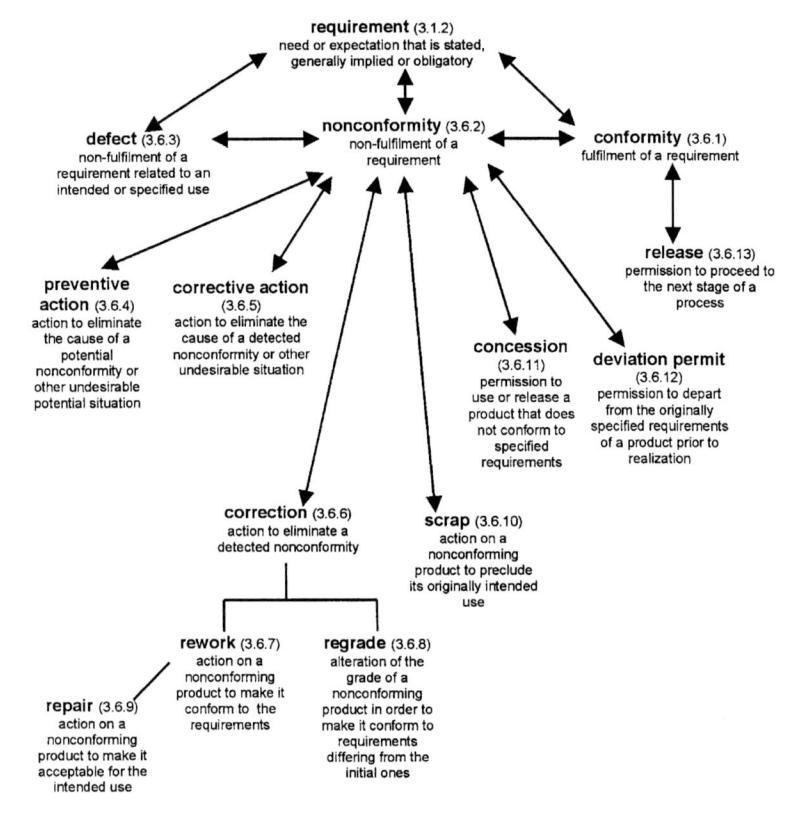

requirement (3.1.2)
need or expectation that is stated, generally implied or obligatory

defect (3.6.3)
non-fulfilment of a requirement related to an intended or specified use

nonconformity (3.6.2)
non-fulfilment of a requirement

conformity (3.6.1)
fulfilment of a requirement

release (3.6.13)
permission to proceed to the next stage of a process

preventive action (3.6.4)
action to eliminate the cause of a potential nonconformity or other undesirable potential situation

corrective action (3.6.5)
action to eliminate the cause of a detected nonconformity or other undesirable situation

concession (3.6.11)
permission to use or release a product that does not conform to specified requirements

deviation permit (3.6.12)
permission to depart from the originally specified requirements of a product prior to realization

correction (3.6.6)
action to eliminate a detected nonconformity

scrap (3.6.10)
action on a nonconforming product to preclude its originally intended use

rework (3.6.7)
action on a nonconforming product to make it conform to the requirements

regrade (3.6.8)
alteration of the grade of a nonconforming product in order to make it conform to requirements differing from the initial ones

repair (3.6.9)
action on a nonconforming product to make it acceptable for the intended use

Figure A.9 – Concepts relating to conformity (3.6)

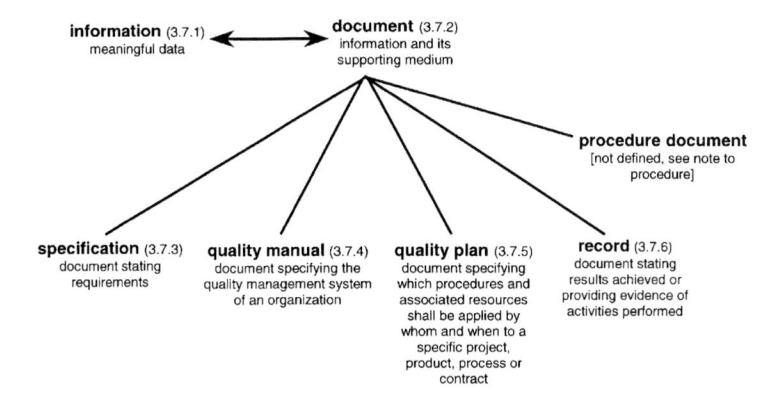

information (3.7.1)
meaningful data ⇄ **document** (3.7.2)
information and its
supporting medium

procedure document
[not defined, see note to procedure]

specification (3.7.3)
document stating requirements

quality manual (3.7.4)
document specifying the quality management system of an organization

quality plan (3.7.5)
document specifying which procedures and associated resources shall be applied by whom and when to a specific project, product, process or contract

record (3.7.6)
document stating results achieved or providing evidence of activities performed

Figure A.10 – Concepts relating to documentation (3.7)

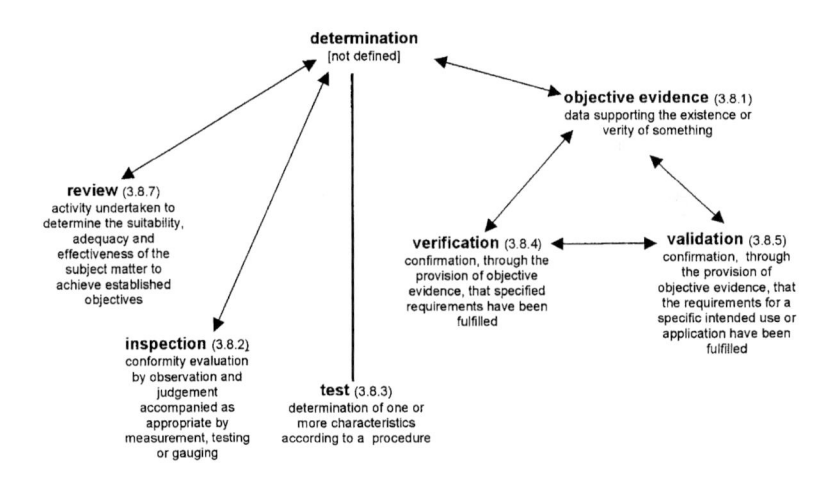

determination
[not defined]

objective evidence (3.8.1)
data supporting the existence or verity of something

review (3.8.7)
activity undertaken to determine the suitability, adequacy and effectiveness of the subject matter to achieve established objectives

verification (3.8.4)
confirmation, through the provision of objective evidence, that specified requirements have been fulfilled

validation (3.8.5)
confirmation, through the provision of objective evidence, that the requirements for a specific intended use or application have been fulfilled

inspection (3.8.2)
conformity evaluation by observation and judgement accompanied as appropriate by measurement, testing or gauging

test (3.8.3)
determination of one or more characteristics according to a procedure

Figure A.11 – Concepts relating to examination (3.8)

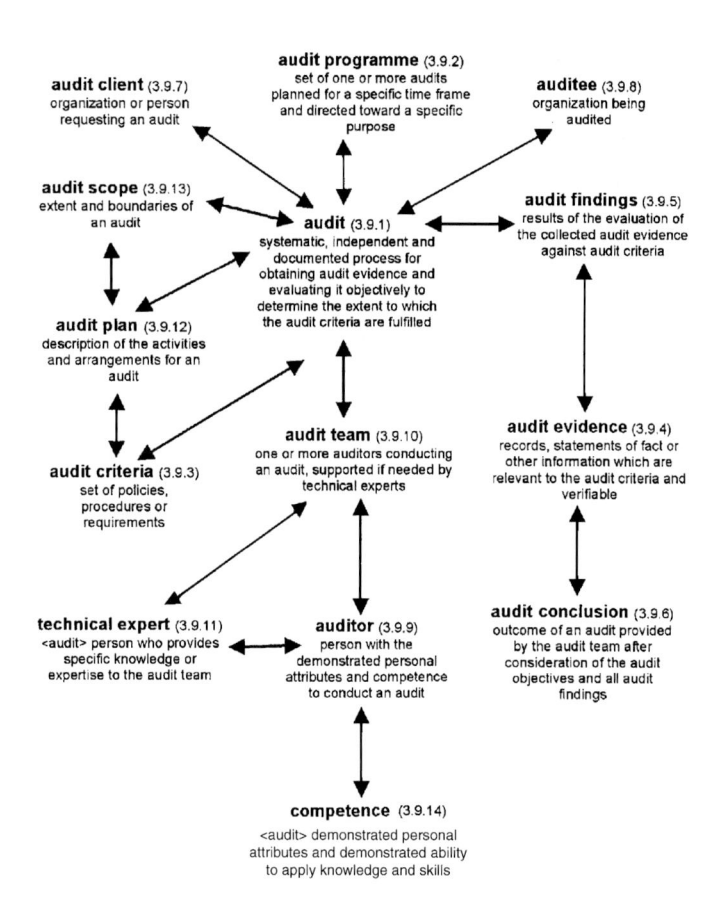

audit client (3.9.7)
organization or person requesting an audit

audit programme (3.9.2)
set of one or more audits planned for a specific time frame and directed toward a specific purpose

auditee (3.9.8)
organization being audited

audit scope (3.9.13)
extent and boundaries of an audit

audit (3.9.1)
systematic, independent and documented process for obtaining audit evidence and evaluating it objectively to determine the extent to which the audit criteria are fulfilled

audit findings (3.9.5)
results of the evaluation of the collected audit evidence against audit criteria

audit plan (3.9.12)
description of the activities and arrangements for an audit

audit criteria (3.9.3)
set of policies, procedures or requirements

audit team (3.9.10)
one or more auditors conducting an audit, supported if needed by technical experts

audit evidence (3.9.4)
records, statements of fact or other information which are relevant to the audit criteria and verifiable

technical expert (3.9.11)
<audit> person who provides specific knowledge or expertise to the audit team

auditor (3.9.9)
person with the demonstrated personal attributes and competence to conduct an audit

audit conclusion (3.9.6)
outcome of an audit provided by the audit team after consideration of the audit objectives and all audit findings

competence (3.9.14)
<audit> demonstrated personal attributes and demonstrated ability to apply knowledge and skills

Figure A.12 — Concepts relating to audit (3.9)

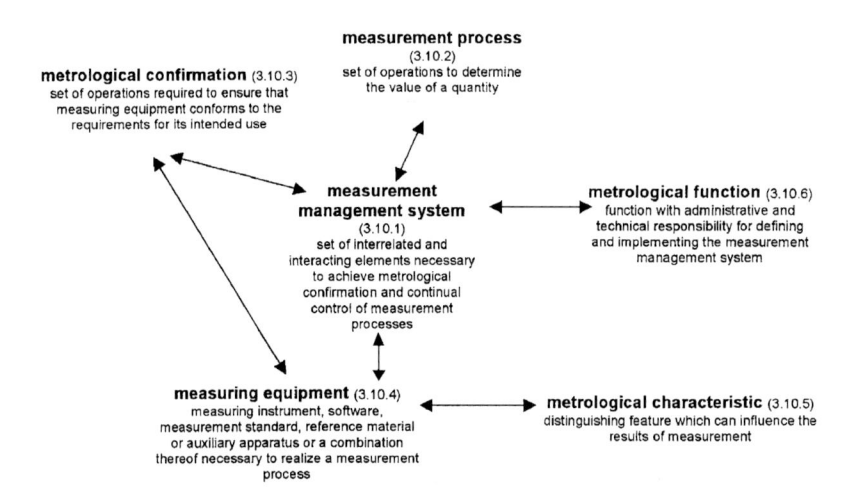

metrological confirmation (3.10.3)
set of operations required to ensure that measuring equipment conforms to the requirements for its intended use

measurement process (3.10.2)
set of operations to determine the value of a quantity

measurement management system (3.10.1)
set of interrelated and interacting elements necessary to achieve metrological confirmation and continual control of measurement processes

metrological function (3.10.6)
function with administrative and technical responsibility for defining and implementing the measurement management system

measuring equipment (3.10.4)
measuring instrument, software, measurement standard, reference material or auxiliary apparatus or a combination thereof necessary to realize a measurement process

metrological characteristic (3.10.5)
distinguishing feature which can influence the results of measurement

Figure A.13 – Concepts relating to quality management for measurement processes (3.10)

Annexe A
(informative)

Méthode utilisée pour élaborer le vocabulaire

A.1 Introduction

L'application universelle des normes de la famille ISO 9000 nécessite l'utilisation
- de descriptions techniques mais qui n'emploient pas de jargon technique, et
- d'un vocabulaire cohérent et harmonisé, aisément compréhensible par tous les utilisateurs potentiels des normes de systèmes de management de la qualité.

Les concepts ne sont pas indépendants les uns des autres. L'analyse des relations entre les concepts dans le domaine des systèmes de management de la qualité et leur disposition en systèmes de concepts conditionnent la cohérence du vocabulaire. Une telle analyse a été utilisée pour l'élaboration du vocabulaire spécifié dans le présent document. Comme les diagrammes de concepts employés dans le processus d'élaboration peuvent être utiles à titre d'information, ils ont été reproduits en A.4.

A.2 Contenu d'un élément de vocabulaire et règle de substitution

Le concept constitue l'unité de transfert entre les langues (y compris au sein d'une même langue, par exemple entre Anglais américain et Anglais britannique). Dans chaque langue, il est fait le choix du terme le plus approprié pour représenter le concept dans cette langue, ce qui signifie une approche non littérale de la traduction.

Une définition s'élabore par la description des seules caractéristiques essentielles à l'identification du concept. Des informations importantes sur le concept, mais non essentielles à sa description sont fournies dans les notes qui complètent la définition.

Lorsqu'un terme est remplacé par sa définition, moyennant des modifications syntaxiques mineures, il convient que le sens d'une phrase ne soit pas modifié. Cette substitution fournit une méthode simple de vérification de la justesse d'une définition. Cependant, lorsqu'une définition est complexe par le nombre de termes qu'elle contient, la substitution s'effectue de préférence en prenant une ou deux définitions au plus chaque fois. Une substitution complète de l'ensemble des termes est difficile à opérer en termes de syntaxe et ne sera d'aucune utilité du point de vue du sens.

A.3 Relations entre les concepts et représentation graphique

A.3.1 Généralités

Dans le cadre du travail de terminologie, les relations se fondent sur la structure hiérarchique des caractéristiques d'une espèce, de manière que la description minimale d'un concept soit formée par la dénomination de son espèce et la description des caractéristiques qui le distinguent des concepts parents ou frères.

Il existe trois types principaux de relations entre concepts présentés dans cette annexe: la relation générique (A.3.2), partitive (A.3.3) ou associative (A.3.4).

A.3.2 Relation générique

Les concepts subordonnés héritent de l'ensemble des caractéristiques du concept de rang supérieur et intègrent la description des caractéristiques qui les différencient des concepts de rang supérieur (parent) et de rang égal (fratrie), par exemple printemps, été, automne et hiver par rapport à saison.

Une relation générique est représentée par un schéma en éventail ou en arbre, sans flèches (voir Figure A.1).

```
                saison
        ┌─────────┼─────────┐
    printemps    été     automne
```

Figure A.1 – Représentation graphique d'une relation générique

A.3.3 Relation partitive

Les concepts subordonnés constituent des éléments de l'ensemble de rang supérieur, dans le cadre d'une relation hiérarchique, c'est-à-dire où les composants génèrent le tout; par exemple le printemps, l'été, l'automne et l'hiver peuvent être définis comme composants par référence à l'année. Il n'est pas approprié de définir le temps ensoleillé, une caractéristique possible de l'été, par référence au composant de l'année.

Les relations partitives sont représentées par un râteau, sans flèches (voir Figure A.2). Une ligne simple relie les composants unitaires, une ligne double les composants multiples.

52

```
              année
        ┌───────┼───────┐
    printemps  été    hiver
```

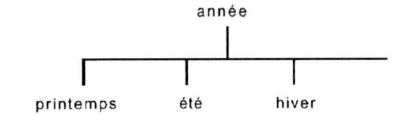

Figure A.2 – Représentation graphique d'une relation partitive

A.3.4 Relation associative

Les relations associatives ne permettent pas l'économie en matière de description que permettent les deux formes de relations hiérarchiques décrites ci-dessus. Elles permettent cependant d'identifier la nature d'une relation entre deux concepts dans le cadre d'un champ notionnel, par exemple cause et effet, activité et site, activité et résultat, outil et fonction, matière et produit.
Les relations associatives sont représentées par des flèches aux deux extrémités d'une ligne.

ensoleillement ⟵──────────⟶ été

Figure A.3 – Représentation graphique d'une relation associative

A.4 Diagrammes de concepts

Les Figures A.4 à A.13 illustrent les diagrammes de concepts sur lesquels s'appuient les regroupements thématiques de l'Article 3.
Puisque les définitions des termes sont reproduites sans les notes, il est donc recommandé de se référer à l'Article 3 pour les consulter.

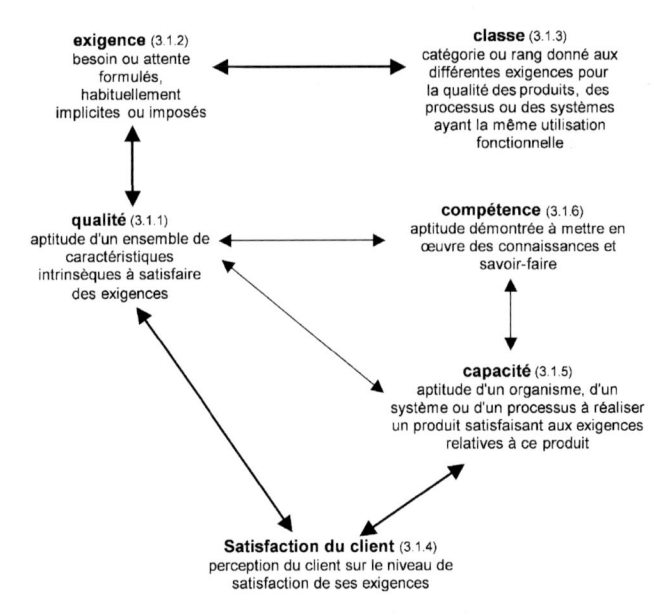

exigence (3.1.2)
besoin ou attente formulés, habituellement implicites ou imposés

classe (3.1.3)
catégorie ou rang donné aux différentes exigences pour la qualité des produits, des processus ou des systèmes ayant la même utilisation fonctionnelle

qualité (3.1.1)
aptitude d'un ensemble de caractéristiques intrinsèques à satisfaire des exigences

compétence (3.1.6)
aptitude démontrée à mettre en œuvre des connaissances et savoir-faire

capacité (3.1.5)
aptitude d'un organisme, d'un système ou d'un processus à réaliser un produit satisfaisant aux exigences relatives à ce produit

Satisfaction du client (3.1.4)
perception du client sur le niveau de satisfaction de ses exigences

Figure A.4 – Concepts relatifs à la qualité (3.1)

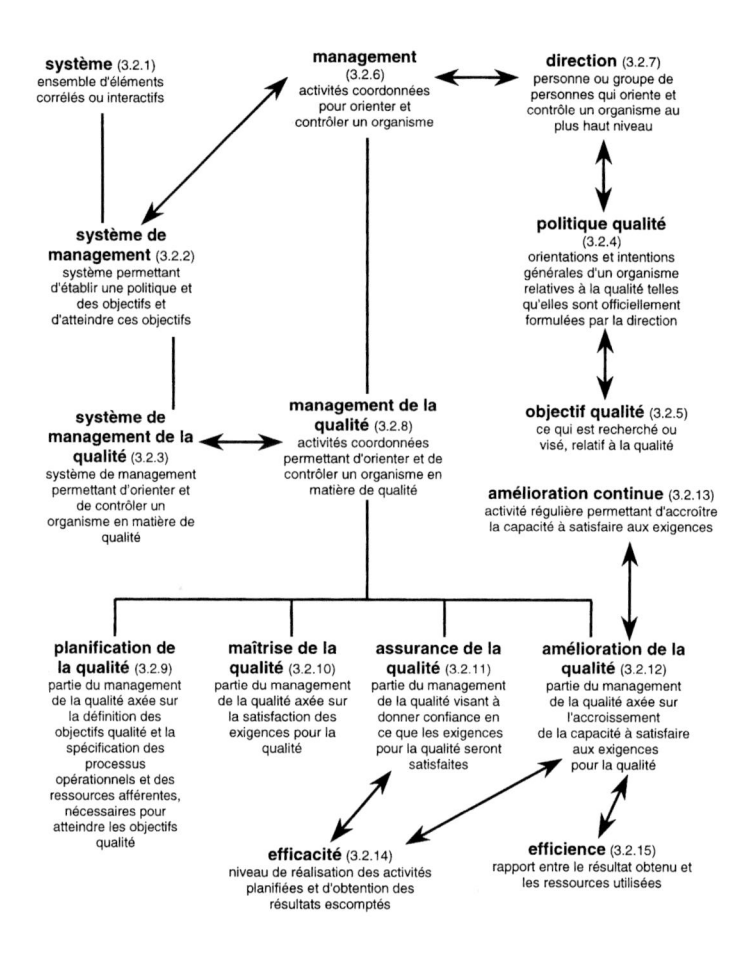

système (3.2.1)
ensemble d'éléments corrélés ou interactifs

management (3.2.6)
activités coordonnées pour orienter et contrôler un organisme

direction (3.2.7)
personne ou groupe de personnes qui oriente et contrôle un organisme au plus haut niveau

système de management (3.2.2)
système permettant d'établir une politique et des objectifs et d'atteindre ces objectifs

politique qualité (3.2.4)
orientations et intentions générales d'un organisme relatives à la qualité telles qu'elles sont officiellement formulées par la direction

système de management de la qualité (3.2.3)
système de management permettant d'orienter et de contrôler un organisme en matière de qualité

management de la qualité (3.2.8)
activités coordonnées permettant d'orienter et de contrôler un organisme en matière de qualité

objectif qualité (3.2.5)
ce qui est recherché ou visé, relatif à la qualité

amélioration continue (3.2.13)
activité régulière permettant d'accroître la capacité à satisfaire aux exigences

planification de la qualité (3.2.9)
partie du management de la qualité axée sur la définition des objectifs qualité et la spécification des processus opérationnels et des ressources afférentes, nécessaires pour atteindre les objectifs qualité

maîtrise de la qualité (3.2.10)
partie du management de la qualité axée sur la satisfaction des exigences pour la qualité

assurance de la qualité (3.2.11)
partie du management de la qualité visant à donner confiance en ce que les exigences pour la qualité seront satisfaites

amélioration de la qualité (3.2.12)
partie du management de la qualité axée sur l'accroissement de la capacité à satisfaire aux exigences pour la qualité

efficacité (3.2.14)
niveau de réalisation des activités planifiées et d'obtention des résultats escomptés

efficience (3.2.15)
rapport entre le résultat obtenu et les ressources utilisées

Figure A.5 – Concepts relatifs au management (3.2)

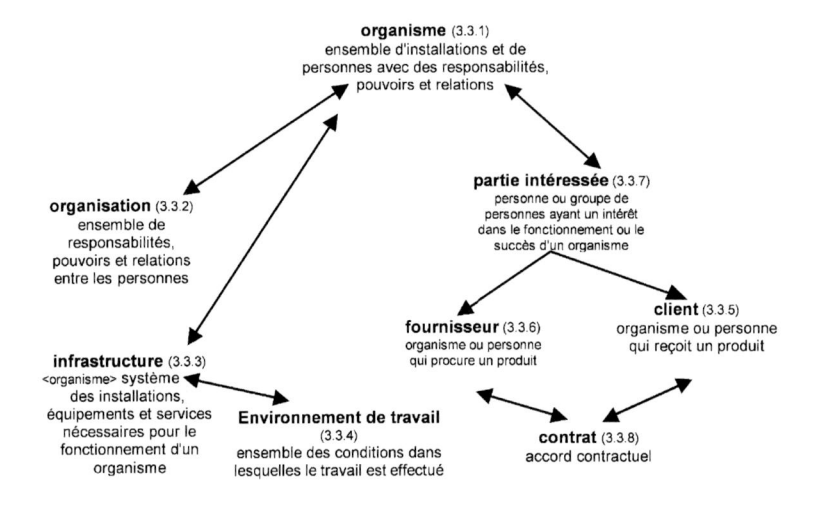

organisme (3.3.1)
ensemble d'installations et de personnes avec des responsabilités, pouvoirs et relations

organisation (3.3.2)
ensemble de responsabilités, pouvoirs et relations entre les personnes

partie intéressée (3.3.7)
personne ou groupe de personnes ayant un intérêt dans le fonctionnement ou le succès d'un organisme

infrastructure (3.3.3)
<organisme> système des installations, équipements et services nécessaires pour le fonctionnement d'un organisme

Environnement de travail (3.3.4)
ensemble des conditions dans lesquelles le travail est effectué

fournisseur (3.3.6)
organisme ou personne qui procure un produit

client (3.3.5)
organisme ou personne qui reçoit un produit

contrat (3.3.8)
accord contractuel

Figure A.6 – Concepts relatifs à l'organisme (3.3)

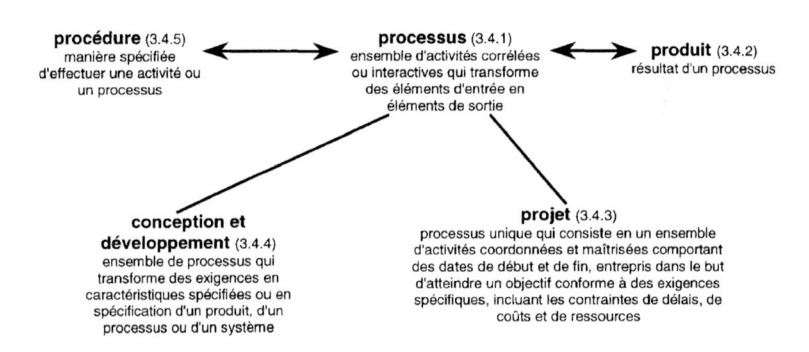

procédure (3.4.5)
manière spécifiée d'effectuer une activité ou un processus

processus (3.4.1)
ensemble d'activités corrélées ou interactives qui transforme des éléments d'entrée en éléments de sortie

produit (3.4.2)
résultat d'un processus

conception et développement (3.4.4)
ensemble de processus qui transforme des exigences en caractéristiques spécifiées ou en spécification d'un produit, d'un processus ou d'un système

projet (3.4.3)
processus unique qui consiste en un ensemble d'activités coordonnées et maîtrisées comportant des dates de début et de fin, entrepris dans le but d'atteindre un objectif conforme à des exigences spécifiques, incluant les contraintes de délais, de coûts et de ressources

Figure A.7 – Concepts relatifs aux processus et aux produits (3.4)

sûreté de fonctionnement (3.5.3)
ensemble des propriétés qui décrivent la disponibilité et les facteurs qui la conditionnent: fiabilité, maintenabilité et logique de maintenance

caractéristique (3.5.1)
trait distinctif

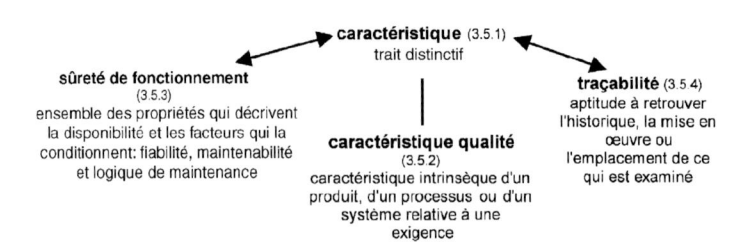

caractéristique qualité (3.5.2)
caractéristique intrinsèque d'un produit, d'un processus ou d'un système relative à une exigence

traçabilité (3.5.4)
aptitude à retrouver l'historique, la mise en œuvre ou l'emplacement de ce qui est examiné

Figure A.8 – Concepts relatifs aux caractéristiques (3.5)

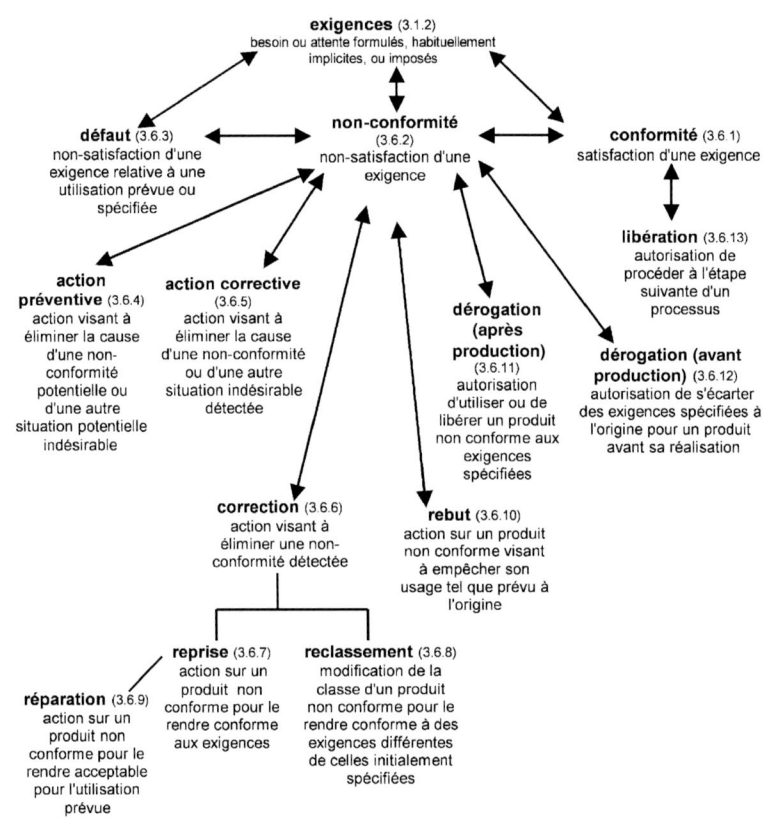

exigences (3.1.2)
besoin ou attente formulés, habituellement implicites, ou imposés

défaut (3.6.3)
non-satisfaction d'une exigence relative à une utilisation prévue ou spécifiée

non-conformité (3.6.2)
non-satisfaction d'une exigence

conformité (3.6.1)
satisfaction d'une exigence

libération (3.6.13)
autorisation de procéder à l'étape suivante d'un processus

action préventive (3.6.4)
action visant à éliminer la cause d'une non-conformité potentielle ou d'une autre situation potentielle indésirable

action corrective (3.6.5)
action visant à éliminer la cause d'une non-conformité ou d'une autre situation indésirable détectée

dérogation (après production) (3.6.11)
autorisation d'utiliser ou de libérer un produit non conforme aux exigences spécifiées

dérogation (avant production) (3.6.12)
autorisation de s'écarter des exigences spécifiées à l'origine pour un produit avant sa réalisation

correction (3.6.6)
action visant à éliminer une non-conformité détectée

rebut (3.6.10)
action sur un produit non conforme visant à empêcher son usage tel que prévu à l'origine

réparation (3.6.9)
action sur un produit non conforme pour le rendre acceptable pour l'utilisation prévue

reprise (3.6.7)
action sur un produit non conforme pour le rendre conforme aux exigences

reclassement (3.6.8)
modification de la classe d'un produit non conforme pour le rendre conforme à des exigences différentes de celles initialement spécifiées

Figure A.9 – Concepts relatifs à la conformité (3.6)

information (3.7.1)
données signifiantes

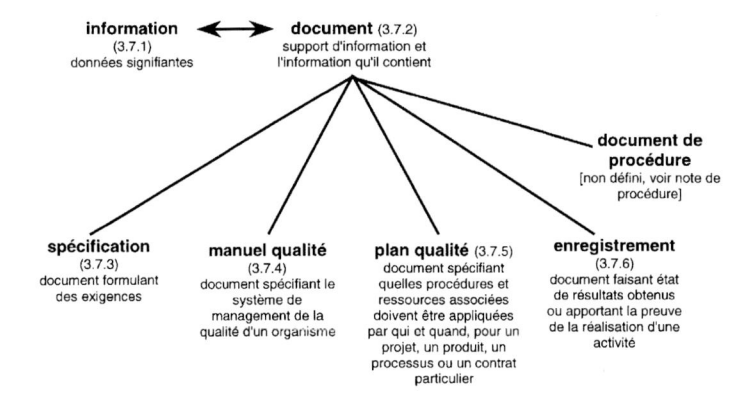

⬌ **document** (3.7.2)
support d'information et l'information qu'il contient

document de procédure
[non défini, voir note de procédure]

spécification (3.7.3)
document formulant des exigences

manuel qualité (3.7.4)
document spécifiant le système de management de la qualité d'un organisme

plan qualité (3.7.5)
document spécifiant quelles procédures et ressources associées doivent être appliquées par qui et quand, pour un projet, un produit, un processus ou un contrat particulier

enregistrement (3.7.6)
document faisant état de résultats obtenus ou apportant la preuve de la réalisation d'une activité

Figure A.10 – Concepts relatifs à la documentation (3.7)

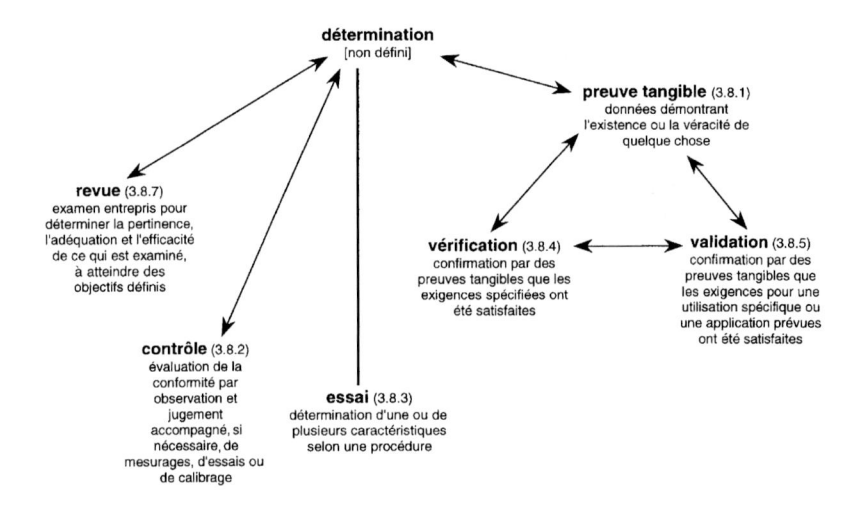

détermination
[non défini]

preuve tangible (3.8.1)
données démontrant l'existence ou la véracité de quelque chose

revue (3.8.7)
examen entrepris pour déterminer la pertinence, l'adéquation et l'efficacité de ce qui est examiné, à atteindre des objectifs définis

vérification (3.8.4)
confirmation par des preuves tangibles que les exigences spécifiées ont été satisfaites

validation (3.8.5)
confirmation par des preuves tangibles que les exigences pour une utilisation spécifique ou une application prévues ont été satisfaites

contrôle (3.8.2)
évaluation de la conformité par observation et jugement accompagné, si nécessaire, de mesurages, d'essais ou de calibrage

essai (3.8.3)
détermination d'une ou de plusieurs caractéristiques selon une procédure

Figure A.11 – Concepts relatifs à l'examen (3.8)

client de l'audit (3.9.7)
organisme ou personne demandant un audit

programme d'audit (3.9.2)
ensemble d'un ou plusieurs audits planifié pour une durée spécifique et dirigé dans un but spécifique

audité (3.9.8)
organisme qui est audité

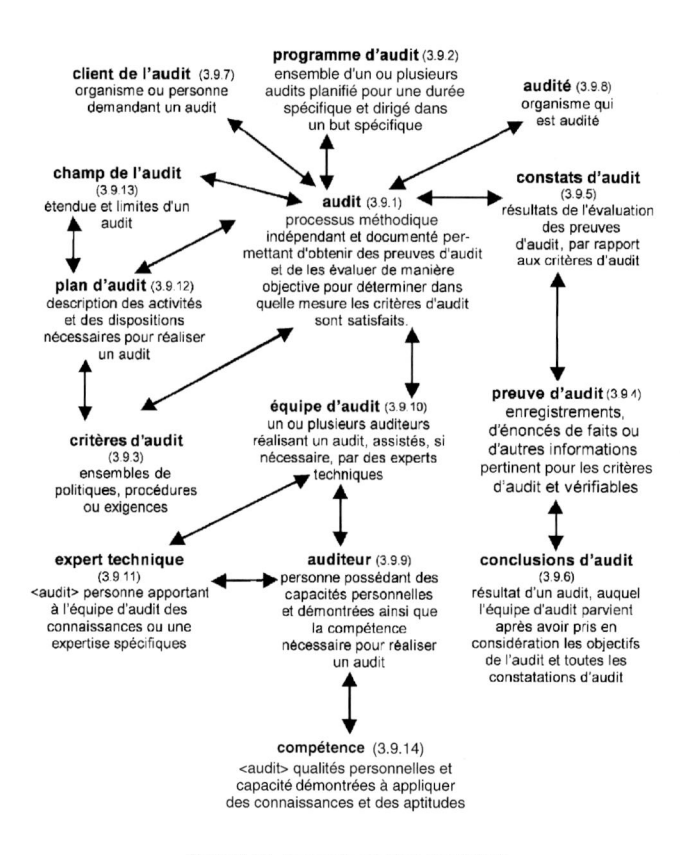

champ de l'audit (3.9.13)
étendue et limites d'un audit

audit (3.9.1)
processus méthodique indépendant et documenté permettant d'obtenir des preuves d'audit et de les évaluer de manière objective pour déterminer dans quelle mesure les critères d'audit sont satisfaits.

constats d'audit (3.9.5)
résultats de l'évaluation des preuves d'audit, par rapport aux critères d'audit

plan d'audit (3.9.12)
description des activités et des dispositions nécessaires pour réaliser un audit

équipe d'audit (3.9.10)
un ou plusieurs auditeurs réalisant un audit, assistés, si nécessaire, par des experts techniques

preuve d'audit (3.9.4)
enregistrements, d'énoncés de faits ou d'autres informations pertinent pour les critères d'audit et vérifiables

critères d'audit (3.9.3)
ensembles de politiques, procédures ou exigences

expert technique (3.9.11)
<audit> personne apportant à l'équipe d'audit des connaissances ou une expertise spécifiques

auditeur (3.9.9)
personne possédant des capacités personnelles et démontrées ainsi que la compétence nécessaire pour réaliser un audit

conclusions d'audit (3.9.6)
résultat d'un audit, auquel l'équipe d'audit parvient après avoir pris en considération les objectifs de l'audit et toutes les constatations d'audit

compétence (3.9.14)
<audit> qualités personnelles et capacité démontrées à appliquer des connaissances et des aptitudes

Figure A.12 – Concepts relatifs à l'audit (3.9)

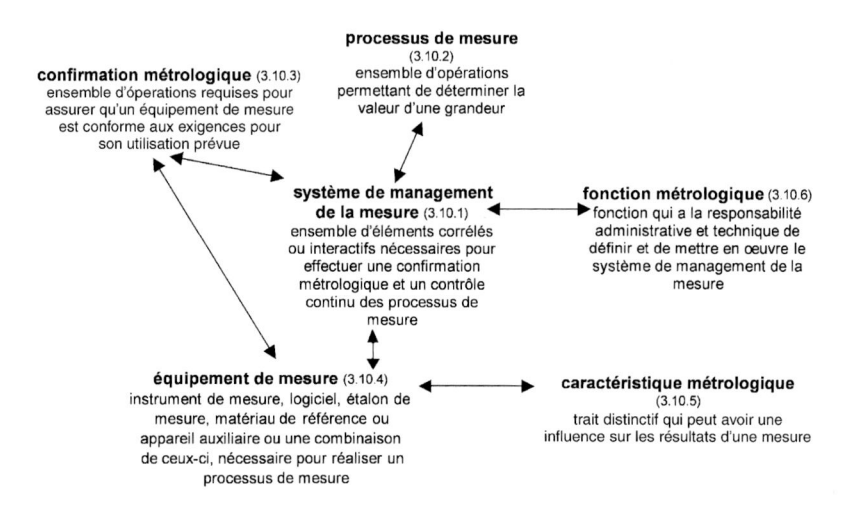

confirmation métrologique (3.10.3)
ensemble d'óperations requises pour assurer qu'un équipement de mesure est conforme aux exigences pour son utilisation prévue

processus de mesure (3.10.2)
ensemble d'opérations permettant de déterminer la valeur d'une grandeur

système de management de la mesure (3.10.1)
ensemble d'éléments corrélés ou interactifs nécessaires pour effectuer une confirmation métrologique et un contrôle continu des processus de mesure

fonction métrologique (3.10.6)
fonction qui a la responsabilité administrative et technique de définir et de mettre en œuvre le système de management de la mesure

équipement de mesure (3.10.4)
instrument de mesure, logiciel, étalon de mesure, matériau de référence ou appareil auxiliaire ou une combinaison de ceux-ci, nécessaire pour réaliser un processus de mesure

caractéristique métrologique (3.10.5)
trait distinctif qui peut avoir une influence sur les résultats d'une mesure

Figure A.13 – Concepts relatifs au management qualité pour les processus de mesure (3.10)

Literaturhinweise

[1] ISO 704, *Terminologiearbeit – Grundlagen und Methoden*

[2] ISO 1087-1, *Terminologiearbeit – Begriffe – Teil 1: Terminologielehre und ihre Anwendung*

[3] ISO 3534-2, *Statistik – Begriffe und Formelzeichen – Teil 2: Angewandte Statistik* [1)]

[4] ISO 9001:2000, *Qualitätsmanagementsysteme – Anforderungen*

[5] ISO 9004:2000, *Qualitätsmanagementsysteme – Leitfaden zur Leistungsverbesserung*

[6] ISO 10012, *Messmanagementsysteme – Anforderungen an Messprozesse und Messmittel*

[7] ISO/TR 10013, *Leitfaden für die Dokumentation des Qualitätsmanagementsystems*

[8] ISO/TR 10017, *Leitfaden für die Anwendung statistischer Verfahren für ISO 9001:2000*

[9] ISO 10019, *Leitfaden für die Auswahl von Beratern zum Qualitätsmanagementsystem und für den Einsatz ihrer Dienstleistungen*

[10] ISO 10241, *Internationale Begriffsnormen – Ausarbeitung und Gestaltung*

[11] ISO/TR 13425, *Leitfaden zur Auswahl statistischer Verfahren in der Normung und für Spezifikationen*

[12] ISO/IEC 17000, *Konformitätsbewertung – Begriffe und allgemeine Grundlagen*

[13] ISO 19011, *Leitfaden für Audits von Qualitätsmanagement- und/ oder Umweltmanagementsystemen*

[14] ISO/IEC Leitfaden 2, *Normung und damit zusammenhängende Tätigkeiten – Allgemeine Begriffe*

[15] IEC 60050-191, *Internationales Elektrotechnisches Wörterbuch – Kapitel 191: Zuverlässigkeit und Dienstgüte*

[16] IEC 60050-191/A2:2002, *Internationales Elektrotechnisches Wörterbuch – Kapitel 191: Zuverlässigkeit und Dienstgüte; Änderung 2*

[17] VIM:1993, *Internationales Wörterbuch der Metrologie*, BIPM/IEC/IFCC/ISO/OIML/IUPAC/IUPAP

---

1) In Vorbereitung.

Bibliography

[1] ISO 704, *Terminology work – Principles and methods*

[2] ISO 1087-1, *Terminology work – Vocabulary – Part 1: Theory and application*

[3] ISO 3534-2, *Statistics – Vocabulary and symbols – Part 2: Applied statistics* [1)]

[4] ISO 9001:2000, *Quality management systems – Requirements*

[5] ISO 9004:2000, *Quality management systems – Guidelines for performance improvements*

[6] ISO 10012, *Measurement management systems – Requirements for measurement processes and measuring equipment*

[7] ISO/TR 10013, *Guidelines for quality management system documentation*

[8] ISO/TR 10017, *Guidance on statistical techniques for ISO 9001:2000*

[9] ISO 10019, *Guidelines for the selection of quality management system consultants and use of their services*

[10] ISO 10241, *International terminology standards – Preparation and layout*

[11] ISO/TR 13425, *Guidelines for the selection of statistical methods in standardization and specification*

[12] ISO/IEC 17000, *Conformity assessment – Vocabulary and general principles*

[13] ISO 19011, *Guidelines for quality and/or environmental management systems auditing*

[14] ISO/IEC Guide 2, *Standardization and related activities – General vocabulary*

[15] IEC 60050-191, *International Electrotechnical Vocabulary – Chapter 191: Dependability and quality of service*

[16] IEC 60050-191/A2:2002, *International Electrotechnical Vocabulary – Chapter 191: Dependability and quality of service; Amendment 2*

[17] VIM:1993, *International vocabulary of basic and general terms in metrology*, BIPM/IEC/IFCC/ISO/OIML/IUPAC/IUPAP

---

1) To be published.

Bibliographie

[1] ISO 704, *Travail terminologique – Principes et méthodes*

[2] ISO 1087-1, *Travaux terminologiques – Vocabulaire – Partie 1: Théorie et application*

[3] ISO 3534-2, *Statistique – Vocabulaire et symboles – Partie 2: Statistique appliquée* [1)]

[4] ISO 9001:2000, *Systèmes de management de la qualité – Exigences*

[5] ISO 9004:2000, *Systèmes de management de la qualité – Lignes directrices pour l'amélioration des performances*

[6] ISO 10012:2003, *Systèmes de management de la mesure – Exigences pour les processus et les équipements de mesure*

[7] ISO/TR 10013, *Lignes directrices pour le développement de la documentation sur les systèmes de management de la qualité*

[8] ISO/TR 10017, *Lignes directrices pour les techniques statistiques relatives à l'ISO 9001:2000*

[9] ISO 10019, *Lignes directrices pour la sélection de consultants en systèmes de management de la qualité et pour l'utilisation de leurs services*

[10] ISO 10241, *Normes terminologiques internationales – Élaboration et présentation*

[11] ISO/TR 13425, *Lignes directrices pour la sélection des méthodes statistiques en normalisation et en spécifications*

[12] ISO/CEI 17000, *Évaluation de la conformité – Vocabulaire et principes généraux*

[13] ISO 19011, *Lignes directrices pour l'audit des systèmes de management de la qualité et/ou de management environnemental*

[14] ISO/CEI Guide 2, *Normalisation et activités connexes – Vocabulaire général*

[15] CEI 60050-191, *Vocabulaire électrotechnique international – Chapitre 191: Sûreté de fonctionnement et qualité de service*

[16] CEI 60050-191/A2:2002, *Vocabulaire électrotechnique international – Chapitre 191: Sûreté de fonctionnement et qualité de service; Amendement 2*

---

1) À publier.

[18] *ISO-Broschüre über Grundsätze des Qualitätsmanagements*[2]

[19] *ISO 9000 + ISO 14000 News* (eine zweimonatliche Veröffentlichung, die einen umfassenden Überblick über die internationalen Entwicklungen in Bezug auf Managementsystem-Normen der ISO gibt, einschließlich deren Umsetzung durch verschiedene Organisationen weltweit)[3]

[20] ISO/IEC-Direktiven, Teil 1, Teil 2: 2004 und Ergänzung

[18] *Quality Management Principles Brochure*[2]

[19] *ISO 9000 + ISO 14000 News* (a bimonthly publication which provides comprehensive coverage of international developments relating to ISO's management system standards, including news of their implementation by diverse organizations around the world)[3]

[20] ISO/IEC Directives, Part 1, Part 2: 2004 and Supplement

[17] VIM:1993, *Vocabulaire international des termes fondamentaux et généraux de métrologie*, BIPM/CEI/ FICC/ISO/OIML/UICPA/UIPPA

[18] *Brochure sur les principes de management de la qualité*[2]

[19] *ISO 9000 + ISO 14000 News* (publication bimestrielle offrant une vue d'ensemble des développements sur le plan international en relation avec les normes ISO sur les systèmes de management et comprenant des nouvelles relatives à leur mise en œuvre par diverses organisations dans le monde entier)[3]

[20] Directives ISO/CEI Partie 1, Partie 2: 2004 et Supplément

---

2) Siehe Website http://www.iso.org
3) Zu beziehen von: ISO-Zentralsekretariat (sales@iso.org).

2) Available from website: http://www.iso.org
3) Available from ISO Central Secretariat (sales@iso.org).

2) Disponible sur le site web: http://www.iso.org.
3) Disponible auprès du Secrétariat central de l'ISO (sales@iso.org).

Stichwortverzeichnis

A
Abweichungsgenehmigung 3.6.12
Anforderung 3.1.2
Anspruchsklasse 3.1.3
Arbeitsumgebung 3.3.4
Audit 3.9.1
Auditauftraggeber 3.9.7
Auditfeststellung 3.9.5
auditierte Organisation 3.9.8
Auditkriterien 3.9.3
Auditnachweis 3.9.4
Auditor 3.9.9
Auditplan 3.9.12
Auditprogramm 3.9.2
Auditschlussfolgerung 3.9.6
Auditteam 3.9.10
Auditumfang 3.9.13
Aufzeichnung 3.7.6

B
Bewertung 3.8.7

D
Dokument 3.7.2

E
Effizienz 3.2.15
Entwicklung 3.4.4

F
Fähigkeit 3.1.5
Fehler 3.6.2
Freigabe 3.6.13
Funktionsbereich Metrologie 3.10.6

I
Information 3.7.1
Infrastruktur 3.3.3
Inspektion 3.8.2
interessierte Partei 3.3.7

K
Kompetenz 3.1.6
Kompetenz <Audit> 3.9.14
Konformität 3.6.1
Korrektur 3.6.6
Korrekturmaßnahme 3.6.5
Kunde 3.3.5
Kundenzufriedenheit 3.1.4

L
Lieferant 3.3.6

M
Management 3.2.6
Managementsystem 3.2.2
Mangel 3.6.3
Merkmal 3.5.1
Messmanagementsystem 3.10.1
Messmittel 3.10.4
Messprozess 3.10.2
metrologische Bestätigung 3.10.3
metrologisches Merkmal 3.10.5

N
Nacharbeit 3.6.7
Neueinstufung 3.6.8

O
oberste Leitung 3.2.7
objektiver Nachweis 3.8.1
Organisation 3.3.1
Organisationsstruktur 3.3.2

P
Produkt 3.4.2
Projekt 3.4.3
Prozess 3.4.1
Prüfung 3.8.2

Q
QM-Handbuch 3.7.4
QM-Plan 3.7.5

QM-System 3.2.3
Qualifizierungsprozess 3.8.6
Qualität 3.1.1
Qualitätslenkung 3.2.10
Qualitätsmanagement 3.2.8
Qualitätsmanagement-Handbuch 3.7.4
Qualitätsmanagementplan 3.7.5
Qualitätsmanagementsystem 3.2.3
Qualitätsmerkmal 3.5.2
Qualitätsplanung 3.2.9
Qualitätspolitik 3.2.4
Qualitätssicherung 3.2.11
Qualitätsverbesserung 3.2.12
Qualitätsziel 3.2.5

R
Reparatur 3.6.9
Rückverfolgbarkeit 3.5.4

S
Sachkundiger <Audit> 3.9.11
Sonderfreigabe 3.6.11
Spezifikation 3.7.3
ständige Verbesserung 3.2.13
System 3.2.1

T
Test 3.8.3

V
Validierung 3.8.5
Verfahren 3.4.5
Verifizierung 3.8.4
Verschrottung 3.6.10
Vertrag 3.3.8
Vorbeugungsmaßnahme 3.6.4

W
Wirksamkeit 3.2.14

Z
Zuverlässigkeit 3.5.3

Alphabetical index

A
audit 3.9.1
audit client 3.9.7
audit conclusion 3.9.6
audit criteria 3.9.3
audit evidence 3.9.4
audit findings 3.9.5
audit plan 3.9.14
audit programme 3.9.2
audit scope 3.9.13
audit team 3.9.10
auditee 3.9.8
auditor 3.9.9

C
capability 3.1.5
characteristic 3.5.1
competence 3.1.6
competence <audit> 3.9.14
concession 3.6.11
conformity 3.6.1
continual improvement 3.2.13
contract 3.3.8
correction 3.6.6
corrective action 3.6.5
customer 3.3.5
customer satisfaction 3.1.4

D
defect 3.6.3
dependability 3.5.3
design and development 3.4.4
deviation permit 3.6.12
document 3.7.2

E
effectiveness 3.2.14
efficiency 3.2.15

G
grade 3.1.3

I
information 3.7.1
infrastructure 3.3.3
inspection 3.8.2
interested party 3.3.7

M
management 3.2.6
management system 3.2.2
measurement management system 3.10.1
measurement process 3.10.2
measuring equipment 3.10.4
metrological characteristic 3.10.5
metrological confirmation 3.10.3
metrological function 3.10.6

N
nonconformity 3.6.2

O
objective evidence 3.8.1
organization 3.3.1
organizational structure 3.3.2

P
preventive action 3.6.4
procedure 3.4.5
process 3.4.1
product 3.4.2
project 3.4.3

Q
qualification process 3.8.6
quality 3.1.1
quality assurance 3.2.11
quality characteristic 3.5.2
quality control 3.2.10
quality improvement 3.2.12
quality management 3.2.8
quality management system 3.2.3
quality manual 3.7.4
quality objective 3.2.5
quality plan 3.7.5
quality planning 3.2.9
quality policy 3.2.4

R
record 3.7.6
regrade 3.6.8
release 3.6.13
repair 3.6.9
requirement 3.1.2
review 3.8.7
rework 3.6.7

S
scrap 3.6.10
specification 3.7.3
supplier 3.3.6
system 3.2.1

T
technical expert <audit> 3.9.11
test 3.8.3
top management 3.2.7
traceability 3.5.4

V
validation 3.8.5
verification 3.8.4

W
work environment 3.3.4

Index alphabétique

A
action corrective 3.6.5
action préventive 3.6.4
amélioration continue 3.2.13
amélioration de la qualité 3.2.12
assurance de la qualité 3.2.11
audit 3.9.1
audité 3.9.8
auditeur 3.9.9

C
capacité 3.1.5
caractéristique 3.5.1
caractéristique métrologique 3.10.5
caractéristique qualité 3.5.2
champ de l'audit 3.9.13
classe 3.1.3
client 3.3.5
client de l'audit 3.9.7
compétence 3.1.6
compétence <audit> 3.9.14
conception et développement 3.4.4
conclusions d'audit 3.9.6
confirmation métrologique 3.10.3
conformité 3.6.1
constatations d'audit 3.9.5
contrat 3.3.8
contrôle 3.8.2
correction 3.6.6
critères d'audit 3.9.3

D
défaut 3.6.3
dérogation (après production) 3.6.11
dérogation (avant production) 3.6.12

direction 3.2.7
document 3.7.2

E
efficacité 3.2.14
efficience 3.2.15
enregistrement 3.7.6
environnement de travail 3.3.4
équipe d'audit 3.9.10
équipement de mesure 3.10.4
essai 3.8.3
exigence 3.1.2
expert technique <audit> 3.9.11

F
fonction métrologique 3.10.6
fournisseur 3.3.6

I
information 3.7.1
infrastructure 3.3.3

L
libération 3.6.13

M
maîtrise de la qualité 3.2.10
management 3.2.6
management de la qualité 3.2.8
manuel qualité 3.7.4

N
non-conformité 3.6.2

O
objectif qualité 3.2.5
organisation 3.3.2
organisme 3.3.1

P
partie intéressée 3.3.7
plan d'audit 3.9.12

plan qualité 3.7.5
planification de la qualité 3
politique qualité 3.2.4
preuves d'audit 3.9.4
preuve tangible 3.8.1
procédure 3.4.5
processus 3.4.1
processus de mesure 3.10.
processus de qualification
produit 3.4.2
programme d'audit 3.9.2
projet 3.4.3

Q
qualité 3.1.1

R
rebut 3.6.10
reclassement 3.6.8
réparation 3.6.9
reprise 3.6.7
revue 3.8.7

S
satisfaction du client 3.1.4
spécification 3.7.3
sûreté de fonctionnement
système 3.2.1
système de management 3
système de management d mesure 3.10.1
système de management d qualité 3.2.3

T
traçabilité 3.5.4

V
validation 3.8.5
vérification 3.8.4

Oktober 2009

	DIN ISO 3534-1	**DIN**

ICS 01.040.03; 03.120.30   Ersatzvermerk siehe unten

Statistik –
Begriffe und Formelzeichen –
Teil 1: Wahrscheinlichkeit und allgemeine statistische Begriffe (ISO 3534-1:2006);
Text Deutsch und Englisch

Statistics –
Vocabulary and symbols –
Part 1: General statistical terms and terms used in probability (ISO 3534-1:2006);
Text in German and English

Statistique –
Vocabulaire et symboles –
Partie 1: Termes statistiques généraux et termes utilisés en calcul des probabilitiés (ISO 3534-1:2006);
Texte en allemand et anglais

Ersatzvermerk

Teilweiser Ersatz für DIN 55350-12:1989-03, DIN 55350-13:1987-07, DIN 55350-14:1985-12, DIN 55350-21:1982-05, DIN 55350-22:1987-02, DIN 55350-23:1983-04, DIN 55350-24:1982-11, DIN 55350-31:1985-12 und DIN 55350-33:1993-09

Gesamtumfang 96 Seiten

Normenausschuss Qualitätsmanagement, Statistik und Zertifizierungsgrundlagen (NQSZ) im DIN
Normenausschuss Technische Grundlagen (NATG) im DIN

Inhalt		Contents	
	Seite		Page
Nationales Vorwort	3		
Einleitung	4	Introduction	4
Anwendungsbereich	6	Scope	6
1 Allgemeine Begriffe der Statistik	6	1 General statistical terms	6
2 Begriffe zur Wahrscheinlichkeit	37	2 Terms used in probability	37
Anhang A (informativ) Formelzeichen	74	Annex A (informative) Symbols	74
Anhang B (informativ) Statistische Begriffsdiagramme	76	Annex B (informative) Statistical concept diagrams	76
Anhang C (informativ) Begriffsdiagramme zur Wahrscheinlichkeit	82	Annex C (informative) Probability concept diagrams	82
Anhang D (informativ) Liste von Formelzeichen und Abkürzungen	86	Annex D (informative) Methodology used in the development of the vocabulary	86
Literaturhinweise	92	Bibliography	92
Stichwortverzeichnis	93	Alphabetical index	95

Nationales Vorwort

Dieses Dokument enthält die deutsche Übersetzung der Internationalen Norm ISO 3534-1:2006, Second edition 2006-10-15, Corrected version 2007-09-15, die vom Technischen Komitee ISO/TC 69, *Applications of statistical methods*, Unterkomitee 1, *Terminology and symbols*, erarbeitet wurde. Der zuständige nationale Normenausschuss ist der NA 147, *Qualitätsmanagement, Statistik und Zertifizierungsgrundlagen (NQSZ)*, Arbeitsausschuss *Angewandte Statistik*.

ISO 3534 umfasst unter dem Haupttitel *Statistics — Vocabulary and symbols* die folgenden Teile:

— Part 1: General statistical terms and terms used in probability

— Part 2: Applied statistics

— Part 3: Design of experiments.

Die im Zusammenhang mit der vorliegenden Norm relevanten Normen der Reihe DIN 55350 befinden sich zum Zeitpunkt der Veröffentlichung der vorliegenden Norm in Überarbeitung. Während der Überarbeitung der Normen der Reihe DIN 55350 sind noch Redundanzen möglich.

Änderungen

Gegenüber

DIN 55350-12:1989-03, DIN 55350-13:1987-07, DIN 55350-14:1985-12, DIN 55350-21:1982-05, DIN 55350-22:1987-02, DIN 55350-23:1983-04, DIN 55350-24:1982-11, DIN 55350-31:1985-12 und DIN 55350-33:1993-09 wurden folgende Änderungen vorgenommen:

a) alle Begriffe wurden neu definiert.

b) zahlreiche Begriffe sind neu hinzugefügt worden.

Frühere Ausgaben

DIN 55350-12: 1978-07, 1988-09, 1989-03
DIN 55350-13: 1981-01, 1987-07
DIN 55350-14: 1985-12
DIN 55350-21: 1982-05
DIN 55350-22: 1982-05, 1987-02
DIN 55350-23: 1982-11, 1983-04
DIN 55350-24: 1982-11
DIN 55350-31: 1985-12
DIN 55350-33: 1993-09

Statistik
Begriffe und Formelzeichen
Teil 1: Wahrscheinlichkeit und allgemeine statistische Begriffe

Statistics
Vocabulary and symbols
Part 1: General statistical terms and terms used in probability

Einleitung

Die aktuellen Fassungen von ISO 3534-1 und ISO 3534-2 sollen miteinander vereinbar sein. Sie haben das gemeinsame Ziel, ihr jeweiliges mathematisches Niveau auf das für stimmige, richtige und präzise Definitionen notwendige Mindestniveau zu beschränken. Teil 1 über Begriffe zur Wahrscheinlichkeit und Statistik ist grundlegend; daher ist sein mathematisches Niveau notwendigerweise etwas anspruchsvoller. In dem Bewusstsein, dass die Anwender von ISO 3534-2 oder anderer Normen des TC 69 über Angewandte Statistik diesen Teil von ISO 3534 gelegentlich für die Definition gewisser Begriffe zu Rate ziehen werden, werden etliche der Begriffe in den Anmerkungen in einer weniger technischen Art und Weise dargestellt und mit Beispielen veranschaulicht. Obwohl diese informellen Beschreibungen für formale Definitionen kein Ersatz sind, können sie für den Laien funktionierende Definitionen von Begriffen sein und so den Belangen vieler Anwender dieser Terminologie-Normen dienen. Um dem anwendungsorientierten Nutzer, der normalerweise mit solchen Normen wie beispielsweise ISO 3534-2 oder ISO 5725 zu tun hat, weiter entgegenzukommen, werden Anmerkungen und Beispiele angeboten, um diesen Teil von ISO 3534 leichter zugänglich zu machen.

Ein klar umrissener und einigermaßen vollständiger Satz von Begriffen zur Wahrscheinlichkeit und Statistik ist für die Entwicklung von Statistik-Normen und deren erfolgreiche Anwendung unverzichtbar. Die hier angebotenen Definitionen müssen hinreichend exakt und mathematisch durchdacht sein, damit sie Entwicklern von Statistik-Normen ermöglichen, Unklarheiten zu vermeiden. Genauere Erläuterungen der Begriffe, ihrer Zusammenhänge und ihrer Anwendungsgebiete können natürlich in Fachbüchern, die in Wahrscheinlichkeit und Statistik einführen, gefunden werden.

Introduction

The current versions of ISO 3534-1 and ISO 3534-2 are intended to be compatible. They share the common goal of restricting their respective mathematical levels to the minimum levels necessary to attain coherent, correct and concise definitions. Part 1 on terms used in probability and statistics is fundamental, so by necessity is presented at a somewhat sophisticated mathematical level. Recognizing that users of ISO 3534-2 or other TC 69 standards on applied statistics may occasionally consult this part of ISO 3534 for the definition of certain terms, several of the terms are described in a less technical manner within the notes and are illustrated with examples. Although these informal descriptions are not a substitute for formal definitions, they may provide a working, layman definition of concepts, thus serving the needs of multiple users of these terminology standards. To accommodate further the applied user who normally would be involved with standards such as ISO 3534-2 or ISO 5725, for example, notes and examples are offered to make this part of ISO 3534 more accessible.

A well-defined and reasonably complete set of probability and statistical terms is essential to the development of and effective use of statistical standards. The definitions provided here must be sufficiently accurate and mathematically sophisticated to enable statistical standards developers to avoid ambiguities. Of course, more detailed explanations of concepts, their contexts and their realms of application can be found in introductory probability and statistics textbooks.

In einem informativen Anhang werden Begriffsdiagramme für jede Gruppe von Begriffen bereitgestellt: 1) Allgemeine Begriffe der Statistik (in Anhang B) und 2) Begriffe zur Wahrscheinlichkeit (in Anhang C). Es gibt sechs Begriffsdiagramme für allgemeine Begriffe der Statistik und vier für Begriffe zur Wahrscheinlichkeit. Manche Begriffe kommen in mehreren Diagrammen vor, um den Zusammenhang herzustellen zwischen einem Satz von Begriffen und einem anderen. Anhang D bietet eine kurze Einführung in Begriffsdiagramme und deren Interpretation.

Die Begriffsdiagramme waren bei der Vorbereitung dieser Revision hilfreich, da sie die gegenseitigen Beziehungen der verschiedenen Begriffe zu beschreiben helfen. Sie sind sicher auch für die Übersetzung der Norm in andere Sprachen nützlich.

Allgemein sei angemerkt, dass sich die Definitionen in dieser Norm auf den eindimensionalen (univariaten) Fall beziehen, solange nichts anderes angegeben wird. Diese Festlegung wird hier getroffen, um die sonst notwendige wiederholte Erwähnung, dass es sich um den eindimensionalen Anwendungsbereich handelt, zu vermeiden.

Concept diagrams are provided in an informative annex for each group of terms: 1) general statistical terms (in Annex B) and 2) terms used in probability (in Annex C). There are six concept diagrams for general statistical terms and four concept diagrams for terms related to probability. Some terms appear in multiple diagrams to provide a link from one set of concepts to another. Annex D provides a brief introduction to Concept Diagrams and their interpretation.

These diagrams were instrumental in constructing this revision as they assist in delineating the interrelationships of the various terms. These diagrams are also likely to be useful in translating the standard into other languages.

As a general comment with respect to much of the standard, unless otherwise indicated, the definitions relate to the one-dimensional (univariate) case. This provision is admitted here to eliminate the need to mention repetitively the one-dimensional scope for most of the definitions.

Anwendungsbereich

Dieser Teil von ISO 3534 definiert allgemeine Begriffe der Statistik sowie Begriffe zur Wahrscheinlichkeit, die bei der Erarbeitung anderer Internationaler Normen verwendet werden dürfen. Außerdem legt er Formelzeichen für eine begrenzte Anzahl dieser Begriffe fest.

Die Begriffe sind unterteilt in

a) allgemeine statistische Begriffe (Abschnitt 1), und

b) Begriffe zur Wahrscheinlichkeit (Abschnitt 2).

Anhang A enthält eine Liste von Formelzeichen und Abkürzungen, deren Verwendung für diesen Teil von ISO 3534 empfohlen wird.

Die Einträge in diesen Teil von ISO 3534 sind entsprechend der in den Anhängen B und C enthaltenen Begriffsdiagramme geordnet.

Scope

This part of ISO 3534 defines general statistical terms and terms used in probability which may be used in the drafting of other International Standards. In addition, it defines symbols for a limited number of these terms.

The terms are classified as:

a) general statistical terms (Clause 1);

b) terms used in probability (Clause 2).

Annex A gives a list of symbols and abbreviations recommended to be used for this part of ISO 3534.

The entries in this part of ISO 3534 are arranged in association with concept diagrams provided as Annexes B and C.

1 Allgemeine Begriffe der Statistik

1.1
Grundgesamtheit
Gesamtheit der betrachteten Einheiten/Entitäten

ANMERKUNG 1 Eine Grundgesamtheit kann real und endlich, real und unendlich oder vollständig theoretisch sein. Manchmal wird die Benennung „endliche Grundgesamtheit" verwendet, insbesondere bei Stichprobenerhebungen. Ebenso wird im Zusammenhang mit der Stichprobenentnahme aus einem Kontinuum die Benennung „unendliche Grundgesamtheit" verwendet. In Abschnitt 2 wird die Grundgesamtheit in wahrscheinlichkeitstheoretischem Kontext als **Ereignisraum** (2.1) gesehen.

ANMERKUNG 2 Eine theoretische Grundgesamtheit erlaubt, sich die Beschaffenheit weiterer Daten unter diversen Annahmen vorzustellen. Daher sind theoretische Grundgesamtheiten nützlich bei der Planung statistischer Untersuchungen, insbesondere bei der Bestimmung eines geeigneten Stichprobenumfangs. Eine theoretische Grundgesamtheit kann der Zahl nach endlich oder unendlich sein. Sie bietet in der schließenden Statistik ein besonders nützliches Konzept bei der Beurteilung der Aussagekraft einer statistischen Untersuchung.

ANMERKUNG 3 Der Kontext einer Untersuchung kann die Art der Grundgesamtheit vorschreiben. Wenn beispielsweise drei Ortschaften für eine bevölkerungsstatistische oder Gesundheitsstudie ausgewählt sind, dann besteht die Grundgesamtheit aus den Einwohnern dieser speziellen drei Ortschaften. Wenn die drei Ortschaften dagegen aus allen Ortschaften einer bestimmten Region zufällig ausgewählt wurden, dann würde die Grundgesamtheit aus allen Einwohnern der Region bestehen.

1 General statistical terms

1.1
population
totality of items under consideration

NOTE 1 A population may be real and finite, real and infinite or completely hypothetical. Sometimes the term "finite population" is used, especially in survey sampling. Likewise the term "infinite population" is used in the context of sampling from a continuum. In Clause 2, population will be viewed in a probabilistic context as the **sample space** (2.1).

NOTE 2 A hypothetical population allows one to imagine the nature of further data under various assumptions. Hence, hypothetical populations are useful at the design stage of statistical investigations, particularly for determining appropriate sample sizes. A hypothetical population could be finite or infinite in number. It is a particularly useful concept in inferential statistics to assist in evaluating the strength of evidence in a statistical investigation.

NOTE 3 The context of an investigation can dictate the nature of the population. For example, if three villages are selected for a demographic or health study, then the population consists of the residents of these particular villages. Alternatively, if the three villages were selected at random from among all of the villages in a specific region, then the population would consist of all residents of the region.

1.2
Auswahleinheit
einer der einzelnen Teile, in die eine **Grundgesamtheit** (1.1) gegliedert ist

ANMERKUNG Je nach Sachverhalt darf der kleinste interessierende Teil ein Individuum, ein Haushalt, ein Schulbezirk, eine Verwaltungseinheit und so weiter sein.

1.3
Probe; Stichprobe
Teilmenge einer **Grundgesamtheit** (1.1), die aus einer oder mehreren **Auswahleinheiten** (1.2) besteht

ANMERKUNG 1 Die Auswahleinheiten können in Abhängigkeit von der interessierenden Grundgesamtheit Einheiten, numerische Werte oder auch abstrakte Entitäten sein.

ANMERKUNG 2 Die Definition von Stichprobe in ISO 3534-2 enthält ein Beispiel einer Stichprobenplanung, die beim Ziehen einer Zufallsstichprobe aus einer endlichen Grundgesamtheit wesentlich ist.

1.4
beobachteter Wert
erhaltener Wert einer Eigenschaft, die mit einem Element der **Stichprobe** (1.3) verbunden ist

ANMERKUNG 1 Gebräuchliche andere Benennungen sind „Realisierung" und „Wert".[N1]

ANMERKUNG 2 Die Definition legt die Entstehung oder wie dieser Wert erhalten wurde nicht fest. Der Wert kann eine einzelne Realisierung einer **Zufallsvariablen** (2.10) darstellen, muss es aber nicht. Er kann einer von mehreren solcher Werte sein, die im Anschluss einer statistischen Auswertung unterzogen werden. Obwohl korrekte statistische Auswertungen einiger statistischer Untermauerungen bedürfen, gibt es nichts, was die Berechnung von Zusammenfassungen oder graphische Darstellungen beobachteter Werte ausschließen würde. Nur bei weiterführenden Fragestellungen, wie der Bestimmung der Wahrscheinlichkeit, einen bestimmten Satz von Realisierungen zu beobachten, wird der statistische Apparat sowohl relevant als auch unerlässlich sein. Das Vorstadium einer Auswertung von beobachteten Werten wird üblicherweise als Datenanalyse bezeichnet.

1.5
beschreibende Statistik
graphische, numerische oder andere zusammenfassende Darstellung von **beobachteten Werten** (1.4)

BEISPIEL 1 Zu numerischen Zusammenfassungen gehören **Mittelwert** (1.15), **Stichprobenspannweite** (1.10), **Stichprobenstandardabweichung** (1.17) und so weiter.

1.2
sampling unit
one of the individual parts into which a **population** (1.1) is divided

NOTE Depending on the circumstances the smallest part of interest may be an individual, a household, a school district, an administrative unit and so forth.

1.3
sample
subset of a **population** (1.1) made up of one or more **sampling units** (1.2)

NOTE 1 The sampling units could be items, numerical values or even abstract entities depending on the population of interest.

NOTE 2 The definition of sample in ISO 3534-2 includes an example of sampling frame which is essential in drawing a random sample from a finite population.

1.4
observed value
obtained value of a property associated with one member of a **sample** (1.3)

NOTE 1 Common synonyms are "realization" and "datum". The plural of datum is data.

NOTE 2 The definition does not specify the genesis or how this value has been obtained. The value may represent one realization of a **random variable** (2.10), but not exclusively so. It may be one of several such values that will be subsequently subjected to statistical analysis. Although proper inferences require some statistical underpinnings, there is nothing to preclude computing summaries or graphical depictions of observed values. Only when attendant issues such as determining the probability of observing a specific set of realizations does the statistical machinery become both relevant and essential. The preliminary stage of an analysis of observed values is commonly referred to as data analysis.

1.5
descriptive statistics
graphical, numerical or other summary depiction of **observed values** (1.4)

EXAMPLE 1 Numerical summaries include **average** (1.15), **sample range** (1.10), **sample standard deviation** (1.17), and so forth.

[N1] Nationale Fußnote: Der Satz „The plural of datum is data." betrifft nur die englische Sprache und ist deshalb in der deutschen Übersetzung nicht berücksichtigt worden.

BEISPIEL 2   Zu graphischen Zusammenfassungen gehören Boxplots, Diagramme, Q-Q-Plots, Normal-Quantil-Plots, Streudiagramme, multiple Streudiagramme und Histogramme.

1.6
Zufallsstichprobe
Stichprobe (1.3), die per Zufallsauswahl ausgewählt worden ist

ANMERKUNG 1   Diese Definition ist weniger einschränkend als die in ISO 3534-2 gegebene, um unendliche Grundgesamtheiten zuzulassen.

ANMERKUNG 2   Wenn die Stichprobe aus n Auswahleinheiten aus einem endlichen **Ereignisraum** (2.1) ausgewählt wird, wird jede der möglichen Kombinationen von n Auswahleinheiten eine bestimmte **Wahrscheinlichkeit** (2.5) haben, gezogen zu werden. Für Stichprobenanweisungen kann die einzelne Wahrscheinlichkeit für jede mögliche Kombination vorab berechnet werden.

ANMERKUNG 3   Für die Probenahme aus einem endlichen Ereignisraum kann eine Zufallsstichprobe nach verschiedenen Stichprobenanweisungen ausgewählt werden, wie zum Beispiel geschichtete Stichprobe, systematische Zufallsstichprobe, Klumpenauswahl, Stichprobenauswahl mit zur Größe einer Hilfsvariablen proportionalen Wahrscheinlichkeit, gezogen zu werden, und viele andere Möglichkeiten.

ANMERKUNG 4   Diese Definition bezieht sich im Allgemeinen auf tatsächlich **beobachtete Werte** (1.4). Diese beobachteten Werte werden als Realisierungen von **Zufallsvariablen** (2.10) angesehen, wobei jeder beobachtete Wert einer Zufallsvariablen entspricht. Wenn **Schätzer** (1.12), Prüfgrößen für **statistische Tests** (1.48) oder **Vertrauensbereiche** (1.28) hergeleitet werden, dann nimmt die Definition mehr Bezug auf die Zufallsvariablen, die sich aus abstrakten Entitäten in der Stichprobe ergeben, als auf die tatsächlich beobachteten Werte dieser Zufallsvariablen.

ANMERKUNG 5   Zufallsstichproben aus unendlichen Grundgesamtheiten werden häufig durch wiederholtes Ziehen aus dem Ereignisraum erzeugt und führen zu einer Stichprobe, die aus voneinander unabhängigen, identisch verteilten Zufallsvariablen besteht, wenn die in Anmerkung 4 erwähnte Interpretation dieser Definition verwendet wird.

1.7
einfache Zufallsstichprobe
<endliche Grundgesamtheit> **Zufallsstichprobe** (1.6) derart, dass jede Teilmenge gegebenen Umfangs die gleiche Wahrscheinlichkeit hat, gezogen zu werden

ANMERKUNG   Diese Definition ist mit der Definition in ISO 3534-2 in Einklang, obwohl die Formulierung etwas anders ist.

EXAMPLE 2   Examples of graphical summaries include boxplots, diagrams, Q-Q plots, normal quantile plots, scatterplots, multiple scatterplots and histograms.

1.6
random sample
sample (1.3) which has been selected by a method of random selection

NOTE 1   This definition is less restrictive than that given in ISO 3534-2 to allow for infinite populations.

NOTE 2   When the sample of n sampling units is selected from a finite **sample space** (2.1), each of the possible combinations of n sampling units will have a particular **probability** (2.5) of being taken. For survey sampling plans, the particular probability for each possible combination may be calculated in advance.

NOTE 3   For survey sampling from a finite sample space, a random sample can be selected by different sampling plans such as stratified random sampling, systematic random sampling, cluster sampling, sampling with probability of sampling proportional to the size of an auxiliary variable and many other possibilities.

NOTE 4   The definition generally refers to actual **observed values** (1.4). These observed values are considered as realizations of **random variables** (2.10), where each observed value corresponds to one random variable. When **estimators** (1.12), test statistics for **statistical tests** (1.48) or **confidence intervals** (1.28) are derived from a random sample, the definition accommodates reference to the random variables arising from abstract entities in the sample rather than the actual observed values of these random variables.

NOTE 5   Random samples from infinite populations are often generated by repeated draws from the sample space, leading to a sample consisting of independent, identically distributed random variables using the interpretation of this definition mentioned in Note 4.

1.7
simple random sample
<finite population> **random sample** (1.6) such that each subset of a given size has the same probability of selection

NOTE   This definition is in harmony with the definition given in ISO 3534-2, although the wording here is slightly different.

1.8
Kenngröße[N2)]
vollständig bestimmte Funktion aus **Zufallsvariablen** (2.10)

ANMERKUNG 1   Eine Kenngröße ist eine Funktion aus Zufallsvariablen in einer **Zufallsstichprobe** (1.6) im Sinne von Anmerkung 4 zu 1.6.

ANMERKUNG 2   Bezug nehmend auf Anmerkung 1, wenn $\{X_1, X_2, ..., X_n\}$ eine Zufallsstichprobe aus einer **Normalverteilung** (2.50) mit unbekanntem **Erwartungswert** (2.35) μ und unbekannter **Standardabweichung** (2.37) σ ist, dann ist der Ausdruck $(X_1 + X_2 + ... + X_n)/n$ eine Kenngröße, der **Stichprobenmittelwert** (1.15), wohingegen der Ausdruck $[(X_1 + X_2 + ... + X_n)/n] - \mu$ keine Kenngröße ist, da er den unbekannten Wert des **Parameters** (2.9) μ enthält.

ANMERKUNG 3   Die hier angegebene Definition ist eine technische, in Übereinstimmung mit der Betrachtung in der mathematischen Statistik. Im Rahmen von Anwendungen kann sich der Plural des englischen „statistic", nämlich „statistics", auf das technische Fach beziehen, das die in den in Internationalen Normen des ISO/TC 69 beschriebenen Auswertungsaktivitäten zum Gegenstand hat.[N3)]

1.9
Ranggröße
durch ihre Rangordnung in einer nicht absteigenden Anordnung von **Zufallsvariablen** (2.10) festgelegte **Kenngröße** (1.8)

BEISPIEL   Seien 9, 13, 7, 6, 13, 7, 19, 6, 10 und 7 die beobachteten Werte einer Stichprobe. Die beobachteten Werte der Ranggrößen sind 6, 6, 7, 7, 7, 9, 10, 13, 13, 19. Diese Werte sind die Realisierungen von $X_{(1)}$ bis $X_{(10)}$.

ANMERKUNG 1   Die **beobachteten Werte** (1.4) einer **Zufallsstichprobe** (1.6) seien $\{x_1, x_2, ..., x_n\}$ und nach Sortierung in nicht absteigender Anordnung mit $x_{(1)} \leq ... \leq x_{(k)} \leq ... \leq x_{(n)}$ bezeichnet. Dann ist $(x_{(1)}, ..., x_{(k)}, ..., x_{(n)})$ der beobachtete Wert der Ranggröße $(X_{(1)}, ..., X_{(k)}, ..., X_{(n)})$ und $x_{(k)}$ ist der beobachtete Wert der k-ten Ranggröße.

ANMERKUNG 2   Praxisnah ausgedrückt, läuft die Gewinnung der Ranggrößen für einen Datensatz darauf hinaus, die Daten zu sortieren, wie in Anmerkung 1 formal beschrieben. Die sortierte Form des Datensatzes führt dann selbst zur Gewinnung nützlicher zusammenfassender Kenngrößen, wie in den beiden nächsten Definitionen festgelegt.

1.8
statistic
completely specified function of **random variables** (2.10)

NOTE 1   A statistic is a function of random variables in a **random sample** (1.6) in the sense given in Note 4 of 1.6.

NOTE 2   Referring to Note 1, if $\{X_1, X_2, ..., X_n\}$ is a random sample from a **normal distribution** (2.50) with unknown **mean** (2.35) μ and unknown **standard deviation** (2.37) σ, then the expression $(X_1 + X_2 + ... + X_n)/n$ is a statistic, the **sample mean** (1.15), whereas $[(X_1 + X_2 + ... + X_n)/n] - \mu$ is not a statistic as it involves the unknown value of the **parameter** (2.9) μ.

NOTE 3   The definition given here is a technical one, corresponding to the treatment found in mathematical statistics. In application settings, the plural of statistic, namely statistics, can refer to the technical discipline involving the analysis activities described in ISO/TC 69 International Standards.

1.9
order statistic
statistic (1.8) determined by its ranking in a nondecreasing arrangement of **random variables** (2.10)

EXAMPLE   Let the observed values of a sample be 9, 13, 7, 6, 13, 7, 19, 6, 10, and 7. The observed values of the order statistics are 6, 6, 7, 7, 7, 9, 10, 13, 13, 19. These values constitute realizations of $X_{(1)}$ through $X_{(10)}$.

NOTE 1   Let the **observed values** (1.4) of a **random sample** (1.6) be $\{x_1, x_2, ..., x_n\}$ and once sorted in nondecreasing order designated as $x_{(1)} \leq ... \leq x_{(k)} \leq ... \leq x_{(n)}$. Then $(x_{(1)}, ..., x_{(k)}, ..., x_{(n)})$ is the observed value of the order statistic $(X_{(1)}, ..., X_{(k)}, ..., X_{(n)})$ and $x_{(k)}$ is the observed value of the kth order statistic.

NOTE 2   In practical terms, obtaining the order statistics for a data set amounts to sorting the data as formally described in Note 1. The sorted form of the data set then lends itself to obtaining useful summary statistics as given in the next few definitions.

[N2)] Nationale Fußnote: Kenngrößen charakterisieren Eigenschaften einer Häufigkeitsverteilung.

[N3)] Nationale Fußnote: Eine Übersetzung des englischen „statistics" ist Statistik (im Sinne von Wissenschaft).

ANMERKUNG 3 Ranggrößen umfassen Stichprobenwerte, die durch ihre Position nach erfolgter Reihung in nicht absteigender Anordnung festgelegt sind. Wie in dem Beispiel ist es einfacher, das Sortieren von Stichprobenwerten (Realisierung von Zufallsvariablen) zu verstehen, als das Sortieren nicht beobachteter Zufallsvariabler. Dennoch kann man sich die Zufallsvariablen einer **Zufallsstichprobe** (1.6) in einer nicht absteigenden Reihenfolge angeordnet vorstellen. Beispielsweise kann das Maximum von n Zufallsvariablen untersucht werden, bevor deren realisierte Werte vorliegen.

ANMERKUNG 4 Eine einzelne Ranggröße ist eine Kenngröße, die eine vollständig festgelegte Funktion einer Zufallsvariablen ist. Diese Funktion ist schlicht die identische Abbildung der vorherigen Festlegung der Position oder des Ranges in dem sortierten Satz von Zufallsvariablen.

ANMERKUNG 5 Verbundene Werte stellen ein mögliches Problem dar, besonders für diskrete Zufallsvariablen und für Realisierungen, die mit niedriger Auflösung berichtet werden. Die Worte „nicht absteigend" werden anstelle von „aufsteigend" als geschickte Herangehensweise an das Problem verwendet. Es sollte betont werden, dass verbundene Werte beibehalten und nicht zu einem einzigen verbundenen Wert zusammengefasst werden. Im obigen Beispiel sind die zwei Realisierungen 6 und 6 verbundene Werte.

ANMERKUNG 6 Rangreihung erfolgt bezüglich der tatsächlichen Werte und nicht bezüglich der absoluten Werte der Zufallsvariablen.

ANMERKUNG 7 Der vollständige Satz der Ranggrößen besteht aus einer n-dimensionalen Zufallsvariablen, wobei n die Anzahl der Beobachtungen in der Stichprobe ist.

ANMERKUNG 8 Die Komponenten der Ranggröße werden auch als Ranggrößen bezeichnet, aber mit einem kennzeichnenden Adjektiv, das die Position in der Reihe der geordneten Werte der Stichprobe angibt.

ANMERKUNG 9 Das Minimum, das Maximum und der **Stichprobenmedian** (1.13) für ungeradzahlige Stichprobenumfänge sind spezielle Fälle von Ranggrößen. Für den Stichprobenumfang 11 zum Beispiel ist $X_{(1)}$ das Minimum, $X_{(11)}$ das Maximum, und $X_{(6)}$ ist der Stichprobenmedian.

1.10
Stichprobenspannweite
Differenz aus größter und kleinster **Ranggröße** (1.9)

BEISPIEL Im Beispiel von 1.9 ist die beobachtete Stichprobenspannweite $19 - 6 = 13$.

ANMERKUNG In der statistischen Prozesslenkung wird die Stichprobenspannweite oft verwendet, um die Streuung des Prozesses über der Zeit zu überwachen, besonders wenn die Stichprobenumfänge relativ gering sind.

NOTE 3 Order statistics involve sample values identified by their position after ranking in non-decreasing order. As in the example, it is easier to understand the sorting of sample values (realizations of random variables) rather than the sorting of unobserved random variables. Nevertheless, one can conceive of random variables from a **random sample** (1.6) being arranged in a nondecreasing order. For example, the maximum of n random variables can be studied in advance of its realized value.

NOTE 4 An individual order statistic is a statistic which is a completely specified function of a random variable. This function is simply the identity function with the further identification of position or rank in the sorted set of random variables.

NOTE 5 Tied values pose a potential problem especially for discrete random variables and for realizations that are reported to low resolution. The word "non-decreasing" is used rather than "ascending" as a subtle approach to the problem. It should be emphasized that tied values are retained and not collapsed into the single tied value. In the example above, the two realizations of 6 and 6 are tied values.

NOTE 6 Ordering takes place with reference to the real line and not to the absolute values of the random variables.

NOTE 7 The complete set of order statistics consist of an n dimensional random variable, where n is the number of observations in the sample.

NOTE 8 The components of the order statistic are also referred to as order statistics but with a qualifier that gives the number in the sequence of ordered values of the sample.

NOTE 9 The minimum, the maximum, and for odd-numbered sample sizes, the **sample median** (1.13), are special cases of order statistics. For example, for sample size 11, $X_{(1)}$ is the minimum, $X_{(11)}$ is the maximum and $X_{(6)}$ is the sample median.

1.10
sample range
largest **order statistic** (1.9) minus the smallest order statistic

EXAMPLE Continuing with the example from 1.9, the observed sample range is $19 - 6 = 13$.

NOTE In statistical process control, the sample range is often used to monitor the dispersion over time of a process, particularly when the sample sizes are relatively small.

1.11
Spannweitenmitte
Mittelwert (1.15) aus kleinster und größter **Ranggröße** (1.9)

BEISPIEL   Die beobachtete Spannweitenmitte für die Beispielwerte in 1.9 ist $(6 + 19)/2 = 12,5$.

ANMERKUNG   Die Spannweitenmitte liefert eine schnelle und einfache Bewertung der Mitte kleiner Datensätze.

1.12
Schätzer
$\hat{\theta}$

Kenngröße (1.8), die zur **Schätzung** (1.36) eines Parameters θ verwendet wird

ANMERKUNG 1   Ein Schätzer für die Schätzung des **Erwartungswertes** (2.35) der Grundgesamtheit, der mit μ bezeichnet sein könnte, könnte der **Stichprobenmittelwert** (1.15) sein. Für eine **Verteilung** (2.11) wie die **Normalverteilung** (2.50) ist der „natürliche" Schätzer des Erwartungswertes μ der Grundgesamtheit der Stichprobenmittelwert.

ANMERKUNG 2   Ein geeigneter Schätzer zur Schätzung der Eigenschaft einer Grundgesamtheit [beispielsweise des **Modalwertes der Wahrscheinlichkeitsdichte** (2.27) einer **eindimensionalen Verteilung** (2.16)] könnte eine Funktion des Schätzers für den Wert des Parameters (der Schätzer für die Werte der Parameter) einer Verteilung sein oder könnte eine komplizierte Funktion einer **Zufallsstichprobe** (1.6) sein.

ANMERKUNG 3   Der Begriff „Schätzer" wird hier in einem weiteren Sinne verwendet. Er umfasst den Punktschätzer für den Wert eines Parameters ebenso wie den Bereichsschätzer, der unter Umständen zur Vorhersage verwendet wird (manchmal als Prädiktor bezeichnet). Schätzer kann auch Funktionen wie Kernschätzer und andere Kenngrößen für besondere Zwecke umfassen. Für weitere Diskussion siehe Anmerkungen zu 1.36.

1.13
Stichprobenmedian
$[(n+1)/2]$-te **Ranggröße** (1.9), wenn der **Stichprobenumfang** (siehe ISO 3534-2:2006, 1.2.26) n ungeradzahlig ist; Summe aus der $(n/2)$-ten und der $[(n/2 + 1]$-ten Ranggröße, geteilt durch 2, wenn der Stichprobenumfang n geradzahlig ist

BEISPIEL   Im Beispiel von 1.9 ist der Wert 8 eine Realisierung des Stichprobenmedian. In diesem Fall (geradzahliger Stichprobenumfang von 10) waren der fünfte und der sechste Wert 7 und 9, deren Mittelwert 8 ist. In der Praxis würde dies berichtet als „Stichprobenmedian ist 8", obwohl, streng genommen, der Stichprobenmedian als Zufallsvariable definiert ist.

1.11
mid-range
average (1.15) of smallest and largest **order statistics** (1.9)

EXAMPLE   The observed mid-range for the example values in 1.9 is $(6+19)/2 = 12,5$.

NOTE   The mid-range provides a quick and simple assessment of the middle of small data sets.

1.12
estimator
$\hat{\theta}$

statistic (1.8) used in **estimation** (1.36) of the parameter θ

NOTE 1   An estimator could be the **sample mean** (1.15) intended to estimate the population mean (2.35), which could be denoted by μ. For a **distribution** (2.11) such as the **normal distribution** (2.50), the "natural" estimator of the population mean μ is the sample mean.

NOTE 2   For estimating a population property [e.g. the **mode** (2.27) for a **univariate distribution** (2.16)], an appropriate estimator could be a function of the estimator(s) of the parameter(s) of a distribution or could be a complex function of a **random sample** (1.6).

NOTE 3   The term "estimator" is used here in a broad sense. It includes the point estimator for a parameter, as well as the interval estimator which is possibly used for prediction (sometimes referred to as a predictor). Estimator also can include functions such as kernel estimators and other special purpose statistics. Additional discussion is provided in the notes to 1.36.

1.13
sample median
$[(n+1)/2]$th **order statistic** (1.9), if the **sample size** (see ISO 3534-2:2006, 1.2.26) n is odd; sum of the $(n/2)$th and $[(n/2) + 1]$th order statistics divided by 2, if the sample size n is even

EXAMPLE   Continuing with the example of 1.9, the value of 8 is a realization of the sample median. In this case (even sample size of 10), the 5th and 6th values were 7 and 9, whose average equals 8. In practice, this would be reported as "the sample median is 8", although strictly speaking, the sample median is defined as a random variable.

ANMERKUNG 1 Für eine **Zufallsstichprobe** (1.6) mit dem Stichprobenumfang n, deren **Zufallsvariablen** (2.10) in nicht absteigender Reihenfolge von 1 bis n angeordnet sind, ist der Stichprobenmedian die $(n+1)/2$-te Zufallsvariable, wenn der Stichprobenumfang ungeradzahlig ist. Wenn der Stichprobenumfang n geradzahlig ist, dann ist der Stichprobenmedian der Mittelwert aus der $(n/2)$-ten und der $(n+1)/2$-ten Zufallsvariablen.

ANMERKUNG 2 Konzeptionell kann es unmöglich erscheinen, eine Rangreihung von Zufallsvariablen, die noch nicht beobachtet worden sind, durchzuführen. Dennoch kann die Struktur zum Verständnis von Ranggrößen aufgebaut werden, so dass die Analyse nach der Beobachtung weitergehen kann. In der Praxis erhält man beobachtete Werte und durch Sortieren der Werte die Realisierungen der Ranggrößen. Diese Realisierungen können dann aus der Struktur der Ranggrößen einer Zufallsstichprobe interpretiert werden.

ANMERKUNG 3 Der Stichprobenmedian liefert einen Schätzer für die Mitte einer Verteilung, mit der Hälfte der Stichprobe auf jeder seiner Seiten.

ANMERKUNG 4 In der Praxis liefert der Stichprobenmedian einen brauchbaren Schätzer, der gegenüber wirklich extremen Werten in einem Datensatz unempfindlich ist. Beispielsweise werden in der Mitte liegende Einkommen und in der Mitte liegende Immobilienpreise oft als Übersichtswerte genannt.

NOTE 1 For a **random sample** (1.6) of sample size n whose **random variables** (2.10) are arranged in nondecreasing order from 1 to n, the sample median is the $(n+1)/2$th random variable if the sample size is odd. If the sample size n is even, then the sample median is the average of the $(n/2)$th and $(n+1)/2$th random variables.

NOTE 2 Conceptually, it may seem impossible to conduct an ordering of random variables which have not yet been observed. Nevertheless, the structure for understanding order statistics can be established so that upon observation, the analysis may proceed. In practice, one obtains observed values and through sorting the values, one obtains realizations of the order statistics. These realizations can then be interpreted from the structure of order statistics from a random sample.

NOTE 3 The sample median provides an estimator of the middle of a distribution, with half of the sample to each side of it.

NOTE 4 In practice, the sample median is useful in providing an estimator that is insensitive to very extreme values in a data set. For example, median incomes and median housing prices are frequently reported as summary values.

1.14
Stichprobenmoment der Ordnung k
$E(X^k)$

Summe der k-ten Potenz von **Zufallsvariablen** (2.10) in einer **Zufallsstichprobe** (1.6), geteilt durch die Anzahl der Beobachtungen in der **Stichprobe** (1.3)

ANMERKUNG 1 Für eine Zufallsstichprobe des Stichprobenumfangs n, das heißt $\{X_1, X_2, \ldots, X_n\}$, ist das Stichprobenmoment der Ordnung k, $E(X^k)$, gleich

$$\frac{1}{n}\sum_{i=1}^{n} X_i^k$$

ANMERKUNG 2 Außerdem kann dieser Begriff als das Stichprobenmoment der Ordnung k über null bezeichnet werden.

ANMERKUNG 3 Das Stichprobenmoment der Ordnung 1 ist der **arithmetische Mittelwert** (1.15) in der nächsten Definition.

ANMERKUNG 4 Obwohl die Definition für ein beliebiges k angegeben wird, sind die in der Praxis üblichen Fälle $k = 1$ [**Stichprobenmittelwert** (1.15)], $k = 2$ [verbunden mit der **Stichprobenvarianz** (1.16) und **Stichprobenstandardabweichung** (1.17)], $k = 3$ [verbunden mit dem **Stichprobenkoeffizienten der Schiefe** (1.20)] und $k = 4$ [verbunden mit dem **Stichprobenkoeffizienten der Kurtosis** (1.21)].

1.14
sample moment of order k
$E(X^k)$

sum of kth power of **random variables** (2.10) in a **random sample** (1.6) divided by the number of observations in the **sample** (1.3)

NOTE 1 For a random sample of sample size n, i.e. $\{X_1, X_2, \ldots, X_n\}$, the sample moment of order k, $E(X^k)$, is

$$\frac{1}{n}\sum_{i=1}^{n} X_i^k$$

NOTE 2 Furthermore, this concept can be described as the sample moment of order k about zero.

NOTE 3 The sample moment of order 1 will be seen in the next definition to be the **sample mean** (1.15).

NOTE 4 Although the definition is given for arbitrary k, commonly used instances in practice involve $k = 1$ [**sample mean** (1.15)], $k = 2$ [associated with the **sample variance** (1.16) and **sample standard deviation** (1.17)], $k = 3$ [related to **sample coefficient of skewness** (1.20)] and $k = 4$ [related to **sample coefficient of kurtosis** (1.21)].

ANMERKUNG 5   Das „E" in $E\left(X^k\right)$ kommt von „**Erwartungswert**" oder „Erwartung" der Zufallsvariablen X.

1.15
Stichprobenmittelwert
Mittelwert
arithmetischer Mittelwert
Summe von **Zufallsvariablen** (2.10) in einer **Zufallsstichprobe** (1.6), geteilt durch die Anzahl der Summanden

BEISPIEL   Im Beispiel von 1.9 ist die Realisierung des Stichprobenmittelwertes 9,7, da die Summe der beobachteten Werte 97 und der Stichprobenumfang 10 sind.

ANMERKUNG 1   Im Sinne von Anmerkung 3 zu 1.8 ist der Stichprobenmittelwert als Kenngröße betrachtet eine Funktion von Zufallsvariablen aus einer Zufallsstichprobe. Dieser Schätzer muss von dem numerischen Wert des Stichprobenmittelwertes, der aus den in der Zufallsstichprobe **beobachten Werten** (1.4) berechnet wird, unterschieden werden.

ANMERKUNG 2   Der als Kenngröße betrachtete Stichprobenmittelwert wird oft als Schätzer für den **Erwartungswert** (2.35) der Grundgesamtheit verwendet. Eine gebräuchliche andere Bezeichnung ist arithmetischer Mittelwert.

ANMERKUNG 3   Für eine Zufallsstichprobe mit Stichprobenumfang n, das heißt $\{X_1, X_2, ..., X_n\}$, ist der arithmetische Mittelwert

$$\bar{X} = \frac{1}{n}\sum_{i=1}^{n} X_i$$

ANMERKUNG 4   Der Stichprobenmittelwert kann als Stichprobenmoment der Ordnung 1 aufgefasst werden.

ANMERKUNG 5   Für den Stichprobenumfang 2 fallen der **Stichprobenmedian** (1.13) und die **Spannweitenmitte** (1.11) zusammen.

1.16
Stichprobenvarianz
S^2
Summe der quadrierten Abweichungen von **Zufallsvariablen** (2.10) in einer **Zufallsstichprobe** (1.6) von ihrem **Stichprobenmittelwert** (1.15), geteilt durch die Anzahl der Summanden minus eins

BEISPIEL   Im Zahlenbeispiel von 1.9 kann die Stichprobenvarianz zu 17,57 berechnet werden. Die Summe der Quadrate um den beobachteten Stichprobenmittelwert ist 158,10 und der Stichprobenumfang 10, um 1 vermindert, ergibt den dazugehörigen Nenner, 9.

NOTE 5   The "E" in $E\left(X^k\right)$ comes from the "expected value" or "expectation" of the random variable X.

1.15
sample mean
average
arithmetic mean
sum of **random variables** (2.10) in a **random sample** (1.6) divided by the number of terms in the sum

EXAMPLE   Continuing with the example from 1.9, the realization of the sample mean is 9,7 as the sum of the observed values is 97 and the sample size is 10.

NOTE 1   Considered as a statistic, the sample mean is a function of random variables from a random sample in the sense given in Note 3 of 1.8. One must distinguish this estimator from the numerical value of the sample mean calculated from the **observed values** (1.4) in the random sample.

NOTE 2   The sample mean considered as a statistic is often used as an estimator for the population **mean** (2.35). A common synonym is arithmetic mean.

NOTE 3   For a random sample of sample size n, i.e. $\{X_1, X_2, ..., X_n\}$, the sample mean is:

$$\bar{X} = \frac{1}{n}\sum_{i=1}^{n} X_i$$

NOTE 4   The sample mean can be recognized as the sample moment of order 1.

NOTE 5   For sample size 2, the sample mean, sample **median** (1.13) and **mid-range** (1.11) are the same.

1.16
sample variance
S^2
sum of squared deviations of **random variables** (2.10) in a **random sample** (1.6) from their **sample mean** (1.15) divided by the number of terms in the sum minus one

EXAMPLE   Continuing with the numerical example of 1.9, the sample variance can be computed to be 17,57. The sum of squares about the observed sample mean is 158,10 and the sample size 10 minus 1 is 9, giving the appropriate denominator.

ANMERKUNG 1 Als **Kenngröße** (1.8) betrachtet ist die Stichprobenvarianz S^2 eine Funktion von Zufallsvariablen aus einer Zufallsstichprobe. Dieser **Schätzer** (1.12) muss von dem numerischen Wert der Stichprobenvarianz, der aus den in der Zufallsstichprobe **beobachteten Werten** (1.4) berechnet wird, unterschieden werden. Dieser numerische Wert wird empirische Stichprobenvarianz oder beobachtete Stichprobenvarianz genannt und üblicherweise mit s^2 bezeichnet.

ANMERKUNG 2 Für eine Zufallsstichprobe vom Stichprobenumfang n, das heißt $\{X_1, X_2, ..., X_n\}$, mit dem Stichprobenmittelwert $\overline{X}$ ist die Stichprobenvarianz

$$S^2 = \frac{1}{n-1} \sum_{i=1}^{n} (X_i - \overline{X})^2$$

ANMERKUNG 3 Die Stichprobenvarianz ist eine Kenngröße, die „fast" gleich dem Mittelwert der quadrierten Abweichungen der **Zufallsvariablen** (2.10) von ihrem Stichprobenmittelwert ist („fast", da im Nenner $n - 1$ anstelle von n verwendet wird). Die Verwendung von $n - 1$ ergibt einen **erwartungstreuen Schätzer** (1.34) für die **Varianz** (2.36) der Grundgesamtheit.

ANMERKUNG 4 Die Größe $n - 1$ heißt **Anzahl der Freiheitsgrade** (2.54).

ANMERKUNG 5 Die Stichprobenvarianz kann als Stichprobenmoment der Ordnung 2 der **standardisierten Stichprobenzufallsvariablen** (1.19) aufgefasst werden.

1.17
Stichprobenstandardabweichung
S

nicht-negative Quadratwurzel der **Stichprobenvarianz** (1.16)

BEISPIEL Im Zahlenbeispiel von 1.9 ist die beobachtete Stichprobenstandardabweichung 4,192, da die beobachtete Stichprobenvarianz 17,57 ist.

ANMERKUNG 1 In der Praxis wird die **Stichprobenstandardabweichung** verwendet, um die **Standardabweichung** (2.37) zu schätzen. Auch hier sollte beachtet werden, dass S ebenfalls eine **Zufallsvariable** (2.10) und keine Realisierung aus einer **Zufallsstichprobe** (1.6) ist.

ANMERKUNG 2 Die Stichprobenstandardabweichung ist ein Maß für die Streuung einer **Verteilung** (2.11).

1.18
Stichprobenvariationskoeffizient
Stichprobenstandardabweichung (1.17), geteilt durch den **Stichprobenmittelwert** (1.15)

ANMERKUNG Wie beim **Variationskoeffizienten** (2.38) ist der Nutzen dieser Kenngröße beschränkt auf Grundgesamtheiten, deren Einheiten positive Werte haben. Der Stichprobenvariationskoeffizient wird üblicherweise als Prozentsatz angegeben. Das ist insbesondere dann anwendbar, wenn die Streuung proportional zum Mittelwert zunimmt.

NOTE 1 Considered as a **statistic** (1.8), the sample variance S^2 is a function of random variables from a random sample. One has to distinguish this **estimator** (1.12) from the numerical value of the sample variance calculated from the **observed values** (1.4) in the random sample. This numerical value is called the empirical sample variance or the observed sample variance and is usually denoted by s^2.

NOTE 2 For a random sample of sample size n, i.e. $\{X_1, X_2, ..., X_n\}$ with sample mean $\overline{X}$ the sample variance is:

$$S^2 = \frac{1}{n-1} \sum_{i=1}^{n} (X_i - \overline{X})^2$$

NOTE 3 The sample variance is a statistic that is "almost" the average of the squared deviations of the **random variables** (2.10) from their sample mean (only "almost" since $n - 1$ is used rather than n in the denominator). Using $n - 1$ provides an **unbiased estimator** (1.34) of the population **variance** (2.36).

NOTE 4 The quantity $n - 1$ is known as the **degrees of freedom** (2.54).

NOTE 5 The sample variance can be recognized to be the 2nd sample moment of the **standardized sample random variables** (1.19).

1.17
sample standard deviation
S

non-negative square root of the **sample variance** (1.16)

EXAMPLE Continuing with the numerical example of 1.9, the observed sample standard deviation is 4,192 since the observed sample variance is 17,57.

NOTE 1 In practice, the **sample standard deviation** is used to estimate the **standard deviation** (2.37). Here again, it should be emphasized that S is also a **random variable** (2.10) and not a realization from a **random sample** (1.6).

NOTE 2 The sample standard deviation is a measure of the dispersion of a **distribution** (2.11).

1.18
sample coefficient of variation
sample standard deviation (1.17) divided by the **sample mean** (1.15)

NOTE As with the **coefficient of variation** (2.38), the utility of this statistic is limited to populations that are positive valued. The sample coefficient of variation is commonly reported as a percentage. It is particularly applicable where variation increases in proportion to the mean.

1.19
standardisierte Stichprobenzufallsvariable
um ihren **Stichprobenmittelwert** (1.15) verminderte **Zufallsvariable** (2.10), geteilt durch die **Stichprobenstandardabweichung** (1.17)

BEISPIEL Für das Beispiel von 1.9 ist der beobachtete Stichprobenmittelwert 9,7 und die beobachtete Stichprobenstandardabweichung 4,192. Daher sind die beobachteten standardisierten Stichprobenzufallsvariablen (auf zwei Nachkommastellen)

−0,17; 0,79; −0,64; −0,88; 0,79; −0,64; 2,22; −0,88; 0,07; −0,64.

ANMERKUNG 1 Die standardisierte Stichprobenzufallsvariable wird von ihrem theoretischen Gegenstück, der **standardisierten Zufallsvariablen** (2.33), unterschieden. Die Absicht der Standardisierung ist, Zufallsvariable so zu transformieren, dass sie Mittelwert null und Standardabweichung eins haben, um Interpretation und Vergleich leichter zu machen.

ANMERKUNG 2 Standardisierte beobachtete Werte haben einen beobachteten Mittelwert null und eine beobachtete Standardabweichung eins.

1.20
Stichprobenkoeffizient der Schiefe
arithmetischer Mittelwert der dritten Potenz der **standardisierten Stichprobenzufallsvariablen** (1.19) aus einer **Zufallsstichprobe** (1.6)

BEISPIEL Für das Beispiel von 1.9 kann der beobachtete Stichprobenkoeffizient der Schiefe zu 0,971 88 berechnet werden. Für einen Stichprobenumfang wie etwa 10 in diesem Beispiel ist der Stichprobenkoeffizient der Schiefe stark schwankend und muss daher mit Vorsicht verwendet werden. Bei Verwendung der alternativen Formel in Anmerkung 1 ist der berechnete Wert 1,349 83.

ANMERKUNG 1 Die der Definition entsprechende Formel ist

$$\frac{1}{n}\sum_{i=1}^{n}\left(\frac{X_i-\bar{X}}{S}\right)^3$$

Manche Statistikpakete verwenden die folgende Formel für den Stichprobenkoeffizienten der Schiefe, um die **systematische Abweichung** (1.33) zu korrigieren:

$$\frac{n}{(n-1)(n-2)}\sum_{i=1}^{n}Z_i^3$$

mit

$$Z_i = \frac{X_i - \bar{X}}{S}$$

1.19
standardized sample random variable
random variable (2.10) minus its **sample mean** (1.15) divided by the **sample standard deviation** (1.17)

EXAMPLE For the example of 1.9, the observed sample mean is 9,7 and the observed sample standard deviation is 4,192. Hence, the observed standardized random variables (to two decimal places) are:

−0,17; 0,79; −0,64; −0,88; 0,79; −0,64; 2,22; −0,88; 0,07; −0,64.

NOTE 1 The standardized sample random variable is distinguished from its theoretical counterpart **standardized random variable** (2.33). The intent of standardizing is to transform random variables to have zero means and unit standard deviations, for ease in interpretation and comparison.

NOTE 2 Standardized observed values have an observed mean of zero and an observed standard deviation of 1.

1.20
sample coefficient of skewness
arithmetic mean of the third power of the **standardized sample random variables** (1.19) from a **random sample** (1.6)

EXAMPLE Continuing with the example from 1.9, the observed sample coefficient of skewness can be computed to be 0,971 88. For a sample size such as 10 in this example, the sample coefficient of skewness is highly variable, so it must be used with caution. Using the alternative formula in Note 1, the computed value is 1,349 83.

NOTE 1 The formula corresponding to the definition is

$$\frac{1}{n}\sum_{i=1}^{n}\left(\frac{X_i-\bar{X}}{S}\right)^3$$

Some statistical packages use the following formula for the sample coefficient of skewness to correct for **bias** (1.33):

$$\frac{n}{(n-1)(n-2)}\sum_{i=1}^{n}Z_i^3$$

where

$$Z_i = \frac{X_i - \bar{X}}{S}$$

Bei großem Stichprobenumfang ist der Unterschied zwischen den beiden Schätzwerten vernachlässigbar. Der Quotient aus erwartungstreuem und verzerrtem Schätzwert ist 1,389 bei $n = 10$, 1,031 bei $n = 100$ und 1,003 bei $n = 1\ 000$.

ANMERKUNG 2   Schiefe bezieht sich auf einen Mangel an Symmetrie. Werte dieser Kenngröße nahe bei null deuten darauf hin, dass die zugrunde liegende Verteilung näherungsweise symmetrisch ist, wohingegen Werte verschieden von null auf eine Verteilung hindeuten, die gelegentliche Extremwerte auf einer Seite ihres Zentrums hat. Schiefe Daten würden sich auch in unterschiedlichen Werten von **Stichprobenmittelwert** (1.15) und **Stichprobenmedian** (1.13) widerspiegeln. Positiv schiefer Sachverhalt (rechts-schief)[N4] lässt auf das Vorhandensein einiger extrem großer Beobachtungen schließen. Entsprechend lässt negativ schiefer Sachverhalt (links-schief)[N5] auf das Vorhandensein einiger extrem kleiner Beobachtungen schließen.

ANMERKUNG 3   Der Stichprobenkoeffizient der Schiefe kann als Stichprobenmoment der Ordnung 3 der **standardisierten Stichprobenzufallsvariablen** (1.19) aufgefasst werden.

For a large sample size, the distinction between the two estimates is negligible. The ratio of the unbiased to the biased estimate is 1,389 for $n = 10$, 1,031 for $n = 100$ and 1,003 for $n = 1\ 000$.

NOTE 2   Skewness refers to lack of symmetry. Values of this statistic close to zero suggest that the underlying distribution is approximately symmetric, whereas non-zero values would likely correspond to a distribution having occasional extreme values on one side of the centre of the distribution. Skewed data would also be reflected in values of the **sample mean** (1.15) and **sample median** (1.13) that are dissimilar. Positively skewed (right-skewed) data indicate the possible presence of a few extreme, large observations. Similarly, negatively skewed (left-skewed) data indicate the possible presence of a few extreme, small observations.

NOTE 3   The sample coefficient of skewness can be recognized to be the 3rd sample moment of the **standardized sample random variables** (1.19).

1.21
Stichprobenkoeffizient der Kurtosis
arithmetischer Mittelwert der vierten Potenz der **standardisierten Stichprobenzufallsvariablen** (1.19) aus einer **Zufallsstichprobe** (1.6)

BEISPIEL   Für das Beispiel von 1.9 kann der beobachtete Stichprobenkoeffizient der Kurtosis zu 2,674 19 berechnet werden. Für einen Stichprobenumfang wie etwa 10 in diesem Beispiel ist der Stichprobenkoeffizient der Kurtosis stark schwankend und muss daher mit Vorsicht verwendet werden. Statistikpakete verwenden verschiedene Anpassungen beim Berechnen des Stichprobenkoeffizienten der Kurtosis (siehe Anmerkung 3 zu 2.40). Bei Verwendung der in Anmerkung 1 genannten alternativen Formel ist der berechnete Wert 0,436 05. Die zwei Werte 2,674 19 und 0,436 05 sind nicht direkt vergleichbar. Um dies zu erreichen, wird 2,674 19 um drei vermindert (um den Bezug zur Kurtosis der Normalverteilung herzustellen, die gleich drei ist), wobei sich $-0,325\ 81$ ergibt, was nun mit 0,436 05 angemessen verglichen werden kann.

ANMERKUNG 1   Die der Definition entsprechende Formel ist

$$\frac{1}{n}\sum_{i=1}^{n}\left(\frac{X_i - \bar{X}}{S}\right)^4$$

1.21
sample coefficient of kurtosis
arithmetic mean of the fourth power of the **standardized sample random variables** (1.19) from a **random sample** (1.6)

EXAMPLE   Continuing with the example from 1.9, the observed sample coefficient of kurtosis can be computed to be 2,674 19. For such a sample size as 10 in this example, the sample coefficient of kurtosis is highly variable, so it must be used with caution. Statistical packages use various adjustments in computing the sample coefficient of kurtosis (see Note 3 of 2.40). Using the alternate formula given in Note 1, the computed value is 0,436 05. The two values 2,674 19 and 0,436 05 are not comparable directly. To do so, take $2,674\ 19 - 3$ (to relate to the kurtosis of the normal distribution which is 3) which equals $-0,325\ 81$ which now can be appropriately compared to 0,436 05.

NOTE 1   The formula corresponding to the definition is:

$$\frac{1}{n}\sum_{i=1}^{n}\left(\frac{X_i - \bar{X}}{S}\right)^4$$

[N4]   Nationale Fußnote: Auch „links-steil" genannt.

[N5]   Nationale Fußnote: Auch „rechts-steil" genannt.

Manche Statistikpakete verwenden die folgende Formel für den Stichprobenkoeffizienten der Kurtosis, um die **systematische Abweichung** (1.33) zu korrigieren und auf die Abweichung von der Kurtosis der Normalverteilung (die gleich drei ist) hinzuweisen:

$$\frac{n(n+1)}{(n-1)(n-2)(n-3)} \sum_{i=1}^{n} Z_i^4 - \frac{3(n-1)^2}{(n-2)(n-3)}$$

mit

$$Z_i = \frac{X_i - \bar{X}}{S}$$

Der zweite Teil in dieser Formel ist für große n ungefähr gleich drei. Manchmal wird die Kurtosis als ein Wert wie in 2.40 definiert angegeben, vermindert um drei, um den Akzent auf Vergleiche mit der Normalverteilung zu legen. Offensichtlich muss sich ein Anwender bei Berechnungen mit Statistikpaketen der Anpassungen gegebenenfalls bewusst sein.

ANMERKUNG 2 Kurtosis bezieht sich auf das Gewicht der Randbereiche einer (unimodalen) Verteilung. Für die **Normalverteilung** (2.50) ist der Stichprobenkoeffizient der Kurtosis ungefähr drei, abhängig von der Stichprobenvariabilität. In der Praxis liefert die Kurtosis der Normalverteilung einen Bezugs- oder Grundlinienwert. **Verteilungen** (2.11) mit Werten kleiner als drei haben schwächere, Verteilungen mit Werten größer drei haben stärkere Randbereiche als die Normalverteilung.

ANMERKUNG 3 Bei beobachteten Werten der Kurtosis, die viel größer als drei sind, kann die zugrunde liegende Verteilung wirklich stärkere Randbereiche als die Normalverteilung haben. Eine Stichprobe kann durch Beobachtungen aus einer anderen Quelle oder durch Verschlüsselungsfehler beeinträchtigt werden.

ANMERKUNG 4 Der Stichprobenkoeffizient der Kurtosis kann als Stichprobenmoment der Ordnung 4 der standardisierten Stichprobenzufallsvariablen aufgefasst werden.

1.22
Stichprobenkovarianz
S_{XY}

Summe der Produkte der Abweichungen von Paaren von **Zufallsvariablen** (2.10) einer **Zufallsstichprobe** (1.6) von ihren **Stichprobenmittelwerten** (1.15), geteilt durch die Anzahl der Ausdrücke in der Summe minus eins

BEISPIEL 1 Es werde die folgende numerische Darstellung von 10 beobachteten 3-Tupeln (Werte-Tripeln) betrachtet. Für dieses Beispiel werde nur x und y betrachtet.

Some statistical packages use the following formula for the sample coefficient of kurtosis to correct for **bias** (1.33) and to indicate the deviation from the kurtosis of the normal distribution (which equals 3):

$$\frac{n(n+1)}{(n-1)(n-2)(n-3)} \sum_{i=1}^{n} Z_i^4 - \frac{3(n-1)^2}{(n-2)(n-3)}$$

where

$$Z_i = \frac{X_i - \bar{X}}{S}$$

The second term in the expression is approximately 3 for large n. Sometimes the kurtosis is reported as a value as defined in 2.40 minus 3 to emphasize comparisons to the normal distribution. Obviously, a practitioner needs to be aware of the adjustments, if any, in statistical package computations.

NOTE 2 Kurtosis refers to the heaviness of the tails of a (unimodal) distribution. For the **normal distribution** (2.50), the sample coefficient of kurtosis is approximately 3, subject to sampling variability. In practice, the kurtosis of the normal distribution provides a benchmark or baseline value. **Distributions** (2.11) with values smaller than 3 have lighter tails than the normal distribution; distributions with values larger than 3 have heavier tails than the normal distribution.

NOTE 3 For observed values of kurtosis much larger than 3, the possibility exists that the underlying distribution has genuinely heavier tails than the normal distribution. A sample could be contaminated by observations from another source or from a coding error.

NOTE 4 The sample coefficient of kurtosis can be recognized to be the 4th sample moment of the standardized sample random variables.

1.22
sample covariance
S_{XY}

sum of products of deviations of pairs of **random variables** (2.10) in a **random sample** (1.6) from their **sample means** (1.15) divided by the number of terms in the sum minus one

EXAMPLE 1 Consider the following numerical illustration using 10 observed 3-tuples (triplets) of values. For this example, consider only x and y.

Tabelle 1 — Ergebnisse für Beispiel 1

Table 1 — Results for Example 1

i	1	2	3	4	5	6	7	8	9	10
x	38	41	24	60	41	51	58	50	65	33
y	73	74	43	107	65	73	99	72	100	48
z	34	31	40	28	35	28	32	27	27	31

Der beobachtete Stichprobenmittelwert für X ist 46,1, der für Y ist 75,4. Die Stichprobenkovarianz ist gleich

[(38 − 46,1) · (73 − 75,4) + (41 − 46,1) · (74 − 75,4) + ... + (33 − 46,1) · (48 − 75,4)]/9 = 257,178

BEISPIEL 2   In der Tabelle des vorigen Beispiels werden nur y und z betrachtet. Der beobachtete Stichprobenmittelwert für Z ist 31,3. Die Stichprobenkovarianz ist gleich

[(73 − 75,4) · (34 − 31,3) + (74 − 75,4) · (74 − 31,3) + ... + (48 − 75,4) · (31 − 31,3)]/9 = −54,356

ANMERKUNG 1   Als **Kenngröße** (1.8) betrachtet ist die Stichprobenkovarianz eine Funktion von Paaren von **Zufallsvariablen** (2.10) [$(X_1, Y_1), (X_2, Y_2), ..., (X_n, Y_n)$] einer Zufallsstichprobe vom Umfang n im Sinne von Anmerkung 4 zu 1.6.[N6] Dieser **Schätzer** (1.12) muss von dem numerischen Wert der Stichprobenkovarianz, der aus den in der Zufallsstichprobe beobachteten Wertepaaren der **Auswahleinheiten** (1.2) [$(x_1, y_1), (x_2, y_2), ..., (x_n, y_n)$] berechnet wird, unterschieden werden. Dieser numerische Wert wird empirische Stichprobenkovarianz oder beobachtete Stichprobenkovarianz genannt.

ANMERKUNG 2   Die Stichprobenkovarianz S_{XY} ist gegeben als

$$\frac{1}{n-1} \sum_{i=1}^{n} (X_i - \bar{X})(Y_i - \bar{Y})$$

ANMERKUNG 3   Die Verwendung von $n - 1$ liefert einen **erwartungstreuen Schätzer** (1.34) der **Kovarianz** (2.43) der Grundgesamtheit.

ANMERKUNG 4   Das Beispiel in Tabelle 1 besteht aus drei Variablen, während sich die Definition auf ein Paar von Variablen bezieht. In der Praxis treten gewöhnlich Situationen mit mehreren Variablen auf.

1.23
Stichprobenkorrelationskoeffizient

r_{xy}

Stichprobenkovarianz (1.22), geteilt durch das Produkt der zugehörigen **Stichprobenstandardabweichungen** (1.17)

The observed sample mean for X is 46,1 and for Y is 75,4. The sample covariance is equal to

[(38 − 46,1) × (73 − 75,4) + (41 − 46,1) × (74 − 75,4) + ... + (33 − 46,1) × (48 − 75,4)]/9 = 257,178

EXAMPLE 2   In the table of the previous example, consider only y and z. The observed sample mean for Z is 31,3. The sample covariance is equal to

[(73 − 75,4) × (34 − 31,3) + (74 − 75,4) × (74 − 31,3) + ... + (48 − 75,4) × (31 − 31,3)]/9 = −54,356

NOTE 1   Considered as a **statistic** (1.8) the sample covariance is a function of pairs of **random variables** [$(X_1, Y_1), (X_2, Y_2), ..., (X_n, Y_n)$] from a random sample of size n in the sense given in Note 3 of 1.6.[N6] This **estimator** (1.12) needs to be distinguished from the numerical value of the sample covariance calculated from the observed pairs of values of the **sampling units** (1.2) [$(x_1, y_1), (x_2, y_2), ..., (x_n, y_n)$] in the random sample. This numerical value is called the empirical sample covariance or the observed sample covariance.

NOTE 2   The sample covariance S_{XY} is given as:

$$\frac{1}{n-1} \sum_{i=1}^{n} (X_i - \bar{X})(Y_i - \bar{Y})$$

NOTE 3   Using $n - 1$ provides an **unbiased estimator** (1.34) of the population **covariance** (2.43).

NOTE 4   The example in Table 1 consists of three variables whereas the definition refers to a pair of variables. In practice, it is common to encounter situations with multiple variables.

1.23
sample correlation coefficient

r_{xy}

sample covariance (1.22) divided by the product of the corresponding **sample standard deviations** (1.17)

N6)   Nationale Fußnote: Der Rückverweis im Englischen auf „Note 3 of 1.6" ist in der deutschen Übersetzung redaktionell korrigiert worden.

BEISPIEL 1   In Beispiel 1 von 1.22 ist die beobachtete Standardabweichung 12,948 für X und 21,329 für Y. Daher ergibt sich der beobachtete Stichprobenkorrelationskoeffizient (für X und Y) zu

257,178/(12,948 · 21,329) = 0,931 2

BEISPIEL 2   In Beispiel 2 von 1.22 ist die beobachtete Standardabweichung für Y gleich 21,329 und für Z gleich 4,165. Daher ergibt sich der beobachtete Stichprobenkorrelationskoeffizient (für Y und Z) zu

−54,356/(21,329 · 4,165) = −0,612

ANMERKUNG 1   Formelmäßig wird der Stichprobenkorrelationskoeffizient wie folgt berechnet:

$$r_{xy} = \frac{\sum_{i=1}^{n}(X_i - \bar{X})(Y_i - \bar{Y})}{\sqrt{\sum_{i=1}^{n}(X_i - \bar{X})^2 \sum_{i=1}^{n}(Y_i - \bar{Y})^2}} \quad \text{N7)}$$

Dieser Ausdruck entspricht dem Quotienten aus der Stichprobenkovarianz und der Quadratwurzel aus dem Produkt der summierten quadratischen Abweichungen der Stichproben.[N8] Gelegentlich wird das Formelzeichen r_{xy} verwendet, um den Stichprobenkorrelationskoeffizienten zu kennzeichnen. Der beobachtete Stichprobenkorrelationskoeffizient beruht auf den Realisierungen (x_1, y_1), $(x_2, y_2), ..., (x_n, y_n)$.

ANMERKUNG 2   Der beobachtete Stichprobenkorrelationskoeffizient kann Werte in [−1, 1] annehmen, wobei Werte nahe bei 1 auf stark positive und Werte nahe bei −1 auf stark negative Korrelation hindeuten. Der Korrelationskoeffizient der Stichprobe zeigt den Grad einer linearen Beziehung zwischen zwei Variablen an, wobei Werte nahe bei −1 oder 1 eine deutliche lineare Beziehung anzeigen, wogegen Werte nahe bei 0 eine schwache lineare Beziehung anzeigen.

1.24
Standardabweichung einer Schätzfunktion

$\sigma_{\hat{\theta}}$

Standardabweichung (2.37) eines **Schätzers** (1.12) $\hat{\theta}$

BEISPIEL   Wenn der **Stichprobenmittelwert** (1.15) der Schätzer des **Erwartungswertes** (2.35) der Grundgesamtheit ist und die Standardabweichung einer einzelnen **Zufallsvariablen** (2.10) σ ist, dann ist die Standardabweichung einer Schätzfunktion des Stichprobenmittelwertes $\sigma/\sqrt{n}$, wobei n die Anzahl der Beobachtungen in der Stichprobe ist[N9]. Ein Schätzer der Stan-

EXAMPLE 1   Continuing with Example 1 of 1.22, the observed standard deviation is 12,948 for X and 21,329 for Y. Hence, the observed sample correlation coefficient (for X and Y) is given by:

257,178/(12,948 × 21,329) = 0,931 2

EXAMPLE 2   Continuing with Example 2 of 1.22, the observed standard deviation is 21,329 for Y and 4,165 for Z. Hence, the observed sample correlation coefficient (for Y and Z) is given by:

−54,356/(21,329 × 4,165) = −0,612

NOTE 1   Notationally, the sample correlation coefficient is computed as:

$$r_{xy} = \frac{\sum_{i=1}^{n}(X_i - \bar{X})(Y_i - \bar{Y})}{\sqrt{\sum_{i=1}^{n}(X_i - \bar{X})^2 \sum_{i=1}^{n}(Y_i - \bar{Y})^2}}$$

This expression is equivalent to the ratio of the sample covariance to the square root of the product of the sample variances. Sometimes the symbol r_{xy} is used to denote the sample correlation coefficient. The observed sample correlation coefficient is based on realizations (x_1, y_1), $(x_2, y_2), ..., (x_n, y_n)$.

NOTE 2   The observed sample correlation coefficient can take on values in [−1, 1], with values near 1 indicating strong positive correlation and values near −1 indicating strong negative correlation. The sample correlation coefficient indicates the degree of linear relationship between two variables, with values near −1 or 1 indicating a strong linear relationship while values near 0 indicate a weak linear relationship.

1.24
standard error

$\sigma_{\hat{\theta}}$

standard deviation (2.37) of an **estimator** (1.12) $\hat{\theta}$

EXAMPLE   If the **sample mean** (1.15) is the estimator of the population **mean** (2.35) and the standard deviation of a single **random variable** (2.10) is σ, then the standard error of the sample mean is $\sigma/\sqrt{n}$ where n is the number of observations in the sample. An estimator of the standard error is $S/\sqrt{n}$ where S is the **sample**

N7)   Nationale Fußnote: An dieser Stelle ist die deutsche Übersetzung gegenüber dem englischsprachigen Text präzisiert worden.

N8)   Nationale Fußnote: An dieser Stelle ist der englische Text fehlerhaft und ist im Deutschen korrigiert worden.

N9)   Nationale Fußnote: Die Standardabweichung eines Schätzers des Stichprobenmittelwertes wird im Deutschen auch als Standardabweichung des Stichprobenmittelwertes bezeichnet.

dardabweichung einer Schätzfunktion ist $S/\sqrt{n}$, wobei S die **Stichprobenstandardabweichung** (1.17) ist.

ANMERKUNG 1   In der Praxis liefert die Standardabweichung einer Schätzfunktion einen natürlichen Schätzwert der Standardabweichung eines Schätzers.

ANMERKUNG 2   Es gibt keinen (sinnvollen) komplementären Begriff „Nicht-Standardabweichung einer Schätzfunktion". „Standardabweichung einer Schätzfunktion" kann als eine abgekürzte Form für den Ausdruck „Standardabweichung eines Schätzers" gesehen werden. In der Praxis bezieht sich Standardabweichung einer Schätzfunktion üblicherweise stillschweigend auf die Standardabweichung des Stichprobenmittelwertes. Die Bezeichnung für die Standardabweichung einer Schätzfunktion des Stichprobenmittelwertes ist $\sigma_{\bar{X}}$.

1.25
Bereichsschätzer

Bereich, der durch eine **Kenngröße** (1.8) für die obere und eine Kenngröße für die untere Grenze eingegrenzt wird

ANMERKUNG 1   Einer der beiden Endpunkte könnte $+\infty$, $-\infty$ oder eine natürliche Grenze des Wertes eines **Parameters** sein. Beispielsweise ist 0 eine natürliche untere Grenze für einen **Bereichsschätzer** der **Varianz** (2.36) der Grundgesamtheit. In solchen Fällen werden die Bereiche üblicherweise als einseitige Bereiche bezeichnet.

ANMERKUNG 2   Ein Bereichsschätzer kann zusammen mit der **Schätzung** (1.36) des Wertes eines **Parameters** (2.9) angegeben werden. Vom Bereichsschätzer wird vermutet, dass er unter den Bedingungen der wiederholten Stichprobenentnahme oder in irgendeinem anderen wahrscheinlichkeitstheoretischen Sinne den Wert des Parameters in einem festgelegten Prozentsatz von Fällen enthält.

ANMERKUNG 3   Drei gebräuchliche Arten von Bereichsschätzern sind **Vertrauensbereiche** (1.28) für den Wert eines Parameters (die Werte von Parametern), **Prognosebereiche** (1.30) für zukünftige Beobachtungen und **statistische Anteilsbereiche** (1.26) für den enthaltenen Anteil einer **Verteilung** (2.11).

1.26
statistischer Anteilsbereich

Bereich, der derart aus einer **Zufallsstichprobe** (1.6) bestimmt wird, dass er bei vorgegebenem Vertrauensniveau mindestens einen festgelegten Anteil der gesamten **Grundgesamtheit** (1.1) überdeckt

ANMERKUNG   Das Vertrauensniveau ist in diesem Zusammenhang der Langzeitanteil von in dieser Art und Weise konstruierten Bereichen, die mindestens den vorgegebenen Anteil der betrachteten Grundgesamtheit enthalten.

standard deviation (1.17).

NOTE 1   In practice, the standard error provides a natural estimate of the standard deviation of an estimator.

NOTE 2   There is no (sensible) complementary term "non-standard" error. Standard error can be viewed as an abbreviation for the expression "standard deviation of an estimator". Commonly, in practice, standard error is implicitly referring to the standard deviation of the sample mean. The notation for the standard error of the sample mean is $\sigma_{\bar{X}}$.

1.25
interval estimator

interval, bounded by an upper limit **statistic** (1.8) and a lower limit statistic

NOTE 1   One of the end points could be $+\infty$, $-\infty$ or a natural limit of the value of a **parameter**. For example, 0 is a natural lower limit for an **interval estimator** of the population variance (2.36). In such cases, the intervals are commonly referred to as one-sided intervals.

NOTE 2   An interval estimator can be given in conjunction with **parameter** (2.9) **estimation** (1.36). The interval estimator is presumed to contain a parameter on a stated proportion of occasions, under conditions of repeated sampling, or in some other probabilistic sense.

NOTE 3   Three common types of interval estimators include **confidence intervals** (1.28) for parameter(s), **prediction intervals** (1.30) for future observations, and **statistical tolerance intervals** (1.26) on the proportion of a **distribution** (2.11) contained.

1.26
statistical tolerance interval

interval determined from a **random sample** (1.6) in such a way that one may have a specified level of confidence that the interval covers at least a specified proportion of the sampled **population** (1.1)

NOTE   The confidence in this context is the long-run proportion of intervals constructed in this manner that will include at least the specified proportion of the sampled population.

**1.27
statistische Anteilsgrenze**
Kenngröße (1.8), die einen Endpunkt eines **statistischen Anteilsbereiches** (1.26) darstellt

ANMERKUNG   Statistische Anteilsbereiche dürfen entweder

— einseitig sein (mit einer ihrer Grenzen an der natürlichen Begrenzung der Zufallsvariablen festgelegt), wobei sie entweder eine obere oder eine untere statistische Anteilsgrenze haben, oder

— zweiseitig sein, in welchem Fall sie beide Grenzen haben.

Die natürliche Schranke einer Zufallsvariablen darf die Grenze eines einseitigen Anteilsbereichs darstellen.

**1.28
Vertrauensbereich**
Bereichsschätzer (1.25) (T_0, T_1) für einen **Parameter** (2.9) θ, bei dem die **Kenngrößen** (1.8) T_0 und T_1 Intervallgrenzen sind und für den gilt, dass
$P[T_0 < \theta < T_1] \geq 1 - \alpha$

ANMERKUNG 1   Die Wahrscheinlichkeit spiegelt den Anteil von Fällen wider, in denen der Vertrauensbereich den wahren Wert des Parameters in einer langen Reihe von wiederholten **Zufallsstichproben** (1.6) enthalten würde. Ein Vertrauensbereich spiegelt nicht die **Wahrscheinlichkeit** (2.5) wider, dass der beobachtete Bereich den wahren Wert des Parameters enthält (entweder enthält er ihn oder er enthält ihn nicht).

ANMERKUNG 2   Verbunden mit diesem Vertrauensbereich ist die zugehörige Kenngröße $100(1 - \alpha)$ %, in der α im Allgemeinen eine kleine Zahl ist. Diese Kenngröße, die Vertrauenskoeffizient oder Vertrauensniveau genannt wird, hat oft den Wert 95 % oder 99 %. Die Ungleichung $P[T_0 < \theta < T_1] \geq 1 - \alpha$ gilt für einen genau bezeichneten, aber unbekannten Wert θ der Grundgesamtheit.

**1.29
einseitiger Vertrauensbereich**
Vertrauensbereich (1.28), dessen einer Endpunkt $+\infty$, $-\infty$ oder eine natürlich festgelegte Grenze ist

ANMERKUNG 1   Definition 1.28 trifft zu, wenn entweder T_0 auf $-\infty$ oder T_1 auf $+\infty$ gesetzt ist. Einseitige Vertrauensbereiche kommen in Situationen vor, in denen sich das Interesse ausschließlich auf eine Richtung konzentriert. Um beispielsweise die Lautstärke von Mobiltelefonen unter Ungefährlichkeitsaspekten zu prüfen, wäre eine obere Vertrauensgrenze interessant, die eine obere Grenze für die entwickelte Lautstärke unter als gefahrlos angenommenen Bedingungen angibt. Für die mechanische Bauteilprüfung wäre eine untere Vertrauensgrenze für die Belastung, bei der eine Einheit ausfällt, von Interesse.

**1.27
statistical tolerance limit**
statistic (1.8) representing an end point of a **statistical tolerance interval** (1.26)

NOTE   Statistical tolerance intervals may be either

— one-sided (with one of its limits fixed at the natural boundary of the random variable), in which case they have either an upper or a lower statistical tolerance limit, or

— two-sided, in which case they have both.

A natural boundary of the random variable may provide a limit for a one-sided limit.

**1.28
confidence interval**
interval estimator (1.25) (T_0, T_1) for the **parameter** (2.9) θ with the **statistics** (1.8) T_0 and T_1 as interval limits and for which it holds that
$P[T_0 < \theta < T_1] \geq 1 - \alpha$

NOTE 1   The confidence reflects the proportion of cases that the confidence interval would contain the true parameter value in a long series of repeated **random samples** (1.6) under identical conditions. A confidence interval does not reflect the **probability** (2.5) that the observed interval contains the true value of the parameter (it either does or does not contain it).

NOTE 2   Associated with this confidence interval is the attendant performance characteristic $100(1 - \alpha)$ %, where α is generally a small number. The performance characteristic, which is called the confidence coefficient or confidence level, is often 95 % or 99 %. The inequality $P[T_0 < \theta < T_1] \geq 1 - \alpha$ holds for any specific but unknown population value of θ.

**1.29
one-sided confidence interval**
confidence interval (1.28) with one of its end points fixed at $+\infty$, $-\infty$, or a natural fixed boundary

NOTE 1   Definition 1.28 applies with either T_0 set at $-\infty$ or T_1 set at $+\infty$. One-sided confidence intervals arise in situations where interest focuses strictly on one direction. For example, in audio volume testing for safety concerns in cellular telephones, an upper confidence limit would be of interest indicating an upper bound for the volume produced under presumed safe conditions. For structural mechanical testing, a lower confidence limit on the force at which a device fails would be of interest.

ANMERKUNG 2 Ein anderes Beispiel für einseitige Vertrauensbereiche ergibt sich in Situationen, in denen es für den Wert eines Parameters eine natürliche Grenze gibt, wie etwa Null. Für eine bei der Modellbildung für Kundenreklamationen verwendete **Poissonverteilung** (2.47) ist Null eine untere Grenze. Als ein weiteres Beispiel könnte ein Vertrauensbereich (0,98, 1) für die Überlebenswahrscheinlichkeit eines elektronischen Bauteils sein, wobei 1 die natürliche obere Begrenzung ist.

NOTE 2 Another instance of one-sided confidence intervals occurs in situations where a parameter has a natural boundary such as zero. For a **Poisson distribution** (2.47) involved in modelling customer complaints, zero is a lower bound. As another example, a confidence interval for the reliability of an electronic component could be (0,98, 1), where 1 is the natural upper boundary limit.

1.30
Prognosebereich

aus einer **Zufallsstichprobe** (1.6) von Werten aus einer kontinuierlichen Grundgesamtheit abgeleiteter Bereich von Werten einer Variablen, für den mit einer vorgegebenen Wahrscheinlichkeit behauptet werden kann, dass in ihn bei einer weiteren Zufallsstichprobe aus derselben **Grundgesamtheit** (1.1) nicht weniger als eine gegebene Anzahl von Werten fallen wird

ANMERKUNG Üblicherweise konzentriert sich das Interesse auf eine einzelne weitere Beobachtung, die auf dieselben Umstände zurückzuführen ist wie die Beobachtungen, die die Basis für den Prognosebereich bilden. Eine andere praktische Anwendung gibt es in der Regressionsanalyse, bei der ein Prognosebereich für eine Vielfalt unabhängiger Werte konstruiert wird.

1.30
prediction interval

range of values of a variable, derived from a **random sample** (1.6) of values from a continuous population, within which it can be asserted with a given confidence that no fewer than a given number of values in a further random sample from the same **population** (1.1) will fall

NOTE Commonly, interest focuses on a single further observation arising from the same situation as the observations which are the basis of the prediction interval. Another practical context is regression analysis in which a prediction interval is constructed for a spectrum of independent values.

1.31
Schätzwert
beobachteter **Wert** (1.4) eines **Schätzers** (1.12)

ANMERKUNG Schätzwert bezieht sich auf einen aus beobachteten Werten gewonnenen numerischen Wert. Was die **Schätzung** (1.36) des Wertes eines **Parameters** (2.9) aus einer angenommenen **Wahrscheinlichkeitsverteilung** (2.11) betrifft, bezieht sich Schätzer auf die **Kenngröße** (1.8), die den Wert des Parameters schätzen soll, und Schätzwert bezieht sich auf das Ergebnis aus beobachteten Werten. Manchmal wird das Wort „Punkt" vor Schätzwert eingefügt, um zu betonen, dass es sich um einen einzelnen Wert und nicht um einen Bereich handelt. Ähnlich wird das Wort „Bereich" vor Schätzwert eingefügt, wenn es sich um eine Bereichsschätzung handelt.

1.31
estimate
observed **value** (1.4) of an **estimator** (1.12)

NOTE Estimate refers to a numerical value obtained from observed values. With respect to **estimation** (1.36) of a **parameter** (2.9) from an hypothesized **probability distribution** (2.11), estimator refers to the **statistic** (1.8) intended to estimate the parameter and estimate refers to the result using observed values. Sometimes the adjective "point" is inserted before estimate to emphasize that a single value is being produced rather than an interval of values. Similarly, the adjective "interval" is inserted before estimate in cases where interval estimation is taking place.

1.32
Schätzabweichung
Schätzwert (1.31) minus Wert des **Parameters** (2.9) oder der Eigenschaft der Grundgesamtheit, die zu schätzen beabsichtigt ist

ANMERKUNG 1 Eigenschaft der Grundgesamtheit kann eine Funktion des Wertes des Parameters oder der Werte der Parameter sein oder eine andere Größe im Zusammenhang mit der **Wahrscheinlichkeitsverteilung** (2.11).

1.32
error of estimation
estimate (1.31) minus the **parameter** (2.9) or population property that it is intended to estimate

NOTE 1 Population property may be a function of the parameter or parameters or another quantity related to the **probability distribution** (2.11).

ANMERKUNG 2 Schätzabweichung kann Beiträge aufgrund von Stichprobenentnahme, Messunsicherheit, Rundung oder anderen Ursachen enthalten. In der Tat verkörpert die Schätzabweichung den entscheidenden Gegenstand des Interesses für den Fachmann. Die Bestimmung der wesentlichen Beiträge zur Schätzabweichung ist ein entscheidendes Element bei Bemühungen um die Verbesserung der Qualität.[N10]

NOTE 2   Estimator error could involve contributions due to sampling, measurement uncertainty, rounding, or other sources. In effect, estimator error represents the bottom line performance of interest to practitioners. Determining the primary contributors to estimator error is a critical element in quality improvement efforts.

1.33
systematische Abweichung
Erwartungswert (2.12) der **Schätzabweichung** (1.32)

ANMERKUNG 1   Diese Definition unterscheidet sich von denen in ISO 3534-2:2006 (3.3.2) und VIM:1993 (5.25 und 5.28). Hier wird „systematische Abweichung" in generischem Sinne verwendet wie in der Anmerkung[N11] von 1.34 gezeigt.

ANMERKUNG 2   Das Vorhandensein von systematischer Abweichung kann in der Praxis missliche Folgen haben. Beispielsweise kann die Unterschätzung der Materialfestigkeit aufgrund systematischer Abweichung zu unerwarteten Ausfällen einer Einheit führen. Bei Stichprobenerhebungen kann systematische Abweichung zu falschen Schlüssen aus einer politischen Meinungsumfrage führen.

1.33
bias
expectation (2.12) of **error of estimation** (1.32)

NOTE 1   This definition differs from ISO 3534-2:2006 (3.3.2) and VIM:1993 (5.25 and 5.28). Here bias is used in a generic sense as indicated in Note 1[N11] in 1.34.

NOTE 2   The existence of bias can lead to unfortunate consequences in practice. For example, underestimation of the strength of materials due to bias could lead to unexpected failures of a device. In survey sampling, bias could lead to incorrect decisions from a political poll.

1.34
erwartungstreuer Schätzer
Schätzer (1.12), dessen **systematische Abweichung** (1.33) gleich null ist

BEISPIEL 1   Für eine **Zufallsstichprobe** (1.6) von n unabhängigen **Zufallsvariablen** (2.10), jede mit der gleichen **Normalverteilung** (2.50) mit **Erwartungswert** (2.35) μ und **Standardabweichung** (2.37) σ, sind der **Stichprobenmittelwert** (1.15) $\bar{X}$ und die **Stichprobenvarianz** (1.16) S^2 erwartungstreue Schätzer für den Erwartungswert μ beziehungsweise die **Varianz** (2.36) σ^2.

BEISPIEL 2   Wie in Anmerkung 1 von 1.37 erwähnt, verwendet der **Maximum-Likelihood-Schätzer** (1.35) der Varianz σ^2 den Nenner n anstelle von $n-1$ und ist daher ein verzerrter Schätzer. In Anwendungen tritt die **Stichprobenstandardabweichung** (1.17) häufig auf, aber es ist wichtig festzustellen, dass die Quadratwurzel der Stichprobenvarianz, die n verwendet, ein verzerrter Schätzer der **Standardabweichung** (2.37) der Grundgesamtheit ist.[N12]

1.34
unbiased estimator
estimator (1.12) having **bias** (1.33) equal to zero

EXAMPLE 1   For a **random sample** (1.6) of n independent **random variables** (2.10), each with the same **normal distribution** (2.50) with **mean** (2.35) μ and **standard deviation** (2.37) σ, the **sample mean** $\bar{X}$ (1.15) and the **sample variance** (1.16) S^2 are unbiased estimators for the mean μ and the **variance** (2.36) σ^2, respectively.

EXAMPLE 2   As is mentioned in Note 1 to 1.37 the **maximum likelihood estimator** (1.35) of the variance σ^2 uses the denominator n instead of $n-1$ and thus is a biased estimator. In applications, the **sample standard deviation** (1.17) receives considerable use but it is important to note that the square root of the sample variance using $n-1$ is a biased estimator of the population **standard deviation** (2.37).[N12]

N10)   Nationale Fußnote: In der deutschen Übersetzung von Anmerkung 2 ist das englische „estimator error" als Schätzabweichung (error of estimation) wiedergegeben.

N11)   Nationale Fußnote: In Abschnitt 1.34 gibt es nur eine Anmerkung ohne Benummerung. Dies ist in der deutschen Übersetzung redaktionell korrigiert worden.

N12)   Nationale Fußnote: Im Englischen heißt es hier versehentlich falsch „$n-1$". Dies ist in der deutschen Übersetzung redaktionell korrigiert worden.

BEISPIEL 3   Für eine Zufallsstichprobe von n unabhängigen Paaren von Zufallsvariablen, jedes Paar mit der gleichen **zweidimensionalen Normalverteilung** (2.65) mit **Kovarianz** (2.43) gleich σ_{XY} N13) ist die **Stichprobenkovarianz** (1.22) ein erwartungstreuer Schätzer für die Kovarianz der Grundgesamtheit. Der Maximum-Likelihood-Schätzer verwendet n anstelle von $n-1$ und ist daher verzerrt.

ANMERKUNG   Schätzer, die **erwartungstreu** sind, sind insofern erstrebenswert, als sie im Mittel den richtigen Wert liefern. Zweifellos liefern erwartungstreue Schätzer einen vernünftigen Ausgangspunkt für die Suche nach „optimalen" Schätzern für die Werte der Parameter der Grundgesamtheit. Die hier gegebene Definition ist statistischer Art.

In der täglichen Anwendung versuchen Fachleute, systematische Abweichungen in einer Untersuchung zu vermeiden, indem sie beispielsweise sicherstellen, dass eine Zufallsstichprobe für die interessierende Grundgesamtheit repräsentativ ist.

1.35
Maximum-Likelihood-Schätzer

Schätzer (1.12), der den Wert des **Parameters** (2.9) zuordnet, bei dem die **Likelihood-Funktion** (1.38) ihren Höchstwert annimmt oder annähert

ANMERKUNG 1   Maximum-Likelihood-Schätzer ist ein gängiger Ansatz, um Schätzwerte für die Werte der Parameter zu erhalten, wenn eine **Verteilung** (2.11) festgelegt worden ist [beispielsweise **Normalverteilung** (2.50), **Gammaverteilung** (2.56), **Weibull-Verteilung** (2.63) und so weiter]. Diese Schätzer haben erwünschte Eigenschaften (zum Beispiel Invarianz unter monotonen Transformationen), und in vielen Fällen bilden sie das Schätzverfahren der Wahl. In Fällen, in denen der Maximum-Likelihood-Schätzer verzerrt ist, erfolgt eine einfache Bereinigung der **systematischen Abweichung** (1.33). Wie in Beispiel 2 von 1.34 erwähnt, ist der Maximum-Likelihood-Schätzer für die **Varianz** (2.36) der Normalverteilung verzerrt, aber er kann durch Verwendung von $n-1$ anstelle von n korrigiert werden. Das Ausmaß der systematischen Abweichung nimmt mit wachsendem Stichprobenumfang ab.

ANMERKUNG 2   Die Abkürzung MLE wird üblicherweise sowohl für Maximum-Likelihood-Schätzer als auch für Maximum-Likelihood-Schätzung verwendet, wobei aus dem Kontext hervorgeht, was gemeint ist.

1.36
Schätzung

Verfahren, das eine statistische Darstellung einer **Grundgesamtheit** (1.1) aus einer aus dieser Grundgesamtheit gezogenen **Zufallsstichprobe** (1.6) gewinnt

EXAMPLE 3   For a random sample of n independent pairs of random variables, each pair with the same **bivariate normal distribution** (2.65) with **covariance** (2.43) equal to $\rho\sigma_{XY}$ N13), the **sample covariance** (1.22) is an unbiased estimator for population covariance. The maximum likelihood estimator uses n instead of $n-1$ in the denominator and thus is biased.

NOTE   Estimators that are **unbiased** are desirable in that on average, they give the correct value. Certainly, unbiased estimators provide a useful starting point in the search for "optimal" estimators of population parameters. The definition given here is of a statistical nature.

In everyday usage, practitioners try to avoid introducing bias into a study by ensuring, for example, that the random sample is representative of the population of interest.

1.35
maximum likelihood estimator

estimator (1.12) assigning the value of the **parameter** (2.9) where the **likelihood function** (1.38) attains or approaches its highest value

NOTE 1   Maximum likelihood estimation is a well-established approach for obtaining parameter estimates where a **distribution** (2.11) has been specified [for example, **normal** (2.50), **gamma** (2.56), **Weibull** (2.63), and so forth]. These estimators have desirable statistical properties (for example, invariance under monotone transformation) and in many situations provide the estimation method of choice. In cases in which the maximum likelihood estimator is biased, a simple **bias** (1.33) correction sometimes takes place. As mentioned in Example 2 of 1.34 the maximum likelihood estimator for the **variance** (2.36) of the normal distribution is biased but it can be corrected by using $n-1$ rather than n. The extent of the bias in such cases decreases with increasing sample size.

NOTE 2   The abbreviation MLE is commonly used both for maximum likelihood estimator and maximum likelihood estimation with the context indicating the appropriate choice.

1.36
estimation

procedure that obtains a statistical representation of a **population** (1.1) from a **random sample** (1.6) drawn from this population

---

N13)   Nationale Fußnote: Im Englischen heißt es hier versehentlich falsch $\rho\sigma_{XY}$. Dies ist in der deutschen Übersetzung redaktionell korrigiert worden.

ANMERKUNG 1 Insbesondere begründet das Verfahren, das von einem **Schätzer** (1.12) zu einem speziellen **Schätzwert** (1.31) führt, die Schätzung.

ANMERKUNG 2 Schätzung wird in ziemlich weitem Sinne verstanden, um Punktschätzung, Bereichsschätzung oder Schätzung von Eigenschaften von Grundgesamtheiten zu umfassen.

ANMERKUNG 3 Oft bezieht sich eine statistische Darstellung auf die Schätzung des Wertes eines **Parameters** (2.9) oder der Werte von Parametern oder einer Funktion von Parametern eines unterstellten Modells. Noch allgemeiner könnte die Verkörperung der Grundgesamtheit weniger spezifisch sein, wie zum Beispiel Statistiken über die Auswirkungen von Naturkatastrophen (Unfälle, Verletzungen, Vermögensschäden und Ernteschäden — die ein Krisenmanager allesamt zu schätzen wünschen könnte).

ANMERKUNG 4 Betrachtungen mittels **beschreibender Statistik** (1.5) könnten darauf hindeuten, dass ein unterstelltes Modell eine unzulängliche Darstellung der Daten liefert, wie es zum Beispiel ein Maß für die Güte der Anpassung des Modells an die Daten erkennen lässt. In solchen Fällen könnten andere Modelle in Betracht gezogen und der Prozess der Schätzung fortgesetzt werden.

NOTE 1 In particular, the procedure involved in progressing from an **estimator** (1.12) to a specific **estimate** (1.31) constitutes estimation.

NOTE 2 Estimation is understood in a rather broad context to include point estimation, interval estimation or estimation of properties of populations.

NOTE 3 Frequently, a statistical representation refers to the estimation of a **parameter** (2.9) or parameters or a function of parameters from an assumed model. More generally, the representation of the population could be less specific, such as statistics related to impacts from natural disasters (casualties, injuries, property losses and agricultural losses — all of which an emergency manager might wish to estimate).

NOTE 4 Consideration of **descriptive statistics** (1.5) could suggest that an assumed model provides an inadequate representation of the data, such as indicated by a measure of the goodness of fit of the model to the data. In such cases, other models could be considered and the estimation process continued.

1.37
Maximum-Likelihood-Schätzung
Schätzung (1.36), die auf einem **Maximum-Likelihood-Schätzer** (1.35) beruht

ANMERKUNG 1 Für die **Normalverteilung** (2.50) ist der **Stichprobenmittelwert** (1.15) ein **Maximum-Likelihood-Schätzer** (1.35) für den Wert des **Parameters** (2.9) μ, während die **Stichprobenvarianz** (1.16) mit dem Nenner n anstelle von $n-1$ den Maximum-Likelihood-Schätzer von σ^2 bildet. Üblicherweise wird der Nenner $n-1$ verwendet, da dieser Wert einen **erwartungstreuen Schätzer** (1.34) liefert.

ANMERKUNG 2 Maximum-Likelihood-Schätzung wird manchmal verwendet, um auf die Herkunft eines **Schätzers** (1.12) von der Likelihood-Funktion hinzuweisen.

ANMERKUNG 3 Wenngleich sich bei der Verwendung der Maximum-Likelihood-Schätzung in manchen Fällen ein geschlossener Ausdruck ergibt, gibt es andere Situationen, in denen der Maximum-Likelihood-Schätzer die iterative Lösung eines Satzes von Gleichungen erfordert.

ANMERKUNG 4 Die Abkürzung MLE wird üblicherweise sowohl für Maximum-Likelihood-Schätzer als auch für Maximum-Likelihood-Schätzung verwendet, wobei aus dem Kontext hervorgeht, was gemeint ist.

1.37
maximum likelihood estimation
estimation (1.36) based upon the **maximum likelihood estimator** (1.35)

NOTE 1 For the **normal distribution** (2.50), the **sample mean** (1.15) is the **maximum likelihood estimator** (1.35) of the **parameter** (2.9) μ while the **sample variance** (1.16), using the denominator n rather than $n-1$, provides the maximum likelihood estimator of σ^2. The denominator $n-1$ is typically used since this value provides an **unbiased estimator** (1.34).

NOTE 2 Maximum likelihood estimation is sometimes used to describe the derivation of an **estimator** (1.12) from the likelihood function.

NOTE 3 Although in some cases, a closed-form expression emerges using maximum likelihood estimation, there are other situations in which the maximum likelihood estimator requires an iterative solution to a set of equations.

NOTE 4 The abbreviation MLE is commonly used both for maximum likelihood estimator and maximum likelihood estimation with the context indicating the appropriate choice.

1.38
Likelihoodfunktion
Wahrscheinlichkeitsdichte (2.26), berechnet bei den **beobachteten Werten** (1.4) und aufgefasst als eine Funktion der **Parameter** (2.9) der **Verteilungsfamilie** (2.8)

1.38
likelihood function
probability density function (2.26) evaluated at the **observed values** (1.4) and considered as a function of the **parameters** (2.9) of the **family of distributions** (2.8)

BEISPIEL 1   Gegeben sei eine Situation, in der zehn Einheiten zufällig aus einer sehr großen **Grundgesamtheit** (1.1) ausgewählt werden, von denen drei eine bestimmte Eigenschaft aufweisen. Auf der Basis dieser Stichprobe ergibt sich ein intuitiver **Schätzwert** (1.31) des Anteils der Grundgesamtheit mit dieser Eigenschaft von 0,3 (3 aus 10). Unter dem Modell der **Binomialverteilung** (2.46) erreicht die Likelihoodfunktion (Wahrscheinlichkeitsfunktion[N14]) als eine Funktion von p mit festem n bei 10 und x bei 3) ihr Maximum bei $p = 0,3$ und stimmt so mit der Intuition überein.

[Das kann durch Auftragen der Wahrscheinlichkeitsfunktion der **Binomialverteilung** (2.46) $120\,p^3\,(1-p)^7$ über p weiter verifiziert werden.]

BEISPIEL 2   Für die **Normalverteilung** (2.50) mit bekannter **Standardabweichung** (2.37) kann allgemein gezeigt werden, dass die Likelihoodfunktion ihr Maximum bei μ, dem Erwartungswert[N15], annimmt.

EXAMPLE 1   Consider a situation in which ten items are selected at random from a very large **population** (1.1) and 3 of the items are found to have a specific characteristic. From this sample, an intuitive **estimate** (1.31) of the population proportion having the characteristic is 0,3 (3 out of 10). Under a **binomial distribution** (2.46) model, the likelihood function (probability mass function as a function of p with n fixed at 10 and x at 3) achieves its maximum at $p = 0,3$, thus agreeing with intuition.

[This can be further verified by plotting the probability mass function of the **binomial distribution** (2.46) $120\,p^3\,(1-p)^7$ versus p.]

EXAMPLE 2   For the **normal distribution** (2.50) with known **standard deviation** (2.37), it can be shown in general that the likelihood function takes its maximum at μ equal to the sample mean[N15].

1.39
Profil-Likelihood-Funktion
Likelihoodfunktion (1.38) als Funktion eines einzelnen **Parameters** (2.9), bei der die Werte aller anderen Parameter so gewählt sind, dass sie maximiert wird

1.39
profile likelihood function
likelihood function (1.38) as a function of a single **parameter** (2.9) with all other parameters set to maximize it

1.40
Hypothese
H
Behauptung über eine **Grundgesamtheit** (1.1)

ANMERKUNG   Üblicherweise betrifft die Behauptung über eine Grundgesamtheit die Werte eines oder mehrerer **Parameter** (2.9) in einer **Verteilungsfamilie** (2.8) oder die Familie der Verteilungen.

1.40
hypothesis
H
statement about a **population** (1.1)

NOTE   Commonly the statement about the population concerns one or more **parameters** (2.9) in a **family of distributions** (2.8) or about the family of distributions.

1.41
Nullhypothese
H_0
Hypothese (1.40), die mit einem **statistischen Test** (1.48) geprüft wird

BEISPIEL 1   In einer **Zufallsstichprobe** (1.6) von unabhängigen **Zufallsvariablen** (2.10) mit derselben **Normalverteilung** (2.50) mit unbekanntem **Erwartungswert** (2.35) und unbekannter **Standardabweichung** (2.37) darf eine Nullhypothese für den Erwartungswert μ sein, dass der Erwartungswert kleiner oder gleich einem gegebenen Wert μ_0 ist, und dies wird gewöhnlich wie folgt geschrieben: $H_0: \mu \leq \mu_0$.

1.41
null hypothesis
H_0
hypothesis (1.40) to be tested by means of a **statistical test** (1.48)

EXAMPLE 1   In a **random sample** (1.6) of independent **random variables** (2.10) with the same **normal distribution** (2.50) with unknown **mean** (2.35) and unknown **standard deviation** (2.37), a null hypothesis for the mean μ may be that the mean is less than or equal to a given value μ_0 and this is usually written in the following way: $H_0: \mu \leq \mu_0$.

N14) Nationale Fußnote: Siehe hierzu Definition 2.24.

N15) Nationale Fußnote: Im Englischen heißt es hier versehentlich falsch „sample mean". Dies ist in der deutschen Übersetzung redaktionell korrigiert worden.

BEISPIEL 2 Eine Nullhypothese darf sein, dass eine Normalverteilung das statistische Modell für eine **Grundgesamtheit** (1.1) ist. Für diesen Typ von Nullhypothese sind Mittelwert und Standardabweichung nicht spezifiziert.

BEISPIEL 3 Eine Nullhypothese darf sein, dass das statistische Modell für eine **Grundgesamtheit** (1.1) eine symmetrische Verteilung ist. Für diesen Typ von Nullhypothese ist die Art der Verteilung nicht spezifiziert.

ANMERKUNG 1 Es sei ausdrücklich festgestellt, dass die Nullhypothese eine Teilmenge eines Satzes von möglichen Wahrscheinlichkeitsverteilungen betreffen kann.

ANMERKUNG 2 Diese Definition sollte nicht losgelöst von **Alternativhypothese** (1.42) und **statistischem Test** (1.48) gesehen werden, da das korrekte Testen von Hypothesen alle drei Bestandteile erfordert.

ANMERKUNG 3 In der Praxis wird die Nullhypothese nie bewiesen, sondern die Einschätzung einer bestimmten Situation kann es eher nicht zulassen, die Nullhypothese abzulehnen. Der ursprüngliche Beweggrund für die Durchführung eines Hypothesentests wird wohl die Erwartung gewesen sein, dass das Ergebnis eine bestimmte, für das vorliegende Problem relevante Alternative unterstützen würde.

ANMERKUNG 4 Wenn die Hypothese nicht abgelehnt werden kann, ist das kein „Beweis" für ihre Gültigkeit, sondern eher an Anzeichen dafür, dass es zu wenig Anhaltspunkte gibt, sie in Zweifel zu ziehen. Entweder die Nullhypothese (oder ein Sachverhalt in nächster Nähe) trifft tatsächlich zu, oder der Stichprobenumfang ist unzureichend, um eine Abweichung von ihr festzustellen.

ANMERKUNG 5 Manchmal ist das anfängliche Interesse auf die Nullhypothese gerichtet, doch auch die Möglichkeit einer Abweichung kann von Interesse sein. Angemessene Berücksichtigung des Stichprobenumfangs und des Vermögens, eine bestimmte Abweichung oder Alternative zu erkennen, kann zur Aufstellung eines Prüfverfahrens zur geeigneten Beurteilung der Nullhypothese führen.

ANMERKUNG 6 Die Annahme der Alternativhypothese im Gegensatz dazu, dass die Nullhypothese nicht abgelehnt werden kann, ist ein positives Ergebnis in dem Sinne, dass es die zugrunde liegende Vermutung stützt. Ablehnung der Nullhypothese zugunsten der Alternativhypothese ist ein Ergebnis mit mehr Eindeutigkeit als ein Ergebnis „die Nullhypothese kann zum jetzigen Zeitpunkt nicht abgelehnt werden".

ANMERKUNG 7 Die Nullhypothese ist der Ausgangspunkt für die Konstruktion einer zur Beurteilung der Nullhypothese verwendeten geeigneten **Prüfgröße** (1.52).

ANMERKUNG 8 Die Nullhypothese wird oft mit H_0 bezeichnet [H mit tiefgestelltem Index Null. Diese Null wird (im Englischen) trotzdem manchmal „oh" oder „nought" gesprochen.].

EXAMPLE 2 A null hypothesis may be that the statistical model for a **population** (1.1) is a normal distribution. For this type of null hypothesis, the mean and standard deviation are not specified.

EXAMPLE 3 A null hypothesis may be that the statistical model for a population consists of a symmetric distribution. For this type of null hypothesis, the form of the distribution is not specified.

NOTE 1 Explicitly, the null hypothesis can consist of a subset from a set of possible probability distributions.

NOTE 2 This definition should not be considered in isolation from **alternative hypothesis** (1.42) and **statistical test** (1.48), as proper application of hypothesis testing requires all of these components.

NOTE 3 In practice, one never proves the null hypothesis, but rather the assessment in a given situation may be inadequate to reject the null hypothesis. The original motivation for conducting the hypothesis test would likely have been an expectation that the outcome would favour a specific alternative hypothesis relevant to the problem at hand.

NOTE 4 Failure to reject the null hypothesis is not "proof" of its validity but may rather be an indication that there is insufficient evidence to dispute it. Either the null hypothesis (or a close proximity to it) is in fact true, or the sample size is insufficient to detect a difference from it.

NOTE 5 In some situations, initial interest is focused on the null hypothesis, but the possibility of a departure may be of interest. Proper consideration of sample size and power in detecting a specific departure or alternative can lead to the construction of a test procedure for appropriately assessing the null hypothesis.

NOTE 6 The acceptance of the alternative hypothesis in contrast to failing to reject the null hypothesis is a positive result in that it supports the conjecture of interest. Rejection of the null hypothesis in favour of the alternative is an outcome with less ambiguity than an outcome such as "failure to reject the null hypothesis at this time".

NOTE 7 The null hypothesis is the basis for constructing the corresponding **test statistic** (1.52) used to assess the null hypothesis.

NOTE 8 The null hypothesis is often denoted H_0 (H having a subscript of zero although the zero is sometimes pronounced "oh" or "nought").

ANMERKUNG 9 Die die Nullhypothese kennzeichnende Teilmenge sollte, wenn möglich, so ausgewählt sein, dass die Behauptung mit der zu untersuchenden Annahme nicht vereinbar ist. Vergleiche dazu Anmerkung 2 von 1.48 und das Beispiel in 1.49.

**1.42
Alternativhypothese**
H_A, H_1
Behauptung, die eine Menge oder eine Teilmenge aller möglichen zugelassenen **Wahrscheinlichkeitsverteilungen** (2.11) auswählt, die nicht zur **Nullhypothese** (1.41) gehören

BEISPIEL 1 Die Alternativhypothese zur Nullhypothese in Beispiel 1 von 1.41 ist, dass der **Erwartungswert** (2.35) größer als der spezifizierte Wert ist, was wie folgt ausgedrückt wird: $H_A: \mu > \mu_0$.

BEISPIEL 2 Die Alternativhypothese zur Nullhypothese in Beispiel 2 von 1.41 ist, dass das statistische Modell für die Grundgesamtheit keine **Normalverteilung** (2.50) ist.

BEISPIEL 3 Die Alternativhypothese zur Nullhypothese in Beispiel 3 von 1.41 ist, dass das statistische Modell der Grundgesamtheit eine asymmetrische Verteilung ist. Für diese Alternativhypothese wird die spezielle Ausprägung der Asymmetrie nicht spezifiziert.

ANMERKUNG 1 Die Alternativhypothese ist das Komplement zur Nullhypothese.

ANMERKUNG 2 Die Alternativhypothese kann auch mit H_1 oder H_A bezeichnet werden, ohne eindeutige Präferenz, solange die Symbolik der Darstellungsart der Nullhypothese entspricht.

ANMERKUNG 3 Die Alternativhypothese ist eine Behauptung, die der Nullhypothese widerspricht. Die dazugehörige **Prüfgröße** (1.52) wird verwendet, um zwischen der Nullhypothese und Alternativhypothesen zu unterscheiden.

ANMERKUNG 4 Die Alternativhypothese sollte nicht ohne die Nullhypothese und den **statistischen Test** (1.48) betrachtet werden.

ANMERKUNG 5 Die Annahme der Alternativhypothese im Gegensatz dazu, dass die Nullhypothese nicht abgelehnt werden kann, ist ein positives Ergebnis, in dem Sinne, dass es die zugrunde liegende Vermutung stützt.

**1.43
einfache Hypothese**
Hypothese (1.40), die eine einzelne Verteilung in einer **Verteilungsfamilie** (2.8) näher beschreibt

NOTE 9 The subset identifying the null hypothesis should, if possible, be selected in such a way that the statement is incompatible with the conjecture to be studied. See Note 2 to 1.48 and the example in 1.49.

**1.42
alternative hypothesis**
H_A, H_1
statement which selects a set or a subset of all possible admissible **probability distributions** (2.11) which do not belong to the **null hypothesis** (1.41)

EXAMPLE 1 The alternative hypothesis to the null hypothesis given in Example 1 of 1.41 is that the **mean** (2.35) is larger than the specified value, which is written in the following way: $H_A: \mu > \mu_0$.

EXAMPLE 2 The alternative hypothesis to the null hypothesis given in Example 2 of 1.41 is that the statistical model of the population is not a **normal distribution** (2.50).

EXAMPLE 3 The alternative hypothesis to the null hypothesis given in Example 3 of 1.41 is that the statistical model of the population consists of an asymmetric distribution. For this alternative hypothesis, the specific form of asymmetry is not specified.

NOTE 1 The alternative hypothesis is the complement of the null hypothesis.

NOTE 2 The alternative hypothesis can also be denoted H_1 or H_A with no clear preference as long as the symbolism parallels the null hypothesis notation.

NOTE 3 The alternative hypothesis is a statement which contradicts the null hypothesis. The corresponding **test statistic** (1.52) is used to decide between the null and alternative hypotheses.

NOTE 4 The alternative hypothesis should not be considered in isolation from the null hypothesis nor **statistical test** (1.48).

NOTE 5 The acceptance of the alternative hypothesis in contrast to failing to reject the null hypothesis is a positive result in that it supports the conjecture of interest.

**1.43
simple hypothesis**
hypothesis (1.40) that specifies a single distribution in a **family of distributions** (2.8)

ANMERKUNG 1 Eine einfache Hypothese ist eine **Nullhypothese** (1.41) oder **Alternativhypothese** (1.42), für die die ausgewählte Teilmenge aus einer einzigen **Wahrscheinlichkeitsverteilung** (2.11) besteht.

ANMERKUNG 2 In einer **Zufallsstichprobe** (1.6) von unabhängigen **Zufallsvariablen** (2.10) mit derselben **Normalverteilung** (2.50) mit unbekanntem **Erwartungswert** (2.35) und bekannter **Standardabweichung** (2.37) σ ist eine einfache Hypothese für den Erwartungswert μ, dass der Erwartungswert gleich einem gegebenen Wert μ_0 ist, und dies wird gewöhnlich wie folgt geschrieben: $H_0: \mu = \mu_0$.

ANMERKUNG 3 Eine einfache Hypothese legt die **Wahrscheinlichkeitsverteilung** (2.11) vollständig fest.

1.44
zusammengesetzte Hypothese
Hypothese (1.40), die mehr als eine **Verteilung** (2.11) aus einer **Verteilungsfamilie** (2.8) näher beschreibt

BEISPIEL 1 Die in den Beispielen in 1.41 und 1.42 genannten **Nullhypothesen** (1.41) und **Alternativhypothesen** (1.42) sind alle Beispiele von zusammengesetzten Hypothesen.

BEISPIEL 2 In 1.48 ist die Nullhypothese in Fall 3 eine einfache Hypothese. Die Nullhypothese in Beispiel 4 ist ebenfalls eine einfache Hypothese. Die anderen Hypothesen in 1.48 sind zusammengesetzte Hypothesen.

ANMERKUNG Eine zusammengesetzte Hypothese ist eine Null- oder Alternativhypothese, für die die ausgewählte Teilmenge aus mehr als einer einzigen Wahrscheinlichkeitsfunktion besteht.

1.45
Signifikanzniveau
α
<statistischer Test> maximale **Wahrscheinlichkeit** (2.5), die **Nullhypothese** (1.41) abzulehnen, wenn sie in Wirklichkeit zutrifft

ANMERKUNG Wenn die Nullhypothese eine **einfache Hypothese** (1.43) ist, dann wird die Wahrscheinlichkeit, die Nullhypothese abzulehnen, obwohl sie zutrifft, ein einzelner Wert.

1.46
Irrtum 1. Art[N16]
Ablehnung der **Nullhypothese** (1.41), obwohl sie in Wirklichkeit zutrifft

NOTE 1 A simple hypothesis is a **null hypothesis** (1.41) or **alternative hypothesis** (1.42) for which the selected subset consists of only a single **probability distribution** (2.11).

NOTE 2 In a **random sample** (1.6) of independent **random variables** (2.10) with the same **normal distribution** (2.50) with unknown **mean** (2.35) and known **standard deviation** (2.37) σ, a simple hypothesis for the mean μ is that the mean is equal to a given value μ_0 and this is usually written in the following way: $H_0: \mu = \mu_0$.

NOTE 3 A simple hypothesis specifies the **probability distribution** (2.11) completely.

1.44
composite hypothesis
hypothesis (1.40) that specifies more than one **distribution** (2.11) in a **family of distributions** (2.8)

EXAMPLE 1 The **null hypotheses** (1.41) and the **alternative hypotheses** (1.42) given in the examples in 1.41 and 1.42 are all examples of composite hypotheses.

EXAMPLE 2 In 1.48, the null hypothesis in Case 3 of Example 3 is a simple hypothesis. The null hypothesis in Example 4 is also a simple hypothesis. The other hypotheses in 1.48 are composite.

NOTE A composite hypothesis is a null hypothesis or alternative hypothesis for which the selected subset consists of more than a single probability distribution.

1.45
significance level
α
<statistical test> maximum **probability** (2.5) of rejecting the **null hypothesis** (1.41) when in fact it is true

NOTE If the null hypothesis is a **simple hypothesis** (1.43), then the probability of rejecting the null hypothesis if it were true becomes a single value.

1.46
Type I error
rejection of the **null hypothesis** (1.41) when in fact it is true

---

[N16] Nationale Fußnote: Die deutsche Benennung dieses Begriffs war bisher „Fehler 1. Art". Diese Benennung kann noch in anderen Dokumenten zu finden sein.

ANMERKUNG 1   Der Irrtum 1. Art ist eigentlich eine falsche Entscheidung. Daher ist es erwünscht, die **Wahrscheinlichkeit** (2.5) für eine solche falsche Entscheidung so gering wie möglich zu halten. Die Wahrscheinlichkeit null für den Irrtum 1. Art wird erhalten, wenn die Nullhypothese niemals abgelehnt wird. Mit anderen Worten, wenn ungeachtet des Beweismaterials immer dieselbe Entscheidung getroffen würde.

ANMERKUNG 2   In manchen Situationen kann es vorkommen (beispielsweise beim Testen des Parameters p der Binomialverteilung), dass ein vorab festgelegtes Signifikanzniveau, wie etwa 0,05, wegen der Diskretheit der Ergebnisse nicht (exakt)[N17]) erreichbar ist.

1.47
Irrtum 2. Art[N18])
Nicht-Ablehnung der **Nullhypothese** (1.41), obwohl die Nullhypothese in Wirklichkeit nicht zutrifft

ANMERKUNG   Der Irrtum 2. Art ist eigentlich eine falsche Entscheidung. Daher ist es erwünscht, die **Wahrscheinlichkeit** (2.5) für eine solche falsche Entscheidung so gering wie möglich zu halten. Irrtümer 2. Art treten üblicherweise in Situationen auf, in denen der Stichprobenumfang zu gering ist, um eine Abweichung von der Nullhypothese aufzudecken.

1.48
statistischer Test
Signifikanztest
Verfahren, um zu entscheiden, ob eine **Nullhypothese** (1.41) zugunsten einer **Alternativhypothese** (1.42) zu verwerfen ist

BEISPIEL 1   Wenn eine vorliegende **kontinuierliche Zufallsvariable** (2.29) Werte zwischen $-\infty$ und $+\infty$ annehmen kann und der Verdacht besteht, dass die zutreffende Wahrscheinlichkeitsverteilung keine **Normalverteilung** (2.50) ist, dann können die Hypothesen zum Beispiel wie folgt aufgestellt werden.

— Es werden alle **kontinuierlichen Wahrscheinlichkeitsverteilungen** (2.23) betrachtet, die Werte zwischen $-\infty$ und $+\infty$ annehmen können.

— Es wird vermutet, dass die zutreffende Wahrscheinlichkeitsverteilung keine Normalverteilung ist.

— Die Nullhypothese lautet: „Die Wahrscheinlichkeitsverteilung ist eine Normalverteilung".

— Die Alternativhypothese lautet: „Die Wahrscheinlichkeitsverteilung ist keine Normalverteilung".

NOTE 1   In fact, a Type I error is an incorrect decision. Hence, it is desired to keep the **probability** (2.5) of making such an incorrect decision as small as possible. To obtain a zero probability of a Type I error, one would never reject the null hypothesis. In other words, regardless of the evidence, the same decision is made.

NOTE 2   It is possible that in some situations (for example, testing the binomial parameter p) that a prespecified significance level such as 0,05 is not attainable due to discreteness of outcomes.

1.47
Type II error
failure to reject the **null hypothesis** (1.41) when in fact the **null hypothesis** is not true

NOTE   In fact, a Type II error is an incorrect decision. Hence, it is desired to keep the **probability** (2.5) of making such an incorrect decision as small as possible. Type II errors commonly occur in situations where the sample sizes are insufficient to reveal a departure from the null hypothesis.

1.48
statistical test
significance test
procedure to decide if a **null hypothesis** (1.41) is to be rejected in favour of an **alternative hypothesis** (1.42)

EXAMPLE 1   As an example, if an actual, **continuous random variable** (2.29) can take values between $-\infty$ and $+\infty$ and one has a suspicion that the true probability distribution is not a **normal distribution** (2.50), then the hypotheses will be formulated, as follows.

— The scope of the situation is all **continuous probability distributions** (2.23), which can take values between $-\infty$ and $+\infty$.

— The conjecture is that the true probability distribution is not a normal distribution.

— The null hypothesis is that the probability distribution is a normal distribution.

— The alternative hypothesis is that the probability distribution is not a normal distribution.

N17)   Nationale Fußnote: An dieser Stelle ist die deutsche Übersetzung gegenüber dem englischsprachigen Text präzisiert worden.

N18)   Nationale Fußnote: Die deutsche Benennung dieses Begriffs war bisher „Fehler 2. Art". Diese Benennung kann noch in anderen Dokumenten zu finden sein.

BEISPIEL 2 Wenn die Zufallsvariable einer Normalverteilung mit bekannter **Standardabweichung** (2.37) folgt und vermutet wird, dass ihr Erwartungswert μ von einem gegebenen Wert μ_0 abweicht, dann wird die Hypothese so wie in Fall 3 des nächsten Beispiels formuliert.

BEISPIEL 3 Dieses Beispiel betrachtet drei Möglichkeiten beim statistischen Testen.

Fall 1: Es wird vermutet, dass der Prozessmittelwert höher als der vorgegebene Mittelwert μ_0 ist. Diese Vermutung führt zu den folgenden Hypothesen:

Nullhypothese: $H_0: \mu \leq \mu_0$
Alternativhypothese: $H_1: \mu > \mu_0$

Fall 2: Es wird vermutet, dass der Prozessmittelwert niedriger als der vorgegebene Mittelwert μ_0 ist. Diese Vermutung führt zu den folgenden Hypothesen:

Nullhypothese: $H_0: \mu \geq \mu_0$
Alternativhypothese: $H_1: \mu < \mu_0$

Fall 3: Es wird vermutet, dass der Prozessmittelwert nicht mit dem vorgegebenen Mittelwert μ_0 vereinbar ist[N19], aber die Richtung der Abweichung ist nicht angegeben. Diese Vermutung führt zu den folgenden Hypothesen:

Nullhypothese: $H_0: \mu = \mu_0$
Alternativhypothese: $H_1: \mu \neq \mu_0$

In allen drei Fällen wurde die Formulierung der Hypothesen durch eine Vermutung bezüglich der Alternativhypothese und ihrer Abweichung von einer Grundbedingung bestimmt.

BEISPIEL 4 Der Anwendungsbereich dieses Beispiels sind alle Anteile fehlerhafter Einheiten p_1 und p_2 zwischen null und eins in zwei Losen 1 und 2. Es könnte sein, dass sich die zwei Lose unterscheiden, und daher ist die Vermutung, dass sich die Anteile fehlerhafter Einheiten in den zwei Losen unterscheiden. Diese Vermutung führt zu den folgenden Hypothesen:

Nullhypothese: $H_0: p_1 = p_2$
Alternativhypothese: $H_1: p_1 \neq p_2$

ANMERKUNG 1 Ein statistischer Test ist ein unter bestimmten Bedingungen zulässiges Verfahren, um mit Hilfe von Beobachtungen aus einer Stichprobe zu entscheiden, ob die zutreffende Wahrscheinlichkeitsverteilung zur Null- oder zur Alternativhypothese gehört.

EXAMPLE 2 If the random variable follows a normal distribution with known **standard deviation** (2.37) and one suspects that its expectation value μ deviates from a given value μ_0, then the hypotheses will be formulated according to Case 3 in the next example.

EXAMPLE 3 This example considers three possibilities in statistical testing.

Case 1. It is conjectured that the process mean is higher than the target mean of μ_0. This conjecture leads to the following hypotheses:

Null hypothesis: $H_0: \mu \leq \mu_0$
Alternative hypothesis: $H_1: \mu > \mu_0$

Case 2. It is conjectured that the process mean is lower than the target mean of μ_0. This conjecture leads to the following hypotheses:

Null hypothesis: $H_0: \mu \geq \mu_0$
Alternative hypothesis: $H_1: \mu < \mu_0$

Case 3. It is conjectured that the process mean is not compatible with the process mean[N19] but the direction is not specified. This conjecture leads to the following hypotheses:

Null hypothesis: $H_0: \mu = \mu_0$
Alternative hypothesis: $H_1: \mu \neq \mu_0$

In all three cases, the formulation of the hypotheses was driven by a conjecture regarding the alternative hypothesis and its departure from a baseline condition.

EXAMPLE 4 This example considers as its scope all proportions p_1 and p_2 between zero and one of defectives in two lots 1 and 2. One might suspect that the two lots are different and therefore conjecture that the proportions of defects in the two lots are different. This conjecture leads to the following hypotheses:

Null hypothesis: $H_0: p_1 = p_2$
Alternative hypothesis: $H_1: p_1 \neq p_2$

NOTE 1 A statistical test is a procedure, which is valid under specified conditions, to decide, by means of observations from a sample, whether the true probability distribution belongs to the null hypothesis or the alternative hypothesis.

N19) Nationale Fußnote: Im Englischen heißt es hier versehentlich falsch „that the process mean is not compatible with the process mean". Es müsste heißen "that the process mean is not compatible with the target mean". Dieser Fehler ist in der deutschen Übersetzung redaktionell korrigiert worden.

ANMERKUNG 2 Bevor ein statistischer Test durchgeführt wird, wird auf der Basis der vorliegenden Information zuerst die denkbare Menge von Wahrscheinlichkeitsverteilungen bestimmt. Als Nächstes werden die Wahrscheinlichkeitsverteilungen, die auf der Basis der Vermutung zutreffend sein können, untersucht, um die Alternativhypothese aufzustellen. Abschließend wird die Nullhypothese als Komplement zur Alternativhypothese formuliert. In vielen Fällen kann die denkbare Menge von Wahrscheinlichkeitsverteilungen, und folglich die Null- und die Alternativhypothese, unter Bezug auf einen Satz von Werten relevanter Parameter bestimmt werden.

ANMERKUNG 3 Da die Entscheidung auf der Basis von Beobachtungen in einer Stichprobe getroffen wird, kann sie fehlerhaft sein und entweder zu einem **Irrtum 1. Art** (1.46), Ablehnung der Nullhypothese, obwohl sie tatsächlich zutrifft, oder zu einem **Irrtum 2. Art** (1.47), Beibehaltung der Nullhypothese anstelle der Alternativhypothese, obwohl die Alternativhypothese zutrifft, führen.

ANMERKUNG 4 Fall 1 und Fall 2 aus dem obigen Beispiel 3 sind Beispiel für **einseitige Tests**. Fall 3 ist ein Beispiel für einen **zweiseitigen Test**. In allen drei Fällen wird die Entscheidung, ob einseitig oder zweiseitig, durch Betrachtung des Bereiches für den Wert des Parameters μ, der zur Alternativhypothese gehört, bestimmt. Noch allgemeiner können einseitige und zweiseitige Tests bestimmt werden mit Hilfe des Bereiches für die Ablehnung der Nullhypothese gemäß der gewählten Prüfgröße. Das heißt, die Prüfgröße hat einen zugehörigen kritischen Bereich, der die Alternativhypothese befürwortet, aber sie bezieht sich möglicherweise nicht direkt auf eine einfache Beschreibung des Parameterraumes wie in den Fällen 1, 2 und 3.

ANMERKUNG 5 Die zugrunde liegenden Annahmen müssen sorgfältig beachtet werden, sonst kann die Anwendung statistischer Testverfahren mit Fehlern behaftet sein. Statistische Tests, die selbst unter möglichen Fehl-Festlegungen zu stabilen Ergebnissen führen, heißen **robust**. Der einfache t-Test für den Mittelwert ist ein Beispiel für einen bei Normalverteilung sehr robusten Test. Der Bartlett-Test auf Gleichheit der Varianzen ist ein Beispiel für ein nicht-robustes Verfahren, das möglicherweise in Fällen, in denen die Varianzen der Verteilungen tatsächlich gleich sind, zu einer deutlichen Ablehnung der Gleichheit der Varianzen führt.

1.49
p**-Wert**
Wahrscheinlichkeit (2.5), den berechneten Wert der **Prüfgröße** (1.52) oder jeden anderen Wert, der mindestens so ungünstig für die **Nullhypothese** (1.41) ist, zu beobachten

BEISPIEL Es werde das ursprünglich in 1.9 eingeführte Zahlenbeispiel betrachtet. Zur Veranschaulichung werde angenommen, dass diese Werte Beobachtungen aus einem Prozess mit Sollmittelwert 12,5 seien, und aus früherer Erfahrung hat der mit dem Prozess befasste Ingenieur die Vermutung, dass der Prozess ständig unterhalb des Sollwertes läuft. Eine Untersuchung mit einer Zufallsstichprobe vom Umfang 10 hat die Werte in 1.9 ergeben. Die geeigneten Hypothesen sind:

NOTE 2 Before a statistical test is carried out the possible set of probability distributions is at first determined on the basis of the available information. Next the probability distributions, which could be true on the basis of the conjecture to be studied, are identified to constitute the alternative hypothesis. Finally, the null hypothesis is formulated as the complement to the alternative hypothesis. In many cases, the possible set of probability distributions and hence also the null hypothesis and the alternative hypothesis can be determined by reference to sets of values of relevant parameters.

NOTE 3 As the decision is made on the basis of observations from a sample, it may be erroneous leading to either a **Type I error** (1.46), rejecting the null hypothesis when in fact it is correct, or a **Type II error** (1.47), failure to reject the null hypothesis in favour of the alternative hypothesis when the alternative hypothesis is true.

NOTE 4 Case 1 and Case 2 of Example 3 above are instances of **one-sided tests**. Case 3 is an example of a **two-sided test**. In all three of these cases, the one-sided versus two-sided qualifier is determined by consideration of the region of the parameter μ corresponding to the alternative hypothesis. More generally, one-sided and two-sided tests can be governed by the region for rejection of the null hypothesis corresponding to the chosen test statistic. That is, the test statistic has an associated critical region favouring the alternative hypothesis, but it may not relate directly to a simple description of the parameter space as in Cases 1, 2 and 3.

NOTE 5 Careful attention to the underlying assumptions must be made or the application of statistical testing may be flawed. Statistical tests that lead to stable inferences even under possible mis-specification of the underlying assumptions are referred to as **robust**. The one-sample t test for the mean is an example of a test considered very robust under non-normal distributions. Bartlett's test for homogeneity of variances is an example of a non-robust procedure, possibly leading to the excessive rejection of equality of variances in distributional cases for which the variances were in fact identical.

1.49
p**-value**
probability (2.5) of observing the observed **test statistic** (1.52) value or any other value at least as unfavourable to the **null hypothesis** (1.41)

EXAMPLE Consider the numerical example originally introduced in 1.9. Suppose for illustration that these values are observations from a process that is nominally expected to have a mean of 12,5, and from previous experience the engineer associated with the process felt that the process was consistently lower than the nominal value. A study was undertaken and a random sample of size 10 was collected with the numerical results from 1.9. The appropriate hypotheses are:

Nullhypothese: $H_0: \mu \geq 12{,}5$
Alternativhypothese: $H_1: \mu < 12{,}5$

Der Stichprobenmittelwert ist 9,7, was in Richtung der Vermutung weist, aber ist er hinreichend weit von 12,5 entfernt, um die Vermutung zu untermauern? Für dieses Beispiel ist der Wert der **Prüfgröße** (1.52) gleich −1,976 4 mit einem zugehörigen p-Wert von 0,040. Das heißt, dass sich in weniger als vier von hundert Fällen ein Prüfgrößenwert von −1,976 4 oder darunter ergibt, wenn der Prozessmittelwert tatsächlich bei 12,5 liegt. Wenn das ursprünglich vorgegebene Signifikanzniveau 0,05 gewesen wäre, dann würde die Hypothese normalerweise zugunsten der Alternativhypothese abgelehnt werden.

Sei das Problem zur Abwechselung etwas anders formuliert. Angenommen, es bestünde die Sorge, dass sich der Prozessmittelwert vom Sollwert 12,5 entfernt habe, aber die Richtung nicht angegeben ist. Das führt zu den folgenden Hypothesen:

Nullhypothese: $H_0: \mu = 12{,}5$
Alternativhypothese: $H_1: \mu \neq 12{,}5$

Mit den gleichen Daten aus einer Zufallsstichprobe ist der Wert der Prüfgröße der gleiche, −1,976 4. Bei dieser Alternativhypothese lautet die interessierende Frage: „Wie hoch ist die Wahrscheinlichkeit, einen so extremen oder noch extremeren Wert zu erhalten?" In diesem Fall gibt es zwei interessierende Bereiche, nämlich Werte kleiner oder gleich −1,976 4 beziehungsweise Werte größer oder gleich 1,976 4. Die Wahrscheinlichkeit, dass der Wert der Prüfgröße, der t-Wert, in einen dieser Bereiche fällt, ist 0,080 (das Doppelte des einseitigen Wertes). In acht von hundert Fällen wird ein so extremer oder noch extremerer Prüfgrößenwert beobachtet. Daher wird die Nullhypothese bei einem Signifikanzniveau von 0,05 nicht abgelehnt.

ANMERKUNG 1 Wenn sich der p-Wert zum Beispiel zu 0,029 ergibt, dann würde unter der Nullhypothese in weniger als drei aus hundert Fällen ein so extremer oder noch extremerer Wert der Prüfgröße auftreten. Auf der Grundlage dieser Information könnte man sich veranlasst sehen, die Nullhypothese abzulehnen, da dies ein ziemlich kleiner p-Wert ist. Etwas formaler, wenn das Signifikanzniveau zu 0,05 festgelegt worden wäre, dann würde der p-Wert von 0,029 kleiner als 0,05 sein und tatsächlich zur Ablehnung der Nullhypothese führen.

ANMERKUNG 2 Die Benennung p-Wert wird manchmal als **Signifikanzwahrscheinlichkeit** bezeichnet, was nicht mit **Signifikanzniveau** (1.45) verwechselt werden sollte, das eine festgelegte Konstante in einer Anwendung ist.

**1.50
Schärfe eines Tests
Schärfe des Tests**
eins minus **Wahrscheinlichkeit** (2.5) des **Fehlers 2. Art** (1.47)

Null hypothesis: $H_0: \mu \geq 12{,}5$
Alternative hypothesis: $H_1: \mu < 12{,}5$

The sample mean is 9,7 which is in the direction of the conjecture, but is it sufficiently far from 12,5 to support the conjecture? For this example the **test statistic** (1.52) is −1,976 4 with corresponding p-value 0,040. This means that there are less than four chances in one hundred of observing a test statistic value of −1,976 4 or lower, if in fact the true process mean is at 12,5. If the original prespecified significance level had been 0,05, then typically one would reject the null hypothesis in favour of the alternative hypothesis.

Suppose alternatively that the problem were formulated somewhat differently. Imagine that the concern was that the process was off the 12,5 target but the direction was unspecified. This leads the following hypotheses:

Null hypothesis: $H_0: \mu = 12{,}5$
Alternative hypothesis: $H_1: \mu \neq 12{,}5$

Given the same data collected from a random sample, the test statistic is the same, −1,976 4. For this alternative hypothesis, a question of interest is "what is the probability of seeing such an extreme value or more extreme?". In this case, there are two relevant regions, values less than or equal to −1,976 4 or values greater than or equal to 1,976 4. The probability of a t test statistic occurring in one of these regions is 0,080 (twice the one-sided value). There are eight chances in one hundred of observing a test statistic value this extreme or more so. Thus, the null hypothesis is not rejected at the significance level 0,05.

NOTE 1 If the p-value, for example, turns out to be 0,029, then there are less than three chances in one hundred that such an extreme value of the test statistic or a more extreme one, would occur under the null hypothesis. On the basis of this information, one might feel compelled to reject the null hypothesis, as this is a fairly small p-value. More formally, if the significance level had been established as 0,05, then definitely the p-value of 0,029 being less than 0,05 would lead to the rejection of the null hypothesis.

NOTE 2 The term p-value is sometimes referred to as the significance probability which should not be confused with **significance level** (1.45) which is a specified constant in an application.

**1.50
power of a test**
one minus the **probability** (2.5) of the **Type II error** (1.47)

ANMERKUNG 1   Die Schärfe des Tests für einen festgelegten Wert eines unbekannten **Parameters** (2.9) in einer **Verteilungsfamilie** (2.8) ist gleich der **Wahrscheinlichkeit**, die **Nullhypothese** (1.41) für diesen Wert des Parameters abzulehnen.

ANMERKUNG 2   In den meisten Fällen von praktischem Interesse wird eine Erhöhung des Stichprobenumfangs die Schärfe eines Tests verbessern. Mit anderen Worten, die Wahrscheinlichkeit, die Nullhypothese abzulehnen, wenn die **Alternativhypothese** (1.42) zutrifft, nimmt mit steigendem Stichprobenumfang zu und reduziert dabei die Wahrscheinlichkeit für einen Fehler 2. Art.

ANMERKUNG 3   Beim Testen ist es erwünscht, dass, wenn der Stichprobenumfang sehr groß wird, auch kleine Abweichungen von der Nullhypothese entdeckt werden sollen und so zu einer Ablehnung der Nullhypothese führen. Mit anderen Worten, für jede Alternative zur Nullhypothese sollte sich die Schärfe des Tests eins nähern, wenn der Stichprobenumfang unendlich groß wird. Solche Tests heißen **konsistent**. Beim Vergleich zweier Tests bezüglich ihrer Schärfe gilt der Test mit der größeren Schärfe als **effizienter**, vorausgesetzt, dass die Signifikanzniveaus gleich sind, ebenso wie die jeweiligen Null- und Alternativhypothesen. Es gibt formalere mathematische Beschreibungen von Konsistenz und Effizienz, die über den Rahmen von ISO 3534 hinausgehen. (Siehe dazu die diversen Enzyklopädien für Statistik oder mathematisch-statistische Lehrbücher.)

1.51
Gütefunktion
Sammlung von Werten der **Schärfe eines Tests** (1.50) als Funktion des **Parameters** (2.9) der Grundgesamtheit aus einer **Verteilungsfamilie** (2.8)

ANMERKUNG   Siehe die entsprechende Benennung „Operationscharakteristik" in ISO 3534-2:2006 (Definition 4.5.1).

1.52
Prüfgröße
Kenngröße (1.8), die im Zusammenhang mit einem **statistischen Test** (1.48) verwendet wird

ANMERKUNG   Die Prüfgröße wird verwendet, um festzustellen, ob die vorliegende **Wahrscheinlichkeitsverteilung** (2.11) mit der **Nullhypothese** (1.41) oder der **Alternativhypothese** (1.42) vereinbar ist.

1.53
graphisch beschreibende Statistik
beschreibende Statistik (1.5) in bildlicher Form

ANMERKUNG   Die Zielsetzung der graphisch beschreibenden Statistik ist im Allgemeinen, eine große Anzahl von Werten auf handhabbar wenige zu reduzieren oder die Werte in einer Art und Weise darzustellen, die eine Veranschaulichung erleichtert. Beispiele graphischer Übersichten umfassen Boxplots, Wahrscheinlichkeitsdiagramme, Q-Q-Plots, Normal-Quantil-Plots, Streudiagramme, multiple Streudiagramme und **Histogramme** (1.61).

NOTE 1   The power of the test for a specified value of an unknown **parameter** (2.9) in a **family of distributions** (2.8) equals the **probability** (2.8) of rejecting the **null hypothesis** (1.41) for that parameter value.

NOTE 2   In most cases of practical interest, increasing the sample size will increase the power of a test. In other words, the probability of rejecting the null hypothesis, when the **alternative hypothesis** (1.42) is true increases with increasing sample size, thereby reducing the probability of a Type II error.

NOTE 3   It is desirable in testing situations that as the sample size becomes extremely large, even small departures from the null hypothesis ought to be detected, leading to the rejection of the null hypothesis. In other words, the power of the test should approach 1 for every alternative to the null hypothesis as the sample size becomes infinitely large. Such tests are referred to as **consistent**. In comparing two tests with respect to power, the test with the higher power is deemed the more **efficient** provided the significance levels are identical as well as the particular null and alternative hypotheses. There are more formal, mathematical descriptions of both consistency and efficiency that are beyond the scope of this part of ISO 3534. (Consult the various encyclopaedia in statistics or mathematical statistics textbooks.)

1.51
power curve
collection of values of the **power of a test** (1.50) as a function of the population **parameter** (2.9) from a **family of distributions** (2.8)

NOTE   See the related term "operating characteristic curve" in ISO 3534-2:2006 (definition 4.5.1).

1.52
test statistic
statistic (1.8) used in conjunction with a **statistical test** (1.48)

NOTE   The test statistic is used to assess whether the **probability distribution** (2.11) at hand is consistent with the **null hypothesis** (1.41) or the **alternative hypothesis** (1.42).

1.53
graphical descriptive statistics
descriptive statistics (1.5) in pictorial form

NOTE   The intent of descriptive statistics is generally to reduce a large number of values to a manageable few or to present the values in a way to facilitate visualization. Examples of graphical summaries include boxplots, probability plots, Q-Q plots, normal quantile plots, scatterplots, multiple scatterplots and **histograms** (1.61).

1.54
numerisch beschreibende Statistik
beschreibende Statistik (1.5) in zahlenmäßiger Form

ANMERKUNG   Numerisch beschreibende Statistik umfasst **Stichprobenmittelwert** (1.15), **Stichprobenspannweite** (1.10), **Stichprobenstandardabweichung** (1.17), Quartilsdifferenz und so weiter.

1.55
Klassen

ANMERKUNG   Die Klassen werden als einander ausschließend und vollständig angenommen. Die Zahlengerade sind alle reellen Zahlen zwischen $-\infty$ und $+\infty$.

1.55.1
Klasse
<qualitatives Merkmal> Teilmenge von Einheiten aus einer **Stichprobe** (1.3)

1.55.2
Klasse
<Ordinalmerkmal> Satz von einer oder mehreren benachbarten Kategorien auf einer Ordinalskala

1.55.3
Klasse
<quantitatives Merkmal> Bereich auf der Zahlengeraden

1.56
Klassengrenzen
<quantitatives Merkmal> Werte, die die obere und untere Begrenzung einer **Klasse** (1.55) bestimmen

ANMERKUNG   Die Definition bezieht sich auf Klassengrenzen, die mit quantitativen Merkmalen verbunden sind.

1.57
Klassenmitte
<quantitatives Merkmal> **arithmetischer Mittelwert** (1.15) aus oberer und unterer **Klassengrenze** (1.56)

ANMERKUNG   Die Klassenmitte kann manchmal auch als charakteristischer Wert der Klasse bezeichnet werden, insbesondere im Zusammenhang mit Histogrammen.

1.58
Klassenbreite
<quantitatives Merkmal> obere Grenze einer Klasse minus der unteren Grenze einer **Klasse** (1.55)

1.59
Häufigkeit
Anzahl von Ereignissen oder von **beobachteten Werten** (1.4) in einer bestimmten **Klasse** (1.55)

1.54
numerical descriptive statistics
descriptive statistics (1.5) in numerical form

NOTE   Numerical descriptive statistics include **average** (1.15), **sample range** (1.10), **sample standard deviation** (1.17), interquartile range, and so forth.

1.55
classes

NOTE   The classes are assumed to be mutually exclusive and exhaustive. The real line is all the real numbers between $-\infty$ and $+\infty$.

1.55.1
class
<qualitative characteristic> subset of items from a **sample** (1.3)

1.55.2
class
<ordinal characteristic> set of one or more adjacent categories on an ordinal scale

1.55.3
class
<quantitative characteristic> interval of the real line

1.56
class limits
class boundaries
<quantitative characteristic> values defining the upper and lower bounds of a **class** (1.55)

NOTE   This definition refers to class limits associated with quantitative characteristics.

1.57
mid-point of class
<quantitative characteristic> **average** (1.15) of upper and lower **class limits** (1.56)

NOTE   Mid-point of class is also known as class mark, particularly in relation to histograms.

1.58
class width
<quantitative characteristic> upper limit of a class minus the lower limit of a **class** (1.55)

1.59
frequency
number of occurrences or **observed values** (1.4) in a specified **class** (1.55)

1.60
Häufigkeitsverteilung
empirische Beziehung zwischen **Klassen** (1.55) und ihrer Anzahl von Ereignissen oder **beobachteten Werten** (1.4)

1.61
Histogramm
graphische Darstellung einer **Häufigkeitsverteilung** (1.60) durch aneinander angrenzende Rechtecke, deren Breite der der **Klassenbreite** (1.58) und deren Fläche der Häufigkeit in der Klasse entspricht

ANMERKUNG   Situationen, in denen die Daten in Klassen mit ungleicher Klassenbreite anfallen, müssen mit besonderer Sorgfalt behandelt werden.

1.62
Balkendiagramm
graphische Darstellung einer **Häufigkeitsverteilung** (1.60) eines Nominalmerkmals, die aus einem Satz von Rechtecken gleicher Breite besteht, deren Höhe der **Häufigkeit** (1.59) proportional ist

ANMERKUNG 1   Die Rechtecke werden manchmal aus offensichtlich ästhetischen Gründen als dreidimensionale Bilder dargestellt, obwohl dies keine zusätzliche Information hinzufügt und keine empfohlene Darstellungsart ist. Bei einem Balkendiagramm müssen die Rechtecke nicht direkt aneinander grenzend sein.

ANMERKUNG 2   Die Unterscheidung zwischen Histogramm und Balkendiagramm ist zunehmend verwischt worden, da die verfügbare Software nicht immer den hier gegebenen Definitionen folgt.

1.63
Häufigkeitssumme
Häufigkeit (1.59) für Klassen bis zu und einschließlich einer festgelegten Grenze

ANMERKUNG   Diese Definition gilt nur für festgelegte Werte, die **Klassengrenzen** (1.56) entsprechen.

1.64
relative Häufigkeit
Häufigkeit (1.59), geteilt durch die Gesamtzahl von Ereignissen oder **beobachteten Werten** (1.4)

1.65
relative Häufigkeitssumme
Häufigkeitssumme (1.63), geteilt durch die Gesamtzahl von Ereignissen oder **beobachteten Werten** (1.4)

1.60
frequency distribution
empirical relationship between **classes** (1.55) and their number of occurrences or **observed values** (1.4)

1.61
histogram
graphical representation of a **frequency distribution** (1.60) consisting of contiguous rectangles, each with base width equal to the **class width** (1.58) and area proportional to the class frequency

NOTE   Care needs to be taken for situations in which the data arises in classes having unequal class widths.

1.62
bar chart
graphical representation of a **frequency distribution** (1.60) of a nominal property consisting of a set of rectangles of uniform width with height proportional to **frequency** (1.59)

NOTE 1   The rectangles are sometimes depicted as three-dimensional images for apparently aesthetic purposes, although this adds no additional information and is not a recommended presentation. For a bar chart, the rectangles need not be contiguous.

NOTE 2   The distinction between histograms and bar charts has become increasingly blurred as available software does not always follow the definitions given here.

1.63
cumulative frequency
frequency (1.59) for classes up to and including a specified limit

NOTE   This definition is only applicable for specified values that correspond to **class limits** (1.56).

1.64
relative frequency
frequency (1.59) divided by the total number of occurrences or **observed values** (1.4)

1.65
cumulative relative frequency
cumulative frequency (1.63) divided by the total number of occurrences or **observed values** (1.4)

2 Begriffe zur Wahrscheinlichkeit

2.1
Ereignisraum
Ω
Menge aller möglichen Ergebnisse

BEISPIEL 1   Es werden die Lebensdauern der von einem Kunden gekauften Batterien betrachtet. Wenn eine Batterie bei Inbetriebnahme keinen Strom liefert, sei ihre Lebensdauer 0. Wenn eine Batterie für eine gewisse Zeit funktioniert, hat sie eine Lebensdauer von einigen Stunden. Der Ereignisraum besteht daher aus den Ergebnissen {Batterie funktioniert bei Inbetriebnahme nicht} und {Batterie fällt nach x Stunden aus, mit x größer als null Stunden}. Dieses Beispiel wird im ganzen Abschnitt verwendet werden. Insbesondere findet sich eine ausführliche Diskussion dieses Beispiels in 2.68.

BEISPIEL 2   Eine Schachtel enthält 10 Widerstände, die von 1 bis 10 durchnummeriert sind. Wenn zwei Widerstände zufällig und ohne Zurücklegen aus dieser Gesamtheit von Widerständen entnommen werden, besteht der Ereignisraum aus den folgenden 45 Ergebnissen: (1, 2), (1, 3), (1, 4), (1, 5), (1, 6), (1, 7), (1, 8), (1, 9), (1, 10), (2, 3), (2, 4), (2, 5), (2, 6), (2, 7), (2, 8), (2, 9), (2, 10), (3, 4), (3, 5), (3, 6), (3, 7), (3, 8), (3, 9), (3, 10), (4, 5), (4, 6), (4, 7), (4, 8), (4, 9), (4, 10), (5, 6), (5, 7), (5, 8), (5, 9), (5, 10), (6, 7), (6, 8), (6, 9), (6, 10), (7, 8), (7, 9), (7, 10), (8, 9), (8, 10), (9, 10). Das Ergebnis (1, 2) wird von (2, 1) nicht unterschieden, so dass die Reihenfolge, in der die Widerstände entnommen werden, keine Rolle spielt. Wenn dagegen die Reihenfolge eine Rolle spielt, also (1, 2) und (2, 1) als verschieden angesehen werden, dann gibt es in dem Ereignisraum insgesamt 90 Ergebnisse.

BEISPIEL 3   Wenn im vorigen Beispiel die Stichprobenentnahme mit Zurücklegen durchgeführt wurde, dann müssten die zusätzlichen Ergebnisse (1, 1), (2, 2), (3, 3), (4, 4), (5, 5), (6, 6), (7, 7), (8, 8), (9, 9) und (10, 10) ebenfalls dem Ereignisraum hinzugefügt werden. Im Fall, dass die Reihenfolge keine Rolle spielt, würde der Ereignisraum 55 Ergebnisse enthalten. Wenn die Reihenfolge aber eine Rolle spielt, dann enthielte der Ereignisraum 100 Ergebnisse.

ANMERKUNG 1   Ergebnisse können aus einem wirklichen oder einem vollständig hypothetischen Experiment stammen. Diese Menge könnte beispielsweise eine detaillierte Auflistung sein, eine abzählbare Menge aus positiven ganzen Zahlen {1, 2, 3, …} oder die Zahlengerade.

ANMERKUNG 2   Der Ereignisraum bildet die erste Komponente eines **Wahrscheinlichkeitsraumes** (2.68).

2 Terms used in probability

2.1
sample space
Ω
set of all possible outcomes

EXAMPLE 1   Consider the failure times of batteries purchased by a consumer. If the battery has no power upon initial use, its failure time is 0. If the battery does function for a while, it produces a failure time of some number of hours. The sample space therefore consists of the outcomes {battery fails upon initial attempt} and {battery fails after x hours where x is greater than zero hours}. This example will be used throughout this clause. In particular, an extensive discussion of this example is given in 2.68.

EXAMPLE 2   A box contains 10 resistors that are labelled 1, 2, 3, 4, 5, 6, 7, 8, 9, 10. If two resistors were randomly sampled without replacement from this collection of resistors, the sample space consists of the following 45 outcomes: (1, 2), (1, 3), (1, 4), (1, 5), (1, 6), (1, 7), (1, 8), (1, 9), (1, 10), (2, 3), (2, 4), (2, 5), (2, 6), (2, 7), (2, 8), (2, 9), (2, 10), (3, 4), (3, 5), (3, 6), (3, 7), (3, 8), (3, 9), (3, 10), (4, 5), (4, 6), (4, 7), (4, 8), (4, 9), (4, 10), (5, 6), (5, 7), (5, 8), (5, 9), (5, 10), (6, 7), (6, 8), (6, 9), (6, 10), (7, 8), (7, 9), (7, 10), (8, 9), (8, 10), (9, 10). The event (1, 2) is deemed the same as (2, 1), so that the order in which resistors are sampled does not matter. If alternatively the order does matter, so (1, 2) is considered different from (2, 1), then there are a total of 90 outcomes in the sample space.

EXAMPLE 3   If in the preceding example, the sampling were performed with replacement, then the additional events (1, 1), (2, 2), (3, 3), (4, 4), (5, 5), (6, 6), (7, 7), (8, 8), (9, 9), and (10, 10) would also need to be included. In the case where ordering does not matter, there would be 55 outcomes in the sample space. In the ordering matters situation, there would be 100 outcomes in the sample space.

NOTE 1   Outcomes could arise from an actual experiment or a completely hypothetical experiment. This set could be an explicit list, a countable set such as positive integers, {1, 2, 3, … }, or the real line, for example.

NOTE 2   Sample space is the first component of a **probability space** (2.68).

2.2
Ereignis
A
Teilmenge des **Ereignisraums** (2.1)

BEISPIEL 1   Bezogen auf Beispiel 1 von 2.1 bilden die folgenden Angaben Beispiele für Ereignisse {0}, (0, 2), {5,7}, [7, +∞). Sie beziehen sich auf eine Batterie, die bereits bei Inbetriebnahme nicht funktioniert, auf eine Batterie, die anfänglich funktioniert, aber vor dem Ablauf von zwei Stunden ausfällt, auf eine Batterie, die genau nach 5,7 Stunden ausfällt, und auf eine Batterie, die nach 7 Stunden noch funktioniert. {0} und {5,7} sind Mengen, die einen einzelnen Wert enthalten; (0, 2) ist ein offenes Intervall auf der Zahlengeraden; [7, +∞) ist ein links abgeschlossenes unendliches Intervall auf der Zahlengeraden.

BEISPIEL 2   In Beispiel 2 von 2.1 werde nur der Fall ohne Zurücklegen und ohne Berücksichtigung der Reihenfolge betrachtet. Ein mögliches Ereignis A wird durch {mindestens einer der Widerstände 1 oder 2 ist in der Stichprobe enthalten} beschrieben. Dieses Ereignis enthält die 17 Ergebnisse (1, 2), (1, 3), (1, 4), (1, 5), (1, 6), (1, 7), (1, 8), (1, 9), (1, 10), (2, 3), (2, 4), (2, 5), (2, 6), (2, 7), (2, 8), (2, 9) und (2, 10). Ein anderes denkbares Ereignis B ist {keiner der Widerstände 8, 9 oder 10 ist in der Stichprobe enthalten}. Dieses Ereignis enthält die 21 Ergebnisse (1, 2), (1, 3), (1, 4), (1, 5), (1, 6), (1, 7), (2, 3), (2, 4), (2, 5), (2, 6), (2, 7), (3, 4), (3, 5), (3, 6), (3, 7), (4, 5), (4, 6), (4, 7), (5, 6), (5, 7), (6, 7).

BEISPIEL 3   In obigem Beispiel 2 enthält die Schnittmenge der Ereignisse A und B (das heißt mindestens einer der Widerstände 1 und 2 ist in der Stichprobe enthalten, aber keiner der Widerstände 8, 9 und 10) die 11 Ergebnisse (1, 2), (1, 3), (1, 4), (1, 5), (1, 6), (1, 7), (2, 3), (2, 4), (2, 5), (2, 6), (2, 7).

Die Vereinigungsmenge der Ereignisse A und B enthält die folgenden 27 Ergebnisse: (1, 2), (1, 3), (1, 4), (1, 5), (1, 6), (1, 7), (1, 8), (1, 9), (1, 10), (2, 3), (2, 4), (2, 5), (2, 6), (2, 7), (2, 8), (2, 9), (2, 10), (3, 4), (3, 5), (3, 6), (3, 7), (4, 5), (4, 6), (4, 7), (5, 6), (5, 7) und (6, 7).

Im Übrigen ist die Anzahl der Ergebnisse in der Vereinigungsmenge der Ereignisse A und B (das heißt mindestens einer der Widerstände 1 und 2 oder keiner der Widerstände 8, 9 und 10 ist in der Stichprobe enthalten) gleich 27, was auch gleich 17 + 21 − 11 ist, denn die Anzahl der Ergebnisse in A plus der Ergebnisse in B abzüglich der Ergebnisse in der Schnittmenge ist gleich der Anzahl der Ergebnisse in der Vereinigungsmenge.

ANMERKUNG   Es werde ein Ereignis und ein Ergebnis eines Experiments betrachtet, dann heißt das Ereignis eingetreten, wenn das Ergebnis zum Ereignis gehört. Ereignisse von praktischem Interesse werden zur **Sigma-Algebra** (2.69) gehören, der zweiten Komponente eines **Wahrscheinlichkeitsraumes** (2.68). Ereignisse treten naturgemäß im Zusammenhang mit Glücksspielen auf (Poker, Roulette und so weiter), wo die Bestimmung der Anzahl der Ergebnisse, die zu einem Ereignis gehören, die Gewinnchancen festlegt.

2.2
event
A
subset of the **sample space** (2.1)

EXAMPLE 1   Continuing with Example 1 of 2.1, the following are examples of events {0}, (0, 2), {5,7}, [7, +∞), corresponding to an initially failed battery, a battery that works initially but fails before two hours, a battery that fails at exactly 5,7 h, and a battery that has not yet failed at 7 h. The {0} and {5,7} are each sets containing a single value; (0, 2) is an open interval of the real line; [7, +∞) is a left closed infinite interval of the real line.

EXAMPLE 2   Continuing with Example 2 of 2.1, restrict attention to selection without replacement and without recording the selection order. One possible event is A defined by {at least one of the resistors 1 or 2 is included in the sample}. This event contains the 17 outcomes (1, 2), (1, 3), (1, 4), (1, 5), (1, 6), (1, 7), (1, 8), (1, 9), (1, 10), (2, 3), (2, 4), (2, 5), (2, 6), (2, 7), (2, 8), (2, 9), and (2, 10). Another possible event B is {none of the resistors 8, 9 or 10 is included in the sample}. This event contains the 21 outcomes (1, 2), (1, 3), (1, 4), (1, 5), (1, 6), (1, 7), (2, 3), (2, 4), (2, 5), (2, 6), (2, 7), (3, 4), (3, 5), (3, 6), (3, 7), (4, 5), (4, 6), (4, 7), (5, 6), (5, 7), (6, 7).

EXAMPLE 3   Continuing with Example 2, the intersection of events A and B (i.e. that at least one of the resistors 1 and 2 is included in the sample, but none of the resistors 8, 9 and 10), contains the following 11 outcomes (1, 2), (1, 3), (1, 4), (1, 5), (1, 6), (1, 7), (2, 3), (2, 4), (2, 5), (2, 6), (2, 7).

The union of the events A and B contains the following 27 outcomes: (1, 2), (1, 3), (1, 4), (1, 5), (1, 6), (1, 7), (1, 8), (1, 9), (1, 10), (2, 3), (2, 4), (2, 5), (2, 6), (2, 7), (2, 8), (2, 9), (2, 10), (3, 4), (3, 5), (3, 6), (3, 7), (4, 5), (4, 6), (4, 7), (5, 6), (5, 7), and (6, 7).

Incidentally, the number of outcomes in the union of the events A and B (i.e., that at least one of the resistors 1 and 2 or none of the resistors 8, 9, and 10, is included in the sample) is 27 which also equals 17 + 21 − 11, namely the number of outcomes in A plus the number of outcomes in B minus the number of outcomes in the intersection is equal to the number of outcomes in the union of the events.

NOTE   Given an event and an outcome of an experiment, the event is said to have occurred, if the outcome belongs to the event. Events of practical interest will belong to the **sigma algebra of events** (2.69), the second component of the **probability space** (2.68). Events naturally occur in gambling contexts (poker, roulette, and so forth) where determining the number of outcomes that belong to an event determines the odds for betting.

2.3
Komplementärereignis
A^C

Ereignisraum (2.1), der das gegebene **Ereignis** (2.2) nicht enthält

BEISPIEL 1   In dem Batteriebeispiel von 2.1 ist das Komplement des Ereignisses {0} das Ereignis (0, +∞), was gleichbedeutend damit ist, dass das Komplement des Ereignisses, dass die Batterie bei Inbetriebnahme nicht funktionierte, das Ereignis ist, dass die Batterie bei der Inbetriebnahme funktionierte. Ganz ähnlich entspricht das Ereignis [0, 3) dem Fall, dass entweder die Batterie bei Inbetriebnahme nicht funktionierte oder dass sie weniger als drei Stunden funktionierte. Das Komplement dieses Ereignisses ist [3, +∞), was dem Fall entspricht, dass die Batterie nach drei Stunden noch funktionierte und ihre Lebensdauer größer als drei Stunden ist.

BEISPIEL 2   Im Beispiel 2 von 2.2 kann die Anzahl der Ergebnisse in B leicht durch die Betrachtung des Komplementärereignisses zu B, {die Stichprobe enthält mindestens einen der Widerstände 8, 9 oder 10}, gefunden werden. Dieses Ereignis enthält die 7 + 8 + 9 = 24 Ergebnisse (1, 8), (2, 8), (3, 8), (4, 8), (5, 8), (6, 8), (7, 8), (1, 9), (2, 9), (3, 9), (4, 9), (5, 9), (6, 9), (7, 9), (8, 9), (1, 10), (2, 10), (3, 10), (4, 10), (5, 10), (6, 10), (7, 10), (8, 10), (9, 10). Da der gesamte Ereignisraum in diesem Fall 45 Ergebnisse enthält, enthält das Ereignis B 45 − 24 = 21 Ergebnisse [nämlich (1, 2), (1, 3), (1, 4), (1, 5), (1, 6), (1, 7), (2, 3), (2, 4), (2, 5), (2, 6), (2, 7), (3, 4), (3, 5), (3, 6), (3, 7), (4, 5), (4, 6), (4, 7), (5, 6), (5, 7), (6, 7)].

ANMERKUNG 1   Das Komplementärereignis ist das Komplement des Ereignisses im Ereignisraum.

ANMERKUNG 2   Das Komplementärereignis ist ebenfalls ein Ereignis.

ANMERKUNG 3   Für ein Ereignis A wird das **Komplementärereignis** zu A üblicherweise mit A^C bezeichnet.[N20]

ANMERKUNG 4   In vielen Fällen kann es einfacher sein, die Wahrscheinlichkeit des Komplements eines Ereignisses zu berechnen als die Wahrscheinlichkeit des Ereignisses selbst. Beispielsweise hat das durch „mindestens ein Fehler tritt in einer Stichprobe vom Umfang 10 auf, die zufällig aus einer als fehlerfrei angenommenen Grundgesamtheit von 1 000 Einheiten entnommen wurde" definierte Ereignis eine große Anzahl von aufzulistenden Ergebnissen. Das Komplement dieses Ereignisses (kein Fehler gefunden) kann viel einfacher berechnet werden.

2.3
complementary event
A^C

sample space (2.1) excluding the given **event** (2.2)

EXAMPLE 1   Continuing with the battery Example 1 of 2.1, the complement of the event {0} is the event (0, +∞) which is equivalent to the complement of the event that the battery did not function initially is the event that the battery did function initially. Similarly, the event [0,3) corresponds to the cases that either the battery was not functioning initially or it did function less than three hours. The complement of this event is [3, ∞) which corresponds to the case that a battery was working at 3 h and its failure time is greater than this value.

EXAMPLE 2   Continuing with Example 2 of 2.2. The number of outcomes in B can be found easily by considering the complementary event to B = {the sample contains at least one of the resistors 8, 9 or 10}. This event contains the 7 + 8 + 9 = 24 outcomes (1, 8), (2, 8), (3, 8), (4, 8), (5, 8), (6, 8), (7, 8), (1, 9), (2, 9), (3, 9), (4, 9), (5, 9), (6, 9), (7, 9), (8, 9), (1, 10), (2, 10), (3, 10), (4, 10), (5, 10), (6, 10), (7, 10), (8, 10), (9, 10). As the entire sample space contains 45 outcomes in this case, the event B contains 45 − 24 = 21 outcomes [namely: (1, 2), (1, 3), (1, 4), (1, 5), (1, 6), (1, 7), (2, 3), (2, 4), (2, 5), (2, 6), (2, 7), (3, 4), (3, 5), (3, 6), (3, 7), (4, 5), (4, 6), (4, 7), (5, 6), (5, 7), (6, 7)].

NOTE 1   The complementary event is the complement of the event in the sample space.

NOTE 2   The complementary event is also an event.

NOTE 3   For an event A, the **complementary event** to A is usually designated by the symbol A^C.

NOTE 4   In many situations, it may be easier to compute the probability of the complement of an event than the probability of the event. For example, the event defined by "at least one defect occurs in a sample of 10 items chosen at random from a population of 1 000 items, having an assumed one percent defectives" has a huge number of outcomes to be listed. The complement of this event (no defects found) is much easier to deal with.

[N20] Nationale Fußnote: Auch $\overline{A}$ ist geläufig (gesprochen: A-quer beziehungsweise Nicht-A).

2.4
unabhängige Ereignisse

Paar von **Ereignissen** (2.2) derart, dass die **Wahrscheinlichkeit eines Ereignisses** A (2.5) der Schnittmenge der beiden Ereignisse das Produkt der Einzelwahrscheinlichkeiten ist

BEISPIEL 1   Es werden zwei Würfel betrachtet, einer rot und einer weiß, so dass die 36 möglichen Ergebnisse, jedes mit einer Wahrscheinlichkeit 1/36, unterschieden werden können. D_i sei als das Ereignis definiert, bei dem die Summe der Augen auf dem roten und dem weißen Würfel gleich i ist. W sei als das Ereignis definiert, dass der weiße Würfel eine eins zeigt. Die Ereignisse D_7 und W sind voneinander unabhängig, während die Ereignisse D_i und W für $i = 2, 3, 4, 5$ oder 6 nicht voneinander unabhängig sind. Ereignisse, die nicht voneinander unabhängig sind, heißen abhängige Ereignisse.

BEISPIEL 2   In der Anwendung treten sowohl unabhängige als auch abhängige Ereignisse auf. In Fällen, in denen Ereignisse oder Umstände voneinander abhängig sind, ist es ganz vorteilhaft, das Ergebnis eines damit verbundenen Ereignisses zu kennen. Beispielsweise kann ein Patient, der sich einer Herzoperation unterzieht, ganz unterschiedliche Erfolgswahrscheinlichkeiten haben, abhängig davon, ob der Patient eine Rauchervergangenheit oder andere Risken hat oder nicht hat. Daher können Rauchen und Tod bei invasiven Vorgängen voneinander abhängig sein. Im Gegensatz dazu wäre der Tod von dem Wochentag, an dem der Patient geboren wurde, wahrscheinlich unabhängig. In einem Zuverlässigkeitskontext haben Komponenten, die Ausfälle mit gemeinsamer Ursache haben, keine voneinander unabhängigen Ausfallzeitpunkte. Brennstäbe in einem Reaktor haben eine voraussichtlich geringe Wahrscheinlichkeit, dass Risse auftreten, aber wenn ein Brennstab reißt, dann kann die Wahrscheinlichkeit für Risse in einem benachbarten Brennstab beträchtlich ansteigen.

BEISPIEL 3   Im Beispiel 2 von 2.2 sei angenommen, dass die Stichproben zufällig entnommen worden sind, so dass alle Ergebnisse die gleiche Wahrscheinlichkeit 1/45 haben. Dann ist $P(A) = 17/45 = 0{,}377\ 8$, $P(B) = 21/45 = 0{,}466\ 7$ und $P(A$ und $B) = 11/45 = 0{,}244\ 4$. Dagegen ist $P(A) \cdot P(B) = (17/45) \cdot (21/45) = 0{,}176\ 3$, was sich von 0,244 4 unterscheidet, so dass die Ereignisse A und B nicht voneinander unabhängig sind.

ANMERKUNG   Die Definition ist für zwei Ereignisse gegeben worden, kann aber erweitert werden. Für Ereignisse A und B ist die Bedingung für Unabhängigkeit $P(A \cap B) = P(A)\ P(B)$. Damit drei Ereignisse A, B und C unabhängig sind, muss gelten:

$$P(A \cap B \cap C) = P(A)\ P(B)\ P(C)$$

$$P(A \cap B) = P(A)\ P(B)$$

$$P(A \cap C) = P(A)\ P(C) \text{ und}$$

$$P(B \cap C) = P(B)\ P(C)$$

2.4
independent events

pair of **events** (2.2) such that the **probability** (2.5) of the intersection of the two events is the product of the individual probabilities

EXAMPLE 1   Consider a two die tossing situation, with one red die and one white die so as to distinguish the 36 possible outcomes with probability 1/36 assigned to each. D_i is defined as the event where the sum of the dots on the red and white die is i. W is defined as the event that the white die shows one dot. The events D_7 and W are independent, whereas the events D_i and W are not independent for $i = 2, 3, 4, 5$ or 6. Events that are not independent are referred to as dependent events.

EXAMPLE 2   Independent and dependent events arise naturally in applications. In cases where events or circumstances are dependent, it is quite useful to know of the outcome of a related event. For example, an individual about to undergo heart surgery could have very different prospects for success, if it is the case that this individual had a smoking history or other risk factors. Thus, smoking and death from invasive procedures could be dependent. In contrast, death would likely be independent of the day of the week that this person was born. In a reliability context, components having a common cause of failure do not have independent failure times. Fuel rods in a reactor have a presumably low probability of cracks occurring but given that a fuel rod cracks, the probability of an adjacent rod cracking may increase substantially.

EXAMPLE 3   Continuing Example 2 of 2.2, assume that the sampling has been done by simple random sampling, such that all outcomes have the same probability 1/45. Then $P(A) = 17/45 = 0{,}377\ 8$, $P(B) = 21/45 = 0{,}466\ 7$ and $P(A$ and $B) = 11/45 = 0{,}244\ 4$. However, the product $P(A) \times P(B) = (17/45) \times (21/45) = 0{,}176\ 3$, which is different from 0,244 4, so the events A and B are not independent.

NOTE   This definition is given in the context of two events but can be extended. For events A and B, the independence condition is $P(A \cap B) = P(A)\ P(B)$. For three events A, B and C to be independent, it is required that:

$$P(A \cap B \cap C) = P(A)\ P(B)\ P(C)$$

$$P(A \cap B) = P(A)\ P(B)$$

$$P(A \cap C) = P(A)\ P(C) \text{ and}$$

$$P(B \cap C) = P(B)\ P(C)$$

Allgemein gilt, dass mehr als zwei Ereignisse $A_1, A_2, \ldots A_n$ unabhängig sind, wenn die Wahrscheinlichkeit der Schnittmenge aus einer gegebenen Teilmenge von Ereignissen gleich dem Produkt der Wahrscheinlichkeiten der einzelnen Ereignisse ist und diese Bedingung für jede Teilmenge erfüllt ist. Es ist möglich, ein Beispiel zu konstruieren, in dem jedes Paar von Ereignissen unabhängig ist, aber drei Ereignisse nicht voneinander unabhängig sind (paarweise, aber nicht vollständige Unabhängigkeit).

In general, for more than two events, $A_1, A_2, \ldots A_n$ are independent if the probability of the intersection of any given subset of the events equals the product of the individual events, this condition holding for each and every subset. It is possible to construct an example in which each pair of events is independent, but the three events are not independent (i.e. pairwise, but not complete independence).

2.5
Wahrscheinlichkeit eines Ereignisses A
$P(A)$

reelle Zahl im abgeschlossenen Intervall [0, 1], die einem **Ereignis** (2.2) zugeordnet ist

2.5
probability of an event A
$P(A)$

real number in the closed interval [0, 1] assigned to an **event** (2.2)

BEISPIEL   In Beispiel 2 von 2.1 kann die Wahrscheinlichkeit für ein Ereignis durch Addition der Wahrscheinlichkeiten für alle Ergebnisse, die das Ereignis bilden, ermittelt werden. Wenn alle 45 Ergebnisse die gleiche Wahrscheinlichkeit haben, dann hat jedes von ihnen die Wahrscheinlichkeit 1/45. Die Wahrscheinlichkeit eines Ereignisses kann durch Abzählen der Ergebnisse und Division dieser Zahl durch 45 ermittelt werden.

EXAMPLE   Continuing with Example 2 of 2.1, the probability for an event can be found by adding the probabilities for all outcomes constituting the event. If all the 45 outcomes have the same probability, each of them will have the probability 1/45. The probability of an event can be found by counting the number of outcomes and dividing this number by 45.

ANMERKUNG 1   Das **Wahrscheinlichkeitsmaß** (2.70) bildet eine Zuordnung von reellen Zahlen zu jedem interessierenden Ereignis im Ereignisraum. Für ein einzelnes Ereignis liefert die Verknüpfung mit dem Wahrscheinlichkeitsmaß die mit dem Ereignis verbundene Wahrscheinlichkeit. Mit anderen Worten, das Wahrscheinlichkeitsmaß hat den vollständigen Satz von Zuordnungen für alle Ereignisse zum Resultat, während die Wahrscheinlichkeit eine bestimmte Zuordnung für ein einzelnes Ereignis darstellt.

NOTE 1   **Probability measure** (2.70) provides assignment of real numbers for every event of interest in the sample space. Taking an individual event, the assignment by the probability measure gives the probability associated with the event. In other words, probability measure yields the complete set of assignments for all of the events, whereas probability represents one specific assignment for an individual event.

ANMERKUNG 2   Diese Definition bezeichnet Wahrscheinlichkeit als Wahrscheinlichkeit eines speziellen Ereignisses. Wahrscheinlichkeit kann dem Grenzwert der relativen Häufigkeit einer großen Zahl von Ereignissen zugeordnet werden oder einem Grad der Überzeugung bezüglich des voraussichtlichen Auftretens eines Ereignisses. Üblicherweise wird die Wahrscheinlichkeit für das Auftreten eines Ereignisses A mit $P(A)$ bezeichnet. Die Bezeichnung $\wp(A)$ mit dem Schreibschriftbuchstaben $\wp$ wird dann verwendet, wenn die Förmlichkeit eines **Wahrscheinlichkeitsraumes** (2.68) ausdrücklich in Betracht gezogen werden soll.

NOTE 2   This definition refers to probability as probability of a specific event. Probability can be related to a long-run relative frequency of occurrences or to a degree of belief in the likely occurrence of an event. Typically, the probability of an event A is denoted by $P(A)$. The notation $\wp(A)$ using the script letter $\wp$ is used in contexts where there is the need to explicitly consider the formality of a **probability space** (2.68).

2.6
bedingte Wahrscheinlichkeit
$P(A|B)$

Wahrscheinlichkeit (2.5) der Schnittmenge von A und B, geteilt durch die Wahrscheinlichkeit von B

2.6
conditional probability
$P(A|B)$

probability (2.5) of the intersection of A and B divided by the probability of B

BEISPIEL 1   In dem Batteriebeispiel von 2.1 werde das **Ereignis** (2.2) A betrachtet, das definiert ist als {die Batterie funktioniert mindestens drei Stunden}, also $[3, +\infty)$. Ereignis B sei definiert als {die Batterie funktioniert bei Inbetriebnahme}, also $(0, +\infty)$. Die bedingte Wahrscheinlichkeit von A unter der Bedingung B berücksichtigt, dass es sich hier um eine anfangs funktionsfähige Batterie handelt.

EXAMPLE 1   Continuing the battery Example 1 of 2.1, consider the **event** (2.2) A defined as {the battery survives at least three hours}, namely $[3, \infty)$. Let the event B be defined as {the battery functioned initially}, namely $(0, \infty)$. The conditional probability of A given B takes into account that one is dealing with the initially functional batteries.

BEISPIEL 2   Im Beispiel 2 von 2.1 ist – wenn die Auswahl ohne Zurücklegen getroffen wird – die Wahrscheinlichkeit, Widerstand 2 beim zweiten Zug zu ziehen, gleich null, wenn er schon beim ersten Zug gezogen worden ist. Wenn die Wahrscheinlichkeiten, gezogen zu werden, für alle Widerstände gleich sind, dann ist die Wahrscheinlichkeit dafür, dass Widerstand 2 in der zweiten Stichprobe gezogen wird, gleich 0,111 1, vorausgesetzt, dass er nicht in der ersten Stichprobe gezogen worden ist.

BEISPIEL 3   Im Beispiel 2 von 2.1 ist – wenn die Auswahl mit Zurücklegen getroffen wird und die Wahrscheinlichkeit, gezogen zu werden, für alle Widerstände und bei beiden Stichproben gleich groß ist – die Wahrscheinlichkeit dafür, dass Widerstand 2 in der zweiten Stichprobe gezogen wird, gleich 0,1, unabhängig davon, ob er in der ersten Stichprobe gezogen wurde oder nicht. Daher sind die Ergebnisse der ersten und der zweiten Stichprobe voneinander unabhängige Ereignisse.

ANMERKUNG 1   Die Wahrscheinlichkeit des Ereignisses B muss größer null sein.

ANMERKUNG 2   „A unter der Bedingung B" steht für „Ereignis A, unter der Bedingung, dass Ereignis B eingetreten ist". Für den senkrechten Strich im Formelzeichen für die bedingte Wahrscheinlichkeit wird „unter der Bedingung" gelesen.

ANMERKUNG 3   Wenn die bedingte Wahrscheinlichkeit des Ereignisses A unter der Bedingung B gleich der Wahrscheinlichkeit von A ist, sind die Ereignisse A und B voneinander unabhängig. Mit anderen Worten, das Wissen um das Auftreten von B hat keine Auswirkung auf die Wahrscheinlichkeit von A.

2.7
Verteilungsfunktion
$F(X)$
Funktion von x, die die **Wahrscheinlichkeit** (2.5) des **Ereignisses** (2.2) $(-\infty, x]$ angibt

ANMERKUNG 1   Das Intervall $(-\infty, x]$ ist die Menge aller Werte von $-\infty$ bis einschließlich x.

ANMERKUNG 2   Die Verteilungsfunktion beschreibt die **Wahrscheinlichkeitsverteilung** (2.11) der **Zufallsvariablen** (2.10) vollständig. Klassifizierungen von Verteilungen, ebenso wie von Zufallsvariablen, in diskrete oder kontinuierliche Klassen beruhen auf Klassifizierungen von Verteilungsfunktionen.

EXAMPLE 2   Continuing with Example 2 of 2.1, if the selection is without replacement, the probability of selecting resistor 2 in the second draw is equal to zero given that it has been selected in the first draw. If the probabilities are equal for all resistors to be selected, the probability for selecting resistor 2 in the second draw equals 0,111 1 given that it has not been selected in the first draw.

EXAMPLE 3   Continuing with Example 2 of 2.1, if the selection is done with replacement and the probabilities are the same for all resistors to be selected within each draw, then the probability of selecting resistor 2 in the second draw will be 0,1 either if resistor 2 has been selected in the first draw or if it is not selected in the first draw. Thus the outcomes of the first and the second draw are independent events.

NOTE 1   The probability of the event B is required to be greater than zero.

NOTE 2   "A given B" can be stated more fully as "the event A given the event B has occurred". The vertical bar in the symbol for conditional probability is pronounced "given".

NOTE 3   If the conditional probability of the event A given that the event B occurred is equal to the probability of A occurring, the events A and B are independent. In other words, the knowledge of occurrence of B suggests no adjustment to the probability of A.

2.7
distribution function of a random variable X
$F(X)$
function of x giving the **probability** (2.5) of the **event** (2.2) $(-\infty, x]$

NOTE 1   The interval $(-\infty, x]$ is the set of all values up to and including x.

NOTE 2   The distribution function completely describes the **probability distribution** (2.11) of the **random variable** (2.10). Classifications of distributions as well as classifications of random variables into discrete or continuous classes are based on classifications of distribution functions.

ANMERKUNG 3 Da Zufallsvariable Werte annehmen, die reelle Zahlen oder k-Tupel von reellen Zahlen sind, bezieht sich die Definition ebenfalls auf reelle Zahlen oder k-Tupel von reellen Zahlen. Die Verteilungsfunktion einer **mehrdimensionalen Verteilung** (2.17) gibt die **Wahrscheinlichkeit** (2.5) an, dass jede der Zufallsvariablen der multiplen Verteilung kleiner oder gleich einem spezifizierten Wert ist. Gemäß Definition ist eine mehrdimensionale Verteilungsfunktion gegeben durch $F(x_1, x_2, ..., x_n) = P[X_1 \leq x_1, X_2 \leq x_2 ..., X_n \leq x_n]$. Außerdem gilt, dass eine Verteilungsfunktion nicht-abnehmend ist. Im eindimensionalen Fall ist die Verteilungsfunktion durch $F(x) = P[X \leq x]$ gegeben, was die Wahrscheinlichkeit des Ereignisses, dass die Zufallsvariable X einen Wert kleiner gleich x annimmt, angibt.

ANMERKUNG 4 Üblicherweise werden Verteilungsfunktionen in **diskrete Wahrscheinlichkeitsverteilungen** (2.22) und in **kontinuierliche Wahrscheinlichkeitsverteilungen** (2.23) unterteilt, aber es gibt auch andere Möglichkeiten. Im Batteriebeispiel von 2.1 ist eine mögliche Verteilungsfunktion die folgende:

$$F(x) = \begin{cases} 0 & \text{für } x < 0 \\ 0{,}1 & \text{für } x = 0 \\ 0{,}1 + 0{,}9[1 - \exp(-x)] & \text{für } x > 0 \end{cases}$$

Nach dieser Festlegung der Verteilungsfunktion ist die Batterielebensdauer nicht-negativ. Die Wahrscheinlichkeit, dass die Batterie bei Inbetriebnahme nicht funktioniert, ist 10 %. Wenn die Batterie aber bei der Inbetriebnahme funktioniert, dann hat die Batterielebensdauer eine **Exponentialverteilung** (2.58) mit einer mittleren Lebensdauer von 1 h.

ANMERKUNG 5 Oft wird die Abkürzung cdf (cumulative distribution function) für die Verteilungsfunktion verwendet.

2.8
Verteilungsfamilie
Menge von **Wahrscheinlichkeitsverteilungen** (2.11)

ANMERKUNG 1 Die Menge der Wahrscheinlichkeitsverteilungen wird oft durch einen **Parameter** (2.9) der Verteilung gekennzeichnet.

ANMERKUNG 2 Oft werden der **Erwartungswert** (2.35) und/oder die **Varianz** (2.36) der Wahrscheinlichkeitsverteilung als Kenngröße(n) für die **Verteilungsfamilie** verwendet oder als Teil der Kenngröße in Fällen, in denen mehr als zwei Parameter benötigt werden, um die Verteilungsfamilie zu kennzeichnen. In anderen Fällen sind der Erwartungswert und die Varianz nicht notwendig explizite Parameter in der Verteilungsfamilie, sondern vielmehr eine Funktion der Parameter.

2.9
Parameter
Kenngröße einer **Verteilungsfamilie** (2.8)

ANMERKUNG 1 Der Parameter darf eindimensional oder mehrdimensional sein.

NOTE 3 Since random variables take values that are real numbers or ordered k-tuples of real numbers, it is implicit in the definition that x is also a real number or an ordered k-tuple of real numbers. The distribution function for a **multivariate distribution** (2.17) gives the **probability** (2.5) that each of the random variables of the multivariate distribution is less than or equal to a specified value. Notationally, a multivariate distribution function is given by $F(x_1, x_2, ..., x_n) = P[X_1 \leq x_1, X_2 \leq x_2 ..., X_n \leq x_n]$. Also, a distribution function is non-decreasing. In a univariate setting, the distribution function is given by $F(x) = P[X \leq x]$, which gives the probability of the event that the random variable X takes on a value less than or equal to x.

NOTE 4 Commonly, distribution functions are classified into **discrete distribution** (2.22) functions and **continuous distribution** (2.23) functions but there are other possibilities. Recalling the battery example of 2.1, one possible distribution function is, as follows:

$$F(x) = \begin{cases} 0 & \text{if } x < 0 \\ 0{,}1 & \text{if } x = 0 \\ 0{,}1 + 0{,}9[1 - \exp(-x)] & \text{if } x > 0 \end{cases}$$

From this specification of the distribution function, battery life is non-negative. There is a 10 % chance that the battery does not function on the initial attempt. If the battery does in fact function initially, then its battery life has an **exponential distribution** (2.58) with mean life of 1 h.

NOTE 5 Often the abbreviation cdf (cumulative distribution function) is given for distribution function.

2.8
family of distributions
set of **probability distributions** (2.11)

NOTE 1 The set of probability distributions is often indexed by a **parameter** (2.9) of the probability distribution.

NOTE 2 Often the **mean** (2.35) and/or the **variance** (2.36) of the probability distribution is used as the index of the **family of distributions** or as part of the index in cases where more than two parameters are needed to index the family of distributions. On other occasions, the mean and variance are not necessarily explicit parameters in the family of distributions but rather a function of the parameters.

2.9
parameter
index of a **family of distributions** (2.8)

NOTE 1 The parameter may be one-dimensional or multi-dimensional.

ANMERKUNG 2 Parameter werden manchmal als Lageparameter bezeichnet, insbesondere wenn der Parameter direkt dem Erwartungswert der Verteilungsfamilie entspricht. Manche Parameter werden als Skalierungsparameter bezeichnet, insbesondere wenn sie gleich der **Standardabweichung** (2.37) oder zu ihr proportional sind. Parameter, die weder Lage- noch Skalierungsparameter sind, werden üblicherweise als Formparameter bezeichnet.

2.10
Zufallsvariable

auf einem **Ereignisraum** (2.1) definierte Funktion, deren Werte geordnete k-Tupel reeller Zahlen sind

BEISPIEL In dem in 2.1 eingeführten Batteriebeispiel besteht der Ereignisraum aus Ereignissen, die mit Worten beschrieben sind (Batterie funktioniert nicht bei Inbetriebnahme; Batterie funktioniert anfangs, aber fällt dann nach x Stunden aus). Solche Ereignisse sind für die mathematische Bearbeitung wenig geeignet, daher ist es ganz natürlich, jedem Ereignis den Zeitpunkt (als eine reelle Zahl) zuzuordnen, zu dem die Batterie ausfällt. Wenn die Zufallsvariable den Wert 0 annimmt, dann würde man das so verstehen, dass dieses Ergebnis dem Nicht-Funktionieren bei Inbetriebnahme entspricht. Bei einem Wert der Zufallsvariablen größer als null hieße das, dass die Batterie anfangs funktionierte, anschließend aber zu dem bezeichneten Zeitpunkt ausfiel. Die Darstellung als Zufallsvariable erlaubt die Beantwortung von Fragen, wie beispielsweise „Wie groß ist die Wahrscheinlichkeit, dass die Lebensdauer der Batterie die garantierte Lebensdauer, das heißt 6 h, übersteigt?"

ANMERKUNG 1 Ein Beispiel eines geordneten k-Tupels ist $(x_1, x_2, ..., x_k)$. Mit anderen Worten, ein geordnetes k-Tupel ist ein k-dimensionaler Vektor (entweder ein Zeilen- oder ein Spaltenvektor).

ANMERKUNG 2 Die Dimension der **Zufallsvariablen** wird üblicherweise mit k bezeichnet. Wenn $k = 1$ ist, heißt die Zufallsvariable eindimensional. Für $k > 1$ heißt die Zufallsvariable mehrdimensional. Wenn in der Praxis die Dimension eine gegebene Zahl k ist, dann heißt die Zufallsvariable k-dimensional.

ANMERKUNG 3 Eine eindimensionale Zufallsvariable ist eine auf einem **Ereignisraum** (2.1) definierte reellwertige Funktion, welcher Teil eines **Wahrscheinlichkeitsraumes** (2.68) ist.

ANMERKUNG 4 Eine Zufallsvariable mit reellen Werten als geordnete Paare heißt zweidimensional. Die Definition erweitert das Konzept geordneter Paare auf geordnete k-Tupel.

ANMERKUNG 5 Die j-te Komponente einer k-dimensionalen Zufallsvariablen ist die Zufallsvariable, die allein zur j-ten Komponente des k-Tupels gehört. Die j-te Komponente einer k-dimensionalen Zufallsvariablen bezieht sich auf einen Wahrscheinlichkeitsraum, in dem **Ereignisse** (2.2) nur als Werte der betrachteten Komponente festgelegt sind.

NOTE 2 Parameters are sometimes referred to as location parameters, particularly if the parameter corresponds directly to the mean of the family of distributions. Some parameters are described as scale parameters, particularly if they are exactly or proportional to the **standard deviation** (2.37) of the distribution. Parameters that are neither location nor scale parameters are generally referred to as shape parameters.

2.10
random variable

function defined on a **sample space** (2.1) where the values of the function are ordered k-tuplets of real numbers

EXAMPLE Continuing the battery example introduced in 2.1, the sample space consists of events which are described in words (battery fails upon initial attempt, battery works initially but then fails at x hours). Such events are awkward to work with mathematically, so it is natural to associate with each event, the time (given as a real number) at which the battery fails. If the random variable takes the value 0, then one would recognize that this outcome corresponds to an initial failure. For a value of the random variable greater than zero, it would be understood that the battery initially worked and then subsequently failed at this specific value. The random variable representation allows one to answer questions such as, "what is the probability that the battery exceeds its warranty life, i.e. 6 h?".

NOTE 1 An example of an ordered k-tuplet is $(x_1, x_2, ..., x_k)$. An ordered k-tuplet is, in other words, a vector in k dimensions (either a row or column vector).

NOTE 2 Typically, the **random variable** has dimension denoted by k. If $k = 1$, the random variable is said to be one-dimensional or univariate. For $k > 1$, the random variable is said to be multi-dimensional. In practice, when the dimension is a given number, k, the random variable is said to be k-dimensional.

NOTE 3 A one-dimensional random variable is a real-valued function defined on the **sample space** (2.1) that is part of a **probability space** (2.68).

NOTE 4 A random variable with real values given as ordered pairs is said to be two-dimensional. The definition extends the ordered pair concept to ordered k-tuplets.

NOTE 5 The jth component of a k-dimensional random variable is the random variable corresponding to only the jth component of the k-tuplet. The jth component of a k-dimensional random variable corresponds to a probability space where **events** (2.2) are determined only in terms of values of the component considered.

2.11
Wahrscheinlichkeitsverteilung
Verteilung
Wahrscheinlichkeitsmaß (2.70), das durch eine **Zufallsvariable** (2.10) erzeugt ist

BEISPIEL   Im Batteriebeispiel von 2.1 ist die Verteilung der Batterielebensdauern durch die Wahrscheinlichkeiten, mit denen die einzelnen Werte auftreten, vollständig beschrieben. Es ist nicht mit Sicherheit bekannt, welches der Ausfallzeitpunkt einer bestimmten Batterie sein wird, noch ist (vor der Prüfung) bekannt, ob die Batterie anfänglich funktionieren wird. Die Wahrscheinlichkeitsverteilung beschreibt die wahrscheinlichkeitstheoretische Beschaffenheit eines ungewissen Ereignisses vollkommen. Anmerkung 4 von 2.7 enthielt eine mögliche Darstellung der Wahrscheinlichkeitsverteilung, und zwar als Verteilungsfunktion.

ANMERKUNG 1   Es gibt zahlreiche gleichwertige mathematische Darstellungen für eine Verteilung, wie **Verteilungsfunktion** (2.7), **Wahrscheinlichkeitsdichte** (2.26)[N21], falls sie existiert, und charakteristische Funktion. Auf unterschiedlichen Schwierigkeitsniveaus ermöglichen diese Darstellungen die Bestimmung der Wahrscheinlichkeit, mit der eine Zufallsvariable Werte in einem bestimmten Bereich annimmt.

ANMERKUNG 2   Da eine Zufallsvariable eine Abbildung von Teilmengen des Ereignisraums auf die Zahlengerade ist, gilt beispielsweise, dass die Wahrscheinlichkeit, dass eine Zufallsvariable irgendeinen reellen Wert annimmt, gleich eins ist. Für das Batteriebeispiel gilt $P[X \geq 0] = 1$. In vielen Situationen ist es einfacher, direkt die Zufallsvariable und eine ihrer Darstellungen zu behandeln, als sich mit dem unterlegten Wahrscheinlichkeitsmaß zu befassen. Wie auch immer, das Wahrscheinlichkeitsmaß sichert die Durchgängigkeit beim Wechsel von einer Darstellung zur anderen.

ANMERKUNG 3   Eine Zufallsvariable mit einer einzigen Komponente wird eindimensionale Wahrscheinlichkeitsverteilung genannt. Wenn eine Zufallsvariable zwei Komponenten hat, spricht man von einer zweidimensionalen Wahrscheinlichkeitsverteilung, und bei mehr Komponenten hat die Zufallsvariable eine mehrdimensionale Wahrscheinlichkeitsverteilung.

2.12
Erwartungswert
Integral einer Funktion einer **Zufallsvariablen** (2.10) bezüglich eines **Wahrscheinlichkeitsmaßes** (2.70) über dem **Ereignisraum** (2.1)

ANMERKUNG 1   Der **Erwartungswert** der Funktion g einer **Zufallsvariablen** X wird mit $E[g(X)]$ bezeichnet und berechnet zu

2.11
probability distribution
distribution
probability measure (2.70) induced by a **random variable** (2.10)

EXAMPLE   Continuing with the battery example from 2.1, the distribution of battery life completely describes the probabilities with which specific values occur. It is not known with certainty what the failure time of a given battery will be nor is it known (prior to testing) if the battery will even function upon the initial attempt. The probability distribution completely describes the probabilistic nature of an uncertain outcome. In Note 4 of 2.7, one possible representation of the probability distribution was given, namely a distribution function.

NOTE 1   There are numerous, equivalent mathematical representations of a distribution including **distribution function** (2.7), **probability density function** (2.27)[N21], if it exists, and characteristic function. With varying levels of difficulty, these representations allow for determining the probability with which a random variable takes values in a given region.

NOTE 2   Since a random variable is a function on subsets of the sample space to the real line, it is the case, for example, that the probability that a random variable takes on any real value is 1. For the battery example, $P[X \geq 0] = 1$. In many situations, it is much easier to deal directly with the random variable and one of its representations than to be concerned with the underlying probability measure. However, in converting from one representation to another, the probability measure ensures the consistency.

NOTE 3   A random variable with a single component is called a one-dimensional or univariate probability distribution. If a random variable has two components, one speaks about a two-dimensional or bivariate probability distribution, and with more than two components, the random variable has a multidimensional or multivariate probability distribution.

2.12
expectation
integral of a function of a **random variable** (2.10) with respect to a **probability measure** (2.70) over the **sample space** (2.1)

NOTE 1   The **expectation** of the function g of a **random variable** X is denoted by $E[g(X)]$ and is computed as:

[N21] Nationale Fußnote: Im Englischen wird hier versehentlich falsch auf 2.27 verwiesen. Dieser Fehler ist in der Übersetzung redaktionell korrigiert worden.

$$E[g(X)] = \int_\Omega g(X)\,dP = \int_{R^k} g(x)\,dF(x)$$

wobei $F(x)$ die zugehörige Verteilungsfunktion ist.

ANMERKUNG 2 Das „E" in $E[g(X)]$ kommt von „Erwartungswert" (en. expected value) oder „Erwartung" (en. expectation) der Zufallsvariablen X. E kann als Operator oder Funktion aufgefasst werden, der beziehungsweise die eine Zufallsvariable entsprechend der obigen Berechnung auf die Zahlengerade abbildet.

ANMERKUNG 3 Für $E[g(X)]$ werden zwei Integrale angegeben. Das erste behandelt die Integration über den gesamten Ereignisraum, was konzeptionell attraktiv, aber aus Gründen der Schwierigkeit, Ereignisse selbst zu bearbeiten, wenig praktikabel ist (etwa, wenn sie verbal beschrieben sind). Das zweite Integral stellt die Berechnung über R^k dar, was von größerem praktischem Interesse ist.

ANMERKUNG 4 In vielen Fällen von praktischem Interesse reduziert sich das obige Integral zu einer Form, die von der Integralrechnung her bekannt ist. Beispiele finden sich in den Anmerkungen zu **Moment der Ordnung** r (2.34), bei dem $g(x) = x^r$ ist, zu **Erwartungswert** (2.35), bei dem $g(x) = x$ ist, und zu **Varianz** (2.36), bei der $g(x) = [x - E(X)]^2$ ist.

ANMERKUNG 5 Die Definition ist nicht auf eindimensionale Integrale beschränkt, wie die vorigen Beispiele und Anmerkungen vielleicht vermuten lassen. Für höherdimensionale Fälle siehe 2.43.

ANMERKUNG 6 Für eine **diskrete Zufallsvariable** (2.28) wird das zweite Integral in Anmerkung 1 durch das Summenzeichen ersetzt. Beispiele finden sich in 2.35.

2.13
p-Quantil
X_p, x_p

Infimum aller Werte von x derart, dass die **Verteilungsfunktion** (2.7) $F(x)$ für alle p mit $0 < p < 1$ größer oder gleich p ist

BEISPIEL 1 Betrachtet wird eine **Binomialverteilung** (2.46) mit der in Tabelle 2 angegebenen Wahrscheinlichkeitsfunktion. Dieser Satz von Werten entspricht einer Binomialverteilung mit den Parameterwerten $n = 6$ und $p = 0,3$. In diesem Fall sind einige ausgewählte p-Quantile

$x_{0,1} = 0$
$x_{0,25} = 1$
$x_{0,5} = 2$
$x_{0,75} = 3$
$x_{0,90} = 3$
$x_{0,95} = 4$
$x_{0,99} = 5$
$x_{0,999} = 5$

$$E[g(X)] = \int_\Omega g(X)\,dP = \int_{R^k} g(x)\,dF(x)$$

where $F(x)$ is the corresponding distribution function.

NOTE 2 The "E" in $E[g(X)]$ comes from the "expected value" or "expectation" of the random variable X. E can be viewed as an operator or function that maps a random variable to the real line according to the above calculation.

NOTE 3 Two integrals are given for $E[g(X)]$. The first treats the integration over the sample space which is conceptually appealing but not of practical use, for reasons of clumsiness in dealing with events themselves (for example, if given verbally). The second integral depicts the calculation over the R^k, which is of greater practical interest.

NOTE 4 In many cases of practical interest, the above integral reduces to a form recognizable from calculus. Examples are given in the notes to **moment of order** r (2.34) where $g(x) = x^r$, **mean** (2.35) where $g(x) = x$ and **variance** (2.36) where $g(x) = [x - E(X)]^2$.

NOTE 5 The definition is not restricted to one-dimensional integrals as the previous examples and notes might suggest. For higher dimensional situations, see 2.43.

NOTE 6 For a **discrete random variable** (2.28), the second integral in Note 1 is replaced by the summation symbol. Examples can be found in 2.35.

2.13
p-quantile
p-fractile
X_p, x_p

value of x equal to the infimum of all x such that the **distribution function** (2.7) $F(x)$ is greater than or equal to p, for $0 < p < 1$

EXAMPLE 1 Consider a **binomial distribution** (2.46) with probability mass function given in Table 2. This set of values corresponds to a binomial distribution with parameters $n = 6$ and $p = 0,3$. For this case, some selected p-quantiles are:

$x_{0,1} = 0$
$x_{0,25} = 1$
$x_{0,5} = 2$
$x_{0,75} = 3$
$x_{0,90} = 3$
$x_{0,95} = 4$
$x_{0,99} = 5$
$x_{0,999} = 5$

Die Tatsache, dass die Binomialverteilung diskret ist, führt zu ganzzahligen Werten der p-Quantile.

The discreteness of the binomial distribution leads to integral values of the p-quantiles.

Tabelle 2 — Beispiel Binomialverteilung
Table 2 — Binomial distribution example

X	$P[X = x]$	$P[X \leq x]$	$P[X > x]$
0	0,117 649	0,117 649	0,882 351
1	0,302 526	0,420 175	0,579 825
2	0,324 135	0,744 310	0,255 690
3	0,185 220	0,929 530	0,070 470
4	0,059 535	0,989 065	0,010 935
5	0,010 206	0,999 271	0,000 729
6	0,000 729	1,000 000	0,000 000

BEISPIEL 2   Betrachtet wird eine **standardisierte Normalverteilung** (2.51) mit ausgewählten Werten ihrer Verteilungsfunktion entsprechend Tabelle 3. Einige ausgewählte p-Quantile sind:

EXAMPLE 2   Consider a **standardized normal distribution** (2.51) with selected values from its distribution function given in Table 3. Some selected p-quantiles are:

Tabelle 3 — Beispiel standardisierte Normalverteilung
Table 3 — Standardized normal distribution example

p	x derart, dass $P[X \leq x] = p$ x such that $P[X \leq x] = p$
0,1	−1,282
0,25	−0,674
0,5	0,000
0,75	0,674
0,841 344 75	1,000
0,9	1,282
0,95	1,645
0,975	1,960
0,99	2,326
0,995	2,576
0,999	3,090

Da die Verteilung von X kontinuierlich ist, könnte die Überschrift von Spalte 2 auch lauten: x derart, dass $P[X < x] = p$.

Since the distribution of X is continuous, the second column heading could also be: x such that $P[X < x] = p$.

ANMERKUNG 1   Wenn $p = 0,5$ ist, dann entspricht das 0,5-Quantil bei **kontinuierlichen Wahrscheinlichkeitsverteilungen** (2.23) dem **Median** (2.14). Für $p = 0,25$ heißt das 0,25-Quantil auch unteres Quartil. Bei kontinuierlichen Verteilungen liegen 25 % der Verteilung unterhalb des 0,25-Quantils, während 75 % darüber liegen. Für $p = 0,75$ heißt das 0,75-Quantil auch oberes Quartil.

NOTE 1   For **continuous distributions** (2.23), if p is 0,5 then the 0,5-quantile corresponds to the **median** (2.14). For p equal to 0,25, the 0,25-quantile is known as the lower quartile. For continuous distributions, 25 % of the distribution is below the 0,25 quantile while 75 % is above the 0,25 quantile. For p equal to 0,75, the 0,75-quantile is known as the upper quartile.

ANMERKUNG 2   Ganz allgemein liegen $100\,p$ % unter dem p-Quantil und $100(1 - p)$ % darüber. Bei diskreten Verteilungen gibt es bei der Definition des Medians Schwierigkeiten, denn es könnte eingewendet werden, dass es mehrere Werte gibt, die der Definition genügen.

NOTE 2   In general, $100\,p$ % of a distribution is below the p-quantile; $100(1 - p)$ % of a distribution is above the p-quantile. There is a difficulty in defining the median for discrete distributions since it could be argued to have multiple values satisfying the definition.

ANMERKUNG 3 Wenn F kontinuierlich und monoton zunehmend ist, ist das p-Quantil die Lösung der Gleichung $F(x) = p$. In diesem Fall kann in der Definition das Wort „Infimum" durch das Wort „Minimum" ersetzt werden.

ANMERKUNG 4 Wenn die Verteilungsfunktion in einem Intervall konstant und gleich p ist, dann sind alle Werte in diesem Intervall p-Quantile für F.

ANMERKUNG 5 p-Quantile sind für **eindimensionale Verteilungen** (2.16) definiert.

2.14
Median
0,5-**Quantil** (2.13)

BEISPIEL Für das Batteriebeispiel aus Anmerkung 4 von 2.7 ist der Wert des Medians gleich 0,587 8; dies ergibt sich für x aus $0,1 + 0,9[1-\exp(-x)] = 0,5$.

ANMERKUNG 1 Der Median ist eines der in der Praxis am häufigsten angewandten p-**Quantile** (2.13). Für den Median einer kontinuierlichen **eindimensionalen Verteilung** (2.16) gilt, dass eine Hälfte der **Grundgesamtheit** (1.1) größer oder gleich und die andere kleiner oder gleich dem Median ist.

ANMERKUNG 2 Mediane sind für **eindimensionale Verteilungen** (2.16) definiert.

2.15
Quartil
0,25-**Quantil** (2.13) oder 0,75-**Quantil**

BEISPIEL Im Batteriebeispiel von 2.14 kann gezeigt werden, dass das 0,25-Quantil gleich 0,182 3 und das 0,75-Quantil 1,280 9 ist.

ANMERKUNG 1 Das 0,25-Quantil heißt auch **unteres Quartil**, das 0,75-Quantil heißt auch **oberes Quartil**.

ANMERKUNG 2 Quartile sind für **eindimensionale Verteilungen** (2.16) definiert.

2.16
eindimensionale Wahrscheinlichkeitsverteilung
eindimensionale Verteilung
Wahrscheinlichkeitsverteilung (2.11) einer einzelnen **Zufallsvariablen** (2.10)

ANMERKUNG Eindimensionale Wahrscheinlichkeitsverteilungen haben nur eine Variable. **Binomial-** (2.46), **Poisson-** (2.47), **Normal-** (2.50), **Gamma-** (2.56), t- (2.53), **Weibull-** (2.63) und **Betaverteilungen** (2.59) sind Beispiele für eindimensionale Wahrscheinlichkeitsverteilungen.

NOTE 3 If F is continuous and strictly increasing, the p-quantile is the solution to $F(x) = p$. In this case, the word "infimum" in the definition could be replaced by "minimum".

NOTE 4 If the distribution function is constant and equal to p in an interval, then all values in that interval are p-quantiles for F.

NOTE 5 p-quantiles are defined for **univariate distributions** (2.16).

2.14
median
0,5-**quantile** (2.13)

EXAMPLE For the battery example of Note 4 in 2.7, the median is 0,587 8, which is the solution for x in $0,1 + 0,9[1-\exp(-x)] = 0,5$.

NOTE 1 The median is one of the most commonly applied p-**quantiles** (2.13) in practical use. The median of a continuous **univariate distribution** (2.16) is such that half of the **population** (1.1) is greater than or equal to the median and half of the population is less than or equal to the median.

NOTE 2 Medians are defined for **univariate distributions** (2.16).

2.15
quartile
0,25-**quantile** (2.13) or 0,75-**quantile**

EXAMPLE Continuing with the battery example of 2.14, it can be shown that the 0,25-quantile is 0,182 3 and the 0,75-quantile is 1,280 9.

NOTE 1 The 0,25 quantile is also known as the **lower quartile**, while the 0,75 quantile is also known as the **upper quartile**.

NOTE 2 Quartiles are defined for **univariate distributions** (2.16).

2.16
univariate probability distribution
univariate distribution
probability distribution (2.11) of a single **random variable** (2.10)

NOTE Univariate probability distributions are one-dimensional. The **binomial** (2.46), **Poisson** (2.47), **normal** (2.50), **gamma** (2.56), t (2.53), **Weibull** (2.63) and **beta** (2.59) distributions are examples of univariate probability distributions.

**2.17
mehrdimensionale
Wahrscheinlichkeitsverteilung
mehrdimensionale Verteilung**
Wahrscheinlichkeitsverteilung (2.11) mit zwei oder mehr **Zufallsvariablen** (2.10)

ANMERKUNG 1   Für Wahrscheinlichkeitsverteilungen mit genau zwei Zufallsvariablen wird das kennzeichnende Adjektiv mehrdimensional oft durch das genauer kennzeichnende Adjektiv **zweidimensional** ersetzt. Wie in der Einleitung[N22] erwähnt, kann die Wahrscheinlichkeitsverteilung einer einzigen Zufallsvariablen ausdrücklich **eindimensionale Verteilung** (2.16) genannt werden. Da dies die vorherrschende Situation ist, ist es üblich, eine eindimensionale Verteilung zu unterstellen, solange nichts anderes gesagt ist.

ANMERKUNG 2   Eine mehrdimensionale Verteilung wird manchmal auch als gemeinsame Verteilung bezeichnet.

ANMERKUNG 3   Beispiele für mehrdimensionale Wahrscheinlichkeitsverteilungen, die in diesem Teil von ISO 3534 behandelt werden, sind die **Multinomialverteilung** (2.45), die **zweidimensionale Normalverteilung** (2.65) und die **mehrdimensionale Normalverteilung** (2.64).

**2.18
Randverteilung**
Wahrscheinlichkeitsverteilung (2.11) einer nichtleeren, echten Teilmenge von Komponenten einer **Zufallsvariablen** (2.10)

BEISPIEL 1   Eine Verteilung mit drei Zufallsvariablen X, Y und Z hat drei Randverteilungen mit zwei Zufallsvariablen, und zwar für (X, Y), (X, Z) und (Y, Z), und drei Randverteilungen mit einer Zufallsvariablen, und zwar für X, Y und Z.

BEISPIEL 2   Für die **zweidimensionale Normalverteilung** (2.65) eines Paares (X, Y) von Variablen sind die Verteilungen jeder getrennt betrachteten Variablen X und Y Randverteilungen, die beide **Normalverteilungen** (2.50) sind.

BEISPIEL 3   Für die **Multinomialverteilung** (2.45) ist die Verteilung von (X_1, X_2) eine Randverteilung, wenn $k > 3$ ist. Die getrennt betrachteten Verteilungen von X_1, X_2, ..., X_k sind ebenfalls Randverteilungen. Diese Randverteilungen sind alle **Binomialverteilungen** (2.46).

ANMERKUNG 1   Ein Beispiel für eine Randverteilung einer gemeinsamen Verteilung in k Dimensionen ist die Wahrscheinlichkeitsverteilung einer Teilmenge von $k_1 < k$ Zufallsvariablen.

**2.17
multivariate probability distribution
multivariate distribution**
probability distribution (2.11) of two or more **random variables** (2.10)

NOTE 1   For probability distributions with exactly two random variables, the qualifier multivariate is often replaced by the more restrictive qualifier **bivariate**. As mentioned in the Foreword[N22], the probability distribution of a single random variable can be explicitly called a one-dimensional or **univariate distribution** (2.16). Since this situation is in preponderance, it is customary to presume a univariate situation unless otherwise stated.

NOTE 2   The multivariate distribution is sometimes referred to as the joint distribution.

NOTE 3   The **multinomial distribution** (2.45), **bivariate normal distribution** (2.65) and the **multivariate normal distribution** (2.64) are examples of multivariate probability distributions covered in this part of ISO 3534.

**2.18
marginal probability distribution
marginal distribution**
probability distribution (2.11) of a non-empty, strict subset of the components of a **random variable** (2.10)

EXAMPLE 1   For a distribution with three random variables X, Y and Z, there are three marginal distributions with two random variables, namely for (X, Y), (X, Z) and (Y, Z) and three marginal distributions with a single random variable, namely for X, Y and Z.

EXAMPLE 2   For the **bivariate normal distribution** (2.65) of the pair of variables (X, Y), the distribution of each of the variables X and Y considered separately are marginal distributions, which are both **normal distributions** (2.50).

EXAMPLE 3   For the **multinomial distribution** (2.45), the distribution of (X_1, X_2) is a marginal distribution if $k > 3$. The distributions of X_1, X_2, ..., X_k, separately are also marginal distributions. These marginal distributions are each **binomial distributions** (2.46).

NOTE 1   For a joint distribution in k dimensions, one example of a marginal distribution includes the probability distribution of a subset of $k_1 < k$ random variables.

N22)   Nationale Fußnote: Im Englischen wird hier versehentlich falsch auf das Vorwort verwiesen. Dieser Fehler ist in der Übersetzung redaktionell korrigiert worden.

ANMERKUNG 2   Wenn eine **kontinuierliche** (2.23) **mehrdimensionale Wahrscheinlichkeitsverteilung** (2.17) durch ihre **Wahrscheinlichkeitsdichte** (2.26) gegeben ist, dann wird die Wahrscheinlichkeitsdichte ihrer Randverteilung durch Integration der Wahrscheinlichkeitsdichte über den Definitionsbereich derjenigen Variablen bestimmt, die in der Randverteilung nicht betrachtet werden.

ANMERKUNG 3   Wenn eine **diskrete** (2.22) mehrdimensionale Wahrscheinlichkeitsverteilung durch ihre **Wahrscheinlichkeitsfunktion** (2.24) gegeben ist, dann wird die Wahrscheinlichkeitsfunktion ihrer Randverteilung durch Summation über den Definitionsbereich derjenigen Variablen bestimmt, die in der Randverteilung nicht betrachtet werden.

2.19
bedingte Verteilung
Wahrscheinlichkeitsverteilung (2.11), die auf eine nicht-leere Teilmenge des **Ereignisraumes** (2.1) beschränkt und so angepasst ist, dass sie auf diesem eingeschränkten Ereignisraum die Wahrscheinlichkeit eins hat

BEISPIEL 1   Im Batteriebeispiel von 2.7, Anmerkung 4, ist die bedingte Verteilung der Batterielebensdauer unter der Bedingung, dass die Batterie bei Inbetriebnahme funktioniert hat, eine **Exponentialverteilung** (2.58).

BEISPIEL 2   Für die **zweidimensionale Normalverteilung** (2.65) spiegelt die **bedingte Verteilung** von Y unter der Bedingung $X = x$ die Auswirkung der Kenntnis von X auf Y wider.

BEISPIEL 3   Sei X eine Zufallsvariable, die die Verteilung der versicherten jährlichen Schadenfallkosten aufgrund ausgewiesener Wirbelstürme in Florida darstelle. Diese Verteilung würde aufgrund der Möglichkeit, dass in einem Jahr keine Wirbelstürme Florida treffen, eine Wahrscheinlichkeit ungleich null haben, dass keine Schadenfallkosten anfallen. Von möglichem Interesse ist die bedingte Verteilung der Schadenfallkosten in den Jahren, in denen tatsächlich ein Ereignis eintritt.

ANMERKUNG 1   Als ein Beispiel gebe es für eine Verteilung mit zwei Zufallsvariablen X und Y eine bedingte Verteilung für X und eine bedingte Verteilung für Y. Eine von der Bedingung $Y = y$ abhängige Verteilung von X wird als „bedingte Verteilung von X unter der Bedingung $Y = y$" bezeichnet, während eine von der Bedingung $X = x$ abhängige Verteilung von Y als „bedingte Verteilung von Y unter der Bedingung $X = x$" bezeichnet wird.

ANMERKUNG 2   **Randverteilungen** (2.18) können als unbedingte Verteilungen angesehen werden.

ANMERKUNG 3   Das obige Beispiel 1 zeigt eine Situation, in der aus einer eindimensionalen Verteilung durch eine Bedingung eine andere eindimensionale Verteilung entsteht, die sich in diesem Fall von der ersten unterscheidet. Im Gegensatz dazu ist bei einer Exponentialverteilung die bedingte Verteilung, dass ein Ausfall innerhalb der nächsten Stunde auftreten wird, wenn in den ersten zehn Stunden kein Ausfall aufgetreten ist, wiederum eine Exponentialverteilung mit dem gleichen Wert des Parameters.

NOTE 2   Given a **continuous** (2.23) **multivariate probability distribution** (2.17) represented by its **probability density function** (2.26), the probability density function of its marginal probability distribution is determined by integrating the probability density function over the domain of the variables that are not considered in the marginal distribution.

NOTE 3   Given a **discrete** (2.22) multivariate probability distribution represented by its **probability mass function** (2.24), the probability mass function of its marginal probability distribution is determined by summing the probability mass function over the domain of the variables that are not considered in the marginal distribution.

2.19
conditional probability distribution
conditional distribution
probability distribution (2.11) restricted to a non-empty subset of the **sample space** (2.1) and adjusted to have total probability one on the restricted sample space

EXAMPLE 1   In the battery example of 2.7, Note 4, the conditional distribution of battery life given that the battery functions initially is **exponential** (2.58).

EXAMPLE 2   For the **bivariate normal distribution** (2.65), the **conditional probability distribution** of Y given that $X = x$ reflects the impact on Y from knowledge of X.

EXAMPLE 3   Consider a random variable X depicting the distribution of annual insured loss costs in Florida due to declared hurricane events. This distribution would have a non-zero probability of zero annual loss costs owing to the possibility that no hurricane impacts Florida in a given year. Of possible interest is the conditional distribution of loss costs for those years in which an event actually occurs.

NOTE 1   As an example for a distribution with two random variables X and Y, there are conditional distributions for X and conditional distributions for Y. A distribution of X conditioned through $Y = y$ is denoted as "conditional distribution of X given $Y = y$", while a distribution of Y conditioned by $X = x$ is denoted "conditional distribution of Y given $X = x$".

NOTE 2   Marginal probability distributions (2.18) can be viewed as unconditional distributions.

NOTE 3   Example 1 above illustrates the situation where a univariate distribution is adjusted through conditioning to yield another univariate distribution, which in this case is a different distribution. In contrast, for the exponential distribution, the conditional distribution that a failure will occur within the next hour, given that no failures have occurred during the first 10 h, is exponential with the same parameter.

ANMERKUNG 4 Bedingte Verteilungen können bei gewissen diskreten Verteilungen vorliegen, wenn bestimmte Ergebnisse nicht möglich sind. Die Poissonverteilung kann zum Beispiel als Modell dienen für die Anzahl von Krebspatienten in einer Gesamtheit von infizierten Patienten, mit der Bedingung, dass die Anzahl größer null ist (ein Patient ohne Tumore gelte als nicht infiziert).

ANMERKUNG 5 Bedingte Verteilungen ergeben sich, wenn der Ereignisraum auf eine bestimmte Teilmenge eingeschränkt wird. Für (X, Y) mit **zweidimensionaler Normalverteilung** (2.65) kann es von Interesse sein, die bedingte Verteilung von (X, Y) zu betrachten, für die das Ergebnis im Quadrat $[0, 1] \cdot [0, 1]$ liegen muss. Eine andere Möglichkeit ist die bedingte Verteilung von (X, Y), für die $X^2 + Y^2 \leq r$. Dieser Fall entspricht einer Situation, in der zum Beispiel ein Teil eine Toleranz einhält und weitere Eigenschaften von Interesse sind, die auf dieser Tatsache beruhen.

NOTE 4 Conditional distributions can arise for certain discrete distributions where specific outcomes are impossible. For example, the Poisson distribution could serve as a model for number of cancer patients in a population of infected patients if conditioned on being strictly positive (a patient with no tumours is not by definition infected).

NOTE 5 Conditional distributions arise in the context of restricting the sample space to a particular subset. For (X, Y) having a **bivariate normal distribution** (2.65) it may be of interest to consider the conditional distribution of (X, Y) given that the outcome must occur in the unit square $[0, 1] \times [0, 1]$. Another possibility is the conditional distribution of (X, Y) given that $X^2 + Y^2 \leq r$. This case corresponds to a situation where for example a part meets a tolerance and one might be interested in further properties based on achieving this performance.

2.20
Regressionskurve
Menge von Werten des **Erwartungswertes** (2.12) der **bedingten Verteilung** (2.19) einer **Zufallsvariablen** (2.10) Y an der Stelle $X = x$ einer Zufallsvariablen X

ANMERKUNG Hier wird die Regressionskurve im Kontext einer zweidimensionalen Verteilung von (X, Y) definiert (siehe Anmerkung 1 zu 2.17). Dies ist folglich ein anderes Konzept als das in der Regressionsanalyse, bei dem Y in Beziehung zu einer deterministischen Menge von unabhängigen Werten steht.

2.20
regression curve
collection of values of the **expectation** (2.12) of the **conditional probability distribution** (2.19) of a **random variable** (2.10) Y given a random variable $X = x$

NOTE Here, regression curve is defined in the context of (X, Y) having a bivariate distribution (see Note 1 to 2.17). Hence, it is a different concept than those found in regression analysis in which Y is related to a deterministic set of independent values.

2.21
Regressionsfläche
Menge von Werten des **Erwartungswertes** (2.12) der **bedingten Verteilung** (2.19) einer **Zufallsvariablen** (2.10) Y an der Stelle $X_1 = x_1$ und $X_2 = x_2$ zweier Zufallsvariabler X_1 und X_2

ANMERKUNG Wie in 2.20 wird die Regressionskurve hier im Kontext einer **mehrdimensionalen Verteilung** (2.17) von (Y, X_1, X_2) definiert. Wie die Regressionskurve ist die Regressionsfläche hier mit einem anderen Konzept verbunden als dem von Regressionsanalyse und Response-Surface-Methodik her bekannten.

2.21
regression surface
collection of values of the **expectation** (2.12) of the **conditional probability distribution** (2.19) of a **random variable** (2.10) Y given the random variables $X_1 = x_1$ and $X_2 = x_2$

NOTE Here, as in 2.20, regression surface is defined in the context of (Y, X_1, X_2) being a **multivariate distribution** (2.17). As with the regression curve, the regression surface involves a concept distinct from those found in regression analysis and response surface methodology.

2.22
diskrete Wahrscheinlichkeitsverteilung
Wahrscheinlichkeitsverteilung (2.11) auf einem endlichen oder abzählbar unendlichen **Ereignisraum** Ω (2.1)

BEISPIEL Beispiele diskreter Wahrscheinlichkeitsverteilungen in diesem Dokument sind **Multinomial-** (2.45), **Binomial-** (2.46), **Poisson-** (2.47), **hypergeometrische** (2.48) und **negative Binomialverteilung** (2.49).

2.22
discrete probability distribution
discrete distribution
probability distribution (2.11) for which the **sample space** Ω (2.1) is finite or countably infinite

EXAMPLE Examples of discrete distributions in this document are **multinomial** (2.45), **binomial** (2.46), **Poisson** (2.47), **hypergeometric** (2.48) and **negative binomial** (2.49).

ANMERKUNG 1 „Diskret" impliziert, dass der Ereignisraum als eine endliche Liste oder als der Anfang einer unendlichen Liste, von der das nachfolgende Muster erkennbar ist, gegeben ist, wie etwa bei den Fehlerzahlen 0, 1, 2, … Des Weiteren bezieht sich die Binomialverteilung auf einen endlichen Ereignisraum {0, 1, 2, …, n}, während sich die Poissonverteilung auf einen abzählbar unendlichen Ereignisraum {0, 1, 2, …} bezieht.

ANMERKUNG 2 In der Annahmestichprobenprüfung nehmen Situationen mit attributiven Daten auf diskrete Wahrscheinlichkeitsverteilungen Bezug.

ANMERKUNG 3 Die **Verteilungsfunktion** (2.7) einer diskreten Verteilung nimmt diskrete Werte an.

NOTE 1 "Discrete" implies that the sample space can be given in a finite list or the beginnings of an infinite list in which the subsequent pattern is apparent, such as the number of defects being 0, 1, 2, … Additionally, the binomial distribution corresponds to a finite sample space {0, 1, 2, …, n} whereas the Poisson distribution corresponds to a countably infinite sample space {0, 1, 2, …}.

NOTE 2 Situations with attribute data in acceptance sampling involve discrete distributions.

NOTE 3 The **distribution function** (2.7) of a discrete distribution is discrete valued.

2.23
kontinuierliche Wahrscheinlichkeitsverteilung
Wahrscheinlichkeitsverteilung (2.11), deren **Verteilungsfunktion** (2.7) an der Stelle x als Integral einer nicht-negativen Funktion von $-\infty$ bis x ausgedrückt werden kann

BEISPIEL Situationen, in denen kontinuierliche Verteilungen auftreten, sind so gut wie alle jene, die mit Daten variabler Art einhergehen, wie sie in industriellen Anwendungen vorkommen.

ANMERKUNG 1 Beispiele kontinuierlicher Verteilungen sind **Normalverteilung** (2.50), **standardisierte Normalverteilung** (2.51), t- (2.53), F- (2.55), **Gamma**- (2.56), **Chiquadrat**- (2.57), **Exponential**- (2.58), **Beta**- (2.59) und **Rechteckverteilung** (2.60), die **Extremwertverteilungen vom Typ I** (2.61), **Typ II** (2.62) und **Typ III** (2.63) sowie die **Lognormalverteilung** (2.52).

ANMERKUNG 2 Die in der Definition erwähnte nichtnegative Funktion ist die **Wahrscheinlichkeitsdichte** (2.26). Es ist unnötig einschränkend, darauf zu bestehen, dass eine Verteilungsfunktion überall differenzierbar sein muss. Zum Glück haben aber für praktische Überlegungen viele üblicherweise verwendete kontinuierliche Verteilungen die Eigenschaft, dass die Ableitung der Verteilungsfunktion die zugehörige Wahrscheinlichkeitsdichte liefert.

ANMERKUNG 3 In der Annahmestichprobenprüfung nehmen Situationen mit messbaren Daten auf kontinuierliche Wahrscheinlichkeitsverteilungen Bezug.

2.23
continuous probability distribution
continuous distribution
probability distribution (2.11) for which the **distribution function** (2.7) evaluated at x can be expressed as an integral of a non-negative function from $-\infty$ to x

EXAMPLE Situations where continuous distributions occur are virtually any of those involving variables type data found in industrial applications.

NOTE 1 Examples of continuous distributions are **normal** (2.50), **standardized normal** (2.51), t (2.53), F (2.55), **gamma** (2.56), **chi-squared** (2.57), **exponential** (2.58), **beta** (2.59), **uniform** (2.60), **Type I extreme value** (2.61), **Type II extreme value** (2.62), **Type III extreme value** (2.63), and **lognormal** (2.52).

NOTE 2 The non-negative function referred to in the definition is the **probability density function** (2.26). It is unduly restrictive to insist that a distribution function be differentiable everywhere. However, for practical considerations, many commonly used continuous distributions enjoy the property that the derivative of the distribution function provides the corresponding probability density function.

NOTE 3 Situations with variables data in acceptance sampling applications correspond to continuous probability distributions.

2.24
Wahrscheinlichkeitsfunktion
<diskrete Verteilung> Funktion, die die **Wahrscheinlichkeit** (2.5) dafür angibt, dass eine **Zufallsvariable** (2.10) gleich einem gegebenen Wert ist

2.24
probability mass function
<discrete distribution> function giving the **probability** (2.5) that a **random variable** (2.10) equals a given value

BEISPIEL 1 Die **Wahrscheinlichkeitsfunktion**, die die Zufallsvariable X beschreibt, wie oft beim Werfen dreier echter Münzen das Ergebnis „Kopf" eintrifft, ist:

$P(X=0)=1/8$

$P(X=1)=3/8$

$P(X=2)=3/8$

$P(X=3)=1/8$

BEISPIEL 2 Verschiedene Wahrscheinlichkeitsfunktionen, die in der Anwendung vorkommen, werden bei der Definition allgemeiner **diskreter Wahrscheinlichkeitsverteilungen** (2.22) genannt. Die nachfolgenden Beispiele eindimensionaler diskreter Verteilungen umfassen **Binomial-** (2.46), **Poisson-** (2.47), **hypergeometrische** (2.48) und **negative Binomialverteilung** (2.49). Ein Beispiel für eine mehrdimensionale diskrete Verteilung ist die **Multinomialverteilung** (2.45).

ANMERKUNG 1 Die Wahrscheinlichkeitsfunktion kann als $P(X=x_i)=p_i$ angegeben werden; darin sind X die Zufallsvariable, x_i ein gegebener Wert und p_i die zugehörige Wahrscheinlichkeit.

ANMERKUNG 2 In Beispiel 1 zu den p-Quantilen in 2.13 ist die Wahrscheinlichkeitsfunktion einer **Binomialverteilung** (2.46) verwendet worden.

2.25
Modalwert der Wahrscheinlichkeitsfunktion
Wert(e), bei dem (bei denen) die **Wahrscheinlichkeitsfunktion** (2.24) ein lokales Maximum annimmt

BEISPIEL Die **Binomialverteilung** (2.46) mit $n=6$ und $p=1/3$ ist unimodal mit Modalwert 3.

ANMERKUNG Eine **diskrete Wahrscheinlichkeitsverteilung** (2.22) heißt unimodal, wenn ihre Wahrscheinlichkeitsfunktion genau einen Modalwert hat, bimodal, wenn ihre Wahrscheinlichkeitsfunktion genau zwei Modalwerte hat, und multimodal, wenn ihre Wahrscheinlichkeitsfunktion mehr als zwei Modalwerte hat.

2.26
Wahrscheinlichkeitsdichte
$f(x)$
nicht-negative Funktion, die bei Integration von $-\infty$ bis x die **Verteilungsfunktion** (2.7) einer **kontinuierlichen Wahrscheinlichkeitsverteilung** (2.23) an der Stelle x ergibt

EXAMPLE 1 The **probability mass function** describing the random variable X equal to the number of heads resulting from tossing three fair coins is:

$P(X=0)=1/8$

$P(X=1)=3/8$

$P(X=2)=3/8$

$P(X=3)=1/8$

EXAMPLE 2 Various probability mass functions are given in defining common **discrete distributions** (2.22) encountered in applications. Subsequent examples of univariate discrete distributions include the **binomial** (2.46), **Poisson** (2.47), **hypergeometric** (2.48) and **negative binomial** (2.49). An example of a multivariate discrete distribution is the **multinomial** (2.45).

NOTE 1 The probability mass function can be given as $P(X=x_i)=p_i$, where X is the random variable, x_i is a given value, and p_i is the corresponding probability.

NOTE 2 A probability mass function was introduced in the p-quantile Example 1 of 2.13 using the **binomial distribution** (2.46).

2.25
mode of probability mass function
value(s) where a **probability mass function** (2.24) attains a local maximum

EXAMPLE The **binomial distribution** (2.46) with $n=6$ and $p=1/3$ is unimodal with mode at 3.

NOTE A **discrete distribution** (2.22) is unimodal if its probability mass function has exactly one mode, bimodal if its probability mass function has exactly two modes and multi-modal if its probability mass function has more than two modes.

2.26
probability density function
$f(x)$
non-negative function which when integrated from $-\infty$ to x gives the **distribution function** (2.7) evaluated at x of a **continuous distribution** (2.23)

BEISPIEL 1   Verschiedene Wahrscheinlichkeitsdichten, die in der Anwendung vorkommen, sind durch die Definition bekannter kontinuierlicher Wahrscheinlichkeitsverteilungen gegeben. Die nachfolgenden Beispiele umfassen **Normalverteilung** (2.50), **standardisierte Normalverteilung** (2.51), *t*- (2.53), *F*- (2.55), **Gamma-** (2.56), **Chiquadrat-** (2.57), **Exponential-** (2.58), **Beta-** (2.59) und **Rechteckverteilung** (2.60) sowie **mehrdimensionale** (2.64) und **zweidimensionale Normalverteilungen** (2.65).

BEISPIEL 2   Für die durch $F(x) = 3x^2 - 2x^3$ definierte Verteilungsfunktion mit $0 \leq x \leq 1$ ist die zugehörige Verteilungsdichte $f(x) = 6x(1-x)$ mit $0 \leq x \leq 1$.

BEISPIEL 3   Im Batteriebeispiel von 2.1 existiert wegen der positiven Wahrscheinlichkeit für ein Ergebnis null keine mit der spezifizierten Verteilungsfunktion verknüpfte Verteilungsdichte. Jedoch hat die bedingte Verteilung mit der Bedingung, dass die Batterie bei Inbetriebnahme funktioniert, $f(x) = \exp(-x)$ für $x > 0$ als Wahrscheinlichkeitsdichte, was einer Exponentialverteilung entspricht.

ANMERKUNG 1   Wenn die Verteilungsfunktion F kontinuierlich differenzierbar ist, dann ist die Wahrscheinlichkeitsdichte

$$f(x) = dF(x)/dx$$

an den Stellen x, an denen die Ableitung existiert.

ANMERKUNG 2   Eine graphische Darstellung von $f(x)$ über x legt Beschreibungen wie etwa symmetrisch, spitz, mit ausgeprägten Randbereichen, unimodal, bimodal und so weiter nahe. Eine Darstellung einer durch Ausmittlung erhaltenen Funktion $f(x)$ über ein Histogramm erlaubt eine visuelle Bewertung der Übereinstimmung zwischen der ausgemittelten Verteilung und den Daten.

ANMERKUNG 3   Eine gebräuchliche Abkürzung für Wahrscheinlichkeitsdichte ist pdf[N23].

2.27
Modalwert der Wahrscheinlichkeitsdichte
Wert(e), bei dem (bei denen) die **Wahrscheinlichkeitsdichte** (2.26) ein lokales Maximum annimmt

ANMERKUNG 1   Eine **kontinuierliche Wahrscheinlichkeitsverteilung** (2.23) heißt unimodal, wenn ihre Wahrscheinlichkeitsdichte genau einen Modalwert hat, bimodal, wenn ihre Wahrscheinlichkeitsdichte genau zwei Modalwerte hat, und multimodal, wenn ihre Wahrscheinlichkeitsdichte mehr als zwei Modalwerte hat.

ANMERKUNG 2   Eine Verteilung, bei der die Modalwerte eine verbundene Menge bilden, heißt ebenfalls unimodal.

EXAMPLE 1   Various probability density functions are given in defining the common probability distributions encountered in practice. Subsequent examples include the **normal** (2.50), **standardized normal** (2.51), *t* (2.53), *F* (2.55), **gamma** (2.56), **chi-squared** (2.57), **exponential** (2.58), **beta** (2.59), **uniform** (2.60), **multivariate normal** (2.64) and **bivariate normal distributions** (2.65).

EXAMPLE 2   For the distribution function defined by $F(x) = 3x^2 - 2x^3$ where $0 \leq x \leq 1$, the corresponding probability density function is $f(x) = 6x(1-x)$ where $0 \leq x \leq 1$.

EXAMPLE 3   Continuing with the battery example of 2.1, there does not exist a probability density function associated with the specified distribution function, owing to the positive probability of a zero outcome. However, the conditional distribution given that the battery is initially functioning has $f(x) = \exp(-x)$ for $x > 0$ as its probability density function, which corresponds to the exponential distribution.

NOTE 1   If the distribution function F is continuously differentiable, then the probability density function is

$$f(x) = dF(x)/dx$$

at the points x where the derivative exists.

NOTE 2   A graphical plot of $f(x)$ versus x suggests descriptions such as symmetric, peaked, heavy-tailed, unimodal, bi-modal and so forth. A plot of a fitted $f(x)$ overlaid on a histogram provides a visual assessment of the agreement between a fitted distribution and the data.

NOTE 3   A common abbreviation of probability density function is pdf.

2.27
mode of probability density function
value(s) where a **probability density function** (2.26) attains a local maximum

NOTE 1   A **continuous distribution** (2.23) is unimodal if its probability density function has exactly one mode, bimodal if its probability density function has exactly two modes and multi-modal if its probability density function has more than two modes.

NOTE 2   A distribution where the modes constitute a connected set is also said to be unimodal.

N23) Nationale Fußnote: Akronym von en: probability density function.

2.28
diskrete Zufallsvariable
Zufallsvariable (2.10) mit diskreter Wahrscheinlichkeitsverteilung (2.22)

ANMERKUNG Die in diesem Teil von ISO 3534 betrachteten diskreten Zufallsvariablen umfassen die **binomialen** (2.46), **Poissonschen** (2.47), **hypergeometrischen** (2.48) und **multinomialen** (2.45) Zufallsvariablen.

2.29
kontinuierliche Zufallsvariable
Zufallsvariable (2.10) mit kontinuierlicher Wahrscheinlichkeitsverteilung (2.23)

ANMERKUNG Die in diesem Teil von ISO 3534 betrachteten kontinuierlichen Zufallsvariablen umfassen **normalverteilte** (2.50), **standardisiert normalverteilte** (2.51), *t*- (2.53), *F*- (2.55), **Gamma**- (2.56), **Chiquadrat**- (2.57), **Exponential**- (2.58), **Beta**- (2.59) und **rechteckverteilte** (2.60), die **extremwertverteilten vom Typ I** (2.61), **Typ II** (2.62) und **Typ III** (2.63), die **lognormalverteilten** (2.52) sowie **mehrdimensional** (2.64) und **zweidimensional normalverteilte** (2.65).

2.30
zentrierte Wahrscheinlichkeitsverteilung
Wahrscheinlichkeitsverteilung (2.11) einer zentrierten Zufallsvariablen (2.31)

2.31
zentrierte Zufallsvariable
um ihren Erwartungswert (2.35) verminderte Zufallsvariable (2.10)

ANMERKUNG 1 Eine zentrierte Zufallsvariable hat den Erwartungswert null.

ANMERKUNG 2 Diese Benennung gilt nur für Zufallsvariable, die einen Erwartungswert haben. Der Erwartungswert der *t*-Verteilung (2.53) mit dem Freiheitsgrad eins existiert beispielsweise nicht.

ANMERKUNG 3 Wenn eine Zufallsvariable X den Erwartungswert (2.35) μ hat, dann hat die entsprechende zentrierte Zufallsvariable $X - \mu$ den Erwartungswert null.

2.32
standardisierte Wahrscheinlichkeitsverteilung
Wahrscheinlichkeitsverteilung (2.11) einer standardisierten Zufallsvariablen (2.33)

2.33
standardisierte Zufallsvariable
zentrierte Zufallsvariable (2.31) mit Standardabweichung (2.37) gleich eins

ANMERKUNG 1 Eine Zufallsvariable (2.10) ist automatisch standardisiert, wenn ihr Erwartungswert gleich null und ihre Standardabweichung gleich eins sind. Die Rechteckverteilung (2.60) über dem Intervall ($-3^{0,5}$, $3^{0,5}$) hat den Erwartungswert null und Standardabweichung eins. Die **standardisierte Normalverteilung**

2.28
discrete random variable
random variable (2.10) having a discrete distribution (2.22)

NOTE Discrete random variables considered in this part of ISO 3534 include the **binomial** (2.46), **Poisson** (2.47), **hypergeometric** (2.48) and **multinomial** (2.45) random variables.

2.29
continuous random variable
random variable (2.10) having a continuous distribution (2.23)

NOTE Continuous random variables considered in this part of ISO 3534 include the **normal** (2.50), **standardized normal** (2.51), *t* **distribution** (2.53), *F* **distribution** (2.55), **gamma** (2.56), **chi-squared** (2.57), **exponential** (2.58), **beta** (2.59), **uniform** (2.60), **Type I extreme value** (2.61), **Type II extreme value** (2.62), **Type III extreme value** (2.63), **lognormal** (2.52), **multivariate normal** (2.64) and **bivariate normal** (2.65).

2.30
centred probability distribution
probability distribution (2.11) of a centred random variable (2.31)

2.31
centred random variable
random variable (2.10) with its mean (2.35) subtracted

NOTE 1 A centred random variable has mean equal to zero.

NOTE 2 This term only applies to random variables with a mean. For example, the mean of the *t* distribution (2.53) with one degree of freedom does not exist.

NOTE 3 If a random variable X has a mean (2.35) equal to μ, the corresponding centred random variable is $X - \mu$, having mean equal to zero.

2.32
standardized probability distribution
probability distribution (2.11) of a standardized random variable (2.33)

2.33
standardized random variable
centred random variable (2.31) whose standard deviation (2.37) is equal to 1

NOTE 1 A random variable (2.10) is automatically standardized if its mean is zero and its standard deviation is 1. The **uniform distribution** (2.60) on the interval ($-3^{0,5}$, $3^{0,5}$) has mean zero and standard deviation equal to 1. The **standardized normal distribution** (2.51) is, of course, standardized.

55

(2.51) ist per definitionem standardisiert.

ANMERKUNG 2   Wenn die **Verteilung** (2.11) der Zufallsvariablen X den **Erwartungswert** (2.35) μ und die Standardabweichung σ hat, dann ist $(X - \mu)/\sigma$ die entsprechende standardisierte Zufallsvariable.

2.34
Moment der Ordnung r
Erwartungswert (2.12) der r-ten Potenz einer **Zufallsvariablen** (2.10)

BEISPIEL   Betrachtet werde eine Zufallsvariable mit der **Wahrscheinlichkeitsdichte** (2.26) $f(x) = \exp(-x)$ für $x > 0$. Mit partieller Integration aus der elementaren Infinitesimalrechnung kann gezeigt werden, dass $E(X) = 1$, $E(X^2) = 2$, $E(X^3) = 6$ und $E(X^4) = 24$, oder allgemein, $E(X^r) = r!$ Dies ist ein Beispiel der **Exponentialverteilung** (2.58).

ANMERKUNG 1   Im eindimensionalen diskreten Fall ist die entsprechende Formel

$$E(X^r) = \sum_{i=1}^{n} x_i^r p(x_i)$$

für eine endliche Anzahl n von Ergebnissen und

$$E(X^r) = \sum_{i=1}^{\infty} x_i^r p(x_i)$$

für eine abzählbar unendliche Anzahl von Ergebnissen. Im eindimensionalen kontinuierlichen Fall ist die entsprechende Formel

$$E(X^r) = \int_{-\infty}^{\infty} x^r f(x) \mathrm{d}x$$

ANMERKUNG 2   Wenn die Zufallsvariable die Dimension k hat, dann wird die k-te Potenz komponentenweise gebildet.

ANMERKUNG 3   Die hier genannten Momente verwenden eine zur Potenz erhobene Zufallsvariable X. Allgemeiner könnten auch Momente der Ordnung r von $X - \mu$ oder $(X - \mu)/\sigma$ betrachtet werden.

2.35   Erwartungswert

2.35.1
Erwartungswert
μ
<kontinuierliche Verteilung> Moment der Ordnung r mit $r = 1$, das als Integral des Produktes von x und der **Wahrscheinlichkeitsdichte** (2.26) $f(x)$ über der Zahlengeraden berechnet wird

BEISPIEL 1   Sei X eine **kontinuierliche Zufallsvariable** (2.29) mit Wahrscheinlichkeitsdichte $f(x) = 6x(1 - x)$ für $0 \le x \le 1$. Der Erwartungswert von X ist

NOTE 2   If the **distribution** (2.11) of the random variable X has **mean** (2.35) μ and standard deviation σ, then the corresponding standardized random variable is $(X - \mu)/\sigma$.

2.34
moment of order r
r^{th} **moment**
expectation (2.12) of the rth power of a **random variable** (2.10)

EXAMPLE   Consider a random variable having **probability density function** (2.26) $f(x) = \exp(-x)$ for $x > 0$. Using integration by parts from elementary calculus, it can be shown that $E(X) = 1$, $E(X^2) = 2$, $E(X^3) = 6$, and $E(X^4) = 24$, or in general, $E(X^r) = r!$ This is an example of the **exponential distribution** (2.58).

NOTE 1   In the univariate discrete case, the appropriate formula is:

$$E(X^r) = \sum_{i=1}^{n} x_i^r p(x_i)$$

for a finite number n of outcomes and

$$E(X^r) = \sum_{i=1}^{\infty} x_i^r p(x_i)$$

for a countably infinite number of outcomes. In the univariate continuous case, the appropriate formula is:

$$E(X^r) = \int_{-\infty}^{\infty} x^r f(x) \mathrm{d}x$$

NOTE 2   If the random variable has dimension k, then the rth power is understood to be applied componentwise.

NOTE 3   The moments given here use a random variable X raised to a power. More generally, one could consider moments of order r of $X - \mu$ or $(X - \mu)/\sigma$.

2.35   Means

2.35.1
mean
moment of order $r = 1$
μ
<continuous distribution> moment of order r where r equals 1, calculated as the integral of the product of x and the **probability density function** (2.26), $f(x)$, over the real line

EXAMPLE 1   Consider a **continuous random variable** (2.29) X having probability density function $f(x) = 6x(1 - x)$, where $0 \le x \le 1$. The mean of X is:

$$\int_0^1 6x^2(1-x)\mathrm{d}x = 0{,}5$$

BEISPIEL 2　Im Batteriebeispiel von 2.1 und 2.7 ist der Erwartungswert 0,9, da der Erwartungswert des diskreten Teils der Verteilung mit der Wahrscheinlichkeit 0,1 gleich null ist, und der Erwartungswert des kontinuierlichen Teils der Verteilung mit der Wahrscheinlichkeit 0,9 gleich eins ist. Diese Verteilung ist eine Mischung aus kontinuierlicher und diskreter Verteilung.

ANMERKUNG 1　Der Erwartungswert einer **kontinuierlichen Wahrscheinlichkeitsverteilung** (2.23) wird mit $E(X)$ bezeichnet und wie folgt berechnet:

$$E(X) = \int_{-\infty}^{\infty} x f(x)\mathrm{d}x$$

ANMERKUNG 2　Der Erwartungswert existiert nicht für jede **Zufallsvariable** (2.10). Wenn X zum Beispiel durch die **Wahrscheinlichkeitsdichte** $f(x) = [\pi(1 + x^2)]^{-1}$ definiert ist, dann ist das dem Erwartungswert $E(X)$ entsprechende Integral divergent.

2.35.2
Erwartungswert
μ
<diskrete Verteilung> Summe der Produkte aus x_i und der **Wahrscheinlichkeitsfunktion** (2.24) $p(x_i)$

BEISPIEL 1　Sei X eine **diskrete Zufallsvariable** (2.28), die beschreibt, wie oft beim Werfen dreier echter Münzen das Ergebnis „Kopf" eintrifft. Die Wahrscheinlichkeitsfunktion ist

$P(X = 0) = 1/8$

$P(X = 1) = 3/8$

$P(X = 2) = 3/8$

$P(X = 3) = 1/8$

Daher ist der Erwartungswert von X

$0(1/8) + 1(3/8) + 2(3/8) + 3(1/8) = 12/8 = 1{,}5$

BEISPIEL 2　Siehe Beispiel 2 in 2.35.1.

ANMERKUNG　Der Erwartungswert einer **diskreten Wahrscheinlichkeitsverteilung** (2.22) wird mit $E(X)$ bezeichnet und wie folgt berechnet:

$$E(X) = \sum_{i=1}^{n} x_i p(x_i)$$

für eine endliche Anzahl von Ergebnissen, und

$$E(X) = \sum_{i=1}^{\infty} x_i p(x_i)$$

für eine abzählbar unendliche Anzahl von Ergebnissen.

$$\int_0^1 6x^2(1-x)\mathrm{d}x = 0{,}5$$

EXAMPLE 2　Continuing with the battery example from 2.1 and 2.7, the mean is 0,9 since with probability 0,1 the mean of the discrete part of the distribution is 0 and with probability 0,9 the mean of the continuous part of the distribution is 1. This distribution is a mixture of continuous and discrete distributions.

NOTE 1　The mean of a **continuous distribution** (2.23) is denoted by $E(X)$ and is computed as:

$$E(X) = \int_{-\infty}^{\infty} x f(x)\mathrm{d}x$$

NOTE 2　The mean does not exist for all **random variables** (2.10). For example, if X is defined by its **probability density function** $f(x) = [\pi(1 + x^2)]^{-1}$, the integral corresponding to $E(X)$ is divergent.

2.35.2
mean
μ
<discrete distribution> summation of the product of x_i and the **probability mass function** (2.24) $p(x_i)$

EXAMPLE 1　Consider a **discrete random variable** X (2.28) representing the number of heads resulting from the tossing of three fair coins. The probability mass function is

$P(X = 0) = 1/8$

$P(X = 1) = 3/8$

$P(X = 2) = 3/8$

$P(X = 3) = 1/8$

Hence, the mean of X is

$0(1/8) + 1(3/8) + 2(3/8) + 3(1/8) = 12/8 = 1{,}5$

EXAMPLE 2　See Example 2 in 2.35.1.

NOTE　The mean of a **discrete distribution** (2.22) is denoted by $E(X)$ and is computed as:

$$E(X) = \sum_{i=1}^{n} x_i p(x_i)$$

for a finite number of outcomes, and

$$E(X) = \sum_{i=1}^{\infty} x_i p(x_i)$$

for a countably infinite number of outcomes.

2.36
Varianz
V

Moment der Ordnung r (2.34) mit $r = 2$ der **zentrierten Wahrscheinlichkeitsverteilung** (2.30) einer **Zufallsvariablen** (2.10)

BEISPIEL 1 Für die **diskrete Zufallsvariable** (2.28) im Beispiel von 2.24 ist die Varianz

$$\sum_{i=0}^{3}(x_i - 1{,}5)^2 P(X = x_i) = 0{,}75$$

BEISPIEL 2 Für die **kontinuierliche Zufallsvariable** (2.29) in Beispiel 1 von 2.26 ist die Varianz

$$\int_{0}^{1}(x_i - 0{,}5)^2 \, 6x(1-x)\mathrm{d}x = 0{,}05$$

BEISPIEL 3 Im Batteriebeispiel von 2.1 kann die Varianz aufgrund der Tatsache bestimmt werden, dass die Varianz von X gleich $E(X^2) - [E(X)]^2$ ist. Aus Beispiel 2 von 2.35.1 ist für $E(X)$ 0,9 bekannt.[N24] Mit der gleichen Argumentation kann gezeigt werden, dass sich für $E(X^2)$ 1,8 ergibt. Damit folgt $1{,}8 - (0{,}9)^2$ für die Varianz von X, woraus sich 0,99 ergibt.

ANMERKUNG Die Varianz kann gleichwertig als **Erwartungswert** (2.12) des Quadrates der um ihren **Erwartungswert** (2.35) verminderten Zufallsvariablen definiert werden. Die Varianz einer Zufallsvariablen X wird mit $V(X) = E\{[X - E(X)]^2\}$ bezeichnet.

2.37
Standardabweichung
σ

positive Quadratwurzel aus der **Varianz** (2.36)

BEISPIEL Für das Batteriebeispiel von 2.1 und 2.7 ist die Standardabweichung gleich 0,995.

2.38
Variationskoeffizient
CV

<positive Zufallsvariable> **Standardabweichung** (2.37), geteilt durch den **Erwartungswert** (2.35)

BEISPIEL Für das Batteriebeispiel von 2.1 und 2.7 ist der Variationskoeffizient 0,99/0,995, woraus sich 0,994 97 ergibt.

ANMERKUNG 1 Der Variationskoeffizient wird üblicherweise in Prozent angegeben.

ANMERKUNG 2 Die Verwendung der früheren Benennung „relative Standardabweichung" wird abgelehnt.

2.36
variance
V

moment of order r (2.34) where r equals 2 in the **centred probability distribution** (2.30) of the **random variable** (2.10)

EXAMPLE 1 For the **discrete random variable** (2.28) in the example of 2.24 the variance is

$$\sum_{i=0}^{3}(x_i - 1{,}5)^2 P(X = x_i) = 0{,}75$$

EXAMPLE 2 For the **continuous random variable** (2.29) in Example 1 of 2.26, the variance is

$$\int_{0}^{1}(x_i - 0{,}5)^2 \, 6x(1-x)\mathrm{d}x = 0{,}05$$

EXAMPLE 3 For the battery example of 2.1, the variance can be determined by recognizing that the variance of X is $E(X^2) - [E(X)]^2$. From Example 3 of 2.35, $E(X) = 0{,}9$.[N24] Using the same type of conditioning argument, $E(X^2)$ can be shown to be 1,8. Thus, the variance of X is $1{,}8 - (0{,}9)^2$ which equals 0,99.

NOTE The variance can equivalently be defined as the **expectation** (2.12) of the square of the random variable minus its **mean** (2.35). The variance of a random variable X is denoted by $V(X) = E\{[X - E(X)]^2\}$.

2.37
standard deviation
σ

positive square root of the **variance** (2.36)

EXAMPLE For the battery example of 2.1 and 2.7, the standard deviation is 0,995.

2.38
coefficient of variation
CV

<positive random variable> **standard deviation** (2.37) divided by the **mean** (2.35)

EXAMPLE For the battery example of 2.1 and 2.7, the coefficient of variation is 0,99/0,995 which equals 0,994 97.

NOTE 1 The coefficient of variation is commonly reported as a percentage.

NOTE 2 The predecessor term "relative standard deviation" is deprecated by the term coefficient of variation.

[N24] Nationale Fußnote: Im Englischen wird hier versehentlich falsch auf Beispiel 3 aus 2.35 verwiesen. Dieser Fehler ist in der Übersetzung redaktionell korrigiert worden.

2.39
Koeffizient der Schiefe
γ_1

Moment der Ordnung 3 (2.34) der **standardisierten Wahrscheinlichkeitsverteilung** (2.32) einer **Zufallsvariablen** (2.10)

BEISPIEL Im Batteriebeispiel von 2.1 und 2.7 mit einer gemischt kontinuierlich-diskreten Verteilung gilt unter Verwendung der Ergebnisse aus 2.34

$$E(X) = 0{,}1(0) + 0{,}9(1) = 0{,}9$$
$$E(X^2) = 0{,}1(0^2) + 0{,}9(2) = 1{,}8$$
$$E(X^3) = 0{,}1(0) + 0{,}9(6) = 5{,}4$$
$$E(X^4) = 0{,}1(0) + 0{,}9(24) = 21{,}6$$

Zur Berechnung des Koeffizienten der Schiefe wird die Beziehung $E\{[X - E(X)]^3\} = E(X^3) - 3 E(X) E(X^2) + 2[E(X)]^3$ verwendet und aus 2.37, dass die Standardabweichung gleich 0,995 ist. Für den Koeffizienten der Schiefe ergibt sich folglich $[5{,}4 - 3(0{,}9)(1{,}8) + 2(0{,}9)^3]/(0{,}995)^3$ oder 1,998.

ANMERKUNG 1 Eine gleichwertige Definition beruht auf dem **Erwartungswert** (2.12) der dritten Potenz von $(X - \mu)/\sigma$, also $E[(X - \mu)^3/\sigma^3]$.

ANMERKUNG 2 Der **Koeffizient der Schiefe** ist ein Maß für die Symmetrie einer **Verteilung** (2.11) und wird manchmal mit $\sqrt{\beta_1}$ bezeichnet. Für symmetrische **Verteilungen** ist der Koeffizient der Schiefe gleich null (vorausgesetzt, dass die in der Definition verwendeten Momente existieren). Beispiele für Verteilungen mit Schiefe gleich null umfassen die **Normalverteilung** (2.50), die **Betaverteilung** (2.59), wenn $\alpha = \beta$ ist, und die t-**Verteilung** (2.53), vorausgesetzt, dass die Momente existieren.

2.40
Koeffizient der Kurtosis
β_2

Moment der Ordnung 4 (2.34) der **standardisierten Wahrscheinlichkeitsverteilung** (2.32) einer **Zufallsvariablen** (2.10)

BEISPIEL Um für das Batteriebeispiel von 2.1 und 2.7 den Koeffizienten der Kurtosis zu berechnen, wird die Beziehung

$$E\{[X - E(X)]^4\} = E(X^4) - 4E(X)E(X^3) + 6[E(X)]^2 E(X^2) - 3[E(X)]^4$$

verwendet.

Der Koeffizient der Kurtosis ist daher

$$[21{,}6 - 4(0{,}9)(5{,}4) + 6(0{,}9)^2(2) - 3(0{,}9)^4]/(0{,}995)^4$$
oder 8,94.

2.39
coefficient of skewness
γ_1

moment of order 3 (2.34) in the **standardized probability distribution** (2.32) of a **random variable** (2.10)

EXAMPLE Continuing with the battery example of 2.1 and 2.7 having a mixed continuous-discrete distribution, one has, using results from the example in 2.34,

$$E(X) = 0{,}1(0) + 0{,}9(1) = 0{,}9$$
$$E(X^2) = 0{,}1(0^2) + 0{,}9(2) = 1{,}8$$
$$E(X^3) = 0{,}1(0) + 0{,}9(6) = 5{,}4$$
$$E(X^4) = 0{,}1(0) + 0{,}9(24) = 21{,}6$$

To compute the coefficient of skewness, note that $E\{[X - E(X)]^3\} = E(X^3) - 3 E(X) E(X^2) + 2 [E(X)]^3$ and from 2.37 the standard deviation is 0,995. The coefficient of skewness is thus $[5{,}4 - 3(0{,}9)(1{,}8) + 2(0{,}9)^3]/(0{,}995)^3$ or 1,998.

NOTE 1 An equivalent definition is based on the **expectation** (2.12) of the third power of $(X - \mu)/\sigma$, namely $E[(X - \mu)^3/\sigma^3]$.

NOTE 2 The **coefficient of skewness** is a measure of the symmetry of a **distribution** (2.11) and is sometimes denoted by $\sqrt{\beta_1}$. For symmetric **distributions**, the coefficient of skewness is equal to 0 (provided the appropriate moments in the definition exist). Examples of distributions with skewness equal to zero include the **normal distribution** (2.50), the **beta distribution** (2.59) provided $\alpha = \beta$ and the t **distribution** (2.53) provided the moments exist.

2.40
coefficient of kurtosis
β_2

moment of order 4 (2.34) in the **standardized probability distribution** (2.32) of a **random variable** (2.10)

EXAMPLE Continuing with the battery example of 2.1 and 2.7, to compute the coefficient of kurtosis, note that

$$E\{[X - E(X)]^4\} = E(X^4) - 4E(X)E(X^3) + 6[E(X)]^2 E(X^2) - 3[E(X)]^4$$

The coefficient of kurtosis is thus

$$[21{,}6 - 4(0{,}9)(5{,}4) + 6(0{,}9)^2(2) - 3(0{,}9)^4]/(0{,}995)^4$$
or 8,94.

ANMERKUNG 1   Eine gleichwertige Definition beruht auf dem **Erwartungswert** (2.12) der vierten Potenz von $(X - \mu)/\sigma$, also $E[(X - \mu)^4/\sigma^4]$.

ANMERKUNG 2   Der Koeffizient der Kurtosis ist ein Maß für das Gewicht der Randbereiche einer (unimodalen) **Verteilung** (2.11). Für die **Rechteckverteilung** (2.60) ist der Koeffizient der Kurtosis 1,8; für die **Normalverteilung** (2.50) 3 und für die **Exponentialverteilung** (2.58) 9.

ANMERKUNG 3   Bei der Interpretation angegebener Werte für die Kurtosis ist Vorsicht geboten, da manche Anwender von dem nach der Definition berechneten Wert den Wert der Kurtosis der Normalverteilung, das heißt 3, abziehen.

NOTE 1   An equivalent definition is based on the **expectation** (2.12) of the fourth power of $(X - \mu)/\sigma$, namely $E[(X - \mu)^4/\sigma^4]$.

NOTE 2   The coefficient of kurtosis is a measure of the heaviness of the tails of a **distribution** (2.11). For the **uniform distribution** (2.60), the coefficient of kurtosis is 1,8; for the **normal distribution** (2.50), the coefficient of kurtosis is 3; for the **exponential distribution** (2.58), the coefficient of kurtosis is 9.

NOTE 3   Caution needs to be exercised in considering reported kurtosis values, as some practitioners subtract 3 (the kurtosis of the normal distribution) from the value that is computed from the definition.

2.41
Moment der Ordnungen r **und** s

Erwartungswert (2.35) der gemeinsamen **Wahrscheinlichkeitsverteilung** (2.11) des Produktes aus der r-ten Potenz einer **Zufallsvariablen** (2.10) und der s-ten Potenz einer anderen Zufallsvariablen

2.41
joint moment of orders r **and** s

mean (2.35) of the product of the rth power of a **random variable** (2.10) and the sth power of another **random variable** in their joint **probability distribution** (2.11)

2.42
zentrales Moment der Ordnungen r **und** s

Erwartungswert (2.35) des Produktes aus der r-ten Potenz einer **zentrierten Zufallsvariablen** (2.31) und der s-ten Potenz einer anderen zentrierten Zufallsvariablen in ihrer gemeinsamen **Wahrscheinlichkeitsverteilung** (2.11)

2.42
joint central moment of orders r **and** s

mean (2.35) of the product of the rth power of a **centred random variable** (2.31) and the sth power of another centred random variable in their joint **probability distribution** (2.11)

2.43
Kovarianz

σ_{XY}

Erwartungswert (2.35) des Produktes zweier **zentrierter Zufallsvariablen** (2.31) in ihrer gemeinsamen **Wahrscheinlichkeitsverteilung** (2.11)

ANMERKUNG 1   Die Kovarianz ist das **zentrale Moment der Ordnung** 1 und 1 (2.42) für zwei Zufallsvariablen.

ANMERKUNG 2   Für die Kovarianz gilt

$E[(X - \mu_X)(Y - \mu_Y)]$,

mit $E(X) = \mu_X$ und $E(Y) = \mu_Y$.

2.43
covariance

σ_{XY}

mean (2.35) of the product of two **centred random variables** (2.31) in their joint **probability distribution** (2.11)

NOTE 1   The covariance is the **joint central moment of orders 1 and 1** (2.42) for two random variables.

NOTE 2   Notationally, the covariance is

$E[(X - \mu_X)(Y - \mu_Y)]$,

where $E(X) = \mu_X$ and $E(Y) = \mu_Y$.

2.44
Korrelationskoeffizient

Erwartungswert (2.35) des Produktes zweier **standardisierter Zufallsvariablen** (2.33) in ihrer gemeinsamen **Wahrscheinlichkeitsverteilung** (2.11)

ANMERKUNG   Der Korrelationskoeffizient wird manchmal verkürzt einfach als Korrelation bezeichnet. Diese Verwendung überschneidet sich jedoch mit der Interpretation der Korrelation als einer Beziehung zwischen zwei Variablen.

2.44
correlation coefficient

mean (2.35) of the product of two **standardized random variables** (2.33) in their joint **probability distribution** (2.11)

NOTE   Correlation coefficient is sometimes more briefly referred to as simply correlation. However, this usage overlaps with interpretations of correlation as an association between two variables.

2.45
Multinomialverteilung
diskrete **Wahrscheinlichkeitsverteilung** (2.22) mit der **Wahrscheinlichkeitsfunktion** (2.24)

$$P(X_1 = x_1, X_2 = x_2, \ldots, X_k = x_k)$$
$$= \frac{n!}{x_1! x_2! \cdots x_k!} p_1^{x_1} p_2^{x_2} \cdots p_k^{x_k}$$

mit

$x_1, x_2, \ldots, x_k$ nicht-negative ganze Zahlen derart, dass

$x_1 + x_2 + \ldots + x_k = n$ mit Parametern $p_i > 0$ für alle $i = 1, 2, \ldots, k$ mit $p_1 + p_2 + \ldots + p_k = 1$

k eine ganze Zahl größer oder gleich 2

ANMERKUNG Die Multinomialverteilung liefert die Wahrscheinlichkeit der Häufigkeit, mit der jedes von k möglichen Ergebnissen in n voneinander unabhängigen Versuchen aufgetreten ist, wobei jeder Versuch dieselben k einander gegenseitig ausschließenden Ereignisse hat und die Eintrittswahrscheinlichkeiten der Ereignisse für alle Versuche die gleichen sind.

2.45
multinomial distribution
discrete **distribution** (2.22) having the **probability mass function** (2.24)

$$P(X_1 = x_1, X_2 = x_2, \ldots, X_k = x_k)$$
$$= \frac{n!}{x_1! x_2! \cdots x_k!} p_1^{x_1} p_2^{x_2} \cdots p_k^{x_k}$$

where

$x_1, x_2, \ldots, x_k$ are non-negative integers such that

$x_1 + x_2 + \ldots + x_k = n$ with parameters $p_i > 0$ for all $i = 1, 2, \ldots, k$ with $p_1 + p_2 + \ldots + p_k = 1$

k an integer greater than or equal to 2

NOTE The multinomial distribution gives the probability of the number of times each of k possible outcomes have occurred in n independent trials where each trial has the same k mutually exclusive events and the probabilities of the events are the same for all trials.

2.46
Binomialverteilung
diskrete **Wahrscheinlichkeitsverteilung** (2.22) mit der **Wahrscheinlichkeitsfunktion** (2.24)

$$P(X = x) = \frac{n!}{x!(n-x)!} p^x (1-p)^{n-x}$$

für $x = 0, 1, 2, \ldots, n$ mit den Parametern $n = 1, 2, \ldots$ und $0 < p < 1$

BEISPIEL Die in Beispiel 1 von 2.24 beschriebene Wahrscheinlichkeitsfunktion kann als eine Binomialverteilung mit den Parametern $n = 3$ und $p = 0,5$ aufgefasst werden.

ANMERKUNG 1 Die Binomialverteilung ist ein Spezialfall der **Multinomialverteilung** (2.45) für $k = 2$.

ANMERKUNG 2 Die Binomialverteilung liefert die Wahrscheinlichkeit für die Häufigkeit, mit der zwei mögliche Ergebnisse bei n voneinander unabhängigen Versuchen aufgetreten sind, wobei jeder Versuch dieselben beiden einander gegenseitig ausschließenden **Ereignisse** (2.2) hat und die **Wahrscheinlichkeiten** (2.5) der Ereignisse bei allen Versuchen die gleichen sind.

ANMERKUNG 3 Der **Erwartungswert** (2.35) der Binomialverteilung ist gleich np, ihre **Varianz** (2.36) gleich $np(1-p)$.

2.46
binomial distribution
discrete **distribution** (2.22) having the **probability mass function** (2.24)

$$P(X = x) = \frac{n!}{x!(n-x)!} p^x (1-p)^{n-x}$$

where $x = 0, 1, 2, \ldots, n$ and with indexing parameters $n = 1, 2, \ldots,$ and $0 < p < 1$.

EXAMPLE The probability mass function described in Example 1 of 2.24 can be seen to correspond to the binomial distribution with index parameters $n = 3$ and $p = 0,5$.

NOTE 1 The binomial distribution is a special case of the **multinomial distribution** (2.45) with $k = 2$.

NOTE 2 The binomial distribution gives the probability of the number of times each of two possible outcomes have occurred in n independent trials where each trial has the same two mutually exclusive **events** (2.2) and the **probabilities** (2.5) of the events are the same for all trials.

NOTE 3 The **mean** (2.35) of the binomial distribution equals np. The **variance** (2.36) of the binomial distribution equals $np(1-p)$.

ANMERKUNG 4   Die Wahrscheinlichkeitsfunktion darf alternativ auch mit Hilfe des Binomialkoeffizienten

$$\binom{n}{x} = \frac{n!}{x!(n-x)!}$$

ausgedrückt werden.

2.47
Poissonverteilung
diskrete Wahrscheinlichkeitsverteilung (2.22) mit der **Wahrscheinlichkeitsfunktion** (2.24)

$$P(X = x) = \frac{\lambda^x}{x!} e^{-\lambda}$$

für $x = 0, 1, 2, \ldots$ mit Parameter $\lambda > 0$

ANMERKUNG 1   Die Poissonverteilung mit Parameter λ ist der Grenzwert der **Binomialverteilung** (2.46) für n gegen $+\infty$ und p gegen null derart, dass np gegen λ geht.

ANMERKUNG 2   **Erwartungswert** (2.35) und **Varianz** (2.36) der Poissonverteilung sind beide gleich λ.

ANMERKUNG 3   Die **Wahrscheinlichkeitsfunktion** (2.24) der Poissonverteilung liefert die Wahrscheinlichkeit für die Anzahl des Auftretens einer Eigenschaft eines Prozesses in einem Zeitintervall von Einheitslänge, die gewisse Bedingungen erfüllt, wie zum Beispiel, dass die Intensität des Auftretens unabhängig vom Zeitpunkt ist.

2.48
hypergeometrische Verteilung
diskrete Wahrscheinlichkeitsverteilung (2.22) mit der **Wahrscheinlichkeitsfunktion** (2.24)

$$P(X = x) = \frac{\left(\dfrac{M!}{x!(M-x)!}\right)\left(\dfrac{(N-M)!}{(n-x)!(N-M-n+x)!}\right)}{\left(\dfrac{N!}{n!(N-n)!}\right)}$$

für Maximum(0, $M - N$) $\leq x \leq$ Minimum(M, n) mit ganzzahligen Werten der Parameter

$N = 1, 2, \ldots$

$M = 0, 1, 2, \ldots, N - 1$

$n = 1, 2, \ldots, N$

ANMERKUNG 1   Die hypergeometrische **Verteilung** (2.11) ergibt sich für die Anzahl der gekennzeichneten Einheiten in einer **einfachen Zufallsstichprobe** (1.7) vom Umfang n, die aus einer Grundgesamtheit (oder einem Los) vom Umfang N mit genau M gekennzeichneten Einheiten ohne Zurücklegen gezogen wird.

ANMERKUNG 2   Das Verständnis der hypergeometrischen Verteilung kann mit Tabelle 4 erleichtert werden.

NOTE 4   The binomial probability mass function may be alternately expressed using the binomial coefficient given by

$$\binom{n}{x} = \frac{n!}{x!(n-x)!}$$

2.47
Poisson distribution
discrete distribution (2.22) having the **probability mass function** (2.24)

$$P(X = x) = \frac{\lambda^x}{x!} e^{-\lambda}$$

where $x = 0, 1, 2, \ldots$ and with parameter $\lambda > 0$.

NOTE 1   The limit of the **binomial distribution** (2.46) as n approaches ∞ and p tends to zero in such a way that np tends to λ is the Poisson distribution with parameter λ.

NOTE 2   The **mean** (2.35) and the **variance** (2.36) of the Poisson distribution are both equal to λ.

NOTE 3   The **probability mass function** (2.24) of the Poisson distribution gives the probability for the number of occurrences of a property of a process in a time interval of unit length satisfying certain conditions, e.g. intensity of occurrence independent of time.

2.48
hypergeometric distribution
discrete distribution (2.22) having the **probability mass function** (2.24)

$$P(X = x) = \frac{\left(\dfrac{M!}{x!(M-x)!}\right)\left(\dfrac{(N-M)!}{(n-x)!(N-M-n+x)!}\right)}{\left(\dfrac{N!}{n!(N-n)!}\right)}$$

where maximum(0, $M - N$) $\leq x \leq$ minimum(M, n) with integer parameters

$N = 1, 2, \ldots$

$M = 0, 1, 2, \ldots, N - 1$

$n = 1, 2, \ldots, N$

NOTE 1   The hypergeometric **distribution** (2.11) arises as the number of marked items in a **simple random sample** (1.7) of size n, taken without replacement, from a population (or lot) of size N containing exactly M marked items.

NOTE 2   An understanding of the hypergeometric distribution may be facilitated with Table 4.

Tabelle 4 — Beispiel zur hypergeometrischen Verteilung

Table 4 — Hypergeometric distribution example

Betrachtete Menge Reference set	Anzahl Einheiten, gesamt Marked or unmarked items	Anzahl Einheiten, gekennzeichnet Marked items	Anzahl Einheiten, nicht gekennzeichnet Unmarked items
Grundgesamtheit Population	N	M	$N - M$
Stichprobe Items in sample	n	x	$N - x$
Nicht gezogene Einheiten Items not in sample	$N - n$	$M - x$	$N - n - M + x$

ANMERKUNG 3 Unter gewissen Bedingungen (wenn beispielsweise n relativ klein gegenüber N ist), kann die hypergeometrische Verteilung durch die Binomialverteilung mit n und $p = M/N$ angenähert werden.

ANMERKUNG 4 Der **Erwartungswert** (2.35) der hypergeometrischen Verteilung ist gleich $(nM)/N$, ihre **Varianz** (2.36) gleich

$$n\frac{M}{N}\left(1 - \frac{M}{N}\right)\frac{N - n}{N - 1}$$

2.49
negative Binomialverteilung
diskrete Wahrscheinlichkeitsverteilung (2.22) mit der **Wahrscheinlichkeitsfunktion** (2.24)

$$P(X = x) = \frac{(c + x - 1)!}{x!(c - 1)!} p^c (1 - p)^x$$

für $x = 0, 1, 2, ..., n$ mit Parameter $c > 0$ und Parameter p mit $0 < p < 1$

ANMERKUNG 1 Für $c = 1$ ist die negative Binomialverteilung als geometrische Verteilung bekannt und beschreibt die **Wahrscheinlichkeit** (2.5), dass das erste Eintreten des **Ereignisses** (2.2), das eine Wahrscheinlichkeit p hat, im $(x + 1)$-ten Versuch erfolgt.

ANMERKUNG 2 Die Wahrscheinlichkeitsfunktion darf auch in der folgenden gleichwertigen Form geschrieben werden:

$$P(X = x) = \binom{-c}{x} p^c (1 - p)^x$$

Die Benennung „negative Binomialverteilung" rührt von dieser Schreibweise der Wahrscheinlichkeitsfunktion her.

NOTE 3 Under certain conditions (for example, n is small relative to N), the hypergeometric distribution can be approximated by the binomial distribution with n and $p = M/N$.

NOTE 4 The **mean** (2.35) of the hypergeometric distribution equals $(nM)/N$. The **variance** (2.36) of the hypergeometric distribution equals

$$n\frac{M}{N}\left(1 - \frac{M}{N}\right)\frac{N - n}{N - 1}$$

2.49
negative binomial distribution
discrete distribution (2.22) having the **probability mass function** (2.24)

$$P(X = x) = \frac{(c + x - 1)!}{x!(c - 1)!} p^c (1 - p)^x$$

where $x = 0, 1, 2, ..., n$ with parameter $c > 0$ and parameter p satisfying $0 < p < 1$.

NOTE 1 If $c = 1$, the negative binomial distribution is known as the geometric distribution and describes the **probability** (2.5) that the first incident of the **event** (2.2) whose probability is p, will occur in trial $(x + 1)$.

NOTE 2 The probability mass function may also be written in the following, equivalent way:

$$P(X = x) = \binom{-c}{x} p^c (1 - p)^x$$

The term "negative binomial distribution" emerges from this way of writing the probability mass function.

ANMERKUNG 3 Die in der Definition angegebene Wahrscheinlichkeitsfunktion wird, wenn c ganzzahlig und größer oder gleich eins ist, oft „Pascalverteilung" genannt. In diesem Fall gibt die Wahrscheinlichkeitsfunktion die Wahrscheinlichkeit an, dass das c-te Eintreten des **Ereignisses** (2.2), das eine **Wahrscheinlichkeit** (2.5) p hat, im $(c + x)$-ten Versuch erfolgt.

ANMERKUNG 4 Der **Erwartungswert** (2.35) der negativen Binomialverteilung ist gleich $(cp)/(1 - p)$, ihre **Varianz** (2.36) gleich $(cp)/(1 - p)^2$.

2.50
Normalverteilung
Gauß-Verteilung
kontinuierliche Wahrscheinlichkeitsverteilung (2.23) mit der **Wahrscheinlichkeitsdichte** (2.26)

$$f(x) = \frac{1}{\sigma\sqrt{2\pi}} e^{-\frac{(x-\mu)^2}{2\sigma^2}}$$

mit $-\infty < x < +\infty$ und Parametern $-\infty < \mu < +\infty$ und $\sigma > 0$

ANMERKUNG 1 Die Normalverteilung ist eine der am meisten verwendeten **Verteilungen** (2.11) in der angewandten Statistik. Aufgrund der Form ihrer Dichtefunktion wird diese von den Anwendern oft „Glockenkurve" genannt. Außer, dass sie als Modell für Zufallsvorgänge dient, ergibt sie sich als Grenzverteilung von **arithmetischen Mittelwerten** (1.15). In der Statistik wird sie weithin als Prüfverteilung verwendet, um die Ungewöhnlichkeit von Versuchsergebnissen zu bewerten.

ANMERKUNG 2 Der Lageparameter μ ist der **Erwartungswert** (2.35) und der Skalierungsparameter σ ist die **Standardabweichung** (2.37) der Normalverteilung.

2.51
standardisierte Normalverteilung
standardisierte Gauß-Verteilung
Normalverteilung (2.50) mit $\mu = 0$ und $\sigma = 1$

ANMERKUNG Die **Wahrscheinlichkeitsdichte** (2.26) der standardisierten Normalverteilung ist

$$f(x) = \frac{1}{\sqrt{2\pi}} e^{-x^2/2}$$

mit $-\infty < x < +\infty$. Tabellen der Normalverteilung enthalten diese Wahrscheinlichkeitsdichte und geben beispielsweise die Fläche unter f für Werte x aus $(-\infty, +\infty)$ an.

NOTE 3 The version of the probability mass function given in the definition is often called the "Pascal distribution" provided c is an integer greater than or equal to 1. In that case, the probability mass function describes the probability that the cth incident of the **event** (2.2), whose **probability** (2.5) is p, occurs in trial $(c + x)$.

NOTE 4 The **mean** (2.35) of the negative binomial distribution is $(cp)/(1 - p)$. The **variance** (2.36) of the negative binomial is $(cp)/(1 - p)^2$.

2.50
normal distribution
Gaussian distribution
continuous distribution (2.23) having the **probability density function** (2.26)

$$f(x) = \frac{1}{\sigma\sqrt{2\pi}} e^{-\frac{(x-\mu)^2}{2\sigma^2}}$$

where $-\infty < x < \infty$ and with parameters $-\infty < \mu < \infty$ and $\sigma > 0$.

NOTE 1 The normal distribution is one of the most widely used **probability distributions** (2.11) in applied statistics. Owing to the shape of the density function, it is informally referred to as the "bell-shaped" curve. Aside from serving as a model for random phenomena, it arises as the limiting distribution of **averages** (1.15). As a reference distribution in statistics, it is widely used to assess the unusualness of experimental outcomes.

NOTE 2 The location parameter μ is the **mean** (2.35) and the scale parameter σ is the **standard deviation** (2.37) of the normal distribution.

2.51
standardized normal distribution
standardized Gaussian distribution
normal distribution (2.50) with $\mu = 0$ and $\sigma = 1$

NOTE The **probability density function** (2.26) of the standardized normal distribution is

$$f(x) = \frac{1}{\sqrt{2\pi}} e^{-x^2/2}$$

where $-\infty < x < \infty$. Tables of the normal distribution involve this probability density function, giving for example, the area under f for values in $(-\infty, \infty)$.

2.52
Lognormalverteilung
kontinuierliche Wahrscheinlichkeitsverteilung (2.23) mit der **Wahrscheinlichkeitsdichte** (2.26)

$$f(x) = \frac{1}{x\sigma\sqrt{2\pi}} e^{-\frac{(\ln x - \mu)^2}{2\sigma^2}}$$

mit $x > 0$ und Parametern $-\infty < \mu < +\infty$ und $\sigma > 0$

ANMERKUNG 1 Wenn Y eine **Normalverteilung** (2.50) mit **Erwartungswert** (2.35) μ und **Standardabweichung** (2.37) σ hat, dann hat die durch $X = \exp(Y)$ gegebene Transformation die in der Definition genannte Wahrscheinlichkeitsdichte. Wenn X eine Lognormalverteilung mit der oben gegebenen Wahrscheinlichkeitsdichte hat, dann hat $\ln(X)$ eine Normalverteilung mit Erwartungswert μ und Standardabweichung σ.

ANMERKUNG 2 Der Erwartungswert der Lognormalverteilung ist $\exp[\mu + (\sigma^2)/2]$, ihre Varianz $\exp(2\mu + \sigma^2)\cdot[\exp(\sigma^2) - 1]$. Das zeigt, dass Erwartungswert und Varianz der Lognormalverteilung Funktionen der Parameter μ und σ^2 sind.

ANMERKUNG 3 Die Lognormalverteilung und die **Weibull-Verteilung** (2.63) werden in der Zuverlässigkeitstechnik häufig verwendet.

2.53
t-**Verteilung**
Student-Verteilung
kontinuierliche Wahrscheinlichkeitsverteilung (2.23) mit der **Wahrscheinlichkeitsdichte** (2.26)

$$f(t) = \frac{\Gamma[(v+1)/2]}{\sqrt{\pi v}\,\Gamma(v/2)} \cdot \left(1 + \frac{t^2}{v}\right)^{-(v+1)/2}$$

mit $-\infty < t < +\infty$ und Parameter v, positiv ganzzahlig

ANMERKUNG 1 Die *t*-Verteilung wird in der Praxis viel verwendet, um den **arithmetischen Mittelwert** (1.15) im häufig auftretenden Fall, dass die Standardabweichung der Grundgesamtheit aus den Daten geschätzt wird, zu beurteilen. Die aus der Stichprobe berechnete Kenngröße t kann mit der *t*-Verteilung mit $n - 1$ Freiheitsgraden verglichen werden, um einen berechneten Mittelwert als Abbild des wahren Mittelwertes der Grundgesamtheit zu beurteilen.

ANMERKUNG 2 Die *t*-Verteilung ergibt sich als die Verteilung des Quotienten zweier voneinander unabhängiger **Zufallsvariablen** (2.10), dessen Zähler eine **standardisierte Normalverteilung** (2.51) hat und dessen Nenner die positive Quadratwurzel aus einer durch die Zahl ihrer Freiheitsgrade dividierten **Chiquadrat-Verteilung** (2.57) ist. Der Parameter v wird als **Anzahl der Freiheitsgrade** (2.54) bezeichnet.

ANMERKUNG 3 Die Gammafunktion ist in 2.56 definiert.

2.52
lognormal distribution
continuous distribution (2.23) having the **probability density function** (2.26)

$$f(x) = \frac{1}{x\sigma\sqrt{2\pi}} e^{-\frac{(\ln x - \mu)^2}{2\sigma^2}}$$

where $x > 0$ and with parameters $-\infty < \mu < \infty$ and $\sigma > 0$

NOTE 1 If Y has a **normal distribution** (2.50) with **mean** (2.35) μ and **standard deviation** (2.37) σ, then the transformation given by $X = \exp(Y)$ has the probability density function given in the definition. If X has a lognormal distribution with density function as given in the definition, then $\ln(X)$ has a normal distribution with mean μ and standard deviation σ.

NOTE 2 The mean of the lognormal distribution is $\exp[\mu + (\sigma^2)/2]$ and the variance is $\exp(2\mu + \sigma^2) \times [\exp(\sigma^2) - 1]$. This indicates that the mean and variance of the lognormal distribution are functions of the parameters μ and σ^2.

NOTE 3 The lognormal distribution and **Weibull distribution** (2.63) are commonly used in reliability applications.

2.53
t **distribution**
Student's distribution
continuous distribution (2.23) having the **probability density function** (2.26)

$$f(t) = \frac{\Gamma[(v+1)/2]}{\sqrt{\pi v}\,\Gamma(v/2)} \times \left(1 + \frac{t^2}{v}\right)^{-(v+1)/2}$$

where $-\infty < t < \infty$ and with parameter v, a positive integer

NOTE 1 The *t* distribution is widely used in practice to evaluate the **sample mean** (1.15) in the common case where the population standard deviation is estimated from the data. The sample t statistic can be compared to the t distribution with $n - 1$ degrees of freedom to assess a specified mean as a depiction of the true population mean.

NOTE 2 The *t* distribution arises as the distribution of the quotient of two independent **random variables** (2.10), the numerator of which has a **standardized normal distribution** (2.51) and the denominator is distributed as the positive square root of a **chi-squared distribution** (2.57) after dividing by its degrees of freedom. The parameter v is referred to as the **degrees of freedom** (2.54).

NOTE 3 The gamma function is defined in 2.56.

2.54
Anzahl der Freiheitsgrade

v

Anzahl der Ausdrücke in einer Summe, abzüglich der Anzahl von Nebenbedingungen, der diese Ausdrücke der Summe unterliegen

ANMERKUNG Diesem Konzept wurde bereits früher im Zusammenhang mit der Verwendung von $n-1$ im Nenner des **Schätzers** (1.12) der **Stichprobenvarianz** (1.16) begegnet. Die Anzahl der Freiheitsgrade wird verwendet, um die Werte von Parametern zu modifizieren. Die Benennung Anzahl der Freiheitsgrade wird auch in ISO 3534-3 viel verwendet, in der mittlere Quadrate als Summen von quadrierten Abweichungen dargestellt werden, die durch die geeignete Anzahl von Freiheitsgraden geteilt sind.

2.54
degrees of freedom

v

number of terms in a sum minus the number of constraints on the terms of the sum

NOTE This concept was previously encountered in the context of using $n-1$ in the denominator of the **estimator** (1.12) of the **sample variance** (1.16). The number of degrees of freedom is used to modify parameters. The term degrees of freedom is also widely used in ISO 3534-3 where mean squares are given as sums of squares divided by the appropriate degrees of freedom.

2.55
F-Verteilung

kontinuierliche Wahrscheinlichkeitsverteilung (2.23) mit der **Wahrscheinlichkeitsdichte** (2.26)

2.55
F distribution

continuous distribution (2.23) having the **probability density function** (2.26)

$$f(x) = \frac{\Gamma[(v_1+v_2)/2]}{\Gamma(v_1/2)\Gamma(v_2/2)}(v_1)^{v_1/2}(v_2)^{v_2/2}\frac{x^{(v_1/2)-1}}{(v_1 x + v_2)^{(v_1+v_2)/2}}$$

mit

$x > 0$

v_1 und v_2 positiv ganzzahlig

Γ Gammafunktion, definiert in 2.56

ANMERKUNG 1 Die F-Verteilung ist eine nützliche Prüfverteilung für die Bewertung des Quotienten voneinander unabhängiger **Varianzen** (2.36).

ANMERKUNG 2 Die F-Verteilung ergibt sich als die Verteilung des Quotienten zweier voneinander unabhängiger Zufallsvariablen, jede mit einer **Chiquadrat-Verteilung** (2.57), geteilt durch die **Anzahl der Freiheitsgrade** (2.54). Der Wert des Parameters v_1 ist die Anzahl der Freiheitsgrade im Zähler und der Wert des Parameters v_2 die Anzahl der Freiheitsgrade im Nenner der F-Verteilung.

where

$x > 0$

v_1 and v_2 are positive integers

Γ is the gamma function defined in 2.56

NOTE 1 The F distribution is a useful reference distribution for assessing the ratio of independent **variances** (2.36).

NOTE 2 The F distribution arises as the distribution of the quotient of two independent random variables each having a **chi-squared distribution** (2.57), divided by its **degrees of freedom** (2.54). The parameter v_1 is the numerator degrees of freedom and v_2 is the denominator degrees of freedom of the F distribution.

2.56
Gammaverteilung

kontinuierliche Wahrscheinlichkeitsverteilung (2.23) mit der **Wahrscheinlichkeitsdichte** (2.26)

2.56
gamma distribution

continuous distribution (2.23) having the **probability density function** (2.26)

$$f(x) = \frac{x^{\alpha-1} e^{-x/\beta}}{\beta^\alpha \Gamma(\alpha)}$$

$$f(x) = \frac{x^{\alpha-1} e^{-x/\beta}}{\beta^\alpha \Gamma(\alpha)}$$

mit $x > 0$ und Parametern $\alpha > 0$, $\beta > 0$

ANMERKUNG 1 Die Gammaverteilung wird in Zuverlässigkeitsanwendungen verwendet, um die Dauer bis zum Ausfall zu beschreiben. Sie enthält die **Exponentialverteilung** (2.58) als Spezialfall und auch Fälle mit zunehmender Ausfallrate.

where $x > 0$ and parameters $\alpha > 0$, $\beta > 0$

NOTE 1 The gamma distribution is used in reliability applications for modelling time to failure. It includes the **exponential distribution** (2.58) as a special case as well as other cases with failure rates that increase with age.

ANMERKUNG 2 Die Gammafunktion ist durch

$$\Gamma(\alpha) = \int_0^\infty x^{\alpha-1} e^{-x} dx$$

gegeben. Für ganzzahlige Werte von α gilt $\Gamma(\alpha) = (\alpha - 1)!$

ANMERKUNG 3 Der **Erwartungswert** (2.35) der Gammaverteilung ist $\alpha\beta$, ihre **Varianz** (2.36) $\alpha\beta^2$.

2.57
Chiquadrat-Verteilung
χ^2-Verteilung
kontinuierliche Wahrscheinlichkeitsverteilung (2.23) mit der **Wahrscheinlichkeitsdichte** (2.26)

$$f(x) = \frac{x^{\frac{v}{2}-1} e^{-x/2}}{2^{v/2} \Gamma(v/2)}$$

mit $x > 0$ und $v > 0$

ANMERKUNG 1 Für Daten aus einer **Normalverteilung** (2.50) mit bekannter **Standardabweichung** (2.37) σ ist die Kenngröße nS^2/σ^2 χ^2-verteilt mit $n-1$ Freiheitsgraden. Dieses Ergebnis ist die Grundlage für die Bestimmung von Vertrauensbereichen für σ^2. Ein anderes Anwendungsgebiet der χ^2-Verteilung ist ihr Einsatz als Prüfverteilung für Anpassungstests.

ANMERKUNG 2 Diese Verteilung ist ein Spezialfall der **Gammaverteilung** (2.56) mit den Parametern $\alpha = v/2$ und $\beta = 2$. Der Parameter v wird als **Anzahl der Freiheitsgrade** (2.54) bezeichnet.

ANMERKUNG 3 Der **Erwartungswert** (2.35) der χ^2-Verteilung ist v, ihre **Varianz** (2.36) $2v$.

2.58
Exponentialverteilung
kontinuierliche Wahrscheinlichkeitsverteilung (2.23) mit der **Wahrscheinlichkeitsdichte** (2.26)

$$f(x) = \beta^{-1} e^{-x/\beta}$$

mit $x > 0$ und Parameter $\beta > 0$

ANMERKUNG 1 Die Exponentialverteilung ist ein wichtiges Hilfsmittel für Anwendungen in der Zuverlässigkeit. Sie bezieht sich auf die Eigenschaft „keine Alterung" oder „ohne Gedächtnis".

ANMERKUNG 2 Die Exponentialverteilung ist ein Spezialfall der **Gammaverteilung** (2.56) mit $\alpha = 1$ oder, gleichbedeutend, der χ^2-**Verteilung** (2.57) mit $v = 2$.

ANMERKUNG 3 Der **Erwartungswert** (2.35) der Exponentialverteilung ist β, ihre **Varianz** (2.36) β^2.

NOTE 2 The gamma function is defined by

$$\Gamma(\alpha) = \int_0^\infty x^{\alpha-1} e^{-x} dx$$

. For integer values of α,

$\Gamma(\alpha) = (\alpha - 1)!$

NOTE 3 The **mean** (2.35) of the gamma distribution is $\alpha\beta$. The **variance** (2.36) of the gamma distribution is $\alpha\beta^2$.

2.57
chi-squared distribution
χ^2 distribution
continuous distribution (2.23) having the **probability density function** (2.26)

$$f(x) = \frac{x^{\frac{v}{2}-1} e^{-x/2}}{2^{v/2} \Gamma(v/2)}$$

where $x > 0$ and with $v > 0$

NOTE 1 For data arising from a **normal distribution** (2.50) with known **standard deviation** (2.37) σ, the statistic nS^2/σ^2 has a chi-squared distribution with $n-1$ degrees of freedom. This result is the basis for obtaining confidence intervals for σ^2. Another area of application for the chi-squared distribution is as the reference distribution for goodness of fit tests.

NOTE 2 This distribution is a special case of the **gamma distribution** (2.56) with parameters $\alpha = v/2$ and $\beta = 2$. The parameter v is referred to as the **degrees of freedom** (2.54).

NOTE 3 The **mean** (2.35) of the chi-squared distribution is v. The **variance** (2.36) of the chi-squared distribution is $2v$.

2.58
exponential distribution
continuous distribution (2.23) having the **probability density function** (2.26)

$$f(x) = \beta^{-1} e^{-x/\beta}$$

where $x > 0$ and with parameter $\beta > 0$

NOTE 1 The exponential distribution provides a baseline in reliability applications, corresponding to the case of "lack of aging" or memory-less property.

NOTE 2 The exponential distribution is a special case of the **gamma distribution** (2.56) with $\alpha = 1$ or equivalently, the **chi-squared distribution** (2.57) with $v = 2$.

NOTE 3 The **mean** (2.35) of the exponential distribution is β. The **variance** (2.36) of the exponential distribution is β^2.

2.59
Betaverteilung
kontinuierliche Wahrscheinlichkeitsverteilung (2.23) mit der **Wahrscheinlichkeitsdichte** (2.26)

$$f(x) = \frac{\Gamma(\alpha+\beta)}{\Gamma(\alpha)\Gamma(\beta)} x^{\alpha-1}(1-x)^{\beta-1}$$

mit $0 \leq x \leq 1$ und Parametern $\alpha, \beta > 0$

ANMERKUNG Die Betaverteilung ist sehr flexibel; sie hat eine Wahrscheinlichkeitsdichte, die verschiedene Formen (unimodal, j-förmig, u-förmig) annehmen kann. Die Verteilung kann als Modell für die mit Anteilen verbundene Unsicherheit verwendet werden. Beispielsweise könnte in einer Anwendung zur Modellbildung für eine Sturmversicherung bei einer gegebenen Windgeschwindigkeit der erwartete Anteil von Schäden an einem bestimmten Typ von Gebäuden 0,4 sein, obwohl nicht alle Häuser, die diesem Sturm ausgesetzt sind, den gleichen Schaden aufweisen werden. Eine Betaverteilung mit Erwartungswert 0,40 könnte zur Modellierung der Schadensunterschiede an diesem Typ von Gebäuden dienen.

2.60
Rechteckverteilung
kontinuierliche Wahrscheinlichkeitsverteilung (2.23) mit der **Wahrscheinlichkeitsdichte** (2.26)

$$f(x) = \frac{1}{b-a}$$

mit $a \leq x \leq b$

ANMERKUNG 1 Die Rechteckverteilung mit $a = 0$ und $b = 1$ ist die Verteilung, die typischen Zufallszahlengeneratoren zugrunde liegt.

ANMERKUNG 2 Der **Erwartungswert** (2.35) der Rechteckverteilung ist $(a + b)/2$, ihre **Varianz** (2.36) $(b - a)^2/12$.

ANMERKUNG 3 Die Rechteckverteilung ist ein Spezialfall der Betaverteilung mit $\alpha = 1$ und $\beta = 1$.

2.61
Extremwertverteilung vom Typ I
Gumbel-Verteilung
kontinuierliche Wahrscheinlichkeitsverteilung (2.23) mit der **Verteilungsfunktion** (2.7)

$$F(x) = e^{-e^{-(x-a)/b}}$$

mit $-\infty < x < +\infty$ und Parametern $-\infty < a < +\infty, b > 0$

ANMERKUNG Extremwertverteilungen sind geeignete Prüfverteilungen für die äußersten **Ranggrößen** (1.9) $X_{(1)}$ und $X_{(n)}$. Die drei möglichen Grenzverteilungen für n gegen $+\infty$ werden von den drei Typen von Extremwertverteilungen in 2.61, 2.62 und 2.63 gebildet.

2.59
beta distribution
continuous distribution (2.23) having the **probability density function** (2.26)

$$f(x) = \frac{\Gamma(\alpha+\beta)}{\Gamma(\alpha)\Gamma(\beta)} x^{\alpha-1}(1-x)^{\beta-1}$$

where $0 \leq x \leq 1$ and with parameters $\alpha, \beta > 0$

NOTE The beta distribution is highly flexible, having a probability density function that has a variety of shapes (unimodal, "j"-shaped, "u"-shaped). The distribution can be used as a model of the uncertainty associated with a proportion. For example, in an insurance hurricane modelling application, the expected proportion of damage on a type of structure for a given wind speed might be 0,40, although not all houses experiencing this wind field will accrue the same damage. A beta distribution with mean 0,40 could serve to model the disparity in damage to this type of structure.

2.60
uniform distribution
rectangular distribution
continuous distribution (2.23) having the **probability density function** (2.26)

$$f(x) = \frac{1}{b-a}$$

where $a \leq x \leq b$

NOTE 1 The uniform distribution with $a = 0$ and $b = 1$ is the underlying distribution for typical random number generators.

NOTE 2 The **mean** (2.35) of the uniform distribution is $(a + b)/2$. The **variance** (2.36) of the uniform distribution is $(b - a)^2/12$.

NOTE 3 The uniform distribution is a special case of the beta distribution with $\alpha = 1$ and $\beta = 1$.

2.61
type I extreme value distribution
Gumbel distribution
continuous distribution (2.23) having the **distribution function** (2.7)

$$F(x) = e^{-e^{-(x-a)/b}}$$

where $-\infty < x < \infty$ with parameters $-\infty < a < \infty, b > 0$

NOTE Extreme value distributions provide appropriate reference distributions for the extreme **order statistics** (1.9) $X_{(1)}$ and $X_{(n)}$. The three possible limiting distributions as n tends to ∞ are provided by the three types of extreme value distributions given in 2.61, 2.62 and 2.63.

2.62
Extremwertverteilung vom Typ II
Fréchet-Verteilung
kontinuierliche Wahrscheinlichkeitsverteilung (2.23) mit der **Verteilungsfunktion** (2.7)

$$F(x) = e^{-\left(\frac{x-a}{b}\right)^{-k}}$$

mit $x > a$ und Parametern $-\infty < a < +\infty$, $b > 0$, $k > 0$

2.63
Extremwertverteilung vom Typ III
Weibull-Verteilung
kontinuierliche Wahrscheinlichkeitsverteilung (2.23) mit der **Verteilungsfunktion** (2.7)

$$F(x) = 1 - e^{-\left(\frac{x-a}{b}\right)^{k}}$$

mit $x > a$ und Parametern $-\infty < a < +\infty$, $b > 0$, $k > 0$

ANMERKUNG 1 Außer, dass sie eine der drei möglichen Grenzverteilungen der Extremwertstatistik ist, nimmt die Weibull-Verteilung einen herausragenden Platz bei verschiedenen Anwendungen ein, insbesondere in der Zuverlässigkeit und in den Ingenieurwissenschaften. Die Weibull-Verteilung liefert nachgewiesenermaßen empirische Anpassungen an eine Vielzahl von Datensätzen.

ANMERKUNG 2 Der Parameter a ist ein Lageparameter in dem Sinne, dass dies der kleinste Wert ist, den die Weibull-Verteilung annehmen kann. Der Parameter b ist ein Skalierungsparameter [bezogen auf die **Standardabweichung** (2.37) der Weibull-Verteilung]. Der Parameter k ist ein Formparameter.

ANMERKUNG 3 Für $k = 1$ wird aus der Weibull-Verteilung die Exponentialverteilung. Wird eine Exponentialverteilung mit $a = 0$ und Parameter b in die $(1/k)$-te Potenz erhoben, ergibt sich die Weibull-Verteilung in der Definition. Ein anderer Spezialfall der Weibull-Verteilung ist die Rayleigh-Verteilung (für $a = 0$ und $k = 2$).

2.64
mehrdimensionale Normalverteilung
kontinuierliche Wahrscheinlichkeitsverteilung (2.23) mit der **Wahrscheinlichkeitsdichte** (2.26)

2.62
type II extreme value distribution
Fréchet distribution
continuous distribution (2.23) having the **distribution function** (2.7)

$$F(x) = e^{-\left(\frac{x-a}{b}\right)^{-k}}$$

where $x > a$ and with parameters $-\infty < a < \infty$, $b > 0$, $k > 0$

2.63
type III extreme value distribution
Weibull distribution
continuous distribution (2.23) having **distribution function** (2.7)

$$F(x) = 1 - e^{-\left(\frac{x-a}{b}\right)^{k}}$$

where $x > a$ with parameters $-\infty < a < \infty$, $b > 0$, $k > 0$

NOTE 1 In addition to serving as one of the three possible limiting distributions of extreme order statistics, the Weibull distribution occupies a prominent place in diverse applications, particularly reliability and engineering. The Weibull distribution has been demonstrated to provide empirical fits to a variety of data sets.

NOTE 2 The parameter a is a location parameter in the sense that it is the minimum value that the Weibull distribution can achieve. The parameter b is a scale parameter [related to the **standard deviation** (2.37) of the Weibull distribution]. The parameter k is a shape parameter.

NOTE 3 For $k = 1$, the Weibull distribution is seen to include the exponential distribution. Raising an exponential distribution with $a = 0$ and parameter b to the power $1/k$ produces the Weibull distribution in the definition. Another special case of the Weibull distribution is the Rayleigh distribution (for $a = 0$ and $k = 2$).

2.64
multivariate normal distribution
continuous distribution (2.23) having the **probability density function** (2.26)

$$f(x) = (2\pi)^{-\pi/2} |\Sigma|^{-n/2} e^{-\frac{(x-\mu)^T \Sigma^{-1}(x-\mu)}{2}}$$

mit

$-\infty < x_i < +\infty$ für jedes i,

μ ein n-dimensionaler Parameter-Vektor,

Σ eine $n \cdot n$ symmetrische, positiv-definite Matrix von Parametern.

Der Fettdruck in der Formel bezeichnet n-dimensionale Vektoren.

ANMERKUNG Jede der **Randverteilungen** (2.18) der mehrdimensionalen Normalverteilung dieses Abschnittes hat eine Normalverteilung. Es gibt jedoch neben der Variante der Verteilung in diesem Abschnitt viele andere mehrdimensionale Verteilungen, deren Randverteilungen normalverteilt sind.

$$f(x) = (2\pi)^{-\pi/2} |\Sigma|^{-n/2} e^{-\frac{(x-\mu)^T \Sigma^{-1}(x-\mu)}{2}}$$

where

$-\infty < x_i < \infty$ for each i;

μ is an n-dimensional parameter vector;

Σ is an $n \times n$ symmetric, positive definite matrix of parameters; and

the boldface indicates n-dimensional vectors.

NOTE Each of the **marginal distributions** (2.18) of the multivariate distribution in this clause have a normal distribution. However, there are many other multivariate distributions having normal marginal distributions besides the version of the distribution given in this clause.

2.65
zweidimensionale Normalverteilung
kontinuierliche **Wahrscheinlichkeitsverteilung** (2.23) mit der **Wahrscheinlichkeitsdichte** (2.26)

2.65
bivariate normal distribution
continuous distribution (2.23) having the **probability density function** (2.26)

$$f(x,y) = \frac{1}{2\pi\sigma_x\sigma_y\sqrt{1-\rho^2}} \exp\left\{-\frac{1}{2(1-\rho^2)}\left[\left(\frac{x-\mu_x}{\sigma_x}\right)^2 - 2\rho\left(\frac{x-\mu_x}{\sigma_x}\right)\left(\frac{y-\mu_y}{\sigma_y}\right) + \left(\frac{y-\mu_y}{\sigma_y}\right)^2\right]\right\}$$

mit

$-\infty < x < +\infty$,

$-\infty < y < +\infty$,

$-\infty < \mu_x < +\infty$,

$-\infty < \mu_y < +\infty$,

$\sigma_x > 0$,

$\sigma_y > 0$,

$|\rho| < 1$

where

$-\infty < x < \infty$,

$-\infty < y < \infty$,

$-\infty < \mu_x < \infty$,

$-\infty < \mu_y < \infty$,

$\sigma_x > 0$,

$\sigma_y > 0$,

$|\rho| < 1$

ANMERKUNG 1 Wie die Schreibweise schon andeutet, ist für (X,Y) mit der obigen **Wahrscheinlichkeitsdichtefunktion** (2.26) $E(X) = \mu_x$, $E(Y) = \mu_y$, $V(X) = \sigma_x^2$, $V(Y) = \sigma_y^2$, und ρ ist der **Korrelationskoeffizient** (2.44) von X und Y.

ANMERKUNG 2 Die Randverteilungen der zweidimensionalen Normalverteilung sind normalverteilt. Die bedingte Verteilung von X, wenn $Y = y$, ist normalverteilt und ebenso die bedingte Verteilung von Y, wenn $X = x$.

NOTE 1 As the notation suggests, for (X,Y) having the above **probability density function** (2.26), $E(X) = \mu_x$, $E(Y) = \mu_y$, $V(X) = \sigma_x^2$, $V(Y) = \sigma_y^2$, and ρ is the **correlation coefficient** (2.44) between X and Y.

NOTE 2 The marginal distributions of the bivariate normal distribution have a normal distribution. The conditional distribution of X given $Y = y$ is normally distributed as is the conditional distribution of Y given $X = x$.

2.66
standardisierte zweidimensionale Normalverteilung
zweidimensionale **Normalverteilung** (2.65) mit standardisierten **Normalverteilungen** (2.51) als Komponenten

2.67
Stichprobenverteilung
Verteilung einer **Kenngröße** (1.8)[N25]

ANMERKUNG   Darstellungen von Stichprobenverteilungen finden sich in Anmerkung 2 zu 2.53, in Anmerkung 1 zu 2.55 und in Anmerkung 1 zu 2.57.

2.68
Wahrscheinlichkeitsraum
(Ω, $\aleph$, $\wp$)
Ereignisraum (2.1), eine zugehörige **Sigma-Algebra** (2.69) und ein **Wahrscheinlichkeitsmaß** (2.70)

BEISPIEL 1   In einem einfachen Fall könnte der Ereignisraum aus allen 105 an einem bestimmten Tag in einer Fabrik hergestellten Einheiten bestehen. Die Sigma-Algebra besteht aus allen möglichen Teilmengen. Solche Teilmengen umfassen {keine Einheiten}, {Einheit 1}, {Einheit 2}, ... {Einheit 105}, {Einheit 1 und Einheit 2}, ..., {alle 105 Einheiten}. Ein mögliches Wahrscheinlichkeitsmaß könnte definiert sein als die Anzahl der Einheiten in einem Ereignis, dividiert durch die Gesamtanzahl der an einem Tag hergestellten Einheiten. Beispielsweise hat das Ereignis {Einheit 4, Einheit 27, Einheit 92} das Wahrscheinlichkeitsmaß 3/105.

BEISPIEL 2   Als ein zweites Beispiel werden die Batterielebensdauern betrachtet. Wenn die Batterien beim Kunden eintreffen und keinen Strom liefern, beträgt die Lebensdauer null Stunden. Wenn die Batterien funktionieren, dann folgen ihre Lebensdauern irgendeiner **Wahrscheinlichkeitsverteilung** (2.11), wie beispielsweise der **Exponentialverteilung** (2.58). Die Gesamtheit der Lebensdauern wird dann durch eine Verteilung bestimmt, die eine Mischung aus diskret (der Anteil der Batterien, der bei Inbetriebnahme nicht funktioniert) und kontinuierlich (die tatsächlichen Lebensdauern) ist. Aus Vereinfachungsgründen wird in diesem Beispiel angenommen, dass die Lebensdauern im Vergleich zur Beobachtungsdauer relativ kurz sind und dass alle Lebensdauern über dem Kontinuum gemessen werden. Natürlich können in der Praxis unvollständig erfasste Lebensdauern (etwa, die Lebensdauer beträgt mindestens fünf Stunden, oder die Lebensdauer liegt zwischen 3 und 3,5 h) auftreten. In diesem Fall würden sich weitere Vorteile dieser Versuchsanordnung ergeben. Der Ereignisraum besteht aus der halben Zahlengeraden (reelle Zahlen größer oder gleich null). Die Sigma-Algebra umfasst alle Intervalle der Form [0, x) und die Menge {0}. Außerdem enthält die Sigma-Algebra alle abzählbaren Vereinigungs- und Schnittmengen dieser Mengen. Das Wahrscheinlichkeitsmaß ist für jede Menge

2.66
standardized bivariate normal distribution
bivariate normal distribution (2.65) having standardized normal distribution (2.51) components

2.67
sampling distribution
distribution of a statistic[N25]

NOTE   Illustrations of specific sampling distributions are given in Note 2 of 2.53, Note 1 of 2.55 and Note 1 of 2.57.

2.68
probability space
(Ω, $\aleph$, $\wp$)
sample space (2.1), an associated **sigma algebra of events** (2.69), and a **probability measure** (2.70)

EXAMPLE 1   As a simple case, the sample space could consist of all the 105 items manufactured in a specified day at a plant. The sigma algebra of events consists of all possible subsets. Such events include {no items}, {item 1}, {item 2}, ... {item 105}, {item 1 and item 2}, ..., {all 105 items}. One possible probability measure could be defined as the number of items in an event divided by the total number of manufactured items. For example, the event {item 4, item 27, item 92} has probability measure 3/105.

EXAMPLE 2   As a second example, consider battery lifetimes. If the batteries arrive in the hands of the customer and they have no power, the survival time is 0 h. If the batteries are functional, then their survival times follow some **probability distribution** (2.11), such as the **exponential** (2.58). The collection of survival times is then governed by a distribution that is a mixture between discrete (the proportion of batteries that are not functional to begin with) and continuous (an actual survival time). For simplicity in this example, it is assumed that the lifetimes of the batteries are relatively short compared to the study time and that all survival times are measured on the continuum. Of course, in practice the possibility of right or left censored survival times (for example, the failure time is known to be at least 5 h or the failure time is between 3 and 3,5 h) could occur, in which case, further advantages of this structure would emerge. The sample space consists of half of the real line (real numbers greater than or equal to zero). The sigma algebra of events includes all intervals of the form [0,x) and the set {0}. Additionally, the sigma algebra includes all countable unions and intersections of these sets. The probability measure involves determining for each set, its constituents that represent non-functional batteries and those having a positive survival time. Details on the computations associated with the failure times have been given throughout this clause where appropriate.

N25) Nationale Fußnote: Im Englischen wird hier versehentlich nicht auf 1.8 verwiesen. Dieser Fehler ist in der Übersetzung redaktionell korrigiert worden.

mit der Bestimmung ihrer Bestandteile verbunden, zu denen die bei Inbetriebnahme nicht funktionierenden Batterien und jene mit positiven Lebensdauern gehören. Einzelheiten zur Berechnung sind in diesem Abschnitt, wo notwendig, gegeben worden.

2.69
Sigma-Algebra
σ-Algebra
$\aleph$

Menge von **Ereignissen** (2.2) mit den Eigenschaften

a) gehört zu $\aleph$;

b) wenn ein Ereignis zu $\aleph$ gehört, dann gehört sein **Komplementärereignis** (2.3) auch zu $\aleph$;

c) wenn $\{A_i\}$ eine beliebige Menge von Ereignissen in $\aleph$ ist, dann gehören die Vereinigungsmenge $\bigcup_{i=1}^{\infty} A_i$ und die Schnittmenge $\bigcap_{i=1}^{\infty} A_i$ der Ereignisse zu $\aleph$

BEISPIEL 1   Wenn der Ereignisraum die Menge der ganzen Zahlen ist, dann darf die Menge aller Teilmengen der ganzen Zahlen als Sigma-Algebra ausgewählt werden.

BEISPIEL 2   Wenn der Ereignisraum die Menge der reellen Zahlen ist, dann darf eine Sigma-Algebra so ausgewählt werden, dass sie alle Mengen, die Intervallen auf der Zahlengeraden entsprechen, und alle endlichen und abzählbaren Vereinigungen und Durchschnitte dieser Intervalle, enthält. Dieses Beispiel kann durch Betrachtung von k-dimensionalen „Intervallen" auf höhere Dimensionen erweitert werden. Insbesondere bei zwei Dimensionen könnte die Menge der Intervalle aus Regionen bestehen, die durch $\{(x, y): x < s, y < t\}$ für alle reellen Werte von s und t definiert sind.

ANMERKUNG 1   Eine Sigma-Algebra ist eine Menge, die Mengen als Elemente hat. Der Ereignisraum Ω gehört entsprechend Eigenschaft a) zur Sigma-Algebra.

ANMERKUNG 2   Eigenschaft c) umfasst Mengenoperationen auf einer (möglicherweise abzählbar unendlichen) Menge von Teilmengen der Sigma-Algebra. Die verwendete Bezeichnung besagt, dass alle abzählbaren Vereinigungs- und Schnittmengen dieser Mengen auch zur Sigma-Algebra gehören.

ANMERKUNG 3   Eigenschaft c) bedeutet das Abgeschlossensein (die Mengen gehören zur Sigma-Algebra) gegenüber endlichen Vereinigungen und Schnitten. Die Kennzeichnung Sigma wird verwendet, um zu betonen, dass A auch bei abzählbar unendlichen Mengenoperationen abgeschlossen ist.

2.69
sigma algebra of events
σ-algebra
sigma field
σ-field
$\aleph$

set of **events** (2.2) with the properties:

a) belongs to $\aleph$;

b) if an event belongs to $\aleph$, then its **complementary event** (2.3) also belongs to $\aleph$;

c) if $\{A_i\}$ is any set of events in $\aleph$, then the union $\bigcup_{i=1}^{\infty} A_i$ and the intersection $\bigcap_{i=1}^{\infty} A_i$ of the events belong to $\aleph$

EXAMPLE 1   If the sample space is the set of integers, then a sigma algebra of events may be chosen to be the set of all subsets of the integers.

EXAMPLE 2   If the sample space is the set of real numbers, then a sigma algebra of events may be chosen to include all sets corresponding to intervals on the real line and all their finite and countable unions and intersections of these intervals. This example can be extended to higher dimensions by considering k-dimensional "intervals." In particular, in two dimensions, the set of intervals could consist of regions defined by $\{(x, y): x < s, y < t\}$ for all real values of s and t.

NOTE 1   A sigma algebra is a set consisting of sets as its members. The set of all possible outcomes Ω is a member of the sigma algebra of events, as indicated in property a).

NOTE 2   Property c) involves set operations on a collection of subsets (possibly countably infinite) of the sigma algebra of events. The notation given indicates that all countable unions and intersections of these sets also belong to the sigma algebra of events.

NOTE 3   Property c) includes closure (the sets belong to the sigma algebra of events) under either finite unions or intersections. The qualifier sigma is used to stress that A is closed even under countably infinite operations on sets.

2.70
Wahrscheinlichkeitsmaß

$\wp$

auf einer **Sigma-Algebra** (2.69) definierte, nichtnegative Funktion, derart dass

a) $\wp(\Omega) = 1$,

mit Ω **Ereignisraum** (2.1), und

b) $\wp\left(\bigcup_{i=1}^{\infty} A_i\right) = \sum_{i=1}^{\infty} \wp(A_i)$

mit $\{A_i\}$, eine Folge paarweise disjunkter **Ereignisse** (2.2)

BEISPIEL   Im Batterielebensdauerbeispiel von 2.1 werde das Ereignis betrachtet, dass die Batterie weniger als eine Stunde funktioniert. Dieses Ereignis besteht aus dem Paar disjunkter Ereignisse {funktioniert bei Inbetriebnahme nicht} und {funktioniert weniger als eine Stunde nach Inbetriebnahme}. Die Ereignisse können gleichwertig auch mit {0} und (0, 1) bezeichnet werden. Das Wahrscheinlichkeitsmaß von {0} ist der Anteil der Batterien, der bei Inbetriebnahme nicht funktioniert. Das Wahrscheinlichkeitsmaß der Menge (0, 1) hängt von der die Lebensdauer bestimmenden speziellen kontinuierlichen Wahrscheinlichkeitsverteilung ab [beispielsweise **Exponentialverteilung** (2.58)].

ANMERKUNG 1   Ein Wahrscheinlichkeitsmaß ordnet jedem Ereignis in der Sigma-Algebra einen Wert aus dem abgeschlossenen Intervall [0, 1] zu. Der Wert 0 entspricht einem unmöglichen Ereignis, während der Wert 1 für das sichere Ereignis steht. Insbesondere ist das mit der leeren Menge verbundene Wahrscheinlichkeitsmaß null und das dem Ereignisraum zugeordnete Wahrscheinlichkeitsmaß 1.

ANMERKUNG 2   Eigenschaft b) bedeutet, dass für eine Folge von Ereignissen, die bei paarweiser Betrachtung keine gemeinsamen Elemente haben, das Wahrscheinlichkeitsmaß der Vereinigungsmenge gleich der Summe aus den einzelnen Wahrscheinlichkeitsmaßen ist.

ANMERKUNG 3   Die drei Komponenten des Wahrscheinlichkeitsraumes[N26] sind im Grunde über Zufallsvariablen verknüpft. Die **Wahrscheinlichkeiten** (2.5) der Ereignisse in der Bildmenge der **Zufallsvariablen** (2.10) ergeben sich aus den Wahrscheinlichkeiten der Ereignisse im Stichprobenraum. Einem Ereignis in der Bildmenge der Zufallsvariablen wird die Wahrscheinlichkeit des Ereignisses im Stichprobenraum, der durch die Zufallsvariable auf sie abgebildet wird, zugeordnet.

ANMERKUNG 4   Die Bildmenge der Zufallsvariablen ist die Menge der reellen Zahlen oder die Menge geordneter n-Tupel reeller Zahlen. (Es ist zu beachten, dass die Bildmenge die Menge ist, auf die die Zufallsvariable abbildet.)

2.70
probability measure

$\wp$

non-negative function defined on the **sigma algebra of events** (2.69) such that

a) $\wp(\Omega) = 1$,

where Ω denotes the **sample space** (2.1),

b) $\wp\left(\bigcup_{i=1}^{\infty} A_i\right) = \sum_{i=1}^{\infty} \wp(A_i)$

where $\{A_i\}$ is a sequence of pair-wise disjoint **events** (2.2).

EXAMPLE   Continuing the battery life example of 2.1, consider the event that the battery survives less than one hour. This event consists of the disjoint pair of events {does not function} and {functions less than one hour but functions initially}. Equivalently, the events can be denoted {0} and (0,1). The probability measure of {0} is the proportion of batteries that do not function upon the initial attempt. The probability measure of the set (0, 1) depends on the specific continuous probability distribution [for example, **exponential** (2.58)] governing the failure distribution.

NOTE 1   A probability measure assigns a value from [0, 1] for each event in the sigma algebra of events. The value 0 corresponds to an event being impossible, while the value 1 represents certainty of occurrence. In particular, the probability measure associated with the null set is zero and the probability measure assigned to the sample space is 1.

NOTE 2   Property b) indicates that if a sequence of events has no elements in common when considered in pairs, then the probability measure of the union is the sum of the individual probability measures. As further indicated in property b), this holds if the number of events is countably infinite.

NOTE 3   The three components of the probability[N26] are effectively linked via random variables. The **probabilities** (2.5) of the events in the image set of the **random variable** (2.10) derive from the probabilities of events in the sample space. An event in the image set of the random variable is assigned the probability of the event in the sample space that is mapped onto it by the random variable.

NOTE 4   The image set of the random variable is the set of real numbers or the set of ordered n-tuplets of real numbers. (Note that the image set is the set onto which the random variable maps.)

N26) Nationale Fußnote: Im Englischen wird hier versehentlich falsch die Wahrscheinlichkeit (probability) genannt. Dieser Fehler ist in der Übersetzung redaktionell korrigiert worden.

Anhang A
(informativ)
Formelzeichen

Annex A
(informative)
Symbols

Formelzeichen Symbol(s)	Deutsche Benennung German term	Englische Benennung English term	Begriff Nr. Term No.
A	Ereignis	event	2.2
A^c	Komplementärereignis	complementary event	2.3
$\aleph$	Sigma-Algebra von Ereignissen; σ-Algebra	sigma algebra of events, σ algebra, sigma field, σ-field	2.69
α	Signifikanzniveau	significance level	1.45
$\alpha, \lambda, \mu, \beta, \sigma, \rho, \gamma, p, N, M, c, v, a, b, k$	Parameter	parameter	
β_2	Koeffizient der Kurtosis	coefficient of kurtosis	2.40
$E(X^k)$	Stichprobenmoment der Ordnung k	sample moment of order k	1.14
$E[g(X)]$	Erwartungswert der Funktion g einer Zufallsvariablen X	expectation of the function g of a random variable X	2.12
$F(x)$	Verteilungsfunktion	distribution function	2.7
$f(x)$	Wahrscheinlichkeitsdichte	probability density function	2.26
γ_1	Koeffizient der Schiefe	coefficient of skewness	2.39
H	Hypothese	hypothesis	1.40
H_0	Nullhypothese	null hypothesis	1.41
H_A, H_1	Alternativhypothese	alternative hypothesis	1.42
k	Dimension	dimension	
k, r, s	Ordnung eines Momentes	order of a moment	1.14, 2.34, 2.41, 2.42
μ	Erwartungswert	mean	2.35
ν	Freiheitsgrade	degrees of freedom	2.54
n	Stichprobenumfang	sample size	
Ω	Ereignisraum	sample space	2.1
$(\Omega, \aleph, \wp)$	Wahrscheinlichkeitsraum	probability space	2.68

Formelzeichen Symbol(s)	Deutsche Benennung German term	Englische Benennung English term	Begriff Nr. Term No.
$P(A)$	Wahrscheinlichkeit eines Ereignisses A	probability of an event A	2.5
$P(A\|B)$	bedingte Wahrscheinlichkeit von A unter der Bedingung B	conditional probability of A given B	2.6
$\wp$	Wahrscheinlichkeitsmaß	probability measure	2.70
r_{xy}	Stichprobenkorrelationskoeffizient	sample correlation coefficient	1.23
s	beobachteter Wert der Stichprobenstandardabweichung	observed value of a sample standard deviation	
S	Stichprobenstandardabweichung	sample standard deviation	1.17
S^2	Stichprobenvarianz	sample variance	1.16
S_{XY}	Stichprobenkovarianz	sample covariance	1.22
σ	Standardabweichung	standard deviation	2.37
σ^2	Varianz	variance	2.36
σ_{XY}	Kovarianz	covariance	2.43
$\sigma_{\hat{\theta}}$	Standardabweichung einer Schätzfunktion	standard error	1.24
$\sigma_{\bar{X}}$	Standardabweichung einer Schätzfunktion des Stichprobenmittelwertes	standard error of the sample mean	
θ	Parameter einer Verteilung	parameter of a distribution	
$\hat{\theta}$	Schätzer	estimator	1.12
$V(X)$	Varianz einer Zufallsvariablen X	variance of a random variable X	2.36
$X_{(i)}$	i-te Ranggröße	i^{th} order statistic	1.9
x, y, z	beobachteter Wert	observed value	1.4
X, Y, Z, T	Zufallsvariable	random variable	2.10
X_p, x_p	p-Quantil	p-quantile, p-fractile	2.13
$\bar{X}, \bar{x}$	Stichprobenmittelwert; Mittelwert; arithmetischer Mittelwert	average, sample mean	1.15

Anhang B
(informativ)

Statistische Begriffsdiagramme

Annex B
(informative)

Statistical concept diagrams

- ◆ Grundgesamtheit (1.1)
- ◊ population (1.1)

- ◆ Probe; Stichprobe (1.3)
- ◊ sample (1.3)

- ◆ Auswahleinheit (1.2)
- ◊ sampling unit (1.2)

- ◆ Verteilungsfunktion (2.7)
- ◊ distribution function (2.7)

- ◆ beobachteter Wert (1.4)
- ◊ observed value (1.4)

- ◆ Zufallsstichprobe (1.6)
- ◊ random sample (1.6)

- ◆ Zufallsvariable (2.10)
- ◊ random variable (2.10)

- ◆ Kenngröße (1.8)
- ◊ statistic (1.8)

- ◆ Prüfgröße (1.52)
- ◊ test statistic (1.52)

- ◆ einfache Zufallsstichprobe (1.7)
- ◊ simple random sample (1.7)

- ◆ Ranggröße (1.9)
- ◊ order statistic (1.9)

- ◆ beschreibende Statistik (1.5)
- ◊ descriptive statistics (1.5)

- ◆ Schätzer (1.12)
- ◊ estimator (1.12)

- ◆ Stichprobenmedian (1.13)
- ◊ sample median (1.13)

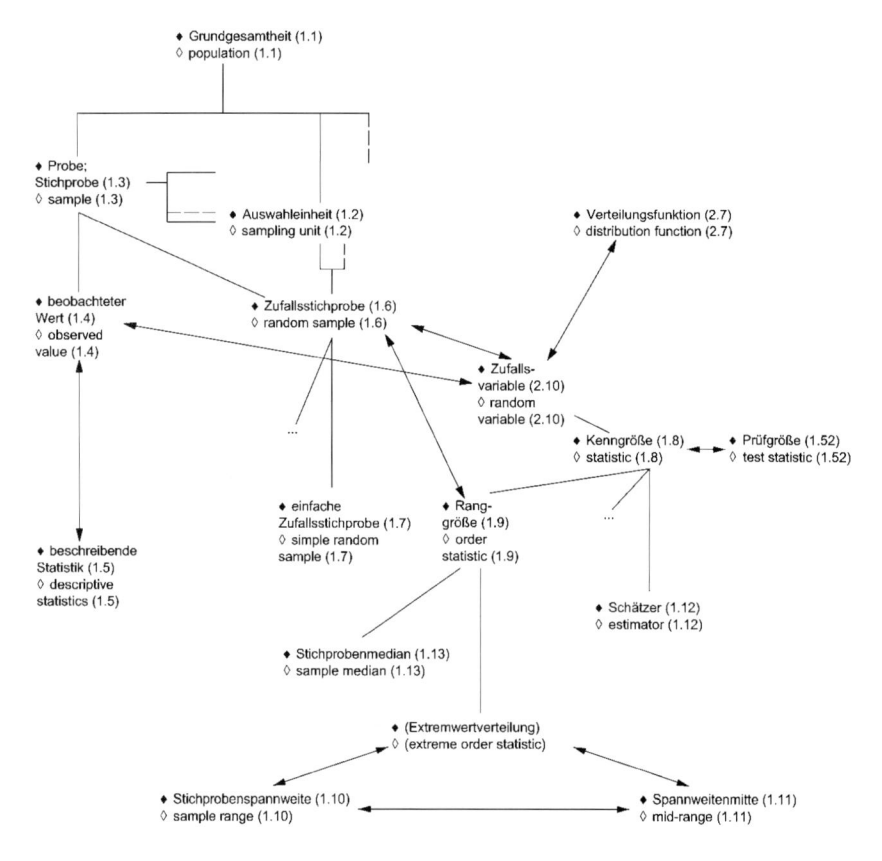

- ◆ (Extremwertverteilung)
- ◊ (extreme order statistic)

- ◆ Stichprobenspannweite (1.10)
- ◊ sample range (1.10)

- ◆ Spannweitenmitte (1.11)
- ◊ mid-range (1.11)

Bild B.1 — Grundlegende Begriffe zu Grundgesamtheit und Stichprobe

Figure B.1 — Basic population and sample concepts

- ♦ einfache Zufallsstichprobe (1.7)
- ◊ simple random sample (1.7)

- ♦ Stichprobenmoment der Ordnung k (1.14)
- ◊ sample moment of order k (1.14)

- ♦ Stichprobenmittelwert;
  Mittelwert; arithmetischer Mittelwert (1.15)
- ◊ sample mean (1.15)

- ♦ Stichproben-
  variationskoeffizient (1.18)
- ◊ sample coefficient
  of variation (1.18)

- ♦ Stichprobenvarianz (1.16)
- ◊ sample variance (1.16)

- ♦ Stichprobenkoeffizient
  der Schiefe (1.20)
- ◊ sample coefficient
  of skewness (1.20)

- ♦ Stichprobenkoeffizient
  der Kurtosis (1.21)
- ◊ sample coefficient
  of kurtosis (1.21)

- ♦ Stichprobenkorre-
  lationskoeffizient (1.23)
- ◊ sample correlation
  coefficient (1.23)

- ♦ Stichprobenstandardabweichung (1.17)
- ◊ sample standard deviation (1.17)

- ♦ Stichprobenkovarianz (1.22)
- ◊ sample covariance (1.22)

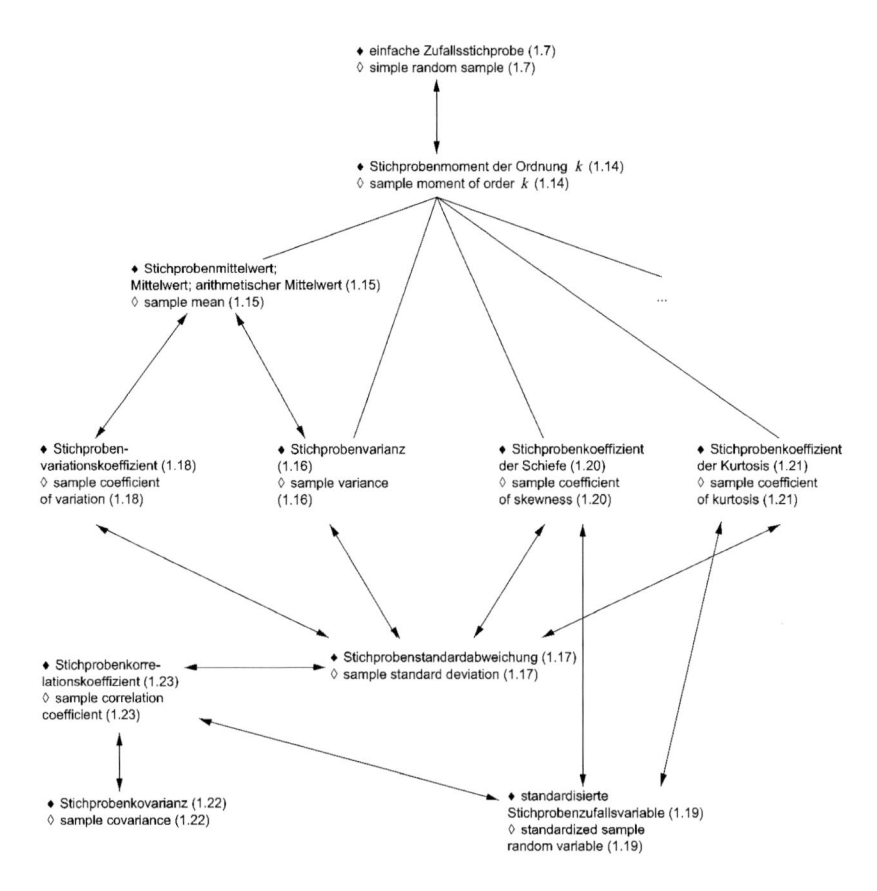

- ♦ standardisierte
  Stichprobenzufallsvariable (1.19)
- ◊ standardized sample
  random variable (1.19)

Bild B.2 — Begriffe zu Stichprobenmomenten

Figure B.2 — Concepts regarding sample moments

- ◆ Standardabweichung einer Schätzfunktion (1.24)
- ◊ standard error (1.24)

- ◆ Schätzer (1.12)
- ◊ estimator (1.12)

- ◆ Schätzung (1.36)
- ◊ estimation (1.36)

- ◆ Bereichsschätzer (1.25)
- ◊ interval estimator (1.25)

- ◆ Schätzwert (1.31)
- ◊ estimate (1.31)

- ◆ Schätzabweichung (1.32)
- ◊ error of estimation (1.32)

- ◆ Maximum-Likelihood-Schätzer (1.35)
- ◊ maximum likelihood estimator (1.35)

- ◆ Maximum-Likelihood-Schätzung (1.37)
- ◊ maximum likelihood estimation (1.37)

- ◆ Prognosebereich (1.30)
- ◊ prediction interval (1.30)

- ◆ systematische Abweichung (1.33)
- ◊ bias (1.33)

- ◆ erwartungstreuer Schätzer (1.34)
- ◊ unbiased estimator (1.34)

- ◆ Parameter (2.9)
- ◊ parameter (2.9)

- ◆ Likelihood-Funktion (1.38)
- ◊ likelihood function (1.38)

- ◆ Vertrauensbereich (1.28)
- ◊ confidence interval (1.28)

- ◆ statistischer Anteilsbereich (1.26)
- ◊ statistical tolerance interval (1.26)

- ◆ Wahrscheinlichkeitsdichte (2.26)
- ◊ probability density function (2.26)

- ◆ Verteilungsfamilie (2.8)
- ◊ family of distributions (2.8)

- ◆ Profil-Likelihood-Funktion (1.39)
- ◊ profile likelihood function (1.39)

- ◆ Wahrscheinlichkeitsfunktion (2.24)
- ◊ probability mass function (2.24)

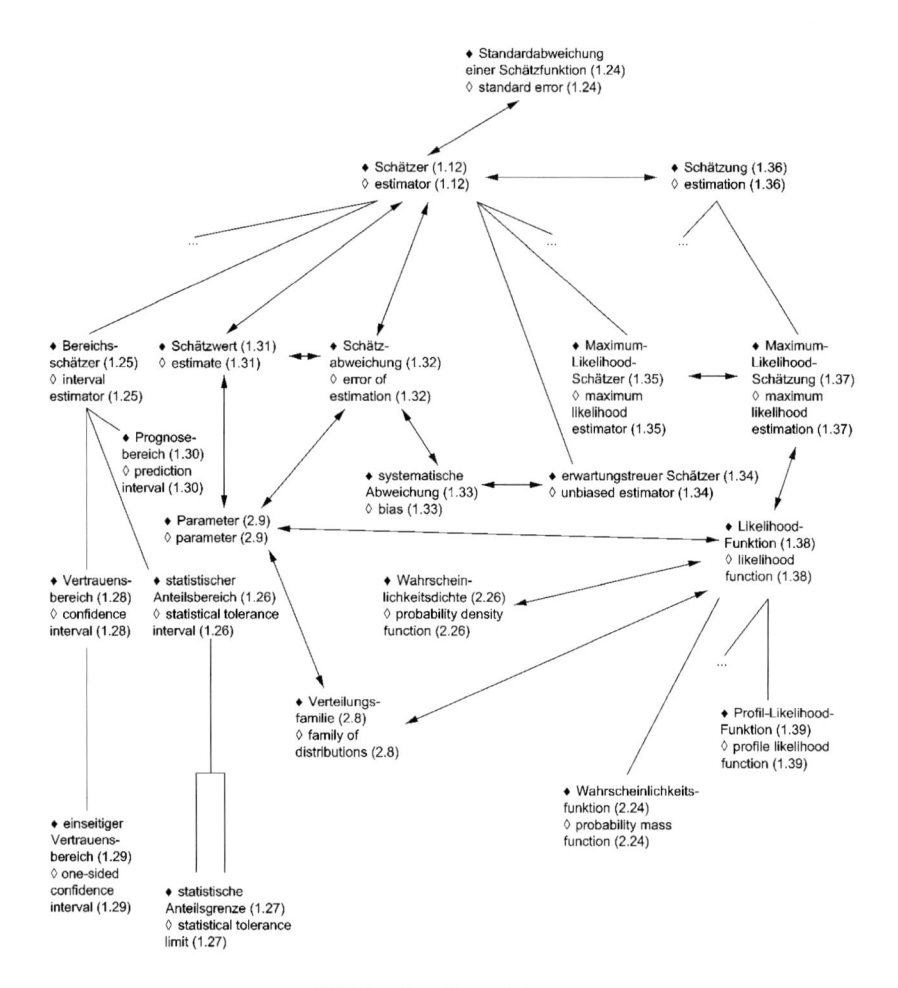

- ◆ einseitiger Vertrauensbereich (1.29)
- ◊ one-sided confidence interval (1.29)

- ◆ statistische Anteilsgrenze (1.27)
- ◊ statistical tolerance limit (1.27)

Bild B.3 — Begriffe zur Schätzung

Figure B.3 — Estimation concepts

Bild B.4 — Begriffe zu statistischen Tests

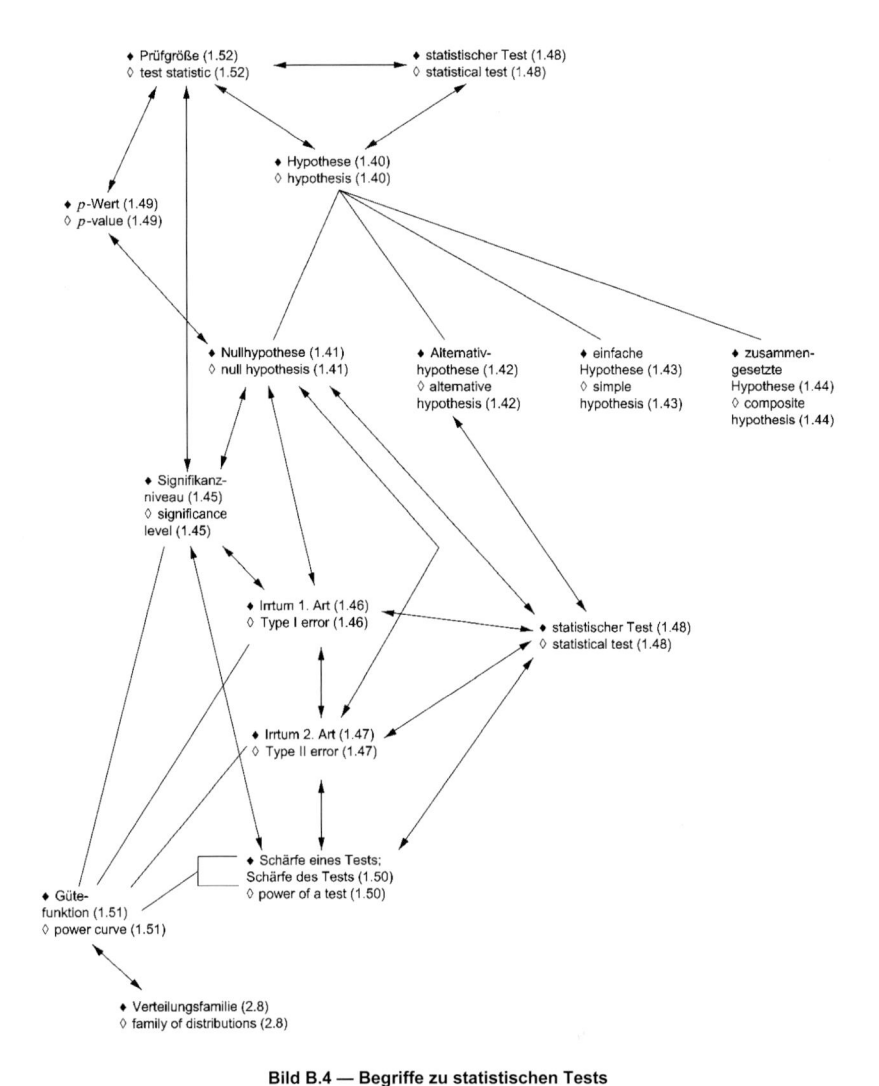

Figure B.4 — Concepts regarding statistical tests

- beschreibende Statistik (1.5)
◊ descriptive statistics (1.5)

- graphisch beschreibende Statistik (1.53)
◊ graphical descriptive statistics (1.53)

- numerisch beschreibende Statistik (1.54)
◊ numerical descriptive statistics (1.54)

- beobachteter Wert (1.4)
◊ observed value (1.4)

- Klasse (1.55)
◊ class (1.55)

- Häufigkeit (1.59)
◊ frequency (1.59)

- Klassengrenzen (1.56)
◊ class limits (1.56)

- Klassenmitte (1.57)
◊ mid-point of class (1.57)

- Klassenbreite (1.58)
◊ class width (1.58)

- Häufigkeitsverteilung (1.60)
◊ frequency distribution (1.60)

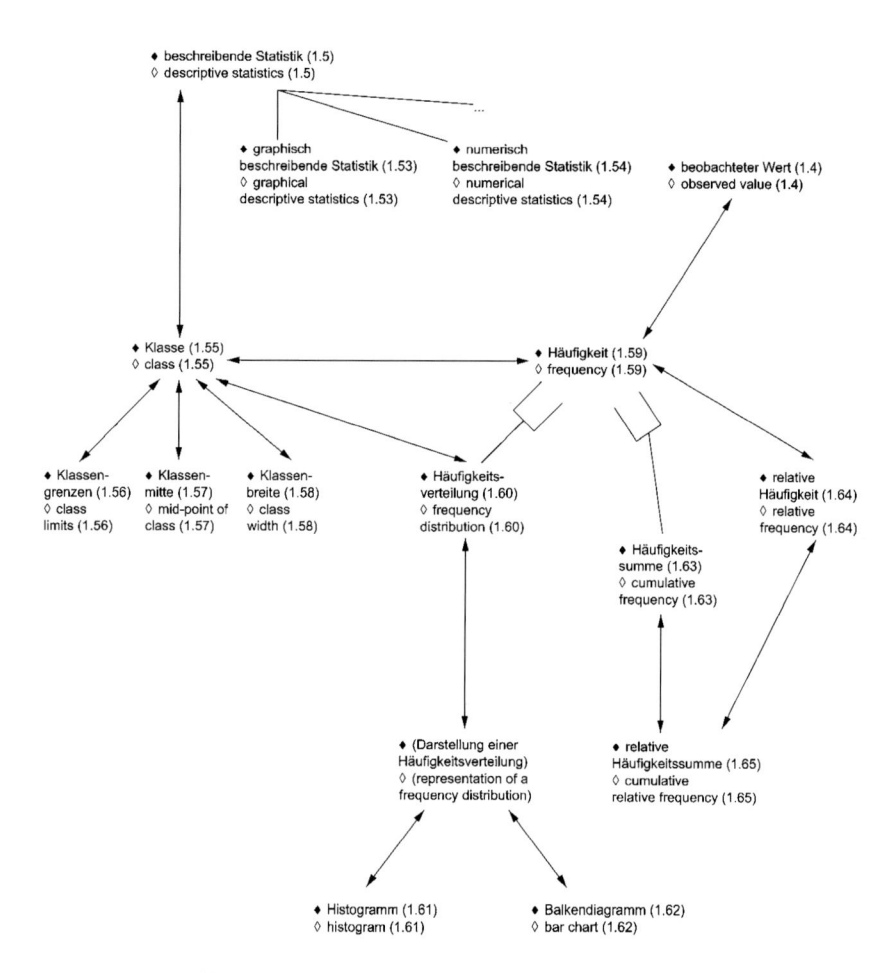

- relative Häufigkeit (1.64)
◊ relative frequency (1.64)

- Häufigkeitssumme (1.63)
◊ cumulative frequency (1.63)

- (Darstellung einer Häufigkeitsverteilung)
◊ (representation of a frequency distribution)

- relative Häufigkeitssumme (1.65)
◊ cumulative relative frequency (1.65)

- Histogramm (1.61)
◊ histogram (1.61)

- Balkendiagramm (1.62)
◊ bar chart (1.62)

Bild B.5 — Begriffe zu Klassen und empirischen Verteilungen

Figure B.5 — Concepts regarding classes and empirical distributions

DIN ISO 3534-1:2009-10

- ♦ (begrenzte Grundgesamtheit)
  ◊ (finite population)
- ♦ (unbegrenzte Grundgesamtheit)
  ◊ (infinite population)
- ♦ (hypothetische Grundgesamtheit)
  ◊ (hypothetical population)

- ♦ Grundgesamtheit (1.1)
  ◊ population (1.1)

- ♦ (statistisches Modell)
  ◊ (statistical model)

- ♦ Probe; Stichprobe (1.3)
  ◊ sample (1.3)

- ♦ Zufallsvariable (2.10)
  ◊ random variable (2.10)

- ♦ Parameter (2.9)
  ◊ parameter (2.9)

- ♦ beobachteter Wert (1.4)
  ◊ observed value (1.4)

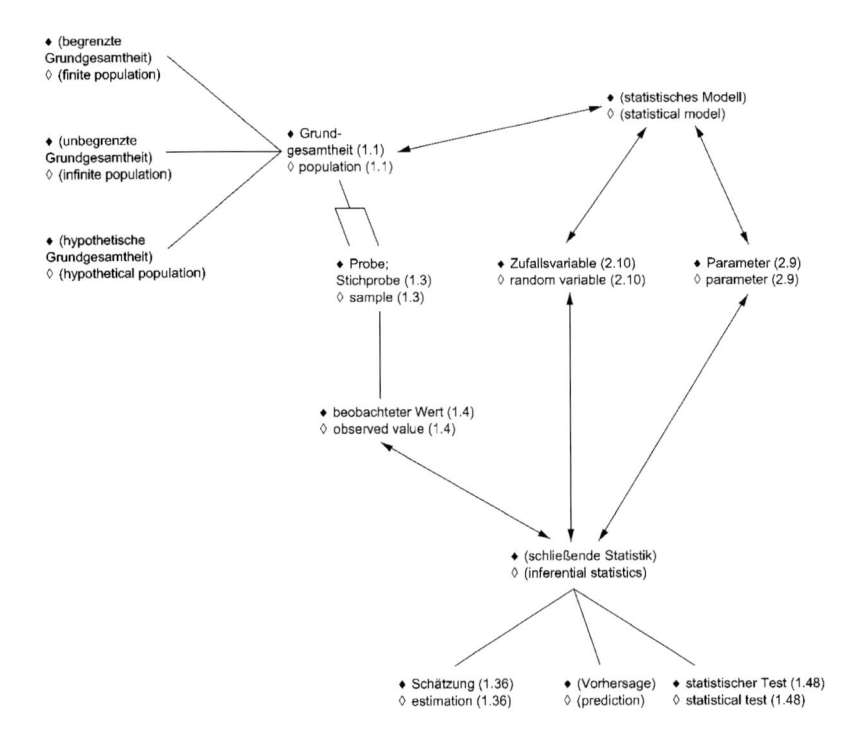

- ♦ (schließende Statistik)
  ◊ (inferential statistics)

- ♦ Schätzung (1.36)
  ◊ estimation (1.36)
- ♦ (Vorhersage)
  ◊ (prediction)
- ♦ statistischer Test (1.48)
  ◊ statistical test (1.48)

Bild B.6 — Begriffe zur statistischen Schlussweise

Figure B.6 — Statistical inference concept diagram

DIN ISO 3534-1:2009-10

Anhang C
(informativ)

Begriffsdiagramme zur Wahrscheinlichkeit

Annex C
(informative)

Probability concept diagrams

- ♦ Wahrscheinlichkeitsraum, $(\Omega, N, \wp)$ (2.68)
- ◊ probability space, $(\Omega, N, \wp)$ (2.68)

- ♦ Erwartungswert (2.12)
- ◊ expectation (2.12)

- ♦ Ereignisraum, Ω (2.1)
- ◊ sample space, Ω (2.1)

- ♦ Sigma-Algebra, N (2.69)
- ◊ sigma algebra of events, N (2.69)

- ♦ Wahrscheinlichkeitsmaß, $\wp$ (2.70)
- ◊ probability measure, $\wp$ (2.70)

- ♦ Komplementärereignis (2.3)
- ◊ complementary event (2.3)

- ♦ Ereignis (2.2)
- ◊ event (2.2)

- ♦ Wahrscheinlichkeit eines Ereignisses A (2.5)
- ◊ probability of an event A (2.5)

- ♦ bedingte Wahrscheinlichkeit $P(A|B)$ (2.6)
- ◊ conditional probability $P(A|B)$ (2.6)

- ♦ Verteilungsfamilie (2.8)
- ◊ family of distributions (2.8)

- ♦ Parameter (2.9)
- ◊ parameter (2.9)

- ♦ unabhängige Ereignisse (2.4)
- ◊ independent events (2.4)

$(-\infty, x]$

- ♦ Verteilungsfunktion (2.7)
- ◊ distribution function (2.7)

- ♦ Wahrscheinlichkeitsverteilung; Verteilung (2.11)
- ◊ probability distribution (2.11)

- ♦ Zufallsvariable (2.10)
- ◊ random variable (2.10)

- ♦ p-Quantil (2.13)
- ◊ p-quantile (2.13)

...

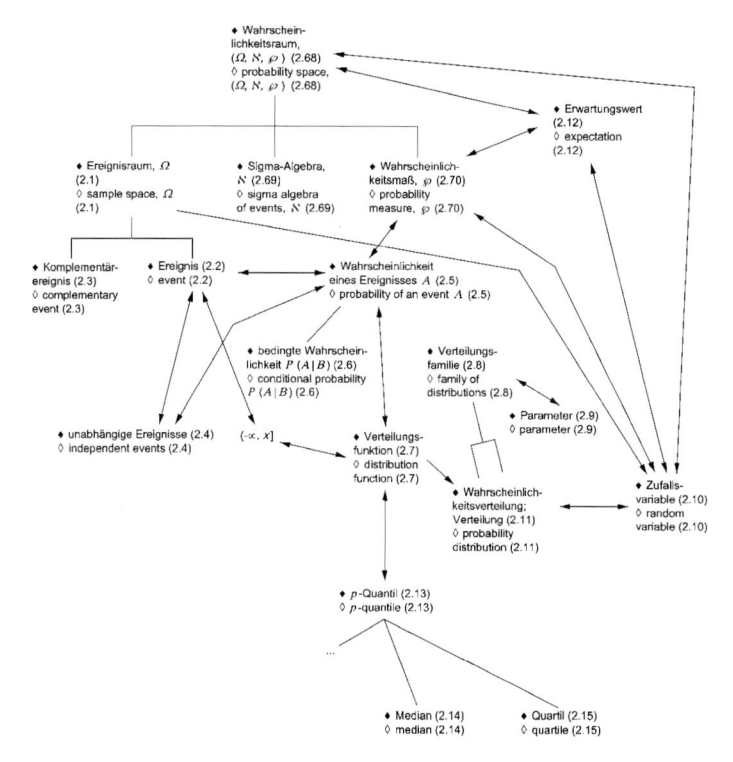

- ♦ Median (2.14)
- ◊ median (2.14)

- ♦ Quartil (2.15)
- ◊ quartile (2.15)

Bild C.1 — Grundlegende Begriffe zu Wahrscheinlichkeit

Figure C.1 — Fundamental concepts in probability

- Wahrscheinlichkeitsverteilung; Verteilung (2.11)
◊ probability distribution (2.11)

- Zufallsvariable (2.10)
◊ random variable (2.10)

- Erwartungswert (2.12)
◊ expectation (2.12)

- diskrete Zufallsvariable (2.28)
◊ discrete random variable (2.28)

- kontinuierliche Zufallsvariable (2.29)
◊ continuous random variable (2.29)

- Moment der Ordnungen r und s (2.41)
◊ joint moment of orders r and s (2.41)

- zentrierte Wahrscheinlichkeitsverteilung (2.30)
◊ centred probability distribution (2.30)

- zentrierte Zufallsvariable (2.31)
◊ centred random variable (2.31)

- Moment der Ordnung r (2.34)
◊ moment of order r (2.34)

- zentrales Moment der Ordnungen r und s (2.42)
◊ joint central moment of orders r and s (2.42)

- Erwartungswert (2.35)
◊ mean (2.35)

- Kovarianz (2.43)
◊ covariance (2.43)

- standardisierte Wahrscheinlichkeitsverteilung (2.32)
◊ standardized probability distribution (2.32)

- standardisierte Zufallsvariable (2.33)
◊ standardized random variable (2.33)

- Variationskoeffizient (2.38)
◊ coefficient of variation (2.38)

- Varianz (2.36)
◊ variance (2.36)

- Koeffizient der Schiefe (2.39)
◊ coefficient of skewness (2.39)

- Koeffizient der Kurtosis (2.40)
◊ coefficient of kurtosis (2.40)

- Standardabweichung einer Schätzfunktion (1.24)
◊ standard error (1.24)

- Standardabweichung (2.37)
◊ standard deviation (2.37)

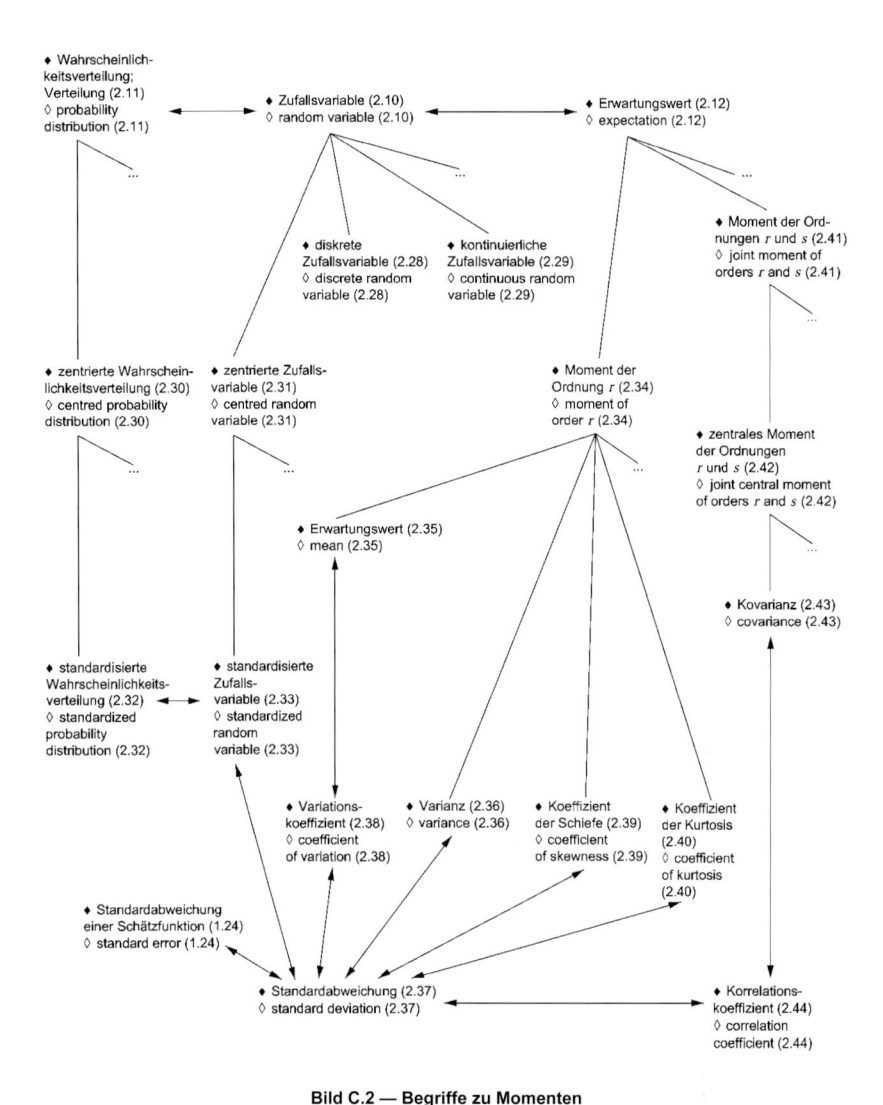

- Korrelationskoeffizient (2.44)
◊ correlation coefficient (2.44)

Bild C.2 — Begriffe zu Momenten

Figure C.2 — Concepts regarding moments

DIN ISO 3534-1:2009-10

- Wahrscheinlichkeitsverteilung; Verteilung (2.11)
- ◊ probability distribution (2.11)

- ♦ eindimensionale Wahrscheinlichkeitsverteilung; eindimensionale Verteilung (2.16)
  ◊ univariate probability distribution (2.16)

- ♦ mehrdimensionale Wahrscheinlichkeitsverteilung; mehrdimensionale Verteilung (2.17)
  ◊ multivariate probability distribution (2.17)

- ♦ Wahrscheinlichkeitsfunktion (2.24)
  ◊ probability mass function (2.24)

- ♦ diskrete Wahrscheinlichkeitsverteilung (2.22)
  ◊ discrete probability distribution (2.22)

- ♦ kontinuierliche Wahrscheinlichkeitsverteilung (2.23)
  ◊ continuous probability distribution (2.23)

- ♦ Wahrscheinlichkeitsdichte (2.26)
  ◊ probability density function (2.26)

- ♦ Modalwert der Wahrscheinlichkeitsfunktion (2.25)
  ◊ mode of probability mass function (2.25)

- ♦ Modalwert der Wahrscheinlichkeitsdichte (2.27)
  ◊ mode of probability density function (2.27)

- ♦ Randverteilung (2.18)
  ◊ marginal probability distribution (2.18)

- ♦ bedingte Verteilung (2.19)
  ◊ conditional probability distribution (2.19)

- ♦ Multinomialverteilung (2.45)
  ◊ multinomial distribution (2.45)

- ♦ Poissonverteilung (2.47)
  ◊ Poisson distribution (2.47)

- ♦ hypergeometrische Verteilung (2.48)
  ◊ hypergeometric distribution (2.48)

- ♦ negative Binomialverteilung (2.49)
  ◊ negative binomial distribution (2.49)

- ♦ Regressionskurve (2.20)
  ◊ regression curve (2.20)

- ♦ Regressionsfläche (2.21)
  ◊ regression surface (2.21)

- ♦ mehrdimensionale Wahrscheinlichkeitsverteilung (2.17)
  ◊ multivariate probability distribution (2.17)

- ♦ Binomialverteilung (2.46)
  ◊ binomial distribution (2.46)

- ♦ eindimensionale Wahrscheinlichkeitsverteilung (2.16)
  ◊ univariate probability distribution (2.16)

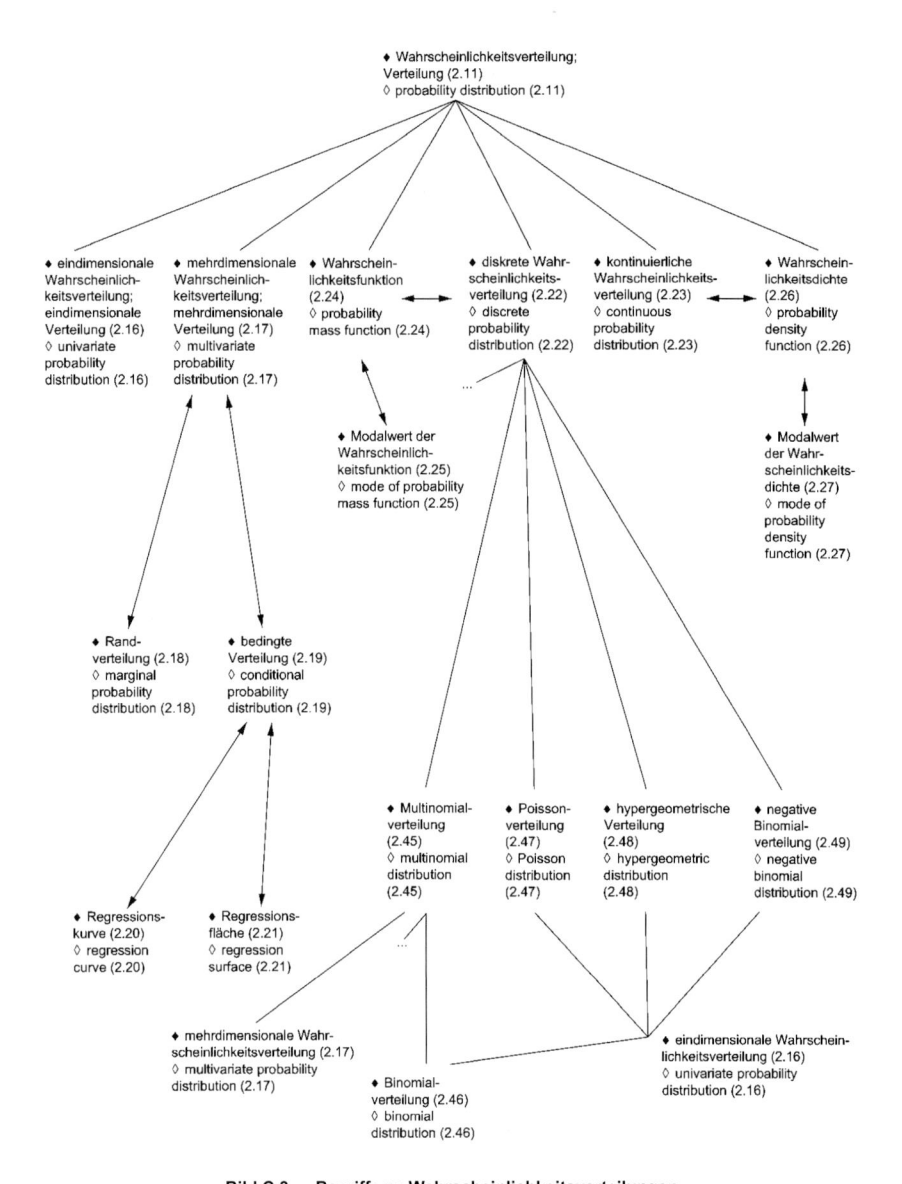

Bild C.3 — Begriffe zu Wahrscheinlichkeitsverteilungen

Figure C.3 — Concepts regarding probability distributions

- ♦ kontinuierliche Wahrscheinlichkeitsverteilung (2.23)
- ◊ continuous probability distribution (2.23)

- ♦ Lognormalverteilung (2.52)
- ◊ lognormal distribution (2.52)

- ♦ Normalverteilung (2.50)
- ◊ normal distribution (2.50)

- ♦ t-Verteilung (2.53)
- ◊ t distribution (2.53)

- ♦ F-Verteilung (2.55)
- ◊ F distribution (2.55)

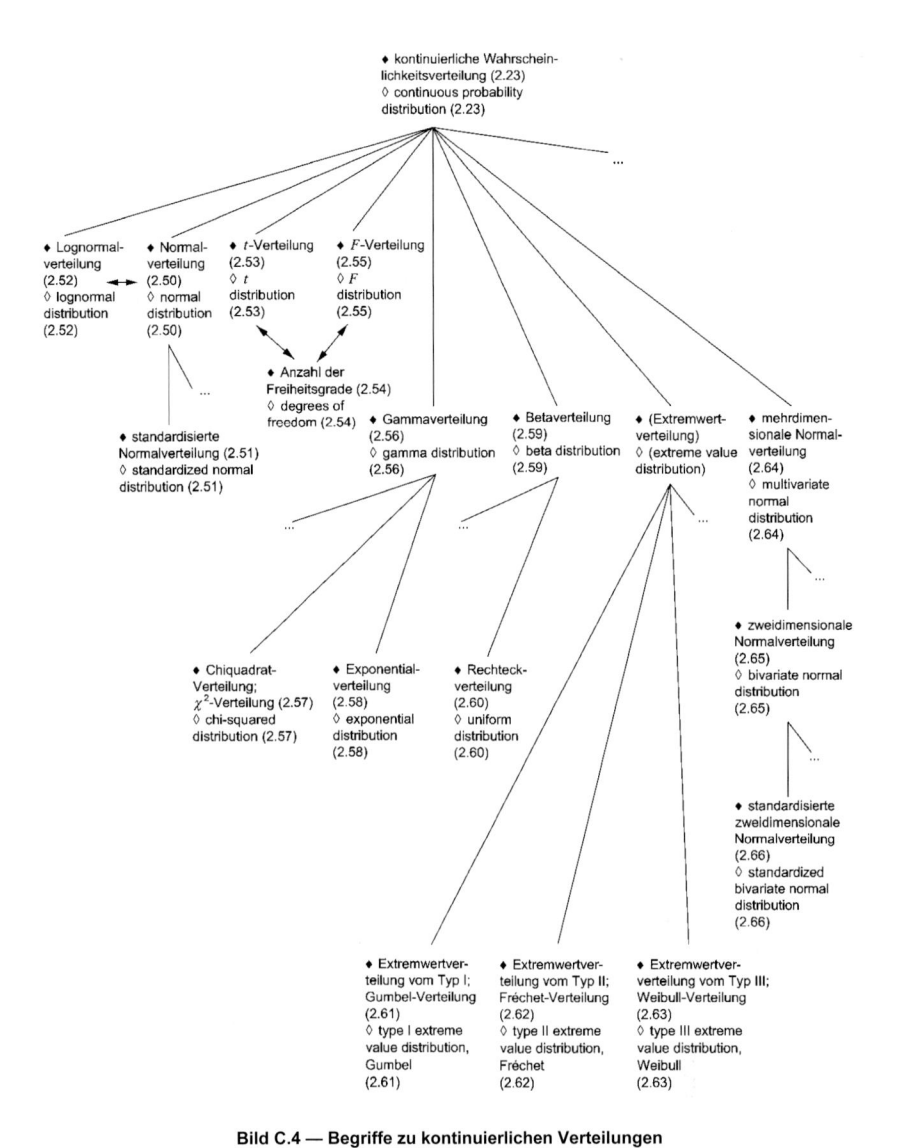

- ♦ Anzahl der Freiheitsgrade (2.54)
- ◊ degrees of freedom (2.54)

- ♦ standardisierte Normalverteilung (2.51)
- ◊ standardized normal distribution (2.51)

- ♦ Gammaverteilung (2.56)
- ◊ gamma distribution (2.56)

- ♦ Betaverteilung (2.59)
- ◊ beta distribution (2.59)

- ♦ (Extremwertverteilung)
- ◊ (extreme value distribution)

- ♦ mehrdimensionale Normalverteilung (2.64)
- ◊ multivariate normal distribution (2.64)

- ♦ Chiquadrat-Verteilung; χ^2-Verteilung (2.57)
- ◊ chi-squared distribution (2.57)

- ♦ Exponentialverteilung (2.58)
- ◊ exponential distribution (2.58)

- ♦ Rechteckverteilung (2.60)
- ◊ uniform distribution (2.60)

- ♦ zweidimensionale Normalverteilung (2.65)
- ◊ bivariate normal distribution (2.65)

- ♦ standardisierte zweidimensionale Normalverteilung (2.66)
- ◊ standardized bivariate normal distribution (2.66)

- ♦ Extremwertverteilung vom Typ I; Gumbel-Verteilung (2.61)
- ◊ type I extreme value distribution, Gumbel (2.61)

- ♦ Extremwertverteilung vom Typ II; Fréchet-Verteilung (2.62)
- ◊ type II extreme value distribution, Fréchet (2.62)

- ♦ Extremwertverteilung vom Typ III; Weibull-Verteilung (2.63)
- ◊ type III extreme value distribution, Weibull (2.63)

Bild C.4 — Begriffe zu kontinuierlichen Verteilungen

Figure C.4 — Concepts regarding continuous distributions

Anhang D
(informativ)

Liste von Formelzeichen und Abkürzungen

D.1 Einleitung

Die universelle Anwendbarkeit der ISO-Normenfamilie bedingt die Verwendung einer einheitlichen und abgestimmten Terminologie, die für die potentiellen Anwender von Normen der angewandten Statistik leicht verständlich ist.

Begriffe hängen zusammen, und die Analyse dieser Beziehungen zwischen Begriffen auf dem Gebiet der angewandten Statistik und ihre Gruppierung in Begriffsdiagrammen ist Voraussetzung einer einheitlichen Terminologie. Solch eine Analyse ist bei der Entwicklung dieses Teil von ISO 3534 durchgeführt worden. Da die im Entwicklungsprozess verwendeten Begriffsdiagramme in informativem Sinne hilfreich sein können, sind sie in D.4 wiedergegeben.

D.2 Inhalt eines Eintrags und die Substitutionsregel

Der Begriff ist die Transfer-Einheit zwischen Sprachen (einschließlich Varianten innerhalb einer Sprache, zum Beispiel amerikanisches Englisch und britisches Englisch). Für jede Sprache ist die für ein weitgehendes Verständnis des Begriffs in dieser Sprache am besten geeignete Benennung gewählt, das heißt keine lexikongetreue Übersetzung.

Eine Definition wird durch Beschreibung nur jener Merkmale, die wesentlich für das Erkennen des Begriffs sind, gebildet. Den Begriff betreffende Informationen, die wichtig, aber nicht wesentlich für seine Beschreibung sind, stehen in einer oder mehreren Anmerkungen zur Definition.

Wenn eine Benennung durch ihre Definition mit geringfügigen Änderungen im Satzbau substituiert wird, sollte sich kein geänderter Sinn des Textes ergeben. Solch eine Substitution ist eine einfache Methode zur Prüfung der Genauigkeit einer Definition. Wenn die Definition jedoch komplex ist, derart, dass sie mehrere Benennungen enthält, substituiert man am besten nur durch eine oder höchstens zwei Definitionen auf einmal. Die vollständige Substitution aller Benennungen ist satzbautechnisch schwierig zu erreichen und erschwert das Überblicken des Sinnes.

Annex D
(informative)

Methodology used in the development of the vocabulary

D.1 Introduction

The universal application of the ISO family of standards requires the employment of a coherent and harmonized vocabulary that is easily understandable by potential users of applied statistics standards.

Concepts are interrelated, and an analysis of these relationships among concepts within the field of applied statistics and their arrangement into concept diagrams is a prerequisite of a coherent vocabulary. Such an analysis was used in the development of this part of ISO 3534. Since the concept diagrams employed during the development process may be helpful in an informative sense, they are reproduced in D.4.

D.2 Content of a vocabulary entry and the substitution rule

The concept forms the unit of transfer between languages (including variants within one language, e.g. American English and British English). For each language, the most appropriate term for the universal transparency of the concept in that language, i.e. not a literal approach to translation, is chosen.

A definition is formed by describing only those characteristics that are essential to identify the concept. Information concerning the concept which is important but which is not essential to its description is put in one or more notes to the definition.

When a term is substituted by its definition, subject to minor syntax changes, there should be no change in the meaning of the text. Such a substitution provides a simple method for checking the accuracy of a definition. However, where the definition is complex in the sense that it contains a number of terms, substitution is best carried out taking one or, at most, two definitions at a time. Complete substitution of the totality of the terms will become difficult to achieve syntactically and will be unhelpful in conveying meaning.

D.3 Begriffsbeziehungen und ihre graphische Darstellung

D.3.1 Allgemeines

In der Terminologiearbeit gründen sich die Beziehungen zwischen Begriffen auf die hierarchische Einstufung der Merkmale der Art, sodass die am wenigsten aufwendige Beschreibung eines Begriffs das Nennen seiner Art und Beschreiben der Merkmale, die ihn von seinem Eltern- oder Geschwisterbegriff unterscheiden, ist.

In diesem Anhang sind drei grundlegende Arten von Begriffsbeziehungen erwähnt: die Abstraktionsbeziehung (D.3.2), die Bestandsbeziehung (D.3.3) und die assoziative Beziehung (D.3.4).

D.3.2 Abstraktionsbeziehung

Unterbegriffe in der Hierarchie erben alle Merkmale des Oberbegriffs und enthalten Beschreibungen derjenigen Merkmale, die sie vom Ober- (Eltern-) und zugeordneten (Geschwister-)Begriff unterscheiden, zum Beispiel die Beziehung von Frühling, Sommer, Herbst und Winter zu Jahreszeit.

Abstraktionsbeziehungen werden durch schräg verlaufende Linien ohne Pfeilspitzen dargestellt (siehe Bild D.1).

D.3 Concept relationships and their graphical representation

D.3.1 General

In terminology work, the relationships between concepts are based on the hierarchical formation of the characteristics of a species so that the most economical description of a concept is formed by naming its species an describing the characteristics that distinguish it from its parent or sibling concepts.

There are three primary forms of concept relationships indicated in this annex: generic (D.3.2), partitive (D.3.3) and associative (D.3.4).

D.3.2 Generic relation

Subordinate concepts within the hierarchy inherit all the characteristics of the superordinate concept and contain descriptions of these characteristics which distinguish them from the superordinate (parent) and coordinate (sibling) concepts, e.g. the relation of spring, summer, autumn and winter to season.

Generic relations are depicted by a fan or tree diagram without arrows (see Figure D.1).

```
                    Jahreszeit
                     season
           ┌──────────┼──────────┐
        Frühling  Sommer    Herbst    Winter
        spring    summer    autumn    winter
```

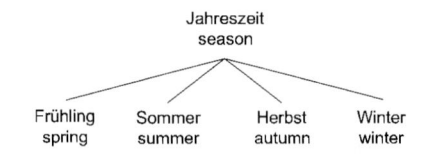

Bild D.1 — Graphische Darstellung einer Abstraktionsbeziehung

Figure D.1 — Graphical representation of a generic relation

D.3.3 Bestandsbeziehung

Unterbegriffe in der Hierarchie sind konstituierende Elemente des Oberbegriffs, zum Beispiel können Frühling, Sommer, Herbst und Winter als Elemente des Begriffs Jahr definiert werden. Dagegen ist es unzweckmäßig, sonniges Wetter (ein mögliches Merkmal des Sommers) als Element eines Jahres zu definieren.

Bestandsbeziehungen werden durch senkrecht und waagerecht verlaufende Linien ohne Pfeilspitzen dargestellt (siehe Bild D.2). Singuläre Elemente werden durch eine Linie, multiple Elemente durch Doppellinien dargestellt.

D.3.3 Partitive relations

Subordinate concepts within the hierarchy from constituent parts of the superordinate concept, e.g. spring, summer, autumn and winter may be defined as parts of the concept year. In comparison, it is inappropriate to define sunny weather (one possible characteristic of summer) as part of a year.

Partitive relations are depicted by a rake, without arrows (see Figure D.2). Singular parts are depicted by one line, multiple parts by double lines.

```
                    Jahr
                    year
        ┌───────┬────┴───┬───────┐
     Frühling  Sommer  Herbst  Winter
     spring   summer  autumn  winter
```

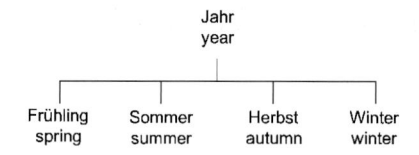

Bild D.2 — Graphische Darstellung einer Bestandsbeziehung

Figure D.2 — Graphical representation of a partitive relation

D.3.4 Assoziative Beziehung

Assoziative Beziehungen sind in der Darstellung nicht so unaufwendig wie Abstraktionsbeziehungen und Bestandsbeziehungen, aber dennoch hilfreich beim Erkennen der Art der Beziehung zwischen einem und einem anderen Begriff in einem Begriffssystem, zum Beispiel Ursache und Wirkung, Tätigkeit und Ort, Tätigkeit und Ergebnis, Werkzeug und Funktion, Material und Produkt.

Assoziative Beziehungen werden durch Linien mit Pfeilspitzen an beiden Enden dargestellt (siehe Bild D.3).

D.3.4 Associative relation

Associative relations cannot provide the economies in description that are present in generic and partitive relations but are helpful in identifying the nature of the relationship between one concept and another within a concept system, e.g. cause and effect, activity and location, activity and result, tool and function, material and product.

Associative relations are depicted by a line with arrowheads at each end (see Figure D.3).

```
   Sonnenschein  ◄─────────────►   Sommer
   sunshine                         summer
```

Bild D.3 — Graphische Darstellung einer assoziativen Beziehung

Figure D.3 — Graphical representation of an associative relation

D.4 Begriffsdiagramme

Die Bilder B.1 bis B.5 zeigen die Begriffsdiagramme, auf denen die Definitionen in Abschnitt 1 dieses Teils von ISO 3534 beruhen. Bild B.6 ist ein zusätzliches Begriffsdiagramm, das die Beziehung bestimmter Begriffe, die in den vorherigen Bildern B.1 bis B.5 auftreten, zeigt. Die Bilder C.1 bis C.4 zeigen die Begriffsdiagramme, auf denen die Definitionen in Abschnitt 2 dieses Teils von ISO 3534 beruhen. Es gibt mehrere Begriffe, die in verschiedenen Begriffsdiagrammen erscheinen und so eine Verknüpfung zwischen den Diagrammen bilden. Im Folgenden werden diese Begriffe für die einzelnen Bilder angegeben.

D.4 Concept diagrams

Figures B.1 to B.5 show the concept diagrams on which the definitions in Clause 1 of this part of ISO 3534 are based. Figure B.6 is an additional concept diagram that indicates the relationship of certain terms appearing previously in Figures B.1 to B.5. Figures C.1 to C.4 show the concept diagrams on which the definitions in Clause 2 of this part of ISO 3534 are based. There are several terms which appear in multiple concept diagrams, thus providing a linkage among the diagrams, are indicated. These are indicated as follows:

Bild B.1 Grundlegende Begriffe zu Grundgesamtheit und Stichprobe: Figure B.1 Basic population and sample concepts:			
beschreibende Statistik descriptive statistics	(1.5)	Bild B.5 Figure B.5	
einfache Zufallsstichprobe simple random sample	(1.7)	Bild B.2 Figure B.2	
Schätzer estimator	(1.12)	Bild B.3 Figure B.3	
Prüfgröße test statistic	(1.52)	Bild B.4 Figure B.4	
Zufallsvariable random variable	(2.10)	Bilder C.1, C.2 Figures C.1, C.2	
Verteilungsfunktion distribution function	(2.7)	Bild C.1 Figure C.1	
Bild B.2 Begriffe zu Stichprobenmomenten: Figure B.2 Concepts regarding sample moments:			
einfache Zufallsstichprobe simple random sample	(1.7)	Bild B.1 Figure B.1	
Bild B.3 Begriffe zur Schätzung: Figure B.3 Estimation concepts:			
Schätzer estimator	(1.12)	Bild B.1 Figure B.1	
Parameter parameter	(2.9)	Bild C.1 Figure C.1	
Verteilungsfamilie family of distributions	(2.8)	Bilder B.4, C.1 Figures B.4, C.1	
Wahrscheinlichkeitsdichte probability density function	(2.26)	Bild C.3 Figure C.3	
Wahrscheinlichkeitsfunktion probability mass function	(2.24)	Bild C.3 Figure C.3	
Bild B.4 Begriffe zu statistischen Tests: Figure B.4 Concepts regarding statistical tests:			
Prüfgröße test statistic	(1.52)	Bild B.1 Figure B.1	
Wahrscheinlichkeitsdichte probability density function	(2.26)	Bilder B.3, C.3 Figures B.3, C.3	
Wahrscheinlichkeitsfunktion probability mass function	(2.24)	Bilder B.3, C.3 Figures B.3, C.3	
Verteilungsfamilie family of distributions	(2.8)	Bilder B.3, C.1 Figures B.3, C.1	

Bild B.5 Begriffe zu Klassen und empirischen Verteilungen: Figure B.5 Concepts regarding classes and empirical distributions:		
beschreibende Statistik descriptive statistics	(1.5)	Bild B.1 Figure B.1
Bild B.6 Begriffe zur statistischen Schlussweise: Figure B.6 Statistical inference concept diagram:		
Grundgesamtheit population	(1.1)	Bild B.1 Figure B.1
Stichprobe sample	(1.3)	Bild B.1 Figure B.1
beobachteter Wert observed value	(1.4)	Bilder B.1, B.5 Figures B.1, B.5
Schätzung estimation	(1.36)	Bild B.3 Figure B.3
statistischer Test statistical test	(1.48)	Bild B.4 Figure B.4
Parameter parameter	(2.9)	Bilder B.3, C.1 Figures B.3, C.1
Zufallsvariable random variable	(2.10)	Bilder B.1, C.1, C.2 Figures B.1, C.1, C.2
Bild C.1 Grundlegende Begriffe zu Wahrscheinlichkeit: Figure C.1 Fundamental concepts in probability:		
Zufallsvariable random variable	(2.10)	Bilder B.1, C.2 Figures B.1, C.2
Wahrscheinlichkeitsverteilung probability distribution	(2.11)	Bilder C.2, C.3 Figures C.2, C.3
Verteilungsfamilie family of distributions	(2.8)	Bilder B.3, B.4 Figures B.3, B.4
Verteilungsfunktion distribution function	(2.7)	Bild B.1 Figure B.1
Parameter parameter	(2.9)	Bild B.3 Figure B.3
Bild C.2 Begriffe zu Momenten: Figure C.2 Concepts on moments:		
Zufallsvariable random variable	(2.10)	Bilder B.1, C.1 Figures B.1, C.1
Wahrscheinlichkeitsverteilung probability distribution	(2.11)	Bilder C.1, C.3 Figures C.1, C.3

Bild C.3 Begriffe zu Wahrscheinlichkeitsverteilungen:		
Figure C.3 Concepts on probability distributions:		
Wahrscheinlichkeitsverteilung probability distribution	(2.11)	Bilder C.1, C.2 Figures C.1, C.2
Wahrscheinlichkeitsfunktion probability mass function	(2.24)	Bilder B.3, B.4 Figures B.3, B.4
kontinuierliche Wahrscheinlichkeitsverteilung continuous distribution	(2.23)	Bild C.4 Figure C.4
eindimensionale Verteilung univariate distribution	(2.16)	Bild C.4 Figure C.4
mehrdimensionale Verteilung multivariate distribution	(2.17)	Bild C.4 Figure C.4
Bild C.4 Begriffe zu kontinuierlichen Verteilungen:		
Figure C.4 Concepts regarding continuous distributions:		
eindimensionale Verteilung univariate distribution	(2.16)	Bild C.3 Figure C.3
mehrdimensionale Verteilung multivariate distribution	(2.17)	Bild C.3 Figure C.3
kontinuierliche Wahrscheinlichkeitsverteilung continuous distribution	(2.23)	Bild C.3 Figure C.3

Als ein letzter Hinweis im Zusammenhang mit Bild C.4 werden einige Beispiele eindimensionaler Verteilungen genannt: Normalverteilung, t-Verteilung, F-Verteilung, standardisierte Normalverteilung, Gammaverteilung, Betaverteilung, Chiquadrat-Verteilung, Exponentialverteilung, Gleichverteilung, Extremwertverteilung vom Typ I, Extremwertverteilung vom Typ II und Extremwertverteilung vom Typ III. Die folgenden Verteilungen sind Beispiele für mehrdimensionale Verteilungen: mehrdimensionale Normalverteilung, zweidimensionale Normalverteilung und standardisierte zweidimensionale Normalverteilung. Die eindimensionale Verteilung (2.16) und die mehrdimensionale Verteilung (2.17) in das Begriffsdiagramm aufzunehmen, würde das Bild über Gebühr überladen.

As a final note on Figure C.4, the following distributions are examples of univariate distributions: normal, t distribution, F distribution, standardized normal, gamma, beta, chi-squared, exponential, uniform, Type I extreme value, Type II extreme value and Type III extreme value. The following distributions are examples of multivariate distributions: multivariate normal, bivariate normal and standardized bivariate normal. To include univariate distribution (2.16) and multivariate distribution (2.17) in the concept diagram would unduly clutter the figure.

Literaturhinweise

[1] ISO 31-11:1992, *Quantities and units — Part 11: Mathematical signs and symbols for use in the physical sciences and technology*

[2] ISO 3534-2:2006, *Statistics — Vocabulary and symbols — Part 2: Applied statistics*

[3] ISO 5725 (all parts), *Accuracy (trueness and precision) of measurement methods and results*

[4] VIM:1993, *International vocabulary of basic and general terms in metrology,* BIPM, IEC, IFCC, ISO, OIML, IUPAC, IUPAP

Bibliography

[1] ISO 31-11:1992, *Quantities and units — Part 11: Mathematical signs and symbols for use in the physical sciences and technology*

[2] ISO 3534-2:2006, *Statistics — Vocabulary and symbols — Part 2: Applied statistics*

[3] ISO 5725 (all parts), *Accuracy (trueness and precision) of measurement methods and results*

[4] VIM:1993, *International vocabulary of basic and general terms in metrology,* BIPM, IEC, IFCC, ISO, OIML, IUPAC, IUPAP

Stichwortverzeichnis

σ-Algebra 2.69
χ^2-Verteilung 2.57

A

Alternativhypothese 1.42
Anzahl der Freiheitsgrade 2.54
arithmetischer Mittelwert 1.15
Auswahleinheit 1.2

B

Balkendiagramm 1.62
bedingte Verteilung 2.19
bedingte Wahrscheinlichkeit 2.6
beobachteter Wert 1.4
Bereichsschätzer 1.25
beschreibende Statistik 1.5
Betaverteilung 2.59
Binomialverteilung 2.46

C

Chiquadrat-Verteilung 2.57

D

diskrete Wahrscheinlichkeitsverteilung 2.22
diskrete Zufallsvariable 2.28

E

eindimensionale Verteilung 2.16
eindimensionale Wahrscheinlichkeitsverteilung 2.16
einfache Hypothese 1.43
einfache Zufallsstichprobe 1.7
einseitiger Vertrauensbereich 1.29
Ereignis 2.2
Ereignisraum 2.1
erwartungstreuer Schätzer 1.34
Erwartungswert 2.12, 2.35.1, 2.35.2
Exponentialverteilung 2.58
Extremwertverteilung vom Typ I 2.61
Extremwertverteilung vom Typ II 2.62
Extremwertverteilung vom Typ III 2.63

F

Fréchet-Verteilung 2.62
F-Verteilung 2.55

G

Gammaverteilung 2.56
Gauß-Verteilung 2.50
graphisch beschreibende Statistik 1.53
Grundgesamtheit 1.1
Gütefunktion 1.51
Gumbel-Verteilung 2.61

H

Häufigkeit 1.59
Häufigkeitssumme 1.63
Häufigkeitsverteilung 1.60
Histogramm 1.61
hypergeometrische Verteilung 2.48
Hypothese 1.40

I

Irrtum 1. Art 1.46
Irrtum 2. Art 1.47

K

Kenngröße 1.8
Klasse 1.55.1, 1.55.2, 1.55.3
Klassen 1.55
Klassenbreite 1.58
Klassengrenzen 1.56
Klassenmitte 1.57
Koeffizient der Kurtosis 2.40
Koeffizient der Schiefe 2.39
Komplementärereignis 2.3
kontinuierliche Wahrscheinlichkeitsverteilung 2.23
kontinuierliche Zufallsvariable 2.29
Korrelationskoeffizient 2.44
Kovarianz 2.43

L

Likelihoodfunktion 1.38
Lognormalverteilung 2.52

M

Maximum-Likelihood-Schätzer 1.35
Maximum-Likelihood-Schätzung 1.37
Median 2.14
mehrdimensionale Normalverteilung 2.64
mehrdimensionale Verteilung 2.17
mehrdimensionale Wahrscheinlichkeitsverteilung 2.17
Mittelwert 1.15
Modalwert der Wahrscheinlichkeitsdichte 2.27
Modalwert der Wahrscheinlichkeitsfunktion 2.25
Moment der Ordnung r 2.34
Moment der Ordnungen r und s 2.41
Multinomialverteilung 2.45

N

negative Binomialverteilung 2.49
Normalverteilung 2.50
Nullhypothese 1.41
numerisch beschreibende Statistik 1.54

P

Parameter 2.9
Poissonverteilung 2.47
p-Quantil 2.13
Probe 1.3
Profil-Likelihood-Funktion 1.39
Prognosebereich 1.30
Prüfgröße 1.52
p-Wert 1.49

Q

Quartil 2.15

R

Randverteilung 2.18
Ranggröße 1.9
Rechteckverteilung 2.60
Regressionsfläche 2.21
Regressionskurve 2.20
relative Häufigkeit 1.64
relative Häufigkeitssumme 1.65

S

Schärfe des Tests 1.50
Schärfe eines Tests 1.50
Schätzabweichung 1.32
Schätzer 1.12
Schätzung 1.36
Schätzwert 1.31
Sigma-Algebra 2.69
Signifikanzniveau 1.45
Signifikanztest 1.48
Spannweitenmitte 1.11
Standardabweichung 2.37
Standardabweichung einer Schätzfunktion 1.24
standardisierte Gauß-Verteilung 2.51
standardisierte zweidimensionale Normalverteilung 2.66
standardisierte Normalverteilung 2.51
standardisierte Stichprobenzufallsvariable 1.19
standardisierte Wahrscheinlichkeitsverteilung 2.32
standardisierte Zufallsvariable 2.33
statistische Anteilsgrenzen 1.27
statistischer Anteilsbereich 1.26
statistischer Test 1.48
Stichprobe 1.3
Stichprobenkoeffizient der Kurtosis 1.21
Stichprobenkoeffizient der Schiefe 1.20
Stichprobenkorrelationskoeffizient 1.23
Stichprobenkovarianz 1.22
Stichprobenmedian 1.13
Stichprobenmittelwert 1.15
Stichprobenmoment der Ordnung k 1.14
Stichprobenspannweite 1.10
Stichprobenstandardabweichung 1.17
Stichprobenvarianz 1.16
Stichprobenvariationskoeffizient 1.18
Stichprobenverteilung 2.67
Student-Verteilung 2.53
systematische Abweichung 1.33

T

t-Verteilung 2.53

U

unabhängige Ereignisse 2.4

V

Varianz 2.36
Variationskoeffizient 2.38
Verteilung 2.11
Verteilungsfamilie 2.8
Verteilungsfunktion 2.7
Vertrauensbereich 1.28

W

Wahrscheinlichkeit eines Ereignisses 2.5
Wahrscheinlichkeitsdichte 2.26
Wahrscheinlichkeitsfunktion 2.24
Wahrscheinlichkeitsmaß 2.70
Wahrscheinlichkeitsraum 2.68
Wahrscheinlichkeitsverteilung 2.11
Weibull-Verteilung 2.63

Z

zentrales Moment der Ordnungen r und s 2.42
zentrierte Wahrscheinlichkeitsverteilung 2.30
zentrierte Zufallsvariable 2.31
Zufallsstichprobe 1.6
Zufallsvariable 2.10
zusammengesetzte Hypothese 1.44
zweidimensionale Normalverteilung 2.65

Alphabetical index

χ^2 distribution 2.57
σ-algebra 2.69
σ-field 2.69

A

alternative hypothesis 1.42
arithmetic mean 1.15
average 1.15

B

bar chart 1.62
beta distribution 2.59
bias 1.33
binomial distribution 2.46
bivariate normal
 distribution 2.65

C

centred probability
 distribution 2.30
centred random variable 2.31
chi-squared distribution 2.57
class 1.55.1, 1.55.2, 1.55.3
class boundaries 1.56
class limits 1.56
class width 1.58
classes 1.55
coefficient of kurtosis 2.40
coefficient of skewness 2.39
coefficient of variation 2.38
complementary event 2.3
composite hypothesis 1.44
conditional distribution 2.19
conditional probability 2.6
conditional probability
 distribution 2.19
confidence interval 1.28
continuous distribution 2.23
continuous probability
 distribution 2.23
continuous random
 variable 2.29
correlation coefficient 2.44
covariance 2.43
cumulative frequency 1.63
cumulative relative
 frequency 1.65

D

degrees of freedom 2.54
descriptive statistics 1.5
discrete distribution 2.22
discrete probability
 distribution 2.22
discrete random variable 2.28
distribution 2.11
distribution function of a
 random variable X 2.7

E

error of estimation 1.32
estimate 1.31
estimation 1.36
estimator 1.12
event 2.2
expectation 2.12
exponential distribution 2.58

F

F distribution 2.55
family of distributions 2.8
Fréchet distribution 2.62
frequency 1.59
frequency distribution 1.60

G

gamma distribution 2.56
Gaussian distribution 2.50
graphical descriptive
 statistics 1.53
Gumbel distribution 2.61

H

histogram 1.61
hypergeometric
 distribution 2.48
hypothesis 1.40

I

independent events 2.4
interval estimator 1.25

J

joint central moment of orders r
 and s 2.42
joint moment of orders r and
 s 2.41

L

likelihood function 1.38
lognormal distribution 2.52

M

marginal distribution 2.18
marginal probability
 distribution 2.18
maximum likelihood
 estimation 1.37
maximum likelihood
 estimator 1.35
mean 1.15, 2.35.1, 2.35.2
median 2.14
mid-point of class 1.57
mid-range 1.11
mode of probability density
 function 2.27
mode of probability mass
 function 2.25
moment of order r 2.34
moment of order $r = 1$ 2.35.1
multinomial distribution 2.45
multivariate distribution 2.17
multivariate normal
 distribution 2.64
multivariate probability
 distribution 2.17

N

negative binomial
 distribution 2.49
normal distribution 2.50
null hypothesis 1.41
numerical descriptive
 statistics 1.54

O

observed value 1.4
one-sided confidence
 interval 1.29
order statistic 1.9

P

parameter 2.9
p-fractile 2.13
Poisson distribution 2.47
population 1.1
power curve 1.51
power of a test 1.50
p-quantile 2.13
prediction interval 1.30
probability density
 function 2.26
probability distribution 2.11
probability mass function 2.24
probability measure 2.70
probability of an event A 2.5
probability space 2.68
profile likelihood function 1.39
p-value 1.49

Q

quartile 2.15

R

random sample 1.6
random variable 2.10
rectangular distribution 2.60
regression curve 2.20
regression surface 2.21
relative frequency 1.64
r^{th} moment 2.34

S

sample 1.3
sample coefficient of
 kurtosis 1.21
sample coefficient of
 skewness 1.20
sample coefficient of
 variation 1.18
sample correlation
 coefficient 1.23
sample covariance 1.22
sample mean 1.15
sample median 1.13
sample moment of
 order k 1.14
sample range 1.10
sample space 2.1
sample standard
 deviation 1.17
sample variance 1.16
sampling distribution 2.67
sampling unit 1.2
sigma algebra of events 2.69
sigma field 2.69
significance level 1.45
significance test 1.48
simple hypothesis 1.43
simple random sample 1.7
standard deviation 2.37
standard error 1.24
standardized bivariate normal
 distribution 2.66
standardized Gaussian
 distribution 2.51
standardized normal
 distribution 2.51
standardized probability
 distribution 2.32
standardized random
 variable 2.33
standardized sample random
 variable 1.19
statistic 1.8

statistical test 1.48
statistical tolerance
 interval 1.26
statistical tolerance limit 1.27
Student's distribution 2.53

T

t distribution 2.53
test statistic 1.52
Type I error 1.46
type I extreme value
 distribution 2.61
Type II error 1.47
type II extreme value
 distribution 2.62
type III extreme value
 distribution 2.63

U

unbiased estimator 1.34
uniform distribution 2.60
univariate distribution 2.16
univariate probability
 distribution 2.16

V

variance 2.36

W

Weibull distribution 2.63

September 2004

DIN ISO 11843-1

DIN

ICS 01.040.17; 17.020

Ersatz für
DIN 55350-34:1991-02

**Erkennungsfähigkeit –
Teil 1: Begriffe (ISO 11843-1:1997 einschließlich Technisches Korrigendum 1:2003)**

Capability of detection –
Part 1: Terms and definitions (ISO 11843-1:1997, including Technical Corrigendum 1:2003)

Capacité de détection –
Partie 1: Termes et définitions (ISO 11843-1:1997, Rectificatif Technique 1:2003 inclus)

Gesamtumfang 13 Seiten

Normenausschuss Qualitätsmanagement, Statistik und Zertifizierungsgrundlagen (NQSZ) im DIN

DIN ISO 11843-1:2004-09

Die Internationale Norm ISO 11843-1:1997, „Capability of detection — Part 1: Terms and definitions", einschließlich Technisches Korrigendum 1:2003 ist unverändert in diese Deutsche Norm übernommen worden.

Nationales Vorwort

Die Internationale Norm ISO 11843-1 wurde vom Technischen Komitee 69 „Anwendung statistischer Methoden" der Internationalen Organisation für Normung (ISO) aufgrund einer Vorlage des DIN weiterentwickelt. Die 1. Ausgabe 1997 dieses Teils 1 beschränkt sich auf Begriffe.

Diese Norm dient dazu, Bezeichnungen und Definitionen von Begriffen zu vereinheitlichen, die im Zusammenhang mit der Aufgabe stehen, anhand von Untersuchungen unbekannter Systemzustände zu erkennen, ob Letztere vom Grundzustand abweichen.

Die in dieser Norm dargelegten allgemeinen Begriffe Erkennungsgrenze, Erfassungsgrenze und Erfassungsvermögen von Messsystemen und Messanordnungen sowie die zugehörigen Hilfsbegriffe lassen sich auf verschiedenartige Aufgabenbereiche anwenden. Solche Aufgaben kommen beispielsweise bei der Prüfung auf Vorhandensein eines Stoffes in einem Stoffgemisch vor, bei einer aus Proben oder Anlagen emittierten Energie (z. B. Strahlung) oder bei einer geometrischen Veränderung in statischen Systemen unter Belastung.

Erkennungs- und Erfassungsgrenzen sind Entscheidungsgrenzen für die Spezifikation unbekannter Systemzustände im Rahmen einer Messserie. Messserienübergreifende Entscheidungsgrenzen sind für die Herleitung von Aussagen über spezielle Systemzustände ungeeignet. Zur allgemeinen Charakterisierung eines Messsystems, einer Untersuchungsstätte oder eines Messverfahrens können jedoch übergreifende Werte der Erfassungsgrenze oder des Erfassungsvermögens angegeben werden, wenn geeignete Daten zur Verfügung stehen. Dabei ist zu beachten, dass die Erfassungsgrenze und das Erfassungsvermögen für jede dieser Ebenen (Messserie, Messsystem, Untersuchungsstätte, Messverfahren) andere Werte annehmen können.

Zur Problematik der Benennungen ist zu sagen: Von der deutschen Benennung „Nachweisgrenze" wird abgeraten, weil der Grundbegriff Nachweis ein Ergebnis kennzeichnet und international genormt ist (ISO 9000:2000). Weil die englischen Benennungen aus bis zu acht Wörtern bestehen, muss man häufig mit Verkürzungen (Weglassungen einzelner Wörter) rechnen, die zu Irrtümern führen können.

Die vorliegende Norm gilt für quantitative Merkmale. Sie gilt für Messsysteme und Messanordnungen, deren Kalibrierung die Abhängigkeit des Erwartungswertes der Messgröße von der Zustandsgröße erfasst. Handelt es sich bei der Messgröße oder der Zustandsgröße um vektorielle Größen, dann sind die Begriffe dieser Norm auf die Komponenten der Vektoren einzeln oder auf Funktionen der Komponenten anwendbar.

Änderungen

Gegenüber DIN 55350-34:1991-02 wurden folgende Änderungen vorgenommen:

Da das Normungsprojekt bei der ISO maßgeblich durch Deutschland gestaltet wurde, sind nur redaktionelle Änderungen eingetreten.

Frühere Ausgaben

DIN 55350-34: 1991-02

Vorwort

Die ISO (Internationale Organisation für Normung) ist die weltweite Vereinigung nationaler Normungsinstitute (ISO-Mitgliedskörperschaften). Die Erarbeitung Internationaler Normen obliegt den Technischen Komitees der ISO. Jede Mitgliedskörperschaft, die sich für ein Thema interessiert, für das ein Technisches Komitee eingesetzt wurde, ist berechtigt, in diesem Komitee mitzuarbeiten. Internationale (staatliche und nicht staatliche) Organisationen, die mit der ISO in Verbindung stehen, sind an den Arbeiten ebenfalls beteiligt. Die ISO arbeitet in allen Angelegenheiten der elektrotechnischen Normung eng mit der Internationalen Elektrotechnischen Kommission (IEC) zusammen.

Die von den Technischen Komitees verabschiedeten Internationalen Norm-Entwürfe werden den Mitgliedskörperschaften zur Abstimmung vorgelegt. Die Veröffentlichung als Internationale Norm erfordert Zustimmung von mindestens 75 % der abstimmenden Mitgliedskörperschaften.

Die Internationale Norm ISO 11843-1 wurde durch das Technische Komitee ISO/TC 69, *Anwendung statistischer Methoden*, Unterkomitee SC 6, *Messmethoden und Messergebnisse*, erarbeitet.

ISO 11843 besteht unter dem Haupttitel *Erkennungsfähigkeit* aus den folgenden Teilen:

— *Teil 1: Begriffe*

— *Teil 2: Verfahren*

Die Anhänge A und B dieses Teils von ISO 11843 dienen nur der Information.

Foreword

ISO (the International Organization for Standardization) is a worldwide federation of national standards bodies (ISO member bodies). The work of preparing International Standards is normally carried out through ISO technical committees. Each member body interested in a subject for which a technical committee has been established has the right to be represented on that committee. International organizations, governmental and non-governmental, in liaison with ISO, also take part in the work. ISO collaborates closely with the International Electrotechnical Commission (IEC) on all matters of electrotechnical standardization.

Draft International Standards adopted by the technical committees are circulated to the member bodies for voting. Publication as an International Standard requires approval by at least 75 % of the member bodies casting a vote.

International Standard ISO 11843-1 was prepared by Technical Committee ISO/TC 69, *Applications of statistical methods*, Subcommittee SC 6, *Measurement methods and results*.

ISO 11843 consists of the following parts, under the general title *Capability of detection*:

— *Part 1: Terms and definitions*

— *Part 2: Methodology*

Annexes A and B of this part of ISO 11843 are for information only.

Anwendungsbereich

Dieser Teil von ISO 11843 legt die Begriffe zur Erkennung einer Differenz zwischen einem Istzustand eines Systems und dessen Grundzustand fest.

Die in diesem Teil von ISO 11843 festgelegten Hauptbegriffe Erkennungsgrenze, Erfassungsgrenze und Erfassungsvermögen (siehe die Begriffe mit den Nummern 9 bis 11) gelten für verschiedene Situationen wie etwa die Ermittlung des Vorhandenseins einer zu betrachtenden Substanz in einem Material, die Energieabgabe von Proben oder die geometrische Änderung von statischen Systemen unter Torsionsbelastung.

Scope

This part of ISO 11843 specifies terms and definitions relating to the detection of a difference between an actual state of a system and its basic state.

The general concepts laid down in this part of ISO 11843, critical value of the response variable, critical value of the net state variable and minimum detectable value of the net state variable (see definitions Nos. 9 to 11), apply to various situations such as checking the existence of a certain substance in a material, the emission of energy from samples or plants, or the geometric change in static systems under distortion.

Erkennungsgrenze und Erfassungsgrenze können zur Prüfung der unbekannten Systemzustände aus einer konkreten Messserie abgeleitet werden, welche diese kritischen Werte enthält (nämlich Erfassungsgrenze; Erkennungsgrenze). Demgegenüber dient das Erfassungsvermögen als Kenngröße des Messverfahrens der Auswahl eines geeigneten Messprozesses. Zur Beschreibung eines Messprozesses, eines Labors oder eines Messverfahrens kann das Erfassungsvermögen festgestellt werden, sofern geeignete Messwerte für jedes relevante Merkmalsniveau verfügbar sind, das heißt eine Messserie, ein Messprozess, ein Labor oder ein Messverfahren. Die Werte des Erfassungsvermögens können für eine Messserie, einen Messprozess, ein Labor oder das (angewendete) Messverfahren unterschiedlich sein.

ISO 11843 ist auf kontinuierliche Messgrößen anwendbar. Diese Norm betrifft Messprozesse und Arten von Messeinrichtungen, bei denen die funktionale Beziehung zwischen dem Erwartungswert der Messgröße und dem Wert der Zustandsgröße durch eine Kalibrierfunktion beschrieben ist. Wenn die Messgröße oder die Zustandsgröße eine vektorielle Größe ist, sind die Begriffe von ISO 11843 getrennt auf die Komponenten der Vektoren oder auf Funktionen der Komponenten anzuwenden.

ANMERKUNG Die Definitionen der Begriffe unter den Nummern 6 und 11 betreffen theoretische Größen, die in der Wirklichkeit unbekannt bleiben. Schätzwerte für diese theoretischen Größen können aus den experimentellen Ergebnissen ermittelt werden.

Critical values can be derived from an actual measurement series so as to assess the unknown states of systems included in the series, whereas the minimum detectable value of the net state variable as a characteristic of the measurement method serves for the selection of appropriate measurement processes. In order to characterize a measurement process, a laboratory or the measurement method, the minimum detectable value can be stated if appropriate data are available for each relevant level, i.e. a measurement series, a measurement process, a laboratory or a measurement method. The minimum detectable values may be different for a measurement series, a measurement process, a laboratory or the measurement method.

ISO 11843 applies to quantities measured on scales that are fundamentally continuous. It applies to measurement processes and types of measurement equipment where the functional relationship between the expected value of the response variable and the value of the state variable is described by a calibration function. If the response variable or the state variable is a vectorial quantity, the concepts of ISO 11843 apply separately to the components of the vectors or functions of the components.

NOTE Definitions Nos. 6 and 11 refer to theoretical quantities which in reality remain unknown. Estimates of these theoretical quantities can be determined from experimental results.

Begriffe

Ohne Einschränkung der allgemeinen Anwendbarkeit dieses Teils von ISO 11843 wird davon ausgegangen, dass die Zustandsgrößendifferenz (siehe Nr. 4) nicht negativ ist, und dass die Kalibrierfunktion (siehe Nr. 6) eine streng monoton steigende Funktion ist. Siehe auch die Anmerkung 1 beim Begriff unter der Nr. 9.

Bild 1 veranschaulicht einige der definierten Begriffe. Die Form der Verteilung der Messgröße sowie die Kalibrierfunktion sind nur Beispiele. Sie enthalten keinerlei Einschränkung auf eine besondere Verteilungsart. Die in diesem Teil von ISO 11843 angewendeten Formelzeichen beziehen sich auf Bild 1 und dienen der Veranschaulichung. Sie sind kein normativer Bestandteil dieses Teils von ISO 11843.

Terms and definitions

Without restriction to the general applicability of this part of ISO 11843, it is assumed that the net state variable (see No. 4) is non-negative and that the calibration function (see No. 6) is strictly monotonically increasing. See also note 1 of definition No. 9.

Figure 1 illustrates some of the concepts defined. The form of the distribution of the response variable and the calibration function is only an example and does not imply any restriction to a particular type of distribution. The symbols used in this part of ISO 11843 refer to figure 1 and are illustrative. They do not form a normative part of this part of ISO 11843.

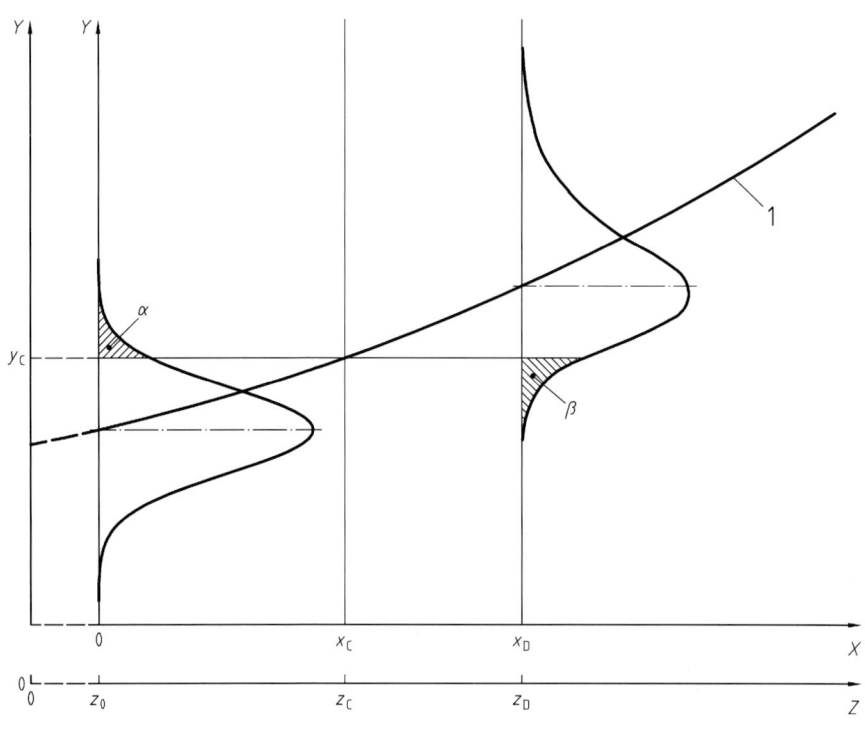

Z	Zustandsgröße		Z	State variable
z_0	Wert der Zustandsgröße im Grundzustand		z_0	Value of the state variable in the basic state
X	Zustandsgrößendifferenz, $X = Z - z_0$		X	Net state variable, $X = Z - z_0$
x_C	Erfassungsgrenze		x_C	Critical value of the net state variable
x_D	Erfassungsvermögen		x_D	Minimum detectable value of the net state variable
Y	Messgröße		Y	Response variable
y_C	Erkennungsgrenze		y_C	Critical value of the response variable
α	Wahrscheinlichkeit eines Fehlers 1. Art		α	Probability of an error of the first kind
β	Wahrscheinlichkeit eines Fehlers 2. Art für $X = x_D$		β	Probability of an error of the second kind for $X = x_D$
1	Kalibrierfunktion		1	Calibration function

Bild 1 — Kalibrierfunktion, Erkennungsgrenze, Erfassungsgrenze und Erfassungsvermögen

Figure 1 — Calibration function, critical value of the response variable, critical value of the net state variable and minimum detectable value of the net state variable

1
Zustandsgröße
Z

Größe zur Beschreibung des Zustands eines Systems

ANMERKUNG 1   Im Allgemeinen ist ein System durch mehr als eine Zustandsgröße charakterisiert. Abhängig vom Ziel der Untersuchung wird allerdings nur eine einzige Zustandsgröße ausgewählt, um eine Differenz zwischen einem Istzustand und dem Grundzustand zu entdecken.

ANMERKUNG 2   Üblicherweise nimmt die ausgewählte Zustandsgröße ihren kleinsten Wert im Grundzustand ein.

BEISPIELE

a) Konzentration oder Menge einer Substanz in einer Mischung von Substanzen.
b) Intensität (Energiedichte, Leistungsdichte usw.) der durch eine (Energie-)Quelle emittierten Energie (Strahlung, Geräusch usw.).
c) Geometrische Veränderung in einem statischen System, wenn es verformt wird.

1
state variable
Z

quantity describing the state of a system

NOTE 1   Generally, a system is characterized by more than one state variable. However, depending on the scope of the investigation, only one state variable is selected for the purpose of detecting a difference between an actual state and the basic state.

NOTE 2   Usually the selected state variable attains its smallest value in the basic state.

EXAMPLES

a) Concentration or amount of a substance in a mixture of substances.
b) Intensity (energy density, power density, etc.) of the energy (radiation, sound, etc.) emitted by a source.
c) Geometric change in a static system when it is distorted.

2
Grundzustand
spezieller Zustand eines Systems zur Anwendung als Ausgangspunkt für die Ermittlung von Istzuständen des Systems

BEISPIEL   Ein Gleichgewichtszustand oder ein Extremalzustand.

2
basic state
specific state of a system for use as a base for the evaluation of actual states of the system

EXAMPLE   A state of equilibrium or of an extreme condition.

3
Bezugszustand
Zustand eines Systems, dessen Abweichung vom Grundzustand bezüglich der Zustandsgröße Z als bekannt vorausgesetzt wird

3
reference state
state of a system, the deviation of which from the basic state is assumed to be known with respect to the state variable, Z

4
Zustandsgrößendifferenz
X

Differenz zwischen der Zustandsgröße Z und ihrem Wert z_0 im Grundzustand

ANMERKUNG 1   Die Zustandsgrößendifferenz bildet eine abgeleitete Variable, die einer Intervall-Skala folgt, deren Nullpunkt dem Wert der Zustandsgröße im Grundzustand entspricht.

ANMERKUNG 2   Wenn der Wert der Zustandsgröße im Grundzustand unbekannt ist (wie es oft der Fall ist), kann nur der Wert der Zustandsgrößendifferenz gemessen werden, nicht aber der Wert der Zustandsgröße selbst.

ANMERKUNG 3   Wenn die Voraussetzung festgelegt wurde, dass der Grundzustand durch den Wert Null der Zustandsgröße repräsentiert wird, entspricht im Gedankenmodell[N1] die Zustandsgrößendifferenz der Zustandsgröße selbst.

4
net state variable
X

difference between the state variable, Z, and its value in the basic state, z_0

NOTE 1   The net state variable constitutes a derived variable following an interval scale, the zero of which corresponds to the value of the state variable in the basic state.

NOTE 2   If the value of the state variable in the basic state is unknown (as is often the case), only the value of the net state variable can be measured but not that of the state variable itself.

NOTE 3   If the assumption is made that the basic state is represented by the zero value of the state variable, the net state variable is conceptually equivalent to the state variable itself.

N1) Siehe Bild 1.

5
Messgröße
Y

eine Variable, welche die ermittelten Ergebnisse eines experimentellen Vorgehens zeigt [ISO 3534-3:1985]

Für den Zweck von ISO 11843 ist diese allgemeine Definition in der folgenden speziellen Form zu verstehen:

Unmittelbar ermittelbarer Ersatz für die Zustandsgröße Z

ANMERKUNG Der Erwartungswert der Messgröße ist über eine Kalibrierfunktion verknüpft mit der Zustandsgrößendifferenz X.

BEISPIEL Wenn die Zustandsgröße die Konzentration oder die Menge einer Substanz ist und eine spektroskopische Untersuchungsmethode angewendet wird, kann die Messgröße ein Extremwert oder die Fläche (im Bereich) unter einem (ausgeprägten) Extremwert sein.

5
response variable
Y

variable that shows the observed results of an experimental treatment [ISO 3534-3:1985]

For the purposes of ISO 11843, this general definition is understood in the following specialized form:

directly observable surrogate for the state variable, Z

NOTE The expected value of the response variable is related to the net state variable, X, via a calibration function.

EXAMPLE If the state variable is the concentration or amount of a substance and a spectroscopic measurement method is used, the response variable might be a peak height or the area under a peak.

6
Kalibrierfunktion

funktionale Beziehung zwischen dem Erwartungswert der Messgröße und dem Wert X der Zustandsgrößendifferenz

ANMERKUNG 1 Siehe Absatz 1 unter „Begriffe".

ANMERKUNG 2 In graphischen Darstellungen einer Kalibrierfunktion wird die Messgröße üblicherweise auf der Ordinate und die Zustandsgrößendifferenz auf der Abszisse dargestellt, siehe Bild 1.

ANMERKUNG 3 Die Kalibrierfunktion ist eine gedankliche (Modell-)Vorstellung. Sie kann durch einen Versuch nicht ermittelt werden. Sie wird durch Kalibrierung geschätzt.

6
calibration function

functional relationship between the expected value of the response variable and the value of the net state variable, X

NOTE 1 See paragraph 1 in "Terms and definitions".

NOTE 2 In graphical representations of a calibration function, the response variable is usually represented by the ordinate and the net state variable by the abscissa; see figure 1.

NOTE 3 The calibration function is conceptual and cannot be determined empirically. It is estimated through calibration.

7
Kalibrierung

vollständige Serie von Tätigkeiten, die unter festgelegten Bedingungen die Kalibrierfunktion aus Ermittlungen der Messgröße Y schätzt, gewonnen bei Bezugszuständen

ANMERKUNG Bezüglich ihres wesentlichen Inhalts steht diese Definition im Einklang mit der Definition von Kalibrierung im *Internationalen Wörterbuch* (der Grundbegriffe und allgemeinen Begriffe) *der Metrologie* (VIM). Dieses Wörterbuch benutzt auch die in diesem Teil von ISO 11843 definierten Begriffe.

7
calibration

complete set of operations which estimates under specified conditions the calibration function from observations of the response variable, Y, obtained on reference states

NOTE As regards its essential content this definition is consistent with the definition of "calibration" in the *International Vocabulary of Basic and General Terms in Metrology*. However, it uses the terms defined in this part of ISO 11843.

8
Messserie

Gesamtheit aller Messwerte, deren Auswertung auf derselben Kalibrierung beruht

ANMERKUNG Im vorliegenden Zusammenhang bedeutet Auswertung die Umrechnung der sich ergebenden Werte der Messgröße in Schätzwerte der Zustandsgrößendifferenz mittels der geschätzten Kalibrierfunktion.

8
measurement series

totality of all measurements, the evaluation of which is based on the same calibration

NOTE Evaluation in this context means the conversion of response variable results into estimates of the net state variable by means of the estimated calibration function.

9
Erkennungsgrenze
y_C

Wert der Messgröße Y, dessen Überschreitung für eine festgelegte Wahrscheinlichkeit eines Fehlers 1. Art α zum Schluss führt, dass das betrachtete System nicht in seinem Grundzustand ist

ANMERKUNG 1   Wenn die Zustandsgrößendifferenz negativ ist oder die Kalibrierfunktion streng monoton abfallend, dann ist diese Definition entsprechend anzupassen.

ANMERKUNG 2   Die Erkennungsgrenze ist der kritische Wert eines statistischen Tests mit der Nullhypothese: „Der betrachtete Zustand (des Systems) unterscheidet sich hinsichtlich der Zustandsgröße nicht vom Grundzustand". Ihr steht die Alternativhypothese gegenüber: „Der betrachtete Zustand (des Systems) unterscheidet sich hinsichtlich der Zustandsgröße vom Grundzustand".

Die Prüfgröße des oben erwähnten statistischen Tests, das heißt das Ermittlungsergebnis zur Messgröße, ist im Fall nur eines Messwerts dieser ermittelte Wert (selbst), oder im Fall wiederholter Messungen ein zentraler Wert (z. B. [arithmetischer] Mittelwert oder Median).

ANMERKUNG 3   Wenn die Nullhypothese nicht verworfen wird und die obige Regel für das Ziehen von Schlüssen befolgt wird, dann besteht die Wahrscheinlichkeit α dafür, dass die Nullhypothese zu Unrecht verworfen wird (Fehler 1. Art).

ANMERKUNG 4   Die Erkennungsgrenze hängt ab von

— der festgelegten Wahrscheinlichkeit α (Wahrscheinlichkeit eines Fehlers 1. Art; siehe auch „Signifikanzniveau" in ISO 3534-1);

— den für die Kalibrierung gewählten Bezugszuständen;

— dem für die Kalibrierung gewählten Stichprobenumfang;

— dem für die Untersuchung eines unbekannten Zustands gewählten Stichprobenumfang;

— der Art des zentralen Wertes (z. B. [arithmetischer] Mittelwert, Median), der im Fall wiederholter Messungen aus den ermittelten Werten gewonnen ist;

— den Schwankungen des Messsystems.

ANMERKUNG 5   Die Spannweite der sich bei verschiedenen Kalibrierungen ergebenden Erkennungsgrenzen hängt von Zufallseinflüssen und zeitabhängigen Schwankungen der (Werte der) Merkmale des Messsystems ab. Wegen dieser Störeinflüsse ist jede Erkennungsgrenze nur für die zugehörige Messserie gültig.

10
Erfassungsgrenze
x_C

Wert der Zustandsgrößendifferenz X, dessen Überschreitung für eine festgelegte Wahrscheinlichkeit eines Fehlers 1. Art α zum Schluss führt, dass das betrachtete System nicht in seinem Grundzustand ist

9
critical value of the response variable
y_C

value of the response variable, Y, the exceeding of which leads, for a given error probability α, to the decision that the observed system is not in its basic state

NOTE 1   If the net state variable is negative or the calibration function is strictly monotonically decreasing, this definition has to be adjusted accordingly.

NOTE 2   The critical value of the response variable is the critical value of a statistical test of the null hypothesis "The state under consideration is not different from the basic state with respect to the state variable" against the alternative hypothesis "The state under consideration is different from the basic state with respect to the state variable".

The test statistic of the above-mentioned statistical test, i.e. the response variable result, is the observed value in the case of a single measurement or a central value (e.g. average, median) in the case of repeated measurements.

NOTE 3   If the null hypothesis is true and the above rule of drawing conclusions is obeyed, the probability of wrongly rejecting the null hypothesis (error of the first kind) is α.

NOTE 4   The critical value of the response variable depends on:

— the specified probability α (probability of the error of the first kind; see also "significance level" in ISO 3534-1);

— the reference states chosen for calibration;

— the sample size chosen for calibration;

— the sample size chosen for the investigation of an unknown state;

— the kind of central value (e.g. average, median, etc.) derived from the observed values in the case of repeated measurements;

— the variation in the measurement system.

NOTE 5   The range of critical values of the response variable resulting from different calibrations depends on random influences and variations of properties of the measurement system over time. Due to these disturbing influences, each critical value of the response variable is valid only for the corresponding measurement series.

10
critical value of the net state variable
x_C

value of the net state variable, X, the exceeding of which leads, for a given error probability α, to the decision that the observed system is not in its basic state

ANMERKUNG 1 Die Erfassungsgrenze ist der Wert der Zustandsgrößendifferenz, der dem kritischen Wert der Messgröße durch Anwendung der geschätzten Kalibrierfunktion zugeordnet wird.

ANMERKUNG 2 Siehe Anmerkung 1 von Nr. 9.

ANMERKUNG 3 Die Erfassungsgrenze ist der auf eine Wahrscheinlichkeit eines Fehlers 1. Art α gegründete Wert, dessen Überschreitung durch den Schätzwert der Zustandsgrößendifferenz dazu führt, dass die Nullhypothese „Unter Berücksichtigung der Zustandsgröße ist der betrachtete Zustand nicht verschieden vom Grundzustand" verworfen wird.

ANMERKUNG 4 Inhaltlich gelten die Anmerkungen 3 bis 5 von Nr. 9.

11
Erfassungsvermögen
x_D

Wert der Zustandsgrößendifferenz X beim Istzustand, der mit einer Wahrscheinlichkeit $(1 - \beta)$ zum Schluss führt, dass sich das System nicht im Grundzustand befindet

ANMERKUNG 1 Siehe Anmerkung 1 von Nr. 9.

ANMERKUNG 2 Das Erfassungsvermögen legt den Wert der Zustandsgrößendifferenz fest, für den die Wahrscheinlichkeit β gilt, dass die Nullhypothese zu Unrecht nicht verworfen wird (Fehler 2. Art).

ANMERKUNG 3 Inhaltlich gelten die Anmerkungen 4 und 5 von Nr. 9.

ANMERKUNG 4 Das aus den Messwerten einer Serie von Istwerten vorhergesagte Erfassungsvermögen kennzeichnet die Erkennungsfähigkeit des Messprozesses für diese spezielle Messserie.

ANMERKUNG 5 Die Werte des Erfassungsvermögens für unterschiedliche Messserien

— eines einzelnen Messprozesses,

— von unterschiedlichen Messprozessen der gleichen Art,

— von unterschiedlichen Arten von Messprozessen, die auf dem gleichen Messverfahren beruhen,

können als Realisierungen einer Zufallsgröße aufgefasst werden, wobei die Parameter der Wahrscheinlichkeitsverteilung dieser Größen (demzufolge) in erster Linie als Merkmale des Messprozesses, oder der Art des Messprozesses oder des Messverfahrens betrachtet werden können.

ANMERKUNG 6 Das Erfassungsvermögen des Messverfahrens kann für die Auswahl von Messprozessen und Messverfahren für künftige Messungen angewendet werden. Ein Messprozess oder ein Messverfahren ist für eine spezielle Messaufgabe geeignet, wenn das Erfassungsvermögen kleiner oder gleich einem festgelegten Wert ist (also einer festgelegten Forderung aus wissenschaftlichen, gesetzlichen oder anderen Gründen im Hinblick auf die Erkennungsfähigkeit).

NOTE 1 The critical value of the net state variable is the value of the net state variable allocated to the critical value of the response variable by use of the estimated calibration function.

NOTE 2 See note 1 of No. 9.

NOTE 3 The critical value of the net state variable is the value, based on an error probability α, the exceeding of which by the estimated value of the net state variable leads to the rejection of the null hypothesis "The state under consideration is not different from the basic state with respect to the state variable".

NOTE 4 Notes 3 to 5 of No. 9 are valid as regards content.

11
minimum detectable value of the net state variable
x_D

value of the net state variable, X, in the actual state that will lead, with probability $(1 - \beta)$, to the conclusion that the system is not in the basic state

NOTE 1 See note 1 of No. 9.

NOTE 2 The minimum detectable value specifies the value of the net state variable for which the probability of wrongly not rejecting the null hypothesis (error of the second kind) is β.

NOTE 3 Notes 4 and 5 of No. 9 are valid as regards content.

NOTE 4 The minimum detectable value predicted from data of an actual measurement series characterizes the capability of detection of the measurement process for this specific measurement series.

NOTE 5 The minimum detectable values for different measurement series

— of a particular measurement process,

— of different measurement processes of the same type,

— of different types of measurement processes based on the same measurement method,

can be understood as realizations of random variables where the parameters of the probability distribution of these variables can be considered as characteristics of the measurement process, the type of measurement process or the measurement method, respectively.

NOTE 6 The minimum detectable value of the measurement method may be used for the selection of measurement processes and methods for further measurements. A measurement process or a measurement method is suitable for a certain measurement task if the minimum detectable value is equal to or smaller than a specified value (i.e. a specified requirement on scientific, legal or other reasons regarding the capability of detection).

Anhang A
(informativ)

Bei chemischen Analysen benutzte Begriffe

Ein wichtiges Anwendungsgebiet sowohl für die Begriffe dieses Teils von ISO 11843 als auch für die in ISO 11843-2 (in Vorbereitung) angegebenen Verfahren ist die chemische Analyse. Wenn die Entsprechungen zwischen den in diesem Teil von ISO 11843 angewendeten allgemeinen Begriffen (linke Spalte) und den bei einer chemischen Analyse angewendeten Begriffen (rechte Spalte) benutzt werden, wie sie in Tabelle A.1 aufgelistet sind, dann erhält man spezielle Definitionen der Begriffe Erkennungsgrenze, Erfassungsgrenze und Erfassungsvermögen, wie sie unten (im unteren Kasten der Tabelle A.1) angegeben sind.

Annex A
(informative)

Terms used in chemical analysis

An important field of application of the terms and definitions in this part of ISO 11843 as well as the methods given in ISO 11843-2 (under preparation) is chemical analysis. If the correspondences between the general terms used in this part of ISO 11843 and the terms used in chemical analysis listed in table A.1 are used, specific definitions of the terms "critical value" and "minimum detectable value" are obtained which are given below.

Tabelle A.1
Table A.1

Allgemeine Begriffe General term	Bei chemischen Analysen angewendete Begriffe Terms used in chemical analysis
Betrachtetes System observed system	Zu analysierendes Material material to be analysed
Zustand (eines Systems) state (of a system)	Chemische Zusammensetzung (des zu analysierenden Materials) chemical composition (of the material to be analysed)
Zustandsgröße state variable	Konzentration oder Menge der zu bestimmenden chemischen Substanz concentration or amount of the chemical species to be determined
Grundzustand basic state	Chemische Zusammensetzung des reinen Materials chemical composition of the blank material
Bezugszustand reference state	Chemische Zusammensetzung eines Referenzmaterials chemical composition of a reference material
Zustandsgrößendifferenz net state variable	Konzentrations- oder Mengen-Differenz des Analyten, also der Unterschied zwischen der Konzentration oder der Menge der zu bestimmenden chemischen Substanz in dem zu analysierenden Material und derjenigen im reinen Material net concentration or amount of the chemical species to be determined, i.e. the difference between the concentration or amount of the chemical species to be determined in the material to be analysed and that in the blank material
Messgröße response variable	identisch mit dem jeweiligen allgemeinen Begriff (Benennung eingeschlossen) identical to general term
Kalibrierfunktion calibration function	
Kalibrierung calibration	
Messserie measurement series	
Erkennungsgrenze critical value of the response variable	[1]
Erfassungsgrenze critical value of the net state variable	Erfassungsgrenze für eine Konzentration oder Menge [2] critical value of the net concentration or amount [2]
Erfassungsvermögen minimum detectable value of the net state variable	Erfassungsvermögen für eine Konzentration oder Menge [3] minimum detectable net concentration or amount [3]

[1] Die entsprechende Definition lautet:
Erkennungsgrenze
Wert der Messgröße, dessen Überschreitung für eine festgelegte Wahrscheinlichkeit eines Fehlers 1. Art α zum Schluss führt, dass die betrachtete Konzentration oder Menge der zu bestimmenden chemischen Substanz im zu analysierenden Material größer ist als die im reinen Material

[2] Die entsprechende Definition lautet:
Erfassungsgrenze
Wert der Konzentrations- oder Mengendifferenz, dessen Überschreitung für eine festgelegte Wahrscheinlichkeit eines Fehlers 1. Art α zum Schluss führt, dass die Konzentration oder Menge der zu bestimmenden chemischen Substanz im zu analysierenden Material größer ist als die im reinen Material

[3] Die entsprechende Definition lautet:
Erfassungsvermögen
Wahrer Wert der Konzentration oder Menge der zu bestimmenden chemischen Substanz im zu analysierenden Material, die mit einer Wahrscheinlichkeit $(1 - \beta)$ zum Schluss führt, dass die Konzentration oder Menge der zu bestimmenden chemischen Substanz im zu analysierenden Material größer ist als im reinen Material

Tabelle A.2 *(abgeschlossen)*
Table A.1 *(concluded)*

[1]	Corresponding definition is: critical value of the response variable value of the response variable the exceeding of which leads, for a given error probability α, to the decision that the concentration or amount of the chemical species to be determined in the analysed material is larger than that in the blank material
[2]	Corresponding definition is: critical value of the net concentration or amount value of the net concentration or amount the exceeding of which leads, for a given error probability α, to the decision that the concentration or amount of the chemical species to be determined in the analysed material is larger than that in the blank material
[3]	Corresponding definition is: minimum detectable net concentration or amount true net concentration or amount of the chemical species to be determined in the material to be analysed which will lead, with probability $(1 - \beta)$, to the conclusion that the concentration or amount of the chemical species to be determined in the analysed material is larger than that in the blank material

Anhang B
(informativ)

Literaturhinweise

[1] ISO 3534-1:1993, *Statistik — Begriffe und Formelzeichen — Teil 1: Wahrscheinlichkeit und allgemeine statistische Begriffe.*

[2] ISO 3534-3:1985, *Statistik — Begriffe und Formelzeichen — Teil 3: Versuchsplanung.*

[3] VIM:1993, *Internationales Wörterbuch (von Grundbegriffen und allgemeinen Begriffen) der Metrologie.*

Annex B
(informativ)

Bibliography

[1] ISO 3534-1:1993, *Statistics — Vocabulary and symbols — Part 1: Probability and general statistical terms.*

[2] ISO 3534-3:1985, *Statistics — Vocabulary and symbols — Part 3: Design of experiments.*

[3] VIM:1993, *International Vocabulary of Basic and General Terms in Metrology.*

Service-Angebote des Beuth Verlags

DIN und Beuth Verlag

Der Beuth Verlag ist eine Tochtergesellschaft des DIN Deutsches Institut für Normung e. V. – gegründet im April 1924 in Berlin.

Neben den Gründungsgesellschaftern DIN und VDI (Verein Deutscher Ingenieure) haben im Laufe der Jahre zahlreiche Institutionen aus Wirtschaft, Wissenschaft und Technik ihre verlegerische Arbeit dem Beuth Verlag übertragen. Seit 1993 sind auch das Österreichische Normungsinstitut (ON) und die Schweizerische NormenVereinigung (SNV) Teilhaber der Beuth Verlag GmbH.

Nicht nur im deutschsprachigen Raum nimmt der Beuth Verlag damit als Fachverlag eine führende Rolle ein: Er ist einer der größten Technikverlage Europas. Von den Synergien zwischen DIN und Beuth Verlag profitieren heute 150 000 Kunden weltweit.

Normen und mehr

Die Kernkompetenz des Beuth Verlags liegt in seinem Angebot an Fachinformationen rund um das Thema Normung. In diesem Bereich hat sich in den letzten Jahren ein rasanter Medienwechsel vollzogen – über die Hälfte aller DIN-Normen werden mittlerweile als PDF-Datei genutzt. Auch neu erscheinende DIN-Taschenbücher sind als E-Books beziehbar.

Als moderner Anbieter technischer Fachinformationen stellt der Beuth Verlag seine Produkte nach Möglichkeit medienübergreifend zur Verfügung. Besondere Aufmerksamkeit gilt dabei den Online-Entwicklungen. Im Webshop unter www.beuth.de sind bereits heute mehr als 250 000 Dokumente recherchierbar. Die Hälfte davon ist auch im Download erhältlich und kann vom Anwender innerhalb weniger Minuten am PC eingesehen und eingesetzt werden.

Von der Pflege individuell zusammengestellter Normensammlungen für Unternehmen bis hin zu maßgeschneiderten Recherchedaten bietet der Beuth Verlag ein breites Spektrum an Dienstleistungen an.

So erreichen Sie uns

Beuth Verlag GmbH
Burggrafenstr. 6
10787 Berlin
Telefon 030 2601-0
Telefax 030 2601-1260
info@beuth.de
www.beuth.de

Ihre Ansprechpartner in den verschiedenen Bereichen des Beuth Verlags finden Sie auf der Seite „Kontakt" unter www.beuth.de.

Inserentenverzeichnis

Die inserierenden Firmen und die Aussagen in Inseraten stehen nicht notwendigerweise in einem Zusammenhang mit den in diesem Buch abgedruckten Normen. Aus dem Nebeneinander von Inseraten und redaktionellem Teil kann weder auf die Normgerechtheit der beworbenen Produkte oder Verfahren geschlossen werden, noch stehen die Inserenten notwendigerweise in einem besonderen Zusammenhang mit den wiedergegebenen Normen. Die Inserenten dieses Buches müssen auch nicht Mitarbeiter eines Normenausschusses oder Mitglied des DIN sein. Inhalt und Gestaltung der Inserate liegen außerhalb der Verantwortung des DIN.

DQS GmbH Deutsche Gesellschaft zur Zertifizierung von Managementsystemen	2. Umschlagseite

Zuschriften bezüglich des Anzeigenteils werden erbeten an:

Beuth Verlag GmbH
Anzeigenverwaltung
Burggrafenstraße 6
10787 Berlin

DIN

Projekt
DIN EN ISO 9001:2008

Das Vorgehensmodell zum Aufbau eines Qualitätsmanagementsystems ist bis heute kontinuierlich weiterentwickelt und modifiziert worden, was auch zu der Neuauflage „Projekt DIN EN ISO 9001:2008" geführt hat.

Das Buch gibt systematisch in 26 Projektschritten ausführliche Handlungshinweise vom Projektstart bis zum -abschluss und unterstützt damit auch bereits erfolgreich zertifizierte Unternehmen, die ihr QM-System stetig verbessern müssen.

Beuth Praxis | Elmar Pfitzinger
Projekt DIN EN ISO 9001:2008
Vorgehensmodell zur Implementierung eines Qualitätsmanagementsystems
2., vollständig überarbeitete und aktualisierte Auflage 2009. 137 S. A5. Broschiert.
29,80 EUR | **ISBN 978-3-410-17249-9**

Auch als E-Book unter Beuth.de

Bestellen Sie unter:
Telefon +49 30 2601-2260   Telefax +49 30 2601-1260
info@beuth.de   www.beuth.de

Beuth
Berlin · Wien · Zürich

DIN

Kundenzufriedenheit
Verhaltenskodizes, Beschwerdemanagement und Konfliktlösung

Die drei international und national anerkannten „Kundenzufriedenheitsnormen" DIN ISO 10001 bis DIN ISO 10003 sind unverändert und vollständig im deutschsprachigen Originaltext enthalten und werden abschnittsweise erläutert.

Dabei informiert der Autor Klaus Graebig über Hintergründe der Normen, beleuchtet übergeordnete Aspekte und gibt Anleitungen zur richtigen Umsetzung der Dokumente.

Dieses Buch richtet sich an alle, die Verantwortung für die Zufriedenstellung der Kunden tragen oder dabei mitwirken.

Beuth Kommentar | Klaus Graebig
Kundenzufriedenheit
Erläuterungen und Originaltexte
DIN ISO 10001, DIN ISO 10002 und DIN ISO 10003
1. Auflage 2008. 204 S. A5. Broschiert.
128,00 EUR | **ISBN 978-3-410-16943-7**

Branchenneutral – für Organisationen jeder Art und Größe!

Bestellen Sie unter:
Telefon +49 30 2601-2260 Telefax +49 30 2601-1260
info@beuth.de www.beuth.de

Beuth
Berlin · Wien · Zürich

DIN-Taschenbuch 223

– auch als E-Book erhältlich –

Sehr geehrte Kundin, sehr geehrter Kunde,

wir möchten Sie an dieser Stelle noch auf unser besonderes Kombi-Angebot hinweisen: Sie haben die Möglichkeit, diesen Titel zusätzlich als E-Book (PDF-Download) zum Preis von 20 % der gedruckten Ausgabe zu beziehen.

Ein Vorteil dieser Variante: Die integrierte Volltextsuche. Damit finden Sie in Sekundenschnelle die für Sie wichtigen Textpassagen.

Um Ihr persönliches E-Book zu erhalten, folgen Sie einfach den Hinweisen auf dieser Internet-Seite:

      www.beuth.de/e-book

Ihr persönlicher, nur einmal verwendbarer E-Book-Code lautet: 17273089351380F

Vielen Dank für Ihr Interesse!

Ihr Beuth Verlag

Hinweis: Der E-Book-Code wurde individuell für Sie als Erwerber des Buches erzeugt und darf nicht an Dritte weitergegeben werden.